被服学事典

牛腸 ヒロミ　佐々井 啓　平田 耕造　藤田 雅夫
布施谷 節子　増子 富美　石原 久代　長山 芳子　編

朝倉書店

口絵 1　再現された国家珍宝帳の 19 色（p.52 参照）

口絵 2　婦女遊楽図屏風（右隻）（大和文華館蔵，入江宏太郎撮影）

口絵 3　1860 年代のクリノリンスタイル（p.101 参照）

口絵 4　19 世紀の服飾（p.100 参照）

口絵 5　ガーナ，ケンテ・クロス（p.109 参照）

口絵 6　カンガ（p.109 参照）

口絵 7　トカプが織り込まれたインカ文化の貫頭衣（ウンク）（p.113 参照）

口絵8　SEK マーク（p.139 参照）

口絵9　感温変色性衣料（p.169 参照）

口絵10　カラーフォーマーを用いた哺乳瓶（p.169 参照）

口絵11　感光変色性衣料（p.169 参照）

口絵12　日焼けリカちゃん人形（p.169 参照）

口絵13　ラック染色布（左），石鹸液による洗濯後（右上），中性洗剤による洗濯後（右下）（p.175 参照）

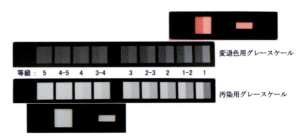

口絵14　変退色用および汚染用グレースケールと各判定方法（p.180 参照）

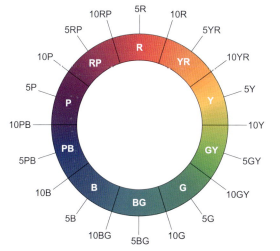

口絵 15 マンセル表色系の色相環 (p.197 参照)

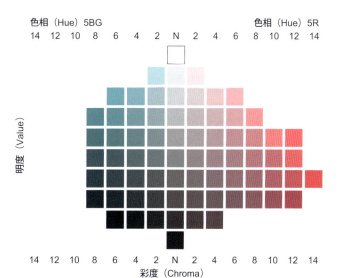

口絵 16 マンセル表色系の等色相面 (5R と 5BG) (p.197 参照)

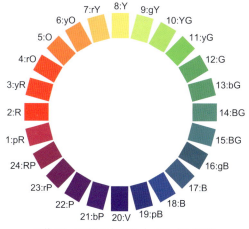

口絵 17 PCCS の色相環 (p.197, 205 参照)

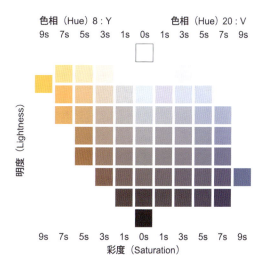

口絵 18 PCCS の等色相面 (8:Y と 20:D) (p.197 参照)

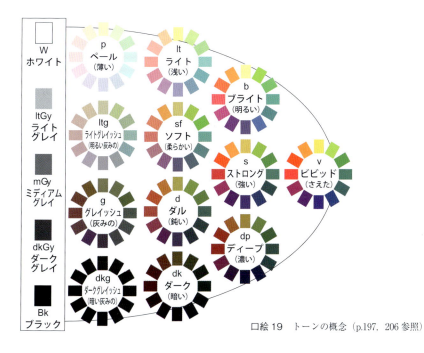

口絵 19 トーンの概念 (p.197, 206 参照)

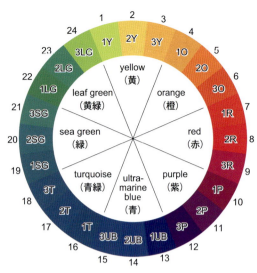

口絵20 オストワルト表色系の色相環（p.198 参照）

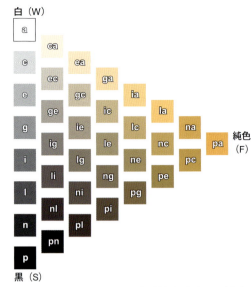

口絵21 オストワルト表色系の等色相面（p.198 参照）

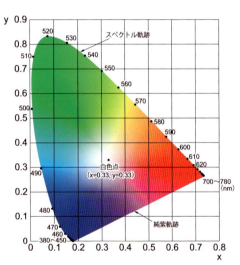

口絵22 xy色度図（p.158, 198 参照）

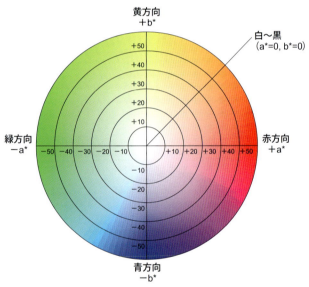

口絵23 $L^*a^*b^*$ 色空間（p.198 参照）

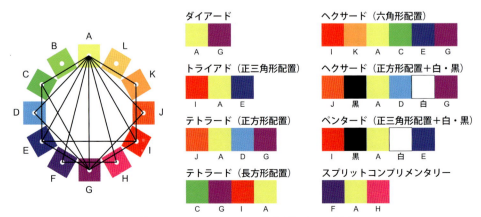

口絵24 ヨハネス・イッテンの色彩調和（p.206 参照）

は じ め に

　被服学は，人間が着装する被服を物質としてとらえる被服材料学，被服構成学，被服衛生学，被服整理学，染色加工学などの自然科学的分野と，被服を表現する手段（もの）としてとらえる服飾美学，服飾造形，服飾史，色彩学，被服心理学などと，さらにこれらを総合的にとらえる衣生活，被服教育などの人文科学的・社会科学的分野などすべての学問分野から研究が進められている総合科学であります．

　被服学が，分野が広く研究手段が異なるためそれぞれの専門分野に分化し，深く研究が進んでいくのに対応して，1975年（昭和50年）に『被服学事典』が刊行されました．これは，被服学の中で各分野間の関連を明らかにした上で，被服学全般を総合して深く理解することを目指したものでした．

　1997年には，その後の新しい技術や知識を追加し，被服学を取り巻く環境の変化にも対応して，時代に即応した『被服学辞典』が刊行されました．

　本書は，今までのように被服学を構成している分野ごとに類別して，その学術を述べるのではなく，全く新しい『被服学事典』として構想したものです．川上から川下へ，生産から消費へという観点で，それぞれの分野を，原論，生産，流通，消費の4つの章の中に再構築し，詳しくていねいに解説しました．本書の構成については，文化学園大学の田村照子博士の多大なご尽力を得ましたことを深く感謝申し上げます．

　編集委員は企画立案当時の日本家政学会の理事と研究委員会にあたる被服学各部会の部会長および部会長経験者で構成しました．また，執筆者は，各研究部会員を中心に選定し，執筆していただきました．生産，流通の章では関連企業の方のお力もお借りしています．本書は現在最先端にいる被服学研究者，技術者および関連分野の研究者の力を集めて創った事典です．この編集にあたっては執筆者の個性を尊重しましたので，不統一な面があると感じられるかもしれませんが，ご理解をお願い致します．

　本書が大学，短大の家政系学部，生活科学系学部における被服学の研究，教育に携わっている方々や，被服関係企業の研究者，技術者ならびに試験研究機関，企業団体などにおいて被服に関わる業務に携わっている方々，被服学およびその周辺科学の研究，学修を行っている大学院生などに対して役に立つレベルの事典となっていることを願ってやみません．

　また浅学菲才の私を支えて下さった編集委員の先生方，執筆者の皆様，そしてなによりも，本書を刊行する機会を与えて下さった朝倉書店と，長い間，根気よく，本書の刊行に向けてご努力下さった，朝倉書店編集部の皆様方に感謝申し上げます．

2016年9月

牛腸ヒロミ

執筆者一覧

編集委員

牛腸ヒロミ	実践女子大学生活科学部	平田 耕造	神戸女子大学家政学部
布施谷節子	前 和洋女子大学家政学群	石原 久代	椙山女学園大学生活科学部
佐々井 啓	前 日本女子大学家政学部	藤田 雅夫	共立女子大学家政学部
増子 富美	日本女子大学家政学部	長山 芳子	福岡教育大学教育学部

執筆者（五十音順）

青木美保子	京都女子大学家政学部	太田 茜	倉敷市立短期大学
青山喜久子	金城学院大学生活環境学部	大矢 勝	横浜国立大学大学院環境情報研究院
芦澤 昌子	東京医療保健大学客員教授	岡田 宣子	前 東京家政大学家政学部
天木 桂子	岩手大学教育学部	岡村 好美	前 宮崎大学教育学部
安藤 文子	名古屋学芸大学メディア造形学部	岡本 幾子	大阪教育大学
生野 晴美	東京学芸大学教育学部	奥野 温子	武庫川女子大学生活環境学部
井澤 尚子	東京家政学院大学現代生活学部	織田 博則	前 大阪教育大学教育学部
石垣 理子	昭和女子大学生活科学部	小野 幸一	名古屋文化短期大学
石原 久代	椙山女学園大学生活科学部	小野 雅啓	全国クリーニング生活衛生同業組合連合会クリーニング綜合研究所
伊藤 亜紀	国際基督教大学教養学部	尾畑 納子	富山国際大学現代社会学部
井上 尚子	椙山女学園大学生活科学部	金澤 等	福島大学共生システム理工学類
井上 真理	神戸大学大学院人間発達環境学研究科	鎌田 佳伸	前 実践女子大学生活科学部
今村 律子	和歌山大学教育学部	川端 博子	埼玉大学教育学部
上西 朋子	実践女子大学生活科学部	神崎 晃	株式会社レナウンアパレル科学研究所
潮田ひとみ	東京家政大学家政学部	木村美智子	茨城大学教育学部
牛田 智	武庫川女子大学生活環境学部	黒川 祐子	放送大学教養学部
内田 直子	大妻女子大学家政学部	玄野 博行	大阪国際大学グローバルビジネス学部
内村 理奈	日本女子大学家政学部	好田 由佳	梅花女子大学文化表現学部
宇野 保子	中国短期大学	小柴 朋子	文化学園大学服装学部
榎本 一郎	日本女子大学家政学部	牛腸ヒロミ	実践女子大学生活科学部
榎本 雅穂	名古屋女子大学短期大学部	後藤 景子	奈良工業高等専門学校
大川 知子	実践女子大学生活科学部	後藤 純子	共立女子大学家政学部
大久保尚子	宮城学院女子大学生活科学部	古濱 裕樹	武庫川女子大学短期大学部
大澤香奈子	京都光華女子大学短期大学部	小林 茂雄	共立女子大学名誉教授

小林 政司	大阪樟蔭女子大学学芸学部	髙水 伸子	東京家政大学家政学部
小林 泰子	東京家政大学名誉教授	田川由美子	大阪産業大学経営学部
小原奈津子	昭和女子大学生活科学部	田中 早苗	東京家政大学家政学部
小町谷寿子	名古屋女子大学家政学部	田辺 真弓	郡山女子大学短期大学部
小松恵美子	北海道教育大学教育学部	田村 照子	文化学園大学名誉教授
小見山二郎	東京工業大学名誉教授	鄭 銀志	県立広島大学人間文化学部
米今由希子	日本女子大学家政学部	辻 幸恵	神戸学院大学経営学部
小山 京子	美作大学生活科学部	都築 和代	産業技術総合研究所人間情報研究部門
斎藤 秀子	山梨県立大学人間福祉学部	道明美保子	前 滋賀県立大学人間学部
酒井 直樹	前 株式会社三陽商会	徳井 淑子	前 お茶の水女子大学生活科学部
佐々井 啓	前 日本女子大学家政学部	都甲由紀子	大分大学教育学部
佐々木麻紀子	東京家政学院大学現代生活学部	土肥麻佐子	文教大学教育学部
薩本 弥生	横浜国立大学教育人間科学部	内藤 章江	お茶の水女子大学グローバルリーダーシップ研究所
佐藤 悦子	上越教育大学大学院学校教育研究科	中井 明美	前 九州女子大学家政学部
佐藤 恭子	岩手県立大学盛岡短期大学部	永井由美子	大阪教育大学教育学部
佐藤真理子	文化学園大学服装学部	長嶋 直子	金城学院大学生活環境学部
澤渡 千枝	静岡大学学術院教育学領域	仲西 正	お茶の水女子大学基幹研究院
篠原 陽子	岡山大学大学院教育学研究科	永野 孝志	株式会社三陽商会
芝崎 学	奈良女子大学研究院生活環境科学系	中村 邦子	大妻女子大学短期大学部
柴田 祥江	京都府立大学大学院生命環境科学研究科	楢﨑久美子	広島女学院大学人間生活学部
島崎 恒藏	日本女子大学名誉教授	成瀬 正春	名古屋文化短期大学
嶋根 歌子	和洋女子大学家政学群	新實 五穂	お茶の水女子大学基幹研究院
清水 真	中部大学経営情報学部	西原 直枝	聖心女子大学文学部
下村久美子	昭和女子大学生活科学部	野末 和志	有限会社企画屋えぬ
上甲 恭平	椙山女学園大学生活科学部	橋本 令子	椙山女学園大学生活科学部
城島栄一郎	実践女子大学学長	服部由美子	福井大学教育学部
末廣 祥二	大阪樟蔭女子大学名誉教授	羽成 隆司	椙山女学園大学文化情報学部
菅沼 恵子	昭和学院短期大学	原田 妙子	名古屋女子大学短期大学部
鋤柄佐千子	京都工芸繊維大学繊維学系	馬場 まみ	京都華頂大学現代家政学部
鈴木 明子	広島大学大学院教育学研究科	平田 耕造	神戸女子大学家政学部
瀬尾 有紀	ペルー国立博物館	平林 由果	金城学院大学生活環境学部
瀬戸 房子	鹿児島大学学術研究院	深沢太香子	京都教育大学教育学部
雙田 珠己	大妻女子大学人間生活文化研究所	福井 典代	鳴門教育大学大学院学校教育研究科
髙野倉睦子	前 神戸女子大学家政学部	藤居眞理子	東京家政学院大学現代生活学部
高橋 哲也	島根大学教育学部	藤田 雅夫	共立女子大学家政学部
髙見 俊一	名古屋学芸大学客員教授	布施谷節子	前 和洋女子大学家政学群

執筆者一覧

堀　　照夫	福井大学産学官連携本部	森　　由紀	甲南女子大学人間科学部
本谷　裕子	慶應義塾大学法学部	森　　理恵	日本女子大学家政学部
前田亜紀子	群馬大学教育学部	諸岡　晴美	京都女子大学家政学部
増田　智恵	三重大学教育学部	安川あけみ	弘前大学教育学部
間瀬　清美	名古屋女子大学家政学部	谷田貝麻美子	千葉大学教育学部
松尾　量子	山口県立大学国際文化学部	矢中　睦美	文化学園大学服装学部
松本　由香	琉球大学教育学部	山縣　亮介	名古屋学芸大学メディア造形学部
丸田　直美	共立女子大学家政学部	山岸裕美子	群馬医療福祉大学社会福祉学部
水谷由美子	山口県立大学国際文化学部	山口　庸子	共立女子短期大学
水野　一枝	東北福祉大学感性福祉研究所	山崎　和彦	実践女子大学生活科学部
水野　夏子	大阪樟蔭女子大学学芸学部	山村　明子	東京家政学院大学現代生活学部
美谷　千鶴	日本女子大学家政学部	由利　素子	文化学園大学服装学部
三野たまき	信州大学学術研究院教育学系	與倉　弘子	滋賀大学教育学部
宮武　恵子	共立女子大学家政学部	吉村　利夫	福岡女子大学国際文理学部
牟田　　緑	東京家政大学家政学部	米田　守宏	奈良女子大学生活環境学部
村上かおり	広島大学大学院教育学研究科	米山　雄二	文化学園大学服装学部
村上　泉子	花王株式会社ヘルスビューティ研究所	鷲津かの子	名古屋学芸大学メディア造形学部
森田みゆき	東京学芸大学	渡辺明日香	共立女子短期大学
森　　俊夫	岐阜女子大学家政学部	渡邊　敬子	京都女子大学家政学部

目　次

1　人間の身体と衣服の成り立ち

1.1　人体形態（着衣基体）
- 1.1.1　人体の形態 ……………〔渡邊敬子〕… 1
- 1.1.2　成長期の体型 ……………〔雙田珠己〕… 6
- 1.1.3　成人体型 ………………〔薩本弥生〕… 10
- 1.1.4　高齢者の体型と姿勢 ……〔中村邦子〕… 13

1.2　運動機構
- 1.2.1　人体の運動機構 …………〔山崎和彦〕… 16
- 1.2.2　運動による人体の変形 …〔斎藤秀子〕… 19
- 1.2.3　動作分析 …………………〔嶋根歌子〕… 23

1.3　皮膚の構造と機能
- 1.3.1　皮膚の構造 ………………〔村上泉子〕… 26
- 1.3.2　皮膚の生理機能 …………〔佐藤真理子〕… 28

1.4　人体生理
- 1.4.1　体温とその測定 …………〔平田耕造〕… 31
- 1.4.2　皮膚温とその測定 ………〔今村律子〕… 33
- 1.4.3　体温調節機構 ……………〔芝崎　学〕… 35
- 1.4.4　体熱産生 …………………〔丸田直美〕… 40
- 1.4.5　重力（姿勢変化）と体温調節反応
　　　　………………………〔芝崎　学〕… 44
- 1.4.6　運動と体温調節反応 …………………… 46

1.5　被服の祖型と構造　　　　〔森　由紀〕
- 1.5.1　被服の祖型 ……………………………… 47
- 1.5.2　立体構成（洋服）……………………… 49
- 1.5.3　平面構成（和服）……………………… 49

1.6　服装の起源
- 1.6.1　原始時代の服 ……………〔米今由希子〕… 49
- 1.6.2　衣服の起源論 …………………………… 50
- 1.6.3　被服材料・染料の起源と歴史
　　　　………………………〔小見山二郎〕… 51
- 1.6.4　合成染料による繊維の染色の歴史 …… 53
- 1.6.5　石鹸・洗剤・洗濯の起源と歴史 ……… 55

1.7　服装の機能
- 1.7.1　服装の役割 ………………〔小町谷寿子〕… 58
- 1.7.2　形態の表現 ………………〔好田由佳〕… 59
- 1.7.3　色彩の表現 ………………〔徳井淑子〕… 61
- 1.7.4　文様の表現 ………………〔米今由希子〕… 63
- 1.7.5　美意識 …………………………………… 64
  - a．だてといき …………〔大久保尚子〕… 64
  - b．ダンディ ……………〔新實五穂〕… 65
  - c．シック ……………………………… 66

1.8　服装の歴史
- 1.8.1　日本の服飾
  - a．日本古代 ……………〔楢﨑久美子〕… 66
  - b．平安時代 ……………〔田辺真弓〕… 68
  - c．鎌倉・室町時代 ……〔山岸裕美子〕… 70
  - d．安土・桃山時代 ……〔森　理恵〕… 71
  - e．江戸時代 ……………〔馬場まみ〕… 72
  - f．明治・大正時代 ……〔宇野保子〕… 75
  - g．昭和時代 ……………〔青木美保子〕… 78
  - h．現代（戦後から現在まで）
　　　　………………………〔渡辺明日香〕… 79
- 1.8.2　東洋の服飾 ……………………………… 81
  - a．中国 …………………〔水野夏子〕… 81
  - b．朝鮮半島 ……………〔鄭　銀志〕… 82
- 1.8.3　西洋の服飾 ……………………………… 84
  - a．メソポタミア・エジプト…〔山村明子〕… 84
  - b．古代ギリシャ・ローマ ……〔内村理奈〕… 85
  - c．東ローマ帝国 ………〔黒川祐子〕… 88
  - d．ゲルマン・ロマネスク ………………… 89
  - e．13～15世紀 …………〔伊藤亜紀〕… 91
  - f．16世紀 ………………〔松尾量子〕… 93
  - g．17世紀 ………………〔水谷由美子〕… 95
  - h．18世紀 ………………〔内村理奈〕… 97

i. 19世紀 ……………〔山村明子〕… 100
　　j. 20世紀 ……………〔髙水伸子〕… 101
1.9　世界の民族服飾
　1.9.1　アジア ………………〔松本由香〕… 104
　1.9.2　中東 ……………………………… 104
　1.9.3　ヨーロッパ・ロシア ……〔佐藤恭子〕… 105
　1.9.4　アフリカ ……………〔佐々井 啓〕… 108
　1.9.5　アメリカ大陸 …………………… 109
　　a. 北アメリカ ………………〔太田 茜〕… 109
　　b. 中央・南アメリカ
　　　　…………………〔本谷裕子・瀬尾有紀〕… 111

2　生　産

2.1　被服材料
　2.1.1　被服材料の製造（繊維，糸，布）
　　　　………………………〔仲西　正〕… 115
　2.1.2　被服材料の種類と構造（繊維，糸，布）
　　　　………………………〔末廣祥二〕… 119
　2.1.3　被服材料の性能 …………〔安藤文子〕… 127
　2.1.4　機能性材料 ………………………… 132
　　a. 吸水・吸汗素材 …………〔金澤　等〕… 132
　　b. 透湿防水素材 ……………〔榎本雅穂〕… 133
　　c. 保温性素材 ………………〔鎌田佳伸〕… 135
　　d. 紫外線カット（遮蔽）素材
　　　　………………………〔小原奈津子〕… 136
　　e. 抗菌防臭素材 ……………〔高橋哲也〕… 138
　　f. その他の機能性素材 ……〔吉村利夫〕… 140
　2.1.5　被服材料の品質検査 ……〔奥野温子〕… 141
　2.1.6　縫製機器 ………………〔青山喜久子〕… 145
　2.1.7　縫製工学 ………………〔島崎恒藏〕… 148
　2.1.8　被服材料の生産量の推移
　　　　………………………〔菅沼恵子〕… 151

2.2　染色加工
　2.2.1　色彩物理 …………………………… 154
　　a. 光と色 ………………………〔牛田 智〕… 154
　　b. 色の測定 ………………〔森　俊夫〕… 157
　2.2.2　染色の工程 ………………………… 158
　　a. 精練 ………………………〔榎本一郎〕… 158
　　b. 漂白 …………………………………… 159
　　c. 染料 ………………………〔織田博則〕… 160
　　d. 染色の原理 …………………………… 164
　　　1）繊維・染料の組み合わせ
　　　　…………………………〔堀　照夫〕… 164
　　　2）染色速度 …………………………… 164
　　　3）染色平衡と親和力 ………………… 165
　　　4）染色に影響する因子
　　　　………………………〔道明美保子〕… 166
　　e. 染色布の劣化と保存の原理
　　　　…………………………〔織田博則〕… 166
　　f. 染色方法 …………………………… 169
　　　1）浸染 ……………………〔長嶋直子〕… 169
　　　2）捺染 …………………………………… 170
　　　3）超臨界染色 ……………〔堀　照夫〕… 171
　　g. 染色機械 ………………〔榎本雅穂〕… 172
　　h. 染色排水処理 ……………………… 173
　　i. 染色堅ろう度 ……………………… 174
　　　1）洗濯堅ろう度 …………〔都甲由紀子〕… 174
　　　2）日光堅ろう度 …………〔小原奈津子〕… 176
　　　3）汗堅ろう度・摩擦堅ろう度・漂白その他
　　　　　の堅ろう度 ……………〔古濱裕樹〕… 177
　　　4）染色堅ろう度試験 ……〔岡村好美〕… 179
　2.2.3　仕上げ加工 ………………………… 180
　　a. 一般仕上げ …………………………… 180
　　　1）サンフォライズ加工
　　　　…………………………〔小松恵美子〕… 180
　　　2）シルケット加工 ………………… 181
　　　3）オパール加工 ……………〔瀬戸房子〕… 183
　　　4）アルカリ減量加工 ………………… 183
　　b. 機能加工 …………………………… 184
　　　1）防虫加工・防カビ加工
　　　　…………………………〔間瀬清美〕… 184
　　　2）抗菌防臭加工・消臭加工
　　　　…………………………〔小林泰子〕… 185
　　　3）防炎・難燃加工 ……………〔美谷千鶴〕… 186
　　　4）樹脂加工：防しわ加工，防縮加工，形態
　　　　　安定加工 ………………〔上甲恭平〕… 188
　　　5）はっ水加工・はつ油加工・防水加工・透
　　　　　湿防水加工 ……………〔安川あけみ〕… 189

6) 防汚加工・帯電防止加工
　　　　　　　　………〔菅沼恵子〕… 191

2.3　デザイン

　2.3.1　デザインの原理 …………… 193
　　　a．形態の原理 ………〔橋本令子〕… 193
　　　b．色彩の原理 ………〔内藤章江〕… 195
　2.3.2　テキスタイルデザイン
　　　　　　　　………〔鷲津かの子〕… 199
　2.3.3　アパレルデザイン ………… 201
　　　a．形態の表現 ……〔大澤香奈子〕… 201
　　　b．色彩の表現 ………〔井澤尚子〕… 203
　　　c．ファッションデザイン画 …〔山縣亮介〕… 206

2.4　被服の設計・製作・構成方法：家庭縫製

　2.4.1　立体構成のパターン設計 …………… 208
　　　a．上衣（女性・男性・幼児）
　　　　　　　　………〔原田妙子〕… 208
　　　b．下衣 ……………〔田中早苗〕… 212
　　　c．あきと留め具 ………………… 216
　　　d．アパレル生産のパターン設計 ………… 218
　2.4.2　布の造形性と衣服づくりの技法
　　　　　　　　………〔川端博子〕… 219
　2.4.3　布地の接合（縫合）とその性能 …… 221
　2.4.4　縫い代の始末と手縫い …………… 222
　2.4.5　布地の立体化 ……………… 224
　2.4.6　芯地の機能と使用方法（技法）
　　　　　　　　………〔服部由美子〕… 226
　2.4.7　裏地の機能 ………………… 227
　2.4.8　布地の表面装飾 …………… 227
　2.4.9　アパレル製品の縫製工程 …… 229
　2.4.10　ホームソーイングまたはスクールソーイングで使用する製作用具
　　　　　　　　………〔鈴木明子〕… 230
　2.4.11　特色ある衣服設計 ………… 232

　　　a．ファンデーション ………〔増田智恵〕… 232
　　　b．乳幼児服 ………〔佐藤悦子〕… 236
　　　c．高齢者用衣服 ………………… 237
　　　d．障害者用衣服 ………………… 238
　　　e．妊婦服 …………〔増田智恵〕… 240
　　　f．ユニバーサルファッション
　　　　　　　　………〔佐藤悦子〕… 242
　　　g．安全な衣服 ………〔芦澤昌子〕… 244
　　　h．個人対応の既製服（未来型着装シミュレーション） ……〔増田智恵〕… 245
　2.4.12　平面構成の被服 ………〔小山京子〕… 247

2.5　被服の設計・製作・構成方法：工業縫製
〔永野孝志〕

　2.5.1　スーツの歴史と日本の紳士服スーツの歴史 …………… 251
　2.5.2　紳士服のサイズ構成と代表的なサイズ表示 …………… 254
　2.5.3　紳士服採寸方法 …………… 257
　2.5.4　製図・設計：ジャケット・スラックス …… 269
　2.5.5　副資材—スーツの主要副資材 …… 272
　2.5.6　工場生産 …………………… 272

2.6　品質管理　〔酒井直樹・神崎　晃〕

　2.6.1　品質：企画品質, 設計品質, 製造品質 … 276
　2.6.2　原材料の受入検査 …………… 277
　2.6.3　製造工程での検査 …………… 278
　2.6.4　アパレル〜販売までの検査 …… 278
　2.6.5　抜取検査と全数検査 …………… 278
　2.6.6　品質保証活動 ………………… 279
　2.6.7　管理活動とPDCA ……………… 280
　2.6.8　繊維製品の品質評価 …………… 281
　2.6.9　取扱表示記号のISOとの整合 …… 283
　2.6.10　消費者苦情（クレーム対応）……… 287

3　流　通

3.1　ファッション産業

　3.1.1　ファッション産業の成立と生い立ち
　　　　　　　　………〔髙見俊一〕… 291
　3.1.2　ファッション産業の現状 ……… 295

　3.1.3　糸, 布, 副資材の流通 …〔野末和志〕… 296

3.2　消費者行動と心理

　3.2.1　服装心理 ……………………… 301

a．欲求と被服の着装動機…〔小林茂雄〕… 301
　　b．自己概念と着装………〔内田直子〕… 303
　　c．被服による印象形成・印象操作
　　　　　………………………〔羽成隆司〕… 305
　3.2.2　購買行動………………………… 307
　　a．ライフスタイルと衣生活
　　　　　………………………〔村上かおり〕… 307
　　b．着装態度と購買行動……〔辻　幸恵〕… 310
　3.2.3　色彩心理………………〔石原久代〕… 312
　3.2.4　消費者とマーケット…〔小野幸一〕… 315

3.3　企業と商品
　3.3.1　企業のマーケティング活動
　　　　　………………………〔藤田雅夫〕… 319

　3.3.2　マーチャンダイジング……………… 323
　　a．マーチャンダイジングの定義と重要性
　　　　　………………………〔藤田雅夫〕… 323
　　b．マーチャンダイジングの役割と位置付け
　　　　　……………………………………… 324
　　c．マーチャンダイジングの業務……… 325
　　d．ビジュアル・マーチャンダイジング
　　　　　………………………〔宮武恵子〕… 326
　3.3.3　ブランド企画………〔宮武恵子〕… 327

3.4　販売
　3.4.1　小売業………………〔大川知子〕… 330
　3.4.2　通信販売……………〔玄野博行〕… 339
　3.4.3　情報管理………………〔清水　真〕… 345

4　消　費

4.1　被服材料の消費性能
　4.1.1　力学的性質…………………………… 353
　　a．伸長特性………………〔城島栄一郎〕… 353
　　b．せん断特性……………〔井上真理〕… 354
　　c．曲げ特性………………〔鋤柄佐千子〕… 356
　　d．引裂き特性……………〔城島栄一郎〕… 357
　　e．摩擦および摩耗特性…〔矢中睦美〕… 358
　　f．その他の力学的性質…〔城島栄一郎〕… 360
　4.1.2　生理衛生学的性質…………………… 360
　　a．吸湿性…………………〔牛腸ヒロミ〕… 360
　　b．透湿性…………………〔諸岡晴美〕… 362
　　c．吸水性…………………〔米田守宏〕… 364
　　d．はっ水性・防水性……………………… 365
　　e．通気性…………………〔成瀬正春〕… 368
　　f．保温性…………………〔鎌田佳伸〕… 369
　　g．その他の生理衛生学的性質
　　　　　………………………〔成瀬正春〕… 371
　4.1.3　外観的性質…………………………… 372
　　a．表面特性………………〔鋤柄佐千子〕… 372
　　b．しわ特性………………〔澤渡千枝〕… 374
　　c．ドレープ性……………〔井上尚子〕… 375
　　d．ピリングおよびスナッグ…〔牟田　緑〕… 377
　　e．風合い…………………〔與倉弘子〕… 378
　　f．その他の外観的性質…〔由利素子〕… 380

4.2　衣服の構成と着装
　4.2.1　被服寸法の設定（選択・購入：製品分類，
　　　　規格）…………………〔土肥麻佐子〕… 382
　4.2.2　平面構成（和服）の種類・着装
　　　　　………………………〔布施谷節子〕… 387
　4.2.3　被服造形の評価：身体適合性
　　　　　………………………〔石垣理子〕… 392

4.3　衣服の機能と着衣
　4.3.1　気候調節機能と着装………………… 397
　　a．温熱環境因子…………〔柴田祥江〕… 397
　　b．温熱環境指標…………〔西原直枝〕… 399
　　c．着衣の熱特性の評価…〔井上真理〕… 400
　　d．着衣の水分特性の評価…〔小柴朋子〕… 402
　　e．着衣の熱・水分特性の左右因子
　　　　　………………………〔前田亜紀子〕… 403
　　f．衣服気候………………〔薩本弥生〕… 404
　　g．寝床気候………………〔水野一枝〕… 406
　　h．環境と着衣量…………〔高野倉睦子〕… 408
　4.3.2　運動機能と着装………………… 410
　　a．着衣の変形と拘束性……〔諸岡晴美〕… 410
　　b．衣服圧と生理反応……〔三野たまき〕… 412
　　c．衣服圧と心理反応……………………… 413
　　d．各種スポーツウェア…〔潮田ひとみ〕… 414
　　e．心地よい下着…………〔永井由美子〕… 416

f．履物の快適性と健康……〔平林由果〕… 418
　　g．高齢者服・ハンディキャップ服
　　　　…………………………〔岡田宣子〕… 419
　　h．乳幼児服………………〔都築和代〕… 423
　　i．寝衣・寝具……………〔水野一枝〕… 426
　　j．世界の民族服…………〔田村照子〕… 427
　4.3.3　防護機能と着装……〔深沢太香子〕… 429

4.4　洗浄

　4.4.1　洗浄…………………………………… 432
　　a．汚れ……………………〔中井明美〕… 432
　　b．水………………………〔福井典代〕… 435
　　c．洗剤……………………………………… 436
　　　1）界面活性剤……………〔大矢　勝〕… 436
　　　2）ビルダー……………〔森田みゆき〕… 438
　　　3）酵素……………………………………… 439
　　　4）蛍光増白剤……………〔生野晴美〕… 440
　　　5）市販洗剤………………〔米山雄二〕… 441
　　d．洗浄条件………………………………… 443
　　　1）濃度…………………〔下村久美子〕… 443
　　　2）温度……………………………………… 443
　　　3）時間…………………〔佐々木麻紀子〕… 444
　　　4）浴比……………………〔大矢　勝〕… 445
　　　5）機械作用………………〔天木桂子〕… 446
　4.4.2　汚れの除去……………………………… 447
　　a．油汚れの除去…………〔米山雄二〕… 447
　　b．汚れ除去のコロイド科学的解析……… 449
　　　1）表面自由エネルギーと汚れの付着・洗浄
　　　　…………………………〔後藤景子〕… 449

　　　2）コロイド分散系の安定性理論と洗浄… 451
　　　3）界面電気現象と洗浄
　　　　………………………〔田川由美子〕… 452
　4.4.3　洗浄力の評価…………〔小林政司〕… 453
　4.4.4　洗濯に付随する工程…………………… 457
　　a．すすぎおよび脱水……〔後藤純子〕… 457
　　b．漂白……………………〔岡本幾子〕… 459
　　c．しみ抜き………………〔篠原陽子〕… 460
　　d．乾燥…………………〔牛腸ヒロミ〕… 462
　　e．仕上げ……〔上西朋子・牛腸ヒロミ〕… 462
　4.4.5　洗濯による被服の損傷・劣化……… 464
　　a．洗濯による物性および風合いの変化
　　　　………………………〔藤居眞理子〕… 464
　　b．洗濯による変退色……〔尾畑納子〕… 465
　　c．細菌・農薬および放射線物質の除去… 466
　4.4.6　非水系洗濯および特殊クリーニング
　　　　…………………………〔小林泰子〕… 467
　4.4.7　被服の保管……………………………… 470
　　a．防虫・防カビ・防湿・収納方法
　　　　…………………………〔間瀬清美〕… 470
　　b．保存衣服の修復……〔谷田貝麻美子〕… 472

4.5　衣生活と環境

　4.5.1　繊維製品の廃棄・リサイクル
　　　　………………………〔木村美智子〕… 473
　4.5.2　洗濯と環境……………〔山口庸子〕… 475
　4.5.3　クリーニング溶剤と環境
　　　　…………………………〔小野雅啓〕… 477

索　引……………………………………………… 479
資料編……………………………………………… 491

1 人間の身体と衣服の成り立ち

1.1 人体形態（着衣基体）

1.1.1 人体の形態
a. 着衣基体としての人体形態

着衣基体とは「着衣の対象となる人体の総称，すなわち衣服の着用・製作，展示に際しその土台となるもの」と定義されている[1]．すなわち，人体やボディ（dress dummy）やマネキンなどである．3次元CAD（computer aided design）のような仮想空間内のバーチャルなボディもこれにあたる．

衣服が体の形や動きに合うこと，つまり身体適合性（fit）は衣服の外観と着心地を左右する重要な要因である．複雑な曲面をもつ立体であり，動作によって表面形状を大きく変える人体を，平面の布で包み，適合性を得るためには，着衣基体である人体の構造や運動についての理解が不可欠である．

1） 人体の構造

① **人体の方位と区分面**： 人体の動きや位置関係などを記述する際には共通の用語が必要になる．人体の前後方向を矢状（しじょう）方向と呼び，人体を左右に分割する面を矢状面，特に正中（中心）を通るものを正中矢状面と呼ぶ．また，人体を前後に分ける面を前頭面（ぜんとうめん），水平な面を水平面と呼ぶ．また，正中に近い方を内側，遠い方を外側と呼ぶ．

② **人体の部分**： 解剖学的には，人体は体幹と体肢（上肢と下肢）に大きく分けられる．さらに，体幹は頭，頸，胸，腹に区分される．一方，衣服設計の立場からは，ネックライン，アームサイライン，ウエストラインを境界線として，頸部・胴部・腰部と下肢・上肢の4部に区分することができる．基準線の詳細については，1.1.1.b「人体の形態把握」で述べる．

③ **骨格**： 骨格系は，200個あまりの骨，軟骨，それに靱帯などで構成される．骨は体の支柱，臓器を入れる器としてのほかに運動器としての重要な意味をもっている．骨のうち，上腕，前腕，大腿，下腿などの骨は中央（骨幹）が管状で両端（骨端）が太くなっており長管骨と呼ばれる．頭蓋骨や骨盤は臓器を入れるため平らな骨（扁平骨）で構成されている．脊柱を構成している椎骨のように不規則な形の骨もある．これらの骨の形や大小は身体の形と大きさ，つまり体型を決定する重要な要素となっている．全身の主な骨を図1.1.1に示す．

④ **筋**： 筋には，骨格に付着しこれを動かす骨格筋と，血管や心臓などの内臓壁に付く内臓筋がある．骨格筋は収縮すると短く太く変形し，付着している骨が引き寄せられて2骨間の角度は小さくなる．これを関節運動といい，この結果として体表の形や寸法が変化するため，ゆとりを加えるなどの対応が必要である．また，反復性の強い筋活動などによって筋は肥大する．

筋はその形や発達の程度によって体の形や寸法，あるいは体つきの印象に影響を与える．男性では思春期を迎えると第二次性徴によってアンドロゲンの分泌が活発となり，女性より筋肉が発達する．成人した男性が，女性や子供と著しく異なった印象を与えるのは筋の発達の差によるところが大きい．

⑤ **皮膚と皮下脂肪**： 皮膚は体の機械的な保護と体温調節の役割を果たし，触覚，圧覚，痛覚，温度覚を感受する感覚器としても働く．皮膚の最表層は表皮と呼ばれ，表皮の下にはかたい結合組織層があって真皮と呼ばれる．真皮の下には同じく結合組織ではあるが，膠原繊維でずっとゆるく織りなされた層，すなわち皮下組織があり，皮膚と筋肉などを結び付けている．この組織には脂肪細胞が集まっており，皮下脂肪（層）と呼ばれる．皮下脂肪もまた人体の外形を決定する大きな要素となっている．

皮下脂肪は一般に，乳房周辺，三角筋の後，腹部，

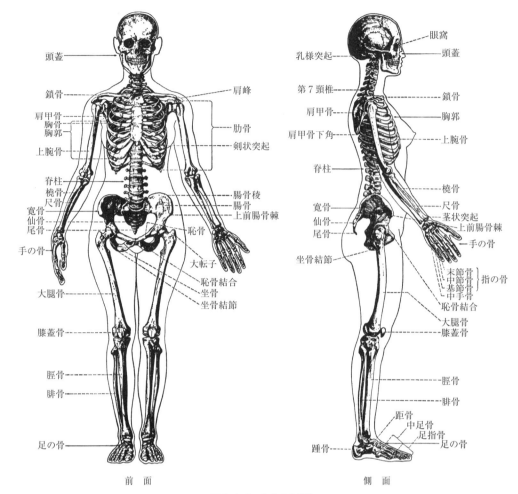

図1.1.1　全身の骨格[2]

臀部，大腿上部，大転子の上と後などに比較的多く沈着するが，人種，性，年齢や環境などによって，沈着する部位と量とに差異がみられる．一般に女性の方が男性より発達しており，身体は丸みを帯びている．これは第二次性徴の一つとされている．また，内臓の周囲に蓄積される内臓脂肪が，腹部の突出として外形に影響を与えることもある．

b. 人体の形態把握

従来の誂え（custom-made）では，仮縫いしたものを，試着して体つきに合わない部分や動きにくい部分を補正するため，採寸は設計者の独自の方法であっても問題はない．しかし，既製衣料（off the rack clothes）を設計する場合には，対象となる集団の身体の寸法や形を数量的に捉えて分析する必要がある．そこで，統一した計測方法が必要になる．多くの場合，計測基準点は骨格の体表から触れやすい骨端などであり，さらに計測項目・計測方法が細かに定義される．これは計測値の再現性を確保し，個体間の比較や集団間の比較，集団の中の個の位置などを把握することやさまざまな統計解析を可能にするためである．

一般に人体の大きさを捉える寸法計測にはマルチン式人体計測法が用いられるが，今日では3次元計測から寸法を算出する例もみられる．一方，人体の形状把握法には接触法のスライディングゲージ法，石膏法などの複製法，非接触法の写真計測法，シルエッター法，モアレ法，3次元計測法などがある．

1）マルチン式計測器や巻尺を用いた寸法計測
大規模な人体計測データは衣料サイズ規格（size standard）の制定などに利用される．既製衣料のた

表 1.1.1 人体計測の基準点の定義

基準点名	定義	英語
頭頂点	頭頂部の正中線上における最高点.	vertex
眉間（みけん）点	額の下方，鼻根の上方における前方への最突出部で，正中線上にある点.	glabella
後頭点	正中線上で，後頭部において最も後方に突出している点.	opistocranion
おとがい点	正中線上において下顎下縁の最下点.	gnathion
頸椎点	第 7 頸椎の棘突起の先端．バックネックポイントともいう．	back neck point
頸側点	頸付根線と僧帽筋上部前縁との交点．サイドネックポイントともいう．	side neck point
頸窩点	鎖骨内側端の上縁水平位と前正中線との交点．フロントネックポイントともいう．	front neck point
肩先点	被計測者の側面からみて，腕付け根線と僧帽筋上部前縁との交点．ショルダーポイントともいう．	shoulder point
肩峰点	肩甲骨の肩峰の外側縁のうち，最も外側に突き出している点.	acromiale
肘点	手を側方から腸骨に軽く当てた場合，尺骨の肘頭が最も外側に突出する点.	elbow point
手くび点	尺骨茎状突起の最も外側に突出している点.	wrist point
指先点	中指の先端．すなわち上肢を下垂した状態での最下点.	dactylion
乳頭点	乳頭の中心点．バストポイントともいう．	bust point
転子外側点	大腿骨の大転子の最も外側の点.	trochanterion
腸棘（きょく）点	上前腸骨棘において最下位にある点.	iliospinale
臀部最突点	臀部で最も後方に突出している点．臀突点ともいう．	peak of buttock
膝蓋骨中点	大腿筋をリラックスさせた状態での膝蓋骨の上縁と下縁との中点.	patella cener
脛骨点	脛骨の内側顆の上縁で最も高い点.	tibiale
外果点	足の外くるぶしの最も側方に突出している点．くるぶし点ともいう．	lateral malleolus point
踵（しょう）点	踵骨で最も後方に突出している点.	pternion
足先（そくせん）点	足指の最先端・第 1 指のことも第 2 指のこともある.	acropodion

めの体格調査はアメリカ農務省家政局が 1937 年から 1941 年に実施したものが最初である[3,4]．これを参考に各国で体格調査が実施され，今日では 3 次元計測も同時に行われるようになっている．

日本では通商産業省工業技術院により，1966 年[5,6]からと，1978 年[7]から 4 万人を超える規模の計測調査が実施された．これらのデータは日本工業規格（Japanese Industrial Standards：JIS）の衣料サイズ規格の基礎資料とされ，計測方法は「JIS L0111-1983 衣料のための身体用語[8]」に反映され，広く被服分野で用いられてきたが，2006 年に規格の充実のため一部が改定されている[9]．

その後，人間生活工学研究センター（HQL）により，1992 年[10]からと 2004 年[11]からの 2 回計測調査が行われた．これらはアパレルだけでなく広く工業製品の設計に用いることを目的としており，計測基準点や計測項目の名称が工業技術院のものと同じでありながら定義が異なるものがある[12]．さらに，今後は ISO（International Organization for Standardization）に準拠した計測方法が採用される可能性がある．したがって，人体計測のデータを比較する場合には，どのような方法によって計測されたデータであるかを確認する必要がある．

① **計測姿勢と着衣**： 計測の基本姿勢は立位正常姿勢，すなわち，頭を耳眼水平位に保ち，左右の踵を付け，足先を開き，両上肢を自然に下垂して直立した姿勢である．耳眼水平位とは両眼窩点（眼窩下縁の最下点）と左の耳珠点（耳珠の上縁における付け根）を通る平面が水平であることである．良い立位姿勢では，耳珠点から下ろした垂線は，肩関節の中心，股関節の中心，膝関節の前部を通り，足長を二分するといわれている．

計測時の着衣は，JISの衣料サイズ規格がヌード寸法を原則としていることから，体の寸法や形に影響の少ない薄手で柔らかいものを用いる．

② **計測基準点と基準線**： 計測を行う目印となる計測の基準点（landmark）は，主として骨格の体表から触れやすい骨端や外観から特定できる箇所が選ばれるが，衣服設計上の基本的な縫い目の位置を基準線としてこれに基づいているものもある．「JIS L0111-2006 衣料のための身体用語」の計測基準点を表1.1.1と図1.1.2に示す．正確な計測を行うためには，基準点を正確に捉え，印を付ける必要がある．

表1.1.2に計測基準線の定義を示す．アームサイラインは前面では上腕骨頭のほぼ中央を通り，後面では腋下の裂から肩峰点に沿う位置で，細いゴムなどを回して定める．ウエストラインは女子では2cm幅のベルトを回してベルトが自然に落ちつく位置，男子では下胴囲と呼ばれ腸骨稜の直上の水平位である．ヒップラインは，以前は転子点（trochanter point）を通る水平位であったが2006年の改定で臀部後突点を通る水平位に変更された．

③ **計測器具**： 直線距離や投影距離の計測には身長計や杆状計，体表長の計測には巻尺が用いられる．また，印付けや計測の補助具として，ネックチェーン，ウエストベルト，物差し，細ゴム紐，プラスチック板などを使用する．

- **身長計**： 本体は210 cmで4本のパイプからなる．本体に直交するアームをスライダーで上下させて計る．身長，ウエスト高，膝関節高などの高径（height）の計測に使われる．
- **杆状計**： 身長計の上部1/4を分離し，先端とスライダーにそれぞれアームを取り付けたもので，アームの間に対象部位を挟んで計測する．横径（width），厚径（depth），2点間距離（distance）や全頭高のような投影距離（projection distance）の計測に使用する．
- **巻尺**： 金属製，グラスファイバー製などがある．目盛りが正確で幅・厚みともに小さくしなやかなものがよい．体表に沿って計る丈項目（length）と幅項目（width），周径（girth）に使用される．

④ **計測項目**： 主な計測項目は表1.1.3に示す通りである．「ヒップp」「背丈p」は，プラスチック板を当てて計る項目で，肩甲骨のふくらみや鼠径部周辺のくぼみなど体表の凹凸を包含した状態で計測するために用いる．従来は，単に「背丈」や「腰囲」のように表記されていることがある．

ここに示した以外にも床面から計測基準点までの高さを計る高径や計測基準線の位置での横径や厚径を計る項目がある．この場合，身長計や杆状計の支柱が傾くと誤差が生じるため，垂直や水平を守るこ

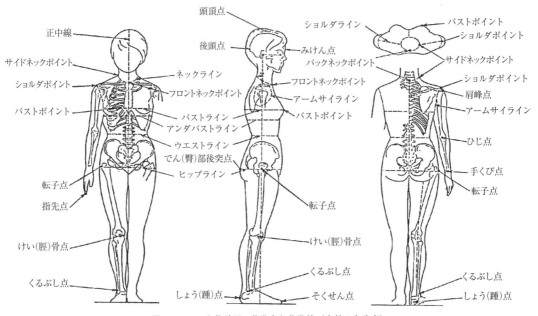

図1.1.2． 人体計測の基準点と基準線（文献8を改変）

表1.1.2 人体計測の基準線の定義

基準線名	定義	英語
正中線	頭部及び体幹部を左右に2等分する体表に沿った線.	median line
チェストライン	腕付根最下端を通る水平位. 上部胸囲線ともいう.	chest line
バストライン	右乳頭点を通る水平位. 胸囲線ともいう.	bust line
アンダーバストライン	乳房直下部の水平位. 下部胸囲ともいう.	under bust line
ウエストライン	肋骨下縁と腸骨稜の間で胴囲線用ベルトが自然に落ち着く位置. 必ずしも水平でない. 胴囲線ともいう.	waist line
ウエストライン（男性）	腸骨稜の直上における水平位. 下胴囲線ともいう.	waist line
腹囲線	側方からみて腹部の最突出部における水平位.	abdominal extension line
ヒップライン	右臀突点を通る水平位. 腰囲線ともいう. 右転子外側点を通る水平位の場合もあるので注意が必要.	hip line
ネックライン	背面では頸椎点, 側面では頸側点, 前面では鎖骨内側端の上縁を通るいわゆる頸部の付根の位置. 頸付根線ともいう.	neck base line
アームサイライン	肩部から上腕部に移行する境界線で, 前面では上腕骨頭のほぼ中央を通り, 後面では肩峰に沿う位置となる. 腕付根線ともいう.	armscye line
ショルダライン	肩先点と頸側点とを結ぶ線で, 僧帽筋上部前縁に沿う位置となる. 方縫い目線ともいう.	shoulder line

表1.1.3 主な計測項目の定義（文献9より抜粋）

項目名	定義	英語
身長	床面から頭頂点までの垂直距離.	height, stature
全頭高	頭頂点からおとがい点までの垂直距離.	total head height
足長	かかと点から足先点までの距離.	foot length
頭囲	みけん点と後頭点とを通る周囲長.	head girth
チェスト	男子の腕付根下端に接する胸部の水平周囲長. 胸囲ともいう.	chest girth
バスト	バストラインの周囲長. なお, 下垂している乳房の場合はブラジャーを付けたような状態での最大水平周囲長. 胸囲ともいう.	bust girth
アンダバスト	アンダバストラインの周囲長.	underbust girth
ウエスト	ウエストラインの周囲長.	waist girth
下胴囲	男子の腸骨直上における水平周囲長.	lower waist length
腹囲	側方から見て, 腹部の最突出部における水平周囲長.	abdominal extension
ヒップ	ヒップラインの周囲長. 腰囲ともいう.	hip girth
ヒップ p	ヒップラインの周囲長（腹部に計測補助板を当てる.）.	hip girth p
けい（頸）囲	こう（喉）頭隆起の直下における周囲長.	neck girth
くび付根囲	バックネックポイント, サイドネックポイント, フロントネックポイントを通るくび付根における周囲長.	neck base girth
腕付根囲	アームサイラインの周囲長.	armscye girth
上腕最大囲	上腕の最大周囲長.	upper arm girth
手くび囲	手くび点を通る周囲長.	wrist girth
大たい（腿）最大囲	大たい（腿）部の最大周囲長.	maximum thigh girth
ひざ囲	しつがい（膝蓋）骨中点を通る周囲長.	knee girth
背丈	バックネックポイントからウエストラインまでの正中線に沿った長さ.	posterior waist length
背丈 p	バックネックポイントから正中線上のウエストラインまでの長さ（左右肩甲骨間に計測補助板を当てる.）.	posterior waist length p
腕の長さ	ショルダポイントから肘点を通り, 手首点までの体表に沿った長さ.	total posterior arm length
背肩幅	背面における左右のショルダポイント間の体表に沿った長さ.	posterior shoulder length
背幅	胸部後面でアームサイラインの1/2の高さにおける左右アームサイライン間の体表に沿った長さ.	posterior chest length
胸幅	胸部前面でアームサイラインの1/2の高さにおける左右アームサイライン間の体表に沿った長さ.	anterior chest length

とが重要である．巻尺を用いてバストなどを計測する場合には，巻尺が水平に回っていることや弛みや締め過ぎがないようにする必要がある．また，体幹部では呼吸によって周径が変化するため，呼気と吸気の中間で計る．さらに，頸付根囲はメジャーをネックラインの上に立てて計る．また，背丈や背幅などは姿勢によって値が大きく変わるため基本姿勢が守られていることが重要である．

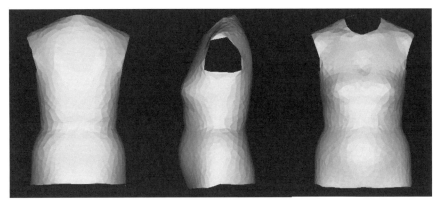

図1.1.3 高齢女性の体幹部相同モデル（107人の高齢者の平均値）[14]

2) 三次元スキャナーを用いた人体計測

近年は非接触3次元形状計測が，被服・人間工学・医学をはじめさまざまな分野で人体計測に用いられている．パターン投影法，ライン光走査方式などの多様な方法があるが[13]，一般に物体の表面に投影された線状や点状の光をCCDカメラなどで捉えて三角測量法によって多数の点の座標値として算出し，点群（point cloud）または多角形のポリゴン（polygon）として表現する．計測時間は全身でも数秒から数十秒程度である．従来の人体計測のランドマークを付けて計測するものもあるが，体表の形状からランドマークを自動抽出する技術もある．

計測データから高径・横径などの直線距離だけでなく，周径・長径などの体表長を算出することができる．しかし，計測値の算出方法や計測精度によって，3次元から算出した値と巻尺などで計測した値とは必ずしも一致しない．

一方，形を捉えるという意味では，従来の石膏法などよりも手軽で被験者への負担が少ないことや定量化が容易なことなどのメリットがある．例えば，図1.1.3は高齢者の体幹部の相同モデルの平均である[14]．このように平均の形状を求めることのほか，多次元尺度法や主成分分析法によって体つきのばらつきの要因や主成分を求め，これに基づいて仮想の形状を算出することもできる．このようなデータはポリゴンで表現されているために，3Dプリンターなどを用いて立体として出力することもでき，ボディやマネキンの設計などにも利用されている．また，表面を平面に展開するソフトもあり，直接，型紙を設計することなどさまざまな応用が試みられている．　　　　　　　　　　　　　　〔渡邊敬子〕

参考文献

1) 柳沢澄子：被服体型学，p.1，光生館，1996.
2) 日本人間工学会衣服部会：新編 被服と人体，日本出版サービス，1981.
3) U. S. Department of Agriculture, Bureau of Home Economics: *Body Measurements of American Boys and Girls for Garment and Pattern Construction*, United States Government Printing Office, 1941.
4) U. S. Department of Agriculture, Bureau of Home Economics: *Women's Measurements for Garment and Pattern Construction*, United States Government Printing Office, 1941.
5) 日本規格協会：日本人の体格調査報告書—衣料の基準寸法設定のための，1970.
6) 日本規格協会：日本人の体格調査報告書—衣料の基準寸法設定のための，1973.
7) 通産省工業技術院，日本規格協会，JIS衣料サイズ推進協議会：日本人の体格調査報告書—既製衣料の寸法基準作成のための，1984.
8) 日本規格協会：JIS L0111-1983 衣料のための身体用語.
9) 日本規格協会：JIS L0111-2006 衣料のための身体用語.
10) 人間生活工学研究センター：日本人の人体計測データ 1992-1994.
11) 人間生活工学研究センター：日本人の人体寸法データブック 2004-2006.
12) 日本規格協会：JIS Z8500-1994 人間工学—設計のための基本人体測定項目.
13) 吉澤 徹編著：最新 光三次元計測，朝倉書店，2006.
14) K. WATANABE and H. TAKABU: Analysis of three dimensional torso shape and bodice pattern of elderly Japanese women. *Proceedings of the 4th International Conference on 3D Body Scanning Technologies*, pp.384-391, 2013.

1.1.2 成長期の体型

人は胎児として月齢に応じた変化を遂げて生ま

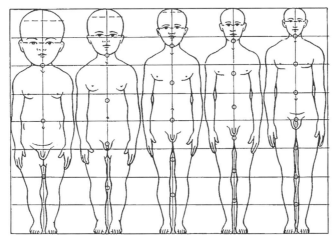

図1.1.4 Stratzの新生児から成人へのプロポーション模式図

れ，誕生後も年齢・性別に応じた特有の変化を経て，やがて完成された成人の体型となっていく．子供の体型が成人の体型の縮小でないことは，今や誰もが認識していることである．しかし，近世までの西欧社会では，子供は大人の縮小と捉えるのが一般的であった．Stratzが著書『子どものからだとその養育』の中で，子供の体型は成人とは異なる独特のプロポーションであることを報告するまで（図1.1.4），子供の体型に対する認識は低かったといえる[1]．

人々の子供に対する認識を大きく変えたのは，18世紀後半のルソーの出現である．ルソーは，「子供服は成長活動を妨げないものでなければならない」と主張し，その後の子供服の概念にも大きく影響したといわれている[2]．子供の体型や動きに応じた機能的な子供服が現れたのは19世紀後半であり，20世紀以降は，既製服産業の発達に伴い，子供服の分野も次第に確立されていく．子供，児童といった用語の年齢定義はいくつかみられるが，本項では0歳から6歳までを乳幼児期，7歳から15歳までを児童期，16歳から18歳までを青年期として，成長期の体型変化の特徴を述べる．

a. 乳幼児期・児童・青年期の体型変化

1) 乳幼児期 乳幼児の身体発育評価の基準値はいろいろあるが，一般的なのは厚生労働省が10年ごとに全国調査している乳幼児身体発育値である．計測項目は体重，身長，頭囲，胸囲の4項目で，図1.1.5は2010（平成22）年度の発育値を示したものである[3]．いずれの身体部位も新生児から1歳までの成長がめざましく，男女とも身長は出生時

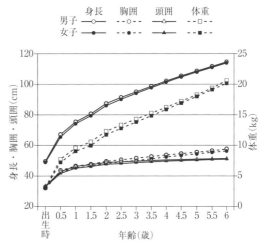

図1.1.5 出生時〜6歳までの成長（平成22年度）（文献3より作成）

の約1.5倍に，体重は約3倍になる．また，乳幼児期の身長は急増期であるため，男女とも3歳で出生時の1.9倍，6歳で2.3倍となり，体重は男女とも3歳で出生時の4.7倍，6歳で6.7倍となる．一方，胸囲は男女とも1歳で出生時の1.4倍となるが，3歳以降の増加率は少なくなる．また，頭囲は，男女とも出生時は胸囲よりも大きいが，1歳で胸囲とほぼ等しくなり2歳以降は胸囲の方が大きくなる．図1.1.4にみられるように，乳児期の体型は首が短く，頭が大きく足が短い特徴をもつ．

2) 児童期 図1.1.6は，1992〜94（平成4〜6）年に行われた7歳から90歳代までの日本人34,000人を対象とした人体計測データ[4]から，7〜19歳までの体重，身長，胸囲，胴囲，腰囲を抜粋したもの

大きいが，14歳以降は男子の値の増加が目立つ．それに対して腰囲は，15歳まで男女の差はほとんどない．児童期の体型は，幼児期に比べ脚が長くほっそりしたプロポーションといえる．

さらに，平成24年度文部科学省学校保健データ[5]から17歳（1994（平成6）年度生まれ）を対象に身長の年間発育量の推移をみると，男子は11～12歳に発育が著しく，11歳時に最大の発育量を示す．また，女子は9～10歳時に発育が著しくなり，10歳時に最大の発育量を示す．体重についても同様の傾向がみられ，男子は11歳，女子は10歳時に最大発育量を迎えており，全体に女子は男子よりも1歳程度発育が早いといえる．女子の第二次性徴と関係が深い初潮年齢は，2008（平成20）年が12.2歳と報告されており[6]，1997（平成9）年以降低年齢化が続いている．

3）青年期 成長が停止しほぼ成人体型となる17歳について，身長と体重を男女で比較すると（図1.1.6），男子は女子よりも体重が約9 kg重く，身長は約11 cm高く性差が顕著になる．胸囲についてみると，男子は10代後半から増加が著しくなるが，女子は増加量が減少し横ばい状態となる．また，胴囲と腰囲は，男子が17歳以降も増加傾向にあるのに対し，女子は19歳を過ぎるとわずかながら減少し，胴囲は20代まで，腰囲は30代まで減少する．

第二次大戦後の日本人の体格向上はめざましく，1948（昭和23）年と2012（平成24）年の17歳の身長を比較すると，2012年は男子が約10 cm，女子は約6 cm高くなっている[7]．体格の向上は，1948年度以降増加傾向を示してきたが，身長は1997～2001（平成9～13）年度あたり，体重は1998～2003（平成10～15）年度あたりに男女ともピークを迎え，その後頭打ち状態になっている．

b. 成長の性差

図1.1.7は，前掲の日本人の人体計測データ[4]から，10～18歳までの女子について身長，下肢の長さの指標となる腸骨棘高，背丈，袖丈，背肩幅，胸囲，胴囲，腰囲の計測値を抜粋し，同年齢の男子を基準としてMollisonの関係偏差折線図を描いたものである．長径項目である身長，腸骨棘高，袖丈と背肩幅は12～13歳くらいまで，胸囲と腰囲は14～15歳くらいまで男女差がなく，その後女子の値は全項目マイナスに移行する．これらのことから，女子は

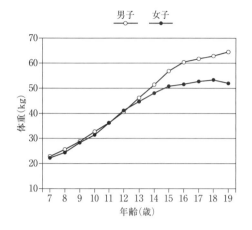
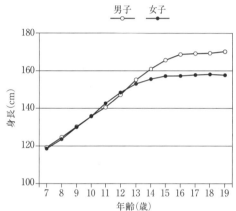
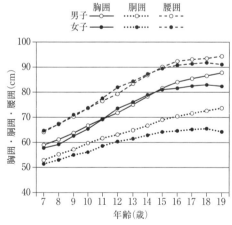

図1.1.6　7歳から19歳までの変化（文献4より作成）

である．身長と体重は，12～13歳までは男女差はほとんどみられないが，それ以降，男子の増加量は女子よりも大きくなる．胸囲は，15歳まで男女の差はないが，その後，男子の値は増加傾向を示す．胴囲は，12～13歳までは男子が女子より2～3 cm

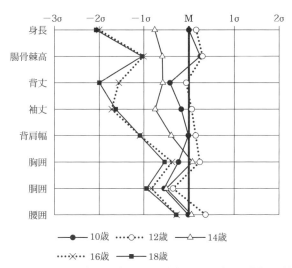

図1.1.7 Mollisonの関係偏差折線図—同年齢の男子を基準とした女子の特徴—（文献4より作成）

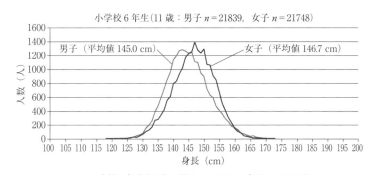

図1.1.8 身長の分布（文献7をもとに改変）

男子に比べ身長が低く，それに比例して手足が短く，肩幅や身体の厚みがなく，10代後半になると胴のくびれが大きくなる特徴をもつことがわかる．

c. 個体差

人の成長は個人差が大きいが，特に成長期にはその傾向が著しくなる．図1.1.8は身長の分布を発育量の大きい11歳と，発育が終了しつつある17歳で比較したものである[7]．男女ともに11歳のグラフは分布幅が大きく線の歪みも顕著で，個体差の大きいことがわかる．

〔雙田珠己〕

参考文献

1) 中尾喜保：新版 生体の観察，pp.66-68，メヂカルフレンド社，1981．
2) 小林治子：子供服．総合服飾史辞典（丹野 郁編），pp.171-172，雄山閣出版，1980．
3) 厚生労働省雇用均等・児童家庭局：平成22年乳幼児身体発育調査報告書，pp.31-36．
4) 人間生活工学研究センター：日本人の人体計測データ，pp.60, 61, 110, 111, 167, 168, 171, 172, 187, 188,

190, 191, 194, 195, 278, 279, 368, 369, 2003.
5) 文部科学省：学校保健統計調査—平成24年度（確定値）結果の概要，2—調査結果の概要，pp.1-10. http://www.mext.go.jp/b_menu/toukei/chousa05/hoken/kekka/k_detail/1331751.htm
6) 大阪大学大学院人間科学研究科・比較発達心理学研究室：発達加速現象の研究—第12回全国初潮調査結果，p.12, http://hiko.hus.osaka-u.ac.jp/hinorin/introduction.pdf
7) 文部科学省生涯学習政策局調査企画課：平成24年度学校保健統計調査（確定値）の公表について，pp.1-2, 2013.

1.1.3 成人体型
a. 性　差

生まれた時は体型に性差はほとんどみられないが，乳幼児期から性差が生じ，成人に達すると体格の性差が明確となる．

図1.1.9は20歳から29歳の成人男女の主な身体計測値の平均値とそれらの男女差を示したものである．すべての項目で男性の値が女性よりも大きく，特に身長，胸囲，胴囲では10 cm前後の差がある．図1.1.10の男女比でみると，身長，腸骨棘高，袖丈で女性は男性の92〜93％であるのに対し，背肩幅，胸囲，胴囲，頸付根囲，上腕囲では90％を下回り，腰囲，大腿囲では95％を超えている．これらの結果から，女性は男性に比べて小柄で，相対的に肩幅が狭く，胴くびれ型で，男性は肩幅が大きくずん胴型であることがわかる．男女の身体プロポーションを比較すると身長に対する腕や脚の長さには男女差はみられないが，肩幅，頸の太さや胴のくびれに男女差がある．

皮下脂肪は上胸位，臍位，臀位に多いが，男性

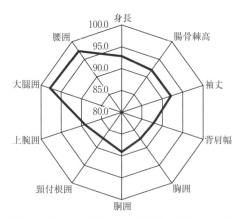

図1.1.10　20〜29歳の身体計測値の男女差の比較（文献1より作成）

は臍位で最も厚く，女性は臍位に加え，臀位でも多い．また，男性では肥満度により皮下脂肪の付き方に明確な差異がみられるが，女性では比較的痩せ型でも20％前後の皮下脂肪は付いており，女性らしい体型を形作るのに皮下脂肪は不可欠であることがわかる．

b. 体型の年代差・時代差・人種差
1) 日本人の体型の年代差　成人してからも体つきは変化する．その原因は，筋の衰えと皮下脂肪の沈着，姿勢の変化によるところが大きい．図1.1.11は年齢層別に身体計測値10項目を20〜24歳を基準とした関係偏差折線を描いて加齢に伴う体型変化を総合的に比較したものである．

男女とも長高径項目および幅径項目では減少傾向を示すが，周径項目は男性で50歳代まで，女性では60歳代まで増加傾向を示し，特に胴囲で顕著で胴くびれの少ない体型に変化する傾向にある．しか

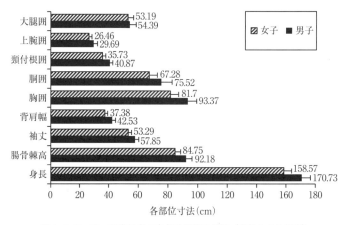

図1.1.9　20〜29歳男女の身体計測値の比較（文献1より作成）

1.1 人体形態（着衣基体）

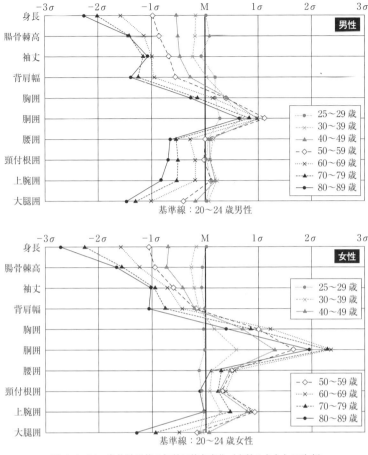

図 1.1.11　身体計測値の加齢に伴う変化（文献 2 をもとに改変）

し，男性では腰囲，頸付根囲，四肢の太さは加齢とともに減少傾向になる．大腿筋の衰えや皮下脂肪分布の変化によるところが大きいと考えられる．

また，周径項目での加齢に伴い個人差が大きくなるのも特徴である．

2）時代差　20 世紀の 1 世紀を通じて日本人の体格の向上は目を見張るものがあり，1900 年から 1990 年の 90 年間の身長の変化を文部省「学校保健統計調査報告書」の身長の平均値を用いて時代的推移をみると 17 歳の平均身長で男子 12.5 cm，女子 10.9 cm 増加し，男女とも過去 90 年間に 10 cm を超える増加がみられた．また，最新の傾向を捉えるため人間生活工学研究センター（HQL）が計測・構築した「日本人の人体計測データベース」の 1992～94 年に計測した寸法データ（以下 92-94 データと略す）と 2004～06 年に計測した寸法データ（以下 04-06 データと略す）を比較することにより，この

12 年の間に日本人の体格にどのような変化が生じたかを確認した．体格を比較する項目には，身長（図 1.1.12），体重（図 1.1.13），BMI ［＝体重(kg)／身長(m)^2］（図 1.1.14）を用い，92-94 データと 04-06 データとの年齢層別平均値を比較した．

男性については 30 歳以上のすべての年齢層で，身長，体重，BMI とも 04-06 データの方が大きく，12 年前よりも体格が大きくなっていた．40, 50 歳代では，04-06 データの BMI 値が 24 を超え肥満とされる BMI 値 25 に近い値となっており，やや太り気味になっている．女性について，25 歳以上のどの年齢層についても，身長は 04-06 データの方が高くなっているにも関わらず，一部の年齢層を除き，体重，BMI は，92-94 データよりも小さいか同程度であり，12 年前よりも体格が細くなっている．BMI 値は男性とは対照的に，20 歳代，70 歳代以外のすべての年齢層において 04-06 データの方が 12 年前

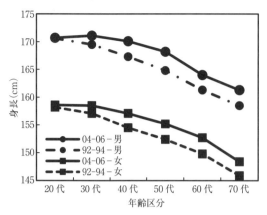

図 1.1.12 身長の年代差（文献 1 より作成）

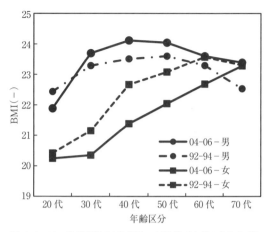

図 1.1.14 体格指数 BMI 指数の年代差（文献 1 より作成）

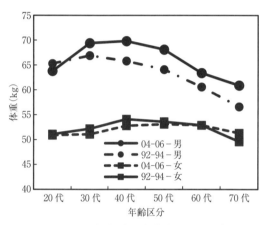

図 1.1.13 体重の年代差（文献 1 より作成）

より値が小さくなっており，全体に細身になっている．なお，20歳代の男性は，04-06データが92-94データに比べ体重，BMI値が小さくなっており，20歳代の男性のみ細身傾向であると考えられる．

3) 人種差 人種は地理的隔離により異なった自然環境に存在することにより形成され，気候に馴化するために体型の変化が生じたと考えられている．寒冷地域では体温維持に有利なように大型化するか（北欧のノルウェー人は地中海人種のイタリア人よりも大きい），北方のエスキモーのように体表の凹凸が小さい体型になり，暑熱環境では発汗による体温調節がしやすいように凹凸があり，四肢が長い傾向となる．

社会の情報化，国際化が進む中，外国規格の衣料も増えている．日本人と外国人の体型の差異を把握することは，衣服の選択・購入の際の基礎知識としても重要である．

① **欧米人との差異**： 欧米人の代表としてアメリカ人の男女（空軍資料）と日本人の体格を比較すると，男女とも身長，胴高などの高径項目，肩幅が日本人よりも大きく，男性の方がより顕著である．また，アメリカ人女性の方が日本人女性よりも胸が豊かで厚みがあり胴くびれが強く，頭部が小さい．

② **韓国人・中国人との比較**： 20歳代の日本人女性と同年代の韓国・中国の女性とで体格を比較すると，やや胴囲が大きめだが日本人に近い体格で体格が類似していることがわかった．

③ **タイ人との比較**： タイ人と日本人の高校生の体格を比較すると，男性では全項目で，女性では上肢長，下肢長，背部皮下脂肪厚を除いた項目でタイ人の方が小さく，全体に背が低く小柄な体型といえる．同じモンゴロイド系のアジア人種でもタイ人の方が暑熱適応した体型となっていると考えられる[2]．

c. 個人差・太り痩せ

体型という言葉には，巻尺などで採寸できる値で表される身体の大きさと，形を表す体型の特徴が含まれる（図1.1.15）．例えば太ると皮下脂肪が全身的に増加するがその増減の分布は一律ではない．現状の既製服のサイズは寸法で区分されるために形の

図 1.1.15 体型の特徴の要素抽出[3]

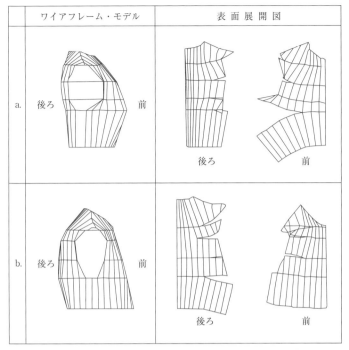

図1.1.16 体幹の形とその表面展開図（成人女性の2例）[3]

特徴，個人差を類型化するには3次元計測による形の特徴抽出などが今後の課題である．

d. バストの形状・肩形状

図1.1.16は成人女子の体幹上部を3次元計測し，結果に基づいて作成したワイアフレーム・モデルとその表面展開図で，aは鳩胸の体型，bは猫背の体型である．鳩胸では乳頭付近に大きなダーツ上の切れ目があり，胸の丸さを表現するのに大きなダーツが必要なことがわかる．猫背の例では後ろ身頃の面積が大きく背中の丸みをカバーするのにダーツやギャザーなどが必要なことがわかる． 〔**薩本弥生**〕

参考文献
1) 人間生活工学研究センター：日本人の人体寸法データブック 2004-2006, 2008.
2) 松山容子編：衣服製作の科学，建帛社，2001．
3) 丹羽雅子，酒井豊子編：着心地の追求，p.52, 放送大学，1995．
4) 柳沢澄子，近藤四郎：着装の科学，光生館，1996．

1.1.4 高齢者の体型と姿勢

a. 高齢者の体型

人の体つきは成人後も年を重ねるにつれて変化する．高齢期に入ると体型の変化や身体機能に著しい個人差がみられるようになる．それは，筋肉の衰えと皮下脂肪の沈着，姿勢の変化によるところが大きい．

図1.1.17, 図1.1.18は，人間生活工学研究センターによる首都圏や近畿圏を中心とした日本人約6,700人の1人あたり217項目の寸法計測「日本人の人体寸法データベース 2004-2006」[1]から衣服設計と関係の深い身体寸法を抜粋し，20歳代の平均値を1とした各年齢区分の相対値で示したものである．ただし，これは加齢に伴う変化と50年に及ぶ時代変化を含んでいるので注意を要する[2]．図から男女ともに身長，頸椎高，腸骨棘高，上肢長などの高径・長径項目では加齢とともに値が減少するが，乳頭高の減少が最も顕著である．頭蓋の大きさで決まる全頭高の変化は差がない．肩峰幅などの肩幅は女性に比べ男性の方が減少の割合が大きい．これは男性の肩幅に筋の発達の影響が大きいためで加齢による筋量の減少が表れていると推察される．体幹部の横径では男女ともに胴部で増加し，臀部で変化が少ない．厚径では加齢とともに男女とも胴部で特に顕著な増加を示す．体幹部の周径では男女ともに胴

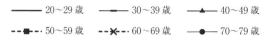

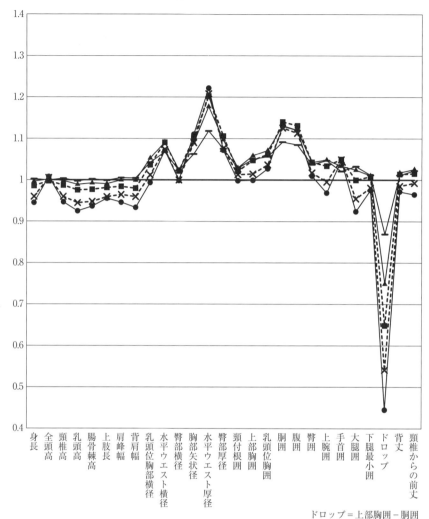

ドロップ＝上部胸囲－胴囲

図 1.1.17 加齢に伴う体型変化（男性）[1]

囲，腹囲で顕著な増加を示すが臀部の増加は少ない．男性の頸付根囲は 40 歳代まで年齢とともに増加するが，50 歳代以降減少傾向を示す．また，男性ではドロップ（上部胸囲－胴囲）の加齢に伴う減少が著しい．大腿囲は男女ともに 50 歳代以降わずかではあるが減少傾向を示す．減少の要因は脚部の筋肉の衰えにあるといえる．女性のバストカップ（乳頭位胸囲－下部胸囲）は 30 歳代，40 歳代で小さくなり，20 歳代と 60 歳代，70 歳代の差はほとんどない．頸椎からの前丈は男女とも大きく減少している．以上のように加齢に伴う変化が顕著な部位と変化の少ない部位とがあるが，加齢により男女の体型は大きく変化するといえ，身長など高径項目の減少と体幹部の周径の増加，脊柱の湾曲姿勢が高齢者の体型の特徴といえる．

b. 高齢者の姿勢

人体を側面から見たシルエットは，従来パターン設計や仮縫い・補正のために洋服製作技術者によって観察されてきた．体型観察の結果，標準体，半身体，屈伸体，肥満体などに分類され，対応するパターンが提案されてきた．高齢者特有の衣服着用時の問題点は，衣服の前後のバランスの不適合が原因であ

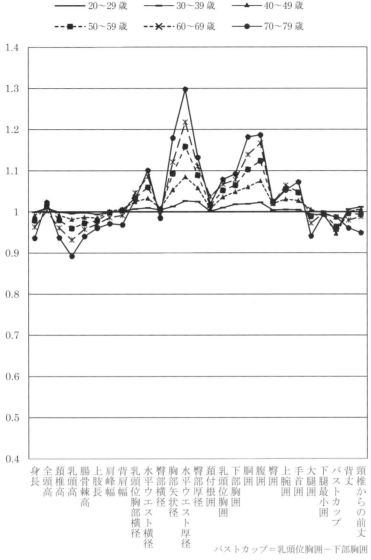

図 1.1.18 加齢に伴う体型変化（女性）[1]

ることが多い．そのため，身体の側面シルエットの情報が重要である．各年齢区分のシルエットを比較したものを図 1.1.19 に示す．

男女ともに背突点と乳頭点は加齢に伴い相対的に下がり，80歳代で顕著である．若い成人では背最突点は肩甲骨によって作られるが高齢女性では，脊柱部が最も後方に突出する例が増加する．前ウエスト点と後ろウエスト点はベルトを締める位置で衣服設計上重要であり，これらの高さには大きな変化はないが，前のウエスト点が後ろよりも高くなる現象が男女ともに 70，80 歳代にみられる．男女で傾向が異なるのは腹最突点で男性は 20 歳代で低い位置にあったのが 50 歳代で高く位置するのに対し，女性では腹最突点は若い時期から男性よりも高い位置にあり，その後あまり変化しない．女性では 20 歳代に比べて 50 歳代は体幹全体が厚く，下腹部が突出している以外に顕著な変化は認められない．しかし，60 歳代ではウエストから上の体幹部が前傾し，背中は丸く，腰部から臀部は平板になり，膝の屈曲は強くなるなど姿勢変化が認められる[4]．

〔中村邦子〕

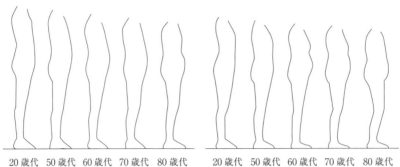

図 1.1.19 シルエットの加齢に伴う推移（文献 3 を改変）

参考文献
1) 人間生活工学研究センター：日本人の人体寸法データブック 2004-2006，2008．
2) 高部啓子ほか：衣服と人体．アパレル設計論アパレル生産論，pp.34-36，日本衣料管理協会，2013．
3) 人間生活工学研究センター：高齢者特性の類型化手法の開発報告書，p.65，2001．
4) 人間生活工学研究センター：高齢者特性の類型化手法の開発報告書，pp.57-75，2001．

1.2 運動機構

1.2.1 人体の運動機構

陸上競技の選手がスーツ姿でスタートラインに立てば物議を醸すだろう．一般に，衣服着用が身体運動を妨げることについてはよく知られている．人体の運動機構と衣類の構造やデザインは相互に関わっている．故に，被服学に従事する者には，人体の運動機構に関する知識が必要とされる．ロボットの制作や制御，義手や義足の制作，アニメーション制作，バーチャルリアリティなどにおいても人体の運動機構に関する知見が必要である．

両耳のやや前方の皮膚面に両手を押し当てて顎を開けば，関節の回転中心が前方に移動するのがわかる．膝関節運動では，接合面は滑りながら回転するので大腿骨の回転中心は移動する．つまり身体各部は，コンパスで円を描くように動くとは限らない．また，動きに応じて身体形状は変化し，発揮しうる力も変化する．許容レベルを超えて外力が加わると，骨格や筋や関節などの運動機構は障害を被る．

こうした事象に直接関係する研究領域に，身体運動学（キネシオロジー，kinesiology），生体機構学（バイオメカニクス，biomechanics），運動学（キネマティクス，kinematics），動力学（キネティクス，kinetics）などがある．また周辺科学に，制御工学，解剖生理学，運動生理学，人間工学，生理人類学，体育学，家政学，生活科学などがある．

a. 関　節

1） 骨の連結の分類　骨と骨の連結には繊維性，軟骨性，滑膜性がある．繊維性のものは不動結合である．軟骨性のものに，肋骨と胸骨の結合部や恥骨結合がある．滑膜性のものは可動結合であり，これを関節と称する．図 1.2.1 に骨の連結の分類について示す．

2） 関節運動　解剖学的立位姿勢とは，立位で両腕を体側に垂らし，手のひらを前方に向けた状態（両親指は外側に向く）であり，これが関節運動の開始基準となる．

図 1.2.2 に主な関節運動の名称を示す．上肢や下肢を体幹に近づける動きを内転，遠ざける動きを外転という．関節を構成する二つの骨の角度を小さくする動きを屈曲，大きくする動きを伸展という．骨の長軸に沿って回転する動きを回旋と称し，内側に向く動きを内旋，外側に向く動きを外旋という．なお，特に前腕部については，各々，回内および回外という．

頸部および体幹部には，前屈（屈曲），後屈（伸展），側屈（右屈と左屈），回旋（右旋と左旋）がある．

1.2 運動機構

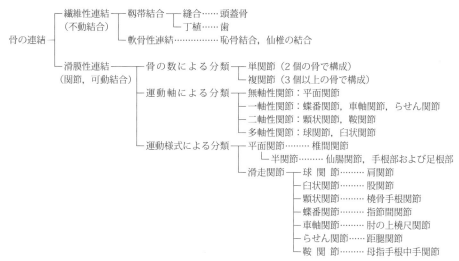

図1.2.1　骨の連結の分類（文献1をもとに作成）

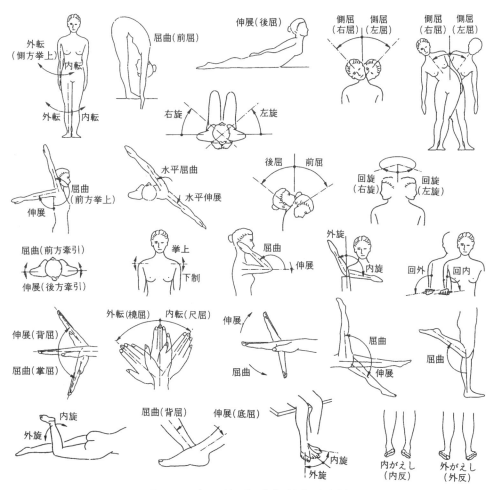

図1.2.2　主な関節運動の名称（文献2を改変）

肩甲帯において，肩を前方に出す動きは屈曲，胸を張るような動きは伸展である．同部位において，両肩を上げる動きを挙上，両肩を下げる動きを下制という．肩関節部には，屈曲（前方挙上），伸展（後方挙上），内転，外転（側方挙上），内旋，外旋，水平屈曲と水平伸展（腕を水平に体側方向に伸ばした状態から，各々，前方および後方に動かす）などがある．

手関節において，手背側への伸展を背屈，手掌側への屈曲を掌屈という．同部位の橈骨側への屈曲を橈屈，尺骨側への屈曲を尺屈という．解剖学的立位姿勢において，各々は外転および内転に相当する．足関節において，つま先を持ち上げる動きを背屈，逆方向に反らす動きを底屈，同部位にて，両足の底面が互いに内側に向く動きを内反，外側に向く動きを外反という．

分まわし運動とは，屈曲，伸展，外転，内転を組み合わせ，上肢や下肢の先が円錐型の軌跡を描く動作である．

b. 筋　　肉

1）筋肉の分類　筋肉は横紋筋と平滑筋に区分される．前者は骨格筋と心筋を，後者は心臓を除く内臓や血管などを構成する．骨格筋は随意筋であり，心筋と平滑筋は不随意筋である．

骨格筋は持続的な遅い動きに適した遅筋（slow muscle）と，速い動きに適した速筋（fast muscle）に区分される．各々，赤筋繊維および白筋繊維を多く含むため，視覚的に赤筋および白筋として区分される．各々をタイプⅠ，タイプⅡと表すこともある．なお，速筋は，持続力に富む性質のもの（タイプⅡa）と速度や筋力が大きく疲労しやすい性質のもの（タイプⅡb）に区分される．

筋は筋膜に包まれる．両端は腱となって骨に連なり，体幹に近く動きの少ない側を起始（origin），体幹から遠く動きの多い側を停止（insertion）という．筋の中央部を筋腹，起始に近い側を筋頭，停止に近い側を筋尾という．

運動に関わる筋肉の名称には，屈筋，伸筋，内転筋，外転筋，回内筋，回外筋，挙筋，下制筋，括約筋，散大筋などがある．屈筋と伸筋のように反対の動きをするものを拮抗筋という．両者が同時に収縮した状態を固縮という．

身体動作の多くは協同筋の働きによる．これらは主動筋と補助動筋に分けることができる．ある方向へ運動するとき，その作用を他方向へ打ち消す際に働くものを中和筋という．また，運動を安定させるための安定筋，関節の動きを固定するための固定筋がある．

2）筋収縮　筋収縮は静的収縮（static contraction）と動的収縮（dynamic contraction）に大別される．筋長が変化しない等尺性筋収縮（isometric contraction）は前者である．後者には，等張性筋収縮（isotonic contraction）と等速性収縮（isokinetic contraction）がある．さらに等張性筋収縮は，求心性収縮（concentric contraction）と離心性収縮（eccentric contraction）に区分される．これらは各々，関節を屈曲させながら収縮させる状態，および伸展させながら収縮させる状態をいう．

最大随意収縮（maximum voluntary contraction：MVC）とは，自らの意志で発揮しうる最大収縮である．絶対筋力（absolute muscle force）とは，筋断面積 $1 cm^2$ あたりの最大筋力を意味し，約 50 N（5 kgf）である．

c. 力学の基礎

スカラーとは，質量や時間のように大きさだけをもつ量であり，ベクトルは，これに方向を加えた概念である．方向の異なる2成分のベクトルは平行四辺形法や三角形法により合成することができ，また1成分のベクトルに対し二つの方向が与えられれば，同様の手順により2成分に分解することができる．

物体が位置を変えることを運動という．速さは，単位時間あたりの移動距離であり，「距離÷時間」で表される．速度は，速さに方向を加えた概念である．加速度とは，単位時間あたりの速度の変化率である．回転運動においては，直線運動での移動距離にあたるのが回転角度 θ であり，これに基づき角速度および角加速度が求められる．

1 N（ニュートン）とは，質量 1 kg の物体に 1 m/s^2 の加速度を生じさせる力として定義される．1 重量キログラム（kgf または kgw）とは，質量 1 kg の物体が標準重力加速度（$9.80665 m/s^2$）のもとに置かれたときの重力の大きさであり，約 9.8 N に相当する．

イギリスの科学者 Newton が確立した運動の法則は次の三つからなる．第一法則（慣性の法則）では，

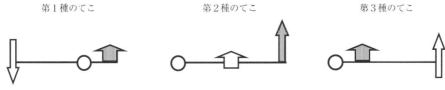

図1.2.3 てこの種類
支点は関節(図の○),力点は筋収縮(黒い矢印),作用点は身体の動き(白い矢印)に相当する.第1種のてこでは,支点の位置により,大きな力を得たり,大きな移動距離や速度を得たりする.上腕三頭筋による肘関節の伸展がこれに該当する.第2種のてこの例として,つま先立ちした状態(底屈)がある.第3種のてこでは大きな距離や速度が得られる.上腕二頭筋による肘関節の屈曲をはじめ,人体のほとんどの動作がこれに属する.

物体は力が作用しないとき,静止あるいは等速直線運動を続けるとする.第二法則(Newtonの運動方程式)では,力Fは質量mと加速度aの積に等しい($F=ma$)とする.第三法則(作用反作用の法則)では,二つの物体が及ぼし合う力は,大きさは等しく向きが逆であるとする.

運動量pは質量mと速度vの積である($p=mv$).力積Iは力Fとそれが作用した時間tの積である($I=Ft$).運動量の変化から力積を求めることができる.

$$mv'-mv=Ft$$

仕事Wは力Fと距離sの積である($W=Fs$).仕事率Pは時間tあたりの仕事である($P=W/t=Fs/t$).s/tは速さvであるから$P=Fv$となる.運動エネルギーや位置エネルギーの量に応じて仕事をすることができ,仕事とエネルギーは同等である.これより運動エネルギーEについては,$E=1/2\,mv^2$が成立する.つまりボクシングでは腕の質量mもさることながら,パンチを繰り出す速度vが威力を増すための鍵となる.

てこは支点,力点,作用点の位置関係により3種に区分される(図1.2.3).トルクNは,回転軸まわりの力のモーメントであり,力Fと回転半径rの積として表される($N=Fr$). 〔山崎和彦〕

参考文献
1) 金子丑之助:日本人体解剖学 1, pp.259-265, 南山堂, 1985.
2) 山崎和彦:衣服科学, p.15, 朝倉書店, 1994.

1.2.2 運動による人体の変形
a. 体表面の構造と変形のメカニズム
被服は体表面を被覆するものであるため,体表面の構造を知ることは重要であり,また体表面の変化を議論する上で,その区分を明確にしておく必要がある.

人の体表面の構造には,解剖学での体表区分を基に,被服構成学を中心とする被服学のための体表区分が提唱されている(図1.2.4).人の体は立っている状態で,上から頭部,頸部,体幹部,上肢,下肢に区分される.頭部には顔面部が含まれ,体幹には肩部,胸部,乳房部,腹部,腰部が,後面には背部,臀部の区分が含まれる.上肢は上腕部,前腕部,手部に,下肢は大腿部,下腿部,足部に分けられる[1,2].さらに,手のひらは手掌,手の甲は手背,足は足底,足の甲は足背と呼ばれる.

体表面の変形のメカニズムについては,筋の収縮,腱の張り出しによる変形と関節の開閉や骨の位置移動による変形(図1.2.5),および皮膚の変位・変形によると説明されている[3].筋は収縮すると筋腹が膨隆し,周長を増大させ,力を入れた肘関節の最大屈曲により上腕囲が2.0 cm増加すると報告されている[4].肘,膝,指,手首,足首の関節の位置関

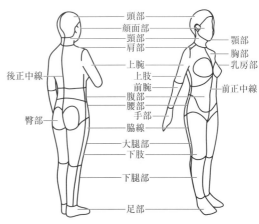

図1.2.4 被服のための体表区分[1]

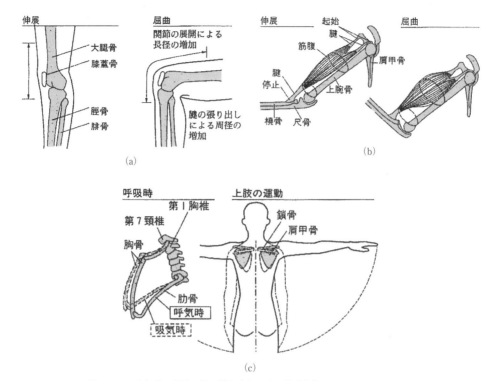

図 1.2.5 (a) 筋の収縮,腱の張り出しによる体型変化,
(b) 関節の開閉による体型変化,(c) 骨の位置移動による体型変化[3]

係の変化により体表の長さが変化するとともに,大腿部の場合は腱の張り出しに伴う周径の増加が生じる.肋骨の呼吸時の上下運動により胸郭断面が変化し,また鎖骨と肩甲骨の上下運動,すなわち上肢の上挙などにより体型変化が生じることとなる.

人の体の表面は皮膚で覆われており,皮膚は伸縮性に富み,その真皮組織は多くの弾性繊維を有している.また,皮膚表面にはさまざまなしわや,鼠径溝,臀溝に代表される溝が存在している.皮膚は指や,肘,膝などの運動時の変形の大きい関節部の屈側では溝状,伸側ではしわ状となっていて,関節の開閉に伴い,しわや溝が開閉し運動変形に適応している[5].また,皮膚と下層とのずれは運動をスムーズにし,皮膚のひきつれやゆるみを防ぐ働きをしている.このように皮膚が人体表面のさまざまな動作に対し,引きつれ,ゆるみを生じることなく対応できるのは,皮膚の伸縮性,しわ,溝の機構,下層とのずれの三つの機構が相乗的に作用しているためである[6].

b. 動作による体表の局所変化

動作による体表の変化,すなわち皮膚の変形については,運動前後の体表長の測定,未延伸糸をストッキングに縫い付けて着用し,運動後にその伸びを調べる未延伸糸法,石膏包帯により,静止時,運動時の体表を採取し,各基準線および面積の変化を調べる石膏包帯法により測定されてきた.

各種日常動作に伴う皮膚の伸び率についてみると[7],背部,臀部,大腿後面では21%,臀部では最大50.3%の伸びが,腹部から臀部の周径でも7.7%の皮膚の伸びがみられる.上肢の運動では,肘関節の屈曲に伴い肘部が最大16.8%,肩関節の運動に伴い,胴囲から腋窩,上肢内側を結ぶ線で最大36%,肩の前後で最大27.3%の皮膚の伸びがみられる.また,背部では,最大34.3%,上肢と背部を結ぶ線では最大23.8%の皮膚の伸びが観察されている.これらの変形は,横方向より縦方向が顕著な傾向にある.また,臀部の縦方向,肩部の横方向において,臀部から下肢部,あるいは上肢から背部より,臀部のみ,背部のみの変形が大で,皮膚の変形が動作によっては局所で生じることがわかる(図1.2.6).

未延伸糸法により測定されたラジオ体操第1,第2を行ったときの皮膚の面積変化率をみると[8],体

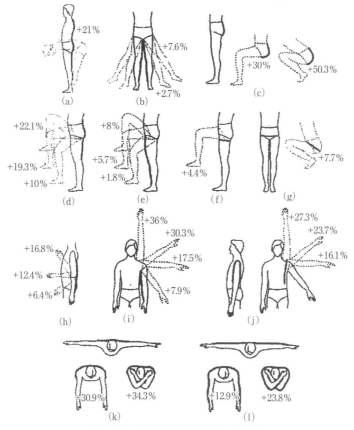

図1.2.6 日常動作に伴う皮膚の伸び率[7]

幹部の前面では外側での変化が大きく，後面では外側と腰部，肩甲部での変化が大きい．一方，胸部や下腹部の変化は小さい傾向にある．上肢および下肢では，肘部の変化が大きく，下腿は小さい傾向となっている（図1.2.7）．これらの結果は，ラジオ体操による人体の動きの体表面変化の最大値と捉えられる．

石膏包帯法による上肢運動，下肢運動に伴う胴上部および胴下部の体表面の変形の測定結果より，体表面の面積の変化を観察することができる[3, 9]．胴上部の上肢の後挙では，前面の変化が少なく，背面の肩部から腋窩部に伸展がみられる．外挙では前後面とも肩部の収縮がみられ，前挙，上挙では前後面の肩部が収縮，後腋窩部，背部が伸展し，特に上挙時の変化が著しい．胴下部では，下肢外転では，前鼠径部以外の変化は少ない．30°屈曲では鼠径部が収縮，臀部が伸展し，90°屈曲では腹部から鼠径部まで著しい収縮，背面胴部から臀溝まで著しい伸展が観察された（図1.2.8，1.2.9）．これらの局所の

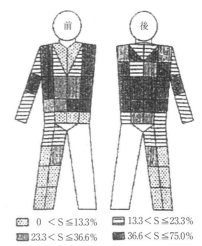

図1.2.7 体操による各部位の面積変化率[8]

皮膚の変形は，肩関節，股関節の運動が大きいほど顕著であり，関節の運動に対し，皮膚が収縮，伸展することによる対応するメカニズムが観察されている．胴下部では鼠径および臀溝部の変形が著しく，

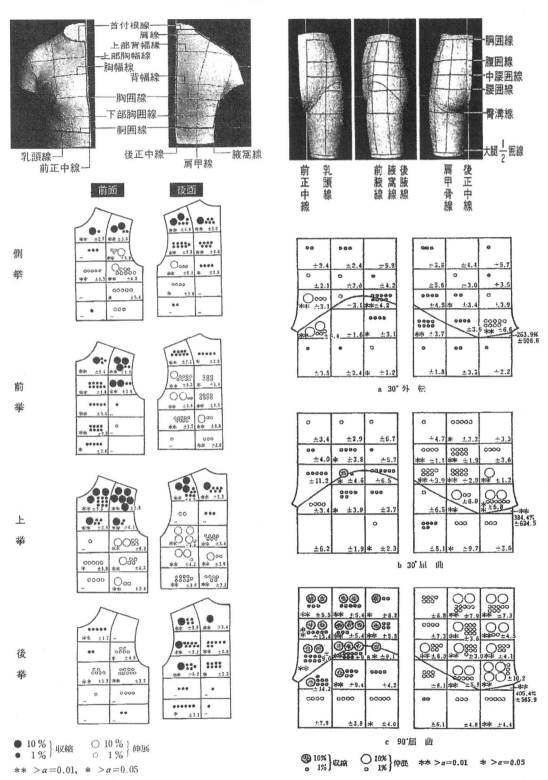

図1.2.8　上肢運動に伴う胴上部体表面の面積変化[3]

図1.2.9　下肢運動に伴う胴下部体表面の面積変化[9]

体表面の皮膚のしわ，溝の機構による局所の皮膚の変化が示されている．

そしてこのような体表面の局所変化の測定結果は，ブラウスやズボンなど，ガードルなどのファンデーション，レオタードや水着などの伸縮性素材を用いた衣服や，さまざまの運動時の衣服設計に応用することができる． 〔斎藤秀子〕

参考文献
1) 日本人間工学会衣服部会編：被服と人体，pp.47-56，人間と技術社，1970．
2) 古田幸子，中保淑子：被服構成学，pp.20-21，朝倉書店，1995．
3) 田村照子編：衣環境の科学，pp.54-59，建帛社，2004．
4) 田村照子：拘束性とゆとり．衣生活の科学（矢部章彦編），p.47，放送大学教育振興会，1981．
5) 田村照子：運動による体型変化の要因．基礎被服衛生学，pp.140-142，文化出版局，1985．
6) 間壁治子：被服のための人間因子，pp.103-106，日本出版サービス，1991．
7) 荒谷善夫：ストレッチ衣料について．繊維製品消費科学会誌，23：10-15，1982．
8) 多屋淑子，大野静枝：ゆとり量設定に関する基礎的研究．日本家政学会誌，32：210-215，1981．
9) 田村照子，斉藤秀子，渡辺ミチ：下肢動作に伴う胴ド部および大腿部皮膚面の変化（第1報）．日本家政学会誌，31：500-506，1980．

1.2.3 動作分析

動作分析の目的は，動きの時間経過と動作の関係を客観的に捉えることであり，人間工学での動作計測，リハビリテーションでの動作分析・歩行解析，スポーツフォームの解析，行動パターンの分析，シミュレーション実験など幅広い分野で使われている．被服の分野では，製品設計の基礎研究として，動いたときの人体各部位の寸法や関節の可動域の計測，体表面の形状や形態および姿勢の計測，各種スポーツウェアや作業服の機能性評価などに用いることができる．

a. 写真・映像撮影による動作分析

光線軌跡撮影法（サイクルグラフ法，cyclograph）は暗室または暗い場所で，測定点に発光体（豆電球など）を固定して，側方あるいは上方から，長時間露光で運動中の動作軌跡を撮影する方法である（図

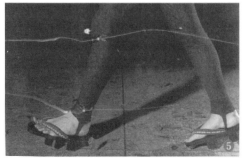

図1.2.10 サイクルグラフ法[1]

図1.2.11 ストロボ写真法（重複撮影法）[2]

1.2.10)[1]．身体部位の動揺の大きさや方向，運動時間や周期を観察でき，一定時間間隔で光を点滅させて撮影することにより，運動速度がわかる．

ストロボ写真法（重複撮影法, stroboscopic photography）は暗室または，暗い場所で断続的な光を点滅（1秒間に20回）して当てることにより，動作の分解軌跡を1枚の写真に撮影する方法である（図1.2.11)[2]．

マイクロ・モーション法（micro motion）は主に16 mmのシネカメラ1台を用いて動作を撮影し，コマ止めできる映写機と鏡を組み合わせて，1コマずつ15～25倍に写してトレーシングする手法である．コマ数，像の形態，変位（X, Y)，角度を定量的に計測できる方法として初めて動作分析に用いられ，速度，加速度，角加速度が短時間で算出できるようになった．また，メモ・モーション法（memo motion）は標準のコマ送りより遅い速度（毎分60～100コマ）で撮影し，長時間の記録を短時間に解析することができ，経済的である．

ビデオカメラによる計測では，1台のビデオカメラ（1秒間に30枚撮影）により撮影した画像の動画または静止画像から任意の位置を1コマごとに再生し，必要な動作の2次元座標を取得する（図1.2.12)[3]．距離の校正には既知の実寸法を動作画像上に撮影し，映写寸法と実寸法との演算から2次元の座標を割り出す．マーカ（多くの場合反射式，医療用両面テープで貼付）を取り付けた身体部位の速度・加速度・最高速度・最低速度・関節角度の算出および，計測点の移動軌跡やスティックピクチャの作図，体重心位置を画像とあわせて画面上に表示でき，視覚的に理解しやすい．屋外や水中撮影も可能で，実際的な状況下で長時間の撮影には有効だが，高速で複雑な動きの動作分析には不向きである．

b. モーションキャプチャ

モーションキャプチャ（motion capture）には，磁気式，機械式，光学式がある．磁気式は，測定空間に磁界を発生させる磁場発生装置と，計測点に取り付けた磁界を検出するセンサから構成される（図1.2.13)[4]．機械式は，計測点にジャイロセンサ（角速度計）や加速度センサを取り付け，直接動作を計測する（図1.2.14)[4]．光学式は，体の各部位にマーカを取り付け，その位置を複数のカメラで撮影する方法であり（図1.2.15)[5]，被服分野では，この方法が多く用いられている．

光学式モーションキャプチャは，1980年に

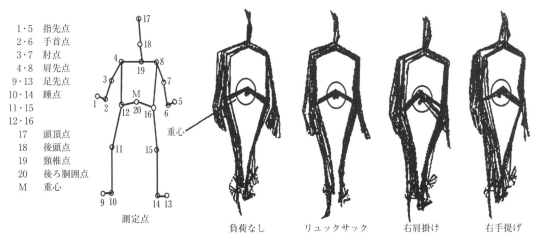

図1.2.12 肩部負荷時の姿勢の歩行時スティックピクチャ[3]

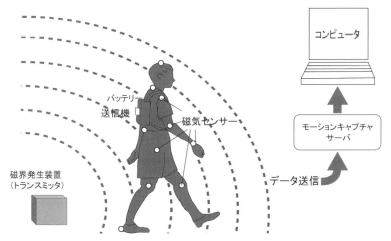

図1.2.13 磁気式モーションキャプチャ（文献4より作成）

Rashid[6]らが，測定部位にマーカ（電球）を付けて，その位置を複数のカメラで撮影し，三角法の原理で3次元座標を推定した方法による．反射輝度の高い反射マーカを計測点に貼り付け，複数の赤外線カメラを用いて，カメラ前面部に装着された赤外光源をマーカに照射し，マーカから反射される反射光を記録する．キャリブレーションにはマーカを取り付けた棒状タイプや格子グリッドが用いられ，解析ソフトを用いて，スティックピクチャを作図し，関節角度，測定部位の速度，加速度，角速度を求めることができる．欠点は，スタジオ内での測定に限定され，カメラの死角になると計測不可となること，コストが高いことである．被服分野においては，衣服の着脱動作の分析[7]，衣服のずれの分析[8]，マーカ添付部位の加速度などが求められることにより体表振動の分析[9]に用いられている．

〔嶋根歌子〕

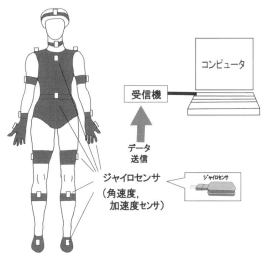

図1.2.14 機械式モーションキャプチャ（文献4より作成）

参考文献

1) 近藤四郎：はきもの，p.25，岩波写真文庫，1954（復刻ワイド版 1988）．
2) 浅見俊雄，石井喜八，宮下充正，浅見高明，小林寛道：身体運動学概論，p.308，大修館書店，1976．
3) 嶋根歌子：肩部負荷が歩行姿勢に与える影響．繊維製品消費科学会誌，42(5)：312-316，2001．
4) 東北大学渡部信一研究室：東北伝統芸能アーカイブス，http://www.watabe-lab.org/info/2013/03/20130318140418.html
5) ZeroCSeven社：慣性センサ式モーションキャプチャーシステム構成例，http://ZeroC7.jp/products/mvn_biomech/MVN_Biomech.pdf
6) R. F. Rashid: Toward a system for the interpretation of moving light displays. *IEEE Transaction on Pattern Analysis and Machine Intelligence* (PAMI), 2(6)：574-581, 1980.
7) 渡邊敬子，中井梨恵，岡村政明，大村知子，矢井田修：高齢女性の前あき上衣の構造と着衣動作および着やすさとの関係．日本家政学会誌，60(2)：111-121，2009．
8) 薩本弥生，斉藤秀子，田村照子：ブラジャーのバックパネルの設計条件が動作適合性および快適性に及ぼす影響．デサントスポーツ科学，29：46-55，2008．
9) 斉藤秀子，田村照子：運動時の体表振動特性とレオタードの体表振動抑制効果．デサントスポーツ科学，26：110-119，2005．
10) 長町三生編：生活科学のための人間工学，p.43，朝倉書店，1989．
11) キッセイコムテック：三次元動作解析システム Kinema Tracer システム構成例，http://www.kicnet.co.jp/medical/biosignal/kinematracer/example.html

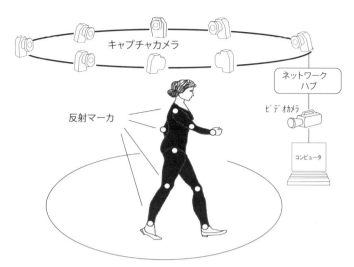

図 1.2.15 光学式モーションキャプチャ（文献 5 より作成）

1.3 皮膚の構造と機能

1.3.1 皮膚の構造

皮膚は身体の最外層に位置し，外界に対して障壁をつくって外部環境から生体内部を保護している．皮膚にはさまざまな構造と機能が備えられており，皮膚内部では巧妙なメカニズムによって生体を維持するための重要な役割を担っている．ヒトと他の動物の皮膚との大きな違いは，汗腺が全身に分布していることと毛皮でないことである．皮膚はその構造上の特徴から表皮，真皮，皮下組織の3層に大別され，その内部には毛包，皮脂腺，汗腺などの付属器官や，血管，リンパ管，末梢神経および触覚などの感覚受容器を含んでいる[1]．

1) 表 皮 表皮は皮膚の最外層に位置し，主に角化細胞（ケラチノサイト）で構成される．表皮の厚さは身体の部位によって異なるが，掌や踵など特に厚い部位以外では約 0.1 mm 程度の薄い層である．表皮中では，角化細胞の増殖，分化，脱落が一定の周期で繰り返されており，分化の進行程度により4層に区分される．一番深い基底層で分裂・増殖した後上行し，有棘層，顆粒層，角層の順に分化が進行するが，この各段階では，バリア能の主体である角層を形成するために必要な各種成分が巧妙なメカニズムのもとに準備される．角化細胞同士はデスモソームと呼ばれる構造を介して強固に結合しているが，角層の最上部ではデスモソームが分解され，表面の細胞は脱落していく．角層の水分や脂分の低下により，皮膚表面は，乾燥して粗糙となり，図 1.3.1 に示すように時には細かな鱗屑を伴った肌荒れした状態となる．

表皮には角化細胞以外に，メラノサイトが基底層に点在し，紫外線吸収能の高いメラニン色素をもつ顆粒を産生して角化細胞に送り込んでいる．また，骨髄由来のランゲルハンス細胞は，角化細胞の間に一定の間隔で配置され，侵入物に対して捕捉網を張り巡らせている[2]．

2) 真 皮 表皮の下側には，表皮の十数倍の厚さをもつ真皮が存在する．真皮の主な成分は，膠原線維（コラーゲン線維），弾性線維（エラスチン線維），およびフィブロネクチンやプロテオグリカンに代表される，いわゆる細胞外マトリックスと称される生体高分子とこれらの合成／分解を主な任務とする線維芽細胞である．

コラーゲン線維は真皮乾燥重量の約 70% を占め，ほとんど伸縮しない線維であり，内部臓器を閉じ込める働きをしている．一方，エラスチン線維は弾力性のあるゴムのような線維で，真皮乾燥重量の1〜2%にすぎないが，皮膚に弾力性を与え変形した皮膚を元の形に戻す働きをする．この両線維は，加齢

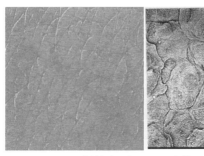

表面がうるおっている皮膚

乾燥した皮膚（荒れ肌）

図1.3.1　皮膚の表面状態
マイクロスコープによる拡大画像（左，×50）と角質細胞の電顕画像（右，×1000）

や日光曝露によって量的，質的に変化することが知られており，この変質がしわやたるみの発生と関係している．線維成分の間には，ヒアルロン酸，デルマタン硫酸，コンドロイチン硫酸などのプロテオグリカンが存在し，多量の水分を抱えこんでいる．

3) 皮下組織　真皮の下側には脂肪細胞を主とする皮下組織がある．脂肪細胞の内部は大部分を中性脂肪が占め，細胞核やミトコンドリアは一側に偏在している．この皮下組織は体温の保持が主な役割と考えられているが，エネルギーの貯蔵や外部からの物理的衝撃に対するクッションとしても機能している．

4) 付属器官

① **毛器官**：　毛は頭髪，髭，脇毛，胸毛，陰毛などの硬毛と，その他身体の大部分を被う毳毛（ぜいもう）に大別される．また，手掌，足蹠，口唇にはない．毛は皮膚の表面から外に出ている毛幹と，皮膚内部にある毛根に分けられ，毛根は表皮および真皮の延長物である毛包（毛嚢）で包まれている．

毛は一定期間成長した後にはその成長を止めて，休止する時期に入り，ついには脱落する．しかし，毛包は残り，そこから新しい毛根が発生して成長を開始する．このサイクルは毛周期と呼ばれ，成長期，退行期，休止期に区分される．ヒト頭毛では成長期は3〜5年，退行期は2〜3週間，休止期は3か月程度とされている[3]．

② **皮脂腺**：　皮脂腺はトリグリセライド，ワックスエステル，スクワレンなどの皮表脂質（皮脂）を産生し，毛漏斗部を通して皮膚表面に排出している．皮脂腺は手掌，足蹠を除いたほぼ全身の皮膚に存在し，部位によって大きさや分布密度は異なるが，微細構造に差異はない．顔面や頭部では大きく数も多い（800個/cm^2）が，四肢では少ない（50個/cm^2）[3]．分泌される皮脂の機能としては，従来考えられていた水分蒸散の抑制というよりは，皮膚表面に潤滑性を与え，同時に角層の水分を適度な状態に保持する役割を果たしていると考えられている[4]．

③ **汗腺**：　汗腺は主に汗を分泌し体温上昇を抑制する役割を担っている．発汗には，このような温熱性発汗に加えて，精神的緊張によって手掌，足蹠，腋窩に起こる精神性発汗がある．汗腺には，ほぼ全身に分布するエクリン汗腺と，腋窩部，外耳道など特定部位に存在し特有の臭気を発するアポクリン汗腺の2種類がある．エクリン汗腺は糸状の管をまるめた糸屑状の腺体を真皮下層あるいは皮下組織内にもち，導管を通して皮膚表面に開口する．一方，アポクリン汗腺も同様の形態を示すが，皮膚表面ではなく毛包上部に開口する．

5) 全身系器官

① **血管**：　皮膚中の血管は，細胞に養分や酸素を供給し老廃物を排出すると同時に，拡張と収縮によって体温を調節する器官でもある．皮下組織から真皮に侵入した動脈は，まず深層の真皮動脈網を形成した後上行し，真皮表層で第2の動脈網（乳頭下動脈網）を形成する．さらに，この動脈網から分枝した血管は真皮最上層の乳頭層にある毛細血管につらなっている（表皮内には侵入しない）．真皮から環流する静脈も，動脈と同様に浅，中，深層の静脈網を形成している．また，毛包や汗腺の周囲には，網状に取り囲むように血管が分布している．

② **リンパ管**：　リンパ管は，血管系から皮膚組織に浸透した成分のうち血中に戻れなかった成分を収容しリンパ節を通して静脈に戻すと同時に，細菌，異物，および免疫関与細胞（リンパ球，ランゲルハ

ンス細胞など）を運搬する役割を果たしている．毛細リンパ管は真皮中で網目を形成するが，乳頭層以上には存在しない．

③ **神経系**：皮膚中には，知覚神経終末や感覚受容器など感覚を中枢に伝える神経系と，自律神経終末など皮膚機能の調節に作用する神経線維が複雑に入り組んでいる．

知覚神経系の主なものに，触覚の受容器官であるメルケル細胞（表皮最下層や外毛根鞘に散在）や毛嚢周囲の棚状神経終末（立毛筋結合部〜皮脂腺開口部に存在），触覚・圧覚の受容器官であるマイスナー小体（手掌などの無毛部皮膚の真皮乳頭層に存在），パチニ小体（真皮中層〜下層に存在），痛覚の受容器官である自由神経終末（真皮上層から乳頭層に多く存在）がある．

また，エクリン汗腺周囲，毛嚢の立毛筋周囲，真皮の血管周囲に存在し，各器官の機能を調節している．また，表皮中のランゲルハンス細胞は神経終末と接触し，神経ペプチドCGRPの影響を受けている[5]．その他，メラノサイトや肥満細胞と神経系との関係についても近年研究が進められている．

〔村上泉子〕

参考文献
1) W. Montagna, et al.: Overview of skin. *Atlas of Normal Human Skin* (W. Montagna, A. M. Kligman and K. S. Carlisle eds.), pp.4-5, Springer-Verlag, 1992.
2) 小澤宏明, 相場節也：免疫機構としての皮膚—角化細胞, ランゲルハンス細胞を中心として．フレグランスジャーナル, 13 (5): 20-26, 1995.
3) 黒住一昌：皮膚の付属器官. 現代皮膚科学体系 3A (山村雄一, 久木田 淳, 佐野栄春, 清寺 眞編), pp.133-160, 中山書店, 1982.
4) 大城戸宗男, 安部 隆：皮脂腺の脂質代謝. 現代皮膚科学体系 3B (山村雄一, 久木田 淳, 佐野栄春, 清寺 眞編), pp.83-98, 中山書店, 1982.
5) J. Hosoi, G. F. Murphy and C. L. Egan et al.: Reguration of Langerhans cell function by nerves containing calcitonin gene-related peptide, *Nature*, 363: 159-163, 1993.

1.3.2 皮膚の生理機能

皮膚の生理機能には，バリア機能，静菌・緩衝作用，体温調節作用などがある．これらの機能により，私たちの身体は守られている．

a. バリア機能

1.3.1項で述べたように，角層は，外界からの侵入物を防ぐとともに，生体組織に必須の水分を保つという最も基本的な防御機能を担っている．その角層の外側，すなわち皮膚表面には，皮脂腺由来の脂質（主にトリグリセリド：不溶性）やケラチノサイト（角化細胞）由来の脂質（主にセラミド：可溶性）が，汗や水分と乳化した状態で皮脂膜を形成している．皮脂膜もまた，生体内で必要な水分が体外へ放散されるのを防ぐとともに，体内へ外的刺激が及ばないよう，外環境に対するバリアとして作用する．なかでも，角質細胞間に分布するセラミドは，皮表の水分保持とバリア機能において，きわめて重要な役割を果たしている．アトピー性皮膚炎患者では，セラミド産生低下が確認され，病態との関係性が推測されている[1]．図1.3.2に，健常な皮膚とバリア機能の低下したドライスキンの模式図を示す．

b. 静菌・緩衝作用

皮脂膜の存在により，皮膚はpH 4〜6の弱酸性であり，酸やアルカリのものが皮膚に接触しても，緩衝作用により弱酸性のpHに戻っていく．この弱酸性環境下では，細菌の侵入・増殖が起こりにくく，一方，皮膚のpHが高くなると，細菌繁殖を起こしやすくなり，皮膚の感染症の危険性が高まる．

c. 体温調節作用

皮膚は，外界の温度変化に応じて，体温一定保持に寄与する働きをなす．寒冷下，アドレナリン作動性交感神経の支配する血管平滑筋と立毛筋において，血管が収縮し皮膚温を下げ，立毛筋が収縮し鳥肌を作り，熱の放出を抑制する．暑熱下，コリン作動性交感神経の支配するエクリン汗腺が活動し，すみやかに大量の汗を分泌することで短時間に体温を下げる．また，皮下脂肪は環境温度と体内温度の差を保つための遮断層として働き，体温保持作用が高い．面積の広い背部では真皮が厚く，体温保持に貢献している．

d. 紫外線防御機能

表皮基底層に点在するメラノサイトは，紫外線吸収能の高いメラニン色素を産生し，紫外線から内部臓器を保護している．このメラニン産生機構に何らかの異常が起こり，メラニン色素が過剰に産生されるとしみやそばかすなどのトラブルが生じる．

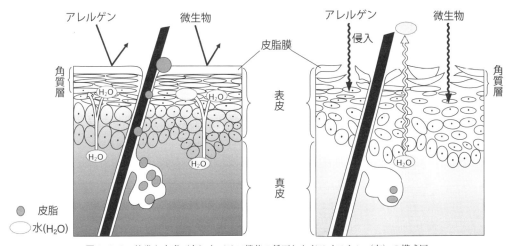

図1.3.2 健常な皮膚（左）とバリア機能の低下したドライスキン（右）の模式図
健常な皮膚では，体内の水分が保持され，外界からの微生物やアレルゲンなどの侵入が妨げられるのに対し，バリア機能の低下した皮膚では，角質層の隙間から水分が逃げ出し，外界からの侵入が容易となっている．

e. 感覚機能

皮膚は触覚，痛覚，冷覚，温覚などの感覚受容器でもある．皮膚中の末梢神経を介したこれらの感覚は，危険を察知したり，物の表面状態を把握するなど，日常生活において重要な役割を果たしている．

f. 皮膚の生理機能測定

近年，アトピー性皮膚炎や敏感肌，ドライスキンなど，皮膚の疾患や不具合を抱える人の割合が増加している．そこで，直接皮膚に接触する衣素材への低刺激性が求められるとともに，衣素材を取り扱う側にも皮膚生理機能測定法への理解が必要となっている．ここでは，皮膚のバリア機能に関する測定項目を取り上げる．

1) 経表皮水分喪失量（transepidermal water loss：TEWL） 皮膚の表皮透過バリア機能（物質の透過を抑制し，自らの物質をとどめておく機能）を評価する上で，最も重要なパラメータの一つである．蒸発計を用い，温度20〜22℃，湿度60%以下の無風環境下で，皮表からの水分蒸散により生じる水蒸気分圧の勾配を二つの電気容量センサで測定し，$g/m^2/h$ の単位で算出する[2]．アトピー性皮膚炎患者では，病変部で高値を示し（図1.3.3），また，環境湿度を低下させた際にTEWLが増加し，湿度環境に対する適応力の低いことが指摘されている[4]．

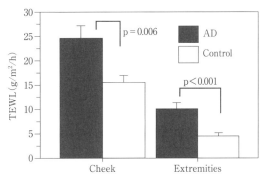

図1.3.3 健常肌被験者とアトピー性皮膚炎患者のTEWL値[3]
アトピー性皮膚炎患者では，顔面，四肢部ともTEWLレベルは有意に高い．

2) 角層水分量 皮膚バリア機能の障害の際，角層水分量の異常を伴うことが多い．角層はその水分量に依存した誘電体媒質であることから，角層水分量は皮膚伝導率により非侵襲的に測定できる．プローブを皮膚表面に一定圧で押し当て（図1.3.4），表皮のおよそ60〜100 μm 程度の深さまで，水分量測定が可能である．測定時の環境条件として温度20〜22℃，湿度40〜60%程度が望ましく，被験者の皮膚表面粗さに影響を受ける点は注意すべきである[5]．

3) 皮表脂質検査 皮脂腺由来の脂質は脂腺機能を，角質細胞間脂質は皮表の水分保持機能を，主に反映している．皮脂の採取には，吸着法（綿球に有機溶媒を含ませて拭き取った後，油とり紙を3時間圧迫固定し採取）やカップ法（径3 cmのガラスシリンダーを皮表に密着させ，有機溶媒を満たして脂質を抽出）が，脂質の組成分析には，薄層クロ

図 1.3.4 corneometer による角層水分量測定の様子

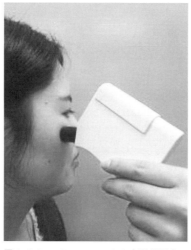
図 1.3.5 sebumeter による皮脂量測定の様子

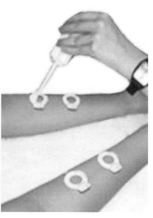
図 1.3.6 シリコン系樹脂を用いた皮膚レプリカ採取の様子

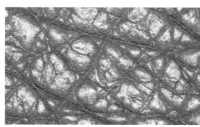

図 1.3.7 共焦点レーザー顕微鏡による皮膚レプリカ画像計測例
表面粗さ小・肌理が整った健常な皮膚（左）と表面粗さ大・バリア機能の低下した皮膚（右）

マトグラフィー，カラムクロマトグラフィー，ガスクロマトグラフィー，マススペクトログラフィー，赤外吸収スペクトルなどが用いられる．また近年，半定量的評価法セブメトリー（sebumetory）が，分泌された皮脂量の計測法として汎用されている（図1.3.5）．これは，不透明なプラスチックフィルムに皮脂を採取し，フィルムに照射光を透過させ透過率を計測，付着した脂質量を $\mu g/cm^2$ の単位で算出する測光的手法で，短時間で簡便に計測でき，高い再現性をもつ．

4）皮膚表面 pH 皮膚表面の pH 値は，角層中の水溶性物質，分泌され変質した汗と脂質，二酸化炭素拡散などにより変動する．計測には，作用電極と参照電極が一体化した平面電極が用いられ，直径 10 mm ほどの接触で非侵襲的に測定可能である．温度 20～22℃，湿度 40～60％の環境下で，15分以上馴化し発汗していない被験者において計測する．

5）皮膚血流 レーザー組織血流計を用いる．プローブを測定部位へ密着させ，赤血球にレーザー光を照射し，その散乱光のドップラー効果から皮膚血流の流速・流量を測定する．測定可能な範囲は，プローブ下 1～2 mm 半球程度である．温度変化に対する末梢血管反応やパッチテストとの併用による皮膚障害評価に有効である．

6）皮膚表面形状微細3次元構造 皮膚表面形状を定量的・非侵襲的に評価する手段として，皮膚レプリカを採取し，その3次元構造を共焦点レーザー顕微鏡で解析する手法が挙げられる（図1.3.6，1.3.7）．得られた皮膚レプリカ（皮膚とは凸凹が逆）から面粗さパラメータを算出し，皮膚表面粗さや肌理を評価する．繊維製品と皮膚の接触・摩擦が，皮膚のバリア機能や表面構造の微小変化に及ぼす影響について検討していく際，有効である[6,7]．

〔佐藤真理子〕

参考文献
1) G. Imokawa, A. Abe, K. Jin, Y. Higaki, M. Kawashi-

ma et al.: Decreased level of ceramides in stratum corneum of atopic dermatitis: An etiologic factor in atopic dry skin? *J. Invest. Dermatol*, 96 : 523-526, 1991.
2) 片山一朗, 上田哲也, 橋本 隆, 古江増隆, 渡辺晋一：皮膚科学, 文光堂, 2006.
3) H. Kobayashi, K. Kikuchi, Y. Tsubono and H. Tagami: Measurement of electrical current perception threshold of sensory nerves for pruritus in atopic dermatitis patients and normal individuals with various degrees of mild damage to the stratum corneum. *Dermatology*, 206 : 204-211, 2003.
4) 阪野弘之：成人型アトピー性皮膚炎患者における温度変化と皮膚バリア機能. 愛知医会誌, 29：7-13, 2001.
5) 田上八朗監訳：敏感肌の科学, フレグランスジャーナル社, 2007.
6) K. Park, 田村照子：共焦点レーザ顕微鏡による皮膚表面性状の分析. 繊維製品消費科学会誌, 51（4）：338-345, 2010.
7) 佐藤真理子, 田村照子：スポーツウェアのトライボロジー. トライボロジスト, 58（1）：10-16, 2013.

1.4 人体生理

1.4.1 体温とその測定

a. 核心温（体温）とは

人を含む恒温動物の体温は，自らの高い代謝によって産生された熱を適切に外界へ放散することによって，通常それらが生活する環境温度より高く，ほぼ一定の体温を維持している．体内の生命現象のほとんどは代謝に依存し，温度に敏感な酵素によって行われているため，体温を狭い範囲内で一定に維持することがきわめて重要となっている．私たちが健康で快適な生活を送るためには，高い体温調節機能が要求されるのである．

身体内部の温度は常に一様になっているわけではなく，部位によって著しい差がある．図1.4.1は，寒冷環境と暑熱環境における体内の温度分布を断面として模式的に示している．人体は，外気温の影響をほとんど受けず温度変化の少ない核心部（core）と，外気温の影響を強く受ける末梢組織からなる外殻部（shell）とに分けられる．この区分は解剖学的なものではなく，生理的・機能的な考えに基づくものである．核心部の温度を核心温（体温または深部体温ともいう）といい，具体的には頭部の脳や体幹内部の心臓, 肝臓, 腎臓, 消化器などの重要な臓器・組織が存在する部位を示している．外殻部を代表する温度としては皮膚温が利用されている（1.4.2項参照）．

b. 核心温（体温）の測定

核心温として体内の特定部位の温度を測定する場合，少なくとも以下に示す条件を満たすことが必要である．
① 代謝や体内諸臓器の機能に直接関係する部位の

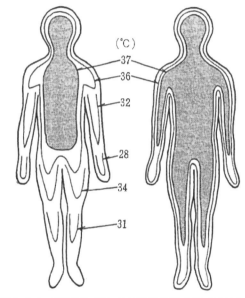

図1.4.1 寒冷環境（左）および温暖環境（右）における体内温度分布の透視図[1]

温度であること
② 全身の温度の推移を示しうる部位であること
③ 個々の外的あるいは内的条件で無意味に変動する影響を受けない部位であること
④ 外部から比較的容易に測定できる部位であること

これらの条件を満たす部位の温度として，生体内部における熱の授受は主に血液によって行われることから，大動脈出口付近の血液温を体温の基本と考えるべきであるとされ，この温度を最もよく反映する指標として食道温が実験的には用いられている．しかし日常的に食道温を測定するのは困難なので，こ

れに近い条件を満たす温度として，入口から8cm以上の深さで測定する直腸温が最も広く用いられている．さらに上記の条件を十分に満たしているとは言い難いが，口腔温（舌下温）や腋窩温が代用として日常的に用いられている．それに体温調節の中枢がある脳温の指標として鼓膜温が測られることもある．いずれも核心温ではあるが，これらの部位で測定された温度レベルや変化速度は必ずしも一致しないため，それぞれの温度の生理的な特徴とその意義を理解して利用する必要がある．

c. 核心温の相互関係

1) 下肢温浴時の直腸温，食道温，鼓膜温の変化　図1.4.2には，室温25℃環境で水温42℃の下肢温浴を60分間負荷した際の核心温3種類の変化を示している．温浴55分以降には，いずれの核心温でもほぼ0.5℃の上昇で差異は認められなかったが，温度上昇の速度には著しい違いが認められ，食道温，鼓膜温，直腸温の順に速かった．定常状態に到達するまでの時間は，食道温では約20分，鼓膜温では約30分，直腸温では約55分と大きな差異が認められた．

2) 自転車運動時の直腸温と食道温の変化　図1.4.3は25～28℃の環境下で健康な男子24名に，98W（ワット）強度（心拍数：約145拍／分）の自転車運動を60分間負荷した際の核心温の変化を示している．食道温は運動時に素早く上昇し約20分で定常状態に到達したが，直腸温の上昇は緩やかであり，定常状態までには約60分を要している．下肢温浴の場合とは異なり，到達した核心温レベルは，両者に著しい差異が認められた．食道温の上昇は0.5℃であったが，直腸温は1.0℃であった．これは運動中に骨盤内筋肉の静的筋収縮による熱産生の亢進と消化管血流量の減少に伴い熱移動が抑制された結果と考えられている．このように，安静時と運動時では直腸温への影響因子が異なることに留意する必要があろう．

3) 種々の核心温変化　生活レベルでは，最も多く測定されている口腔温（舌下温）と腋窩温の差は，臥位時には口腔温の方が0.2～0.3℃高いが，椅座位時にはその差が0.3～0.5℃に広がる．しかし入来ら[2]は，1,022名の被験者について5分間測定した口腔温（舌下温）と10分以上測定した腋窩温を比較したところ，口腔温（舌下温）の方が0.14℃高かったと報告しているが，偏差は大きく1℃以上の例もあり一定していない．

種々の核心温の変化のうち，生理的な体温調節反応とよく一致するといわれるのは，体温調節中枢の存在する脳温の指標としての鼓膜温と，大動脈の血液温を反映する食道温であるが，いずれも日常的な測定に適していないため，生活レベルで精度の高い核心温測定法の開発が求められている．

d. 核心温（体温）の変動

核心温は体温調節作用によりほぼ一定に維持されているが，以下のようなさまざまな因子によって変動することが知られている．種々の衣服を着用した人の健康や快適性に関する研究などで核心温の測定を行う場合には，考慮しなければならないことである．

1) 筋肉運動　運動や作業時に消費されるエ

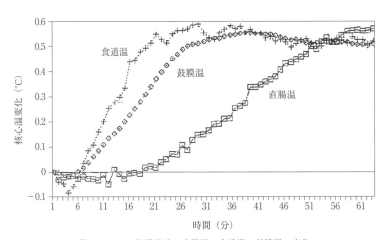

図1.4.2　下肢温浴時の直腸温，食道温，鼓膜温の変化

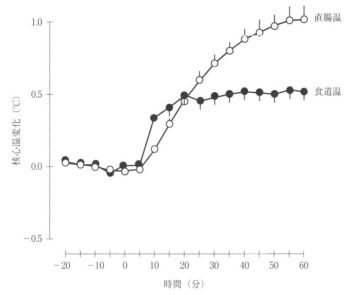

図1.4.3 60分間の自転車運動時における直腸温と食道温の変化

ネルギーのうち,仕事(機械的なエネルギー)に変換できるのは通常20～25％程度であり,それ以外の部分は最終的に熱となるため,持久的な運動・作業では核心温の上昇につながる.温度上昇のレベルは仕事量の絶対値ではなく,各人の最大酸素摂取量の相対値(％)に比例する.すなわち同じ筋肉運動を行う場合,持久的な体力が強い最大酸素摂取量の高い人は核心温の上昇度が小さくなるのである.

2) 女性の性周期 女性ホルモンがおよそ28日周期で変動することに伴い,核心温に性周期が存在する.エストロゲンのみが増加する排卵期には卵胞期より0.2～0.3℃低下するが,排卵後にプロゲステロンとエストロゲンが増加する黄体期には0.3～0.5℃高くなることが知られている.

3) 概日リズム 人の核心温は約24時間を周期とする概日リズムを示す.早朝に最も低く,日中の活動時には上昇を続け夕方に最も高くなった後,深夜から早朝にかけて再び低下するのである.変動する振幅の大きさは,口腔温(舌下温)で0.7～1.2℃にも及ぶ.そのため,生体反応などを観察する場合には概日リズムによる影響に留意することが肝要である.

4) 暑熱・寒冷曝露 核心温は外気温の変化には影響されにくいが,極端な暑熱や寒冷曝露では体温調節機能の限界を超える場合がある.暑熱曝露により核心温が40.5℃を超えると熱中症の危険性

が増大する.一方,寒冷曝露により核心温が35℃より低下する場合には低体温症の危険性に注意しなければならない.

5) 食物摂取 食物を摂取するとエネルギー代謝が亢進して核心温が上昇する.この現象は,これまで特異動的作用と呼ばれていたが,現在では食事誘導(性)体熱産生(diet-induced thermogenesis:DIT)といわれている.これは味覚,嗅覚などの感覚神経系を介するエネルギー代謝の亢進と,食品の消化吸収によるものである.DITの大きさを食事として摂取するエネルギー量に対する比率で示すと,タンパク質では約30％と高く,糖質,脂質では約7％で,日本人の通常の食事では約8％である.食事摂取後に上昇する核心温の変化は,食事の質と量によって大きく異なる.　　　〔平田耕造〕

参考文献
1) 中山昭雄編:温熱生理学,理工学社,1981.
2) 入来ら:健常日本人の口腔温.日本生気象学会雑誌,25:163-171,1988.

1.4.2 皮膚温とその測定

a. 皮膚温

皮膚温とは,皮膚表面の温度のことである.外界の温熱環境や着衣などによって身体内部と皮膚表面間の熱の移動量は変動する.その移動熱量の大小に

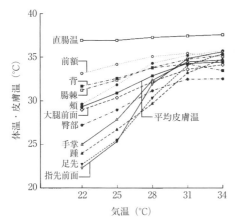

図 1.4.4 環境温度条件と皮膚温の関係（文献 1 をもとに改変）

より皮膚温は変化し，その変動幅は体温より大きい．身体内部からの熱の移動は，主に皮膚表面の血流量の増減による対流および皮下組織および下部器官（筋肉や内臓）からの伝導によって変化する．さらに，皮膚表面から外界への熱移動量によっても皮膚温は変動する．すなわち，外界の温熱条件や着衣の変化に対しての応答があり，皮膚温の測定は体温調節反応の指標の一つとすることや，主観評価である温冷感と関連させて考察することができる．

暑熱環境下では，皮膚表面の血管を拡張させて四肢末端（手足）まで熱を運び，身体からの熱放散を促進させるので，皮膚温は躯幹部（胴体）から手足の末端までの全身で差が小さく均一になり，全体的に 33～35℃ 前後の比較的高い値を示す．一方，寒冷環境下では，頭部や躯幹部表面の皮膚温変化は小さいが，四肢の血管収縮により，手足の皮膚温を低下させ，放射・対流・伝導という乾性熱放散量を小さくするので，全身の皮膚温のバラツキが大きくなる．環境温度と各部位皮膚温の関係を図 1.4.4 に示した．特に手指および足趾の皮膚温は，10℃ 近くまで低下することがある．指尖皮膚温の低下は，指先の感覚を鈍くし，手指の巧緻性を低下させる．低下がさらに大きくなると痛みが生じる原因となる．寒冷曝露時に寒冷血管反応（hunting reaction または cold-induced vasodilation）が起こる．これは，寒冷刺激による凍傷への防御反応といわれる．

b. 平均皮膚温（mean skin temperature：MST）

前述のように，皮膚温は部位によって異なるため，身体表面各部位の皮膚温を数か所測定することに

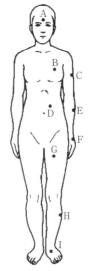

図 1.4.5 平均皮膚温算出に用いられる測定部位（「栃原 裕：体温調節の仕組み，新しい衣服衛生（中橋美智子，吉田敬一編），改訂第 2 版，p.15，1977，南江堂」より許諾を得て抜粋し転載．

表 1.4.1 平均皮膚温算出に用いる重み付け係数と算出式

記号	部位名	Hardy & DuBois の 7 点法	Ramanathan の 4 点法
A	前額	0.07	
B	胸		0.3
C	上腕		0.3
D	腹	0.35	
E	前腕	0.14	
F	手背	0.05	
G	大腿	0.19	0.2
H	下腿	0.13	0.2
I	足背	0.07	

MST = 0.07×A + 0.35×D + 0.14×E + 0.05×F + 0.19×G + 0.13×H + 0.07×I
または
MST = 0.3×(B+C) + 0.2×(G+H)

よって，全身の皮膚温の平均値，すなわち平均皮膚温が算出され，身体全身の温熱指標として用いることができる．平均皮膚温の算出式は，いくつも提案されており，基本的には，皮膚温を測定した部位の体表面積が，全身の体表面積に対してどの程度の割合になるかという面積の按分比率によって求められているものがほとんどである．代表的な算出式に Hardy&Dubois の 7 点法や Ramanathan の 4 点法があり，測定部位数が少ない式は，全身の皮膚温分布が均一に近い暑熱環境における測定に用いられることが多い．皮膚温測定部位および算出式を図 1.4.5 と表 1.4.1 に示した．

c. 皮膚温の測定

従来の皮膚温測定方法は，身体各部位の測定点（図1.4.5参照）に熱電対やサーミスターを，サージカルテープで皮膚に貼り付ける接触型である．非接触型の測定方法では，赤外線放射温度測定装置（サーモグラフ）がある．

1) 非接触法　赤外線サーモグラフィー法の原理は，人体から放射される赤外線を捉え，そのエネルギー量を温度に換算することによって，皮膚表面の温度分布を赤外線熱画像として表示するものである．一般には，高温部分を赤く，低温部分を青くしたカラースケールを用いて表示し，視覚的に温度情報を得ることができる．また，色分布によって温度の高低を判断することにより，画像に表示される皮膚面の温度分布が判断できる．また，測定したい部位の点を指定して皮膚温を計測することや，ある部位の面積を指定してその表面の平均皮膚温を求めることもできる．測定物と離れたところから非接触で測定でき，視覚情報として温度を見ることができるメリットは大きい．

しかし，衣服を着用した状態では，衣服下の皮膚表面の温度を測定することは当然ながらできないので，非接触法による皮膚温測定は，衣服から曝露されている部位に限定される．一方で，衣服表面温度としてサーモグラフを用いることは，衣服表面からの水分蒸発の様子や衣服の保温性を判断するには有効である．

2) 接触法　上述のように，衣服着用時に有効な皮膚温測定方法は，接触型センサーによるものといえる．皮膚表面は，外界と接しているので，皮膚温測定素子の大きさや厚みなど皮膚温測定用に設計されたものを使用する必要がある．サージカルテープによって，皮膚表面にセンサーを貼り付ける際には，センサーの先端である測定部分の周りが空気に晒されると，正確な温度が測定できない．極寒条件の皮膚温測定では，センサーのコード部分から伝導によって冷気が皮膚表面に移動することも起こるので，厚手のサージカルテープを用いることや，暑熱環境において皮膚表面からの水分蒸発を大きく妨げないように，透湿性のサージカルテープを用いるなど，測定時の温熱環境条件によってのテープの種類や貼り方に工夫が必要である．また，センサーを貼ることによって，測定時の身体動作を妨げないことや皮膚表面と衣服間の空隙が通常の着衣と測定時の条件の間で異ならないようにすることなどにも注意する必要がある．

近年は，皮膚温記録用に小型化された種々のデータロガーが開発されているので，接触型である皮膚温センサーを貼り付けた状態であっても，実験室などの限られた場所での測定だけでなく，移動を伴った場合の測定が容易となり，測定時の行動範囲が拡大した．赤外線サーモグラフィー法と比較した測定メリットといえる．

上述のように，測定条件を一定にするという意味で，測定時に注意を払うことは大切であるが，着衣時の測定では衣服による温熱条件の方が皮膚温に大きく影響するので，センサーの貼り方に神経質になる必要はないともいわれる．　　〔今村律子〕

参考文献
1) 田村照子編著：衣環境の科学, p.25, 建帛社, 2004.
2) 大原孝吉, 佐々木 隆：体温. 温熱生理学（中山昭雄編）, pp.10-32, 理工学社, 1981.
3) 河野伸造：正確な皮膚温を測定したい. 皮膚の測定・評価マニュアル集, pp.193-200, 技術情報協会, 2003.
4) 山崎和彦：衣服環境. 人工環境の健康影響と快適性（栃原 裕編著）, pp.141-145, 弘学出版, 1997.

1.4.3　体温調節機構
a. 熱産生と熱放散の調節

身体内部の温度（核心温度または深部体温）は，身体内部の熱産生機構と体表面から環境への熱放散機構の調節によって，ある一定の温度範囲に保たれている．熱を産生する機構には，基礎代謝，身体活動時の代謝，食事誘導性熱産生反応，ふるえ・非ふるえ熱産生，ホルモンによる熱産生がある（図1.4.6）[1]．基礎代謝量とは，生命を維持するための必要最小限のエネルギー消費量のことである．生命活動を維持することは，3大栄養素であるタンパク質，炭水化物，脂質を摂取し，これらの分解過程で生じたエネルギーと，生体を構成する物質を得ることである．日常生活の中では，身体活動時に骨格筋がエネルギーを消費して熱が産生される．この他の産熱は，ふるえ熱産生（顎，四肢，胸筋，背筋など）や非ふるえ熱産生（肝，褐色脂肪組織など），甲状腺ホルモン（サイロキシン），副腎髄質ホルモン（カテコラミン），黄体ホルモン（プロゲステロン）によって生じる．

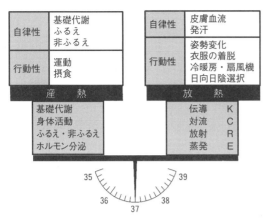

図1.4.6 産熱と放熱のバランス（文献1をもとに改変）

体内で産生された熱は，身体内部から体表面（皮膚）へ組織間の伝導や，血流などによる対流によって移動し，伝導，対流，放射，蒸発によって環境へ放散される．伝導，対流，放射による熱放散（乾性熱放散）は皮膚と環境の温度差から生じるため，皮膚温と周囲環境の温度により熱の移動する方向は変化する．図1.4.7のように皮膚温は全身一様ではなく，裸体であれば頭部や躯幹部で比較的温度は高く，四肢などの末端部分では温度が低い．正確な熱移動量を算出するには身体部位別に計算すべきであるが，一般的に熱平衡を算出するには，皮膚表面積比で重み付けされた平均皮膚温が用いられる[1]．着衣は皮膚の温度環境を大きく変化させるため，着衣条件によって，熱移動量は大きく変化する（1.4.4項参照）．

身体内部から皮膚表面への熱移動には，血流による熱の運搬が大きな役割を担う．皮膚の血管系は豊富な動脈網と静脈叢によって形成されている．動脈から流れてきた血液は，細動脈から毛細血管を経由して，静脈側へ流れる．しかし，無毛部皮膚（手掌，足裏，口唇，耳介など）では，動脈と静脈を吻合する連絡路（動静脈吻合）がある．無毛部の中でも比較的面積の大きい手掌や足裏では，動静脈吻合が四肢の血流調節を左右することがある．また，動静脈吻合では毛細血管を経由しないため，熱の移動量が大きい．例えば，入眠時の手掌や足裏の皮膚温が高くなる反応には動静脈吻合の影響が示唆されており，この反応が体温の低下を促進するともいわれている．また，運動時や全身加温時には前腕部の皮膚血流量が増加するよりも早く手掌部の皮膚血流量が増加する．さらに，運動時には手掌部を冷やしてお

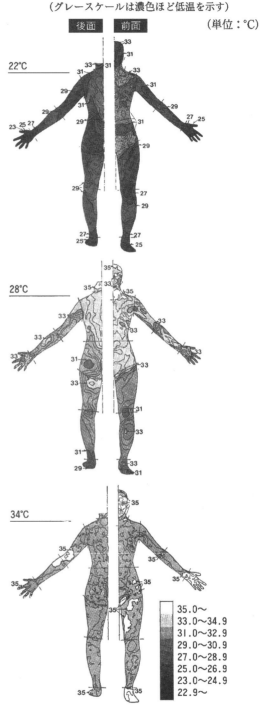

図1.4.7 異なる気温条件下（22℃，28℃，34℃）における皮膚温分布の等温線図[1]

くと体温の上昇を抑制できるとの報告もある．このように動静脈吻合における特異的な熱移動量は無視できないが，表面積の割合からも乾性熱放散の主た

る部位は有毛部である．身体各部位で量的な違いはあるが，有毛部位の皮膚血管は寒暖の変化に対し，非常に素早く反応し，乾性熱放散に貢献する．

蒸散による熱放散（湿性熱放散）は，汗による蒸散が最も強力な熱放散機構である．ヒトの汗腺はエクリン汗腺とアポクリン汗腺に大別される（中間の特徴を有するアポエクリン汗腺も存在する）．体温調節に貢献するのはエクリン汗腺であり，汗腺の総数は200万〜500万である．しかし，すべての汗腺が出生時から能動化されているわけではなく，生後約2〜3年ほどで能動化される．また，能動化されてもすべての汗腺が一同に活動するわけではなく，ある刺激に反応する汗腺もあれば，同じ刺激の中でも常に活動する汗腺と休み休み活動する汗腺もある．このように任意の刺激に対して活動している汗腺を活動汗腺という．また，汗をかいていない状態でも，皮膚からは水分が蒸散され，呼吸からも水分が蒸散されている．これらのことを不感蒸散もしくは不感蒸泄という．

生物の熱収支は一般的に以下の式で示される．

$$M \pm W - (E \pm C \pm R) = \Delta S$$

ここで，M：代謝性産熱量，C：伝導・対流による熱量，R：放射による熱量，E：蒸発による放熱量，W：仕事量，ΔS：蓄熱量（$\Delta S > 0$ 体温上昇，$\Delta S < 0$ 体温低下，$\Delta S = 0$ 平衡）．

核心温度が変化しない（$\Delta S = 0$）状態であれば，体温は平衡状態にある．E は身体外への移動のみであるが，C と R は皮膚表面温度と環境温度の差によって，熱の移動方向が変わる．W は運動などの仕事量で，通常は正の仕事量であるが，坂道を下るような場合など負となることもある．

b. 温熱情報の統合

温度を感知するシステムは，皮膚と身体内部に存在する．体温調節中枢は視床下部の視索前野にあり，視索前野には温度の変化に応じて活動が変化する温度感受性ニューロン（温度の上昇で活動が活性化する温ニューロンと，温度の低下で活動が活性化する冷ニューロン）が存在する．温度感受性ニューロンは，視索前野の温度に反応するだけでなく，脳温度感受部位（延髄，脊髄）や皮膚の温度変化によっても反応する．図1.4.8のように皮膚の温度情報は，脊髄後角から脳幹の外側結合腕傍核を経由して視索前野に伝達される．脳温度感受部位と皮膚温度感受部位の情報を統合し，それぞれの体温調節効果器に遠心性の出力を送る[2]．一方で，皮膚からの温度情報は，脊髄後角から脊髄で交叉し，外側脊髄視床路を上行して大脳皮質体性感覚野に到達することで温度感覚として認知される．温度は温度感受性分子で

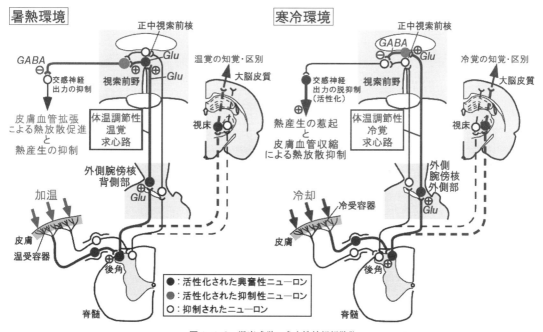

図1.4.8 温度感覚の求心性神経経路[2]

ある TRP（transient receptor potential）チャネルを活性化し，求心性神経線維を伝達する．1997 年にクローニングされた温度受容体である TRPV1 は熱だけでなく，唐辛子の成分であるカプサイシンや酸などによっても活性化する（図 1.4.9）[3]．表 1.4.2 のように九つの TRP チャネルが温度受容性であることが判明している[3]．身体の部位ごとで存在するチャネルは異なり，それぞれのチャネルの機能もまだ明らかにされていない点がある．これまでも薬草などによって温度感覚が変わることは認知されていたが，カプサイシンを皮膚に塗布すると暖かさや熱を感じるのは TRPV1 の活性化で，ハーブによる温感は複数のハーブによって活性化される TRPV3 によって説明できる．また，表 1.4.2 のようにそれぞれのチャネルで異なる活性化温度閾値があるが，複合的な刺激でその閾値温度は変化する．例えば，炎症部位のようにプロスタグランジン E2 があると，TRPV1 チャネルの活性化温度閾値は 10℃ 以上も低下する．表皮ケラチノサイトには TRPV3 と TRPV4 が存在し，これらは皮膚のバリア機能に貢献していることが考えられている．また，TRPV4 は皮膚からの水分蒸散に関係していることが示唆されている．

c．自律性体温調節

自律性体温調節とは，不随意的に起こる熱産生および熱放散に関わる効果器の反応を意味し，神経性と内分泌性に分類される．快適な温度環境下では，第 1 の自律性体温調節反応は皮膚血流調節で，皮膚

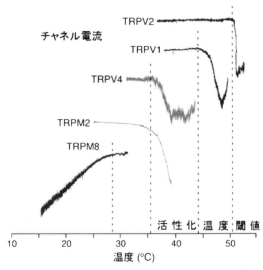

図 1.4.9 温度感受性 TRP チャネルの活性温度閾値[3]

血管収縮によって放熱を抑制し，皮膚血管拡張によって放熱を促進する．皮膚血管は交感神経によって支配されているが，内分泌系の影響も受ける．皮膚交感神経には，ノルアドレナリンを主たる神経伝達物質として放出するアドレナリン作動性神経と，アセチルコリンを主たる神経伝達物質として放出するコリン作動性神経がある．

寒冷環境に曝露されると，アドレナリン作動性血管収縮神経系が賦活し，ノルアドレナリンと共伝達物質である神経ペプチド Y などを放出する．ノルアドレナリンは血管平滑筋細胞にある α 受容体に

表 1.4.2 温度感受性 TRP チャネルの性質（文献 3 をもとに改変）

熱い温度で活性化するチャネル，温かい温度で活性化するチャネル，冷たい温度で活性化するチャネルでグループ化した．

受容体	活性化温度閾値	発現部位	他の活性化刺激
TRPV1	43℃ <	感覚神経・脳	カプサイシン・酸・カンフル・アリシン・脂質・2-APB・NO・パニロトキシン・レシニフェラトキシンなど
TRPV2	52℃ <	感覚神経・脳・脊髄・肺・肝臓・脾臓・大腸・膀胱上皮・筋肉・免疫細胞	機械刺激・成長因子・2-APB・プロペネシド・リゾリン脂質など
TRPV3	32〜39℃ <	皮膚・感覚神経・脳・脊髄・胃・大腸	2-APB・サイモール・メントール・オイゲノール・カンフル・カルバクロール・不飽和脂肪酸など
TRPV4	27〜35℃ <	皮膚・脳・膀胱上皮・腎臓・肺・内耳・血管内皮	低浸透圧刺激・GSK1016790・脂質・機械刺激・4α-PDDなど
TRPM4 TRPM5	warm	心臓・肝臓など 味細胞・膵臓	カルシウム
TRPM2	36℃ <	脳・膵臓・免疫細胞など	cyclic ADP-ribose・H_2O_2・β-NAD^+・ADP-ribose など
TRPM8	< 25〜28℃	感覚神経・前立腺	メントール・イシリン・膜リン脂質など
TRPA1	< 17℃（?）	感覚神経・エンテロクロマフィン細胞	アリルソチオシアネート・アリシン・シナモアルデヒド・機械刺激？・2-APB・カルバクロール・アリシン・カルシウム・細胞内アルカリ化・H_2O_2 など

アリシン（ニンニクの辛味成分），アリルイソチオシアネート（ワサビの辛味成分），シナモアルデヒド（シナモンの辛味成分），カルバクロール（オレガノの主成分），サイモール（タイムの主成分）

作用すると皮膚血管は収縮して皮膚血流量は減少し，β受容体に作用すると皮膚血管は拡張して皮膚血流量は増加する（皮膚血管におけるβ受容体の割合は低いので，一般的にはα受容体に作用して収縮反応を示す）．神経ペプチドYは皮膚においては血管収縮作用を有する．しかし，高齢者ではその放出量はかなり減少する．

運動や高温環境下に曝露され，体温が上昇すると，コリン作動性血管拡張神経系が賦活し，アセチルコリンと血管作動性腸管ペプチドなどの共伝達物質が放出され，皮膚血管は拡張する．血管は受動的に拡張すると，ずり応力によって血管内皮細胞から一酸化窒素や内皮由来過分極因子などを放出するため，血流量はさらに増加する．

体温上昇時には，皮膚血管拡張の他に発汗による蒸散性熱放散が促進される．汗はコリン作動性神経に支配されるエクリン汗腺から分泌される．汗は皮膚交感神経活動にほぼ同期して毎分10〜20回の頻度で拍出される（図1.4.10）[4]．汗の蒸散による熱放散量は非常に高いが，思春期を過ぎるあたりまでは発汗量はあまり多くない．エクリン汗腺は分泌部と導管から形成され，分泌部はコイル状で，真皮内導管である曲導管から直導管を経て，表皮内導管から皮膚表面の開口部へ汗を拍出する．汗腺分泌部にある汗原液はほぼ等張であるが，真皮内導管を通過する間にNaClは再吸収され，開口部での汗は低張である．汗の拍出量が増加すると，導管における再吸収が不十分で電解質が体外に排出される．また，

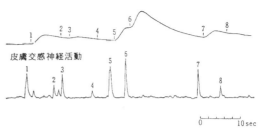

図1.4.10 発汗による湿度変化と発汗神経活動[4]

内分泌系が汗腺の肥大や汗の再吸収などに影響する．汗が蒸散すると気化熱による熱放散量が大きいが，一方で水分と電解質が減少するために，体液調節や循環調節に影響する．

褐色脂肪組織（BAT）は交感神経に支配されており，寒冷環境下に曝露されると，神経終末からノルアドレナリンが放出され，脂肪細胞膜上のβ受容体に作用し，BATのミトコンドリア内膜で酸化的リン酸化反応を脱共役させるタンパク（UCP）が熱を産生する．BATはほとんどすべての哺乳類の新生児期に存在し，非ふるえ熱産生の主要臓器である．大型の哺乳類では成長するとほとんど消失するものと考えられていたが，陽電子放射断層撮影を用いた研究などで一部の痩せ型の成人においても寒冷刺激によってBATの酸化的代謝の活性化が確認された（図1.4.11）[5]．また，甲状腺ホルモンは一部の細胞を除くほとんどの細胞の酸素消費を増大する．ふるえ熱産生は骨格筋が不随意的に周期的に起こす収縮で，骨格筋のミトコンドリア内膜に発現するUCP代謝を促進して熱産生する．ふるえは，拮抗筋が同時に

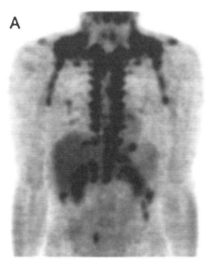
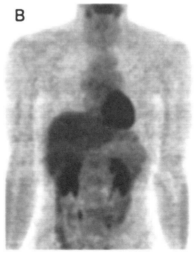

図1.4.11 寒冷条件（A：19℃）と温暖条件（B：27℃）2時間曝露後のFDG-PET/CT画像[5]

収縮するため，外部に仕事をしない．つまり，筋の収縮エネルギーはほとんどすべて熱となる．皮膚においては，寒冷環境下に曝露されると，立毛筋が働き，鳥肌が立つ．毛に覆われた動物では皮膚表面の毛を立てることで，空気層を作り断熱効果を得ることができるが，ヒトではほとんど機能していないようである．

d．行動性体温調節

行動性体温調節は随意的に行動することによって体温を調節することである．例えば，着衣行動やエアコンの冷暖房操作，屋外であれば，日陰や日向への移動のように，温熱的な回避もしくは快適性を得ようとする．暑さや寒さを感じると，行動性体温調節は惹起される．皮膚に分布する神経末端の自由神経終末からの温度情報は，1次ニューロンを介して後根神経節から脊髄の後角で2次ニューロンとシナプスを形成し，2次ニューロンはすぐに反対側へ交叉して脳幹の脊髄毛帯を通り，視床で3次ニューロンとシナプスを形成し，3次ニューロンが大脳皮質の体性感覚野へ投射する[2]．この温度感覚の伝導路を外側脊髄視床路という．上述のように，皮膚表面の温度にも部位差があるように，温度変化の感じ方は全身で均一ではない．個人差もあるが，相対的に顔面部は最も温度感覚が鋭敏で，次いで躯幹部，上肢，下肢の順で温度感覚が鈍くなる．皮膚への同じ温度刺激でも，季節やそれまでに曝露されていた周囲温度環境，運動などによって変化した体内の温度レベルによっても温度感覚は変化し，温熱的快適性も変化する．図1.4.12は核心温度を3段階に調節し，手をそれぞれの温度の水に浸けたときの温度感覚と温熱的快適性を示している[6]．すなわち，温熱的快適性と温度感覚は相まって変化するわけではなく，核心温度の状態によって異なる．これ以外にも，行動性体温調節を左右する温度感覚と温熱的快適性は滞在する環境によって変化する．例えば，温度感覚は，日光を浴びた後，紫外線の照射レベルによって変化する．暑熱順化や寒冷順化によっても温度感覚や温熱的快適性は変化する．

〔芝崎　学〕

参考文献

1) 田村照子編著：衣環境の科学，pp.16, 22, 建帛社, 2005.
2) 中村和弘：自律神経，51 (2)：91-98, 2014.
3) 富永真琴：TRPチャネルと感覚—痛みと温度感覚に

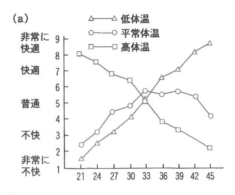

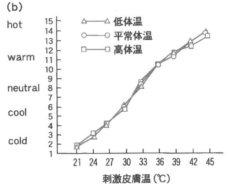

図1.4.12　核心温度の違いによる手部浸水時の(a) 温熱的快適感と(b) 温度感覚

焦点をあてて．顕微鏡，46 (4)：222-226, 2011.
4) 小川徳雄：新 汗のはなし，p.138, アドア出版．
5) 米代武司，斉藤昌之：ヒトの褐色脂肪とその機能．ここまでわかった燃える褐色脂肪の不思議（斉藤昌之，大野秀樹編），p.104, ナップ, 2013.
6) 本郷利憲，廣重 力，豊田順一監，小澤瀞司，福田康一郎，本間研一，大森治紀，大橋俊夫編：標準生理学 第6版，p.835, 医学書院, 2005.

1.4.4 体熱産生

a．エネルギー代謝

生物は食物を食べ，呼吸によって取り込んだ酸素を使って，それを体内で消化・吸収し，エネルギー源となる栄養素である糖質，脂質，タンパク質からエネルギー（ATP：アデノシン三リン酸）を産生し，そのエネルギーを利用して，生命活動を行っている．生体内で行われているエネルギー獲得とその変化をエネルギー代謝（metabolism）といい，産出されるエネルギーをエネルギー代謝量（metabolic rate）という．

代謝の過程で放出されるエネルギーは外部仕事，熱，貯蔵の三つに分かれるが，熱エネルギーは体温

を一定に保つうえで，大きな役割を果たしている．図1.4.13に食物として摂取したエネルギー源がそれぞれのエネルギーに変換されていくエネルギー平衡の仕組みを示した．エネルギー代謝量のうち約20%は筋収縮や組織増殖など，機械的，化学的，あるいは電気的エネルギーとして用いられるが，残りの約80%は熱エネルギーに変換され，体外に放散される．

エネルギー代謝には，基礎代謝，労作代謝（運動時代謝），食事誘導性代謝などがあり，人体から発生する熱量を定量することで測定できる．直接測定する直接的熱量測定法（direct calorimetry）では，被験者が断熱空間の中に入り，空間内に人体から発生する熱量を測定する．しかし，この方法は大掛かりな装置を必要とするため，現在ではほとんど使用されていない．これに対して，呼吸による酸素消費量と二酸化炭素発生量および，尿中窒素量から求めることができる間接的熱量測定法（indirect calorimetry）がある．一般的には，ガスマスクを装着して呼気をダグラスバッグに集めて分析を行うダグラスバッグ法，または一呼気ごとに呼気ガスを計測するbreath by breath法が利用される．また，ガスマスクを着けることなく，部屋に入っただけでヒトの呼気と吸気を自動的に分析できるエネルギー代謝測定室（ヒューマンカロリーチャンバー）も開発されている．

間接法でエネルギー代謝量を計算するにあたり，栄養素によって1gあたりの熱量，酸素消費量，二酸化炭素発生量は異なる．生体内でどの栄養素がどのくらいの割合で酸化されたかを知るには，酸素消費量に対する二酸化炭素発生量の体積比である呼吸商（respiratory quotient：$RQ = CO_2/O_2$）で推定することができる．表1.4.3に3大栄養素から得られる熱量，酸素消費量，二酸化炭素発生量，呼吸商を示した．糖質のみが燃焼するとRQ=1，脂質のみの場合は0.707，タンパク質のみの場合は0.801となる．

このことより，RQが1.0に近いときは体内で糖質が主として燃焼されており，0.7に近いときは脂質が主として燃焼されていることがわかる．混合食でのRQは0.82～0.84である．激しい筋肉活動の場合，燃焼しやすい糖質がまず酸化されてエネルギーになることよりRQは1.0に近づく．長時間の運動では，体内の脂肪燃焼比率が増加するため，RQの低下がみられる．糖質と脂質の燃焼により排出された二酸化炭素量と，消費した酸素量の体積比を非タンパク呼吸商（nonrespiratory quotient：NPRQ）といい（表1.4.4），尿中窒素排出量から算出されるタンパク質の燃焼に用いられた二酸化炭素排出量と酸素消費量を除いて，次式で求められる．

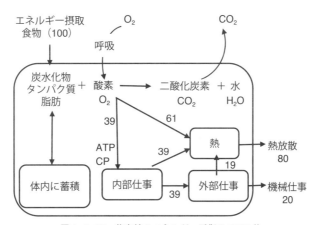

図1.4.13　体内外のエネルギー平衡のモデル[1]

表1.4.3　栄養素の燃焼に関する値[2]

	糖質	脂質	タンパク質
呼吸商（RQ）	1.000	0.707	0.801
1gあたりの酸素消費量（L）	0.829	2.019	0.966
1gあたりの二酸化炭素発生量（L）	0.829	1.427	0.774
1gあたりのエネルギー発生量（kcal）	4.12	9.46	4.32
消費酸素1Lあたりのエネルギー発生量（kcal）	5.05	4.69	4.45

表 1.4.4　非タンパク質呼吸商と糖質，脂質の発生熱量比および熱量比（Zunts-Schumberg-lusk 表より）

非タンパク質呼吸商（NPRQ）	発生熱量比（%）		1 L の酸素に対する熱量（kcal）
	糖質	脂質	
0.707	0.0	100.0	4.686
0.75	15.6	84.4	4.739
0.80	33.4	66.6	4.801
0.85	50.7	49.3	4.862
0.90	67.5	32.5	4.924
0.95	84.0	16.0	4.985
1.00	100.0	0.0	5.047

NPRQ
$$= \frac{\text{全 CO}_2 \text{量} - \text{タンパク質により発生した CO}_2 \text{量}}{\text{全 O}_2 \text{量} - \text{タンパク質が消費した O}_2 \text{量}}$$

しかし，尿中窒素量がどの時刻に酸化された結果の生成物であるのか明らかでないため，また，結果として大差ないため，実際には単純な呼吸商を非タンパク呼吸商として計算される場合が多い．

b. 基 礎 代 謝

エネルギー代謝は，食物の消化・吸収，環境温度，身体的・精神的条件などの影響で変化する．基礎代謝（basal metabolism）とは，そのような影響を除いた条件において，覚醒時にヒトが生命を維持するために必要な生理的最少のエネルギー代謝のことをいう．このエネルギーはほとんど熱エネルギーと生存維持に必要な臓器の活動に用いられる．通常，安静，横臥，空腹，覚醒状態，快適条件下で測定される．ルブナーは，基礎代謝量が，動物の種類や体重に関わらず，その体表面積に近似的に比例することを明らかにし，以後体表面積 1 m² あたり，1 時間あたり（kcal/m²/hr）で示されてきたが，その後，基礎代謝が体重とも相関があることにより，便宜上体重 1 kg あたりで示されるようになった．この値を基礎代謝基準値という．表 1.4.5 に日本人の年齢別，性別基礎代謝基準値を示す．睡眠時のエネルギー代謝は基礎代謝の約 0.9 倍，座位安静時のエネルギー代謝は基礎代謝量の約 1.2 倍程度である．

基礎代謝量は年齢，性別，生活環境などにより異なる．

① **年齢**：幼少期が最大でその後年齢が上がるに従い低下する．

② **性別**：一般に男性の方が高い．これは，女性は男性より筋肉組織が少なく，脂肪組織が多いためである．

③ **体温**：皮膚表面からの放熱量が大きいため，体温が 1℃ 上昇すると代謝量は 13% 増加することより，体温が高い人は基礎代謝が大きい．

④ **生活環境**：環境温度が高いと基礎代謝は低下する．体表面からの熱放散が少なくなり，体温維持のためのエネルギー消費が少なくなるためである．このため，一般に寒い地方に住む人の基礎代謝は高く，暑い地方に住む人は低い．日本人は，夏の方が冬より基礎代謝は低い．

表 1.4.5　基礎代謝基準値と基礎代謝量[3]

年齢	男性		女性（妊婦，授乳婦を除く）	
	基礎代謝基準値 (kcal/kg/day)	基準体重での基礎代謝量 (kcal/day)	基礎代謝基準値 (kcal/kg/day)	基準体重での基礎代謝量 (kcal/day)
1〜2	61.0	710	59.7	660
3〜5	54.8	890	52.2	850
6〜7	44.3	980	41.9	920
8〜9	40.8	1,120	38.3	1,040
10〜11	37.4	1,330	34.8	1,200
12〜14	31.0	1,490	29.6	1,360
15〜17	27.0	1,580	25.3	1,280
18〜29	24.0	1,510	22.1	1,120
30〜49	22.3	1,530	21.7	1,150
50〜69	21.5	1,400	20.7	1,110
70 以上	21.5	1,280	20.7	1,010

⑤ **ホルモン**：甲状腺ホルモン，副腎皮質ホルモンの分泌の多い人は体内代謝が活発なために，基礎代謝が大きい．

⑥ **栄養・生理状態**：一般に低栄養状態では基礎代謝は低下する．女性では基礎代謝は排卵後に体温の上昇に伴い高くなり，月経中は最も低くなる．

c. 活動とエネルギー代謝

仕事や運動などの身体活動によって骨格筋の収縮が起こり，安静時の酸素摂取量に加えて多くの酸素が必要になり，エネルギー代謝量は増加する．エネルギー代謝量は，同一活動時でも身長や体重など身体的特徴の異なる対象者によって大きく異なるが，活動の種類ごとに身体活動の強さを指標として示すことによって，個人差が少なくなり，活動の強度を簡単な数字で比較することができる．

1) エネルギー代謝率（relative metabolic rate：RMR） エネルギー代謝率は，活動に必要としたエネルギー量が基礎代謝量の何倍にあたるかによって活動強度の指標としており，以下の式で表される．

$$RMR = \frac{活動時代謝量 - 安静時代謝量}{基礎代謝量}$$

エネルギー代謝率は，基礎代謝量を基準にしてい

表 1.4.6 身体活動のメッツ（METs）表[4]

メッツ	生活活動	運動
1.0	座位（安静）	
1.3	座位での会話，食事，タイピング，入浴（座位），編み物，車の運転，軽いオフィスワーク，映画館での映画鑑賞	
1.8	立位（会話，電話，読書），皿洗い	
2.0	ゆっくりした歩行（平地，53 m/min，非常にゆっくり散歩又は家の中），料理や食材の準備（立位，座位），洗濯	
2.3	ガーデニング（コンテナを使用する），動物の世話	ストレッチ，バランス運動，ヨガ
2.5	植物への水やり，子供の世話，仕立て作業	ヨガ，ビリヤード
2.8	ゆっくりした歩行（平地，54 m/min），子供・動物と遊ぶ（立位，軽度）	座って行うラジオ体操
3.0	普通の歩行（平地，6.7 m/min，犬を連れて），梱包，ギター演奏（立位）	ボウリング，バレーボール，社交ダンス，ピラティス，太極拳
3.3	カーペット掃き，フロア掃き，掃除機	
3.5	歩行（平地，75～85 m/min，散歩など），楽に自転車に乗る（8.9 km/hr），階段を下りる，モップ掛け，床磨き，風呂掃除，庭の草むしり，釣り（全般），オートバイの運転	自転車エルゴメータ（30～50 W），体操（家で，中程度），ゴルフ（手引きカートを使って）
4.0	自転車（16 km/hr，通勤），階段を上る（ゆっくり），屋根の雪下ろし	卓球，パワーヨガ，ラジオ体操第一
4.3	やや速足（平地，93 m/min），苗木の植栽，農作業（家畜に餌を与える）	
4.5		テニス（ダブルス），水中歩行（中程度），ラジオ体操第二
5.0	かなり速歩（平地，107 m/min）	野球，ソフトボール，サーフィン，バレエ
5.3		水泳（ゆっくりとした平泳ぎ），スキー，アクアビクス
5.5		バドミントン
5.8	子供と遊ぶ（歩く／走る，活発に）	
6.0	スコップで雪かきをする	バスケットボール
7.3		エアロビクス，テニス（シングルス）
8.0	運搬（重い荷物）	サイクリング（20 km/hr）
8.3	荷物を上の階へ運ぶ	ランニング（134 m/min），水泳（クロール），ラグビー
8.8	階段を上がる（速く）	
9.0		ランニング（139 m/min）
9.8		ランニング（161 m/min）
10.3		柔道，空手，キックボクシング，テコンドー
11.0		ランニング（188 m/min）

ることから，体格，年齢，性別に関係なく強度を利用することができる．また，安静時代謝量をゼロとして算定しているため，基礎代謝量や睡眠時代謝量がマイナスの値になる．

2） メッツ（metabolic equivalent：METs）
メッツは，活動に必要としたエネルギー消費量が，安静時代謝量の何倍にあたるかを示したものである．メッツを用いた計算では1METが安静時の酸素消費量を約3.5（mL/kg/min），エネルギー消費量を約1（kcal/kg/hr）とできることより，扱いが容易で理解しやすいことから，広く使用されている．表1.4.6に生活活動，運動によるメッツ値の例を示した．

安静時代謝を基礎代謝の1.2倍とみなせば，METsとRMRには以下のような関係式が成り立つ．

$$RMR = 1.2 \times (METs - 1)$$

d. 食事誘導性代謝

食物を摂取することにより，エネルギー代謝が増加することを食事誘導性代謝（特異動的作用）という．これは，摂取した食物中に含まれている糖質，脂質，タンパク質のエネルギー源栄養素の比率によって異なる．　　　　　　　　　　〔丸田直美〕

参考文献
1) L. D. Carlson, A. C. L. Hsieh：*Control of Energy Exchange*, p.15, Macmillan, 1970.
2) 坂井堅太郎編：基礎栄養学（第3版），化学同人，2010.
3) 厚生労働省：日本人の食事摂取基準（2010年版），2009.
4) 国立健康・栄養研究所：改訂版 身体活動のメッツ（METs）表，2012.
5) 日本家政学会被服衛生学部会編：アパレルと健康，井上書院，2012.
6) 空気調和・衛生工学会編：快適な温熱環境のメカニズム，丸善，1997.
7) 岩瀬善彦，森本武利編：やさしい生理学，南江堂，2000.
8) 田村照子編著：衣環境の科学，建帛社，2006.

1.4.5 重力（姿勢変化）と体温調節反応

a. 皮膚血管反応

心拍出量が毎分約5Lとした場合，快適な温度環境下においては皮膚に供給される血液量は200〜500mL程度である（図1.4.14）[1]．皮膚の総重量は成人男性で2〜3kgくらいあるので，非常に少量の血液しか供給されていない．皮膚血流は循環の一部であるので，基本的に循環調節に呼応する反応を示す．すなわち，寒さ暑さに対して，体温の恒常性を維持するため皮膚血管を収縮もしくは拡張させて皮膚温を調節するだけでなく，血圧調節に関係する圧受容器反射によっても調節されている．

循環調節の基本は，末梢組織に血液を供給することである．血液供給を正常に保つためには，血流の駆動力である血圧の調節が重要となる．そのためには，局所の血管抵抗を調節することになる．起立時には重力の影響で，下肢へ血液が貯留しやすくなるので，血圧を一定に維持するために，交感神経が亢進して血管は能動的に収縮する．快適な温度環境下では皮膚循環への血液供給量は非常に少ないため血圧調節への貢献度は低く，他の血管と同様に収縮反応を示す．しかし，体温が上昇するような高温環境

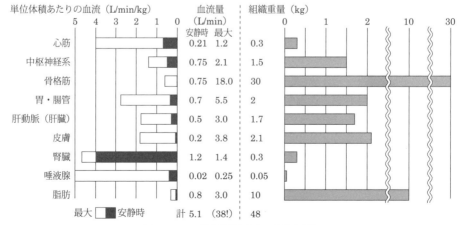

図1.4.14　単位体積あたりの血流分配[1]

下では,皮膚血管はコリン作動性血管拡張神経系によって能動的に拡張し,心臓から拍出される多くの血液が皮膚循環側へ供給される.このような状態においては,皮膚血流量調節の血圧調節への影響は非常に大きくなる.また,皮膚血管は拡張すると収縮反応性が低下するため,皮膚血管が収縮しにくく,血圧調節能力を低下させる.このことが,熱中症の症状の一つである熱失神を誘発する.

皮膚の毛細血管の内圧は,心臓の高さにおいて,動脈側末端で約32〜36 mmHg,静脈側末端で約12〜25 mmHgである.毛細血管の内圧は,立位では重力の影響を受けて,心臓から垂直距離に依存して高くなる.毛細血管内圧が上昇すると,血管壁を通過する濾過量が増加する.上述のように起立時には交感神経活動の亢進によって細動脈側が収縮するので,毛細血管内圧の上昇は抑制される.

血管は圧力が増加すると容積が大きくなる.このような圧力変化に対する容積変化の比を血管コンプライアンスという.血管コンプライアンスは動脈よりも静脈で大きく,静脈は容量血管ともいわれる.また,臓器間で比較すると,皮膚や内臓の血管はコンプライアンスが大きく,筋の血管では小さい.起立時には,重力による血液貯留のために血圧は一過性には低下するものの,血管が収縮するなどの反射性の反応によって血圧は元のレベルに戻って維持される(図1.4.15)[2].また,神経活動とは非依存的に筋原性の反射や静脈-細動脈反応によっても血管は収縮する.

b. 発汗反応

姿勢と発汗反応の関係は統一した見解がない.例えば,仰臥位で暑熱負荷を与えると,汗は下半身の方から出始め,次第に頭の方へ広がっていくという報告もあるが,ほとんど変わらないという報告もある.しかし,椅座位や立位だと全身ほぼ同時に発汗し始めるようである.すでに発汗している場合において,寝姿勢を変えると,体重などによる圧迫で圧迫側の発汗が抑制されることがある(代償的に反対側の発汗量は増加する).これには半側発汗といわれる反射性の発汗反応が関与している.腋の下あたりを押すと発汗が抑制される(着物などで,帯をきちんと締めていると汗は出ない).身体部位で発汗反応を比較すると,姿勢による差は認められるが,上述の皮膚血管反応のように圧受容器反射など自律神経系のメカニズムが発汗反応に影響するかどうかは懐疑的であり,より局所的なメカニズムが関与していると考えられる.例えば,全身加温時の前腕部発汗量と前腕血流量(皮膚血流量の指標)の変化を仰臥位と立位で比較すると,同一深部体温における皮膚血流量は立位の方が仰臥位よりも少ないが,前腕部発汗量には姿勢の影響はみられない.すなわち,姿勢による汗への影響は神経性よりも局所性の反射反応によるものである.

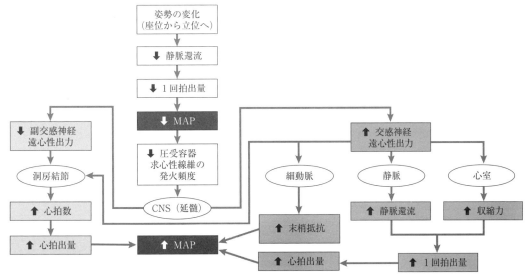

図1.4.15 姿勢変化による循環動態[2]

長期的な重力の影響については、例えば、国際宇宙ステーションのような微小重力環境下での長期間滞在や、ベッドで長期間寝た状態（ベッドレスト）が続くと、発汗機能は低下する。これには体液シフトなどの影響を受けることや、このような条件下ではあまり発汗する機会がないために、汗腺への刺激が低下することによって発汗機能が低下している可能性が考えられる。実際に、ベッドレスト期間中に発汗するような運動を継続すると、発汗反応は維持される。皮膚血管も同様に長期微小重力曝露の影響を受けるようであるが、筋内などの血管への影響と比較するとかなり小さいようである。

1.4.6　運動と体温調節反応
a. 皮膚血管反応

1.4.5項で述べたように、皮膚血管は循環の一部であるので、基本的には循環反応に関連する要因によって反応する。運動時には、運動をしようとする意志（セントラルモーターコマンド）によって、心拍数が増加し、血圧も上昇する。また、活動筋からは筋のストレッチによって機械受容器が刺激され、また、筋の代謝によって代謝受容器が刺激され、これらの情報が循環中枢で統合され、心拍数や血圧を変化させる（図1.4.16)[3]。しかし、運動時の皮膚血管反応は、運動様式によって若干異なる。運動様式は、産熱量が大きく増加する自転車運動のような動的運動と、産熱量はほとんど増加しないが血圧が上昇する静的運動に大別される。動的運動の場合、運動初期には皮膚血流量は一過性に低下する。これは、活動筋へ血液を再分配することが主たる要因であると考えられている。このとき、皮膚交感神経活動は中強度以上で亢進し、アドレナリン作動性神経系による皮膚血管収縮反応が認められる。その皮膚血流量の低下程度は運動強度が増加するに伴い大きくなる。しかし、掌握運動のような静的運動の場合、皮膚血管反応はほとんど変化しない。正確には血圧が上昇するため、むしろ皮膚血流量は受動的に増加するが、血流を血圧で除したコンダクタンスで評価すると、皮膚血管はほとんど変化しない。すなわち、積極的な血管運動はないことを意味する。しかし、体温が上昇した後、すなわち皮膚血管拡張神経系が亢進した状態において、静的運動を負荷すると、皮膚血管は収縮反応を示す。筋弛緩薬を静脈投与し、上位中枢からのセントラルモーターコマンドを増加

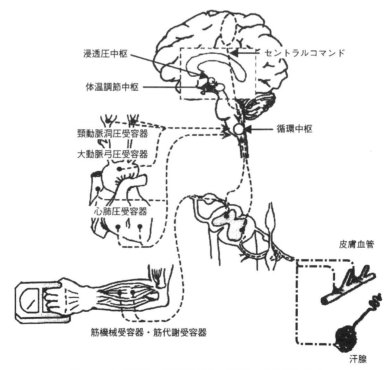

図1.4.16　運動時の体温調節反応に影響する非温熱性要因[3]

させると，その収縮反応は大きくなる．また，筋内に代謝物を蓄積させるような状態にしても，その収縮反応性は大きくなる．皮膚血管が拡張している状態では，血管壁がストレッチされた状態となるので，そこに血圧上昇に伴う圧力が負荷されると，筋原性の収縮反応が生じる．

動的運動を継続すると，体温が上昇し，熱放散のために皮膚血流量は増加する．皮膚血流量は体温の上昇に伴って増加するが，体温がある程度上昇すると，体温がまだ上昇し続けているにも関わらず，皮膚血流量の増加の程度は減弱する．このとき最大の皮膚血管拡張レベルに到達していないため，積極的に皮膚血管の拡張を抑制したと考えられる．皮膚血管は他の循環機能と同様に圧受容器反射の影響を受ける．動的運動を継続すると，発汗や皮膚血管拡張などによって中心血液量が低下する．前述のように，中心血液量が低下すると，圧受容器反射が血圧を維持するように働く．動的運動によって体温が上昇し，皮膚血流量の増加が減弱した状態において，輸液や陰圧呼吸などによって，中心血液量を増加させると，皮膚血流量は増加する．すなわち，圧受容器反射系が体温調節として皮膚血管拡張を抑制することを意味している．

b．発汗反応

動的運動時には多量に熱が産生されるため，汗による熱放散は非常に重要である．特に環境温度が皮膚温度よりも高いような場合，汗による熱放散が抑制されると，熱中症を発症しやすくなる．基本的に，発汗量は体温の上昇に伴って増加するが，運動すると，体温が変化していないにも関わらず，発汗することがある．上述のように，運動時には上位中枢のセントラルモーターコマンドや，活動筋からの代謝受容器および機械受容器から求心性入力が亢進する．実際に，体温がほとんど変化しない静的運動時に筋弛緩剤を静脈投与して，セントラルモーターコマンドの活性を増強すると，発汗量の増加は促進され，活動筋の代謝受容器や機械受容器を刺激しても，発汗量の増加は促進される．これらのことから，運動時には体温の変化とは独立して運動に関連する要因によって発汗は促進する．一方で，多量の発汗は体液量の損失となるため，血漿量の低下や血漿浸透圧の上昇をもたらす．血漿浸透圧の上昇は発汗を抑制することが示されているが，低血漿量ではあまり発汗反応の抑制には効果がないようである．運動でよく汗をかいた後に水を飲むと吹き出すように汗が出るのは，口腔咽頭受容器が飲水によって，血漿浸透圧上昇による発汗抑制が解除されるからである．多量発汗時には，このような神経性の要因以外に汗孔部の水蒸気圧が上昇することによっても抑制される（発汗漸減）．これは汗孔部のケラチン環が水分を含んで膨張して汗孔が閉鎖されるためである．特に，湿度が高くなる着衣時などでは発汗漸減が起こりやすくなる．また，発汗の成分はほとんど水であるが，ミネラル分が含まれる．汗の原液は血漿の成分に近いが，汗孔に到達するまでに塩分は再吸収される．しかし，多量に発汗すると，再吸収が低下し，多くの塩分が排出される．過度の発汗による塩分損失は熱中症の一つである熱けいれんの一要因となる．

〔芝崎　学〕

参考文献
1) 岡田隆夫編：心臓・循環の生理学，p.234，メディカル・サイエンス・インターナショナル，2011.
2) 相磯貞和，渡辺修一訳：ネッター解剖生理学アトラス，p.84，南江堂，2006.
3) 宮村実晴編：運動生理学のニューエビデンス，p.333，真興交易医書出版部，2010.

1.5　被服の祖型と構造

1.5.1　被服の祖型

被服は長い歴史の中で，基本的には単純なものから複雑なものへと変化してきた．また，世界各地ではそれぞれ異なる気候風土に適応する形態の被服が定着し，長く着用されてきた．現代の世界共通の被服といえる洋服や民族衣装などにみられる構造の元を歴史的に遡っていくと，数種に分類される．これを被服の祖型という．

被服を分類する基準は美的表現性，形態や着装法などさまざまである．例えば，美的表現性を基準とすると，懸衣・寛衣・窄衣に分けられる．これに対し，祖型は原初的で単純な被服を構造上類型化した

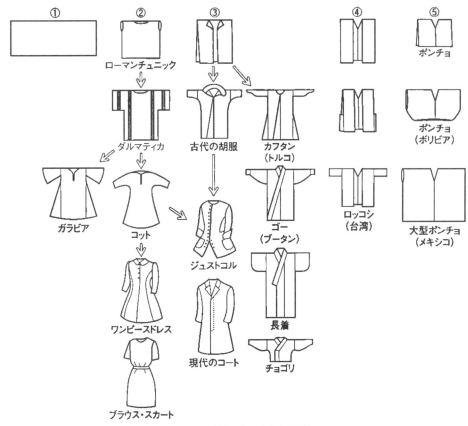

図 1.5.1　被服の祖型と主な被服[1)]

ものであり，図 1.5.1 のような五つの型が認められる．それぞれに現代の被服へとつながる系譜をたどることができる．

a. 祖型 ①

裁ち縫いしていない 1 枚の布を人体に巻きつけたり，肩に掛けたりして着用する．古代エジプトでは小型の腰衣であるシェンティが用いられていた．古代ローマのトガ，現代ではインドのサリーなどが大型のものとしてよく知られており，いずれもドレープによる表情が特徴的である．熱放散を促す形態であることから，熱帯地方に多く，タンザニアのカンガ，ガーナのケンテなど，アフリカ各地にもみられる．

b. 祖型 ②

ローマンチュニックといわれる筒型衣服である．布を横に二つ折りし，上縁を縫い合わせる際に首を通す孔を残し，手を通す口の一方は，わの上部に孔をあけ，他方は脇縫いの上部を縫い残して作られる形式である．もともとは古代ローマのトガの内側に着用された下着であるが，やがて表衣化する．大きな袖が付いて大型となったものがビザンティンのダルマティカであり，現代でもキリスト教の僧侶服として知られている．13 世紀のコットを経て，立体的な洋服へとつながる．

c. 祖型 ③

丈の長い布を前後に振り分けて肩に掛け，水平な首孔を開け，前面は左右に分かれる前開き型である．多くは前面の左右を重ねるために衽を付ける．トルコのカフタン，ブータンのゴー，和服などがこの系統となる．アジアの温帯地域に多く，夏は涼しく，冬は重ね着しやすい形態である．

d. 祖型 ④

祖型③と同じ前開き型であるが，2 枚の布を縦に縫い合わせるときに，中央から少し後ろを縫い残して首を出す．そのため，後部の首まわりは V 字型になっている．台湾の原住民の被服であるロッコシにみられる型であり，衽がないため前面の左右は重ならない．

e. 祖型 ⑤

2枚の布を縫い合わせる際に中央を縫い残した貫頭衣で，いわゆるポンチョとして知られており，大小さまざまな大きさがみられる．1日の気温変化が激しい中南米各地の高地に多く，気候調節に役立っている．

1.5.2 立体構成（洋服）

人体の立体形状に合わせて，布地を裁断，縫製して衣服を組み立てる方法を立体構成という．基本的には，前後身頃，袖，前後スカート（スラックス）の各部からなり，これらをつなぎ合わせる．構成時に人体形状に合わせるため曲線的な構造線をもち，ダーツやいせ込みなどの立体的技法を要する．洋服の構成法がこれにあたり，人体に合った形となっているため着装は容易であるが，平面にたたむことができない．

1.5.3 平面構成（和服）

細長い布地をほとんど直線的につなぎ合わせ，平面のまま組み立てる方法を立体構成に対して平面構成という．和服は平面構成の被服であり，構成は比較的容易であるが，着装時に立体的な人体に合わせるため，経験と技術が求められる．サイズの融通性があり，平らにたたむことができる．また，布地の裁断を最小限にして大きいまま用いているため，再利用しやすい．

〔森　由紀〕

参考文献
1) 松山容子編著：衣服製作の科学, p.6, 建帛社, 2001.

1.6　服装の起源

1.6.1　原始時代の服

旧石器時代は紀元前200万年から紀元前1万年と区分されているが，地球上に人類が現れた当初はおそらく他の動物と変わらず何も身に付けていなかったと考えられる．人類が衣服を身に付けるようになる過程は，材料を手に入れ加工する技術の発達の過程と密接関わっている．

衣服の原形を何らかのものを身に付けることと考えるのであれば，それは旧石器時代後期の洞窟壁画に形跡を認めることができる．紀元前2万年頃のオーリニャック文化のものとされるフランスのローセル洞窟に描かれた男子立像には，胴部に2本の帯状の線が描かれている．頭部は欠損しているものの何かを投げているような横向きの姿勢で，締まった肉付きの様子は男性の特徴をよく示している．2本の帯状の線は明らかに紐衣と考えられ，おそらく狩猟用の武器を携帯する目的や食物を採取するための道具として紐衣は生活に必要なものであったと考えられる．また，紐状の材料であれば，樹皮や植物の繊維，動物の腱などから入手することができるため，発達の早期の段階から用いられていたと考えられている．

同じオーリニャック文化の出土品に，リドー洞窟から見つかった「レスピーニュのヴィーナス」として知られている小立像がある．小さな頭部，腕などの上半身と誇張された大きな臀部が対照的なこの女性像には，背中と両脚の下部にスカート状の腰衣と思われる模様が刻出されている．臀下部に水平に2本の紐のような線が彫られており，さらにその2本の紐から下垂する何本もの縦線が彫られ，それは先端に向かって細くすぼまっている両脚の下部まで続いている．これは編むか組むかして作られた紐と房飾りのようなもので構成されていたと考えられている．同じようなスカート状の腰衣はヨーロッパの他の地域でも見つかっており，スペインのカタロニア地方のコルグ洞窟壁画には女性が儀式のために舞踏する様子が描かれているが，その中の何人かの女性は上半身は裸であるが，腰から膝にかけて何本もの縦線が描かれており，レスピーニュのヴィーナスと同じような腰衣の表現になっている．前面が丸みを帯びた形状で，1人の女性のものは赤と黒の縞が不規則に組み合わされて描かれている．このことから彩色された房飾りを用いていたことがわかる．

技術の発達によって，紐状の材料だけでなく布状の材料を手に入れることができるようになると，おのずと衣服の形態も変化していくと考えられる．東スペインのレヴァント地方には旧石器時代から中石器時代のカプサ文化とされる岩陰壁画が残されてい

るが，そこにはズボン状の衣服を身に付けているとみられる男性像が描かれている．手足は細長くデフォルメされた人物像が多く描かれている中で，狩りの様子を表している男性は両手に弓と矢を持ち，ウエストは細く絞られているが，両脚は足首まで太くゆったりとしたシルエットで描かれズボン状の衣服を身に付けていると考えられる．さらにディアボロ型人物像と称される，上半身を逆三角形，下半身を三角形で表しウエスト部分が細く二つの三角形の接点で描かれる男性像は，東スペインだけでなく北アフリカのアトラス地方の壁画やリビア地方の岩面絵画にも共通してみられるが，下半身の三角形の下辺下部から2本の足が描かれていることから，スカート状の衣服を身に付けていたと考えることができる．

また，新石器文化とされるもので同じ北アフリカのサハラ地方フェザンの岩面線刻絵画には動物の仮面を着け，神格化された男性像が描かれている．呪術的，神話的要素の強い壁画であるが，おそらく獲物であろう死んだ犀を引きずる2人の人物は，ショートパンツ状の衣服を身に付けているようにも見え，さらに手には武器のようなものを持ち，両腕に腕輪を付け狼のような仮面を頭に被って描かれている．

さらに新石器時代とされる北方ユーラシアの櫛目文土器文化においては，獣皮を衣服として使用していたと考えられる形跡が認められる．ロシアのイルクーツク地方，マルタ遺跡から出土したものに，おそらく護符として身体に身に付けられていたであろうと考えられているマンモスの骨か牙で作られた小さな女性像があるが，そこには体部と頭部の背面に半月形の小さい刻文が彫られており，これは女性が身にまとっていた獣皮の斑紋ではないかと考えられている．このことから，獣皮を縫製し衣服として身にまとっていたことがわかる．また，この北方ユーラシアからは呪術的要素を含む装飾品として多数の骨製の装飾品が出土しており，原始時代の衣服の意味を考えるうえで呪術的意味を示唆する貴重な遺品であるといえる．

1.6.2 衣服の起源論

衣服の起源についてはいくつもの説が唱えられているが，それらを理解するうえで身体防護要因によるもの，社会的要因によるもの，美的要因によるものに大別すると捉えやすい．

まず，身体防護要因によるものとしては，身体保護説，気候適応説が挙げられる．身体保護説は，むき出しになっている身体を外傷から守るために覆い包んだことから衣服が起こったとする説である．体表面を覆っていた体毛の消失に伴って，代わりとなるような身体を保護するものを身に付けたともいわれており，一般に考えられる起源の一つである．気候適応説は，暑さ寒さから身を守るために衣服を用いたとする説である．氷河期の寒さに対応するために洞窟に居住するようになり，火を使い，獣皮を衣服として身にまとうようになったともいわれている．しかし寒さを防ぐ目的だけを取り上げると，寒冷地，寒冷時でも裸体に近い状態で生活していた種族もあり，単に気候適応のみが衣服の起源であるとは考えにくい．また，外界から身体を保護するという意味では身体保護説も気候適応説も同一の起源であると考えることができる．

次に社会的要因によるものを挙げると，羞恥説，呪術説，象徴説などがある．羞恥説とは人間の根本的な感情として羞恥心を捉え，裸体であることに羞恥を感じて体部を覆うことから衣服が生まれたとする説である．旧約聖書のアダムとイヴが禁断の木の実を食べてしまい，イチジクの葉をつづり合わせて衣服としたというくだりが論拠として挙げられている．しかし，羞恥心は社会的な習慣や文化によって生じるものであるとして，今日ではこの説には否定的な意見が多い．これは種族によって体を覆う部分が違うことや，未開民族の中には裸体の部族も存在することなどから，衣服を着用する習慣のない人々にとっては裸体は羞恥心を感じるものではないと考えられる．さらに，古代ギリシャのように美しい肉体に対して美的価値を見出す文化もあることも，否定的な要因として挙げられている．

呪術説とは，狩猟や採取の成功を祈る呪術の道具として紐や布を身にまとったことから衣服が生まれたとする説である．さらに，狩猟中の無事を祈る護符として装身具を身に付けたことから衣服が派生したとする考えもある．原始の人々によって狩猟の成果は生死を左右するものであり，切実な願いであったと考えられる．旧石器時代の壁画にはたくさんの動物たちが描かれているが，それらは呪術性の高いものだったと考えられており，また何らかの儀式や

舞踏の様子を描いたものも多い．このような観点から呪術的な動機によって何かを身に付けるきっかけになったといえる．しかしそれが衣服の起源になったとは言い難く，むしろ衣服の中の特別なものが呪術的な意味をもつ衣服として発達したと考えられるのではないだろうか．

象徴説とは人間のさまざまな象徴となるものを身に付けたことから衣服が誕生したとする説である．現在でも未開民族の中には部族ごとに異なる装飾品や身体装飾を身に付けることで，部族を識別することが行われているが，原始の人々も同じように部族を象徴する装飾を身に付けていたと考えられ，トーテム説とも称される．さらに同じ部族の中でも，地位，身分，力量などを象徴するものを身に付けて他者より優位を示していたとも考えられる．それは獲物として捕らえた動物の毛皮や牙などをトロフィーとして身に付け強さの象徴とした例が挙げられる．しかし，この象徴説も何かを身に付けるきっかけとなったとはいえるが，衣服の起源とするより人類の文化的発達の過程で得たものであると考えられるのではないだろうか．

最後に美的要因によるものとして，装飾説，もしくは審美説などと称されている説が挙げられる．これらは人間の美の感情の表現として身体を装飾しようとする本能的な欲求から衣服が生まれたとするものである．根拠としては原始の人々が裸体に彩色を施したり，文身を入れることが初期の段階からなされており，さらには貝殻・骨・牙・鳥の羽などを用いて首飾りなどの装飾品が作られていたことが挙げられている．

以上のように衣服の起源についてはいくつもの説が唱えられているが，それらは単独で起源となったとは考えにくく，いくつかの要因が複合的に作用していたのではないかと考えられる．エスキモーの衣服は寒さから身を守るために生まれたと考えられるが，その表面には色皮の房や金属，骨格などから作られた多彩な装飾がなされており，単に身体保護の目的だけでなく装飾の要因も存在すると考えられる．また，呪術を目的とした装飾品であっても，それは多分に美的な感情を含んで身に付けられていると考えられ，また部族を象徴する装飾であってもしかりである．このように衣服の起源について考えるうえではいくつかの要因を複合的に捉えることが必要である． 〔米今由希子〕

1.6.3 被服材料・染料の起源と歴史

繊維，特に麻の繊維は，文明発祥の地のメソポタミア，エジプト，中国などで，考古学的に遡れる5000年以上前から，衣服の材料として用いられてきた．日本に関係の深い中国では，紀元前5000年の河姆渡遺跡から，すでに織機の部品や，績が見出されており，また紀元前3000年の良渚文化期の銭山漾遺跡からは，織機や績と絹の布が出土していて，織物があったことがわかっている[1]．しかし，1991年にアルプスで見つかった紀元前3000年のミイラ化した男性は，布をまとっていない．またエジプトでも，最も古い布は，紀元前3000年のものとされる．これらの布は麻であり，絹が出土したのは，銭山漾遺跡が最初である．ただし，中国では戦後45の遺跡が発見されているので，麻，絹の布の初出の年代は，1000年前後は早くなる可能性も残されている．なお，インドのモヘンジョダロの綿の衣服は，紀元前3000年頃のものとされる[1]．羊毛の布は，メソポタミアで紀元前1000年の遺跡から発見されたものが最も古い．

中国では，王権が確立した殷の時代（紀元前1500年～）には，麻，絹などの漢字も成立し，すでに詩経国風には，庶民が緑や赤の美しい衣服をまとって踊るさまなどが描写されている．そのほかに，エジプトのピラミッドの遺品や，クレタ島の衣服をまとった女神の焼き物像など，紀元前3000～紀元前1000年の実物と文書以外の遺品も多い．これらの布は，紀元前後にはかなり世界的に伝播し，例えば，紀元前後のシルクロードの墳墓から出土した羊毛，絹などの布が知られている[1]．

日本では，福岡の有田遺跡から出土した弥生前期の平絹が最も古い．縄文，弥生遺跡から出土した絹布については，布目順郎により詳しく調べられている[2,3]．文献的には魏書に記載された和人の服装が最初のものである．その後は，中宮寺に保存される天寿国繍帳が国内で作られて現存する最古の絹布である．この布は，紫の地に刺繍が施されたものであるが，鎌倉時代の補綴部分は元の色と違っており，既に紫根の媒染の仕方が伝わっていなかったことがうかがわれる．また，飛鳥 - 白鳳時代に中国から渡来した四騎獅子狩図の錦が，法隆寺に保存されてい

る．元の色彩は弁別できないほど退色しているが，科学的な再現は試みられていない．それから100年後の奈良時代に入ると，正倉院の20万点といわれる染織遺品の中に奈良時代初期からのものが現存する[4]．また万葉集にも多くの繊維製品の記述が登場する．後者は小川安朗の悉皆的研究にまとめられている[5]．同時にこの時代の関係資料，続日本紀，大同類聚方，延喜式，古事遺文にも，色や染色材料，媒染剤の記述がある．これらは，ユーラシア，インド，東南アジア，そして中国から数千年の間に伝わった染色法の集積としての正倉院の遺品とともに，きわめて貴重な人類の遺産であるといえよう．国家珍宝帳には約550の染織物の26色の記載があるが，その中の19色を再現する試みが2013年に初めて行われた（図1.6.1）[6]．この中で緋（赤）を得るきわめて日光堅牢度の高い茜の媒染方法は1200年間わからなかったが，明礬とカルシウム塩を用いる重ね媒染法により初めて再現された[7]．一方，これらの遺品に用いられている絹の太さや錦の織り方などから，現在は，正倉院に収蔵された染織品の大部分は日本で織られたものとしている．また，駿河の国と墨書された緋（赤）の絁（あしぎぬ）が正倉院に保存されており，延喜式には出雲の国の調としての赤い絁の記述もある．平安時代の延喜式の時代には，絹，綾，羅，紗などの織物が伊勢，三河ほか12か国からの調として，また緋（はなだ），縹（そび），纐などの染め物も各地の調となっており，絹の織りと染色の技術が各地に広がっていたことがうかがわれる．絹は，江戸時代後期になると各地で生産されて日本が輸出超過に転じ，昭和の初期まで日本経済を支える輸出品として世界中に輸出され，日本の産業の重工業化を支えた．

このように繊維は，初めは編物，次いで織物として生活に必須の生産物として重用された．庶民の繊維材料としては，苧麻，麻（大麻），そして戦国期以後綿が用いられたが，今も日本の各地に越後上布や有松・鳴海絞などとして残っている[9-11]．なお，現在世界に残る染織技術については文献9～11を参照されたい．また，日本の染色技術の歴史については文献12を参照されたい．

すでに中国の先史時代からあった絹は，セリシンを除く精練によって柔らかさや白さ，輝きが増し，高い吸水性による快適さが他の繊維に比べて際立っていたが，一般庶民の衣料としては用いられないも

図1.6.1 再現された国家珍宝帳の19色[6]（口絵1参照）

のであった．現在も皇后が育てられる小石丸のように，小型の日本伝来の繭もかなりの種類が残っている．

一方，綿に関する遺物はインドでモヘンジョダロの遺跡（紀元前）から出土する塑像の衣服が最も古く，それから周辺に広がっていった．日本で栽培されるようになったのは16世紀とされるが，柔らかく吸湿性と可紡性のある繊維であったので，最初は戦国時代の軍需物質として，次いで江戸時代には，庶民の衣服材料として普及した．河内，三河，真岡など多くの地方で栽培され，各戸に機織り機があり家族の衣服を織るのが主婦の仕事だった．また，各村には藍屋や紅屋があり，染めの需要を満たしていた．明治に入ってエジプト綿やインド綿が輸入されると，繊維の長さや細さが優れていたので，紡績業の発展とともに，和綿は一気に駆逐された．やがて昭和の初めには，日本の綿布の生産量が世界一になった．

江戸時代の約250年間，日本は鎖国した．長崎を唯一の窓口として，オランダ，中国との貿易が行われた．コチニールによる赤色染めの羊毛布や，インド更紗などが輸入されたが，それらを使用することができるのは限られた階層の人々のみであった．

羊毛は，ユーラシア大陸で飼育された羊の毛が紀元前から衣服に用いられ，柔らかさや，温かさが珍重された．チクチク感やフェルト性などの特徴があり，また水をはじく性質から，主に寒冷地の衣服素材として用いられた．日本に入ってきたのは明治になってからで，その後，国策として緬羊の数を増やし，1945年には国内の需要を満たすほどの生産があった．羊毛の染色仕上げは，手間がかかる特殊な

技術として尾西地方を中心に発達した．戦後は，オーストラリア産の羊毛に急速に置き換わった．

江戸時代の初期を除いた200年間に，先進藩の貿易政策もあって，日本で生活用品の多様な"多色化革命"が起こっている[12]．最初は景徳鎮の衰退に代わって1650年頃に鍋島藩が色絵磁器を輸出し，1700年頃には手書きの友禅が作られるようになった．さらに1760年頃から，紅摺絵から発展した錦絵が庶民にまで行き渡るようになった．明治維新前後には，これらの陶器，着物，錦絵，工芸品などがヨーロッパに渡り，芸術家や貴族の関心を捉えた．これらは非西欧社会の文化として，きわめて特徴のあるものだったためである[13]．現代でも，三宅一生などは，日本の美意識に基づく服装を発表し続けている．

絹，綿などを天然染料で染めたものと，合成染料で染めたものとではどこか違うといわれている．天然染料で染めたものは中間色であるためとよくいわれるが，実は色相の違いではなく，前者は明るさや濃淡などに2％以上の変動があり，1％以下の均一な後者のものとは，"ちらちら感"が違うからである[12-14]．

1937年にカローザスが天然繊維に代わる素材としてナイロンを発明した[15]．ナイロンは結節，摩擦強度が高く吸湿性も6％と高かったため，女性のストッキング材料において絹を駆逐した．第二次世界大戦後の1946年にはポリエチレンテレフタレート（ポリエステル）が発明された．吸湿性は0.5％と低いが，強度が高く，衣類のしわや型崩れを防ぐ機能があるので，綿や羊毛と混紡，交織され，現在まで広く利用されている．さらに，ポリアクリロニトリル（アクリル）繊維が発明されて，羊毛に対応する柔らかな繊維として用いられ，さらに塩化ビニルとの共重合により，滑らかな手触りをもつアクリル系繊維として用いられている．1970年代以後，これらの合成繊維の生産はアジアに移っており，世界の需要を賄っている．現在，綿，羊毛，絹などの天然繊維と，ポリエステル，ナイロン，アクリルの合成繊維の生産の比率は約1：1.8で，混紡，混織，交撚，交織されそれぞれの特徴を生かして使われている．これらの三つの合成繊維は，それぞれ分散染料，酸性染料，塩基性（カチオン）染料で染められる．最近では，ナイロンや綿を鮮明，堅牢に染められる二官能性反応染料が使われる．これは日本で発明された染料である．

地球温暖化，地球環境の保全，資源の有効活用への認識の進展とともに，これからの繊維材料にはリサイクル性，生分解性などが求められ，それらの性質をもつポリ乳酸などの繊維が研究，開発されている．ポリ乳酸は繊維としての性能は満たすが，コスト的にまだ問題がある．また，近年は繊維径が100 nm以下と細いナノファイバーの，単位重量あたりの表面積が大きいことを利用した物質変換や分離への応用が進んでいる．繊維が細くなると繊維塊中の空気層が微小化し，断熱性が高くなることを利用した衣料材料化も進んでいる．さらにカーボン繊維は，単位重量あたりの強度が金属材料に比べてもはるかに高く，軽くて強い材料の必要な飛行機などの製品に用いられるようになっている．またクモの巣の経糸が，高い引っ張り強度をもつことが見出され，遺伝子組み換えにより，製造する試みも進んでいる．

1.6.4 合成染料による繊維の染色の歴史

19世紀後半まで，染色はマニュファクチャー制の工場で天然染料を用いて行われていた[16]．多くの場合媒染が必要なことから，色相が安定せず問題が多かった．化学者のルンゲは茜の標準的な染色法について報告書を作成し，プロイセン産業助成協会が染色試料つきで公刊している[17]．一方，最初の合成染料として，1835年このルンゲによりアニリンと晒し粉からアニリン・ブルーが実験室的に作られた[18]（コラム）．その後1856, 1857年にパーキンによって，モーブが発明，製造され，人々は芳香族を含む石炭タールが新しい染料の原料となる可能性を秘めていることに気付いた．そこでまず既存の植物染料をより純度が高く大量生産できる合成物で置き換えることが行われた[19-21]．19世紀後半までに植物染料の主成分であるアリザリン，インジゴなどが合成されるようになった．この後20世紀初頭までに，アニリンを原料に有機分子としてある程度の大きさをもつアゾ染料と，骨格がアントラキノンで，ヒドロキシ基，アミノ基，スルホン酸基，カルボキシ基などの電子供与性の置換基をもつ染料が作られ，いろいろな色相の染料が市販されるようになった[20, 21]．1860年代から多くの染料会社がドイツにでき，その後の世界的生産の中核となった．合成染料は植物染

《コラム》
ルンゲ，ゲーテ，ヘーゲル，家事通信——Freundlieb Ferdinand Runge（1794〜1866）

ルンゲは15歳から薬局の徒弟として働き始めた[18]．そこでベラドンナの液が瞳孔を開かせることを発見し，後年，伝え聞いたゲーテに猫の目で実験して見せた．ゲーテはよろこんで，モカコーヒーを一袋与えて，有効成分を調べてほしいと頼み，実際，ルンゲはカフェインを発見している．

彼はベルリン大学で医学，ゲッチンゲン大学，イエナ大学で化学を学び，1831年イエナ大学に「藍の成分の金属との複合体形成」についての論文を提出した．学位論文審査の諸問で，ラテン語での問答に答えることができなかったが，審査員の哲学者のヘーゲルは彼の化学の業績にかんがみて，博士の学位を与えてよいと判定した．この後ルンゲは三年間フランスを中心とする西ヨーロッパで見聞を広めた後，ブレスラウ大学の実用化学の員外教授，ドイツ統一前の王立海外貿易会社の技術担当者を勤め，その間にコール・タールから乾溜や水蒸気蒸溜により三種の酸と三種の塩基を発見している．とくに，彼はアニリンの発見者の一人で，1834年アニリンに晒し粉を反応させて，初めての合成染料アニリン・ブルーを作った．これは1856年，パーキンのモーブの発見の20年前のことであった．

ルンゲにはこのような化学の新しい時代を拓いた業績と共に[19]，前述のカフェインやキニーネ，プルプリンを発見し，酸化銅の植物酸との反応，タンニン作用を持つ物質，花の色素，塩素による消毒，円形ろ紙上のクロマトグラフィなどについての業績がある．またその当時盛んであった植物染料の茜による綿布の染色の標準化のために，9種の産地や種類が異なる茜とその類似物を5種の媒染剤を用いて染色した標準染色法の報告書が，プロイセン産業助成協会から染色見本つきで頒布されている[17]．ルンゲはまた，料理，洗濯などの家事に堪能だったので，1865年大部の「家事通信」を出版したという．

料に比べて，染料成分含量が高いこと，品質が一定であること，媒染剤を使わずに直接に染まること，染色過程が簡単で再現性がよいこと，染色できる色相が飛躍的に多くなったこと，種々の堅牢度が1，2級程度高いことなど革新的な新製品だったので，爆発的に広まった．また，新しい薬品の開発と連動して有機化学の発展をもたらし，化学分野での人類の知識が拡大するきっかけとなった．この結果，麻，綿，羊毛，絹などのそれぞれの繊維の染色に適した染料が作られるようになった．また，改質セルロース繊維であるアセテートを染めることのできる分散染料が発明され，すべての繊維を染色できるようになった．1937年のナイロンをはじめとして3大合成繊維が第二次世界大戦前後に発明され，現在では衣料用繊維のうち合成繊維が天然繊維の約1.8倍を占めるようになった．これらの繊維の染色には，モーブ発見以来の合成染料を基本とする染料が用いられている．

図1.6.2に主要な染料骨格を示す．衣料用染料は，水に溶解または分散すること，高いビルドアップ性すなわち繊維に高い親和性をもつこと，日光，洗濯，摩擦他の堅牢度において実用性を満たすことの三つの要件を備えたものでなければならない．

日本では明治末までに，合成染料が急速に天然染料に置き換わったが，その間の事情は文献22，23を参照，比較されたい．上に述べたように，第一次世界大戦前にはドイツを中心に染料工業が隆盛になったが，1914年に第一次世界大戦が勃発して，米，英，日などは輸入途絶による困難が生じ，これを機に日本でも1916年から集約的な染料製造が始まった．それが確立したのは1930年頃で，1945年終戦の第二次世界大戦後に5社に集約され，1975〜95年には生産額は約1,200億円を保った．戦後に実用化されたナイロン，ポリエステル，アクリル繊維に対してはその化学的性質に対応して，酸性染料，分散染料，カチオン染料が用いられている．この間いったんは国内ですべての部属の染料を製造するようになったが，特に綿を染める直接染料は種々の固着剤で封鎖することにより洗濯堅牢度の向上が図られてきた．しかし鮮明度や湿摩擦堅牢度が不十分であったので，もう一段の性能向上が望まれていた．1956年に反応染料が発明され，綿を構成するセルロースのヒドロキシ基と結合する堅牢な染料が得られた．1980年に高い固着度と堅牢度をもつ二官能性反応

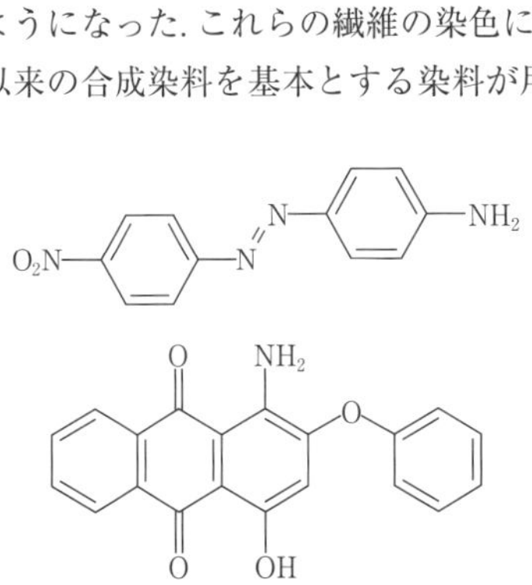

図1.6.2　アゾおよびアントラキノン染料の例
（上）CI Disperse Orange 3　（下）CI Disperse Red 60

表 1.6.1 各繊維の染色に用いられる染料（太字は使用量の多い染料）

繊維		染料
綿		**直接染料，反応染料，硫化染料，バット染料（インジゴ）**
羊毛		**酸性染料，金属錯塩染料，酸性媒染染料**，反応染料
絹		**酸性染料，金属錯塩染料，酸性媒染染料**，反応染料，塩基性染料，バット染料（**インジゴ**）
ナイロン		**酸性染料，金属錯塩染料，酸性媒染染料**，塩基性染料，反応染料，分散染料
ポリエステル アクリル		**分散染料**，カチオン染料（改質繊維），アゾイック染料
アクリル系		**カチオン染料**，酸性染料，金属錯塩染料，酸性媒染染料，分散染料
極細繊維	ポリエステル	**分散染料＋濃染化剤**
	ナイロン	**酸性染料**，酸性タイプ反応染料
PPT または PBT		分散染料
ポリ乳酸		分散染料

染料が日本で発明されて，現在多用されている．最盛期に日本で作られた染料については，細田の染料の製造方法とその染色法，堅牢度などについて詳しい記述のある成書と安倍田，今田の成書が参考になる[24,25]．

1997年頃から製造業が急激に中国，アジア諸国へ移転したため，現在では染料製造量はピーク時の約1/4になった．また，染色加工量も国内生産はピーク時の約70億m^2から16億m^2に減少している．このように，日本の染料製造・染色技術は世界でも第一級に達したが，現在は時代の変遷の中で将来の展開を模索している．

染料は繊維のみならず，水にも高い着色性をもつ．そのため排水の汚染は特に問題になり，現在は凝集処理の後，必要な場合には活性炭による吸着処理により脱色されている．公害という見地から，染料排水は社会的な問題となったが，現在ではヨーロッパをはじめとして，日本でも県の条例などによりきわめて厳しく規制されている．また，合成染料は化学物質であるため，その原料や分解物に健康被害をもたらすものがあったので，現在では日本の化学物質の審査及び製造等の規制に関する法律，EU の REACH（Registration, Evaluation, Authorisation and Restriction of Chemicals）により製造，輸入，使用が厳しく規制されており，日本のエコテックス・ラベルも安全な染料が使用されていることを保証している．

これまでに作られた染料のリストである Colour Index には，一般名で約8,000種の染料が登録されており，統一的な名称，染料部族，化学構造，堅牢度がわかるようになっている．1970年頃から極細繊維を中心とする新合繊，弾性繊維，ポリブチレンテレフタレート繊維，ポリ酪酸繊維などが上市されてきているが，これらの繊維は分散染料を用いて，染色法を改良して染められている．

a. 一般的な染色法[26-28]

浸染は布帛の精錬，漂白→染料と助剤を含む染液での高，中，低温での染色→ソーピング→フィックス処理→柔軟処理，などの過程を経るが，これらの過程は基本的に染料会社から提供されるレシピに従う．また近年はポリエステル／綿のように，混紡品が多い．この場合は分散染料／直接染料または反応染料などの混合染料で染める．染料の選択には，指定サンプルと，試し染め品の色合せをカラーマッチング機（CCM）で厳密に一致させる．その際，染料は3原色の染料を使う．各繊維の染色に用いられる染料を表1.6.1に示す．

捺染は，各繊維に適した染料で，ソーピング時に再汚染しないものを，捺染糊液に溶解，分散させ印捺した後，水蒸気で加熱処理してソーピングする．詳細は2.2.2項「捺染」を参照されたい．

1.6.5 石鹸・洗剤・洗濯の起源と歴史

a. 先史時代から人は何を使って洗濯してきたか

動物の皮を衣類にしていた時代には，洗うことはなかった．中国で最も古い織機が発掘された河姆渡遺跡の紀元前5000年の時代以降，麻をはじめとする靱皮繊維が用いられるようになって，洗濯も始まったと考えられている[29]．羊毛は多量の羊脂を取り除く必要があり，また絹はセリシンを落とす精錬が必要であるが，他の繊維も油を除いたり，脱色す

図 1.6.3 ベニハッサンの洗濯操作を示す壁画[30]

るためにさまざまの工夫がされたと考えられる. すなわち, 洗濯と繊維精錬の歴史は相伴って発展してきたようである.

エジプト中王国時代には, ベニハッサンの壁画に描かれているように一連の洗濯作業が行われていた (図 1.6.3)[30]. その頃はどのような自然由来の薬剤と技術が用いられたのだろうか[31].

① **水**: 水は洗濯のための基本素材であり, その硬度と pH が特に洗濯に影響する. ヨーロッパや中国など, 世界各地の水は硬水が多いので, 現在でも北欧諸国で煮洗いが行われるのは, 消毒の意味も兼ねて, 洗浄力の出る高温で洗浄する技術が残ったものである[29]. 日本ではほとんどすべての地域の水は軟水である. この点に注意を払った洗剤も開発されている. 火山地帯などの特殊な地域を除いて水の pH は 6 程度で, 石鹸洗剤は pH 10〜11 になるようにアルカリ剤が加えられている.

② **界面活性剤**: サボンソウなどの植物由来の中性の界面活性剤であるサポニンが, 紀元前から用いられた.

③ **酸 (酢)**: 匂いの中和, 有機物の可溶化などの効果があった.

④ **石 鹸**: 紀元前から一部の民族に知られていた石鹸は, 最初は油と木灰 (炭酸カリ) から作られたという. その後 800 年頃に, マルセイユでオリーブの実の油と海草の灰 (バリラ) から作られたマルセル石鹸が, 高い品質によりヨーロッパに行き渡った[31]. 18 世紀頃には, 松やに (テルペン), 大豆 (レシチンやタンパク), 米 (タンパク, 油脂分解酵素, 非イオン界面活性剤), みかんの皮 (リモネン, 有機物の可溶化剤) などが用いられるようになっていた. 石鹸が日本で作られるようになったのは 1860 年代で, ワグナーなどが導入したものである[32]. 1834 年にひまし油を硫酸エステル化したロート油 (トルコ赤油) がルンゲによって発明され, 繊維工業において染料の可溶化剤として用いられた.

⑤ **合成界面活性剤**: 1917 年にドイツのギュンターは, ジイソプロピルナフタレンのスルホン化により, 初めて油脂以外の物質からなる陰イオン性の界面活性剤を作り, これが現在の LAS につながっている. 1928 年には, ドイツのベーメ社のベルツが, 洗浄力の優れた陰イオン性のアルキル硫酸塩 (AS) を開発した. さらに 1930 年ドイツの I.G. 社が非イオン性のポリオキシエチレンアルキルエーテル (AE) を開発している. LAS, AS, AE は現在の洗剤にも配合されていてそれぞれの機能を発揮している.

なお, 現在配合されている LAS は比較的良好な生分解性を示す以下の構造のものである.

R_1CHR_2 R_1, R_2 は直鎖炭化水素

現在の洗剤には上記の界面活性剤の他に, 硬度成分を除去するゼオライト (アルミノケイ酸 (不溶性)), 洗濯機の金属板の錆びを防ぐケイ酸ナトリウム, 汚れを分解するプロテアーゼ, リパーゼ, セルラーゼなどの酵素が含まれている[33]. なお, 界面活性剤を含んだ洗剤による汚れの洗浄は, 色ものの洗浄液をみるとわかるように, 必ずわずかではあるが染料の脱離, すなわち色あせを伴う.

b. 洗濯機の歴史

洗浄の機械的方法としては, 万葉集に残っているように, 足ふみ, 手洗い, たたきなどの方法があり, 長く主婦の仕事として行われてきた[32, 34]. 汚れの成分は脂質, タンパク質, いろいろな水溶性成分, 無機質などである. 水流, こすり, もみ, 衝撃などは, 繊維上の汚れを水中に分散, 溶解させるとともに, ミセルに可溶化させて水の層に移すことを促進する機械的手段であった.

電気洗濯機は, 18, 19 世紀の手動式洗濯機の前史の後, 第二次世界大戦前の 1940 年代から米国, ヨーロッパで使われるようになった. 米国では撹拌式 (アジテータ式), ヨーロッパではドラム式, 日本では渦巻き式 (パルセータ式) が使われてきた. 日本では, ここ十数年の間に, ドラム式に替わってきている[35]. 米国では, 地下室のスペースが利用で

きるので，シーツ，カーテンも家庭で洗える大容量の撹拌式が普及している．ヨーロッパでは，硬水なので軟水剤を使い高温で洗う必要があり，水量が少ないことが望ましいことからドラム式が，また日本では，少量を速く洗濯でき，設置場所を取らないなどからパルセーターによる渦巻き式が使われてきた．しかし現在，日本では省資源，省エネ，節水が重要になってきていることから，ドラム式の洗濯機が多くなってきている．これは躯体のプラスチック化，DDインバータモータ，ヒートポンプなどの採用により，電力量の約60％の低減や節水，低騒音化などドラム式洗濯機が進歩し，日本の生活習慣の変化に対応できるようになったことによる[36]．

〔小見山二郎〕

参考文献

1) NHKスペシャル「四大文明」プロジェクト編著：四大文明，日本放送出版協会，2000.
  文明の起源についての歴史書を参照されたい．また，「田辺勝利：年表 染料の歴史，愛媛大学教育学部被服研究室，1990」が参考になる．なお『年表 洗剤の歴史』[29]もある．
2) 布目順郎：絹と布の考古学，雄山閣，1988.
3) 伊藤智夫：絹 I, II, 法政大学出版局，1992.
4) 宮内庁編：正倉院宝物 染織 上，下，朝日新聞社，2000，2001．また昭和23年から毎年開かれる正倉院展の目録に染織遺物と関係文書が掲載されている．
5) 小川安朗：万葉集の服飾文化 上，下，六興出版，1986.
6) 藤原 大：COLOR-HUNTING 一色からはじめるデザイン，トゥールリング，2013.
  2013年のカラーハンティング展（21_21DESIGN SIGHT）で，小見山二郎（歴史と再現技術），山崎和樹（草木染め），中島洋一（古典織）の3名で国家珍宝帳の19色を再現，展示した．
7) J. Komiyama, M. Suematsu and S. Ogawa：Madder and gromwell dyeing with alum in the Nara era, 8th century, in Japan, *Dyes in History and Archaeology*, 20：102-109, 2005.
8) 永原慶二：苧麻・絹・木綿の社会史，弘文館，2004.
9) 丸山伸彦監：産地別 すぐわかる染め・織りの見わけ方，東京美術，2002.
10) 三越伊勢丹編：日本の染と織，八木書店，2012.
11) 道明三保子監：国別 すぐわかる世界の染め・織りの見かた，東京美術，2004.
12) 小見山二郎：機能加工，50-69，繊維社，2015.
13) 国立西洋美術館編：ジャポニスム展図録，国立西洋美術館，1988.
14) 森 俊夫，小見山二郎：画像解析による天然染料と合成染料で染めた綿染色布の色彩の違い，日本家政学会誌，62（9）：605-610, 2011.

なお，現在大量に入手できる天然染料については，「天然色素市場の動向，食品と開発，42（10）：49-55, 2007」を参照されたい．

15) Y. Furukawa：*Inventing Polymer Science — Staudinger, Carothers, and the Emergence of Macromolecular Chemistry*, University of Pennsylvenia Press, 1998.
16) R. Fox and A. Nieto-Galan eds.：*Natural Dyestuffs and Industrial Culture in Europe 1750-1880*, Science History Publications, 1999.
17) F. F. Runge,「茜の化学技術研究書（独文）（1835）」大阪府立中央図書館蔵の住友文書中に，同年のプロイセン産業助成協会会報中に合冊されて保存されている（宮下晋吉氏の指摘）．
18) B. Anft：Friedlieb Ferdinando Runge: A forgotten chemist of the nineteenth century, *J. Chem. Educ.* 32, 566-574, 1955.
19) K. A. シェンチンガー，藤田五郎訳：アニリン，天然社，1942.
20) 日本学術振興会繊維・高分子機能加工第120委員会編：染色加工の事典，朝倉書店，1999.
21) 安倍田貞治：合成染料工業の歴史，繊維社企画出版，2013.
22) 河原一郎：染色法，博文館，1905.
23) 中島武太郎：実用色染学 正編，続編，丸善，1907, 1910.
24) 細田 豊：新染料化学，技報堂，1966.
25) 安倍田貞治，今田邦彦：解説染料化学，色染社，1989.
26) 若生寛志：私信．
  若生博士は50年間の染色加工の経験者で，wakoh knowledge@me.com を通じて経験の一端を小見山に伝えた．
27) C. Hawkyard ed.：*Synthetic Fibre Dyeing*, Society of Dyers and Colourists, 2004.
28) 東京都立繊維工業試験場編：繊維技術ハンドブック 染色の基礎知識，東京都立繊維工業試験場，1996.
29) 田辺勝利：年表 洗剤の歴史，愛媛大学教育学部被服研究室，1990.
  私家版として公表されたものだが，引用文献も少しついている．大変詳細で便利な年表である．なお「年表 染料の歴史」もある．
30) A. G. Shedid：*Die Felsgräber von Beni Hassan in Mittelägypten*, Phillipp von Zabern, 1994.
31) 中曽根弓夫：石鹸・合成洗剤の技術発展の系統的調査，国立博物館，2007.
32) 花王石鹸編：日本洗浄文化史（非売品），花王石鹸，1971.
33) 皆川 基，藤井富美子，大矢 勝編：洗剤・洗浄百科事典，朝倉書店，2003.
34)「洗濯」日本家事録：CONFORT 5月増刊，建築資料研究社，2005.
35) 西 正行：洗濯機技術発展の系統化調査，国立科学博物館 技術の系統化調査報告 第16集（国立科学博物館編），2011.
36) ドラム式洗濯乾燥機，日本経済新聞社，2010.

1.7 服装の機能

1.7.1 服装の役割

服装には，物理的機能，社会的機能，美的機能といった複数の機能がある．これらの機能は，服装の役割に応じて最適な割合で組み合わされ，服装としてのトータルな機能を発現する．例えば，消防士の着用する消防服は，炎から身を守る物理的機能を有するとともに，一目で消防士とわかる社会的機能をもち，同時にユニフォームとしての美的機能によって子供たちの憧れの的にもなる．

どのような機能が優れているかという評価は，着装の環境や用途によって異なり，また時代とともに変化するものでもある．例えば，同じ消防服であっても，劇やドラマの中で使用されるものを考えれば，実際の炎から身を守る必要はないので，物理的機能としては，遮熱性や難燃性といった特性よりも軽量かつ柔軟で動きやすい運動性が重視されるであろう．一方で，一目で消防士とわかるシンボルとしての社会的機能は演出に必要であり，主役がそれを着る場合には，他の俳優の服装との比較において，素材やデザインの工夫による格好のよさという美的機能が強調されるかもしれない．もちろん，同じ劇でも時代劇の場合には，どんなにすぐれた消防服であっても町火消しの和装にはかなわない，ということになる．

消防服の例は，複数の機能の役割が比較的明確な事例の一つであるが，我々の日常的な服装にもこうした機能は備わっている．本項では，服装の役割を考えるうえで基本となる服装の機能について説明する．

a. 物理的機能

服装には，外部からの物理的刺激に対して体を守る機能があり，これを物理的機能，あるいは物理的保護機能などと呼ぶ．ここで物理的刺激とは，木の枝が刺さる，ざらついた壁で腕をこするといった力学的な刺激のほかに，日射しが暑い，風が冷たいといった寒暖の刺激や，虫に刺される，動物に噛まれるといった他の生き物からの攻撃などが含まれる．手袋によって洗剤の刺激から手を守るといった機能は，厳密には化学的刺激に対する保護機能であるが，刺激に対する防御と広く捉えて，物理的機能の一部とみることもできる．また，汗や皮脂など，人の身体自体が発生する汚れを皮膚への刺激と捉えれば，それらを吸収して皮膚の衛生を保つ（刺激から保護する）肌着の機能も，類似の機能として捉えることができよう．

環境からの刺激に対して身体を守るという機能は，人体でいえばもともと皮膚が有していた機能であるが，我々は服装という自由度を得ることによって，皮膚へのさまざまな刺激を緩和し，快適な生活をおくることができるようになった．また同時に，寒冷，乾燥，酷暑などの理由で生活が困難であった地域にも生活圏を広げることができるようになった．さらに，生産現場でのヘルメットや安全靴（落下物から足を守る金属カバーを内蔵した靴），また潜水服や宇宙服のような高度な保護機能を有する着装によって，特殊な環境での活動圏を安全に広げることができるようになっている．

服装の物理的機能を活用すれば，外部の刺激から身体を保護するだけでなく，それと反対に，人が外部の環境に与える刺激や影響を低減する機能として利用することもできる．半導体素子などの生産現場では，塵や埃のないクリーンな作業環境（クリーンルーム）が必要であるが，そうした環境で着用される無埃服はその一例である．無埃服は，作業者の髪の毛や体に付着する埃が室内に落ちないよう環境を保護するとともに，服装自体も埃が出にくい素材で作られている．周囲の環境をできるだけ乱さないという考え方は，スポーツの世界にも適用できる．競技用のスウィムウェア（水着）は，水への抵抗をできるだけ低減するように素材や形状の工夫がされており，水の流れを乱すことなく，エネルギーのむだな損失をできるだけ抑えて泳ぐことができる．

b. 社会的機能

服装には，それ自体がシンボルとなり，周囲に情報を発信する機能がある．消防士は消防士らしく，学生は学生らしく，サラリーマンはサラリーマンらしくといった「らしく」の部分が服装のもつ社会的機能といえる．消防服を着ていれば消防士，セーラー服を着ていれば学生，スーツにネクタイであればサラリーマンといった暗黙の認識がそれにあたる．

ここで重要なのは，服装が発信した情報は，他者

表 1.7.1　衣服型式分類表[1]

谷田閲次	小川安朗	Stratz	Mützel	Kroeber
懸　衣	腰紐型 ligature type	原始型	南方型 熱帯の腰衣から ドレーパリーまで	グレコ・ローマン風 の非裁縫衣
	垂れ布型 drapery type	熱帯系 南方系 アラブ型		
	貫頭型 poncho type		西方型 新大陸のポンチョ型	
寛　衣	前開型 kaftan type		東方型 カフタン型	オリエンタル風 の裁縫寛衣
窄　衣	体形型 tunic type	寒帯型 北方型 エスキモー型	北方型 寒地のシャツ型 チュニック型	ヨーロピアン風 の裁縫密着衣 (ジャケットとズボン, ブラウスとスカート)

に受け取られて初めて情報として機能するという点である．つまり，服装の社会的機能とは，発信された情報だけでなく，受け手の感じ方がセットになったものである．この意味で，社会的機能には，ひとの考え方や感じ方に影響を与える精神的な機能も含まれている．目立ちたくないときは周囲にまぎれる地味な服，自己を主張したいときは派手なデザインの個性的な服を着るというのも，社会的機能の活用事例である．服装による自己表現ともいえよう．

服装の発信する情報は，他者に影響を与えるだけでなく，着装者自身の気持ちにも影響を与える．職人は仕事着を着ることで気持ちが引き締まり，我々も礼服を着れば改まった気分になる．逆に，ゆるめの室内着を着れば，適度に気持ちをリラックスできる．非日常的なコスプレによって，開放感とともにアニメの主人公に「なりきる」のも社会的機能の活用例である．いずれの場合も，服装が着装者の気持ちや所作に影響を与えるのである．

c. 美的機能

服装のもつ美的機能は，着装者自身あるいは周囲のひとに，「美しさ」を感じさせる機能である．社会的機能と同様に精神的な機能を有するが，その働きは社会的機能とはまた異なる．社会的機能が共通的なシンボルとしての機能であるのに対し，美的機能は，より感性に働きかけるものであるため，その判断基準には個人差がある．美しい，美しくないといった判断の基準に客観的な根拠があるとは限らない．

美的機能には，布地や服装のもつ色合いやデザイン，また縫製による立体化によって得られる美しさがある．また，これとは別に，着装者の所作や振る舞いを通じた総合的な美しさがある．わかりやすさのため，前者を「色合いやデザインの美しさ」，後者を「所作や振る舞いを通じた美しさ」と呼ぶことにしよう．

美的機能のもつ「色合いやデザインの美しさ」の部分は，人台（ボディ）に飾られた服装でも感じることのできる美しさであるが，本来は，想定された着装環境において，評価をされるべきものであろう．美的機能のもつ「所作や振る舞いを通じた美しさ」の部分は，例えば，同じ制服（ユニフォーム）を着用している場合でも，洗練された動きのなかに感じる美しさのことで，「美しい」と表現されるより「格好がよい」，「素敵な」などと表現される．同じ制服の機能であっても，社会的機能においては，何の役割かが重要であるが，美的機能においては，「格好がよい（美しい）」と感じる，あるいは感じさせることで機能は達成される．

美的機能が表現する美しさの基準の定量化は難しいが，集団あるいは統計的な観点から分析する場合には，流行，あるいはファッションとして現れるものである．評価の指標として，流行色，あるいはモードといった考え方がある．歴史に沿って，流行やファッションを捉えるには，地域や時代ごとの服装史に注目することで，なにが「美しい」とされたかを知ることができる．

〔小町谷寿子〕

1.7.2　形態の表現

a.　衣服の類型

服飾の変遷をみると，衣服は時代，地域，性別などにより多種多様であることがわかる．そこで，衣服の形を類型として分類する．表1.7.1に示すように，類型の表し方にはいくつかあるが，ここでは，

図 1.7.1 上着のスラッシュ飾り（切り込み）は装飾性と機能性を兼ね備えている（16 世紀）[2]

図 1.7.2 過剰で精巧な装飾は淑女のステイタスであった（19 世紀）[3]

表現の特徴に基づく 3 類型に分類する[1].

1) 懸衣（かけぎぬ）　1 枚の布を身体に掛けたり，巻きつけたりするタイプである．非裁縫型または腰布からドレーパリー，さらには，貫頭衣（かんとうい）（頭を通す穴から被って着装する衣服）がこの類型に属する．単純な構造を特徴とするが，その多くは着装することにより流麗なドレーパリーが生み出され，複雑な表現が可能となる衣服類型である．古代ギリシャのキトン，ヒマティオン，古代ローマのトガ，インドのサリーなどがこの型式に分類される．

2) 寛衣（かんい）　身体の形に合うように作られているが，直線的裁断を用いた，ゆるやかな全身衣であることが特徴である．身体よりはるかに広い面をもち，それぞれの民族が独自の表現を生み出している衣服類型である．ビザンティンの宮廷服であったダルマチカ，東洋のカフタン，日本の平安時代の桂や近世の小袖がこの型式に分類される．

3) 窄衣（さくい）　身体に緊密に作られていることを特徴とし，裁縫密着衣型，チュニック型ともいう．下衣を用いない一部式と，上衣と下衣の組み合わせによる二部式がある．日本の古墳時代の埴輪の衣裳，古代ローマのトゥニカをはじめ，ヨーロッパ近世の服装は，ほとんどこの型式に分類され，身体にフィットした現代スタイルへと受け継がれていった．窄衣は実用的な衣服から出発したが，16 世紀ヨーロッパ宮廷女性のコルセットと大きな輪型のアンダースカートを用いたファッションにみるように，身体各部の形態を誇張したり，身体を極度に締めつけたり，膨張させたりすることで，多彩な服飾表現を生み出していった．

b. 衣服の装飾

1) 美的表現としての装飾　身体を包む衣服は機能的な側面だけではなく，美的な側面をもち，人は衣服に多種多様な装飾という形で美意識を表現してきた．まず一つ目は，衣服の本体への装飾的要素として，衿，袖，裾などの部分に表現されるもので，集中的に現れる極端な装飾として表現されることが多い．二つ目は，布の技法と関わる装飾で，布の表面を表現の場とし，織・染・刺繍などの形で広い面を生かし表現される．三つ目は，付加的装飾で，布の表面にプラスアルファをする形式での装飾で，フリル，レース，アップリケなどがこれに属する．

2) 服飾史上からみた装飾の意義　20 世紀以前の王侯貴族のファッションは，ステイタスシンボルとしての役割を果たしたため，過剰なまでの精巧な装飾がおびただしく繰り返されている．図 1.7.1

にみるように，衿，カフスには，ラフと呼ばれる白いひだ飾りが取り付けられ，男性の威厳を強調している．上着にスラッシュ飾りと呼ばれる切り込みが入れられているが，この装飾には身体の運動量を確保するための機能的な役割もある．図1.7.2は，ロマンチックスタイルと名付けられたロマン主義の影響を強く受けた1825年の装いである．段状になった裾のトリミングとスカラップ，羊の脚のようなジゴ袖の流行，帽子を飾るリボンといった過剰なまでの装飾は，特権階級の贅沢さやエレガンスを視覚化し，ドレスを豊かに表現している．　〔好田由佳〕

参考文献
1) 佐々井 啓，大塚美智子編：衣生活学，pp.11-13, 朝倉書店，2016.
2) J. Laver ed. : *Le Costume des Tudor à Louis XIII*, Horizons de France, 1950.
3) G. Charpentier et E. Fasquelle : *Un Siècle de Modes Féminines*, 1894.

1.7.3 色彩の表現
a. 色彩感情

　色彩感情とは，色がひとの心にもたらす印象や気分のことをいう．例えば緑色は，現代社会では安心・安全な環境やエコロジーを訴える色として使われ，多くのひとが緑色にそのような気分を感じている．このような緑色の印象は，そもそも緑が草木に由来する自然の色であることに発しているが，同じ自然の緑が中世西洋では，緯度の高い地域独自の季節感ゆえに，辛い冬に対峙する心地よい夏の色として青春や恋愛を感じさせる色である．同時に，秋になると木々の葉が紅や黄色に変わるがゆえに，緑色を欺瞞・変動の色とみる印象も西洋人には強い．このような緑色の悪い印象は今日なお痕跡を残しており，映画やアニメの世界では，異界の不気味な生命体の色として使われる．色彩感情とはすなわち，風土や社会思潮の影響のもと人々に共有される色の印象であり，変質しながら時代を越えて生き残り，また他の地域に影響を与える[1]．

　色彩感情を作り出すのは日々の生活であるがゆえに，衣服の色には色彩感情が反映され，同時にそれによって色彩感情は定着する．西洋中世で緑色が青春や恋愛の色となったのも，夏を迎える祭りである五月祭に緑の服を着る習慣があったからである．一方，欺瞞の色としての緑色は日常生活でひとの身体に使う色として相応しくないとする感情を生み，より嫌悪感を伴った黄色とともに衣服に使われることは稀になった．つまり黄色と緑色の組み合わせは狂気を示し，この配色は芸人や道化など社会から疎外されたひとの服装を代表した．西洋とは対照的に，中国の陰陽五行思想の影響を受けた日本では，黄色は最も高貴な色であり，天皇は麹塵色という渋い黄色を，皇太子は黄丹色を着る．平安朝の重ね色目にある黄と青（色調としては緑）の配色，例えば秋の「女郎花」，冬の「枯野」は，季節の移ろいを感じ取った美的な服飾の表現である．

　東西の文化接触により西洋から受容された色彩感情の例として，男性のスーツやリクルートスーツの黒服がある．今日広く用いられる黒には，西洋近世に遡る勤労の色としての黒という印象がある．中世に修道士の黒衣として清貧・簡素を示した黒は，16世紀にプロテスタントの色彩倫理によって衣服の色として推奨された．装飾を排除するプロテスタントの禁欲精神は，19世紀の近代資本主義を支え，ゆえにその色彩倫理に従い黒は産業社会を率いるブルジョアの燕尾服やフロックコートの色となり，黒は彼らの美徳である勤労の色となった[2]．明治期の洋装の導入に始まる日本人の黒服もこの系譜にある．20世紀末から続く流行色という側面をもつとはいえ，今日なお黒は働くひとを示す色である．

　影響関係があるわけではないが，各地に共通する色彩感情もある．例えば，江戸から明治にかけて疱瘡の患者に紅紬や紅木綿のシャツを着せ，また子供の玩具に赤を使う日本の習慣は，魔除けとしての機能を赤に感じるからで，同様のことは赤珊瑚を子供の護符とする西洋にもみられる．またチュニジアの男性が被るケルメス染めによる赤い帽子シェシアが，頭痛に効き，目によいと信じられているのも同様である[3]．赤が権威や富を示し，また戦勝祈願の色であることも東西に共通している．西洋では赤色を提供するパープル貝やケルメス染料が美しい染めを実現する稀な染料であったがゆえに価値を高め[4]，皇帝や高位の司法官の衣の色，またフランス王の軍旗の色としての歴史を刻んだ．『平家物語』が語る齋藤実盛討ち死にの戦で，実盛が最高級の錦の直垂（ひたたれ），しかも赤地の錦を着ていたのも，同じような色彩感情のゆえである[5]．

b. 色彩の象徴

色彩の象徴とは，色が単に事物のしるしとして機能するだけではなく，抽象的な観念を強く想起させる場合をいう．色がもたらす印象すなわち色彩感情は，記号として社会の中で制度化されることがある．例えば西洋中世で黄色は，ユダヤ人を共同体から排除するために，キリスト教公会議や都市条例が彼らに強制したマークの色であった．制度化されたとき黄色は欺瞞としての意味をいっそう強め，物語や絵画などで広く欺瞞のしるしとして機能し，欺瞞を象徴する色と認識されるようになる．また五月祭に緑衣を着る習慣が定着すれば，緑は青春や恋愛の気分をより強め，出産の部屋を緑色で飾る習慣を生むとともに，緑は生命の再生を象徴する色として認識されるようになる．色彩象徴とは，気分としての色彩感情や，制度化された記号としての機能を超えて，より普遍的な意味を備えた場合をいう．ただし色彩の感情と記号と象徴は明確に区別されるものではなく，時間の推移によって展開するものでもない[6]．

色は社会集団や位階や家系を示す記号として服飾において制度化されたとき，身分象徴として機能する．日本には推古12（604）年に，国家体制の整備において冠の色によって位階を示す「冠位十二階」が施行された例がある．徳・仁・礼・信・義・智を大小に分けた十二階の冠色が何かは伝えられていないが，位階を象徴する色としてこれを踏襲したと思われる大化3（647）年の「七色十三階」の改訂から推して，順に真緋・青・赤・黄・白・黒と考えられる[7]．最高位の徳を除いた当色は中国の陰陽五行説の反映とされる．家系を示すヨーロッパの紋章には，色に象徴的な意味を付与することがある．例えばフランス王家の青地に金の百合の花を散らした紋章は，聖母マリアの色である青の採用によって，聖母へのとりなしの役を担う敬虔なクリスチャンとしての王を主張している．西洋中世には修道服の色が修道会を示す記号として機能し，修道会が色で象徴される例がある．ベネディクト修道会は黒，フランチェスコ修道会は灰色，シトー修道会は白で区別されたが，ただし本来は自然の羊毛色に由来するこれらの色名は観念的な色であり，黒と灰色と白の差異が必ずしも明確であったわけではない．色名と色調が必ずしも一致しないことは，江戸の歌舞伎役者が愛用し流行させた役者の名を冠した色名でも知られる．初代市川団十郎の団十郎茶，二代瀬川菊之丞の俳名から生まれた路考茶など役者色は，草根木皮による染めの時代に現実には再現が難しかったからである[8]．

自然感情を象徴する色の例は，四季の風物に恵まれた日本に顕著であり，平安朝に配色の工夫を示した重ね色目がそれを代表する．重ね色目とは，1枚の衣の表の裂と袖口や襟元や裾におめり出た裏の裂との配色を基本とする．配色は，例えば表が白，裏が青（すなわち今日の緑色）は，春には柳，夏には卯花，秋には菊，冬には松雪と呼ばれるように季節によって名称を変える．季節を代表する植物や風景による呼称は，自然の微妙な色調の差異を感じ取った結果であり，重ね色目は季節感を象徴する[9]．

時代の美意識を象徴する色に，江戸の文化・文政時代（1804～30年）に流行した「いき」の色がある．深川鼠，銀鼠，漆鼠，紅掛鼠など微妙に色調の違う鼠色，および白茶，御納戸茶，黄柄茶，燻茶，鶯茶，鳶色，丁子茶などの茶色は，武家風・大奥風・京風に対立する江戸の町風の美感を象徴する色であった．いきの内包する美意識として媚態と意気地と諦めを認めた九鬼周造は，鼠色を諦めの色，茶色は諦めを知る媚態，垢抜けした色気を示す色であると解釈している[10]．

〔徳井淑子〕

参考文献
1) 徳井淑子：色で読む中世ヨーロッパ，pp.100-123，講談社，2006.
2) ミシェル・パストゥロー著, 松村恵理・松村　剛訳：青の歴史，pp.118-122，筑摩書房，2005.
3) 梶原新三：まぼろしの天然染料〈ケルメス〉探求紀行 1．染織α，141：18-25，1992.
4) 伊藤亜紀：色彩の回廊―ルネサンス文芸における服飾表象について，pp.25-38，183-189，ありな書房，2002.
5) 山岸裕美子：鎌倉・室町時代の衣服 3―軍装．日本衣服史（増田美子編），pp.197, 198，吉川弘文館，2010.
6) 徳井淑子：色で読む中世ヨーロッパ，pp.100-141，講談社，2006.
7) 増田美子：古墳から飛鳥の衣服 2―服制と衣服．日本衣服史（増田美子編），pp.49-54，吉川弘文館，2010.
8) 武井邦彦：歌舞伎役者に由来する色．色彩用語事典（日本色彩学会編），p.101，東京大学出版会，2003.
9) 増田美子：平安時代の衣服 4―貴族のおしゃれと規制．日本衣服史（増田美子編），pp.139-143，吉川弘文館，2010.

10) 九鬼周造：「いき」の構造, pp.107-110, 岩波書店, 1970.

1.7.4 文様の表現

a. 文様の構造

文様は装飾として表面上に施されるものであって，それ自体は機能的な役割はもっていないが，それゆえに芸術意志を直接反映できるものと考えられる．服飾に施される場合は染織技術との関わりも深い．

1) 幾何学文様　幾何学図形を基にした文様であり，染織技術と結び付いているものも多くみられる．単純な形態であるため，様々な表現の可能性をもっており，時代や民族の特性が反映されたり，独自の意味を与えられたりするものもある．幾何学文様と名称の例を挙げる．

① **多角形**：鱗形，鋸歯文，山形（三角形），石畳文（正方形），ひし形，星形（五稜形），亀甲（六角形），麻の葉（六葉形），矢羽根文など
② **円形**：水玉，渦巻き，扇型，巴文，七宝，青海波（重弧文），舌状文（半楕円形）など
③ **線**：縞，格子，十字形，山道（ジグザグ），波文，立涌（曲線）など

2) 自然文様　動植物，自然などをモチーフにした文様であり，世界各地にさまざまな表現性をもって用いられている．多くはモチーフを単純化して表現しており，古代エジプトのロータスやパピルスにみられるように，左右対称に単純化したもの，古代エジプトのロゼットや，日本の有職文における窠文や鶴丸文などの丸文のように，モチーフ自体を幾何学的に構成したもの，さらには唐草文のようにモチーフを連続して表現したものなどが挙げられる．また，モチーフを配置する際に左右対称の構図をもつものとして法隆寺伝来の「獅子狩文錦」の例が挙げられる．モチーフを単純化せずに写生的な表現をもつ文様もあり，日本の描絵小袖は多くの優れた表現がみられる．

3) 抽象文様　幾何学文様のように規則的ではなく，自然の対象を非再現的に表現した文様として抽象文様が挙げられる．ケルト民族の組紐文様，ゲルマン民族の動物文様などは対象を抽出し難いほどに抽象化された文様である．また，現代の抽象芸術の影響を受け，アールデコの染織文様には抽象文様が多くみられるほか，サン・ローランのモンドリアンルックにみられるように，モダンアートとの関わりも深い．

b. 文様の意味

特別な意味をもつ文様の中から，特徴的な例を挙げる．

まず，宗教を背景とした場合，宗教的寓意を表す文様となる．キリスト教文化では例えば魚はキリストや洗礼を，鳩は平和と聖霊を，葡萄や十字架はキリストを表す文様として用いられていた．また，日本では蓮華や菩提樹，卍，法輪などは仏教の意味をもつ文様として用いられている．

寓意の中でも特に吉祥の意を表すものは吉祥文と呼ばれる．例えば吉，寿，福など吉祥の意味をもつ文字をそのまま文様として用いたり，六角形の亀甲文や円を連ねた七宝文などは吉祥の意をもつものとの連想から吉祥文として用いられ，さらに松竹梅や鳳凰，鶴亀，熨斗（のし）などはモチーフ自体が吉祥の意味をもつ吉祥文様である．

中世ヨーロッパで成立した紋章は家，都市，職業などを表すものとして受け継がれている．文様の例として，百合がフランス王家，鷲がドイツ皇帝，薔薇がイギリス国家を意味することなどはよく知られている．日本でも家を表す家紋や神社で用いられる神紋などがあり，現在でも羽織に家紋を染め抜くなどして用いられている．

また，歌舞伎を背景として流行した文様がある．石畳文は佐野川市松が用いたことから市松文と呼ばれて流行した．また四本と五本の縞に「キ」と「呂」の字で菊五郎と読ませる菊五郎格子のように自らの名前を判じさせるような文様も考案された．さらに斧（よき）と琴，菊の文様で「よきこときく」，鎌と輪と「ぬ」の文字の文様を「かまわぬ」と読ませるものなどあり，これらの文様の流行の様子は浮世絵などに描かれている．

さらに文学作品などを背景とした主題を表現する文様がある．『源氏物語』や『伊勢物語』，謡曲『竹生島』などに主題をとった文様が知られている．夕顔と桧垣，御所車で『源氏物語』の「夕顔」の巻を表すというように，主題を象徴するモチーフの組み合わせで表現されることが多い．『伊勢物語』に取材したものとしては，東下りの段の情景を表した杜若（かきつばた）と八つ橋の文様が挙げられ，小袖の文様だけでなく

広く工芸意匠としても用いられている.『竹生島』を主題とするものには「波に兎」の文様が挙げられる. 家康所用と伝えられている辻が花染の小袖裂や「松浦屏風」に描かれた小袖,前田家伝来の火事羽織,雛形本など数多くの例がみられる. いずれもその文様を理解するうえでは文学作品を含めた背景の理解が大切である. 〔米今由希子〕

1.7.5 美意識
a. だてといき

日本文化史上に現れた美的概念の中には,服飾を重要な発現の場として展開した例が見受けられる.「だて」と「いき」はその代表的なものである.

「だて」は,江戸時代前期に確立した美的概念である.「だて」という言葉を「立てる」と同根とする説があり,武辺だて(武力,武技を誇示する)古歌だて(古歌の知識を誇示する)などの用法からわかるように,本来,ある特質を強調,誇示する意をもつと考えられる. 服飾における「だて」は,装いの美的効果を派手に人目を引くよう強調することを意味する. 江戸前期の服飾には,刺繍,箔置き,鹿の子絞などの手法,濃厚な色遣いにより大振りの文様を表すなど華麗で豪奢なものが好まれる傾向にあったが,その中でさらに他に抜きん出ようとする場合,意表に出る趣向を人目を引く形で表現することになる. そのような好みが「だて」と呼ばれるにいたった.

「だて」は武家社会に端を発し,町人社会に及んだ. 室町期の武家社会では,房,小者と呼ばれる従者に華美な装いが奨励されていたが,これを実際上引き継いだのが江戸時代の武家奴である. 江戸初期の武家奴は武辺だての気風をもち,つり髭(先を跳ね上げた口髭)など武ばった容儀服飾に特色があった. この武家の奴風が町人間にも及んで,俠気(おとこぎ)を強調した振る舞いをする「男だて」が起こり,装いも気風もしだいに特有のものに変化していった. 正徳末,江戸歌舞伎の舞台に登場した男だて助六の,加賀紋入り黒羽二重小袖を一つ前に着流し下駄を履いた,豪気さに艶麗さを交えた装いは,当時の現実の流行とも重なっており,だて風の一典型を伝えるものである. また,「だて」の心情には,世間の約束事や制約を無視して己れを立て通す強い自我の主張と,一見これとは矛盾する,転機がくればあっさりと世を捨てる心との並存という特質がある.「だて」が一つの気風として示されるようになると,「だてある女」も登場する. 江戸吉原の勝山など「奴風」と呼ばれた寛闊な気風の遊女がその例である.「だて」がしだいに拡大された意味をもつ中で,気風としての「だて」のもつ,強さを派手に示そうとする一面から,「当世風の派手好み」としての「だて」が生まれた. この意味での「だて」は,「だて模様」など衣服そのものも指すようになるが,本来は衣服の好みも含めた気風の総体として捉えるべきものであろう[1].

一方,「いき」は,江戸時代後期(18世紀後期以降)の江戸において成立した美的概念である.「いき」の語は,心ばえの意,あるいは意気地のあるさまの意としては以前から用いられていたが,明和期(1764～72年)頃より江戸深川遊里において特有の美感を指し示す流行語として現れる. なお江戸時代には,「いき」の語には「意気(いき)」「好風(いき)」などさまざまな用字がみられる.

「いき」の美感は,江戸町人文化の成熟を背景に登場したものであり,短期間の流行として消え去ることなく美的好尚として確立されていった.「いき」は,京風・上方風に対する江戸風としての主張をもち,江戸風の中でも武家風に対する町風であり,さらに町風の中でも堅気風ではない色街風である[2]. 江戸中期の上方で成立した美的概念である「すい」と,「いき」を比較すると,遊里を中心とした町人文化の成熟を背景とし,派手さを避けた洗練を追求する点では共通するが,「すい」があくまで上方文化の伝統的要素を受け継ぎつつ新風を示しているのに対し,江戸町人文化が生んだ「いき」の美感には伝統に拮抗する意識が含まれている点で,両者は異なる[2].

服飾における「いき」の好みは,色彩に関しては藍,茶,鼠を基調とし,これらを細分化した微妙な色調,中でも藍鼠,紅かけ鼠,媚茶,路考茶等のように地味な色にわずかに華やかな色味を加えたものに特徴がある. 文様に関しては,縞柄,ことに陰翳に富む色彩で構成された縦縞が特徴的であり,渋い地色を生かした微細な小紋も好まれた. このような渋く微妙な色合いによる縞や小紋は,多彩な具象的文様とは性格を異にし,一見単調な中に複雑な味わいが見出された. 装い全体としてみれば,渋く目立

たない表着と下に着た緋色の襦袢のごくわずかな現れとが効果的に対比されるような，控え目な外見のうちにわずかな明るさ華やかさを含んだ姿が，「いき」の美感に適うものであった．

こうした服飾の好みは，男女共通であった点にも特徴がある．江戸前期から男の衣服としては一般的だが女に好まれることは稀であった渋い色合いなどが，後期の江戸で男女双方から好まれるにいたったのは，男女の心の触れ合いから生まれた服飾の好みの共有，すなわち「男の，女風への傾斜」「女の，男風への傾斜」が遊里とその周辺に生きる人々の間に定着して，一般に広がったことによるとし，そこに「いき」の成立をみる見解が示されている[3]．

幕末，天保期頃の深川遊里や町人の世界を描いた人情本には，「いき」の美がしばしば語られている．人情本において，ことに注目されるのは遊里周辺にとどまらず町人社会に広がった「いき」の美感である．「素人めかす風俗は，なを温厚に意気なりけり」（為永春水『春色辰巳園』天保6（1835）年，深川芸者から素人となった米八の装いについて），「質素なものばかり召しますけれども実に好風で御人品が能ござゐます」（為永春水『玉都婆喜』天保年間，大店の内儀の好みについて）などとみえ，縞や小紋に代表される渋く目立たぬ中に洗練と一抹の華やぎを求める「いき」の美感は，町人社会において「こうとう（はででなく尋常なこと）」「ひとがら（人柄よく上品なこと）」などの概念とも近接するものとなり，江戸町人風の好みとして展開していったと考えられる．

「いき」とは，個々の色や柄などにとどまらず着る意識の問題であり，最終的には衣服だけでなく人間の在りようの問題に帰着するものである．九鬼周造は『「いき」の構造』[4]において，「いき」の内包的構造の要因として媚態，意気地，諦めを挙げ，縦縞や鼠，茶，青系統の渋い色合いのうちに，これらが認められるとしている．

「いき」の美感は近代以降も江戸のなごりを残した東京下町などを中心に命脈を保ち続けた．昭和初年に発表された『「いき」の構造』で述べられる具体例は，主として女性の姿や心情であった．「いき」は本来女性に限るものではないが，明治以降，男性の装いがより早く洋風化したのに対し女性の装いの洋風化は緩慢であったことも，「いき」を語るのに女性の例が多くなった一因と考えられる．今日，輪郭を曖昧にしながらもなお，「いき」は日本の代表的な美的概念の一つとして広く一般に認識されている．

〔大久保尚子〕

参考文献
1) 谷田閲次：だての諸相．美学論攷 虚構の真実，pp.83-94，光生館，1976.
2) 谷田閲次：いき．衣服論 服飾の美意識（谷田閲次，徳井淑子編著），pp.112-115，放送大学教育振興会，1986.
3) 小池三枝：服飾の男女共有を読む―「通」・「いき」とのかかわり．服飾美学，19：111-114，1990.
4) 九鬼周造：「いき」の構造，pp.18-34，87-113，岩波書店，1930.

b. ダンディ（dandy）

ダンディとは，装いに対する探究心を持ち，狂おしいまでに服装を誇張する行為を指す．また，装いや振る舞い，礼儀作法，趣味において卓越した優雅さをもち，エレガンスや良き嗜好を体現している人物を意味する．

19世紀初めのイギリスでは，上流階級に属する青年たちのグループが，言葉や物腰，服装に関して流行を決定する権限をもっており，当初，ダンディとはイギリス紳士の服飾に対する新たな好みおよび独特な美意識を表すものであった．「ダンディの中のダンディ」と称され，摂政時代の皇太子（後のジョージ4世）の身なりに助言を送る友人であったジョージ・ブライアン・ブランメル（1778～1840年）は，シルクハットを被り，落ち着いた色彩の燕尾服と白いリネンのシャツやネッククロス，膝丈のズボンを身に着け，乗馬用ブーツを履き，地味な色調でありながらも，最良の材質や仕立ての服飾に身を包んだ．彼は「良い着こなしとは目立たないことである」と考え，過度な装飾や華麗な服装ではなく，洗練された簡素さと清潔さによって，真の贅沢および精神の貴族的な優越性を示そうとした．この背景には，無為徒食の財産所有者と労働者階級との社会階層の違いを服装で象徴する狙いがあったとされる．

イギリスで誕生したダンディズムは近隣のヨーロッパ諸国にも伝わったものの，フランスではダンディズムとロマン主義が融合し，服装においてブランメルが提唱したほどの厳格さや抑制は消えていった．リネンはシルクに，直線は曲線に，シルバーは

ゴールドに置き換わり，より官能的で豪華で贅沢な服装へと変化した．フランス版ダンディは，詩人のアルフレッド・ミュッセをはじめ，バルザックの小説『人間喜劇』に登場する人物たちによって最も体現されているといわれる．さらに，フランスの芸術家たちの間では，ダンディを定義付けることが試みられた．『ダンディズムとジョージ・ブランメル』を著したバルベー・ドルヴィーは「ダンディズムとは流行の消費というより，知的な振る舞い」と述べ，彼と親交があったボードレールは，『現代生活の画家』の中で，「ダンディズムとは頽廃の諸時代における英雄性の最後の輝き」と記した．彼らによって，ダンディとは服飾の物質的な好みや優雅な身だしなみにとどまるものではなく，知性や美意識の体現，時代の心性や本質的な精神性であることが明示された．

c. シック（chic）

シックとは，服装や身なりにおいて，洗練された優雅さや品位を保持していること，あるいは正しい審美眼（センス）で服装を着用している行為を意味する．また，エレガントの同義語として扱われたり，良い身繕いの総称として使用される場合もある．

語源は曖昧であるが，主に二つの説が挙げられる．一つは，フランス語の名詞 chicane（言いがかり・屁理屈）の指小辞 chic に由来すると考えるものであり，訴訟を巧みにこなし，人を欺くような巧妙な詭計を心得ているさまを指す．もう一つは，ドイツ語の geschick（巧妙・熟練・適合）または schick（適宜・適切・手ぎわ）から派生したと考えるもので，態度や振る舞い，物腰において，巧みさや巧妙さに秀で，高度な技巧を心得ているさまを指す．いずれの語源においても，万事に巧妙さや高い能力を備えていることをいうが，『19世紀ラルース大辞典』において，とりわけ画家がもつ才覚について，この言葉は用いられたことが指摘されている．19世紀初め，フランスの画家ジャック＝ルイ・ダヴィッド（1748～1825年）のアトリエでは，多くの若い画学生が学んでおり，その中の一人に「シック（Chicque）」という名前の教え子がいた．貧しい出自の彼はダヴィッドがたびたび絶賛するほど画才にあふれていたが，18歳の若さで亡くなってしまった．以来，ダヴィッドは，シックが描いたような優雅で格調の高い作風の絵画に対して「シック（Chicque）である」と言い，不出来な作品には「シック（Chicque）でない」と形容した．容易に絵画を上手に描くこと，さらには優雅さや心地の良い画風をもつ絵画を評する，「シック」という言葉は，すぐにダヴィッドのアトリエ以外にも広まっていった．そして優雅であることや当世風であることを指し示す総称となり，人物や物がエレガントで，流行りを意識していることを意味するようになった．

その後，時代とともに意味合いは少しずつ変化していき，服装や装い，振る舞いの中に気品・優美・しとやかさ・飾り気のなさ・簡素さ・奇抜さのない独創性・堅実さなどが感じられるものを「シック」という言葉が包含するようになった．20世紀のデザイナーの中で，シックとモダンが共存しているデザインとしてつとに知られるのが，ガブリエル・シャネル（1883～1971年）によるものである．例えば，1916年に提案したカーディガン・スーツでは，短いスカート丈や簡素化されたローウエストのシルエット，ジャージーの伸びる素材に，1926年に発表したリトル・ブラック・ドレスでは，膝丈のスカートやシンプルな形態，モノトーンの色彩に，モダンな機能美を備えながら，シックな要素を感じ取ることができる．

〔新實五穂〕

1.8 服装の歴史

1.8.1 日本の服飾
a. 日本古代

日本古代の服飾を知る手がかりはそう多くはない．しかし，古代において人は身体保護のため，また，他者との区別のため，何かしらをまとい，装っていたはずである．

縄文・弥生時代の服飾の手がかりとして，東日本で多く発見された土偶が挙げられることが多いが，それらが身にまとっているものが当時の人々の衣服としての資料であるとはいいがたい．なぜなら，土偶に施された装飾は服装そのものではなく，身体への直接的な着色（ペインティング）とも考えられる

図 1.8.1 弥生時代の管玉，小玉[1]

図 1.8.2 天寿国繡帳[2]

ためである．また，縄文時代後期の遺品として編み布が出土しているが，衣服として用いられていたかは不明である．だが，後世に同様の手法で作られた編み布を使いアンギンと呼ばれる衣服が用いられていたことから，骨角製の針で布を縫い，はぎ合わせて衣服材料としていた可能性はあるといえる．植物繊維を原料とするものは土に返ってしまい，現代まで伝わることが難しい．一方，玉石や骨，歯，貝殻を材料に作られた櫛やヘアピン，耳飾り，腕輪，足輪，首飾りなどは全国各地から出土している．これら多くの装身具は人骨とともに出土することから，「死」と関連した呪術的なものであると考えられている．ただし，縄文晩期のものとされる粘土製滑車型耳飾りは，透かし彫りなど精緻な彫刻が施され，通過儀礼において用いられた「生」の装飾品として考えられるものもあるとされている．なお，弥生時代の特徴的な服飾は，ガラス製，金属製の装身具であろう．管玉や小玉を連ねた首飾りや腕輪など繊細な装身具が多く出土している（図 1.8.1）．

古墳時代の服飾の手がかりとしては，埴輪が挙げられる．埴輪は服装表現がはっきりとしており，そこから中国大陸に由来する遊牧騎馬民族の服飾である「胡服」が支配者層の衣服として想像される．埴輪における支配者層の男性は美豆良を結い，垂領の筒袖で腰丈の上衣，ズボン状の袴を着用し，足結という裾捌きをよくするために膝下を紐で括る着装をしている．これは同時代の資料とされる『日本書紀』や『古事記』の中で旅装や戦へ向かう際の装いとして書かれていることから，日常的な服飾ではないとの見方がある．支配者層の女性は髪を束ね頭上で髷を結い，男性と同様の上衣に，足首丈の裳をまとった姿が埴輪にみられる．裳は巻きスカートのような形状で，この服飾は男性も用いた例もみられる．

飛鳥時代には中国大陸や朝鮮半島からの影響を受けた冠位十二階の制が推古11（603）年に制定され，位階が冠の色で区別されることとなった．被服の機能のうち，識別性を特化させた服飾であり，その後，冠から朝服の色による位階の区別へと変更された．衣服の形態は胡服形式で，当時の遺品として知られる天寿国繡帳の人物の服飾でそれを知ることができる（図 1.8.2）．

白鳳時代に入ると，天武天皇により唐王朝に倣った服飾が宮廷官人たちに令として制定される．中国風の結髪や，衣服の裾にさらに布を足して装飾性を高める襴という服飾などがそれにあたる．なお，この時代を中心とした古代の服飾を知る資料として『万葉集』が挙げられる．日本最古の歌集であるが，歌の内容から当時の服飾やその意味を知ることができる．例えば「竹玉」は竹を管玉のようにして神事の際の装身具として用いたものである．自然の，素材そのものの形を利用した竹玉は，その時にしか用いることができない刹那的な服飾であり，だからこそ清浄を象徴し，神事に用いられたのだと考えられる．

奈良時代には，大宝元（701）年の大宝衣服令で，唐に倣って礼服・朝服・制服の制が整えられたとされ，現存する養老2（718）年に制定された養老衣服令でも同様の内容が確認できる．礼服は皇太子および皇族と五位以上の官人が重要な儀式の際に着用する大礼服であり，朝服は皇族および有位の官人が朝会や公事で着る服，制服は無位の官人の公務服と定められている．礼服は日本風の垂領で大袖の上衣が特徴的で，朝服や制服は唐風の盤領で筒袖の上衣を用いている．なお，薬師寺に伝わる吉祥天女像は

図 1.8.3　吉祥天女像

当時の女性の盛装を描いたとされ，美しい染織や華やかな髪型の様子が見て取れる．女性の礼服もこれに似たものだと考えられ，唐の服飾文化の影響を受けたものとされている（図 1.8.3）．　〔楢﨑久美子〕

参考文献
1) 国立文化財機構監修, 至文堂編：日本の美術 370 — 弥生時代の装身具, p.7, ぎょうせい, 1997.
2) 聖徳院 中宮寺 公式ホームページ：http://www.chuguji.jp/about/
3) 増田美子編：日本衣服史, 吉川弘文館, 2010.
4) 奈良薬師寺 公式サイト：http://www.nara-yakushiji.com/guide/hotoke/hotoke_etc.html

b. 平 安 時 代

1) 唐風服飾から国風服飾へ　前期（8 世紀末～9 世紀末）は唐文化の摂取が頂点に達した時期で，弘仁 9（818）年には奈良時代から唐風であった五位以上の礼服・朝服などに加え，朝会の儀礼や日常の衣服，作法などが男女とも唐風に改められた[1]．さらに弘仁 11（820）年には天皇・皇后・皇太子にも唐風の衣服が定められ[1]，服飾が最も唐風化した．しかし，弘仁 14（823）年に倹約政策により，五位以上に定めていた礼服の着用を三位以上とした[1]ため，礼服の着用が減少し，朝服が礼装化した．承和 6（839）年に最後の遣唐使が帰国し，唐風化が頂点に達したが，その後は唐が衰え，遣唐使も廃止されて唐風文化の影響が薄れ，中期（9 世紀末～11 世紀前半）には国風文化が花開いた．仮名文字が発達し，国文学が隆盛した．貴族の屋敷は優美な寝殿造りとなり，宮廷では和風の座礼が復活するなど生活様式が変化し，衣服も国風の束帯（そくたい）や唐衣裳装束（からぎぬも）が公服となった．

2) 国風服飾の完成　後期（11 世紀後半～12 世紀末）には国風文化が地方に広がり，庶民にも浸透し，束帯や唐衣裳装束の様式・着装法も整い，国風化がさらに進んだ．

図 1.8.4　摂政以下公卿などの束帯姿（裾を高欄の上に垂らしている）
『年中行事絵巻』（巻 1 舞御覧）（田中家蔵，文献 2 より）

公家男性の束帯（図1.8.4）は，奈良時代の朝服が国風化されて形態が変化し，寛裕になったもので，冠，袍，半臂，下襲，衵，単，表袴，大口袴，襪，石帯，魚袋，太刀，笏，履または靴で構成された．文官は縫腋袍，武官は闕腋袍を着用した．束帯の袍の色は奈良時代から引き続いて位による定めがあったが，10世紀末頃から四位以上は黒に，五位は緋に，六位は緑になった．この他，公服には，束帯の略装で，束帯の表袴を指貫に代えた布袴，束帯を活動的にした衣冠があり，私服には，束帯の縫腋袍と同形袍ではあるが色や文様が自由で，雑袍と呼ばれた直衣，元来，狩猟の際に着用するものであったが，華やかな色彩と地質が用いられて，若い公家に好まれた狩衣がある．直衣で宮中に参内するのは，公卿や貴人の特権であった．また，12世紀頃から重厚で権威的な印象を与える強装束（図1.8.5）が現れ，これに対して従来の柔らかい装束を萎装束と呼ぶようになった．身分の低い男性の衣服としては活動的な水干があり，武者の装束とも呼ばれた．公家の未成年の子息は童水干を着用した．庶民の男性は筒袖の丈が短い上衣と細くて短い袴の組み合わせに頭巾を被った．

公家女性の唐衣裳装束（図1.8.6）は，唐衣，裳，袿（一番外側に着る袿を表着，その下に重ねて着る袿を重ねまたは重ね袿と呼んだ），単，袴で構成され，男性の束帯に相当する晴装束である．唐衣は裄も身丈も短い唐風服飾で，表着の上にはおった．裳は後腰に着けるもので，身分の高い女性は日

図1.8.5 強装束表現の冠直衣姿
『紫式部日記絵詞』（五島美術館蔵；部分）

常では唐衣と裳を着けないことが多いのに対して，仕える女房たちは，唐衣と裳を着けて体裁を整えた．袿の数は平安末期にはおよそ5領に定まり，五衣と呼ばれた．晴装束から唐衣と裳を省いた袿姿は褻装束（日常着）であり，この上に華やかな織物で袿をやや小さく仕立てて重ねた姿が小袿姿で，皇妃以下の高位の女性の常着だった．また，年若い女性は晴着として，袿の上に細長と呼ばれる身幅の狭い丈長の袿を着用した．女性の徒歩での外出着および旅装には，衣を頭から被る被衣や，衣の丈をたくし上げて腰紐で結び，市女笠を被る壺装束が用いられた．また，市女笠の周囲に苧布を垂らした，むし

図1.8.6 三十六歌仙絵 小大君 唐衣裳装束
『三十六歌仙絵』（大和文華館蔵，文献3より）

たれを用いることもあった．平安時代末頃には，中流以下の女性の間で，袴の代用として簡略化した裳を着ける裳袴という着装が現れた．庶民の女性は筒袖の小袖に細い帯を締め，時には腰に裂を巻いて腰裳とした．

この時代の装束は，寛緩な衣を幾枚も重ねる構成で，衣の重ねに重色目と呼ばれる趣向を凝らした配色が行われた．重色目には四季折々の花木や自然の景趣を表した名称が付けられ，自然感情と結び付く文学的抒情に密接に連なり，服飾に豊かな感情を盛り込んだ[4]．

平安時代の男性は結髪して髻を作り，冠・烏帽子・頭巾などを被った．女性は服飾が唐風であった時期には結髪していたが，平安中期には垂髪が一般的となり，貴族社会では筋目の通った身丈に余る黒髪が美女の条件とされた[5]．　　　　　　　〔田辺真弓〕

参考文献
1) 日本紀略（新訂増補国史大系），吉川弘文館，1980．
2) 小松茂美編：日本の絵巻 8—年中行事絵巻，中央公論社，1987．
3) 角川書店編集部編：日本絵巻物全集 19—三十六歌仙絵，角川書店，1967．
4) 谷田閲次，小池三枝：日本服飾史，pp.80-83，光生館，1989．
5) 橋本澄子：日本の髪形と髪飾りの歴史，源流社，1998．

c. 鎌倉・室町時代

鎌倉・室町時代は，武家が公家の領域に支配を及ぼし，やがて公武の統治者ともなっていった時代である．武士は保元の乱（1156年）において貴族に代わって戦闘を行いその武力を世に知らしめ，武家政権確立の基礎を築いた．直後に，源平武士の棟梁の戦いともなった平治の乱（1159年）に勝利した平清盛が政権を握って平氏が全盛を極めたが，その後源頼朝は，平氏一門を滅ぼして（治承・寿永の内乱，1180〜85年）鎌倉の地に幕府を開いた．源氏将軍が3代で断絶すると，機に乗じた後鳥羽上皇とその近臣が討幕の兵を挙げたものの失敗に終わり（承久の乱，1221年），この乱で勝者となった武家は権力を絶大なものとするにいたった．そのため公家は，文化興隆を図ることによりかろうじて権威を保とうとしたが，勢力は衰え形骸化した．一方，政権を確立した武家は新興勢力としての支配を拡大し，文化的側面においてもその存在を主張するために独自の儀式における作法を確立した．服飾についても，以後長く続く武家のならいともいうべきものを定着させていった．

1) 公家の服飾　公家社会においては，正式な装束として前代以来の束帯が着用されたが，構成が簡易になるとともに，家柄や位によって用いる文様の範囲が定められた．これを有職文といい，伝統文様として後にまで伝えられた．そして前代から用いられてきた直衣には色目や文様にしきたりができ，公の場で着用されるようになった．狩衣は公私両用の衣服となり，さまざまな文様や色目が工夫されて趣向を凝らして装われた．

平安時代末期から鎌倉時代にかけて，強装束の風が起こり以後続いていくが，それは束帯・直衣などを厚い生地や糊を強く張った布地で仕立てるとともに，冠や烏帽子も漆で固め，服装全体に張りをもたせる装いの表現であった．そのため，着付けに特別な技術を要することとなって衣紋道が起こり，これを担当する衣紋家が生まれた．

鎌倉幕府の滅亡・南北朝の争乱を経て，室町幕府3代将軍足利義満が南北朝の合一と公武統一政権の確立を成し遂げた．これにより将軍は実質的な権力を掌握するが，将軍の家礼となり昵懇した殿上人や，武家伝送を務めた公卿たちは武家服飾の直垂を意図的に着用するようになった．

公家の女性の服飾もやはり簡略化し，小袖・袴の上に袿をはおって唐衣を着ける装いや，小袖・袴の上に袿をはおる姿となった．

2) 武家の服飾　鎌倉幕府においては束帯や直衣は，将軍や将軍伺候の東下の公家によって儀式に臨む際に着用されるのみにとどまり，武家が主に着用したのは狩衣・布衣・水干・直垂であった．格付けもこの順でなされてはいたが，それぞれについて独自の用い方で装われた．狩衣と布衣は，形態が同じであるため一括して布衣の名称で呼ばれるものの，狩衣は五位以上の諸大夫が用いるものを指すこともあった．いずれにせよ両者は上級武士の礼装であった．水干は，もともと庶民が着用していた衣服であるが，この頃は礼装となり，さらに，弓の儀式における射手の装束として後世に受け継がれた．狩衣と同様，盤領に仕立てられているものの，襟を内側に折り込んだ垂領式の装いも行われた．また，裾を袴

1.8 服装の歴史

図1.8.7 直垂姿の鎌倉武士
『蒙古襲来絵詞』宮内庁

の中に着込めることによって二部形式の着装をすることもでき，盤領の公家服飾から垂領・上下衣形式の形態を特徴とする武家服飾への移行を物語っている．直垂（図1.8.7）は，この時代の武家服飾の代表となった．直垂もやはり庶民の衣料から発したもので，垂領仕立てで袵がなく，上衣を袴の中に着込めて胸元の左右に付いた紐を結び着用した．武家にとっては日常的に着用された衣服であったが，地質を豪華にして礼装として用い，また，剣を帯び将軍を護衛する役の上級武士の装束ともなり，この風は室町時代に踏襲された．直垂の中でも，鎧の下に着用するのが鎧直垂である．常の直垂よりも細身に仕立てられ，大将格のものは錦・綾などの豪華な布地を用い，文様に意匠が凝らされた．戦闘を生業とする武士にとっては，甲冑とともに身に着ける戦場での一期の装束となっていた．

室町時代に入ると直垂の格は上昇し，絹製のものを直垂と称して正装となった．一方，布製の直垂は中期以降，武家故実の確立とともに広く大紋や素襖として着用された．大紋は，大きな家紋を5か所に染め出した布製の直垂で，胸紐と菊綴が丸紐であるのに対し，素襖は革の胸紐と，菊綴の位置には革紐が付けられ，大紋よりも紋が小さいのが特徴である．やがて直垂が最高の礼装と化すにつれて大紋の格は高まり，順に素襖もそれに次ぐ装束となった．また，素襖の袖を取り除いた形態の肩衣と袴の組み合わせも現れ，直垂や素襖の略装として形を整えていったが，結果として着ている小袖が表面化することとなり，その役割は次第に大きくなっていった．

武家の女性では，上級武家においては，いわば公家の服装を簡略にした装いが行われた．小袖・袴の上に袿をはおる姿から，やがて袴を省いて小袖をはおり着るようになり，これを打掛といった．また，一般武家女性は，袴をはかずスカート状の裳袴や，腰衣である湯巻（今木とも）を着ける装いとなった．

室町時代には，打掛姿のほか，内衣の小袖を着た上にやはり小袖を着て帯をし，両肩を脱いで腰に巻く腰巻姿が礼装となり，男性の場合と同様，小袖が表面化して，着装の上で大きな表現性をもつものとなっていった．

〔山岸裕美子〕

d. 安土・桃山時代

1) 時代区分 織田氏と豊臣氏が政治や文化の中心であった時期を「安土・桃山時代」という．これは織田信長の代表的な居城が安土城であり，豊臣秀吉の主な居城が伏見桃山城であったことによる呼称である．室町幕府の最後の将軍足利義昭が京都から追放された元亀4（1573）年から豊臣家滅亡の慶長20（1615）年までとする．

2) 概観 この時代は戦乱が続き，政治的

には変化が激しい時代であるが，服装史の面からみると，社会が不安定であるため，衣服の制度や慣習は衰退し，染織技法や縫製技術は低迷し，意匠も精緻なものはみられない．基本的には，室町時代に発展した制度，技法，意匠が弱体化しながらも継承された時代である．ただし，農産物や鉱物の国内外にわたる交易によって財力を蓄えた新興大名たちは，新しい価値観に基づく大胆な服飾美を生み出す場合もあった．彼らを中心に，当時新しく渡来して「南蛮人」と呼ばれたスペイン・ポルトガル人の服飾に影響を受けた風俗もみられた．この時代の特徴的な衣服は，小袖および小袖型の衣服である．以下，小袖を中心に，当時の肖像画や風俗画，そして各地の寺社や旧家に遺る当時の服飾品から明らかになったことを述べる．

3）着　装　まず，武家女性は袿などの大袖の衣服を着ることはほとんどなくなり，小袖を着重ねることにより礼装とした．次に，武家男性の服飾は室町時代に引き続き，直垂を基本とするが，素襖の袖や胸紐を除いた形の肩衣（後の裃）が常服や公服として用いられることが一般化し，下に着る小袖の重要性が高まった．また，遊興の場面などでは小袖の上に，丈の短い小袖型の衣服である胴服（後の羽織）を着用することも行われた．さらに，具足（鎧）の上に着用する小袖型の衣服，陣羽織もこの時代に出現した．

一方，庶民の女性や男性は小袖や筒袖に細い帯を締めて着流しとすることが一般的であった．

4）技　法　この時代には，戦乱や政治経済の不安定により，織りの技術が衰退した．代わって，高度な技術や装置を必要としない絞り染めや刺繍が盛んに行われるようになった．上流武家は綾小袖など織りの小袖も用いたし，織り文様を染めによって模倣する場合もあったが，しだいに，絞り染めや刺繍の特色を活かした自由な表現が好まれるようになった．

5）意　匠　この時代の小袖の意匠は，着用者の身分や性別，あるいは使用する技法に関わらず，無地，肩裾，片身替，段替などである．肩裾は肩から胸の部分と裾に模様を施したもの，片身替は身頃の左右で色柄を変えるもの，段替は，小袖を緯方向の何段かの線と背縫いや袖付けの線で区画分けし，色柄を互い違いに変えるものである．ただし，これ

図 1.8.8　鳥獣文様陣羽織（高台寺）
豊臣秀吉所用とされる陣羽織．イラン・サファヴィー朝16～17世紀のタピスリーを仕立てたもの．

らの意匠はこの時代に始まったものではなく，鎌倉時代に直垂の意匠として始まり，室町時代に小袖に応用されるようになったものである[1]．一方，胴服や陣羽織には上に述べた「南蛮人」の服飾の形態を取り入れたり，外国製の珍しい織物を用いるなど新奇な意匠もみられた（図 1.8.8）．〔森　理恵〕

参考文献
1) 奥村萬亀子：「片身替」「段替」のこと，京に「服飾」を読む，pp.58-73，染織と生活社，1998．

e．江戸時代

江戸時代は，公家や武家，町人，百姓などの身分と職分によって服装が区別される社会であった．幕府は，公家に対して慶長20（1615）年に「禁裏向御法式」を定め，「天子礼服，大袖，小袖，裳」をはじめ，上皇，大臣，親王，公卿など高位の公家の服装を規定した．公家の服装は従来と大きく異なることはなく，男性は礼装として束帯，衣冠，直衣を着用した．女性も前代から続く五つ衣と小袿を礼装とし，白小袖に大腰（長袴），白小袖に袴も着用した．礼装以外では，小袖の上に綸子，縮緬地に刺繍や染めで文様を散らした掻取（打掛）を着用することも

多くなった.

　武家に対しては,「武家諸法度」に服装に関する規定を設け,「白綾,白小袖,紫袷,紫裏,練,無紋小袖」を挙げて,身分の上下を守ることと華美に装うことを戒めた.武家の礼装には,従来と同様,束帯,衣冠,直衣,狩衣などが用いられた.将軍,高位の大名は,将軍宣下,上洛参内などの重要な儀式には束帯を,将軍の官位昇進,上野の霊廟参詣などには衣冠を着用した.中世以来武家の礼装である直垂,大紋,素襖も引き続き用いられ,将軍,三位以上の諸侯,侍従は直垂を,五位の諸大夫は大紋を,御目見以下の平士と陪臣は素襖を着用した.直垂の下には白小袖を,大紋と素襖の下には熨斗目を着用した.熨斗目は,経糸に練らない生糸,緯糸に半練糸を使用した平織の生地で,腰の部分に格子や段を織り出した小袖である.さらに,武家の公服として裃が広く用いられるようになり,肩衣に長袴を着用する長裃は,直垂,大紋,素襖に次ぐ礼装となり,将軍以下御目見以上までの中礼服であった.肩衣に切袴を着ける半裃は御目見以下の公服,下級の武士や町人の礼装として用いられた.肩衣と袴の色を異にする継裃は,江戸時代後期に公服として用いられるようになった.裃の下には,冬は熨斗目,夏は紋付帷子を着用した.羽織袴姿は,もともと礼装ではなかったが,黒無地紋付の羽織を礼装として用いるようになり,幕末には武士の公服となった.

　武家の中﨟以上の女性の式服には季節による更衣が定められ,五月五日から八月末日まで帷子に腰巻,九月一日から九月八日まで袷,九月九日から三月末日まで小袖に打掛,四月一日から五月四日まで袷を着用した.打掛には,地白,地黒,地赤などの綸子を用い,その下に着る間着の小袖には,地色が赤,白,黄などの綸子や縮緬を用いた.中﨟以上の武家の女性が用いた打掛は,立涌,紗綾形,七宝,青海波などの有職風の文様と折枝文を交互に配して刺繡と型鹿の子で総文様にした(図1.8.9).また,武家の女性は,近代以降に御所解と呼ばれる小袖を着用した.御所解の小袖には,四季の植物と御所車,殿舎などが刺繡と染めで表された.文様には,王朝文学や謡曲などに関連する器物や景物が取り上げられ,文学との関連を暗示させる文様構成になっている.文様の配置には,小袖全体に文様を表す総文様と,腰から裾にかけて文様をおく半文様がある.夏の衣

図1.8.9 「変り七宝つなぎに牡丹菊藤花束文様打掛」
(東京国立博物館所蔵,文献1より)

料の腰巻は,黒の練貫地に吉祥文様などを総刺繡で表した.腰巻は,端を固く作った提帯に袖を通して着装した.

　幕府は町人,百姓に対しても禁令を出して奢侈を戒め,天和2(1682)年の禁令では,百姓町人は絹紬,木綿,麻布を分限に応じて着用することとした.しかし,井原西鶴の作品には,町人が規定を越えて贅沢な服飾品を着用している様子が描かれている.江戸時代半ばを過ぎる頃から,江戸の町風として上方とは異なる好みが出現し,縞文様や小紋が好まれた(図1.8.10).色彩は,茶色,鼠色,藍色を基調とし,数多くの細分化した色名を生み出した.安永4(1775)年の恋川春町作の黄表紙『金々先生栄花夢』には,当世風の装いに「きものは黒羽二重づくめ」,遊郭に通う服装として「八丈八端の羽織,縞ちりめんの小そで」と書かれ,黒羽二重や縞縮緬,八丈縞などが好まれた.町人の娯楽となった歌舞伎の世界からは,市松文様,路考茶,亀蔵小紋など役者の衣装の好みが一般の服装に取り入れられるという現象も生じた.

　江戸時代には,公家,武家,町人の女性に幅広く小袖が着用され,さまざまな技法で華やかな文様が施された.慶長から寛永の頃に慶長小袖が出現した.慶長小袖は,地色を黒,紅,白に染め分け,刺繡や摺箔,鹿の子で細かく文様が表された.寛文頃には肩から右身頃に文様を配する構図に特色がある寛文

図1.8.10 「上之息子風」『当世風俗通』
安永2(1773)年[2]

図1.8.11 「衝立に鷹文様小袖」
(東京国立博物館所蔵,文献1より)

小袖が出現した.寛文小袖には,金糸や多彩な色糸による刺繡,鹿の子の技法が用いられ,植物や器物,天象など多岐にわたる題材が文様化され,古典文学に取材する文様も出現した.2代将軍秀忠の娘で後水尾天皇に入内した東福門院が呉服商に注文した小袖にも,寛文小袖が多くみられる.寛文頃には,経済力を蓄えた町人も服飾を楽しむようになり,小袖の雛形本が出版された.雛形本には小袖の文様が描かれ,書物によっては色彩や加飾技法についても記された.寛文小袖は町人にも着用され,現存する最古の雛形本である寛文6(1666)年の『御ひいなかた』に寛文小袖が多く掲載されている.刺繡や鹿の子が主要な技法であった小袖の装飾法は,貞享頃に友禅染が開発されたことにより新たな展開をみせる.友禅染は糊で防染して彩色する技法で,絞り染と異なり,多彩な絵画的文様を表現することができる.『友禅ひいなかた』(1688年)には「絵の具水にいりておちす,何絹にかきても和也」と,友禅染は水で色落ちせず,染色後も生地が柔らかであると書いている.多彩な友禅染は主に町人の小袖に用いられたため,友禅染出現以降,武家と町人の小袖の文様と技法の違いが顕著にみられるようになった.享保頃には,精緻で華やかな友禅小袖が制作され,町人層に好んで着用された(図1.8.11).その後,18世紀半ばから文様に対する好みに変化が生じ,小柄な文様が多くみられるようになり,白上げという技法が出現する.これは,藍,緑などの地色に文様を糊で白く上げ,部分的に彩色や刺繡を施す技法である.また,町人の女性にも縞や小紋が好んで用いられるようになった.小袖文様の配置も変化する.元禄頃には文様が小袖全体に広がる総文様となり,その後,腰から下に文様をおく腰高模様,さらに裾模様,褄模様が出現した.江戸時代半ば以降,縞や小紋が好まれる一方で,豪商たちは総鹿の子にしたり,金糸刺繡を多用するなどして贅をつくした婚礼衣装を制作した.また,江戸時代には,女性の帯が長大化した.17世紀半ばから丈,幅ともに拡大し,結び方も多様化する.慶安3(1650)年の『女鏡秘伝書』に,帯幅は「およそ二寸五分たるべし」と書かれ,その後帯幅は広くなり,18世紀半ばに「鯨尺にて八九寸」(『独語』)になった.帯の長さは,享保期に「壱丈,また壱丈弐尺」(『万金産業袋』)と書かれている.結び方も,延宝頃に歌舞伎役者の上村吉弥が舞台で結んだ結び方が「吉弥結び」として町方で流行し,水木結びや路考結びなども流行した.帯結びは多様化し,『都風俗化粧伝』(1813年)には数多くの結び方が図入りで掲載されている.江戸時代を通して服飾が華やかになる中で,幕府は奢侈禁止令を出し,生地や染織技法,値段に規制を設け,贅沢を戒め続けた.

江戸時代に，友禅染が開発されて絵画的な文様が小袖に描かれるようになり，小紋や縞の小袖も広く用いられた．女性は帯を重視する装いになり，羽織，法被，浴衣，合羽，被布などを庶民が着用した．江戸時代は，変化しながらも現在の和装につながる染織技法や着装法，服飾品が生み出された時代である．

〔馬場まみ〕

参考文献
1) 京都国立博物館編：日本の染織—技と美，京都書院，1988．
2) 中村幸彦，日野竜夫編：新編稀書複製會叢書 6，臨川書店，1989．
3) 太田臨一郎：日本服制史 上，文化出版局，1989．

f．明治・大正時代

明治維新によって成立した明治政府は，欧米列強からの立ち遅れの回復を目指し，文明開化，殖産興業，富国強兵を目標として，さまざまな近代化政策を推進した．服装の近代化は，身分制度による衣服統制の廃止，大礼服，通常礼服への洋服の採用と直垂，狩衣，上下の廃止など洋服着用の奨励によって推進された．男子の洋服はまず礼服，軍服として採用され，続いて警察官，郵便夫，鉄道員などの職能服として採用されてしだいに普及していった．これに対し女子の洋装化はほとんど進まず，鹿鳴館の夜会や，宮中の儀式などにみられたにすぎない．一般女子の服装の変化としては，明治30年代に女子学生の袴姿が出現し，大正にかけて生活改善運動の一環として改良服が考案されるなどの新しい動きがみられた．洋装化の進展には大きな男女差はあるものの，明治大正時代を通して一般的には和服の生活が主流であり，洋服が人々の間で受容され始めるのは関東大震災以降のことであった．このような時代背景を踏まえ，明治大正の服装については，西洋文化の導入に伴う洋装化と，それに影響された在来の和服の変容の両側面から述べる．

1) 西洋文化の導入に伴う洋装化 明治元年，官服制度の改正に伴い天皇の礼服が廃止され，黄櫨染の御袍の束帯に立纓冠が正服とされた．明治3 (1870) 年には，海軍をイギリスに，陸軍をフランスに倣って編成した洋服の制服が採用された．その後，明治19年には陸軍をドイツ式に改めるなど，ヨーロッパの趨勢に見習った変更があった．明治5年には，文官の大礼服，通常礼服にも洋服が採用された．大礼服の上衣は桐紋金モール刺繡の黒羅紗製，下衣（ウエストコート）の袴（ズボン）は，勅任官が白，奏任官が鼠，判任官が紺の羅紗製であり，通常礼服は燕尾服であった．直垂，狩衣，上下は廃止され衣冠は祭服となったが，調整の間に合わない場合に限って和装式服の着用が暫定的に認められ，明治10年には紋付羽織袴も礼服として認められた．その他，富国強兵とともに殖産興業を掲げた政府は，明治4年に郵便制度を発足させ，翌年には鉄道を開通させて，その職務服として洋服が採用された．郵便夫は，詰襟・黒小倉袴・草鞋姿で，後に饅頭笠と掛鞄が加わった．また，邏卒（巡査）の制服にも，達磨服・饅頭笠と洋服が採用され，官吏や学校の教員にも次第に洋服が着用されるようになった．このように政府主導の開化政策の下，軍服，礼服，職能服に洋服が採用され，文明開化の象徴となった．

一般の人々の間では，洋服は異風の筒袖といわれ，幕末から外国人居留地に出入りする一部の商人達が着用していた．慶応3 (1867) 年に片山淳之介（福沢諭吉）によって刊行された「西洋衣食住」（図1.8.12）は，西洋式の生活用品を図解して紹介した小冊子であるが「衣之部」では洋服一式が着用順に紹介されている．洋服裁縫のためのミシンは，万延元 (1860) 年中浜万次郎がアメリカから持ち帰ったことが知られているが，外国人宣教師がミシンを持ち込んだ際にその縫製技術が伝えられたともいわれており，横浜の居留地には洋服店が開かれていた．やがて日本人から職人を募って裁縫を教授することも行われ，その中から独立する人も現れ「舶来屋」と呼ばれるようになったという．縫製技術や洋服の一般的な知識の普及には，明治期から大正にかけて発刊された洋裁書の役割も見逃せない．

明治も中期に入り憲法発布，国会開設と近代化政策が次々と実現するに伴い，男子の洋装化は進展したが，公的な場がほとんどなかった女子の洋装化は遅々として進まず，その着用者は，岩倉使節団とともに欧米に派遣された留学生の他，遊女，芸妓など限られていた．その後，開国以来の不平等条約の改正を目指して欧化政策を推進する政府が，欧米風の社交界の設立を発案し，明治16 (1883) 年鹿鳴館（図1.8.13）が開設された．このコンドル設計のバロック建築の館の中で，連日繰り広げられる舞踏会・音

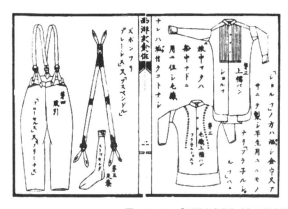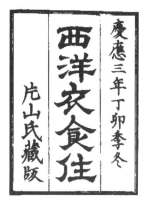

図 1.8.12 『西洋衣食住』（家政学文献集成）

図 1.8.13 鹿鳴館風俗（揚州周延「貴顕舞踏の略図」1888 年）

楽会・慈善バザーなどに集う人々に夫人同伴が求められたため，当時欧米で流行のバッスルスタイルのドレスが，政府高官，上流階級の女性たちに着用された．政府の欧化政策は宮中の風俗改革にも及び明治17年，華族令が公布され，宮中での洋装化が奨められた．明治19年には，婦人洋式礼服が制定され，大礼服，中礼服，通常礼服の具体的な内容が定められた．続いて明治20年には，昭憲皇后の「女服に関して，立礼に適し動作歩行にも便利な洋服の着用を勧め，その際は国産品を用いるように」との趣旨の思召書が伝達された．一般女子の洋服の着用は明治18年に東京女子師範学校で教員，学生に着用されたのを皮切りに，他の女学校でも洋服の制服がみられるようになった．この頃，看護が女子の職業として成立しその理念とともに洋服の看護服が受容され，日本赤十字社の制服に採用された．しかしその後，極端な欧化政策の反動や国粋主義の影響もあり，洋服着用者は激減した．明治22年の風俗画報によると，「男子の着服は洋服4分和服6分の割合なり，女子の洋服は貴族の一部を除の外あまり見受けず」との状態であった．

このように男子と女子の洋装化の過程，進展には大きな差異が認められるが，男子洋服は明治に組織された新たな社会機構に所属する人々の服装として受容され，やがてそれが一般の人々の公的な服装として普及していった．また，和服の下着としてシャツを着用したり，帽子，ステッキ，靴などの洋装小物を取り入れたりする和洋折衷の風俗もみられた．

大正時代には，男子洋服はより実用的な衣服として一般化し，住環境の洋式化，国内羊毛工業の発達，スポーツ服の普及などにより着用者は一層拡大した．また，裁断や縫製技術の進歩もあり和洋混交の風俗から社会性をもつ服装として定着するにいたった．

一方，女子洋装は鹿鳴館以降，宮廷の礼服や上流社会の社交服として着用されていたが，大正時代も後半になると一般への浸透がみられた．その背景には，大正7（1918）年の第一次世界大戦後，新しい風俗や思想が紹介され大正デモクラシーの風潮の

中，一般の人々に新たな生活文化として理解されたことや，大正 12 年に発生した関東大震災で和服の非機能性や下着の問題が注目されたことなどがある．また女子の社会進出が進んだことにより，看護婦，カフェーの女給，女工，バス車掌などの職場で職務に要求される機能性から洋服を受容するようになった．大正 10 年代には，各地に洋裁学校が設立され，洋裁が家庭裁縫の中に取り込まれるようになり，一般の女子や子供にも普及した．夏の家庭着として着用された簡単服「アッパッパ」は，家庭裁縫が容易な洋服として成立し，昭和の初めまでみられた．明治時代から雑誌などを媒体に行われていた衣服改革運動が，大正に入り生活改善の一環として，教育者を中心としたより具体的な服装改善活動として展開されたことが，市民洋装形成の契機となった．

2) 西洋文化の導入に伴う和服の変容　男子の和装は，江戸時代の服装がそのまま受け継がれ，縞か絣の木綿の長着に角帯が一般的な着装で，職人は紺か青縞木綿の腹掛に股引，印半天が日常着であった．明治に入り，帽子や靴，襟巻，シャツなどの洋装小物や付属品を和装に取り入れた和洋混交の新しい風俗が生まれた．明治 10 年頃に，洋服のインバネスがみられ和服に重ね着する外套として，「二重回し」の名称で着用されるようになった．地質は洋服地と同様の厚地の毛織物で作られていた．羽織袴は男子の礼装として明治 10 年に定められたが，その着装は黒羽二重の五つ紋付き羽織と仙台平の男袴であった．

女子の和服も初期は江戸時代の延長上にあり，地味な縞か絣の長着に，帯揚げ，半衿，長襦袢に明るい色を配色として用いる着装が一般的であった．繊維産業の振興に伴い染織界も格段に発展し，和服に毛織物が使用されたり，礼装や社交用の衣服に文様が施されたりするようになった．明治後期からは，各呉服店の意匠部が相次いで，元禄文様やアールヌーボー文様などの新作を発表し，和装界に新風を吹き込んだ．また当時西欧の工芸運動に傾倒し，生活美術の向上を唱えた竹久夢二がデザインした半衿や帯，浴衣は人気の商品であった．彼の絵画の中によく描かれている胸高に帯を締める着付けも流行し，和服の着装にもプロポーションを表現する美意識が生まれた（図 1.8.14）．明治 30 年代からみられた行燈袴に靴を履く女学生の和洋折衷の装いは，庇

図 1.8.14　女学生の袴姿（『風俗画報』255 号，1904 年 8 月 10 日）

髪とともに流行した．帯で体を締めつけることもなく裾が乱れないこの活動的な服装は，セーラー服の制服が現れる昭和初期までみられた．また，生活水準の向上に従って衣服の種類が増加し，吾妻コート，雨コート，夏羽織などのおしゃれな外套類もみられ，衣生活全般が豊かになった．吾妻コートは，男子のインバネスと同様に毛織物を使用した．

大正時代も明治に引き続き一般の人々の間では和装中心であったが，第一次世界大戦後の欧米の新しい思想や，生活文化が紹介されると，特に女子服の改善点が指摘されるようになり，当時発達してきた新聞や雑誌などの新しいメディアが取り上げる機会も多くなった．また，関東大震災を契機に再建された建物が洋式化し，女性の職場進出もみられるようになり，和服の非活動性を改善する機運が盛り上がった．それが明治時代とは異なった生活改善となり，和服を改良した具体的な改良服の自家制作にまでつながった．この時代には，一般の多くの家庭で和洋二重生活が行われ，実生活の中から新しい衣生活を見直す機運が生まれてくることとなった．

〔宇野保子〕

参考文献
1) 相川佳代子：服装史―西洋・日本，相川書房，1976．
2) 小池三枝ほか：概説日本服飾史，光生館，2000．
3) 風俗画報（CD-ROM 版），ゆまに書房，1997．
4) 宇野保子：近代看護婦の誕生とその服装―看護理念を支える看護服．国際服飾学会誌，37：57-66, 2010．

g. 昭和時代

1) 昭和初期の洋装　多くの若い女性が仕事をもち社会で活躍し始めた昭和初期，バスガール，ウエイトレス，オフィスガールなど，その制服として洋装は普及し，彼女たちは，洋服の機能性を知ることとなる．そして，自らが働いて得た収入で洋服を入手することを覚えた女性たちは，洋装のおしゃれに目覚めた．モダンガールと呼ばれたその女性たちは，西洋で流行のスタイルを身にまとい最先端のファッションを楽しんだのである．

1920年代の西洋では，シャネルやヴィオネなどオートクチュールのメゾンが発表したショート丈のストレートラインが流行していた．そのファッションは雑誌や映画を通して日本に伝播し，東京や大阪など都会では，西洋とほぼ同様のスタイルで街を闊歩する女性の姿がみられるようになる．

こうして同時代性をもって日本でも流行する西洋のファッションは，1929年の世界恐慌の影響もあってか，1930年代になるとスカート丈は長くなりウエストを絞ったシルエットへと変化する．1930年が昭和5年であるから，昭和初期に流行の洋装はミモレ丈で細いウエストのシルエットとなった（図1.8.15）．

洋服の流行を追いかけおしゃれに余念のない女性たちが，その磨かれた容姿をもって活躍する仕事の場ができたのが，「エロ・グロ・ナンセンス」の時代といわれる昭和初期の日本．女性が収入を得る仕事の多くは客に応対するサービス業であり，なかでも「カフェの女給」，ダンス場で客の男性とステップを踏む「ダンサー」，ファッションモデル兼販売員としての「マネキン」など，女性だけができるサービス業は，彼女たちの目指す職業であった．そんな女性たちにとって，流行の洋服は仕事着でもあった．

こうして洋装の女性に注目すると，いかにも昭和初期の日本女性の多くが洋装であったかのように誤解されそうだが，当時，断髪にモダン柄の和服をまとった女性もモダンガールと呼ばれており，洋装のモダンガールはごく一部の女性たちであった．モダンガールとともに語られるモダンボーイとあわせて「モボ・モガ」と呼ばれた男女，断髪に釣鐘型の帽子クロシュを被り，軽やかなスカートにハイヒールのモガ，山高帽子，ロイドメガネにセーラーパンツのモボは，当時流行した言葉で表現するなら「尖端

図1.8.15　昭和初期の洋装（『アサヒグラフ』第17巻，第5号，1931年7月29日）

的」なファッションリーダーとして社会的に注目されつつも，多くの保守的な庶民の冷ややかな視線を浴びる存在であった．

2) 昭和初期の和装　昭和初期，一般の多くの女性たちが身に付けていたのは，やはり和服であった．では，その和服で毎日を過ごす多くの女性たちは，どのようにしておしゃれを楽しんでいたのだろうか．近世の時代より形に大きな変化がみられない和服，楽しむべきは色と柄である．大正末から昭和初期の和服の色柄は，シーズンごとに流行があり，「和」と「洋」の要素を取り混ぜ，バリエーション豊富な展開をみせた．この流行の発信源は，有名呉服店を前身とする百貨店で，昭和初期の多くの婦人雑誌には，シーズンごとに百貨店の新柄情報が掲載されている．女性たちはこの情報を指針とし，百貨店の呉服，あるいは百貨店の新柄に類似したお手頃価格の呉服を購入し，おしゃれを楽しんだのである．各百貨店が「流行の柄」として婦人雑誌で発表したこの新柄傾向，実は百貨店自らが作り出し，操作する流行であった．

大正から昭和初期にかけて各百貨店は新柄を企画する組織を設置し，年2回あるいは3回の展示会を開催した．その展示会で販売する呉服の新柄を開発するために，百貨店は有識者の意見を参考にテーマを決定し，染織業者向けに新柄傾向を趣意書として発表し，染織業者はそのテーマに沿った図案を考案

し新商品を製造した．そして，百貨店はこのようにして製造された同傾向の商品を，多くの染織業者から仕入れ，その商品が一斉に市場に出回った．こうしたシステムによって百貨店は流行を創出していたのである．

ところで，この時期，日常を和服で過ごしていた女性たちも，夏だけは「アッパッパ」と称する簡易なワンピースを身に着けた．アッパッパは，関東大震災後に全国的に普及した衣服で，形は直線裁ちの洋服であるが，女性たちは西洋の衣服文化を受容するという意識をもってこの服を着ていたわけではない．彼女たちは，夏の猛暑の中で長着を脱いで肌襦袢で過ごしたかつての慣習の延長線上でアッパッパを受容していたのであった．

3) 戦中から戦後 モンペ姿から本格的な洋装普及と和装の復活へ　太平洋戦争が始まった昭和16（1941）年頃になると，女性たちの間で華美な服装を慎む姿勢がみられるようになる．男性の国民服に対し，女性向けには昭和17年に婦人標準服として，洋服型の甲号，和服型の乙号，活動服が制定された．しかし，実際には婦人標準服が普及することはなく，手持ちの和服を解いて縫い直したモンペが銃後を守る女性たちの日常着となった．長い袂の和服は筒袖でキモノ式打ち合せのブラウスとモンペに改良されたのである．

太平洋戦争後，ようやく一般の女性たちは，日常を洋装姿で過ごすことを覚えた．既製の洋服などない時代，経済的に余裕のある女性たちは，お誂えで洋服を手に入れ，それができない女性たちは，自らが洋裁技術を身に付け，家庭洋裁で洋服を調達した．

昭和20年代，この状況をビジネスチャンスとして，「雨後の筍のように」と表現されるほどに洋裁学校が次々に創設された．戦前に海外で洋裁技術を身に付け，帰国後，洋裁学校を設立した杉野芳子や田中千代など，数少ない第1世代の服飾デザイナーの経営する洋裁学校で学んだ女性たちが，第2世代の服飾デザイナーとして全国で洋裁学校を開校した．自らも含めた家族の洋服調達の手段として洋裁技術を身に付けるため，あるいは，お誂えを請け負う洋裁師を目指して，多くの女性たちが洋裁学校に通ったのである．

戦前には和服で過ごしたが，戦中にモンペで活動的な服装の快適さを知り，戦後，洋裁技術を身に付けた女性たちは，もはや和装だけの生活に戻ることはなかった．しかし，お出かけとなれば，洋服感覚のモダンな柄の和服でおしゃれを楽しんだ．普段は活動的な洋服で過ごし，おしゃれ着として和服をまとう，そんな余裕が生まれたのが昭和30年代の日本女性の衣生活である．

〔青木美保子〕

h．現代（戦後から現在まで）

明治維新以降の近代化を背景として，着物から洋装への転換があり，第二次大戦後の本格的な洋服の採用を経て現在まで，日本のファッションはめまぐるしく変化してきた．この70年に及ぶ装いの変化は，人々の価値観，社会や経済状況，規範や世代などの変容をそのまま反映したものである．ここでは，1950年代から2010年代までの装いの流れを紹介するが，こうした現代ファッションの変遷を考察することの意義として，①生成されるモードが生活者にどう反映するかの考察，②人々があるファッションを支持する・しないことの背景分析，③ファッション史の蓄積および今後の社会予測などが挙げられる．ただし，現在のファッションを分析することは，評価の定まらない対象であるがゆえに，研究成果が後世に残す影響を看過できない．このため，研究対象，調査方法，結果考察において，絶えず批判的な検討が必要である．

1) 1950年代　戦後のファッションは欧米，とりわけアメリカ文化の模倣から始まった．米軍の占領下，進駐軍やその家族たちが着用していたアメリカンスタイルの服装が憧れとなり，一般化していった．他方，1946年にクリスチャン・ディオールが発表した通称「ニュールック」が日本でも紹介され，細いウエストで豊かに広がるスカートが落下傘スタイルと呼ばれて支持を集めた．洋装の流行により，多くの女性が雑誌や洋裁学校などで技術を学び，洋裁にはげんだ．また，オードリー・ヘップバーンや石原裕次郎など，映画の登場人物の衣装が注目を集めたり，ジャズやマンボを奏でるミュージシャンが着ていたマンボズボンが流行するなど，敗戦を経て，娯楽が享受できるようになると，豊かな生活を求める人々の気持ちがファッションに表れるようになった．

2) 1960年代　高度経済成長期を迎え，1964年のオリンピック景気に沸くさなか，戦後生まれの

団塊世代によるファッションが展開した．マリー・クワントやアンドレ・クレージュの発表したミニスカートが日本でも大流行した．また，銀座のみゆき通りを闊歩しアイビースタイルを標榜したみゆき族，原宿に登場したドライブインの周辺にスポーツカーで集まる原宿族など，繁華街を中心にファッションが展開されるケースが広まった．音楽とファッションの関連も深まり，ビートルズやグループサウンズ（GS）に影響を受けた変形スーツスタイルのモッズやGSルックなどが広まった．「ミニの女王」と呼ばれたモデルのツイッギーのショートヘア，ヘアドレッサーのヴィダルサスーンが始めたボブヘアや，アイシャドーやつけまつ毛など，新しいヘアスタイルやメイクへの関心も高まり，ミニスカートとボブの若々しくカラフルでフレッシュな装いが広まった．

3）1970年代　アパレルメーカーの台頭，既製服の需要拡大，大量生産・大量消費の確立を背景とし，人々はより新しく，変化の速いファッションに関心を向けるようになった．高田賢三やイヴ・サンローランなどのプレタポルテのデザイナーが活躍し，パンタロンやフォークロアルックなどの若々しいファッションが紹介されるようになった．原宿や青山界隈に新興の小さなマンションメーカーが登場し，独創的なファッションが提案され，DC（デザイナーズ＆キャラクターズ）ブランドの礎を作った．これらのファッションを伝える媒体として，『an・an』（1970年創刊），『non-no』（1971年創刊），『JJ』（1975年創刊）などの雑誌の創刊が相次ぎ，アンノン族やJJガールが登場するなど，雑誌がファッション伝播に強い影響力をもつようになった．さらに，「パルコ」や「ラフォーレ原宿」，「丸井」などの新業態の小売店が台頭し，ファッションに関心の高い顧客層を生み出した．他方，若者によって生み出された自然発生的なファッションが登場し，オイルショックの影響から，自然志向，倹約志向が広まり，アメリカの反戦・平和を標榜するヒッピーの台頭などを背景として，ジーンズやユニセックスなスタイルが支持を集め，長髪，バンダナ，ベルボトムのジーンズの格好をし，大人や社会への反抗のメッセージを表現したのである．

4）1980年代　コレクションでは，欧米の発信力がさらに高まる一方，その優位を揺がす出来事も生じた．パリコレクションで川久保玲，山本耀司が発表したものは，伝統的な西洋の服飾美とは異なる黒を中心とする斬新なファッションであり，ジャーナリストには批判の対象となったが，前衛的な若手デザイナーや若者の支持を受けた．国内では，バブル経済のもと，ニュートラ，ハマトラなどのトラッドなスタイルや，ボディコンシャスルック，男女雇用機会均等法を背景としたキャリアファッション，DCブランドなどが支持された．こうした中，1989年，団塊ジュニア世代の若者を中心に，渋谷センター街から渋カジ（渋谷カジュアル）が登場した．デザイナーやブランドのお仕着せではなく，紺のブレザー，ポロシャツ，ジーンズなどのカジュアルなアイテムを自分で編集して着用するスタイルは，街に出現する若者の間から広められたものであり，等身大の流行が街を媒介に生成されるという，新しいファッションの流れを作った．すなわち，「ストリートファッション」の登場である．

5）1990年代　1990年代は，湾岸戦争の勃発，55年体制とバブル経済の崩壊，平成不況，オウム事件や阪神・淡路大震災などが続く混迷期であった．一方，ポケベル，携帯電話などの情報伝達手段の拡大，カジュアルファッションの一般化により，ファッションを享受する対象が広がり，低年齢化が進んだ．ジーンズ，フォークロア，ワーク，レイヤード（重ね着）など，70年代回帰のスタイルも支持された．ブランドの路面店，専門店がさらに進出し，セレクトショップが話題となった．街独自のファッションが展開され，渋谷では，金髪，ルーズソックス，厚底サンダル姿のギャルが登場し，原宿では，路地裏に登場した若い男性を対象としたショップ発のスタイルが話題となり，裏原系と呼ばれた．ファッションによる自己表現や仲間とのコミュニケーションを試みる若者が登場し，ゴスロリ（ゴシック＆ロリータ），近未来的なサイバー，キッチュで装飾的なデコラなど，思い思いの装いが現れた．これらの動向を摑んで，街のおしゃれな若者を紹介するストリート系雑誌の創刊が続いた．読者におしゃれを指南してきた雑誌は，ストリートの今の流行を，地方や海外に広める媒体となり，役割を変化させた．

6）2000年代　不況が続き，銀行や企業の統廃合により空いた建物に海外ブランドの路面店が出店したことで，ブランドブームが生じた．ファッションは，保守的で上質志向のコンサバスタイルが

流行し，トラッド，ミリタリー，パンク，全身黒のモード系などの80年代回帰も支持された．ただし，全身同一のテイストでまとめるのではなく，さまざまな要素を混在させた着こなしが一般的となった．アイテムやテイスト，シーズン，ジェンダーなどを混交させた自由なミックススタイルは，海外のデザイナーに影響を及ぼし，コレクションはストリート感覚を帯びて若返りがみられた．さらに2008年のサブプライム・ローン問題を端緒とした世界同時不況を迎えると，ファストファッションが支持され，高級ブランドと安価な服との二極化が進んだ．安くて気軽に入手できる服が増えたために，ワンシーズンのみの流行で終わるもの，コピーのように，同じコーディネートに身を包む若者なども増えて，トレンドの加速化に拍車がかかった．過度の流行に対する撞着は，ヘアカラー，ネイル，つけまつ毛，ダイエットなどの身体のファッション化に寄与し，他方では，他人と被らないスタイルへの願望を生み，古着やリメイク，手作り服が求められた．マンガやアニメ，ゲームなどの日本のポップカルチャーが海外で高く評価され，クール・ジャパンと称し，日本文化・産業の世界進出促進，国内外への発信を推奨する動きもみられた．ファッションも例外でなく，コスプレや原宿のポップなスタイルなどが海外で注目を集めた．

7） 2010年代 2011年の東日本大震災・福島原発事故がファッションに与えた影響は大きく，衣服の機能性や安全性が再認識された．海外観光客は一時的に激減し，営業を中断する店舗もみられた．ストリートでも，機能的なスポーツやミリタリーなどのカジュアルなスタイルが求められ，これが90年代回帰に結び付いた．FacebookやTwitterなどのSNSから広まるファッションが生まれ，ファッション情報の双方化が促進された．安く，早くがモットーのファストファッションは，グローバル化を加速させると同時に，スエットショップと呼ばれる工場で働く過酷な労働者を生んだ．使い捨て同様の衣服のあり方を問う動きは，折からの環境問題と相まって，エシカル（倫理的な）ファッションが求められるようになっている． 〔渡辺明日香〕

参考文献
1） 渡辺明日香：ストリートファッション論，産業能率大学出版部，2011．

1.8.2 東洋の服飾
a． 中　　国

中国文明の起源は，紀元前5000〜紀元前4000年とされ，大きく黄河流域と長江流域においてそれぞれ独自に発達を遂げてきた．『易経』には，上衣と下裳が一続きになった衣服である「衣裳」の記述がみられ，また仰韶文化期の遺跡からは，骨針や紡錘車，布圧痕のある陶器などが出土しており，約5000年前にはすでに衣服の様式と縫製・製織技術が整っていたことがうかがえる．

1） 先秦時代 殷代（紀元前1700年頃〜紀元前1100年頃）の甲骨文字の中には「帛」「蚕」「桑」「絲」などがみられる．青銅器の表面には麻や平絹の残痕が確認されており，羅の残片も出土している．周代（西周時代：紀元前1100年頃〜紀元前770年，春秋戦国時代：紀元前770〜紀元前221年）になると，高度な染織工芸が普及した．それは，江陵馬山楚墓から出土した衣服や織物によって証明されている．また，礼制の規範が確立し，服飾が身分や階級により区別されるとともに，儀式によって着装も規定された．『周礼』には，天子の冕服6種や弁服3種，十二章の刺繍を施すこと，王后六服などについて述べられている．玄端や深衣の制の他，装身具に関する規定もあった．『三礼図』や墳墓出土の俑・帛画などにみられるように，衣服形態の多くは大袖で比較的ゆったりとした長衣の形式となっている．しかし，戦国時代の図像資料では胡服系の衣服をまとった姿も見受けられる．これは，趙の武霊王によって匈奴の胡服（袴褶）が取り入れられたためである．胡服の導入は，衣服形態を多様化し，その後の中国服飾の発展に大いに貢献した事象であるといえる．

2） 秦・漢・六朝時代 秦代（紀元前221〜紀元前202年）の服飾は，周代の制度を踏襲したものであった．漢代（前漢：紀元前202〜紀元後8年，後漢：25〜220年）の前漢では，基本的に秦代の服制を引き継いでいたが，後漢になると建武2（26）年に初代光武帝が服色の制を定め，さらに第2代明帝の永平2（59）年に中国最初の冠服令（輿服令）が制定された．ここでは，皇帝以下諸臣の祭服，五時の服色，朝服，太皇太后以下夫人までの廟服，蚕服，朝服，そして付属品にいたるまでが詳細に規定

された．輿服令は，中国の服制の基礎となるものであり，公服を規定するという伝統を確立し，以後の東アジア諸国の服制に大きな影響を与えている．秦代の服飾を明らかにする実物資料には，秦始皇陵の兵馬俑があり，兵種別の軍人の服飾（武装時の衣服，被り物，履物，武具，兵器，髪型など）について詳しく知ることができる．漢代の実物資料としては，長沙馬王堆漢墓の染織品が挙げられる．袷・綿入れの長衣，裙，手袋，香袋，足袋，履，枕，袱紗，反物，組帯などがみられ，特に漢初の服飾の実態を知るのに有効である．六朝時代（220～589年）では，基本的には漢代の服制を継承した．その一方で，北魏の第6代孝文帝による改制の影響から，漢・鮮卑両族が服飾（漢服と胡服）を相互に導入し合うことも行われた．また，文様などに仏教の影響を確認することができる．

3) 隋・唐時代 隋（589～619年）では，第2代煬帝が秦・漢の服飾への復古を目指したことで，おおよそ漢代の服制に類似したものとなっている．唐代（618～907年）では，武徳4（621）年に衣服令が制定され，その中では，天子の服14種，皇后の服3種，皇太子の服6種，皇太子妃の服3種，群臣の服21種，命婦の服6種が定められている．幞頭や衫，襦，半臂，帔帛，長裙なども着用されていた．また，女性の男装が流行した．シルクロードの往来から，服飾は西域民族の影響を強く受けており，墳墓の壁画や俑，三彩の陶俑，絵画，敦煌莫高窟の壁画などの図像資料がその形態を明らかにしている．

4) 宋・元時代 宋代（960～1279年）の服制では，祭服，朝服，公服，時服，戎服，喪服などが規定された．また，背子が流行した．「宋錦」は古樸な漢の錦や華麗な唐の錦とは異なり，優雅で独特の風格がある．羅にはこれまで主に菱形文が施されてきたが，宋代になると牡丹や芙蓉などの複雑な装飾図案が織れるようになった．緙絲（綴れ織）や刺繍の発達も著しい．モンゴル民族によって建国された元（1271～1368年）では，漢民族の遺制を一掃し，服飾や冠帽，結髪を蒙古風に改変した．服制は第9代皇帝であるシデバラ（英宗）の時に定められている．

5) 明・清時代 明代（1368～1644年）の服制は，漢民族の服飾文化に復帰すべく，蒙古風を一掃した．『明史』によれば，洪武元（1368）年に太祖（朱元璋）が「衣冠は唐制採用」の勅令を発して

いる．当時の宮廷服飾は定陵出土の副葬品によって明らかにされている．洪武24（1391）年，官吏の身分を表示するために補子が制定された．補子は官服の胸と背に付ける四角い記章で，階級によって文官は鳥（鶴・錦鶏・孔雀など），武官は獣（獅子・虎・豹など）を刺繍で施した．これは清代の官服に受け継がれ，朝鮮王朝の官服にも胸背と称され採用された．また，日本の宝尽くし文につながる「八宝」「八仙」「八吉祥」などの吉祥文様が成立した．『三才図会』は明代の服飾を知る上で有用である．満州族が統治した清朝（1616～1911年）では，「剃髪易服」として彼ら固有の辮髪と旗袍が強制された．服制は胡服様式を基本としたもので，崇徳元（1636）年に第2代皇帝のホンタイジ（太宗）が定め，その後改制を経て第6代乾隆帝（高宗）の時に確立したとされている．龍袍，蟒袍のほか，補服，馬褂などがある．清朝初期，満漢両族の対立が激しく，その緩和を図るために政府は漢民族の女性に上下二部式の着装を許可した．女性は各自の衣服様式（満州族：旗袍，漢民族：ツーピース）を守っていたが，清末には融合をみせるようになる．

6) 中華民国以後 辛亥革命（1911年）により中華民国が誕生すると，辮髪，纏足，官服が廃止され，西洋服が採用された．孫文が考案した中山服（中山装）は，西洋服や日本の学生服・軍服の要素を取り入れてデザインされたといわれている詰襟の衣服で，中華人民共和国（1949年建国）の人民服（中国語では中山装）に受け継がれていく．新中国では建国初期にレーニン服（列寧服）が流行した．文化大革命（1966～77年）では，革命を象徴する解放軍の軍服が人々に崇拝され，その軍服を模倣した軍便服が男女ともに広く着用された．1980年代に入ると，一気に西欧化が進み，洋装が普及していく．

〔水野夏子〕

b．朝鮮半島

朝鮮民族固有の衣服には，チマ（裳），チョゴリ（襦），パジ（袴），トゥルマギ（袍）などがあり，これらを総じて韓服（hanbok）という．三国時代以来中国服飾との二重構造の中で発展してきた韓服は，近代以降は西洋服飾との二重構造の中でその形や着装方式などを変化させてきた．朝鮮戦争により朝鮮半島が大韓民国（韓国）と朝鮮民主主義人民共和国

（北朝鮮）に分かれた後も韓服は朝鮮民族の伝統性と同質性を表すものとして朝鮮半島全域にわたって着用されている．

朝鮮民族の衣服の基本は，スキタイ（Scythia）系衣服に属する．これは亜寒帯気候に対応できる北方の騎馬民族の服装で，上衣・下袴で分離されたものである．スキタイ系の衣服が中国に導入された時期は紀元前3世紀の戦国時代の趙の武霊王のときであり，これは胡服という名称で呼ばれた．朝鮮半島では高句麗の舞踊塚（4～6世紀）の古墳壁画から襦と袴を着用した人物像が確認される．上古服飾の基本型は筒袖の襦，袴，裳，袍，冠，帯，鞋または履で構成されており，女子は袴の上に裳を着けた．飾りとして耳飾り，首飾り，腕輪，指輪などが加えられた．高句麗・百済・新羅の服飾形態はほぼ同様であって，三国ともに冠帽を着用した．高句麗の折風や百済の弁幍帽，新羅の金冠などがその例である．新羅は法興王7（520）年に朝鮮民族固有の公服制度を定めたが，笏が含まれていることから，わずかながらも中国の影響を受けていたことがわかる．その後，真徳女王2（648）年に金春秋が唐に派遣された際，唐太宗に章服の改革を求め唐の珍服が賜与されたが[1]，これをきっかけとして男子の衣冠制度は唐の服制に則るようになる．統一新羅では女子も唐の服飾の影響を受け，上流階級はチョゴリの上にチマを着けた．また表衣や半臂などを着用し，肩には裱と呼ばれるショールを掛けた．一方，一般の女子はチマの上にチョゴリを着る伝統的な着方のままであった．

高麗時代に入ると，初期には統一新羅の服制をそのまま踏襲していたが，光宗11（960）年に後周から来た雙冀の進言により，百官の四色（紫・丹・緋・緑）公服制度が定められる[2]．その後宋の服制に従い，王の服飾には祭服，朝服，常服などの制度が採用された．高宗18（1231）年にモンゴル帝国からの侵略を受け始めた高麗は，元宗11（1270）年，モンゴル（元）に服属することとなり，しだいにその服飾の影響を受けるようになる．特に，貴族階級では開剃辮髪という蒙古風の髪型に替えており，質孫（jilson）という蒙古風の袍を着用した．このような風俗は約1世紀にわたり流行した．元の衰退により，恭愍王の即位後まもなく蒙古風の辮髪の風習が廃止される[3]．禑王13（1387）年には明の服制により官服制度が改定され，1品から9品まで紗帽に團領を着用し，品によって帯の種類に差を付けた[4]．一般民衆の日常着は主にパジにチョゴリのような伝統的な服装がそのまま使用された．

儒教を統治理念とする朝鮮王朝は，建国当初から礼制の整備に力を注いだ．成宗5（1474）年に『国朝五礼儀』が完成，同王16（1485）年には『経国大典』が刊行され，王室と官吏層の服制が厳格に定められた．朝鮮の官服制度は明の服制を受容したものであったが，一般民衆は高麗末期の服飾が受け継がれていた．15・16世紀には木綿の補給・拡散により衣生活の革命期を迎えており，民衆の衣生活も豊かになっていく．被り物として創成された笠（gat）は両班（yangban）階級の専用物であったが，16世紀末からは成人男子の代表的な被り物となり[5]，帽部と鍔の形に変化をみせながら朝鮮末まで着用された．

文禄・慶長役（1592～98年）以後になると，戦争による経済秩序の悪化や日本・金・清との文化的な接触から衣服の簡素化傾向が現れた．また，礼学の発達により，服飾の儀礼的な側面が重視されていく．明と清の王朝交代以降からは朝鮮こそ真の中華文明の継承者であるという小中華思想のもとで，明の服飾を踏襲しながらも今日にみられる朝鮮独自の民族服として発展を遂げていく．その好例として，唐衣（dangui）がある（これは朝鮮初頭に明から伝来した短背子から影響を受けたもので，上流階級の婦女子の小礼服または宮中の平常服として着用された．唐衣は今日も愛用される伝統服飾のうちの一つである）（図1.8.16）．肅宗（1674～1720年）代からは女子のチョゴリの丈が短くなる一方，チマは長くなっていき，現在のようなチマ・チョゴリの形態となる．

17世紀後半から実利を重視する実学思想が台頭し，朝鮮の改革を主張した実学者たちは服制改良の必要性を力説した．19世紀後半，列強による開国の圧力に直面した朝鮮王朝は高宗21（1884）年に「甲申衣制改革」を行い，伝統服飾の簡素化を試みるが，保守臣民の反対により施行することはできなかった．その後1894年に近代的改革である「甲午更張」が行われ，その翌年には官民ともに袍としてトゥルマギを着用するようになった．これは朝鮮王朝の厳格な身分制度が解体したことを示すものとして，後には女子の防寒着としても着用され男女の通常礼服

図1.8.16 チマの上に唐衣を着用した様子

図1.8.17 パジ・チョゴリの上にチョッキを着用した様子

となった．1900年に文官礼服が洋服となり，朝鮮の服飾は伝統的なものと，西洋のものとの二重構造をもつようになる．男子のチョッキは西洋のベストから影響を受けて創成されたもので，現在もパジ・チョゴリの上にはチョッキが着用されている（図1.8.17）．

〔鄭　銀志〕

参考文献

1) 鄭　銀志：東洋服飾史（朝鮮半島 b），増補韓国服飾史研究（金東旭），p.25, 亜細亜文化社，1979.
2) 鄭　銀志：東洋服飾史（朝鮮半島 b），韓国服飾史研究（柳　喜卿），p.136, 梨花女子大校出版部，1980.
3) 鄭　銀志：東洋服飾史（朝鮮半島 b），高麗史節要巻 26.
4) 鄭　銀志：東洋服飾史（朝鮮半島 b），高麗史 志巻第 26 輿服．
5) 鄭　銀志：東洋服飾史（朝鮮半島 b），朝鮮時代冠帽工芸史研究（張　慶姫），p.262, 景仁文化社，2004.

1.8.3　西洋の服飾

a．メソポタミア・エジプト

1）メソポタミア　チグリス・ユーフラテス両川に挟まれた地域（現在のイラク）では，紀元前5000年頃には農耕・牧畜が営まれ，紀元前3500年頃には楔形文字や金属器の使用などの文明が生まれた．シュメール人はウル第一王朝を紀元前2500年頃につくり，紀元前2000年頃にはバビロン第一王朝が成立しハンムラビ王が全土を支配し，強大な国家を建設した．その代表的な服飾形態は，下半身を覆う腰衣形式のものである．また，肩から斜めに掛けたもの，全身を覆う形式もみられる．素材は亜麻や羊毛が使用された．なかでも特徴的なものがカウナケス（kaunakes）と呼ばれる腰衣で（図1.8.18），毛皮のような外観である．本来は毛の房が付いたままの毛皮のことを意味するが，経糸に緯糸をループのように結び付けて，房状に織ったものと推測される．また，腰衣や肩から掛ける掛衣の裾にも房状の装飾が施された．

チグリス川上流に位置したアッシリアの王国は特に紀元前14世紀以降大きく発展し，紀元前609年に滅亡した．その服飾はチュニック形式の全身着と，ショール状の布を巻きつける，または肩から下げる掛衣形式の組み合わせである．男性は頭髪を伸ばし，豊かなあごひげを蓄えていた．また，中アッシリア法典には女性の衣服についての制限が記載され，

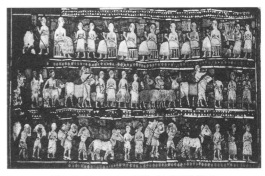
図1.8.18 ウルの軍旗（大英博物館蔵）

ヴェールで顔を隠すといった服装が階級によって規定されていた．

ペルシア（現在のイランを表す古名）では紀元前550年頃にアケメネス王朝がおこった．男性の服飾は，腰丈のチュニックにベルトを締めたものと，皮革製の細いズボンの組み合わせである．ズボン形式は騎馬に適した服飾形態であり，古代オリエントの服飾にてズボン形式はこれが最初の登場である．また，ペルシア西部のメディアではゆったりとした貫頭衣形式の衣服が着用され，布に施された文様が装飾的な服飾である．

2) **エジプト** ナイル川流域に発展したエジプト文明は紀元前3000年頃に上エジプトと下エジプトが統一された広大な王朝が誕生し，紀元前525年にペルシアの支配下となるまで継続された．男性の服飾はシェンティ（schenti）と呼ばれる腰衣である（図1.8.19）．基本的には膝上くらいの丈の短い麻布を腰に巻くだけの簡易な形式であり，着丈は年代の変遷とともに変化している．前中央に三角形の布を垂らしたり，プリーツ状の布が使用される場合もある．女性の服飾は胸の位置から脹脛の下までの丈の布で，全身にぴったりと巻きつけた巻衣形式である．1～2本の幅の広い肩紐で吊っている．素材は基本的に白麻布である．階級差は服飾に明らかであり，奴隷は被服部分がとても少ない．また，王や神官が肩から掛けた豹の毛皮は王の神権を象徴していた．金・銀・ガラス・七宝やエメラルドやトルコ石などの貴石の装飾品は男女ともに権力の象徴であった．その遺品はネックレス，ペンダント，ブレスレット，アンクレット，指輪と多様である．それらにはロータスやパピルス，スカラベ，蛇などの多神教の宗教的な意味をもつ文様が用いられている．また，髪型は男性は短く，女性は肩よりも長く垂らしていた．鬘が着用されその素材は亜麻などの植物繊維や羊毛，人毛であった．大英博物館には女性用の人毛の鬘が所蔵されている．麻縄・パピルスや革製のサンダルが出土しているが，これは王族の身分の高い人が着用したもので，一般的にはほとんどが裸足であった．身分を象徴する衣服であるカラシリス（calasiris）は薄く透けるような布に細かくプリーツの施された丈長の貫頭衣で，高位の男性や宮廷の女性が着用した．

〔山村明子〕

b. 古代ギリシャ・ローマ

ギリシャ，エーゲ海の地域に文明が発生したのは，紀元前3000年頃まで遡るが，古代ギリシャの服飾を知るには，着衣の人物像が制作される紀元前6世紀まで待たなければならない．それ以前のクレタ文明（紀元前1600年頃から紀元前1500年頃が最盛期）においては，衣服は別の様相を呈していた．

古代ギリシャの衣服の特徴は，1枚の布を使って衣服としての最高の美の表現を行ったことにあるが，これは古代ローマもほぼ同様であるといってよい．つまり，平面である一枚の布で，いかに美しく合理的に，立体としての人体を巻き包むことができるか工夫したのである．その美しさは，プリーツやドレーパリーに特徴的に現れていた．さらに，縫製を必要としていない点も構成上の特徴である．その後の歴史をみればわかるように，西洋服飾は，立体である人体の形に合わせて布を裁断し，布で人体の形を構築的に造形していく歴史をたどっていくのだが，古代ギリシャと古代ローマは，そのような衣服構成の考え方とは，まったく異なるものであったといえる．しかし，身体の形に合わせて布を裁断したり縫うことをせず，1枚の布そのものの美しさを存分に引き出す当時の服飾は，単純な構成であるがゆえに，かえって無限で自由自在な表現を生むことになった．そして，例えば，西洋の19世紀に現れた新古典主義や，その後20世紀においては，イタリアのデザイナー マリアーノ・フォルチュニー（1871～1949）が「デルフォス」という作品を，「デルフォイの御者」（図1.8.20）から発想して作り出したように，折に触れて，古代ギリシャおよび古代ローマの服飾は，服飾デザインのうえで，多くのインスピレー

図1.8.19　エジプト壁画

図1.8.20 〈デルフォイの御者像〉，前470年頃

図1.8.21 〈アテナ女神〉ゼウス神殿のメトープ，前460年頃

図1.8.22 〈ティマリスタとクリトの墓碑〉，前400年

　ションを与え続けているのである．

　古代ギリシャの服飾の代表的なものは，ペプロス（ドーリア式キトン）とキトン（イオニア式キトン）である．ペプロス（図1.8.21）はギリシャ本土のドーリア人が身に付けていたことで知られる．ウールの手織りの布で，織る工程で四辺にボーダーの模様ができている長方形の毛織物1枚を用いている．肩をフィビュラという大きなピンブローチで留めている．ペプロスが主流である時代から，キトンの時代へ移行していったのだが，その背景には，次のような逸話が残されている．つまりヘロドトスの『歴史』に記されたものだが，戦争で全滅したアテナイ軍の兵士の妻たちが，生き残った兵士を，鋭い針のあるフィビュラで刺し殺してしまったというのである．この事件以降，アテナイは女性服をペプロスからキトンに改めたとされている．

　そのキトン（図1.8.22）とは，小アジアに住むイオニア人が身に付けていたとされる．キトンの語源は「麻の衣服」という意味の言葉であり，麻や亜麻，絹などの薄手の布を用い，あらかじめ細かくひだ付けがされているのが特徴である．ピンは用いず，肩から腕にかけて複数の箇所を綴じ合わせた．この綴じ合わせた部分が，まるで菊の花のような模様になり，この部分もデザイン上の特色であるといえる．このような大きな筒状の布に体を通し，腰の部分を腰紐で締めたという簡単な構成である．とはいえ，キトンには実はさまざまな種類があり，古代ギリシャの衣服は裁断していないと述べたが，T字型に裁断した布で作ることもあったという．素肌に直に身に付けたので，時には素肌が透けて見えることもあった．その様子は，古代ギリシャの多くの彫刻類からうかがい知ることができる．しかし，それはいっそう人体を美しく見せるものであったとも思われる．

　キトンは，男女ともに用いたギリシャ人の代表的な衣服であり，男性はやや丈が短く，長いものは儀式用と女性用であった．性別，年齢，階層（例えば，労働者用や男子の普段着用，農夫用など）によって形や着方もさまざまであり，素材や色柄も一定していたわけではなかった．帯や腰紐の締め方によっても，無数の表現が可能であった．現存する古代ギリシャの彫刻を見ると，白い無地の衣服であったのではないかと想像されるが，実は多様な色彩と文様や縁取り，あるいは刺繍なども施されることがあったという．

　キトンは薄く透けている衣服なので，この上に，ヒマティオンという大きな1枚の毛織物を外套として身に付けることもあった．男性の場合は，ヒマティオン1枚を肌に直接身に付けることもあった．ヒマティオンのバリエーションとして，小さめの布の外套でクラミュスというものもある．

　古代ローマは紀元前700年から紀元前600年頃に

1.8 服装の歴史

図 1.8.23 〈アウグストゥス像〉, 1 世紀初め

建国された. それ以前には, エトルリア人がイタリアに住んでおり, 彼らの身に付けている半円状のマントが, 古代ローマを代表する衣服であるトガの前身であったという説もある.

上述のように, 古代ローマを代表する衣服は, トガである (図 1.8.23). これは, 男性専用の衣服であった. 貴族と自由市民のみに着用が限られていて, 農民や外国人, 名誉ある地位に背いた罪人には, その着用が許されなかった. また女性もトガは着用しない. トガという言葉は,「覆う」という意味の動詞から生まれたとされており, その後,「ローマ市民」「平和」という意味さえもつようになったという. つまり, ローマ市民を象徴する衣服であったということができるだろう. トガの完成期は紀元前 3 世紀頃である.

トガは多くは 1 枚の毛織物を用いている. 無染色のものは, トガ・プーラ (無地のトガ) と呼ばれ, 市民服を代表した. 赤紫の絹に金糸の刺繍が施されたものは, トガ・ピクタ (絵模様のトガ) と呼ばれ, 凱旋将軍や皇帝, 執政官が身に付ける権威ある衣服, つまり最高位の公的な衣装であった. 似たようなもので赤紫の線条が入っているものは, 官職者や元老院議員が身に付けた. このように, 赤紫の色彩や線条を施すことがあったようだが, この色は, いわゆる「皇帝紫」や「幻の紫」と呼ばれたテュロス産の貝紫で染めたものといわれている. 貝紫はきわめて貴重で高価な染料であったため, 権力者の衣服を彩るも

図 1.8.24 〈花を摘むフローラ〉, 40〜63 年

のであった.

トガの形状には諸説がある. トガに用いる布は, 多くは半円形のような形をしている. トガの完成期に現れたトガ・プレテクスタは, 弦のところの直径でおよそ 5.4 m, 弦から弓までの最大のところで 1.8 m あったといわれる. つまり, 身長とその 3 倍程度の大きさの大きな布であった. その後, トガの形はレモン型の楕円形となり, 大きさは長軸で 6.5 m, 短軸で 2.5 m にもなった. これを長軸からすこしずらした線を境に二つ折りにした半円で着装した. 皇帝用のトガは, また別の形をしていたという. 着装の仕方にも諸説があるが, 着装のポイントは, ウンボーとシヌスと呼ばれる大きなひだをどのように見せるか, という点にあったという. 1 枚の大きな布をどのように人体に巻きつけて, 美しく着こなすかという単純な構成であったので, 無数の表現を生み出すことが可能であった.

一方, トガは男性服であったので, 女性がトガを身に付けることはなかった. 女性がトガを身に付けるのは, 恥ずべきものと思われていたようである. 女性が身に付けるのは, ストラ (図 1.8.24) という裾の長いゆったりとしたワンピースで, 女性の貞淑さの象徴とされていた. 素材は毛織物や麻, 時に

は絹も用いたようで,形態もさまざまであったが,共通点は,裾の長いゆったりとひだ付けされたワンピースであることだった.また,女性用の外套にはパルラがあった.　　　　　　　　　　〔内村理奈〕

c. 東ローマ帝国

395年ローマのテオドシウス帝が帝国を東西に分割したことにより,東ヨーロッパに東ローマ帝国(ビザンツ帝国)が成立した.地中海の東北部に位置する地理的条件に恵まれた東ローマ帝国は,商業により発展し1453年まで存続した.とりわけ330年,コンスタンティヌス帝により建設された首都コンスタンティノポリスは,西ヨーロッパとオリエントを結ぶ貿易の要として,周辺地域のさまざまな物産を取引することで繁栄したのである.

東ローマ帝国は,ギリシャ正教とギリシャ古典文化を融合した独自の文化を形成したが,服飾においても,古代ローマの伝統を受け継ぐ一方で,オリエントの周辺文化から大きな影響を受けることになる.

東ローマ帝国の服飾がローマのそれを継承した様子は,フランス国立図書館が所蔵する皇帝アナスタシウス1世(491～518年在位)の浮き彫り(図1.8.25)にみることができる.皇帝は線条装飾であるクラヴィ(clavi)の入ったトゥニカ(tunica)の上に,トゥニカより短い丈のコロビウム(colobium)を着用し,その上に帯状のトガ(toga)を交差するように巻きつけている[2].内衣の上に外衣を巻く形式や,左肩から右脇下に通すトガの巻きつけ方,またドレーパリーにより服の表情を見せる方法は,古代ローマの服飾と共通するものがある.帯状のトガは,ローマ末期のトガの形を受け継ぐものである.

東ローマ帝国独自の宮廷服飾は,イタリアのラヴェンナのサン・ヴィターレ教会にある最盛期の皇帝であるユスティニアヌス帝(527～565年在位)とその妃テオドラを描いたモザイク画(図1.8.26)に見ることができる.左に示すユスティニアヌス帝は,肩や裾に装飾のある膝丈のトゥニカに紫のホーサ(hosa)を履き,紫のパルダメントゥム(paludamentum)と呼ばれる大型のマントを着ている[2].パルダメントゥムにはタブリオン(tablion)と呼ばれる方形の貼り付け装飾が,靴には真珠の装飾が豪華に施されている.右に示すテオドラの衣装も皇帝と非常に似ており,肩と裾に装飾のある丈長のトゥニカと紫の大きなマントを着用している.マントの裾に施された金の刺繍は,小アジアにあった古代王国フリギアの服装をした男たちの姿で東方三博士の礼拝の場面を描いたものである[2].皇帝のタブリオンや皇妃の幅広の衿飾りにある平面装飾の方法に,古代ギリシャ・ローマの服飾とは異なる東ローマ帝国特有の美が表されている.

図1.8.26のユスティニアヌス帝を描いたモザイ

図1.8.25　アナスタシウス1世の浮彫(517年)[1]

図1.8.26　皇帝ユスティニアヌスと皇妃テオドラ(547年)[1]

ク画には，皇帝の右隣に図1.8.27のような装いをした司教たちが並んで表されている．右に示す司教は紫のクラヴィのあるダルマティカ（dalmatica）を，左に示す主教マクシミアヌスは，司教と同様のダルマティカの上にチャズブル（chasuble）を着けている[3]．ダルマティカはイタリア半島の東の対岸にあるダルマティアの地名に由来する寛衣だが，2世紀にこの地域のキリスト教徒たちが着ていたことからその名をもつ．ダルマティカもチャズブルも貫頭衣型の服で，どちらも今日のカトリックの祭服に受け継がれている．

サン・ヴィターレ教会のモザイク画に描かれた宮廷服飾にしばしば紫が用いられているのは，地中海の貝を染料とするパープル染めを表したものと考えられる．コンスタンティノポリスが建設されると，東ローマ帝国は輸入した稀少な生糸から，パープル染めの織物を織り上げる皇帝直営の工場を設立した．パープル染めは，シリアやペルシャから呼び寄せた職人の手によりこの工場で独占し製作され，その使用も宮廷に限られたのである[4]．

552年，それまでペルシャが貿易を独占していたため生糸の不足に悩んでいた帝国では，ユスティニアヌス帝が養蚕の導入に成功する．プロコピオスの『戦史』によれば，ユスティニアヌス帝が東方に送った2人の僧が蚕の卵を密輸入することに成功し，これらを中央アジアからコンスタンティノポリスに持ち帰った[5]．養蚕の技術が定着したことで，東ローマ帝国は10世紀に入り，ようやく絹織物を自国で生産できるようになったのである．

d. ゲルマン・ロマネスク

3世紀から4世紀のゲルマン人の服装については，北ドイツ，デンマーク，バルト海の島などの湿原で発見された遺体に付着していた衣服の残骸から知ることができる[6]．長い袖を縫い付けた頭からはおるスモック状の上衣と，股引状のズボンを履いたゲルマン人の服装は，すでに紀元前1世紀，ローマの歴史家であるタキトゥスが『ゲルマニア』に「ぴっちり身について，関節の一つ一つが，はっきりと外にあらわれる」と記しているように，体に密着した形態を特徴としていた．ケルト人を介して，あるいは彼らより南方や東方にいたスキタイ人やトラキア人，イリュリア人の履いていたズボンを直に継承したゲルマン人は，彼らの履く広幅のズボンに対し，脚に密着した長いズボンを履き，その上から脚絆を巻きつけていたのである．彼らが外衣として着用したマントは，右肩の上をピンで留める形状をしており，フードが付いているものもあった[7]．ローマにあるトラヤヌス帝（98〜117年在位）やマルクス・アウレリウス帝（161〜180年在位）の記念柱，またコンスタンティヌス帝（306〜337年在位）の凱旋門にある浮き彫りには，このようなゲルマン人の男たちの服装が表されている．

一方のゲルマン人の女たちは2世紀中期頃まで，多くは亜麻布でできた袖なしの服を着て，腕や胸の一部を露わにしていたようである．その後気候の変動などを理由に，長袖のたっぷりした，もしくは短い袖の，踝まである丈長の衣服を着るようになった．あるいはシャツ状の丈の短い上衣に革のベルトを締め，スカートを履く者もいた．そして毛皮や亜麻布でできた肩掛けや頭覆いを被ったのである．またゲルマン人が，ヘアバンドや首輪や腕輪，留め金や留めピンや締め金など，多種多様な装身具で身を飾っていたことは，彼らの卓越した金工細工の技術を示す当時の実物遺品からも明らかである[8]．

375年，アジア系のフン人が西方に進出したのを機に，ヨーロッパ大陸では約200年に及ぶゲルマン人の民族大移動が起こった．6世紀半ばにはゲルマン諸王国が成立し，大陸中央部にはフランク人の部

図1.8.27 ユスティニアヌス帝に仕える聖職者（547年）[1]

族によるフランク王国が建国されたのである．751年にフランク王国にカロリング朝が成立すると，800年に2代目のカール大帝（768〜814年在位）がローマ教皇レオ3世により西ローマ皇帝の称号を得る．カロリング・ルネサンス期の伝記作家であるアインハルトの『カール大帝伝』には，ローマ風の服装を嫌い，フランク人らしい服装を好む平素の大帝の様子が記されている．亜麻布の下着とズボン下を着けた大帝は，その上に絹の縁取りのあるトゥニカを着て，ローマでは「ブラカエ（braccae）」と呼ばれ蛮族の衣服として蔑まれることもあったズボンを着けたのである．アインハルトは大帝が長いトゥニカにクラミュス（clamys）をはおるローマ風の服装をしたのは，彼が教皇の要請によりローマに赴いた2度に限られていたことを記している．しかしながら，祝日に履き物や外套，冠などをそれぞれ金や宝石で飾って出かけたという大帝の服装には，さまざまな装身具で衣類を飾ることによりこれらに彩りを与える，ゲルマン人に伝統的な装いの特徴を見出すことができる．

カール大帝により統一された西ローマ帝国は，彼の死後，843年のヴェルダン条約と870年のメルセン条約により，東フランク王国，西フランク王国，イタリアの三つに分裂した．これらの国は，それぞれ後のドイツ，フランス，イタリアの基盤となっていく．

10世紀末から12世紀にかけ西ヨーロッパに広まった建築・美術様式を指すロマネスク期には，男女とも「亜麻布」を意味するシェーンズ（chainse）またはシュミーズ（chemise）の上に，ブリオー（bliaud, bliaut）と呼ばれる丈長の衣服を着た．また男性は，ブリオーの下に，ラテン語のブラカエから派生したブレー（braies）と呼ばれる下履きを履いたのである．すなわちカール大帝の時代に表着であったズボンは，ブリオーの登場により下着となった．亜麻布で仕立てられたブレーは，ほぼ膝下丈の長さをしており，シェーンズやシュミーズと同様，肌着の役目を果たしたのである．外衣には男女ともマントを着用した．

図1.8.28はシャルトル大聖堂西正面の王の扉口にある彫像（1145〜55年）である．右側の男性2人と長い三つ編みをした左側の女性は，ともに豊かなひだのあるブリオーの上にマントをはおっている．繊細な縦のドレーパリーは，ブリオーに現れる独特の表情でもあった．図の女性のブリオーにみられる

図1.8.28　シャルトル大聖堂西正面の王の扉口にある彫像（1145-55年）[9]

ような大きな袖は，当時騎士が馬上槍試合で交戦する際，男女の恋愛の儀礼的慣行として武具や武器に取り付けられることもあり，また戦場でなびかせる旗じるしになることもあったという[10]．また女性がブリオーを着付ける場合，背部に紐を通しきつく締め上げるという行為が行われることもあったようである．12世紀の宮廷文学には，女性服の描写に「紐を締める」という表現がしばしば登場し，ブリオーを体に密着させる様子に言及している[11]．図の女性の胸部から腹部にかけ横じわがみられるのは，紐締めしたブリオーの形態を表しているものと思われる．

11世紀末から12世紀初めに成立した『ローランの歌』の描写にもブリオーは登場する．778年カール大帝がイスラム教徒と戦った史実を伝えるこの武勲詩で，イスラム陣営への使いという危険な役目を担うことになった大帝の家臣ガヌロンが，マントの下に着ている服がブリオーである．苦悶の表情を露わにし，マントを脱ぎ捨て長衣一枚になったガヌロンの堂々とした姿は，アレキサンドリア渡来の絹布である「パイユ（paile）」という生地でできたブリオーで表されている．当時の文学の貴人の衣服の描写に，地中海交易の重要拠点を経由して入ってきた東洋産の高価な絹織物がしばしばみられることは，ロマネスク期の宮廷人が東洋産の絹織物に憧れを抱

いていた証でもある. 〔黒川祐子〕

参考文献
1) S. Yerasimos: *Konstantinopel*, Könemann, 2000.
2) M. G. Houston: Byzantine costume. *Ancient Greek, Roman and Byzantine Costume & Decoration*, pp.124, 136, Adam & Charles Black, 1931.
3) M. G. Houston: Byzantine costume. *Ancient Greek, Roman and Byzantine Costume & Decoration*, p.140, Adam & Charles Black, 1931.
4) 辻 ますみ:ビザンチン(東ローマ帝国)のシルク.ヨーロッパのテキスタイル史, p.40, 岩崎美術社, 1996.
5) Procopius: The Gothic War. *History of the Wars VIII* (English translation by H. B. Dewing), pp.227-231, Harvard University Press, 1928.
6) I. Loschek：Vor- und Frühgeschichte in Nord- und Mitteleuropa, *Reclams Mode- und Kostümlexikon*, S. 26-27, Philipp Reclam jun., 1987.
7) マックス・フォン・ベーン著, 永野藤夫, 井本晌二訳:ゲルマン人. モードの生活文化史 1. p.90, 河出書房新社, 1989.
8) H. Norris：Jewellery of the teutons, *Costume and Fashion—The Evolution of European Dress through the Earlier Ages*, pp.246-248, J. M. Dent and Sons, 1924.
9) E. Brüggen: *Kleidung und Mode in der Höfischen Epik des 12. und 13. Jahrhunderts*, Carl Winter Universitätverlag, 1989.
10) 徳井淑子:袖と恋情. 服飾の中世, p.123, 勁草書房, 1995.
11) E. Brüggen：Die Terminologie der höfische Mode. *Kleidung und Mode in der Höfischen Epik des 12. und 13. Jahrhunderts*, S. 199, Carl Winter Universitätverlag, 1989.

e. 13～15世紀

中世半ばまでの衣服は, ブリオー (仏 bliaud, bliaut) にみられるように, 総じて男女ともに丈長でゆとりのあるものであったが, 13世紀前後から, 身体の線を露わにする傾向が顕著になる. 動きやすさと簡便さを追求した結果, 誕生したとされる筒袖の上衣コット (仏 cotte)[1]は, 14世紀半ばには, いっそう身体に密着したコタルディ (仏 cotardie) となり, 男性は膝上丈, 女性は踝程度の長さになる (図1.8.29). こうして初めて服装に性差が明確に表れるようになり, 以後, 男性は18世紀まで脚を人目に晒すことになるが, 片や女性の脚は, 19世紀末まで隠される[2]. 露出度の高い着衣に対しては, 当時の知識人の間でも見解が分かれ, 例えばダンテは, 「胸や乳房をあらわにする」服を身に付ける女性を「厚顔無

図1.8.29 恋人と別れるギヨーム (ms. fr. 1584, 54v)
ギヨーム・ド・マショー「運命の癒薬」1372～77年頃 (パリ, フランス国立図書館蔵)

恥」と決めつけるが (『神曲・煉獄篇』第23歌101～102行), ボッカッチョは「美しい肢体」を演出する服の官能性を讃美している (『フィレンツェのニンフ譚』).

しかしその一方で, 身体の形を覆い隠してしまう, 装飾性重視の服も存在する. コットの上につける袖無しのスュルコ (仏 surcot) は, 15世紀初頭になると, 袖ぐりが腰のあたりまで大きく開いたスュルコ・トゥヴェール (仏 surcot ouvert) へと変化するが, これは主に女性の盛装に用いられた. また, 丈量豊かで広い袖をもち, 表地には時として多彩な文様があしらわれ, リスやアーミンなどの高価な毛皮が裏打ちされるウップランド (仏 houppelande) は, 貴族の男女ともに愛用された (図1.8.30).

このように多様な形態の衣服が生まれたのは, 服飾産業, ひいてはその基盤となる織物の生産や取引が活発になったからである. 毛織物に関しては, 中世を通じて, イングランドから輸入した羊毛を用いたフランドル産, もしくはフランス北東部産の評価が高かったが, 13世紀後半から徐々にイタリアの各都市も生産を伸ばしていく[3]. しかしイタリアがより得意とするのは絹織物である. 12世紀以来, ルッカの絹織物はオリエント風の装飾で定評があり, また15世紀以降はフィレンツェも, ブロケード織やダマスク織, ビロードやサテン, タフタなどの高級品をヨーロッパの主要都市に輸出していた. さらに染

図 1.8.30　森で語らう恋人たち（Harley ms. 4431, 145r）クリスティーヌ・ド・ピザン「真の恋人たちの公爵の書」，1415年頃（大英図書館蔵）

図 1.8.31　ピエロ，もしくはアントニオ・デル・ポッライオーロ「婦人の肖像」1460～70年頃（ポルディ・ペッツォーリ美術館蔵）

色技術の向上も見逃せない．15世紀にフィレンツェやヴェネツィアで作られた染色マニュアルには，美しい色―とりわけケルメス（トキワガシの寄生虫の一種）やブラジルスオウなどの高価な染料を用いた赤―を生み出すレシピが最も多いが，同世紀末には黒に関する記述が増える[4]．従来喪服や修道服専用の色であった黒は，14世紀末頃からブルゴーニュやフランスの宮廷で好んで着られるようになり，続く16世紀にはこの流行がヨーロッパ全域に拡大することになる[5]．

服そのものの質的な進化に加え，15世紀は綺想あふれる服飾品が各種生み出された時代でもある．レオナルド・ダ・ヴィンチや聖ベルナルディーノ・ダ・シエナは，同世紀半ばの奇矯な流行―多くの縁飾りや切り込み飾り，大袖，立ち襟，長い引き裾，窮屈な靴下―に対して，それぞれ芸術家と宗教家という立場から苦言を呈している[6]．なかでも身頃より大きく広がる「鳥の餌袋」状の袖や，左右色違いの靴下カルツェ（伊 calze）は，当時の男性モードを特徴付けるものである[7]．さらに14世紀以降，イタリアでもフランスでも先の尖った靴や靴底付きカルツェが流行するが，とりわけフランスのプーレーヌ（仏 poulaine）は，15世紀半ばには爪先が60～70cmにもなり，大人気を博した．

一方，女性は，髪のまとめ方にこだわりをみせる．14世紀までは単に髪を編んで頭の両脇に下げたり（図 1.8.29），頭に巻いたりしていたが，世紀を超える頃から，フランスやフランドルではヴェールを掛けたり（図 1.8.30 右奥の女性），鞍型の被り物を被ったりするようになる（図 1.8.30 手前左の女性）．さらに15世紀半ば以降は，エナン（仏 hennin）と呼ばれる円錐形の帽子が爆発的に流行する．これに対してイタリアでは円球状の被り物であるバルツォ（伊 balzo）が使われることもあったが，透明なヴェールや宝石で髪をシンプルにまとめ，剃り上げた広い額を強調することのほうが多い（図 1.8.31）．

いずれにせよ，過剰な装飾品は規制対象となる．イタリアでは初めて奢侈禁止令が登場する13世紀以来，各都市でその数は増え続けるが，それが功を奏したという記録は一つもない．たしかに個人の法外な出費は，その家の財政を逼迫させ，社会の秩序を乱すことにもなるが，ある程度の贅沢は経済を活性化させるし，なによりも人々の着飾りたいという欲望を完全に押さえつけることは，市当局といえども不可能なのである．

〔伊藤亜紀〕

参考文献
1) 徳井淑子：衣服とファッション．15のテーマで学ぶ中世ヨーロッパ史（堀越宏一，甚野尚志編），p.208，ミネルヴァ書房，2013．
2) マリア・ジュゼッピーナ・ムッツァレッリ著，伊藤亜紀，山﨑　彩，田口かおり，河田　淳訳：イタリ

ア・モード小史, pp.12-13, 知泉書館, 2014.
3) 星野秀利著, 齊藤寛海訳：中世後期フィレンツェ毛織物工業史, pp.9-13, 名古屋大学出版会, 1995.
4) 伊藤亜紀：美にして臭―14-15世紀フィレンツェの染色業. きらめく色彩とその技法 工房の実践プラクティスを問う―東西調査報告からみる色彩研究の最前線―《色彩に関する領域横断シンポジウム》報告, pp.32-47, 大阪大谷大学文化財学科, 2013.
5) 徳井淑子：色で読む中世ヨーロッパ, pp.182-200, 講談社, 2006.
6) 齊藤寛海, 山辺規子, 藤内哲也編著：イタリア都市社会史入門 12世紀から16世紀まで, pp.158-161, 昭和堂, 2008.
7) ロジータ・レーヴィ・ピセツキー著, 池田孝江監修, 森田義之ほか訳：モードのイタリア史 流行・社会・文化, p.342, 平凡社, 1987.

f．16世紀
1) イタリアモードからスペインモードへ

15世紀末, イタリアでは, 北イタリアの諸都市で生産されたブロケードやダマスク, ヴェルヴェットなどの高級絹織物を用いた豪奢なモードの最盛期を迎えていた. 1477年のナンシーの戦いにおいてブルゴーニュのシャルル勇胆公に勝利したスイスの傭兵に由来するとされるスラッシュの技法は, ヨーロッパ各地でみることができるが, イタリアでは素材や色彩の取り合わせにおける見事な調和と装飾的な効果をみせている. イタリアモードはその洗練された豪華さにおいて他を圧倒していた. 1492年にコロンブスが新大陸を発見し, 1498年にはヴァスコ・ダ・ガマがアフリカ喜望峰を経由するインドへの新航路を開拓したことによって, スペインやポルトガルの港には新大陸やアジアからの舶来品を求めて商人たちが集まることになり, 東西交易による富の独占を失ったヴェネツィアをはじめとするイタリアの都市国家は, 急速に失速していき, モードもまたその新鮮さを失っていく. イタリアに代わって16世紀のモードの先導者となったのはスペインであった.

2) 誇張されたシルエット
スペインモードは, ブルゴーニュ公国のモードを継承した宮廷モードで, 黒を基調とした暗色を好み, 幾何学的に整えられたシルエットを特徴とする. スペイン王家は伝統的に厳格なカトリックの信条を重んじていたことから, イタリアモードにみられる身体のまろやかなラインや肌の露出が控えられ, 人間の身体は人工的な仕立て技術を駆使することによって, 抽象的なラ

図1.8.32 サンチェス・コエーリョ「スペイン王妃アンヌ・ドートリッシュ」1571年[1]

インに還元された（図1.8.32）.

男子服の基本は, ダブレット（英 doublet, 仏 pourpoint）, ホーズ（英 hose, 仏 chausses）, マントから構成されていた. ダブレットは, 中世の甲冑の下に着用されたキルティングの下着に由来する衣服で, 16世紀になると男子服の流行を先導する重要な服飾アイテムとなった. ダブレットの肩や腹部は, 流行によって誇張され, 肩幅を強調するかのような肩飾りが付けられたり, 腹部が大きくさやえんどう型に膨らまされたりすることがあった.

脚衣は, 16世紀の初めにはイタリア風の脚部にフィットしたものであったが, やがて上下に分かれた. ブリーチーズと呼ばれた上の部分（英 breeches, trunk hose, 仏 haut-de-chausses）は, 詰め物によって大きく膨らまされたり, 水平方向に広げられたり, 細いパネをつなげて構成されたりとデザインやその構成が多彩である. 下の部分（英 hose, stocking, 仏 bas-de-chausses）は脚の形にフィットするように作られていたが, 16世紀の後半には高級品としてニット製のものが登場した.

16世紀の服飾における一つの特徴は, 身体のある部位を誇張することであるが, 最も顕著な例は, 男性の脚衣の前中央の開口部に付けられたコッドピース（英 codpiece, 仏 braguette）であろう. こ

れは，15世紀に左右別々であった脚衣がズボン型に縫い合わされる過程で前中央の開きを処理するために付けられた蓋布が，装飾を施され詰め物がなされ隆起した形をとるようになったもので，ポケットの役割を果たしたといわれているが，男性の性のシンボルを誇張する独特の服飾品である．

　女子服では，スペインモードの厳格な概念により，女性の身体の自然な丸みを帯びたラインは，否定された．胸部はヴァスキーヌ（仏 vasquine）と呼ばれる堅い胴着の着用によって直線的に造形され，スカート部分はヴェルチュガダン（仏 vertugadin，英 farthingale）と呼ばれる輪骨によって幾何学的な円錐形に整えられた．イタリアモードにおいて好まれた胸元の美しいデコルテは失われ，女性の胸元は堅い胴着とぴっちりとしたハイネックで覆い隠され，さらに襞襟が着用された．細身の袖にはハンギングスリーブがみられる．今日残る肖像画では，人間の自然な身体が仕立て技術の粋をつくした衣服によって抽象的な形態に造形されていることを見て取ることができる．

3) 襞襟の流行　　男女を問わず着用された襞襟（英 ruff, 仏 fraise）は，本来ドレスの下に着用されていたシュミーズの襟や袖口の端の飾りがしだいに大きくなり，独立した服飾品となったものである．上質の麻やレースを使用し，高度な糊付けの技術によって形作られた．顔を包み込むもの，車輪型のもの，後ろで扇形に開いたものなどさまざまであった．また襞襟が大きくなるにつれ，その形を保つために裏側に美しく装飾されたワイヤー製の支えが付けられることがあった．英国では，1570年頃から男女を問わず着用されるようになり，1580年代にその大きさが最大となる．服飾史家のLaverは，襞襟について「階級的な」要素を示す一つの例であると述べている[2]．宮廷モードにおいて，服飾は着用者の身分や権威，富を視覚的に示す役割をもっている．今日残る多くの肖像画において，画家に求められたのは，モデルのもつ個性を身分や地位に応じたあるべき姿として描くことであり，服飾はそのための効果的な手段として用いられることが多かった．この意味において堅く糊付けされた襞襟は貴族階級のための服飾品であったが，その流行は宮廷から市民社会へと広がり，しばしば道徳家の風刺の対象となった．

　16世紀には大航海時代の到来により，商人たちの往来が盛んになり，各地の都市は活性化し，商工業の発達は市民の経済力を向上させた．豊かになった市民は，贅沢な服飾を求めるようになり，襞襟のように本質的に貴族階級のための服飾品もまた，広く市民に着用された．奢侈禁止令が繰り返し出されていることから，地位や身分による規制は実質的には機能しなかったようである．

4) 国民性の表れ　　16世紀初頭のヨーロッパでは，スペインをはじめフランスやイングランドが勢力を競い合っていたが，1519年にスペイン王カルロス1世が神聖ローマ帝国皇帝カール5世となったことにより，スペイン，オーストリアおよびブルゴーニュの領土を掌握し，広大なハプスブルグ帝国が形成されてゆく．王族間の婚姻によって領土の分割や併合が繰り返され，各国の勢力は微妙なバランスを保った．スペイン宮廷のモードは婚姻に伴ってヨーロッパ各国にもたらされ，スペインモードを基調としながら各国の好みを反映したモードが展開されることになる．スペインモードの厳格な幾何学的シルエットは，フランスでは柔らかな素材への好みとカトリーヌ・ド・メディシスのもたらした洗練されたイタリアモードの影響から調和のとれた優雅な美しさとして示された（図1.8.33）．イングランドでは水平ラインを強調し表面の装飾性を重視したモードとなり，16世紀後半のエリザベス1世の宮廷において独特の服飾世界が作り出された．

　16世紀末に刊行されたチェーザレ・ヴェッチェリオによる『古今東西の服装』では，古代ローマや中世といった過去の服飾とヨーロッパ各地やアジア，アフリカ，新大陸などの服飾が取り上げられており，服飾が時代や地域によって異なることが意識されていた．シェイクスピアは「ヴェニスの商人」において，ヒロインであるポーシャに求婚者の一人である英国貴族を評して「胴衣はイタリア，丸ズボンはフランス，帽子(ボンネット)はドイツで買い込んだんだと思うわ．そしてお行儀ときたらあちらこちら方々の買い集めね」と語らせている[3]．

〔松尾量子〕

参考文献
1) 深井晃子監修：世界服飾史，pp.56, 60, 64, 美術出版社，1998.
2) J. Laver : *Costume and Fashion—A Concise History*, p.91, T&H, 1982.

図1.8.33 「ジョワイユーズ公の結婚舞踏会」1581〜82年[1]

3) シェイクスピア著,福原麟太郎,中野好夫監修,菅泰男訳:ヴェニスの商人,シェイクスピア全集 1, p.269, 筑摩書房, 1982.

g. 17世紀

1) オランダモードの台頭　16世紀にヨーロッパモードを牽引したスペインはフェリペ2世（1527〜98年）の黄金時代を経て,衰退の一途を辿る.オランダは17世紀初頭にスペインから独立し,オランダ東インド会社を通じた貿易および毛織物産業の隆盛によって富を得た富裕市民階級が権力を得た.30年戦争（1618〜48年）がヨーロッパの広範囲を荒廃させた.その結果,ヨーロッパのほとんどの宮廷が衰退し,新たなモードを生み出すような影響力をもちえなかったが,オランダはこの被害がなかったこともあり,オランダの市民階級のモードが17世紀前半のヨーロッパに台頭するようになる.ただ,スペインの影響力がまだ続いていた宮廷では依然とスペインモードの影響力が残っていたことは事実である.

17世紀前半には多くの画家が富裕市民階級の欲求に応えて,多くの肖像画を描いている.レンブラントやフランス・ハルスなども当時は繰り返し,白い襞襟付きの黒い服装姿の個人あるいは集団の肖像画を描いている.黒色はスペインのカトリック王フェリペ2世の象徴的な色であり,16世紀後半には汎ヨーロッパに流行した色であるが,カルヴァン派の新教国オランダの市民服に継承されている点は皮肉な現象でもある.

新興国オランダの市民階級の価値観や生活スタイルが,モードに影響を与えることで,従来の非常に堅く厳格なスペインモードに変わり,自由でソフトなモードへと変容されていく.また,「ルーベンス夫妻の肖像」でルーベンスの服装が堅苦しいラフから垂れ下がる襟となっており,女性よりも男性のモードにいち早くモードが取り入れられていることがわかる.

衣服の構成は16世紀の延長にあるが,男性はブリーチズが足首まで長くなり,端が開いたブーツ姿に特徴がある.女性はヴェルチュガダンがなくなったために,スカートを重ね着するとともに,腰にロールを巻いてやや人工的なシルエットを出すようになった（図1.8.34,図1.8.35）.

2) オランダ東インド会社と着物文化の需要　大航海時代以来のオランダと日本の交流によって着物がオランダにもたらされ,部屋着とともに表衣としても富裕市民階級のステータスとして着られた.ヤポンセロッケンと呼ばれ,着物から変形された着物風ジャケットコートは,人気の高まりによって東インド会社でインド更紗を用いて作られ,交易品としてオランダからヨーロッパに広く普及した.

3) バロックの時代　バロックとはポルトガル語の「ゆがんだ真珠」に起源をもち,17世紀の造形美術の様式として,18世紀に使われ始めた言葉である.カラヴァッジョ（1571〜1610年）の光と影によるカトリックの精神主義的な表現や,ベル

図 1.8.34　オランダの男性の服装[1]

図 1.8.36　17 世紀後半フランス男性服[1]

図 1.8.35　オランダの女性の服装[1]

図 1.8.37　17 世紀後半フランス女性服[1]

リーニ（1598〜1680年）の建築や彫刻にみられるようなエネルギーの大胆な表現や細部へのこだわり，さらに装飾過剰な表現などイタリアから広くヨーロッパに広がった表現様式である．ファッションでは17世紀中頃の服装にバロック的表現を見出すことができる．

レース装飾は当時も非常に高価であり，フランスでは輸入により国家財政を圧迫することから奢侈禁止令を何度も発布することになり，その結果，レースに代わり比較的安価であったリボンが流行し，男女の恋愛心を交換するギャラントリの美意識を表すものになる．ほくろの流行もその付ける場所が愛の種類を見分ける道具としても用いられた．

男性のスカート状になったラングラーブや上着の裾などには何十mものリボンが使われるなど，バロックにみられる気まぐれや不均衡を感じさせるスタイルが流行した．

4）　フランスモードの時代　　ルイ14世（1638〜1715年）は1661年から親政を開始し，ベルサイユ宮殿にフランスの諸侯を集めて絶対王政を行う．服装や立ち居振る舞いなどを含むマナーや自らの権威を視覚的に表現するための祝祭儀礼などを催し，カトリックに基づく厳格な宮廷生活の様式を築くことで影響力を高める．外国からの贅沢な繊維輸入禁止と国内産業を奨励する．

男性の服装は上着のジュストコール，ベストそして下衣のキュロットのスタイルが確立する．レースのクラヴァット（ネクタイの前身）と袖口飾り，胸

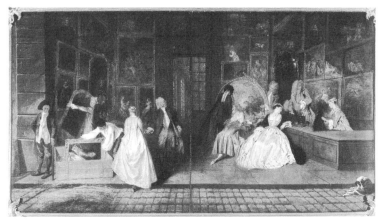

図 1.8.38 アントワーヌ・ヴァトー〈ジェルサンの看板〉1720 年頃

の下まで届く長く垂れた巻き毛の鬘，羽根付きトリコルヌ（3辺が折られた形状の帽子，羽根飾りは貴族の象徴），リボン飾りなどが装飾のアクセントとして好んで用いられる）（図 1.8.36）．

女性の服装は，スペインモードの技巧的なシルエットに影響を受けていたオランダモードから脱して，ウエスト位置から自然に流れるシルエットに変わる．服装は上下一体の表衣であるローブと下着で後にスカート部分だけ着られたジュープで構成され，ローブはスカート部の前が開けられ，ジュープとの組み合わせが楽しまれる．また，1680年代にはローブの裾はトレーンがひかれるようになり，その長さが身分を表し，裾曳きが宮廷での優雅な立居振る舞いを表すものにもなる（図 1.8.37）．

17世紀前半から徐々になで肩になっていたが，中頃からはさらに大きく胸を刳ったデコルテが特徴となる．美しい胸元や胴部を成形するための下着，コール・ア・バレネが考案され，やがてガウン風ローブの登場によって表着として胸元の装飾になる．髪型では，愛妾であったフォンタンジュが狩りで乱れた前髪を靴下留めでまとめたことにルイ14世が賞賛したことがきっかけで，前髪をレースで立ち上げる髪型ファンタンジュが流行する． 〔水谷由美子〕

参考文献
1) 山村明子：17世紀．ファッションの歴史—西洋服飾史（佐々井 啓編），pp.59-76，朝倉書店，2003．
2) 古賀令子：17世紀．世界服飾史（深井晃子監修），pp.67-84，美術出版社，1998．
3) マックス・フォン・ベーン：17世紀（バロック）．モードの生活文化史 1（イングリート・ロシェク編，永野藤夫，井本䬠二訳），pp.337-442，河出書房新社，1989．
4) 丹野 郁：十七世紀の服飾—バロック様式時代．西洋服飾発達史 近世編，pp.97-161，光生館，1960．
5) ジェームズ・レーヴァー著，飯田晴康監修，中川晃訳：17世紀．西洋服装史，pp.103-125，洋販出版，1979．
6) C. Köhler: The Seventeenth Century. *A History of Costume*, pp.286-331, Dover, 1963.

h. 18 世紀

図 1.8.38 は，18世紀の絵画様式である雅宴画（フェット・ギャラント）を得意とした，アントワーヌ・ヴァトーの1721年の作品〈ジェルサンの看板〉である．よく見ると，左に位置しているゆったりとしたローブを身に付けた後ろ向きの女性が，軽く一瞥を投げているのは，今まさに木箱にしまわれようとしている太陽王ルイ14世の肖像画である．荘厳華麗なルイ14世の君臨した17世紀が終わりを告げ，ピンク色のゆったりとしたローブを身に付ける女性が，軽やかに社交を楽しむ新しい時代が始まったことを象徴するかのような絵画である．この女性の身に付けている部屋着由来のローブは，ヴァトーがよく描いたことで知られ，いつに始まるか確認できていないがヴァトー・プリーツあるいはヴァトー・ローブと呼ばれるようになった．このようなパステルカラーを用いた，軽やかで女性的なファッションのスタイルを，美術のロココ様式になぞらえて，服装上のロココ・スタイルと呼ぶこともある．

同じ頃，モンテスキューは著書『ペルシャ人の手紙』の中で，「パリを離れ田舎で6か月過ごした女性はあたかも30年前のような様子で戻ってくる」と

記しており，この時期にパリがファッションの都として流行の発信地になっていたこと，そのファッションの担い手が女性中心になったこと，さらに，ファッションの流行の移ろいやすさが非常に顕著になったことを明かしている．18世紀は，まさに，女性がファッションを自由に楽しむ時代として，幕を開けたといってよいだろう．それを示すように，フランス語で流行を意味するモードという言葉が，それまでは宮廷規範に基づいた衣服の身に付け方を意味していたのだが，18世紀の前半には，女性の気まぐれに支配されたファッションの流行という意味をもつように変化していった[1]．

18世紀前半，建築においては私室が作られるようになったといわれ，私生活を楽しみ，生活上の趣味の良さが求められるようになっていた．そのような中で，後の時代にロココと呼ばれる美術様式が生まれ，装飾的で優美なその様式は，建築，彫刻，絵画，工芸，さらに生活全般に及ぶようになっていた．当然，服飾にも，その影響はみられたといえよう．雅宴画はロココ絵画の代表的なものであり，それらには，当時の代表的な服飾であるローブ・ア・ラ・フランセーズを身に付ける貴族女性や，アビ・ア・ラ・フランセーズを身に付ける貴族男性が，優雅な恋愛遊戯を楽しむ恋人同士として描かれていることが多い．

画家自身が，ファッションに大きな影響を及ぼした時代でもあった．先に述べたヴァトーは，オペラ座の舞台装飾と衣裳デザインを担当していることで流行の担い手に成りえたし，同じく雅宴画を描いたフランソワ・ブーシェは，当時のファッションリーダーであったルイ15世の愛妾ポンパドゥール夫人の肖像画を多く描き，彼女のファッション・アドバイザー的存在であったとして知られている．

また，演劇もファッションに多大な影響を及ぼしていた．女性のドレスを大きく膨らませていたパニエ（鯨骨を重ねたペチコート）は，1718年に上演された喜劇の中で，女優が笑いを誘うために考案したものだが，これが世紀を通じ，身分を問わず，女性の服装に不可欠なものになっていくのである．ほかにもボーマルシェの喜劇『フィガロの結婚』からは，主人公であるフィガロとシュザンヌの名を冠した服装の流行が複数生まれ，一世を風靡した．

私的な空間を美的に装飾しようとする当時の文化からは，異国趣味も生まれた．特にシノワズリー（中国趣味）が顕著な例であるが，これは，見知らぬはるかかなたの東洋の国を自由に想像して，そのイメージを生活に取り込んで楽しんだものだといってよい．シノワズリーとはいえ，インドや日本もその範疇に入っており，要するに東洋の国々が憧れの対象になっていたのであろう．なかでも，服飾では，インドの捺染布であるインド更紗の大流行は特筆すべきものがある（図1.8.39）．またこの異国趣味は部屋着を中心にみられたものであった．

18世紀の服飾を代表するローブ・ア・ラ・フランセーズとアビ・ア・ラ・フランセーズは宮廷服であり，貴族の男女の日常服であった．ローブ・ア・ラ・フランセーズの優美な女性の姿が印象的だが，アビ・ア・ラ・フランセーズは男性の服飾史上最も華麗な衣裳であるといってよい．特にアビとその内側に身に付けるジレには，極めて美しい刺繍が施されていた．男性は自身の衣服を注文する際に，まず刺繍の見本帳で，どのような刺繍にしてもらうのか考えたようである．刺繍に関していえば，女性のローブ以上に，男性のアビには美しい装飾が施されていた．

18世紀の後半になると，マリー・アントワネットがファッションリーダーと目される時代になる．

図1.8.39 〈中国人とパゴダ〉ジュイ更紗，1786年

伝記作家シュテファン・ツヴァイクによれば，彼女の朝の関心事は，第1に衣裳であり，第2が髪型であった．それだけ政治には無頓着であったことが揶揄されてもいるのだが，ここからわかるのは，マリー・アントワネットの時代には，女性のファッションの流行において髪型の変遷が大きな位置を占めるようになったことである．女性の髪型は，パニエの広がりと同時に，次第に巨大化していき，空前絶後の巨大なヘアスタイルが流行することになった．

このようないわゆるタワーシルエットの髪型を考案したのは，ルグロという名の結髪師であった．彼は髪結いのアカデミーを創設し，『婦人整髪術』（1765～68年）を著したことで知られる．またマリー・アントワネットは2人の結髪師を抱え，彼らを上手に使い分けていた．1人はラルズニュールという名で，宮廷行事などにふさわしい伝統的な髪型を得意としたといわれる．もう1人のレオナール・オーティエは，奇想天外なアイデアを駆使した髪型が得意であったという．アメリカ独立戦争の頃には，頭上に軍艦を載せるという奇抜な髪型も誕生した．これは，1778年の英仏の海戦でフランスが大勝したことを記念するもので，活躍した軍艦の名をとって「ラ・ベル・プール」などと呼ばれた（図1.8.40）．その頃のヴェルサイユ宮の庭園には，軍艦を頭に乗せた貴婦人が闊歩し，まるで，宮殿に軍艦が攻めてくるような様子であったと伝える回想録も残っている．

ローブ・ア・ラ・フランセーズには，リボンやレースなどの小物が不可欠だが，これを扱う小間物商は，モード商人と呼ばれ，当時の流行を生み出す担い手になっていた[2]．マリー・アントワネットのモード大臣といわれたローズ・ベルタンがよく知られている．

一方，18世紀後半の同じ時期に，上記のような装飾過多のスタイルと相反する趣味も生まれる．それが，アングロマニー（イギリス趣味）と呼ばれるもので，ルソーの『新エロイーズ』（1761年）の大流行とともに，自然への憧れや，自然回帰といった思想が広まり，その具体的な表現として，イギリスの簡素なファッションがもてはやされるようになるのである[3]．この簡素なファッションとは，具体的には，戸外での生活を楽しむような活動的なファッションであった．乗馬服をベースにした，男性服のフラックやルダンゴトがその代表である．イギリス風の女性服であるローブ・ア・ラングレーズも，それまでのローブと比較すると，装飾が少なくすっきりとした印象のドレスに変化している．つまり，フランス革命を目前にして，華やかな装飾で彩られたフランス風のスタイルと，簡素なイギリス風のスタイルが共存していたといえるのだが，時代は簡素化の方向に進んでいった．

また，18世紀を通して，モードの伝達手段とし

図1.8.40 〈ローブ・ア・ラ・フランセーズ〉1780年頃

図1.8.41 ボワリー〈サン・キュロット姿の役者シュナール〉1792年

て重要であったのは，モード雑誌である．『ギャラリー・デ・モード・エ・コスチューム・フランセ』(1778～87年)など多くのモード雑誌が誕生し，美しい服飾版画が読者を魅了していた．今日においても，これらは第一級の研究史料である．

1789年にフランス革命が勃発し，これまでの貴族中心の華やかな文化は崩れ始める．革命家たちは，サン・キュロット（貴族性を象徴するキュロットを履かずパンタロンを履く）の姿で自らの政治的立場を誇示した（図1.8.41）．彼らは革命派の連帯感を示すために，いくつかのシンボルを身に付けていた．例えば，赤白青のトリコロールの花形徽章であるコカルドや赤いフリジア帽である．一般的にもトリコロールは流行し，特に縞柄としてみることができる．この混乱期には，アンクロワイヤーブルやメルヴェイユーズと呼ばれる奇抜なファッションをした男女も登場し，混迷した時代を象徴するかのようでもあった．しかし，メルヴェイユーズの身に付けた古代ギリシャのキトンのような薄地のドレスは，19世紀になって主流になっていく白いモスリンのドレスにつながるものでもあった． 〔内村理奈〕

参考文献
1) 内村理奈：モードの身体史―近世フランスの服飾にみる清潔・ふるまい・逸脱の文化，悠書館，2013．
2) 角田奈歩：パリの服飾品小売とモード商―1760-1830，悠書館，2013．
3) 西浦麻美子：18世紀フランス・モードにおけるアングロマニーの研究，博士論文（お茶の水女子大学），2007．

i．19世紀

1) 男性服飾 18世紀末より男性服飾ではイギリス風の簡素な衣服に影響を受けており，19世紀において現代の紳士服の基礎がつくりだされた．それらは前時代の貴族的な華やかな色彩・装飾のシルクの宮廷服と異なり，ウール素材，ダークな色調，ラペル仕立てのコート（上着）とトラウザーズ（長ズボン）が特徴のスタイルである．18世紀までのブリーチズ（breehes：膝丈のズボン）は19世紀前半で次第に着用されなくなる．上着は着用場面に応じて，昼の正装の膝丈のフロックコート（frock coat），夜の正装のテールコート（tail coat：燕尾服），略装のモーニングコート（morning coat：前裾は短く，後ろ裾は長い）などがある．これらにウエストコート（waistcoat），シャツ（shirt），クラヴァット（cravat：首元に巻く糊付けされた広幅の帯状の布），トップハット（top hat：黒絹製はシルクハット）を組み合わせる．また，手袋やステッキなどが身だしなみとして好まれた．

紳士服は表面的な装飾要素がほとんどない代わりに，素材や仕立ての技術，身体へのフィット性といった品質へのこだわりが，ファッション性の要である．19世紀初頭のロンドン社交界に君臨したジョージ・ブランメル（Brummell）を祖とする美意識ダンディズム（dandyism）とは，最高の品質の服飾と完璧な着こなしや立ち居振る舞いへのこだわりである．人目を引く奇をてらった服装ではなく，身体と衣服との調和を重視し，最上の品質の衣服をさりげなく自然体で着こなすことを追求した．細心の注意で結ばれたクラヴァットはおしゃれの重要な要素であった．

1860年代にはより簡略な服装で，直線的な身頃にゆとりがあり，裾丈が短いラウンジスーツ，1880年代には夜会用の略装としてディナージャケットが現れた．ラウンジスーツは気楽な着心地であるため日常的な服装として好まれ，山高帽（bowler hat）やよりくだけた印象のカンカン帽（boater）を合わせて着用した．狩猟やゴルフ，山歩きなどのスポーツ用にはノーフォークジャケット（Norfolk jacket：身頃にプリーツが入り，ウエストをベルトでしめる）とニッカボッカーズ（knickerbockers：幅広の膝下丈のズボン），ハンティング帽（hunting cap）などが着用された．

2) 女性服飾 1820年代になると，ハイウエストでストレートなシルエットのシュミーズドレスから，ウエストラインの位置が下がり，広い裾周りのスカートでウエストの細さを表現するシルエットへと次第に変化した．低いネックラインとデコルテされた胸元，ジゴ袖（leg of mutton）と呼ばれた大型の袖，なで肩を強調するフィッシュ（fichu）やカヌズー（canezou）といった小型の肩掛けやケープが，女性の身体イメージを演出している．ドレスには，リボンやレース，ひだ飾り，花飾りなどの多彩な装飾要素が添加され，愛らしさ優美さが求められた．甘美な表現への志向は当時の芸術運動：ロマン主義と通じており，女性は色白で愁いを含んだ弱い姿が理想とされた．

1840年代にはスカートが大型化し，そのシルエットを作るためにペチコートを何枚も重ねて着用した．これは重量も増し，身体に負担をかけ，動作の妨げにもなった．そこでスカートを広げるためのクリノリン（crinoline）が登場した．本来は馬の尻尾の毛（crin）を織り込んだ張りのある布製のペチコートである．1850年代には，鯨髭や針金の輪を水平方向に何段もつないだものが考案された．前者と比較して軽量で着脱も容易であり，スカートの広がりをより一層大型化することが可能になった．巨大化したクリノリンは批判や風刺の対象にもなるが，女性たちの支持は1860年代末まで続く．

1870年代には後ろ腰のみを膨らませるバッスル（bustle）が登場した（図1.8.42）．これは後ろ腰に襞や金属製の枠やかご状のものをつけたアンダーウェアであり，正面から見るとタイトなシルエットであるが，側面から見るとヒップのボリュームを強調する曲線的なシルエットである．この上に着用するドレスのスカートもまた，後ろ腰にフリルやギャザー，プリーツなどを寄せ，リボンなどで装飾してそのボリュームをさらに強調した．

これらに対して，1850年代には女性解放運動の機運の中，身体活動と健康を意識してブルーマー夫人（Bloomer）が提唱した女性用の脚衣が登場する．トルコ風のゆったりとした長い丈のトラウザーズは踝で紐締めされており，その上に膝丈のスカートを重ねて着用した．これは大型化したスカートとペチコートによる重量から身体を解放し，温かく動きやすく，かつ女性としての優雅さや礼儀にかなったものとして提案されたが，男性からは批判の的となり，広く一般女性に採用されるには至らなかった．

女性の服装もモーニングドレス，デイドレス，ディナードレス，プロムナードドレス（散歩服）というように1日の時間帯や用途によって細分化されていた．19世紀後半には戸外での活動の楽しみが女性にも広まり，乗馬を始めとして，その他のレジャースポーツにブルジョワジーの女性が参加しだすと，テーラーメードジャケット（紳士服と同様にラペルが付いた上着），裾幅が狭いショート丈のスカート，ニッカボッカーズやトラウザーズといった脚衣が，女性の服飾に採用されるに至った．これらは女性に，シンプルなスタイルが若さと優雅さを引き立てるという新たな服飾感を与えた．また社会に出て仕事を

図1.8.42 バッスルスタイル（Harper's Bazar, 1883.3.10）

する「新しい女」と呼ばれる進歩的な女性には活動的な日常着として，テーラーメードスーツは採用された．さらに，1890年代の自転車の大流行もこのような服飾形式を，より多くの女性たちに普及させた． 〔山村明子〕

j. 20 世 紀

1) 現代モードの黎明 20世紀初頭の流行は，19世紀末のスタイルを継続して目立った変化はなかったが，1910年代から20年代にかけて，特に女子服では現代的なデザインへの大きな転換期が訪れる．

19世紀に飛躍的発展を遂げた機械技術の成果が，新世紀早々に現れ，電話，自動車，飛行機，活動写真などが実用化されて，スピード感にあふれる科学の時代が到来した．新興産業は新しい富裕層を生み，オート・クチュールの繁栄を支える顧客層となった．

第一次世界大戦（1914～18年）前までの，陽気で優雅なこの時代は，ベル・エポック（古き良き時代）と呼ばれ，モード界では，異国趣味やロシアバレエ，舞踏家ダンカン，野獣派や立体派の芸術家などから刺激を受け，新しい色彩と形の模索が始まる．

ポワレは1903年に着物風のコートを，1906年にハイウエストのギリシャ風ドレスを発表し，流行の先導者となる．このドレスはコルセット不要であったため，彼は，コルセットの呪縛から女性を解放した人物とされる．フォルチュニーのギリシャ風ドレスは明るい色彩の絹布にプリーツが施され，技術的

評価が高い．1910年代はモード雑誌が多く創刊された．

体を拘束する非実用的な衣服を，一般の女性たちが自ら捨てたのは，第一次世界大戦下の経験からであった．出征した男性に替わり，女性がさまざまな仕事に進出するようになり，機能的で簡潔な衣服が求められたのであった．テーラードジャケットとふくらはぎ丈スカートのスタイルが好まれ，それは現代服の原型となった．シャネルは疎開先で，編物地（ジャージー）を用いて，男子服のアイディアを取り入れた上着と，足首の見える丈のスカートを組み合わせたスーツを作って売り，評判を呼んだ．女子の外出着に，ジャージーが採用されたのは初めてのことであった．編物ならではの伸縮性を，織物素材の斜め使いで実現したのがヴィオネで，それはバイヤス・カットとして知られる．彼女にとって裁断技術の研究は，創作の源であり，1900年代には，身頃続きのキモノスリーブを考案している．

1920年代は狂乱の時代と呼ばれ，アール・デコ様式のシンプルで直線的，幾何学的な構成と装飾，大胆な色彩の影響を強く受け，パリ・オート・クチュールは黄金期を迎える．この頃，ヴォーグやバザールなどの雑誌に芸術的な手法のモード写真が掲載されるようになった．

流行の装いは，平らな胸にローウエスト，膝丈のスカートに短髪で，学問も仕事もする活発な女性はまさに少年のようで，ギャルソンヌと呼ばれた．スリムで健康的であることが新しい魅力となり，あえて日光で肌を焼くことも有閑階級の証となった．

1929年に世界大恐慌が始まると，ウエストを自然な位置で絞った細身のシルエットが流行し，オート・クチュールは第二次世界大戦前まで最盛期であり続けた（図1.8.43）．

2）既製服の本格化 1947年ディオールは，小さな肩，細いウエスト，たっぷりとしたスカートのニュールックを発表して人気を博し，女性らしい懐古趣味が流行した．カルダン，ジヴァンシー，バルマンら才能豊かなクチュリエが活躍するが，高価な芸術作品ともいえる特注衣装の顧客は減り続けたため，生き残りをかけ，1960年代から既製服のコレクションを始めるメゾンが相次いだ．ブランド使用料を得るライセンス契約は，自由で純粋な創作活動を支える重要な収入源となった．1950年代後半

図1.8.43　ドレス Patou，燕尾服 Lanvin
（*Femina*，1929年8月）

にバレンシアガが発表したサックドレス，シャネルが発表したツイード地にブレードの縁飾りが付いたジャケットに膝が隠れる丈のスカートのシャネル・スーツは既製服時代の先駆けとなるものであった．新しくて活動的なデザインは，シンプルで直線的かつ生産ラインにのせやすかったのである．既製服は1970年代にはオート・クチュールを凌駕する流行動向の牽引役となる．それはプレタポルテと呼ばれ，以前からある言葉で既製服を表すコンフェクションとは，一線を画した高級イメージである．多くの既製服専門のデザイナーが現れ，既製服産業が飛躍的な発展を遂げる．ラガーフェルトは既製服会社のデザインを20年間担当した後，1983年からシャネルのデザイン責任者となり，創立者の簡潔なエレガンスを継承している．最も早く既製服が発展したアメリカでは，すでに1930年代からマッカーデルらが着回しのきくスポーティーな服を発表していた．

3）若者主導の流行と身体意識の変化 1960年代に現れたミニスカートは，著名なクチュリエのオリジナルデザインではなく，ロンドンの若者のストリートファッションから発生し，上の世代の既成概念に対する反逆精神の表れともいえるものであった．ロンドンのブティック店主クワントがこれを採用して製造販売し，また，クレージュが1965年に

自身のパリ・コレクションで発表し，世界的な流行につながった．露出度の高い脚には，パンティストッキングやブーツが合わせられた．太腿丈の短いスカートが社会的に認められ，身体の自然な美しさを礼賛する方向へ意識が変化した．その動きは米国の女性解放運動に現れたブラジャーからの解放，ガーンライヒのトップレスの水着，サン・ローランの透けるドレスにもみられる．

シルエットは一通り出つくし，ビニールレザーやストレッチなどの目新しい素材使いや，ラバンヌのドレスのようにプラスティック，金属盤，鎖など，布でない素材使いの例がみられた．しかし20世紀の素材は，しなやかな皮膚感覚がキーワードとなるであろう．20世紀初頭に実用化されたレーヨンは，1930年代には下着のスリップに，1940年代，ナイロンはストッキングに，1950年代，ポリウレタン弾性繊維（デュポン社のライクラ）はブラジャーやガードルに用いられた．ニットは用途が広がり，1930年代にはグレがシルクジャージーのイヴニングドレスを発表し，1960年代にはニット専門デザイナー，リキエルやミッソーニがあらわれ，1980年代にはアライアがライクラを30％も混ぜたヴィスコースでセクシーなニットドレスを発表して，ボディコンシャスの寵児となった．1990年代に，環境負荷が比較的低い再生セルロース繊維が生産され始めた．

4） カジュアルな装いと男女差のない衣服
1970年代は石油危機によって経済後退の時期に入る．戦後生まれの若者の反戦運動や，ヒッピーの平和愛好運動の影響を受けて自然素材が好まれ，色や柄はサイケデリック調，フォークロア調などが流行した．社会的な規制が緩やかになり，自由なコーディネートスタイルが氾濫し，スカート丈はミニ，ミディ，マキシが混在した．労働着だったジーンズが性差，年齢差，階級差のない日常着として世界的に受容されたのも，この時期である．

日本人の既製服デザイナーが，パリやロンドンなど，海外に進出し始め，国際的評価を受けるようになり，森英恵はパリ・オート・クチュールに正式加盟した．

男子服からきたパンツを女子が着用することは，非公式な場に限られていたが，1970年代にはフォーマルな場でも認められるようになった．サン・ローランのスモーキング（タキシードルック）は，彼の作品を代表する革新的なものである．一方，男子服は19世紀に基本形が確立し，女子服ほどの劇的な変化はなかったが，アメリカで1967年に提唱されたピーコック革命のように男性が派手な服装をしたり，1980年代にゴルティエが男性用のスカートを提案したり，服装の性差を超えるユニセックスの試みがみられた．

5） モードのグローバル化 1980年代前半は，英米で保守政権が復活し，ドル高騰と世界的な経済的安定に支えられ，多くのデザイナーが活躍し，人々は快楽的な消費に沸いた．貧富の格差が広がる一方で，女性が仕事で成功して社会的に認められるために，品の良いビジネススタイルが求められた．落ち着いた雰囲気の素材，色，厚い肩パッドなど男子服を踏襲しつつ芯地を軽くした，アルマーニのパンツスーツは憧れの的であった．カルヴァン・クライン，ラルフ・ローレンらは巧みなマーケティングと広告によって，キャリア志向の女性の支持を得たアメリカのデザイナーである．モンタナ，ミュグレーらはパッドで肩を怒らせながらもウエストを絞り，女らしくパワフルなスーツを発表し，ヴェルサーチは奇抜さで成功し，スーパーモデル誕生に一役買った．1970年代にロンドンで広まった攻撃的なパンクのアイディアは，既製服にも少なからず影響を与え，ウエストウッドはユーモラスで奔放な作品を発表している．ラクロワは，ルイ・ヴィトン＝モエ・ヘネシーの支援で，豪華絢爛で芸術的なオートクチュールコレクションを展開した．総じてけばけばしい印象の1980年代において，川久保玲，山本耀司らがパリで投げかけた，衝撃的な黒のプレタポルテ・コレクションは，西欧の服飾文化とは異なる独自の価値が認められ，強い影響力をもった．1985年には東京コレクションが始まる．1990年頃，日本ではバブル経済が崩壊し，現実的なベーシックスタイルの時代に入った．

グローバル化はモードの世界にも及び，吸収合併による大資本のもとに，才能ある若手が老舗メゾンのデザイン責任者に抜擢され，新風を吹き込んでいる． 〔髙水伸子〕

1.9 世界の民族服飾

1.9.1 アジア

民族服とは，共通の言語や信仰，生活様式をもつ人々の社会集団の中で着装される衣服を指し，過去から連綿と続き，伝えられ，変化しない民族独自の伝統文化の一つとして捉えられてきた．そのような民族服は，特定の集団を表す意味をもったり，階層や職業，性別や年齢，未婚・既婚の別，着用者の役割を表すなど，さまざまな意味を含んできた．以下にアジア各地の民族服について述べる．

a. 東アジア

中国では，清朝末期の服装が中国服として挙げられ，長衫，袍（パオ，男性用），旗袍（チーパオ，女性用）などの長衣型と，上下2部式の短衫と褲子（クウツ）がある．旗袍はチャイナドレスとして知られている．中国国内には他にモンゴル人，チベット人，回族，苗族などの多くの少数民族が挙げられ，固有の民族服がある．朝鮮半島の衣服は上下に分かれ，男性はチョゴリ（上衣）にバジ（袴），女性はチョゴリにチマ（裳）を着ける．女性用チョゴリは短く胸を覆う丈である．チマは長い足先までの巻きスカート式のものと，筒型で丈の短いトングチマがあり，前者は晴着として着用される．

b. 東南アジア

タイ，ベトナム，インドネシア，マレーシアなどの国々では，高温多湿な気候のもとで，多様な民族が居住する．大陸部と島嶼部に大別され，大陸部では，ベトナムの女性用上衣アオザイは中国の影響を受けた裁ち縫う衣服であり，タイの女性用盛装である筒型の下衣パ・ヌンや帯状の上衣サ・パイは一枚布である．島嶼地域のインドネシアやマレーシアでは，腰巻であるカインや筒型のサロンは，一枚布であり，女性はクバヤと呼ばれる16世紀以降のヨーロッパや華人文化の影響による裁断縫製したブラウスを着用する．またイスラーム文化による服飾として，男女ともにバジュ・クルンと呼ばれる丈長の貫頭衣やスルアルと呼ばれるズボン形式の脚衣がある（図1.9.1）．

c. 南アジア

インドに代表され，北部と南部で気候の差が大きく，服飾にも差異がある．インド女性の服飾として

図1.9.1 クバヤとサロンを着る女性（インドネシア）

代表的なサリーは，幅1m，丈11mほどの一枚布で，腰の前でひだをとり，腰に巻き，上衣チョリを着用した上に，残りの布で胸部や頭部を覆って着装する．男性用のドーティは，白い木綿地で幅1m，丈5mほどの大きさで，腰に巻き，股下をくぐらせて褌のように着装する．これらはヒンドゥー文化による．インド北部，特にパンジャブ地方では，イスラーム教の影響により，裁断縫製した丈長のチュニックとズボン形式の衣服を男女ともに着用する．

d. 中央アジア

中国のタリム盆地からカスピ海までの内陸乾燥地帯は，イスラーム文化圏であり，トルコ系民族が居住する．13世紀にはモンゴル人の影響を受け，詰衿で丈長の上衣とズボンを着け，その上から胴着をはおり，足には皮製の長靴を履いた．

e. 北アジア

東シベリアのツングースは，トナカイなどの獣皮を衣服材料として防寒用の衣服を作り，ヤクートやアイヌなどの民族はサケなどの魚皮も衣服にした．

1.9.2 中　東

中東の概念は，わが国ではイスラーム教の規範・慣習に基づく文化領域の概念として広範囲に用いられるが，ここではアフガニスタンを除く西アジアとアフリカ北東部の国々を対象として，その服飾を取り上げる．トルコ，イラン，イラクからアラビア半

島にかけてのこの地域は，砂漠が広がる極度に乾燥した地帯であり，イスラーム文化圏であることに特徴がある．日中の酷暑と夜間の寒冷という極端な気温の差と，身体を覆わなければならないという信仰的理由から，男女とも，幅広でゆったりした丈長の上衣と，ゆったりしたズボン形式の脚衣を着用する．この身体全体を覆う衣服は，実際，酷暑から身を守る役割をも果たしている．ここでは特に，トルコ，イラン，イラクの服飾を取り上げる．

a．トルコ

トルコのイスタンブールは古くからキリスト教とイスラーム教の拠点となってきたため，東西の文化交流の地となって栄えてきた．民族服としては，特に王スルタンの宮廷でのハーレム・スタイルが象徴的なものとなってきた．しかし1923年以降，ケマル・パシャによるトルコの新しい国家建設によって，伝統的な生活は大幅に改変され，イスラーム教徒女性の顔を覆う服装も廃止された．衣生活は一般に洋風化し，世界的に知られるハーレム・スタイルの服装は，日常生活ではみられなくなった．それは今日では，観光用あるいは伝統舞踏の衣装などにみられるのみである．ハーレム・スタイルの代表的なものには，幅広のビロードの一枚布に，足を入れる部分だけを残して袋状に縫ったゆったりした脚衣（シャルワール）と，直線裁ちの長袖のボレロ，トーク型の帽子（フェズ）を組み合わせたものがあり，ビーズやスパンコールで緻密に刺繍されている．履き物は，先がとがり刺繍やふさの装飾を付けたスリッパ型のもので，一般にバブーシュと呼ばれている（図1.9.2）．

b．イラン

イランはイスラーム教国であり，公の場で，女性は男性に顔を見せてはいけないという規範が守られ，頭から被り体全体を覆うチャドルと呼ばれる布を着けることに，民族服の特徴がある．アフガニスタンのチャドリ，パキスタンのブルカなどと同様のものと考えられる．古くは，シャルボールという木綿のズボンを履き，シャリテという短いスカートを重ね，ピッシネという胸当てをして，ジレという上着を着けた．その上からシャルガットというショールを肩に掛け，外出の際にはこれらの上からさらにチャドルを着けた．しかし1925年に即位したリザ・カーン・パーレビ国王の革新政治によって，生活の近代化が進み，現在，チャドルの下は普通の洋装に

図1.9.2　トルコの民族服[1]

なった．このチャドル自体も，単にはおるだけの簡単なものになっている．またチャドルをはおらず，ブラウスなどの洋服を身に着けるだけの地域もある．

c．イラク

イラクもイスラーム教国であり，女性の服飾は，頭から全体に被り，目の部分だけにレースをあてた黒いマント型のものを着用するものである．これはアバーと呼ばれ，チャドルと同様のものである．アバーの素材には絹，毛，木綿が使われ，身分の高い人々は絹製のものを用いた．男性の盛装は，ツブンという日本のきもの風の衣服の上に，ミシュラーという手紡ぎされた羊毛の糸で織った黒あるいは茶の衣服をはおる．そのさらに上から被るクフィヤーという大きなスカーフ状の布によって，身分が表される．

〔松本由香〕

参考文献
1) 田中千代・民俗衣装・コレクション　http://www.h6.dion.ne.jp/~fu35/minzokuHP/minzoku.htm

1.9.3　ヨーロッパ・ロシア

a．ヨーロッパ

ヨーロッパの民族衣装は，素材，装飾，技術が，民族，地域ごとに考慮され，今日では日常着としてというより，民族の文化的祭りなどの国民的行事で用いる晴れ着として残っている．なかでも，婚礼用

として残っている民族服は豪華なものが多い．形態は身体に密着した縫密着衣（体形型衣服）であり，女性であればスカート，ブラウス，ベストとエプロン，被り物という組み合わせが，男性はズボンとシャツを基本とし，ベストや上着，帽子の組み合わせが一般的である．各国，諸民族それぞれに色や刺繍技術に特色がみられる．刺繍などの装飾には，魔よけや，自然への感謝，祈りなどのさまざまな思いが込められていることが多い．

ヨーロッパの女性の衣装は，豊かな装飾と色彩が特徴的である．女性の上衣は，ブラウスにベストなどの胴着を着用する．フランスでは，ブラウスの上にコルサージュや，より密着性の高いコルセと呼ばれる胴着を重ねるが，胴着の種類は地域ごとにさまざまである．時として，その上にフィシュやケープなどの肩掛けをはおる．シュミーズの形態や装飾の種類も豊富で，ドイツのバイエルン州のシュミーズは，身頃と袖が大きく膨らんでいるのが特徴である．同様のシュミーズの膨らみはスイスでもみられ，こちらは膨らんだ短い袖のブラウスの上に，身体に密着したコルサージュが重ねて着用される．ベストは，地域によって丈や密着度，装飾に違いがあり，クロアチア付近のベストなど，極端に丈の短いものなどもみられる．

スカートは，ギャザースカートやプリーツスカートにリボンの縁取りや刺繍，レースが施され，それらのほとんどが，エプロンと組み合わされる．スカートの形状は民族によってさまざまだが，ルーマニアのカトリンツァなど，前と後ろから別々に2枚の布を巻きつける形のスカートなどもある．チェコの民族衣装（図1.9.3）のスカートの裾にあるレースは，アイレットというオープンワークの技法によるもので，衿元，男性の服の袖口などにも飾られ，この地域の特徴とされる．ルーマニアの巻きスカートは，その図柄や色，丈の長さが地域によって異なる．北部のスチャーバでは長いタイトな巻きスカートで，バカウ地方は短めの巻きスカートが一般的である．カロチャやトランスバニア地方のプリーツスカートは，鮮やかな花柄プリント地に細かなひだがある．スカートの膨らみは，スカートを何枚か重ねたり，数枚のペティコートを下に履くことでシルエットを形成しているが，フランスのオーベルニュ地方では，スカートの下にペティコート，さらに，その下にはレースの付いたパンツタイプの下着を重ねている．スペインのアンダルシア文化の中で成長したフラメンコ芸術もまた，独特の衣装をもっている．ダンサーのロングドレスはヒップラインを強調し，裾にはフリルを数段施し，踊りの動きによってドレスのシルエットが効果的に躍動する．レースのひだ飾りをはじめ，強烈な色彩や模様の組み合わせも特徴的である．

ヨーロッパのエプロンは実用性というよりむしろ装飾性が高く，衣装構成には欠かせないアイテムとなっている．素材も薄手の綿のものから羊毛まで多様である．スウェーデンのレークサンド地域は，祝日の種類によってエプロンの色や組み合わせを変え，明記された規則に沿って着用する．ブルガリアのエプロンは，種類が多く，一般的な前掛けタイプの他に，2枚のエプロンを前と後ろから掛けるものもある．エプロンは，外出や祭り時に着用され，装飾を加える役割を担っている．強く撚られた大麻や綿の縦糸，羊毛の緯糸によって頑丈に織られた厚地の織物に施される刺繍には，鮮やかな色の組み合わせでダイナミックな花柄があしらわれている．オランダでは，踝丈のギャザーやひだスカートの上に，前面のみを覆う木綿の縦縞などのオーバースカート

図1.9.3　モラヴィア地方（チェコ）の民族衣装[1]

が，類似品として存在する．

　民族衣装の中でも各地域の特異性を表しているのが被り物である．フランスのブルターニュ地方にはいくつかのコワフ（被り物）があるが，ロスポルダンの形状の異質さは際立っている（図 1.9.4）．被り物は縁なしのものから，リボンをぶら下げるもの，豪華な刺繡やレースを使った華やかなものなど，諸地域さまざまな形状と色彩をもつ．

　男性の衣装は，チェコやスロバキアのような地域を除き，どの国をみても女性服に比べ，種類も少なく簡素にできている．シャツは白が多く，無地のものから伝統的刺繡が施されたものまでさまざまである．男性服の装飾は，ベストや上着にボタンやブローチ，刺繡などを施す．ズボンは大きく分けて，下半身に密着した膝丈のものと，まっすぐなパンタロンに二分される．例えばスウェーデンでは，半ズボンに編んだストッキングが組み合わせられる．半ズボンは，布製もあるが通常，カモシカ皮で作られる．これは，ヨーロッパ大陸の17世紀の流行が民族衣装になったものといわれている．一方で，フランスは宮廷モードであった半ズボンよりむしろパンタロンタイプのものが民族服として残っているところが多い．この他，形状はさまざまだが，半ズボンが衣装になっているのは，ドイツ，オランダ，スイス，ハンガリー，スペイン，ポルトガルなどがある．また，クロアチアやセルビア，ボスニアでは，股下がゆったりとしているトルコ風ズボンが用いられている（図 1.9.5）．

　その他，各地には，男性のスカート風衣装もみられる．スコットランドでは，スカート状の巻き脚衣，キルトが，イタリアのサルディーニャ地方では，幅広の膝丈や踝丈のズボンの上に，黒く短いスカートという組み合わせが，民族衣装や衛兵の制服として残っている．また，エプロンは主に女性の民族衣装にみられるが，ハンガリーのマチョー地方のように，男女ともにエプロンを着用することもある．

b．ロ シ ア

　ロシアの衣装は，その寒い気候に適した重ね着がみられる．組み合わせは女性の場合，ルバーハと呼ばれる丈の長いシャツにパニョーヴァと呼ばれる巻きスカートや，ジャンパースカート状のサラファンを重ねる．男性は，ルバーハとシタヌイ（脚衣）が主要な組み合わせである．

図 1.9.4　ブルターニュ地方のロスポルダン[2]

図 1.9.5　ボスニア，男性のトルコ風ズボン（増永哲男撮影）[3]

　女性用ルバーハは，肩や袖，衿に刺繡が施される．サラファンの意匠は，直線的な円筒のものから襞を大きくとるもの，肩紐を付けたもの，前開きのものなどさまざまである．サラファンはベルトや紐でウエストを締めるのが一般的な着用法とされる．地方によっては，この上にエプロンを着用するところもある．サラ

ファンの上には，ドゥシェグレーヤと呼ばれる上着を着用するが，素材は，季節，行事に合わせて，キルティングから金襴，緞子などで仕立てられる．防寒用外衣としては，男女問わず毛皮のシェーバと呼ばれる外套を用いる．

男性はルバーハをシタヌイの上に出して，その上からベルトで締める．ルバーハは筒型衣で衿はなく，左衿元でボタン留めされる．外衣としては，軽くはおるカフタンや，気候の悪いときにはおるアルミャークなどがある．厳寒のシベリアなどでは，地域によって呼ばれ方はさまざまだが，マリチャやソクイなどの呼ばれ方をされるトナカイの毛皮で作られた防寒服を，男女ともに着用する．これは，フードと手袋が付いており，綿やラシャなどのシャツの上に直接着用し，さらに毛皮の外套を重ねて着ることもある．トナカイを素材とした衣服は，北欧のラップ人の民族衣装にもみられる．　　　　　　　〔佐藤恭子〕

参考文献
1) 文化学園服飾博物館編：世界の伝統服飾―衣服が語る民族・風土・こころ，文化出版局，2001.
2) 松本敏子：足でたずねた世界の民族服 1，関西衣生活研究会，日本図書，1979.
3) 丹野 郁編：世界の民族衣装の事典，東京堂出版，2006.
4) 朝日新聞社編：世界の衣装―民族の多彩な装い，朝日新聞社，1986.
5) 飯塚信雄：世界の服飾―デザイン発見の旅，日本ヴォーグ社，1977.

1.9.4　アフリカ

アフリカは広大な地域であり，サハラ砂漠を挟んでいくつかの地域に分かれている．そこでは気候条件や形成された文化によって共通する衣服形態がみられるので，代表的な衣服を取り上げる．

北アフリカは，エジプト，モロッコ，アルジェリア，スーダンなどの国々である．

エジプトでは，ガラビアという前中心にスリットの入ったゆったりした長い衣服が用いられている．夏は木綿で作られるが，寒い季節には羊毛を用いる．シャツ型の衿の付いた形もあり，袖は広くて長い．男性は下にズボン型の下衣を穿く．女性もガラビアを着用しており，色彩が豊かで装飾のあるものもみられる．寒い季節には毛織物の上着をはおることもある．

エジプト以西の地域にはベルベル人が住んでおり，モロッコ，アルジェリアには共通する衣服をみることができる．ここではジェラバというフード付きの長い衣服があり，形はガラビアに似ていて，ゆったりと全身を覆っている．男性は無地や縞模様が多いが，女性は装飾的な縁取りや刺繍がなされることが多い．男性は下にズボン型の下衣を穿く．女性は前開きのシャツ型やカフタンという長衣を着る．また，袖なしのケープ型にフードの付いた半円形のセルハムという外衣を防寒用に用いている．さらに，1枚の布を着装する巻き衣形式の衣服があり，ジェラバの上に用いられることがある．この巻き衣は男性用はクサーやハイクと呼ばれ，白い毛織物が一般的である．女性のハイクは薄手の木綿や毛織物で，さまざまな模様がある布を用いることが多い．その巻き方は地域により異なっているが，頭を覆って顔を隠すようにする着方が多い．

このような衣服の起源は，古代ローマ時代に遡ることができる．ゆったりとした長衣とフード付き外套，巻き衣など，ローマの衣服が少しずつ形を変えながらも民族の衣服として受け継がれているといえよう．

西アフリカはセネガル，コートジボワール，ガーナ，ナイジェリアなどの国々であり，この地域特有の伝統的な織物を用いた豊かな衣裳が特徴である．この地域では，幅12.5 cmまでの細幅の織物を長く織り，それを接いで大きな幅の布として使用する．それらは赤，黄，橙，茶，緑，黒などのカラフルな色の幾何学的な模様で，その接ぎ方によってさまざまな模様を生み出している．

ガーナとその周辺の民族は，このような布をケンテ・クロスと呼び，綿，絹，あるいはそれらの交織となっている（図1.9.6）．ケンテ・クロスはガーナ周辺のアシャンティ族の王族に用いられた織物である．それを巻き衣として着装し，右肩を露出した着方もみられる．

ナイジェリア南部の女性たちは，袖幅の広いワンピース型の衣服の上に胸から下をケンテ・クロスでスカートのように巻き，残った布を手や肩に掛けている姿がみられる．これらの地域では藍染めも用いられており，絞り染め，手描き糊，型紙糊などで防染したさまざまな模様がみられ，細幅織の布に染められている．

図 1.9.6　ガーナ，ケンテ・クロス（口絵 5 参照）

中部アフリカは熱帯雨林の地域である．コンゴではラフィアヤシの繊維を使った衣服が用いられている．ラフィアヤシの平織の布に幾何学模様を刺し，それを染めてから糸を取り除く方法が行われている．刺した糸をカットしてビロードに似た風合いに仕上げたラフィアヤシの布はさまざまな幾何学模様を生み出している．衣服形態は腰巻状であり，体に巻きつけてベルトで留める．ビーズが装飾やアクセサリーとして多用されている．

南部アフリカのアンゴラ，ザンビア，南アフリカ共和国では，伝統的にビーズを多用した衣服である．男女共に腰布を着ける程度の衣服である場合が多いが，それらの表面は色彩豊かなビーズで覆われている．また，ビーズ細工のベルトや装身具，携帯用袋などは，豊かな表現をもったものである．

東アフリカのウガンダ，エチオピア，ケニヤ，タンザニアなどの地域では，女性の衣服であるカンガが代表的である．カンガは 160×110 cm の綿布で，2 枚一組で使用する．1 枚は身体に巻いてスカート状にし，もう 1 枚は頭から被って前中央で留めるようにして着る（図 1.9.7）．カンガはスワヒリ族が用いたことから広まったため，スワヒリ語の格言や教訓，愛情表現などが布に染められている．このメッセージがカンガの果たす大きな役割となっている．さまざまな着装法があるが，本来は巻き衣として着るものである．模様の種類は多く，4 辺の縁取りの中に，豊かな色彩で幾何学模様や植物模様などがアレンジされている． 〔佐々井　啓〕

参考文献
1) アフリカ理解プロジェクト編：アフリカン・ドレス第 2 版，明石書店，2010．
2) 丹野　郁編：世界の民族衣装の事典，東京堂出版，2006．

図 1.9.7　カンガ[1]（口絵 6 参照）

3) パトリシア・リーフ・アナワルト著，蔵持不三也監訳：世界の民族衣装文化図鑑 2，柊風舎，2011．
4) 織本知英子：カンガに魅せられて―東アフリカの魔法の布，連合出版，1998．
5) 福田笑子：ラフィア繊維の布とかご．共生のひろば，5：85-87，2010．

1.9.5　アメリカ大陸
a.　北アメリカ

北アメリカの民族衣装としてイメージされるのは，先住民族であるイヌイットおよびアメリカ・インディアンの衣服であろう．

イヌイットの人々は主にアザラシやトナカイなどの毛皮を用いて防寒用のブーツ，フード付きのパーカー，ミトンなどを作り，カリブーや鹿の革でシャツやズボンを仕立てて着用した．

アメリカ・インディアンは多くの部族に分かれており，独自の文化を形成している．衣服の素材は古くは獣皮が多く，地域によっては植物の繊維を織ったものが使われていたが，ヨーロッパからの移民により毛織物などへ変わったものもある．被り物は羽根で飾った頭飾りが特徴的であるが，多くは戦闘の際に着けるものであった．衣服の装飾にはフリンジ，ビーズ，ヘアパイプ，ヘラジカの歯，刺繍などがしばしば用いられる（図 1.9.8）．

いずれの部族でも男性の衣服は腰巻が基本であり，レギンス型の脚絆（腿までの丈のもの）を着けて端を腰巻に留め，足にはモカシンを履く．上半身

図1.9.8　スー族の男性　チュニック型の上衣，脚絆，モカシン
（Museum of Westward Expansion Image Gallery 所蔵）

は裸であるが，寒さをしのぐためにポンチョなどの上衣を身に付けることもある．脚絆と上衣にはフリンジが付くことが多く，特に脚絆には個人の戦いの記録などが刻まれるため重要なものであった．女性の衣服は巻きスカート，脚絆，モカシンで構成されている部族が多いが，巻きスカートの代わりに1枚ないし2枚の皮をワンピースのように着る部族もある．男性と同様に女性も上半身は裸であるが，寒い地域の場合は上衣を着る．

アメリカにおいて部族として人口が多いのはもともとアメリカ南西部に住むプエブロ族，ナヴァホ族，アパッチ族らである．彼らは綿糸，羊毛の機織りに優れており，部族特有の文様を織りこんだり刺繡を施したりした布地を衣服にしている．機織りは多くの部族では女性の仕事であったが，ホピ族だけは男性が行っていた．男性は白い綿の腰巻とレギンス型の脚絆を，女性はマンタと呼ばれる1枚の布を右肩で結び左肩は出るようにワンピース状に着付ける衣服を用いていたが，19世紀に入るとそれぞれ西洋風の服装へ移行していった．男性の腰巻は白いズボンになり，それにチュニック状のシャツを着，ベルトを締めた．足元は植物の繊維で作った美しいサンダルか，皮のブーツを履いた．女性の服装はゆったりとしたスカートに長袖・腰丈のブラウスになった．足元はブーツを履いて，細長い革の切れはしをゲートルのようにブーツの上から巻きつけた．プエブロ族やナヴァホ族は毛織物でのブランケットを得意としており，これは外衣として肩から全身を覆うように着用した．ブランケットには特に赤色が好んで用いられ，幾何学模様が織り出された．

中西部に住むスー族らはアメリカ・インディアンの典型的なイメージの元となっている部族である．彼らの腰巻は1枚の布を巻くスタイルの他に前掛けのようになっているものもあり，レギンス型の脚絆とポンチョのようなシャツをあわせて着た．脚絆はなめした皮を裁断せずに折り込んで側面でしばるか，腱で縫い合わせて着用し，裾は始末せずぼろぼろのままであった．外側の縫い目にはクイルワーク（ヤマアラシの針などを用いた装飾，後述する）やフリンジ，ビーズの帯などが付けられた．最も初期のシャツは大きさの違う皮を2枚，紐で結び，ポンチョのような形にしたものである．女性は巻きスカートかワンピースを着るが，このワンピースは裁っていない動物の皮を2枚ないし3枚結び合わせてドレスのようにしているものであり，スキンドレスとも呼ばれた．これらのドレスは元の動物の形をそのままにしているため，脚にあたる部分が別布の飾りのように垂れさがった．やがて毛織物が紹介されるとドレスは緋色や紺色の布で作られるようになったが，いずれもヘアパイプやヘラジカの歯の飾りを付けた．ヘラジカの歯は貴重であるので動物の角や木を削ってそれに模したものが使われることも多かった．ワンピースの下には脚絆を着け，モカシンを履いた．

彼らは外衣として毛皮のローブを用いたが，これは獣皮の形をそのまま利用しており，身体に巻きつけて着用する．さまざまな柄が付けられており，男性のものは持ち主が戦いであげた戦果を絵文字で表すような柄が描かれている．女性のローブには幾何学的な模様が描かれた．中西部の人々の衣服はクイルワークで装飾された．これはヤマアラシの針を使用するもので，装飾であると同時に霊力の源であるとされた．ヤマアラシは木の高いところまでのぼることから太陽と結び付けられ，さらにその針が太陽

光線を思わせた．クイルワークは縫う，経糸を巻く，編む，織るなどの技法が含まれその種類は 16 に及んでいる．ヤマアラシの針は水に浸けて柔らかくし，裂いて平らに伸ばしたものを染めて用いた．18 世紀以降はビーズがヨーロッパからもたらされたが，しばしばクイルワークとビーズ刺繍が一つの衣服に装飾として同時に用いられることもあった．びっしりと施されたビーズ刺繍も中西部の特徴である．

今日ではアメリカ・インディアンの服装は土産物用の工芸品や祭礼のみにみられるが，フリンジやスウェードに似たなめした皮の衣服，モカシンなどは現代のアメリカの衣服に影響を及ぼしている．

アメリカ独特の服飾としては西部独特のカウボーイスタイルやジーンズがある．カウボーイスタイルはさまざまなものの影響を受けて完成したスタイルで，つば広の帽子，派手な木綿のシャツ，牛革で保護されたズボン，かかとの高い乗馬服，ネッカチーフといった組み合わせである．ジーンズは労働者の中で着られるようになった服でありジーンズツイルという丈夫な綿布を用いたパンツで，男女共に作業服，家庭着，スポーツ着などとして定着している．これらもアメリカの現代の民族服飾といえよう．

〔太田　茜〕

b．中央・南アメリカ

南北アメリカ大陸において，アメリカ合衆国以南の国々はカリブ海域の国々を含めラテンアメリカと総称される．コロンブスのアメリカ大陸発見以後，この地に暮らしていた先住民たちはスペインの植民地支配を機にさまざまな文化接触を経験してきた．ゆえに彼らの衣文化には，先スペイン期の影響と植民地期スペインの影響とがたどられる．

1）メソアメリカ—メキシコとグアテマラ　北はメキシコから南はコスタリカへと広がるメソアメリカ地域の中で，とりわけメキシコとグアテマラに独自の衣文化を保持し続ける人々が暮らしている．彼らの衣文化は古代文明（アステカ文明やマヤ文明など）起源の装いの文化に，スペインからもたらされた新たな衣習慣―着衣・素材（羊毛・絹・化学染料）・技術（高機や刺繍）が加味され，それらが地域ごとの風土や風習を取り込みながら独自の発展を遂げてきた．メキシコには現在国家公用語のスペイン語以外の言語を母語とする 56 の言語集団があり，ナワ語を話す人々はナワ族，サカテカ語を話す人々はサカテカ族と称されている．隣国グアテマラでは，中西部高地にマヤ語起源の土着言語を話すマヤ系先住民が暮らしている．

メキシコでは 1521 年，グアテマラでは 1544 年に幕開けとなるスペインの植民地支配以後，男性の服装は布（腰帯・腹巻・上衣・ケープなど）を巻く・はおるといった身なりから，体の大きさに合わせて布を裁断し誂える洋装へと移行した．現代の若者は，野球帽・T シャツ・ジーンズといった米国風の服装を好むが，ウイチョル族男性のようにカラフルな手刺繍を施した伝統的な衣を着続ける人々もいる．また，チアパス州高地のサン・フアン・チャムラ村の男性はズボン・シャツ・ブーツといった現代的な服装に，サラペという伝統的な衣（頭を通すための穴を中心に開けた長方形のウール製の毛布）を合わせて着装する．グアテマラ高地にもサン・フアン・アティタンやソロラなど，男性が色鮮やかな民族衣装を着装するマヤ系先住民の村がある．

男性に比べると，はるかに多くの女性が伝統的な衣を着続けている．そのいでたちは，ウイピル（貫頭衣）やケチュケミトルなど先スペイン期起源の上衣あるいは植民地時代に定着したブラウス，巻きスカート，腰帯，ショール代わりに使われる万能布で構成されている．伝統的な服装を好むこうした女性には，後帯機という木の棒で作った簡素な織機を使い，衣用の布を織る人々もいる．腰に巻きつけた皮紐で経糸の張りを調節しながら布を織り進めるこの織機の機織りは，先スペイン期から現代へ引き継がれてきた．女性が最も労力を注いで作るのがウイピル・ケチュケミトル・ブラウスといった上衣であることから，これら 3 点を軸に女性の装いの世界をたどってみたい．

ウイピルは 1 枚から 3 枚の布地で作られる袖のない長方形の上衣である．手紡ぎの白い木綿糸と紫貝で染められた紫色の木綿糸から作られるオアハカ州のサン・ペドロ村の儀礼用ウイピルは，後帯機で織られた布地に幾何学文様や双頭の鳥の紋様が織り込まれる．この地で古くから珍重されてきた動物染料には紫貝の他にウチワサボテンの葉に付く貝殻虫コチニールの赤色染料がある．チアパス州高地のテネハパ村の女性は，後帯機で織った白の木綿布の下地に天然染料で染めたウール糸で細かな幾何学文様を

織り込んだウイピルを着装する．ウイピルはグアテマラ高地に暮らすマヤ系先住民女性にとって，最も大切な衣である．紋様や色使いやデザインは村ごとに異なる．独自のウイピルを作り着装する女性の暮らすマヤ系先住民村落の数は80村にも及ぶ．

ケチュケミトルは肩に掛けるケープ状の上衣であり製法や着装法に地域ごとの違いがみられる．プエブラ州のサン・パブット村の女性は，後帯機で織った白地の布に手刺繍で花や星のモチーフを装飾したケチュケミトルを着装する．またベラクルス州のサン・ペドロ・コユトラ村では，後帯機で織った白地の布に赤と黒の色糸を使ってダイヤモンド柄の幾何学文様やライオンの動物紋様をクロスステッチ刺繍であしらったケチュケミトルが作られる．

女性のブラウスには手刺繍をはじめとする細かな手仕事が加えられることが多い．プエブラ州高地に暮らすナワ族やオトミ族の女性は，工場生産の白い木綿布をミシンで加工し，胸下に細かなギャザーを寄せたブラウスに，繊細な手刺繍で動物や植物，幾何学文様などの装飾を施す．

このように，メキシコ・グアテマラの2国には今もなお，先スペイン期起源の装いの源泉に，素材や技法などに時代ごとの新しい嗜好を取り込みながら日々進化し続ける，現在進行形の衣文化が息づいている．　　　　　　　　　　　　　　〔本谷裕子〕

2） 南米―アンデス地域を中心に　ここでは中央アンデス地域の山岳部と海岸部の衣文化を総観する．ここでいう中央アンデス地域とは，ペルー共和国とボリビア多民族国北部のアンデス地域である．

非常に乾燥した砂漠気候にあるペルーの海岸部では，古い裂が当時の状態のまま発掘されることから，この地では被服の歴史を今から約1万年前へ遡ることができる．最古の裂の断片はギタレーロ洞窟から出土した紀元前8000年の靱皮繊維の緯捩り織である．世界遺産にも登録されている紀元前5000年頃のカラル遺跡や，バンドゥリア遺跡からの綿の裂には被服としての痕跡がうかがえる．

海岸部の綿と山岳部のラクダ科動物の獣毛は，古代から現代まで使われてきた2大繊維である．リャマやアルパカといったラクダ科動物の家畜化が始まったのは紀元前6000年頃であり，綿の栽培が開始されたのは紀元前2500年頃と推定されている．また後帯機の使用は紀元前1500年頃から始まったと推定されている．

身近な素材を生かしながら発展してきたこの地域の衣は，身体保護や防寒だけではなく，社会的地位（ヒエラルキー，職業，性別）の指標としての役割や，神への供物，死者を包むもの，副葬品といった宗教・儀礼的な役割も果たしてきた．

次に装いという視点から，中央アンデス地域の染織文化を総観する．まず先土器時代のカラル遺跡からは貫頭衣の断片が出土している．襟が垂直方向に開いたものが男性，水平方向に開いたものが女性用の貫頭衣とされる．こうした貫頭衣は，ペルーやボリビアの先住民言語であるケチュア語でウンクと呼ばれ，西洋文化が導入される1500年代まで着装されていたようである．また，衣の両脇部分が縫い閉じられていないポンチョは，植民地期より男性用の衣として使われてきたものの，現代では乗馬や民俗的な舞踊に使われ，女性にも広く着装されている．

アンデス地域の染織技術が最盛期を迎えるのは紀元1年前後のパラカス文化およびナスカ文化である．1925年に考古学者テジョが発掘した海岸部パラカス地方の墳墓からは429個を数えるファルド（遺体包み）が見つかった．その中には貫頭衣，ターバン，外套マント，褌，巻きスカート，帯，袋などが副葬品として納められ，当時の衣文化の豪華絢爛さがうかがえる．また当時の染織品からは，チルカ，タラ，茜，インディゴ，コチニール，その他コケ類や貝，金属など，豊富な天然染料と媒染剤の組み合わせによって，獣毛が80色以上の色で染め分けられるようになった技術革新の足跡がみられる．また植物繊維である綿も白色以外に，薄茶，濃茶，淡い紫やくすんだ緑などの自然色が確認されている．

その後，モチェ文化（紀元前後から800年頃）とチムー文化（1300年から1532年頃）では袖のある貫頭衣やズボンが使用された．細かな緯糸を用いた綴れ織りが特徴のワリ文化（800年から1300年頃）では，裾が膝下に届く着丈の長い貫頭衣が着装されていた．またインカ文化（1300年から1532年）では，身分の高い男性はトカプという幾何学文様を経緯掛続平織と緻密な綴れ織りを全面に施した貫頭衣を着ていた（図1.9.9）．女性は踝までの丈の長い貫頭衣に長方形の肩掛けを掛け，それをトゥプというピ

図1.9.9　トカプが織り込まれたインカ文化の貫頭衣（ウンク）（写真提供：義井　豊）（口絵7参照）

ンで留めていた．

　植民地時代の幕開けとなる1532年よりスペインを筆頭とする西洋文化が流入し，羊毛や高機の使用が始まる．スペイン人がウンクの使用を禁じたために人々の服装はスペイン風のものへと変化を遂げ，布地に以前にはみられなかった花模様や鳥獣文様が織られるようになった．現在，アンデス地域でみられる民族衣装の起源はこの時代にたどられる．ペルーのクスコ市周辺の山岳部に暮らす女性たちの衣—プリーツのたくさん入ったスカート，ベスト，帽子などは羊毛やフェルトで作られ，色や装飾の違いで出身村が示されている．ペルー南部のアレキパ地方の民族衣装は，白の綿布に施した動植物をモチーフとしたミシン刺繍が特徴的である．

　現在，アンデス地域の都市部に暮らす人々の衣服は，欧米諸国とさほど変わりはない．ペルーの首都リマ市のガマラ地区は現在，一大服飾卸地域として発展を遂げ，南米各国から買い付けに集まる人で賑わう．質の良いピーマ綿とアルパカ毛の製品に世界中が注目している．

〔**本谷裕子・瀬尾有紀**〕

2 生　産

2.1 被服材料

2.1.1 被服材料の製造（繊維，糸，布）

a. 繊　維

1）化学繊維の製造　繊維を大きく分類すると，動植物や鉱物から採取することができ，繊維の形状をもちそのまま利用できる天然繊維と，人間が作り出した化学繊維に分類される．化学繊維は，さらに再生繊維，半合成繊維，合成繊維に分類される．再生繊維とは，天然の高分子物質（主にセルロース）を，薬品を用いて溶解し，繊維状に再生したものであり，レーヨンやキュプラなどがある．半合成繊維とは，天然の高分子物質を，化学反応により有機溶媒などに可溶な物質に変化させ，高分子溶液から紡糸して繊維としたものであり，アセテートなどがある．合成繊維とは，繊維を構成する高分子が合成高分子であるものである．合成繊維には，ポリエステル，ナイロン，アクリルなど多くの種類がある．

化学繊維の製造には，高分子物質を繊維の形状にする紡糸工程が必ず含まれる．また，紡糸の後には，繊維の強さを高めるため，長さ方向に引っ張る延伸工程が通常おかれる．繊維を延伸することにより高分子が配向し結晶化度が高くなる．紡糸には，湿式紡糸，乾式紡糸，溶融紡糸の三つがある．湿式紡糸は，高分子物質を溶媒に溶かして溶液（紡糸液）とし，紡糸ノズルから高分子物質を溶解しない浴（凝固浴）中に吐出させ，繊維を得る方法である．乾式紡糸は，紡糸液を紡糸ノズルから気相中に吐出させ，加熱気体などで溶媒を蒸発させて繊維とする方法である．溶融紡糸は，高分子物質を加熱溶融して，紡糸ノズルから押し出して冷却し繊維とする方法である．

以下では，化学繊維の製造法を，主要な繊維について説明する．

2）レーヨン　繊維製品品質表示規程では，ビスコース繊維のことをレーヨンと呼ぶ．広義では，これに加えて，銅アンモニア繊維やリヨセルなどを含めて再生セルロース繊維全体を指すこともある．ここではビスコース繊維（ビスコースレーヨン）について説明する．レーヨンの原料は木材パルプである．パルプ中のセルロースを溶解し，繊維状に再構成するためには，セルロース分子間の水素結合を切断し，成形後，再び水素結合を形成させる必要がある．ビスコース繊維の製造過程では，まず木材パルプを水酸化ナトリウム水溶液で処理してアルカリセルロースにした後，二硫化炭素を加えてセルロースキサントゲン酸ナトリウムとし水素結合を切断する．これに水酸化ナトリウム水溶液を加えたものがビスコースであり，黄褐色の粘稠な溶液である．これを硫酸などの酸性浴中に紡糸ノズルより吐出して湿式紡糸する．

3）キュプラ　ビスコース繊維同様，再生セルロース繊維の一種である．銅アンモニアレーヨン，銅アンモニア繊維とも呼ばれる．セルロース原料としては，コットンリンター（綿の種子のまわりの短い繊維）が主に使われる．水酸化銅（II）をアンモニア水に溶解して得られるテトラアンミン銅錯体溶液に精製したコットンリンターを溶解し，温水浴中に押し出して繊維とする．流下緊張紡糸法が用いられ[1]，流水の中で，紡出糸を引き伸ばしながら凝固させる．

4）アセテート　レーヨンやキュプラのような再生繊維とは異なり，セルロースを化学的に処理して有機溶媒に可溶な物質に変化させ，乾式紡糸してつくる．原料は木材パルプであり，硫酸触媒下で無水酢酸などを反応させて，アセテートフレークをつくる．グルコース残基のヒドロキシ基の92％以上をエステル化したトリアセテート，および，74％以

上92％未満をエステル化したジアセテートの2種類のフレークがある.トリアセテートは,塩化メチレン/メタノール混合溶媒に,また,ジアセテートはアセトンに溶解して,乾式紡糸する[2]).

5) ポリエステル ポリエステル繊維の主要なものはPET（ポリエチレンテレフタレート）繊維である.その原料であるPETは,いずれも石油を原料とするテレフタル酸とエチレングリコールを重縮合してつくる.テレフタル酸は,ナフサを接触改質して得られるp-キシレンを触媒下で空気酸化してつくる.エチレングリコールは,ナフサを熱分解して得られるエチレンを,触媒下で空気酸化することによりエチレンオキシドにし,これに水を付加してつくる.PET製造には,直接エステル化法とエステル交換法が用いられるが,現在は前者が主である.直接エステル化法では,まず,テレフタル酸1分子とエチレングリコール2分子が縮合したBHET（ビス（2-ヒドロキシエチル）テレフタレート）を合成し,BHETを高真空下でエチレングリコールを除きながら重縮合しPETとする.エステル交換法では,テレフタル酸とメタノールを縮合してDMT（ジメチルテレフタレート）をまずつくる.DMTとエチレングリコールのエステル交換反応を行い,生成するメタノールを除くことによりBHETを得る.BHETからPETをつくる縮合過程は,直接エステル化法と同様である.

PETは,融点250〜260℃,ガラス転移点60〜70℃の結晶性高分子であり,溶融紡糸によりPET繊維を製造する.得られた繊維は紡糸速度によって分類され,低速紡糸繊維,高速紡糸繊維,これらの中間の速度で紡糸された部分配向繊維POY（partially-oriented yarn）がある.低速紡糸繊維は,配向性が低く結晶化度がきわめて小さいため,延伸操作を行わないと実用性能をもたせることはできない.一方,高速紡糸繊維は,配向結晶化が起こるため延伸操作なしで実用となる.また,PETの仮撚加工糸（クリンプ形態を与えた糸）は,POYに延伸と仮撚加工を同時に行い,延伸仮撚糸DTY（draw textured yarn）として得ることが可能である（POY-DTY加工）[3)].PET繊維は,極細繊維（目安1 dtex以下）や超極細繊維（目安0.1 dtex以下）に紡糸されることもある.0.3 dtex程度までは直接紡糸によりつくることが可能であるが,それ以下の太さの場合,分割型や海島型の複合紡糸法を用いることが一般的である.複合紡糸とは,2種類以上の異なったポリマーを一つの孔から吐出させて繊維をつくることである.複合紡糸により得られた繊維を分割したり,繊維の1成分を溶解除去したりすることにより極細繊維を調製する.

6) ナイロン ナイロン繊維の代表的なものは,ナイロン6とナイロン66である.ナイロン6は,炭素数6の環状のアミドであるε-カプロラクタムを開環重合してつくる.ナイロン66は炭素数6のジアミンであるヘキサメチレンジアミンと,炭素数6のジカルボン酸であるアジピン酸を重縮合してつくる.ヘキサメチレンジアミン,アジピン酸,ε-カプロラクタムはいずれも石油を原料として,シクロヘキサンなどを出発物質として合成する.ナイロン6の開環重合は触媒の存在下,常圧で行う.一方,ナイロン66の重縮合の場合,高分子量のポリマーを得るためには,正確に等物質量（等モル量）のヘキサメチレンジアミンとアジピン酸を用いる必要がある.そのため,あらかじめヘキサメチレンジアミンとアジピン酸の中和反応で得られるナイロン塩（ヘキサメチレンジアンモニウムアジペート）を調製し,それを溶融加圧重合してナイロン66を得る.

ナイロン6,ナイロン66は,それぞれ融点約220℃,260℃をもつ結晶性高分子で,溶融紡糸により繊維とする.紡糸後の延伸工程には,大きく分けて二つの方法があり,一つは二工程法,もう一つは直接法である.二工程法は,未延伸糸の巻き取りと延伸の2工程からなる.直接法は,紡糸後巻き取ることなく続いて延伸を行うスピンドロー法と,高速紡糸により部分配向繊維を得るPOY法がある.ナイロンは,PETと異なり吸湿性をもつという特徴がある.このため,紡糸や巻き取り工程などでも水分の影響を制御する工夫が必要となる.

7) アクリル 繊維製品品質表示規程によれば,ポリアクリロニトリル系合成繊維のうち,アクリロニトリルの質量割合が85％以上のものを「アクリル」,それ以外のものを「アクリル系」と呼ぶことになっている.アクリロニトリルのみからなるホモポリマー繊維は,溶媒溶解性,熱可塑性,染色性が乏しいため,衣料用繊維として使われることはなく,一般に,アクリル酸エステル,酢酸ビニルなどの中性モノマー,ビニルベンゼンスルホン酸,ア

リルスルホン酸などのアニオン性モノマーなどを加えたコポリマーが使われる．アクリロニトリルと添加コモノマーの共重合は，ラジカル開始剤を用いた懸濁重合で行われることが多い．

アクリルは加熱すると，溶融する前に250〜300℃程度で分解する．溶融紡糸が行えないため，湿式紡糸または乾式紡糸が行われる．現在，工業的に広く行われているのは湿式紡糸である．ポリマーの溶媒としては，ジメチルホルムアミドやジメチルアセトアミドなどの水に可溶の有機溶媒，チオシアン酸ナトリウム水溶液などの無機塩水溶液が用いられ，凝固浴には水が用いられる．有機溶媒を用いた湿式紡糸では，凝固浴中で溶媒が繊維から水中に急激に拡散し，繊維の大きな体積収縮が起こる．そのため得られた繊維は，いわゆる繭形・空豆形の断面をもつ[4]．紡糸の後，延伸，乾燥，熱処理などを行って最終的な繊維とする．

b. 糸

1) 紡績糸 短繊維を撚り合わせてつくられる糸を紡績糸という．紡績糸の原料となる短繊維には，綿，羊毛，そして化学繊維の長繊維を短く切断した短繊維などがある．紡績工程は，繊維を細長い形状の集合体に配列して繊維束とする工程と，繊維束に撚りなどをかけて引張り強さを付与する工程に大きく分けられる．ここでは，綿紡績と羊毛紡績について説明する．

綿紡績の工程は順に，混打綿工程，梳綿（カード）工程，コーマ工程，練条工程，粗紡工程，精紡工程となる．コーマ工程の有無により，コーマ糸とノーコーマ糸（カード糸）に分類される．混打綿工程では，原綿（種子を取り除いただけの未精製綿）を開いて夾雑物を取り除き，混合して均一な調合綿をつくる．梳綿工程では，繊維をくしけずることによりさらに繊維を開き，ゴミを取り除き，繊維を平行化してスライバ（太い紐状の繊維集合体）をつくる．コーマ工程では，スライバをシート状の繊維束（ラップ）にして，シリンダ針でくしけずるような作用を与え，短繊維を取り除くことにより，繊維の均一度を上げる．練条工程では，スライバを数本引き揃え，延伸作用（ドラフト）を加え，繊維の平行度を高める．粗紡工程では，スライバを引き伸ばし軽く撚りをかけて糸（粗糸）にする．そして精紡工程で，所定の太さまでドラフトし撚りをかけて，最終的な糸をつくる．

羊毛紡績には，梳毛式と紡毛式がある．梳毛式は繊維長の長い羊毛，紡毛式は繊維長の短い羊毛が原料である．梳毛式の工程は，洗毛工程，トップメーキング工程，前紡工程，精紡工程からなる．洗毛工程では，原毛の脂や不純物などを洗浄除去する．トップメーキング工程では，開繊，不純物のさらなる除去，繊維の引き揃えなどを行い，繊維束（スライバ）をつくり，それをコマ状に巻いたもの（トップ）をつくる．前紡工程では，スライバを複数引き揃えてドラフトすることを繰り返して，撚りのない細い糸状の繊維束をつくる．精紡工程では，繊維束を最終的な糸の太さにドラフトして，ここで初めて撚りをかけて糸にする．梳毛糸は，表面が滑らかで，毛羽が少なく，引き締まった糸である．紡毛式は，調合工程，カード工程，精紡工程と工程が短い．カード工程を経た段階でも繊維配列は平行度が小さく，精紡工程のドラフトの程度も梳毛式に比べると小さい．紡毛糸は，毛羽が多く太番手の糸として使われることが多い．

2) フィラメント糸 化学繊維や絹などの長繊維（フィラメント）からつくられた糸をフィラメント糸という．フィラメントを複数本束ねたものをマルチフィラメント糸，1本の太いフィラメントを糸としたものをモノフィラメント糸という．フィラメント糸は，紡績糸のようなかさ高さをもたないため，そのままでは衣料用繊維としては使いにくい．そのため，化学繊維のもつ熱可塑性などを利用して，フィラメント糸に曲がりや縮れをつくったフィラメント加工糸がさまざまに考案され用いられている．

絹の場合，繭から生糸をつくる工程を製糸と呼んでいる．繭を煮て，ほどけた繭糸を複数本束ねて，繭糸表面のセリシン部分で接着させたものが生糸である．生糸をアルカリで処理してセリシン部分を除いた糸を練り糸という．

3) 複合糸 異なる種類の繊維を組み合わせて糸にしたものを複合糸という．異なる種類の短繊維を組み合わせてつくられた混紡糸，異なる種類の長繊維からつくられた混繊糸，そして短繊維と長繊維を組み合わせてつくられた糸の三つに分類される．熱収縮性の異なる長繊維からなる異収縮混繊糸は，かさ高加工糸の代表的なものである．複合の方法も，繊維を均一に混合するだけではなく，交撚糸（異な

る糸を撚り合わせたもの）にしたり，フィラメントが内層で短繊維が外層の糸であるコアスパンヤーンのように二重構造にしたり，さまざまの様式がある．

c. 布

1) 織物 織物とは，経糸（たていと）と緯糸（よこいと）を交錯させて作った布のことである．基本的な織物の製造方法は以下の通りである．織物として必要な幅に経糸を一様な密度で引き揃える．織物の組織に合わせて，経糸を上下に開き，緯糸を通した後に，櫛状の道具である筬（おさ）で，緯糸をすでに織られている織物に打ち込む．この動作を繰り返して織物をつくる．織物を製造する装置が織機である．織物の製造は，準備工程と製織工程の二つからなる．準備工程では，経糸と緯糸の準備をする．経糸準備では，必要な本数の経糸を引き揃えて配列（整経）し，必要に応じて糊付けし，織機用のビーム（巻き取り用の横棒）に巻き取る．そして経糸を，綜絖（そうこう）（緯糸を通すために，経糸を上下に開く道具）と筬に通す（引込み）．緯糸準備は，織機がシャトル織機かシャトルレス織機かにより異なる．シャトル織機の場合は，シャトルに，緯糸を巻き取った緯管（よこくだ）をセットする必要がある．シャトルレス織機の場合は，必要に応じて，巻返し（すでに巻いてある糸を，別の芯に巻き直すこと）を行う．準備工程が終わり，経糸と緯糸が織機に取り付けられると製織工程に移る．

2) 編物 編物（ニット）とは，糸でループをつくり，そのループをつなぎ合わせてつくった布のことである．編物は，よこ編（緯編）とたて編（経編）の大きく二つに分類される．よこ編は，ループを横方向につなぎ合わせた編物で，たて編は，ループを縦方向につなぎ合わせた編物である．

編物の製造では，ループの形成とつなぎ合わせを編針で行う．編針が布（編物）から上昇した際に，針に糸が供給され，糸をくわえたまま針が下降し以前形成したループを通過する（ノックオーバー）[5]．このとき，以前形成したループにつながった新しいループが形成される．このような編針の基本的な動きによって編物はつくられる．編機に用いられる編針には，べら針，ひげ針，複合針（コンパウンドニードル）がある．

よこ編地では，1本の糸が，ループを複数つくりながら横方向に進む．よこ編で，布を形成する方向が，左右の往復である場合を横編，らせん状に進み円筒状の布を形成する場合を丸編と呼んでいる．よこ編機は，複数本の編針を1列に固定した針床をもつが，1列の針床を用いてつくられる編組織をシングル組織，2列の針床を用いるものをダブル組織と呼ぶ．シングル組織は，平編に代表される表裏がはっきりとした組織である．ダブル組織には，ゴム編や両面編がある．なお，よこ編の基本組織として，平編，ゴム編，パール編の三つを三原組織と呼んでいるが，パール編は，両頭針（両端とも針となっている編針）を備えた編機，または自動横編機でつくられる組織である[6]．

たて編地は，たて編機でつくられる．編成糸は，織物の製造と同様に整経工程を経てビームに巻き取り，編機にかけられる．筬には，ガイドと呼ばれる糸を通す穴をもつ板状の針が複数本取り付けられている．編成糸は，1本1本ガイドに通されており筬を動かすことによって編針に糸を供給する．代表的なたて編機は，トリコット編機とラッシェル編機である．たて編の基本組織は，シングルトリコット編，シングルコード編，シングルアトラス編であり，すべて1枚の筬で編成できる組織である．編機には，通常，複数枚の筬が備えられているため，変化組織も容易に編むことができる．

3) 不織布 不織布は，糸から構成されず，繊維が集合して直接布となったものである．不織布の製造の場合，シート状の繊維集合体であるウェブをつくるウェブ形成工程と，ウェブに含まれる繊維を結合するウェブ接着工程の二つからなる．これら二つの工程にどの方法を選択するか，また不織布を構成する繊維に何を選ぶかによってさまざまの性質の不織布をつくることができる．

ウェブ形成工程は，湿式法，乾式法，紡糸直結法の三つに分類される．湿式法は，紙を漉くのと同様に，水に分散した繊維をすくい取ってシート状に成形する方法である．乾式法は，気相中で，気流を使ったり繊維をくしけずったりして，繊維を絡めて成形する方法である．紡糸直結法は，紡糸工程で直接ウェブを形成する方法で，スパンボンド法とメルトブロー法がある．スパンボンド法では，紡糸した繊維をコンベア上に集積することにより，長繊維からなる連続的なウェブをつくることができる．メルトブロー法では，ノズルから押し出された繊維を，高温高速の気流によって吹き付けることにより，極細繊

維が自己融着した不織布を1段階でつくることができる．

ウェブ接着工程は，化学的接着法，熱的接着法，機械的接着法の三つがある．化学的接着法は，接着剤を用いて繊維を結合する方法である．熱的接着法は，繊維状や粉末状のバインダ（熱溶融性の接着剤）をウェブ中に混合し，高温空気をウェブに通過させて（スルーエア法），あるいは加熱ロールの間にウェブを通して，バインダを溶かして繊維を結合させる方法（カレンダー法）である．機械的接着法は，機械力によって繊維どうしを絡ませる方法である．特殊形状の針をウェブに突き刺すことを繰り返して繊維を絡ませるニードルパンチ法，高圧ジェット水流を通過させて繊維を絡ませる水流交絡法がある．

〔仲西　正〕

参考文献
1) 西山和成：キュプラ．繊維の百科事典（本宮達也ほか編），pp.476-478，丸善，2002．
2) 坂倉秀夫：アセテート繊維の開発動向．繊維学会誌，60（4）：82-89，2004．
3) 前田裕平：ポリエチレンテレフタレート繊維．繊維便覧 第3版（繊維学会編），pp.159-164，丸善，2004．
4) 西原良治：アクリル系繊維．繊維便覧 第3版（繊維学会編），pp.171-176，丸善，2004．
5) 近藤幹也：緯編ニットをつくる．繊維の百科事典（本宮達也ほか編），pp.160-163，丸善，2002．
6) 日本衣料管理協会刊行委員会編：新訂 繊維製品の基礎知識 第1部，p.68，日本衣料管理協会，2009．

2.1.2　被服材料の種類と構造（繊維，糸，布）

a. 繊　　維

1) 繊維とは　繊維の外形上の特徴は細くて長いということである．その細さはしなやかで触感の良い布を作るために必要である．衣料用の繊維はほとんどが有機高分子であるが，ガラスや金属などの無機物質も細くすればしなやかな繊維にすることができる．これらを無機繊維という．しかしながら，ガラス繊維などはもろいため折れやすく衣料用には不向きである．

化学繊維は原理上，長繊維（フィラメント）として製造することができるが，天然繊維では絹のみが長繊維である．これに対して，綿や羊毛などの繊維は短繊維（ステープル）と呼ばれる．短繊維を長い糸にするには紡績工程を経て紡績糸としなければならない．化学繊維は紡糸後カットして短繊維を製造する場合もある．これはワタとして用いる以外に天然繊維などと混ぜて混紡糸を作るため，また単独で紡績糸を作るためである．

2) 繊維の種類　繊維の種類をまとめたものを表2.1.1に示す．天然繊維は木綿などの植物繊維と絹および羊毛などの動物繊維に分けられる．植物繊維の主成分はセルロース，動物繊維の主成分はタンパク質である．羊毛以外にもさまざまな獣毛が用いられるが，家庭用品質表示法ではこれらを総称して毛と表示することができる．再生繊維とは天然高分子を化学的処理によって紡糸可能な状態にし，再び元の化学構造に戻しながら紡糸して繊維とするものである．半合成繊維は天然高分子に化学的処理を加えて繊維としたものである．合成繊維は石油などから繊維の原料となる低分子化合物（単量体，モノマー）を合成し，これを重合して繊維高分子を製造し，繊維とするものである．衣料用の繊維は，ほとんどが有機繊維である．つまり炭素を骨格とする有機高分子がその構成物質である．

3) 繊維の構造　繊維の構造に関する種々の

表2.1.1　繊維の種類

有機繊維	天然繊維	植物繊維	綿，麻	
		動物繊維	絹，羊毛，その他の獣毛（カシミア，アンゴラ，モヘアなど），羽毛	
	化学繊維	再生繊維	レーヨン，キュプラ，ポリノジック，リヨセル	
		半合成繊維	アセテート，トリアセテート，プロミックス	
		合成繊維	ポリアミド	ナイロン6，ナイロン66
			ポリエステル	ポリエチレンテレフタレートなど
			アクリル	アクリル，アクリル系
			その他	ポリウレタン，ポリプロピレン，ビニロン，ポリ塩化ビニルなど
無機繊維	ガラス繊維，炭素繊維，金属繊維，セラミック繊維など			

表 2.1.2　繊維の構造要因

外　形		太さ，長さ
断面形状	天然繊維	綿の扁平断面・中空構造，絹の三角断面など
	化学繊維	紡糸による特異な断面（ビスコースレーヨン，アセテート） 口金形状による合成繊維の異形断面（三角，L, W, 中空など） 複合紡糸によるバイラテラル構造など
側面形状	天然繊維	綿繊維の捩れ，羊毛のクリンプ（捲縮）
	化学繊維	コンジュゲート紡糸繊維の異収縮によるクリンプ
表面構造	天然繊維	獣毛のキューティクル（スケール）
	化学繊維	加工による表面の凹凸，微細孔構造
内部構造	分子構造，分子間水素結合	
	結晶構造，結晶部分と非晶部分	
	高次構造，ミクロフィブリル，フィブリル	

要因をまとめると表2.1.2のようになる．繊維によっては特徴的な断面や側面の形状をもったものがあり，繊維の鑑別にも利用される．例えば綿の場合，成熟・乾燥の過程で，成長する際に水や養分を通すための穴（ルーメン）がつぶれて扁平な断面形状をしている（図2.1.1）．また，側面（図2.1.2）には綿繊維特有の捩れがある．この捩れのために繊維が絡みやすく，紡績が容易になる．

絹の繊維は，図2.1.3のようにフィブロインというタンパク質の繊維2本がセリシンというタンパク質に包まれた形となっている．セリシンが付着している状態が生糸であり，精練によりセリシンを除去すると練糸となる．絹繊維の断面は三角形に近いが，形状や太さは一つの繭の中でも内層と外層で変化し，絹糸は微妙に異なる断面形状，太さの繊維が混合したものとなる．

羊毛は図2.1.4のようにオルソコルテックスとパラコルテックスの2層構造（バイラテラル構造）となっており，それらの性質の違いによりパラコルテックスが内側となる捲縮（クリンプ）を生じる．羊毛などの獣毛の表面にはうろこ状のスケール（キューティクル，クチクル）があり（図2.1.5），その表面ははっ水性であるから水をはじくが，湿潤状態においてはスケールが開き，その間から水分がコルテックスへ吸収される．またその際に揉まれると開いたスケールが絡み合ってフェルト化が起こる．

化学繊維の中には製造上の条件により独特の断面となるものがある．例えば，ビスコースレーヨンは固化するときに外層と内層に性質の違いが生じ（スキン-コア構造），特徴的な断面形状となる（図2.1.6）．ポリエステルやナイロンなど溶融紡糸によって

図2.1.1　綿繊維断面

図2.1.2　綿繊維側面

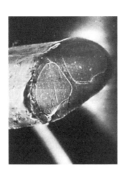

図2.1.3　生絹断面

図2.1.4　羊毛の模式図

図2.1.5　メリノ種羊毛側面

2.1 被服材料

図2.1.6 ビスコースレーヨン繊維断面（凍結割断）

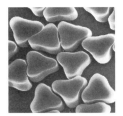

図2.1.7 三角断面ポリエステル繊維

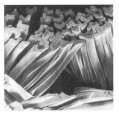

図2.1.8 ブーメラン型断面ナイロン繊維

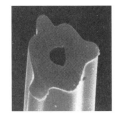

図2.1.9 衣料用ポリエステル異形中空繊維

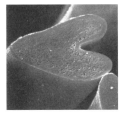

図2.1.10 ミクロボイドを有する吸水性アクリル繊維

図2.1.11 接合型複合繊維

図2.1.12 極細繊維

製造する合成繊維を代表として化学繊維は，紡糸の口金形状を変えることによって，中空構造を含むさまざまな断面形状とすることができる（図2.1.7〜2.1.10）．円形断面以外のものを異型断面糸と呼ぶ．さらに，2種の成分を一つの紡糸ノズルから押し出して繊維化する（これを複合紡糸という）コンジュゲート繊維もある（図2.1.11）．また，さまざまな方法で極細繊維が作られている（図2.1.12）．

　無機繊維を除き，繊維は有機高分子でできており，その分子形状は一般に線状である．高分子は連続した大きな結晶を作りにくいため，非常に小さい結晶（微結晶）と結晶していない部分（非晶部分）が複雑に混じり合った構造をしている．実用的な繊維であるためには，結晶の融点はアイロン温度より高い必要がある．分子の骨格がかさ高であれば分子の運動性が抑制されるため融点は高くなる．また水素結合などの分子間力によって高分子間の結び付きが強いものも融点が高くなり，また結晶の強度も増す．

化学繊維の場合は微結晶と非晶の混合したものがミクロフィブリルという非常に細い繊維状の構造を作り，さらにミクロフィブリルが集合したフィブリルを形成し，最終的にフィブリルが集合して繊維を形成する．これはずり応力の作用する場で結晶を作って繊維を形成するという過程を経る繊維に共通する構造であり，天然繊維の絹も同様である．これらの繊維の中には繊維が細く裂けるフィブリル化が起きやすいものもある．なお絹以外の天然繊維は，細胞の分化によってその部分が必要とする機能をもつ構造が形成されるため非常に複雑な内部構造をもっている．

b. 糸

1）糸の種類　いくつかの観点から糸を分類すると表2.1.3のようになる．短繊維を揃えながら撚りをかけて製造されるものが紡績糸である．撚りがあることによって糸に張力がかかったときに繊維同士が密着するような圧力が働き，摩擦により糸に強度を生じる．単一の繊維からなるものと2種以上の繊維を混合した混紡糸がある．木綿，麻，羊毛および化学繊維の短繊維は紡績糸となる．一般に膨らみがあり，表面に毛羽があるためにあたたかみのある感触をもった糸である（図2.1.13）．

　フィラメント糸（長繊維糸）は連続した長い繊維を糸にしたもので，1本の繊維を糸にしたものをモノフィラメント，何本かを集束したものをマルチ

表2.1.3 糸の分類

構成上の分類	紡績糸		短繊維（ステープル）に撚りをかけて糸にしたもの
	フィラメント糸		長繊維（フィラメント）を集束して糸にしたもの
	テクスチャード加工糸		かさ高性や伸縮性をもたせるためにフィラメント糸を加工したもの
	混合糸	混紡糸	2種以上の短繊維を混合して紡績した糸
		混繊糸	2種以上のフィラメントを混合して集束した糸
	複合糸	コアスパンヤーン	フィラメント糸を芯にして短繊維で被覆した糸
		カバードヤーン	主としてポリウレタン弾性糸を芯にして，紡績糸やフィラメント糸を巻き付けた糸．シングルカバードヤーンとダブルカバードヤーンがある
		多層構造糸など	多層や分割構造など複雑な構造をもつ糸
	飾り糸		装飾用の糸．意匠撚糸またはファンシーヤーンとも呼ぶ
	特殊な糸		スリットヤーン，スプリットヤーン，金銀糸，ラメ糸など
撚り合わせによる分類	単糸		紡績糸やフィラメント糸の1本の糸のこと
	合糸（引揃糸）		2本以上の単糸を撚りをかけずに引き揃えた糸
	片撚り糸		ほとんど撚りのかかっていないフィラメント糸を撚り合わせた糸
	諸撚り糸		2本以上の単糸を撚り合わせた糸．双糸，三子糸など
	交撚糸		繊維の異なる糸など異種の糸を撚り合わせた糸
撚りの強さによる分類（紡績糸）	撚りの弱いものから強いものへ順に，甘撚糸，弱撚糸，並撚糸，強撚糸という		
用途による分類	織糸，編糸，手編糸，手芸糸，ミシン糸，手縫糸，しつけ糸など		

図2.1.13 綿リング紡績糸

図2.1.15 コアスパンヤーン

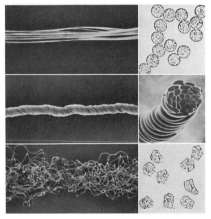

図2.1.14 仮撚加工（上よりマルチフィラメント糸，加撚状態，仮撚加工後）

図2.1.16 ダブルカバードヤーン

糸に捲縮やループを与え，紡績糸のような外観，触感を与えるとともにかさ高性を付与するもので，仮撚加工糸が代表的なものである（図2.1.14）．その他の糸として複合糸，飾り糸やスリットヤーンなどの特殊な糸がある．図2.1.15にコアスパンヤーン，図2.1.16にダブルカバードヤーンを示す．図2.1.16の右は左右に引き伸ばしたもので芯の糸が見えている．図2.1.17には飾り糸（意匠撚糸）を示す．

糸の構造としては，紡績糸などを1本だけで用いるほかに，表2.1.3に示したように，2本以上の糸を撚り合わせたものがある．例えば縫い糸には2本または3本が撚り合わされた諸撚り糸が使用される．これらは撚りのかけ方などによっていくつかに分類される．

紡績糸において撚りが少ないとき糸は柔らかく，

フィラメントという．繊維を曲げるのに要する力は太さの4乗に比例するため，しなやかな布をつくるには細いフィラメントを用いなければならないが，細いフィラメント1本で糸を形成すると強度が弱すぎ，また布を構成するための適当な太さとならないためマルチフィラメントという形で用いる．

テクスチャード加工糸は合成繊維のフィラメント

2.1 被服材料

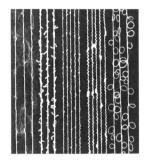

図 2.1.17 意匠撚糸

図 2.1.18 糸の撚り

強度も小さいが，撚りが強いと糸は固く締まり，強度が増す．これには最適値があり，過度の撚りはかえって糸の強度を低下させる．撚りの強さは単位長さあたりの撚り回数に依存するが，同じ撚り回数であれば撚りの強さは糸の太さに比例する．すなわち，テックス値（あるいはデニール値）の平方根に比例する．単位長さあたりの撚り回数にテックス値（あるいはデニール値）の平方根を乗じたものを撚り係数という．糸の撚り方向は図 2.1.18 のように S 撚り，Z 撚りで表される．単糸の撚りは Z 撚りが普通で，単糸を 2 本以上撚り合わせる場合，単糸の撚りを下撚り，諸撚り糸の撚りを上撚りというが，撚り戻りの力（トルク）が打ち消し合うように，その 2 つの撚り方向は通常逆とされる．

フィラメント糸の場合は糸を集束するためにわずかな撚りがかけられているのが通例であるが，例外として，縮緬の場合はしぼを形成するために強い撚りがかけられる．フィラメント糸の場合は普通，撚りによって糸の強度が左右されることはない．

2) 糸の表示 糸の太さは，一定長の糸の質量を測定して線密度として表される．ISO（国際標準化機構）では 1,000 m の長さで質量 1 g のものを 1 tex と規定する．従来使用されている番手やデニールとテックスとの換算法を表 2.1.4 に示す．また，諸撚り糸などの表示方法の例をテックス方式については表 2.1.5 に，番手方式については表 2.1.6 に示す．

c. 布

1) 布とは 一般的にいって，布を作るということはしなやかではあるけれども伸びにくい糸を

表 2.1.4 繊度の換算

	番手方式	単位の質量（g）	単位の長さ（m）	テックスへの換算式
恒長式	テックス	1	1,000	—
	デニール	1	9,000	0.1111 × デニール
	ジュート番手	1,000	29,029 (31,747 ヤード)	34.45 × ジュート番手
恒重式	メートル番手	1,000	1,000	1,000 / メートル番手
	綿番手	453.59 (1 ポンド)	768.1 (840 ヤード)	590.5 / 綿番手
	麻番手	453.59 (1 ポンド)	274.34 (300 ヤード)	1,653 / 麻番手

表 2.1.5 テックス方式による糸の表示例

糸の種類	単糸の線密度に基づく表示	仕上がり糸の線密度に基づく表示
紡績糸（単糸）	40 tex Z 660	
同じ糸からなる諸撚糸	34 tex S 600 × 2 Z 400; R 69.3 tex	R 69.3 tex Z 400/2 S 600; 34 tex
撚りのないモノフィラメント糸	17 dtex f 1 t 0	
撚りのあるマルチフィラメント糸	133 dtex f 40 S 1000; R 136 dtex	R 136 dtex f 40 S 1000; 133 dtex

表 2.1.6 番手法による糸の表示例

例	意味
20s	20 番手単糸
20/2s	20 番手双糸
20//2s	20 番手 2 本引き揃え糸

用いて身体という立体的なものにフィットしやすい構造を作る工夫である．織物とはたて糸とよこ糸を交互に絡み合わせることで斜め方向に伸びやすくしてその目的を達成したものであり，編物（ニット）はループを作りながら糸を編むことで伸縮性をもたせたものである．いずれも構成する糸がしなやかであるために曲がりやすいこともまた体にフィットする大きな要素であることはいうまでもない．

2) 織物 織物は一般的には図2.1.19のように，直交する2方向の糸を交差させることで平面的な布を構成するものである．織物の構造の最も基本的な要素は，どのように糸を交差させるかということ，すなわち織物の組織である．たて糸とよこ糸が交差するすべての点において，たて糸が上になっているか，下になっているかということが織物の組織であるので，それには無限の組み合わせがある．しかしながら実際にはたて糸，よこ糸数本ずつの単位でその組み合わせを決め，それを繰り返すという組織が一般的に用いられる．その最小単位のことは従来，完全組織という名称で呼ばれている．平織，斜文織（綾織），朱子織が三つの基本的な組織とされており，これを三原組織と呼ぶ（図2.1.20）．これらを変化させた変化組織，さらには重ね組織，添毛組織（パイル組織）（図2.1.21）など，さまざまな織物が作られる．どのような組織ができるかということは，用いる織機の構造によって制限される．したがって織物の組織は織機と関連付けて理解する方がわかりやすいので布の製造の項（2.1.1.c項）

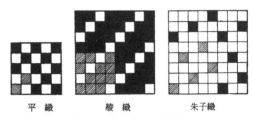

図2.1.20 織物の三原組織

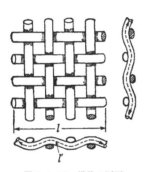

図2.1.19 織物の断面

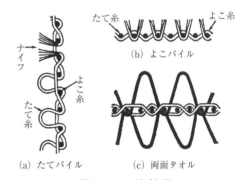

図2.1.21 添毛組織

表2.1.7 織物の種類

綿織物		平織	天竺，金巾，ブロード，ポプリン，ローン，ギンガム，綿クレープ，ボイルなど
		斜文織	デニム，綿ギャバジンなど
		朱子織	綿朱子，サテンドリルなど
		変化組織	オックスフォード（斜子織）など
麻織物		平織	ハンカチ地，上布など
毛織物	梳毛織物	平織	モスリン，トロピカル，ポーラなど
		斜文織	サージ，ギャバジンなど
		朱子織	ドスキンなど
	紡毛織物	平織	フラノなど
		斜文織	ツイードなど
絹織物	生織物	平織	羽二重，デシン，縮緬，ジョーゼットなど
		斜文織	あや羽二重など
		朱子織	綸子，サテンなど
		からみ織	紗，絽
	練織物	平織	タフタ，銘仙，紬など
		朱子織	緞子など
化繊織物			タフタ，サッカー，オーガンジーなど，綿，絹，毛織物と同様

表2.1.8 織物の構造要因

基本パラメータ	幅,長さ,厚さ,重さ(平面重,目付),カバーファクター,みかけ密度,パッキングファクター,含気率
繊維	構成繊維(単独,混紡),繊維の加工(捲縮など)
糸	→本文b項「糸」を参照
織物組織	一重組織 — 原組織 — 平織,斜文織,朱子織
	変化組織 — 変化平織,変化斜文織,変化朱子織
	混合組織 — 原組織や変化組織を組み合わせたもの
	特別組織 — 上記のいずれの組織にも属さないもの
	重ね組織 — よこ二重組織 — よこ糸が二重になっているもの
	たて二重組織 — たて糸が二重になっているもの
	二重組織 — たて,よこ糸とも二重,風通織など
	添毛組織(パイル組織) — たて添毛組織 — 別珍,コーデュロイなど
	よこ添毛組織 — ビロード,タオル,織りカーペットなど
	からみ組織 — 絽織,紗織など
	紋織組織 — 綸子,朱珍,糸錦,緞子など
特殊構造	多軸織物,三次元織物
その他の織物	じゅうたん(形態はパイルに類する)
加工・装飾	刺繍,摺箔
織物の内部構造	何本使いか,たて糸,よこ糸の織密度,撚りのトルクによる糸の捩れ,撚りの組み合わせ,交織,糸の屈曲状態,クレープ
表面形状	毛羽焼き,表面処理

を参照されたい.繊維,糸の種別,組織などによる織物の分類を表2.1.7に示す.

織物の構造要因をまとめると表2.1.8のようになる.織物の構造を表すものは上で述べた組織の他に,織物の厚さ,重さ,糸をどのような間隔で織るか,すなわち織密度(または糸密度ともいう)などがある.織物の重さは単位面積あたりの質量によって表され,平面重あるいは目付と呼ばれる.織密度は単位長さ(通常1cmまたは1inch)あたりのたて糸,よこ糸の本数で表される.

3) 編物(ニット) ニットは1方向だけに編目(ループ)を作りながら糸をつづり合わせて布を形成するものである.ループのよこ方向への連なりをコース,たて方向への連なりをウェールという.ニットが織物に比べて伸縮性が大きいのは,ループ部分の曲がりが伸ばされて,小さな力で大きく変形すること,糸どうしが互いにすべることによって布が変形することによる.

ニットの構造を決める要素は,①編組織,②糸の太さ,③単位長さあたりのウェール方向の編目数,コース方向の編目数,あるいは編目密度,④単位構造におけるループの長さである.単位長さとしては,従来インチ(inch,2.54cm)が用いられているが,ISO規格ではセンチメートル(cm)が採用されている.編目密度とは単位面積内のループ数のことである.

よこ編は1本の糸で連続したループをつくるもので,手編の棒針編に相当する.たて編は整経した多数のたて糸を絡ませてループを作りながら編成するもので,手編のかぎ針編の編成原理と同じである.

一般的に,よこ編は伸縮性が大きく,ラン(伝線)が起こりやすいが,たて編はよこ編に比べて伸縮性が小さく,寸法安定性が良くランも起こりにくい.用途からいえば,よこ編はセーターなどの太い糸を使うニットや,カットソーすなわち裁断・縫製のための布地を製造するために用いられ,たて編では薄地のもの,レース状や網状のものが製造される.また,よこ編用の編機である横編機や靴下編機を用いれば,1着のセーターや靴下を最初からその形通りに編む,成形編みができる.以上のさまざまな用途による違いは,編成の違いだけではなく,用いる編機の違いに依存するところが大きい.よこ編の基本組織は図2.1.22に示す平編,リブ編,パール編の3種である.平編は天竺とも呼ばれ,最も単純で基本的な組織である.形成されたループの形のため,コース方向(よこ方向)に伸びやすい.表裏の編目が異なり,見た目も違い,またループを形成したときの残留応力によって,コース方向では裏目側に,

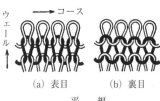
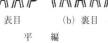

図2.1.22　よこ編みの基本組織

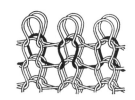

図2.1.23　インターロック編

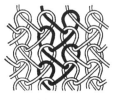

図2.1.24　開き目と閉じ目

ウェール方向では表目側にめくれやすい．これを耳まくれ（カール）という．リブ編はゴム編ともいわれ，ウェール方向に沿って表目と裏目が交互に並んだ組織である．上記の残留応力によるめくれのため，ウェール方向に沿ったひだ状になり，あばら骨が並んだような外観を示すことからリブ編という．また，そのためにコース方向に収縮しているので，平編よりさらにコース方向に伸びやすいところからゴム編という名称もうまれた．パール編はコース方向に沿って表目と裏目が交互に並んだ組織であり，ひだがコース方向に平行に形成されるため，ウェール方向に伸びやすい．リブ編，パール編においては裏表の違いがない．以上は一重組織であるが，二重組織の基本組織として，リブ編を二重にしたインターロック編（図2.1.23）があり，裏表の違いがなく滑らかであるのでスムース編とも呼ばれる．

よこ編の変化組織としては，通常の編成（ニット）のほかに，編針の到達位置を変更して形成されるタック，ウェルトを組み合わせて構成したものが多い．それらには鹿の子編や片畦編などがある．その他にも目移しを行ったり，パイルを表面に形成するなどの変化組織もある．

たて編の基本組織は，シングルデンビー編（シングルトリコット編），シングルコード編，シングルアトラス編（シングルバンダイク編）である．いずれも筬（おさ）の制御方法によって開き目，閉じ目（図2.1.24）の組織が編成できる．これらの組織の違いは，筬によりたて糸を横方向に移動するやり方の違いによるものである．以上の基本組織は実用性に乏しく，2本の糸が対称的に左右の糸に絡み合って閉じ目をつくり，シングルデンビー編を2枚重ねた構造とした，二重デンビー編（ダブルトリコット）や，ダブルバンダイク編，ダブルコード編などの変化組織が用いられる．

4）不織布，フェルト　不織布は繊維の集合体を接着剤または熱によって，あるいは機械的に絡ませることによって平面状の布とするもので，大量生産ができ，安価である．衣料用芯地，使い捨て衣料（おむつや手術着，イベントジャンパーなど），人造皮革の基布などに使用される．フェルトは広義には不織布の一種であるが，通常は不織布とは区別される．獣毛を縮絨（しゅくじゅう）（フェルト化）させて作るものが本来のフェルトである．なお，化学繊維を絡ませて製造するフェルトもあり，カーペットなどに使用される．

5）レース，ネット，組物など　レースは透かし目で模様を表した布の総称で，製造するには，糸を絡める，かがる，編む，組み合わせるなどの方法がある．伝統的な手工芸レースと機械レースがある．手工芸レースの代表的なものとして，ニードルポイントレース，ボビンレースがある．機械レースには，たて編機で編むラッシェルレースのほか，リバーレース，エンブロイダリーレース，ケミカルレースなどがある．ネットは結び目を作って糸を連結して網目を構成するものである．網目は編みによっても作ることができ，ラッシェルメッシュなどがある．組物はベルトや靴紐などに使用されるもので，髪の毛を三つ編にするように，平行に並べた糸を交差させて作る．平たい形，あるいは円筒形のものが作られる．伝統的な工芸品と，機械組紐がある．

6）皮革，毛皮　動物の皮は織物よりさらに古くから衣料として使用されたと考えられている．生皮になめし加工をすることによって柔軟性や防腐性を高めたものを革という．皮革用として利用される動物は，ウシ，ウマ，ブタ，ヒツジ，ヤギ，シカ，

カンガルーなどの哺乳類，ヘビ，ワニ，トカゲなどの爬虫類，サメなどの魚類がある．皮革はコラーゲン繊維の繊維束が3次元的に絡みあった構造をもっており，表面が銀面層，内面が網様層と呼ばれる．銀面層を表として使ったものを表皮，網様層を表に使ったものを裏皮（スエード）という．毛の付いた状態で用いられる毛皮に利用される動物の種類は極めて多く，代表的なものに，ウサギ，キツネ，タヌキ，イタチ，リス，ミンク，テンなどがある．皮革や毛皮をとる動物の中には乱獲のため絶滅寸前となったものもあり，ワシントン条約で保護されている．

人造の皮革には，擬革（ビニールレザー），合成皮革，人工皮革がある．擬革は布や紙にポリ塩化ビニルの表面層を付け，皮革の模様を施したものである．合成皮革は織物や編物，不織布などの支持層，合成高分子の発泡材料で作ったスポンジレザー層と，合成高分子の表面仕上げ層から構成されている．人工皮革は天然皮革の構造を模して，極細繊維が3次元的に絡み合った構造の特殊不織布にポリウレタンを含浸させ，表面に通気性をもつミクロポーラスなポリウレタン樹脂をコーティングしたものである．家庭用品品質表示法では基材に特殊不織布を用いたものを人工皮革，特殊不織布以外のものを用いたものを合成皮革と区別している．人工スエードは表面を起毛して裏皮タイプとしたものであるが，極細繊維を用いることで天然スエードの感触が得られ，軽く，本物のような手入れの煩わしさがないため衣料用としても広い用途に用いられている．

〔末廣祥二〕

2.1.3 被服材料の性能

被服に求められる性能は，時代や使用目的に応じて大きく変化している．以前は丈夫であることが重要な条件であったが，商品が豊富な現在では，強度より外観や着心地が重視されるようになっている．

一方では，美しさや変化のある素材を求めすぎて品質面での問題が生じる場合もある．被服材料として使用する場合，その用途に適した性能を保持し，繰り返しの着用や洗濯に耐えるものでなければならない．しかし被服材料の性能は，一つの条件だけではなく，繊維の種類，糸の形態，布の種類，加工などが関連するため複雑なものとなる．技術が発達した現代においては，繊維そのものがもつ性能の不足している部分を種々の加工で補い，かなり向上させることもできる．

a. 繊維の性能

被服材料の性能には，繊維そのものの性質の影響を受けるもの，製品の性能が，繊維原料の性能に起因するものがある．衣料に用いるための繊維は紡織ができる性質と，多様な使用目的に適合した性質をもっていなければならない．この条件を満たすためには次のような性能が挙げられる．

1) 形態に関する性能 繊維を糸にするにはある程度の長さが必要で，短すぎると紡績できないため糸にできない．表2.1.9に示すように，天然繊維は綿，麻，毛などの短繊維と，絹のように長く連続した長繊維がある．化学繊維は基本的には長繊維（フィラメント）である．フィラメントは必要な長さにして用いることも多いが，短くカットして短繊維（ス

表2.1.9 主な天然繊維の長さと太さ

繊維の種類		平均長さ (mm)	平均太さ (μm)
綿	海島綿（シーアイランド）	45～55	15～17
	エジプト綿	30～45	16～18
	米綿（アップランド）	25～35	18～20
	インド綿	20～30	20～24
	中国綿	15～25	24～30
麻	亜麻	20～30	15～24
	芋麻	70～110	20～80
獣毛	羊毛（メリノ種）	70～110	18～27
	羊毛（コリデール種）	135	27～30
	羊毛（レスター種）	200	40～44
	モヘア（アンゴラ山羊）	140～280	10～90
	カシミア（カシミア山羊）	30～80	5～30
絹	日本絹	1,000～1,500 m	3～23
	広東絹		5.5～18
	中国柞蚕絹		9～51

テープル）にして用いることも多い．断面形態は，光沢や風合い，吸水性などに影響する．2.1.2 項「被服材料の種類と構造」で述べられているように，天然繊維や化学繊維でも湿式紡糸や乾式紡糸法で作られる繊維は固有の断面をもつが，溶融紡糸法で作られる合成繊維は基本的に円形断面である．しかし，異形断面化や中空化することで性能を変えることができる．日本におけるこの分野の技術は，世界をリードしてきた．

2) 強度に関する性能　1本の繊維は柔らかくたわみやすいが，糸にして織物などに加工したり長期の使用に耐えるためには，一定の強度をもつことが必要である．必要な強度としては，引張り強度 (tensile strength)，屈曲強度 (bending strength)，摩擦強度 (frictional strength) などがある．図 2.1.25 は繊維を垂直方向に引っ張って，切断するまでの強さと伸びを示す強伸度曲線である．この図から繊維の強さと伸び，硬さと丈夫さ (toughness) を知ることができる．強伸度曲線の切断点の強度を強さまたは強度といい，切断点の伸度を伸びまたは伸度という．強伸度曲線の初期の直線の傾きをヤング率 (Young's modulus) といい，硬さを表す．丈夫さは，強伸度曲線と x 軸に囲まれた面積である変形の仕事量で表す．面積（仕事量）が大きいほど丈夫ということになる．強さと丈夫さに相関はない．図 2.1.26 は強伸度曲線とその性質について分類したものであり，(a)，(b) は衣料用繊維として不適格で，(c) は麻や綿，(d) はナイロン，(e) はポリエステルがこの傾向を示す．

3) 色・光沢に関する性能　天然繊維の中には自然の色をもっているものもあるが，好みの色に染めることができる繊維は被服材料としての価値が高い．染色をするためには精練，漂白に耐える強さが必要である．特に淡色に染めるときは白色であると美しく染めることができるので，漂白が必要となる．光沢については，絹やレーヨンが美しい光沢をもっているので，おしゃれ着に利用されている．

4) その他の性能　繊維が被服材料になるためには，適当な湿潤性，比重，耐薬品性，耐熱性を備えることが重要である．精練漂白，染色などの加工には耐薬品性，染色性，水分湿潤性，着用時は吸汗性，耐候性などが必要となる．比重は小さい方が軽く，望ましいがあまり重いものは望ましくない．繊維は多孔性であるほど，熱の絶縁がよく保温性がよくなる．

表 2.1.10 に各繊維の主な性能を示す．

b. 糸の性能

織物や編物を製造する場合，その目的を満足させる糸の性能を備えていることが必要であり，これらを製造する過程においても適当な性能を備えていなければならない．糸の性能としては次のようなものがあるが，独立したものではなく，それぞれ相互関係がある．

1) 形態的性能　天然繊維の長さは 2 cm から 1,500 m まであるが，化学繊維はフィラメント（長繊維）として使用する場合と，用途に応じた長さに短く切断してステープル（短繊維）として用いられる場合がある．綿や羊毛は短繊維であるが，側面形態でみられるように綿は捩れ，羊毛はクリンプがあ

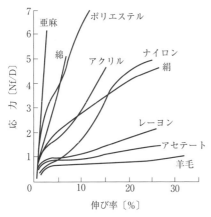

図 2.1.25　各種繊維の強伸度曲線[1]

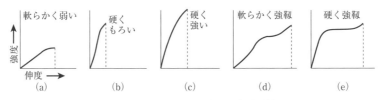

図 2.1.26　代表的な強伸度曲線と性質[2]

表2.1.10 主な繊維の性能

繊維の性能		繊維名	綿	麻	羊毛	絹	レーヨン	キュプラ	ポリノジック
繊維構成分子			セルロース	セルロース	タンパク質（ケラチン）	タンパク質（フィブロイン）	セルロース	セルロース	セルロース
比重			1.54	1.5	1.32	1.33～1.45	1.5～1.52	1.5	1.5～1.52
水分率（%）	公定標準状態		8.5 7	12 7.0～10	15 16	11（生糸） 9	11 12～14	11 12～14	11 12～14
引張強度（cN/dtex）	乾燥時 湿潤時		3.3～5.4 3.7～7.1	6.2～7.2 6.4～8.6	1.1～1.9 0.9～1.8	3.3～4.4 2.3～3.1	1.9～2.6 0.9～1.3	2.0～3.0 1.2～2.1	3.9～5.8 2.9～4.7
乾湿強度比（%）			102～110	108～118	76～96	70	45～65	65～75	60～80
引張強度（cN/dtex）	乾燥時 湿潤時		3.0～7.0 —	1.5～2.3 2.0～2.3	25～35 25～50	15～25 27～33	18～24 24～35	10～17 15～27	7～14 9～15
ヤング率（kgf/mm²）			950～1,300	2,500～5,500	130～300	650～1,200	400～1,150	700～1,000	800～1,350
伸長弾性率（%）			2%伸長時 74 5%伸長時 45	1%伸長時 84 2%伸長時 48	2%伸長時 99 10%伸長時 68	2%伸長時 90 3%伸長時 72	3%伸長時 55～80	3%伸長時 55～80	2%伸長時 55～80
耐アルカリ性			強	強	弱	弱	やや強	やや強	やや強
耐候性			良 強度低下少 黄変少	良 強度低下なし	要注意 強度低下する 黄変しやすい	要注意 強度低下顕著 酸化しやすい	要注意 強度低下する 黄変しやすい	要注意 強度低下する 黄変しやすい	要注意 強度低下する 黄変しやすい
耐熱性	軟化点(℃) 溶融度(℃)		軟化しない 溶融しない	軟化しない 溶融しない	軟化しない 溶融しない	軟化しない 溶融しない	軟化しない 溶融しない	軟化しない 溶融しない	軟化しない 溶融しない
	熱の影響		高温に耐える 235℃で分解	高温に耐える 235℃で分解	高温で黄変 130℃で分解	高温で黄変 150℃で分解	高温で黄変 260℃で分解	高温で黄変 260℃で分解	高温で黄変 260℃で分解
	アイロン標準温度		高温度 200℃	高温度 200℃	中温度 160℃	中温度 160℃	中温度 160℃	中温度 140～160℃	中温度
耐虫害性			良	良	弱	弱	良	良	良

繊維の性能		繊維名	アセテート	ナイロン6	ポリエステル	アクリル	ビニロン	ポリウレタン
繊維構成分子			酢酸セルロース	ナイロン6	ポリエチレンテレフタレート	アクリルニトリル	ポリビニルアセトール	ポリウレタン
比重			1.32	1.14	1.38	1.14～1.17	1.26～1.30	1.0～1.30
水分率（%）	公定標準状態		6.5 6.0～7.0	4.5 3.5～5.0	0.4 0.4～0.5	2 1.2～2.0	5 4.5～5.0	1 0.4～1.3
引張強度（cN/dtex）	乾燥時 湿潤時		1.3～1.6 0.8～1.0	5.3～7.1 4.7～6.6	4.8～6.7 4.8～6.7	2.8～5.6 2.2～5.0	4.4～7.2 3.6～5.8	0.7～1.3 0.7～1.3
乾湿強度比（%）			60～67	83～92	100	80～100	70～80	100
引張強度（cN/dtex）	乾燥時 湿潤時		25～35 30～45	28～45 36～52	20～32 20～32	25～50 25～50	12～26 17～26	450～800
ヤング率（kgf/mm²）			300～500	80～450	310～1,100	260～900	700～950	—
伸長弾性率（%）			3%伸長時 70～95	3%伸長時 95～100	3%伸長時 90～100	3%伸長時 70～95	3%伸長時 70～90	50%伸長時 95～99
耐アルカリ性			やや強	やや強	強	強	強	強
耐候性			良	要注意 強度やや低下 やや黄変する	強	強	強	要注意 強度やや低下 やや黄変する
耐熱性	軟化点(℃) 溶融度(℃)		220～230 260	180 215～220	238～240 255～260	190～240 不明瞭	220～230 不明瞭	不明瞭 150～230
	熱の影響		要注意	要注意	要注意	要注意	要注意	要注意
	アイロン標準温度		低温度 120～130℃	低温度 120～140℃	中温度 130～150℃	低温度 120～140℃	低温度 120～130℃	低温度
耐虫害性			良	強	強	強	強	強

るので紡績糸に加工しやすい．また，短繊維から製造する紡績糸は表面に毛羽が生じ，糸むらも発生しやすい．

断面は繊維によってさまざまで，綿は扁平で中空をもち，絹は三角形，レーヨンは不規則な凹凸があり，合成繊維は円形のものが多い．その形態は繊維の性能にも影響している．例えば，綿の中空やレーヨンの凹凸は吸水性を良くし，絹の三角形の断面は美しい光沢をもたらす．溶融紡糸法により作られる合成繊維は，紡糸口金の形を変えて円形断面を異形断面化や中空化することにより，吸水性や軽量化，光沢を与えるなどさまざまな機能を付与されている．

2) 機械的性能　糸の引張り強伸度は原料繊維の強伸度と関連があるが，糸の構成（構造）によっても影響される．一般的にフィラメント糸は，使用されている構成繊維の総合的な強さに近い値となり，紡績糸は原料繊維の長さや配列度，糸の撚りの強弱などで異なる．糸の強伸度を比較すると，紡績糸は初期段階においては直線的に伸び，のちに曲線的に上昇する下に凸の曲線を描く．一方，フィラメント糸は強度の増加とともに直線的に伸び，ある点から湾曲して伸びる，すなわち，上に凸の曲線を描く．これらの強伸度曲線から糸の種類を判断することもできる．

また，糸の耐摩耗性は原料繊維の性質と糸の構造によって変化する．表面の平滑なもの，繊維の配列状態のよいもの，ある程度，撚りがかかったものは耐摩耗性が大きいが，撚りがかかりすぎると逆に耐摩耗性は低下する．さらに織物の製造においても糸の耐摩耗性が大きく関係する．

c. 布の性能

日常，私たちが衣服の材料として使う布の性能は，次のような因子に大きく影響を受ける．
①原料繊維がもつ性質
②糸の撚り，糸密度，織編組織，布の厚さなど糸や布の構造
③後加工

同じ繊維を使用した場合でも，使用目的に応じて素材の活かし方や組み合わせの条件を変えることで，多様な布地になる．衣服の製作，着用などの実用性，日頃の手入れに必要な性能は次のようなものがある．

1) 機械的性能　日常生活においてこの性能は特に重要なものである．縫製時，着用時で引張り，曲げ，摩擦など種々の外力を受け，それらに耐えられなければ使用できなくなる．主な性能としては，引張り強伸度，引裂き強度，破裂強度，摩耗強度が挙げられる．

① 引張り強伸度（tensile strength and elongation）：布を引っ張り，破壊するまでの強さと伸びである．引張り強伸度は，図2.1.27のような引張り強伸度曲線で表される．図から，羊毛モスリンは強度（荷重）は小さいがよく伸び，薄亜麻布は伸びにくいといえる．絹羽二重が最も強い布である．

日常の衣生活においては，強さよりも丈夫さが重要である．強さが大きくても伸びが小さければ丈夫ではなく，強さが小さくても伸びが大きいものは比較的丈夫といえる．

② 引裂き強度（tearing strength）：布を引き裂くときの強度をいう．作業服や子供服は引張りよりも引裂きによって破れることがあるので，実用性能を調べるには重要である．また，引張り強さは複数の糸が切断するときの単位面積あたりの強度であるが，引裂き強さは1本の糸が引張りとせん断の力を受けて切断する点で異なる．引張り強さ（引張り強度）の大きいものが引裂き強さ（引裂き強度）も大きいとは限らない．例えば，ガーゼのように糸密度が粗く，糸の自由度が大きいものは引裂き強さ（引裂き強度）が大きく，高密度で伸びが小さく（硬く）糸の自由度が小さい織物は引裂き強さが小さくな

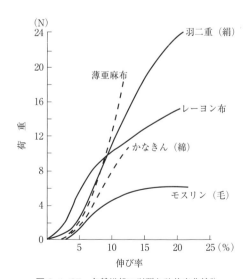

図2.1.27　各種繊維の引張り強伸度曲線[3]

表 2.1.11 引張り強さと引裂き強さの変化表

組織	引張り強さ比 (たて)	引裂き強さ比 (たて糸)
平織	100	100
2×2 斜子	99	360
3×3 斜子	90	500
4×4 斜子	91	760

る．表 2.1.11 に示すように，同じ糸で織った平織布と斜子（朱子）織布は，引き揃え糸数の増加とともに引張り強度は低下するが，引裂き強度は大きくなる．これは引き裂くときに，平織布は糸の自由度が小さいために 1 本ずつ糸が切断するのに対し，斜子（朱子）織布では糸の自由度が大きいので，複数の引き揃え糸を同時に切断する状態になるからである．

2) 生理衛生学的性能 水分に関する性能としては吸湿性，吸水性，透湿性，はっ水性，耐水性，熱に対する性能としては保温性，空気に関する性質として通気性，含気性などの性能が挙げられる．

① **透湿性**（moisture transmission）: 被服材料によって隔てられた二つの気相の水蒸気圧が異なるときに，水蒸気圧の高い方から低い方へ水蒸気が移動する性質をいう．スキーウェアやレインコートでは，肌からの湿気（水蒸気）は外に出すが，外部からの液体水を通さないという，透湿性をもつが，防水性ももつ透湿防水布が市販されている．

② **保温性**（thermal retaining property）: 冬の衣服は，なるべく熱を逃がさないための工夫が必要で，そのためには熱伝導を防ぐことが重要である．繊維に比べて空気は熱伝導度が小さいので，空気を多く含む衣服は暖かい．

③ **通気性**（air permeability）: 布の気孔を通しての空気の移動性のことをいい，糸の太さや撚り数，糸密度や布の厚さなどの構造および，それらに施されている加工に応じて，さまざまな挙動を示す．夏の高温，高湿度の条件下において通気性は特に重要な性能である．

3) 装身的性能

① **剛軟性**: 布の硬さ，柔らかさは被服を着用したとき，着装感や成形性に大きな影響を与える．麻布や糊付けをした浴衣地など硬い布は身体との間に空間ができるので換気に富んでいるが身体にはなじまない．一方，しなやかな布は身体になじむ．しかし，柔らかすぎても思いどおりの美しい形は保てず，美しいドレープも出せないので適当な硬さも必要である．また，硬化加工や柔軟加工で布の硬さや柔らかさを変えることもできる．

② **せん断性**: 長方形に切った布の上辺，下辺を固定し，水平方向に，上辺を右，下辺を左に力を加えると平行四辺形に変形する．このような変形をせん断変形，このときに布の内部に生じるずれ応力をせん断応力という．布は，紙などに比べてせん断変形しやすく，被服製作をするときのくせとりや，いせは，この性質を応用して立体に作り上げているといえる．また，着用時の被服にもせん断変形が起こる．

糸密度や交錯度が大きく織糸がずれにくいブロード，デニム，タフタなどはせん断変形しにくい．

③ **ドレープ性**（draping property）: 平面状の被服材料の垂れ下がりの形状をいう．フレアースカートにみられるひだも一例である．布の自重，硬軟性と関係がある．

④ **プリーツ保持性**（pleat retention）: 布に与えたひだ，折り目の形を長く保持する性質である．主に原料繊維の可塑性が関係する．熱可塑性の大きい合成繊維であるアセテートやポリエステルは優れたプリーツ保持性がある．天然繊維の羊毛もひだや折り目を作った後にシスチン結合を形成させることにより安定な形態を保つことができる．

⑤ **防しわ性**（crease resistance）: 布がしわになりにくい性質で，しわに対する抵抗性があることと，しわ回復性があることの両方の意味がある．伸長弾性率が大きいものほど防しわ性がある．ポリエステルは防しわ性が大きい．

⑥ **ピリング性**（pilling effect）: 摩擦により布表面が毛羽立ち，毛羽立った繊維どうしが絡み合い，毛玉（ピル）ができて，布表面に付着する現象をピリングといい，外観を損なうものである．羊毛やアセテートなどは繊維の引張り強度や摩擦強度が弱いため摩擦で毛玉ができても脱落するが，アクリルやポリエステルなどの合成繊維はそれらの強度が強いので，摩擦によって毛玉ができると脱落せずに布表面に残りピリングが発生しやすい．

⑦ **収縮性**: 布は繊維の種類や組織，布構造，仕上加工，その他の条件によっては，仕上げられた商品を洗濯したときや水にぬれたときに収縮がみられる．特に綿やレーヨンなどセルロース系の布は水に

よる膨潤と乾燥を繰り返すことにより収縮する．一般的に布はたて方向の収縮が大きいが，これは製造工程でたて方向に張力をかけながら製織されるためである．アセテート，ナイロン，ポリエステルなどの熱可塑性繊維からなる布は軟化点以上の加熱により収縮が起こる．製品の収縮は，市販衣服のクレームの代表的なものであった．近年，収縮率の厳重管理によって性能は向上しているが，外観を重視した製品の中には問題がみられるものもある．

4) 耐久的性能

① **耐熱性**（heat resistance）：洗濯時の温度，アイロンがけ，染色をする場合に注意が必要な性質である．高温で加熱すると半合成繊維，合成繊維は軟化し溶融する．なかでもポリプロピレン，塩化ビニルは軟化点が低く溶融，収縮する．表 2.1.10 に各繊維の耐熱性を示した．

② **耐薬品性**（resistance to chemicals）：漂白，ドライクリーニング，染色をする場合に必要な性能である．セルロース系繊維はアルカリには強く，強酸には弱い．タンパク質系繊維はアルカリに弱く，合成繊維は全般的に耐薬品性に優れている．

③ **耐摩耗性**（wear resistance）：着用時の損傷を考えると単なる引張りよりも摩擦によって損傷することが多い．表 2.1.12 に示すように，布の摩擦強度は繊維そのものの摩擦性能の影響が大きい．ナイロン，ポリエステル，ビニロンなどの合成繊維は耐摩耗性が大きい．

〔安藤文子〕

参考文献
1) 中島利誠：被服材料学，p.135，光生館，1992.
2) 日下部信幸：生活のための被服材料学，p.127，家庭教育社，1992.
3) 小川安朗：応用被服材料学，p.104，光生館，1985.
4) 繊維学会編：繊維物理学，p.316，丸善，1962.
5) 安藤文子ほか：生活材料学，p.17，アイ・ケイ コーポレーション．

2.1.4 機能性材料

a. 吸水・吸汗素材

液体の水や汗などをよく吸収する繊維素材を意味する．ポリエステル，ナイロン，アクリルのような親水性の少ない合成繊維を加工して，毛細管現象が効果的に働くように工夫されている．そのためには，繊維の形状のみを変える物理的方法として (1) 繊維の極細化：繊維を細くすることにより，単位容積あたりの繊維本数が増えて繊維表面積が大きくなること，(2) 繊維断面の異形化（円形でなくすること），(3) 繊維側面に細い溝や孔を付与すること，などがある．これらの方法では繊維素材の分子構造は変化しないために，合成繊維の速乾性という長所が残る．また，繊維素材に化学反応を施して，ヒドロキシ基（-OH），カルボキシ基（-COOH），カルボキシナトリウム基（-COONa）などの親水性基を導入して，繊維素材そのものの吸湿性を上げる方法が併用されることがある．

各社が独自の工夫をこらした製品がある．ポリエステルの例では，旭化成せんいの異形断面繊維，テクノファイン® がある．図 2.1.28 のように W 字形の扁平な断面をもつ．この素材を束ねることによって，水や汗を細かく多量に，すばやく取り込むことができる．吸った汗は肌面に戻らないようになり，ドライ感が保たれる．従来の化学繊維に比べて柔らかく，肌や他の繊維との摩擦係数が小さくなり，滑らかな肌触りとなる．テクノファイン® を使用した製品が「アクアジョブ」で，寝具，スポーツ衣料とし

表 2.1.12　各種繊維の摩耗強さの測定例[4]

繊維の種類	繊度 (D)	摩耗寿命 (0.15 gf/D 荷重)
綿	1.37	39
毛	7.53	3
絹	14.3	7
レーヨン	3.01	20
アセテート	3.89	3
キュプラ	1.35	60
ナイロン(1)	3.5	1,336
ナイロン(2)	2.37	>70,000
ポリエステル	2.84	11,770
アクリル系	3.08	19
ビニロン(1)	1.33	5,616
ビニロン(2)	1.07	14,637

図 2.1.28　テクノファイン®（旭化成せんい提供）

て市販されている.

ナイロンの例では,東レのボディクール®はひつじ雲のような扁平八葉断面形をもつ,極細繊維であり,吸水速乾性に優れ,接触冷感がある.また,旭化成のシーベ®はL字型の断面をもつ.ポリエステルとナイロンの混紡製品には,帝人のミクロスター®がある.ポリエステル(約50~74%)とナイロン(約26~50%)の超極細繊維からなる高吸水性繊維である.

アクリル繊維を多孔質化して,毛細管現象により吸水性を増加させた繊維素材は,各社で製品化された.バイエル社(ドイツ)のDunova®(デュノバ),鐘紡のアクワロン®,旭化成のソルシー®などがあり,これらは,アクリル繊維の物性を保持し,吸湿性は変わらないが,吸水性を増大させており,肌着やタオルなどによく用いられた.さらに改良された日本エクスランのアクア®(微細孔と毛細管をもつ),二層構造にして断熱性と吸水性を併せもつコアホット®がある.

化学的処理による吸水繊維の例としては,日本エクスラン工業が商品化したランシールF®が知られる.繊維としての機能と吸水ポリマーとしての機能を併せもつ世界で唯一の吸水膨潤繊維である.アクリル繊維に化学処理で,親水性基を導入して,架橋剤で繊維分子間を結合した繊維素材である.繊維1gあたりで蒸留水を120~150 mL,0.9%食塩水を40~50 mL吸収すると報告されている.吸水速度は10秒で平衡吸水量の70%になるという.繊維物性は芯のアクリル繊維で維持し,吸水してもほとんど低下しない.ランシールF®は他の繊維と複合化して製品化される.繊維の改良は日進月歩で,各商標名はやがて過去のものとなる. 〔金澤 等〕

b. 透湿防水素材

透湿防水素材は,その構成において,高密度織物と繊維基材に樹脂加工を施した膜加工素材に大別される.さらに後者は,その膜の状態によって,多孔質タイプと無孔質タイプに分けることができる.また,加工方法では,接着剤を用いて基布に貼り合わせたラミネートタイプと,基布上に樹脂を直接塗工し加工したコーティングタイプに分けることができる.一方,膜加工素材は,その断面構成から分けると,樹脂フィルムと基布からできた二層タイプと,これに突起状の樹脂加工などを施して樹脂フィルム表面の耐摩耗性を向上させたタイプ,さらには必要に応じ二層タイプの樹脂フィルム側に接着剤を介してメッシュ状のニットや織物の基布をラミネートした三層タイプなどもあり,それぞれの使用用途や耐久レベルに応じて使い分けられている.以下に,これらを加工する際に用いる樹脂の種類も含めて類別する.その他の膜加工素材としては,アクリル樹脂,シリコン樹脂を用いたコーティングタイプなども存在するが,本項では割愛する.

1) 極細糸を使用しはっ水剤処理とカレンダー処理を施した高密度織物 高密度織物は,極細繊維を用い高密度に製織することで得られる.高密度織物で一定水準以上の耐水性を得るためには,繊維間隙を小さくする目的で単糸密度の細い繊維を緻密に織ることが重要である.また,高密度織物では耐水性や洗濯耐久性を向上させるために,フッ素系樹脂がはっ水剤として用いられる.しかしながら一般的な高密度織物の耐水圧性能は,膜加工が施されていないため5~20 kPa程度と低く,高密度織物は,高機能透湿防水素材としての位置付けよりも,膜加工されていないことにより得られる利点を生かした織物自体のもつ質感と機能性とを兼ね備えた素材として定着している.

2) 超極細セルをもつポリテトラフルオロエチレン(PTFE)膜をラミネートした素材 超極細セルをもつフィルムをラミネートした素材としては,GORE-TEX®ファブリックが代表例として挙げられる.GORE-TEX®ファブリックの製法は次のとおりである.まずPTFEフィルムを延伸することにより,フィブリル状(蜘蛛の巣のような構造)に熱固定した厚さ25 μm で孔径0.2 μm 以下の微細な孔を1 cm^2 あたり14億個も有する第一世代であるGORE-TEX®膜を製造する.次いでこれに特殊ポリウレタン樹脂を塗工することで,油分や塩分および洗剤などによる膜の目詰まりを起こさせないようにした第二世代であるGORE-TEX®膜を,ナイロンやポリエステルの織・編物に接着剤を用いてラミネートすることで得られる.透湿防水性能は,水蒸気よりも大きく雨粒よりも小さな孔径と,PTFEのもつはっ水性により発現する.

3) ポリウレタン(PU)樹脂を基布上にコーティングし超極細セル層を形成した素材 PU樹脂によって超極細セル層を形成させた素材は,主として

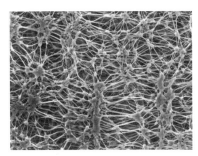
ePTEF メンブレン（イメージ）（日本ゴア株式会社提供）

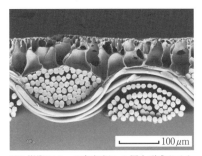
PU 樹脂によって超極細セル層を形成させた素材断面

図 2.1.29　膜加工素材（多孔質タイプ）

親水性 PU ラミネート素材

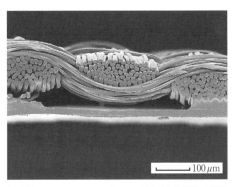
親水性ポリエステルラミネート素材（高性能防水透湿素材「エコストーム®」（帝人株式会社提供）

図 2.1.30　膜加工素材（無孔質タイプ）

湿式凝固法により得られる．本素材は，ナイロン，ポリエステルなどの基布に，PU 系樹脂のジメチルホルムアミド（DMF）溶液を直接塗工し，次いで水浴中で湿式凝固することにより，基布上に PU 系超極細セル層が生成し得られる．透湿防水性能は，得られるセル層の形状，孔径，および組成によって決定される．これらは，PU 系樹脂の成分組成，重合度，および塗工配合液に用いられる PU 樹脂以外の高分子化合物，ノニオン，アニオンなどの界面活性剤により調整される（図 2.1.29）．

4）　親水性 PU 樹脂の無孔質フィルムを基布にラミネートした素材　親水性 PU の無孔質フィルムに用いられる PU 樹脂には，エチレンオキサイド基に代表されるような親水基を共重合した PU 樹脂溶液が用いられる．本素材は，これらを離型紙上でフィルム化し，さらに PU 系接着剤を積層して，はっ水加工を施したナイロン，ポリエステルなどの基布とラミネート，あるいはラミネート後にはっ水加工することで得られる．親水性無孔質フィルムを使用した素材における透湿機能は，衣服内で発生した水蒸気が，まずフィルム分子中の親水性セグメント表面に吸着し不凍水となり，次いで親水性セグメントと相互作用をわずかに示す中間水，そして相互作用のない自由水となりながら，衣服内部よりも水蒸気分圧の低い外気側に移動し，疎水性アウター基布において蒸散することで発生する．

5）　親水性ポリエステル系の無孔質フィルムを基布にラミネートした素材　無孔の親水性ポリエステル系フィルムを，はっ水加工を施したナイロンやポリエステル織・編物に接着剤を用いてラミネートした素材である．使用するメンブレンの特徴は，それ自体が親水性で無孔質の膜であり，そのため油分や塩分および洗剤などによる膜の目詰まりを起こさず，防水性・透湿性などの機能が経時で低下しないことが挙げられる（図 2.1.30）．

6）　親水性 PU 樹脂を基布上にコーティングし無孔の透湿防水層を形成させた素材　乾式ダイレクトコーティング素材に使用される樹脂には，PU

樹脂の有機溶剤溶液，ディスパージョン，エマルションがある．これらは，直接基布に塗工し加熱乾燥することで得られる．一般的には，防水性と透湿防水性を優先したタイプに分けられ，基布へのはっ水加工と使用樹脂の親水化度および塗工量によってそれらの性能が決定される． 〔**榎本雅穂**〕

c. 保温性素材 (heat retention material)

伝熱には伝導・対流・放射の3種のモードがあり，それに貯熱が加わる．保温の基本はこの伝熱の3種のモードによる伝熱を制限することであるが，それに加えて貯熱による加温，すなわち，繊維材料の場合には吸湿発熱や太陽光の蓄熱などがある．

1) 繊維素材による保温　熱伝導率 (λ) の小さな材料を厚く (d) 使い，熱抵抗 (d/λ) を大きくすることが放熱を抑制し，保温性を高める．

ここで熱伝導率について検討する．熱伝導率の小さな身近な材料として静止空気がある．しかし空気は形態をとどめない．それゆえ，熱伝導率の小さい繊維と空気を複合させることで熱伝導率が小さい保温材料を得る．

一般に高分子材料である繊維には，熱伝導異方性がある．主として分子がつながる繊維軸方向よりもファン・デル・ワールス力で結合している繊維軸に垂直な方向の熱伝導率は小さい．いま，実用的な繊維の利用を考えると，伝熱は繊維軸に垂直な方向になるであろう．衣料用繊維の熱伝導率 λ_f は，各種繊維の中でポリプロピレン繊維が 0.11 W/m·K と最も小さく，リネンが 0.34 W/m·K で最も大きい[1]．なお，空気の熱伝導率 λ_a は 0.0255 W/m·K (20℃) である．これらの繊維と空気の複合された繊維集合体の有効熱伝導率 λ_e は，円柱状の繊維が一様に分布している場合を想定してセルモデル理論を適用すると，次式で与えられる[2]．

$$m = \frac{\lambda_f}{\lambda_a}, \quad \frac{\lambda_c}{\lambda_a} = \frac{1+\dfrac{m-1}{m+1}V_f}{1-\dfrac{m-1}{m+1}V_f} \quad (1)$$

ここで，V_f は繊維の体積分率である．被服材料として用いられている布を想定して，V_f の最大を 0.6 とすると，λ_f が 0.34 W/m·K と最大のときに λ_e は最大の 0.080 W/m·K となる．また，布の熱伝導率に関する妹尾らの研究[3]によれば，紳士服地で 0.026～0.071 W/m·K，婦人服地で 0.031～0.088 W/m·K の範囲にあると考えられる．以上の結果をまとめて図 2.1.31 に示した．布の有効熱伝導率と繊維集合体の熱伝導率の範囲は，概略一致し，繊維の熱伝導率よりも空気の熱伝導率にかなり近い値となっている．これは，布の基本的な構造が空気（海）中に繊維（島）が存在するような形態であるため，空気の値が支配的な因子となるからと考えられる．布や繊維集合体の有効熱伝導率は，繊維の体積分率が小さいほど小さくなるが，繊維が濡れると熱伝導率が大きくなる[4]ので有効熱伝導率も大きくなる．

ところで，綿状の繊維集合体の V_f をかなり小さくし，より多くの静止空気を含ませることができるが，有効熱伝導率は増大することが知られている[5]．

2) 素材表面　風は，表面熱伝達率を増大させ，また通気を増大させるので保温性を低下させる．静止空気を包含する表面の毛羽の存在は保温性の向上に寄与する．

表面色と保温について考える．図 2.1.32 はジュースの缶に種々の色紙を巻き付け，内部水の温度変化を調べたものである．図(a)は太陽光に曝された各種缶の温度上昇を調べている．図(b)は室内で温度降下を測定している．図(a)では，太陽光の下で色による昇温の違いが認められている．黒が最も太陽光の吸収がよく，白が最も悪い．その他の色の影響

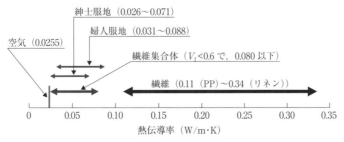

図 2.1.31 空気，繊維に関する熱伝導率相互の位置関係

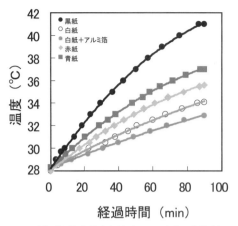

(a) 表面色と温度上昇（ガラス窓越の太陽光）

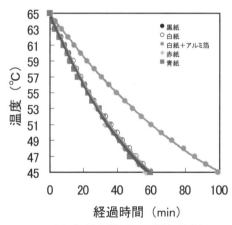

(b) 表面色と温度降下の関係（室内）

図 2.1.32　太陽光下と室内における色と温度の関係

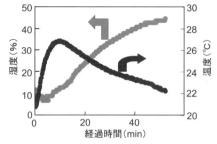

図 2.1.33　ウールの吸湿による発熱

も含めて日常の我々の感覚通りである．一方，図(b) では色による違いは認められない．すなわち，遠赤外線の放射熱下では色は意味をなさないということである．なお，アルミフォイルは別格で両図ともに熱放射率が小さい．アルミニウム素材の抑制効果が認められる．

3）繊維素材の加温　相変化の利用として，水蒸気を吸収して発熱させる繊維の利用がある．特徴的な天然繊維はウールであるが，合成繊維ではウールの倍ほどに吸湿性を増大させた繊維が開発されている．図 2.1.33 に一例を挙げる．ウール布で包まれた温湿度センサーを 21℃，10%RH の環境から 65%RH の環境へ放出したときの温湿度変化の実験例である．布は水蒸気を吸収して発熱し，内部にあるセンサー温度を上げていく．その間は布の吸湿によりセンサー部への水蒸気の流入はほとんどない．この例では，10 分ほどで温度がピークとなっている．したがって，この時点で布の吸湿はほぼ終わる．それからは，布で吸収されない水蒸気がセンサー部へ流入し，センサー部の湿度は上昇していき，センサー部の温度は緩やかに下降していくこととなる．

また，太陽光を吸収して蓄熱するセラミックの利用による加温もある．これらの繊維の遠赤外線領域の熱放射率は小さく，人体からの遠赤外線を反射させる特性ももたせている．

〔鎌田佳伸〕

参考文献
1) 鎌田佳伸：各種繊維の熱伝導率の測定例．環境としての被服（日本家政学会編），p.43, 朝倉書店，1988.
2) 加藤豊文, 鎌田佳伸, 新谷一人, 大島信徳：繊維状物質の有効熱伝導率．冷凍，54：963-971, 1979.
3) 妹尾順子, 米田守弘, 丹羽雅子：被服材料の熱伝導特性に関する基礎的研究（第1報）布の有効熱伝導率の測定．日本家政学会誌，36：241, 1985.
4) 妹尾順子, 米田守弘, 丹羽雅子：被服材料の熱伝導特性に関する基礎的研究（第2報）布含水状態における布の有効熱伝導率．日本家政学会誌，36：251, 1985.
5) 野飼亨：一軸配向繊維集合体の繊維軸に垂直方向の有効熱伝導度の評価．繊維学会誌，36：T389, 1980.

d. 紫外線カット（遮蔽）素材

太陽から地表に届く紫外線（ultraviolet ray），可視光線（visible ray），赤外線（infrared ray）のエネルギー量の比率はそれぞれ約 6%, 52%, 42% である．紫外線の波長領域は可視光（400～700 nm 程度）より短く，強いエネルギーをもつため，生体をはじめ多くの物質中の分子の化学結合に作用する．そのため，長期間紫外線を浴びると日焼けばかりでなく慢性的な皮膚障害を引き起こし，老化（しみ，しわ）や皮膚ガンの原因にもなる．紫外線はその波長領域により UV-A（320～400 nm），UV-B（280～320 nm）および UV-C（280 nm 以下）に分類さ

れる．UV-C と UV-B の一部はオゾン層に吸収されるため，地表に届く紫外線の97%がUV-Aであり，UV-Bは約3%のみ含まれる．しかし，ヒトの皮膚のサンバーン（皮膚の赤い炎症）に対するUV-Bの作用力は，UV-Aの1000倍以上あるといわれている[1)]．また，太陽光のほとんどが地上に直達成分として届くが，紫外線の半分以上は散乱光である．それゆえ，日陰では可視光線を直接浴びないが，向いている方向によっては日向と同程度の紫外線を浴びることがある[1)]．オゾン層の減少が指摘されている現代では，スポーツウェア，作業着，帽子，日傘，カーテンなど衣料品のほかに，テントや日よけにも紫外線遮蔽素材のニーズが高まりつつある．

織物や編物における紫外線遮蔽性能は繊維の種類，繊維の太さ，織密度，布の厚さ，色などによって異なり，繊維や織物の設計である程度光を透過させにくくすることが可能である．羊毛，絹，ポリエステルなどは化学構造に芳香族を含むため紫外線を比較的吸収しやすいが，綿などは透過しやすい．絹は紫外線を吸収し黄変しやすいが，ポリエステルは変色しにくく紫外線カット素材として用いられることが多い．一般に，淡い色より濃い色のほうが，薄い布より厚い布のほうが，紫外線遮蔽効果が高い．また，化学構造中に紫外線を吸収する官能基を含む染料による効果も検討されている[2)]．これらの方法で紫外線の衣服内への透過をある程度抑制できるが，完全に遮蔽できるわけではない．

したがって，紫外線カット素材の多くは紫外線遮蔽剤を用いて製造されている[1, 3)]．紫外線遮蔽効果を付与するために，紫外線遮蔽剤（ultraviolet shielding agent）として紫外線吸収剤（ultraviolet absorber）や紫外線散乱剤（ultraviolet scattering agent）を繊維に内部添加する（繊維や繊維中の一部分に練り込む）方法と，後加工として表面へのコーティングをする方法がある．一般に，内部添加は耐洗濯性に優れているが，コーティングは効果の持続性に問題がある場合がある．

紫外線吸収剤としては，紫外線のエネルギーを吸収し，熱として放出する有機化合物が一般に用いられる．例えば，ケイ皮酸誘導体のパラメトキシケイ皮酸2-エチルヘキシルは，図2.1.34のようにUV-Bを吸収して化学変化を起こす．紫外線吸収剤には主にUV-Aを吸収するものと，主にUV-Bを吸収するものがある．UV-A吸収剤にはジベンゾイルメタン誘導体，ベンゾフェノン誘導体があり，UV-B吸収剤には，先述のケイ皮酸誘導体，安息香酸誘導体がある．これらの紫外線吸収剤は透明性に優れている[1)]が，後加工が黄変の原因の一つとなることもある．

紫外線散乱剤には酸化チタンや酸化亜鉛などセラミックスの微粒子があり，これらを繊維の内部に練り込む．紫外線散乱剤の粒径は0.02～0.04 μmでUV-Bの遮蔽効果が最大となり，0.07～0.09 μmでUV-Aの遮蔽効果が最大になる．酸化亜鉛は比較的屈折率が小さいため，その微粒子は透明性が高い．他方，酸化チタンはUV-Aの遮蔽効果が高く，紫外線散乱剤としては最も効果のあるものとして用いられている[1)]．これらのセラミックスは変質しないことが利点であるが，粉体として使用されるために添加できる量には限界がある．適量を超えて添加すると繊維強度や破断伸度が低下することがあり，布地の透明感も低下する．約2%の酸化チタンを内部添加したレギュラーグレードのダル（つや消し）品種の化学繊維でも一定のUV遮蔽効果がみられるが，完全に遮蔽するには3～5%程度のより高濃度の酸化チタンの添加が必要である．

近年，ポリエステルなどのステープルファイバー，細デニール繊維，異型断面繊維あるいは高捲縮繊維などさまざまな形体の繊維にセラミックスを内部添加する技術に加え，ポリエステル繊維へのセラミックスの内部添加と紫外線吸収剤の併用など，技術を駆使した紫外線遮蔽繊維が上市されている[3-7)]．このほか，ナイロンやポリエステルなどの芯鞘構造の芯部に高濃度のセラミックスを添加し，鞘部に透明性の高い，あるいは染色性の高い高分子を使用した複合繊維や，芯部に高濃度のセラミックスを練り込み，鞘部に異なるタイプのセラミックスを練り込み，さらに芯部を中空にして軽量化と風合いを改善した

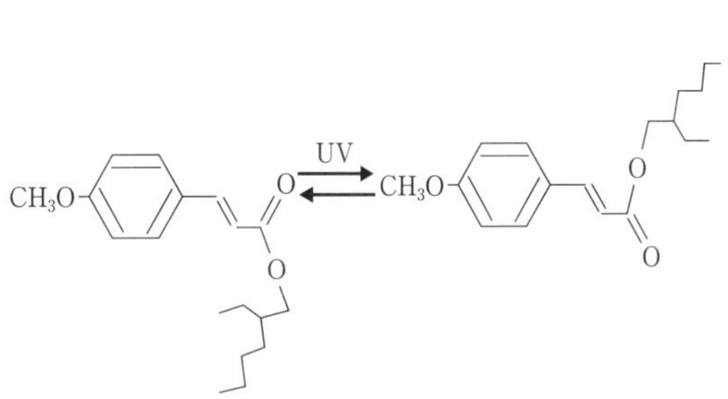

図2.1.34 パラメトキシケイ皮酸2-エチルヘキシルがUV-Bを吸収した際の化学変化

多層複合中空繊維なども開発されている[3-7]．また，紫外線吸収剤を用いた後加工として綿や羊毛の風合いを損ねず，繰り返し洗濯にも強い加工法も展開されている[3,4]．

紫外線遮蔽繊維の遮蔽性能の評価法には一般に次のような方法がある．

① アパレル製品等品質性能対策協議会法[8,9]：紫外線の全波長領域（280～400 nm）の透過率を分光光度計で測定し，平均する．加工繊維の透過率が未加工繊維の透過率の50％以下を基準として，遮蔽率90％以上，80～90％，50～80％の3ランクで評価する．

② UPF評価（オーストラリア／ニュージーランド規格 AS/NZS 4399）： UV-A（315～400 nm）とUV-B（280～315 nm）の試料の透過率を測定する．波長別のエネルギーを勘案した係数を用いてUPF値（ultraviolet protection factor，紫外線保護指数）を算出する．

このほか，波長特性が明らかになっている紫外線ランプ（280～400 nm）の照射下に積算照度計を置き，その上に試料を覆い，試料のあるときとないときの紫外線積算照射量から透過率を求める方法などもある[6]．

〔小原奈津子〕

参考文献

1) 高橋哲也：テクニカルテキスタイルに用いられる繊維素材．Future Textiles, pp.58-62, 繊維社, 2006.
2) 織田博則：機能性色素の耐光性改善．繊維学会誌, 64 (11)：381-384, 2005.
3) 東レリサーチセンター調査研究部：高機能性繊維, pp.283-285, 東レリサーチセンター調査研究部, 2013.
4) ユニチカ：紫外線遮蔽ポリエステル素材 トナードUV, 紫外線（UV）プロテクト素材 SEMICELIA, UVカット素材 UV Sun Grand. 繊維科学, 34 (4)：30-32, 1992.
5) クラレ：クラレ 技術・マーケティング情報．繊維科学, 42 (6)：28-29, 2000.
6) 伊藤 滋，山田浙雄：フィジオセンサー（紫外線遮蔽繊維）について．繊維科学, 34 (3)：50-53, 1992.
7) 日本紡績検査協会：ボーケン Report, 87, 4-5, 2005.
8) 高島嘉守：UVカット，アミノ酸加工ウェアの開発．Fragr. J., 32 (3)：88-91, 2004.
9) 堀 照夫ほか：学振版 染色機能加工要覧, p.227, 色染社, 2004.

e. 抗菌防臭素材

細菌はヒトの皮脂，汗，垢などを栄養源として増殖し，それらを分解してアンモニアや酢酸などの臭気を発生させる．衣服に付着した細菌の増殖を抑えることで，臭気の発生を抑制することができる．抗菌防臭素材とは，抗菌性によって菌の増殖を抑え，防臭しうる繊維素材のことを指す．一方，類似の用語として制菌素材がある．これは，食中毒の原因菌である黄色ブドウ球菌，肺炎の原因菌である肺炎桿菌，床ずれの原因菌である緑膿菌，膀胱炎の原因菌である大腸菌，院内感染の原因菌である MRSA などを試験対象菌とし，それらの細菌を死滅させることを目的とした繊維素材のことを指す．抗菌防臭素材と制菌素材とは，区別して用いられている[1-3]．

1) 日常生活における不快な臭気 ヒトの嗅覚は五感のうちでも特に鋭敏であり，本能的な感覚の一つとされる．腐敗した有機物の発する揮発性分子を不快と感じるのは，食物の状態を判断するための本能とも考えられている．さらに快適性衣料へのニーズが高まり，防臭に対する要望も高まった．日常生活における不快な臭気とは，タンパク質，炭水化物，高級脂肪酸などの生体由来成分が細菌などによって分解された揮発性分子である．それらは窒素，硫黄，酸素の化合物であり，メルカプタン，硫化水素，アルデヒド，ジスルフィド，インドール，アミン，スカトール類などが挙げられる．

このような不快な臭気は，日常生活におけるさまざまな場所で発生する．トイレ，浴室，台所，玄関などだけでなく，呼気，口腔，頭髪，脇の下，排泄物などの人体からも発生する．このような不快な臭気は，頭痛を引き起こしたり，自律神経にも影響を与える．

2) 抗菌防臭素材について 抗菌防臭性の機能を有する繊維としては羊毛，ナイロン，ポリエステル，アクリル，レーヨンなどが挙げられる．また，加工方法には，後処理加工法と練り込み法とがある．抗菌剤は無機系と有機系のものに分けることができる．

繊維の後加工法では，スプレー噴霧，ディッピングなどによって，第4級アンモニウム塩系，ビグアナイド系，フェニルアミド系などの化合物を含む液体を生地に均一に付着させる．その際，接着性高分子を用いて，繊維表面の水酸基とトリメトキシシリル基などを化学反応させ，抗菌剤が生地から脱落しにくくする方法も行われている．これらの後加工法

は，天然繊維にも適用することができる．ただし，この方法で得られた繊維は，繰り返し洗濯すると抗菌性が低下しやすいというデメリットもある．

一方，練り込み法では，溶融紡糸の工程で抗菌剤を溶融した繊維高分子中に混練して添加する．そのため，抗菌剤が溶融紡糸時の熱に耐える必要があり，耐熱性に優れる無機系のものが多く用いられている[4]．具体的には，金属担持ゼオライト[5]，リン酸塩化合物，ガラス化合物などが挙げられる．練り込み法は溶融紡糸工程で行うため，天然繊維には適用できない．また，抗菌剤の粒子が繊維内部に包埋されやすいというデメリットもある．抗菌剤の粒子を繊維表面に露出させやすくするため，繊維の表面処理を行うこともある．また，繰り返し洗濯しても抗菌性が低下しにくいというメリットもある．

注目されている機能剤として，光を照射すると化学反応を促す触媒作用をもつ光触媒酸化チタンがある[6,7]．光触媒酸化チタンに紫外線を照射すると，スーパーオキサイドイオンと水酸ラジカルという2種の活性酸素が発生する．これらは，微生物，臭気物質，汚染物質などの有機物を水と二酸化炭素とに分解する．そのため，抗菌性と消臭性の両方の機能が発現され，優れた抗菌防臭素材が得られる[8-10]．光触媒酸化チタンは，練り込み法と後加工法の両方で用いることができる．最近では，紫外線だけでなく，可視光線でも働く光触媒の開発も行われている．これらは，太陽光下での利用に非常に有利である．

また，環境や人に優しいことをメリットとする天然物由来の抗菌剤にも注目が集まっている[11]．キチン・キトサンやヒノキチオールなどが挙げられる．これらには，抗菌防臭効果の他にも防ダニ効果などもあり，天然由来であることから人に優しいという安心感もある．

これらの抗菌防臭素材の用途として，衣料分野では肌着，シャツ，スポーツウェア，靴下，ストッキングなど，寝装分野ではシーツ，布団，毛布，マットレス，布団カバーなど，インテリア分野ではカーペット，カーテンなど，多数が挙げられる．

3） SEKマークについて　繊維製品の抗菌防臭加工として，「SEKマーク」がある[12]．繊維評価技術協議会が認証しているもので，「使用する加工剤と製品」の両面から安全性と性能を評価する試験を実施し，合格した製品に対してその使用が許可さ

表2.1.13　SEKマーク（口絵8参照）

	抗菌防臭加工SEKマーク（青ラベル）	繊維に付着した細菌の増殖を抑制し，防臭効果をもつ製品であることを示している．主に，靴下やタオルなどに適用されている．
	制菌加工SEKマーク（橙ラベル）	繊維に付着した皮膚常在菌や有害細菌が，増殖しないレベルにまで抑制できる製品であることを示している．一般用途として，一般家庭や食品業務用などの繊維製品に適用されている．
	制菌加工SEKマーク（赤ラベル）	医療機関ならびに介護・福祉施設などで使用する特定用途のものとして，十分な制菌性をもつ製品であることを示している．なお，制菌性の他にも皮膚刺激性などの安全性が求められ，医療用で幅広く使用されている．
	光触媒抗菌加工SEKマーク（紫ラベル）	光触媒効果により，繊維に付着した細菌の増殖を抑制できる製品であることを示している．試験菌として，黄色ブドウ球菌と肺炎桿菌を使用する．シャツなどの衣類やカーテンなどのインテリア製品に適用されている．

れる．SEKマークには，表2.1.13のような4種類がある．

〔高橋哲也〕

参考文献

1) 川崎英夫：抗菌防臭加工および制菌加工繊維製品の動向．繊維学会誌，57 (7)：202-205，2001.
2) 山崎義一：抗菌防臭・制菌素材．加工技術，43 (4)：276-285，2008.
3) 岡嶋克也：抗菌防臭・制菌．繊維学会誌，60 (6)：335-342，2004.
4) 高麗寛紀：無機系抗菌剤の開発の現状と将来．無機マテリアル，6 (283)：428-436，1999.
5) 奥　章祐：銀ゼオライト含有ファイバー．紙パ技協誌，44 (5)：589-598，1990.
6) A. Fujishima and K. Honda: Electrochemical photolysis of water at a semiconductor electrode. *Nature*, 238 (5358): 37-38, 1972.
7) M. Fujihira, Y. Satoh and T. Osa: Heterogeneous photocatalytic oxidation of aromatic compounds on TiO_2. *Nature*, 293: 206-208, 1981.
8) T. Takahashi, K. Tokuda, Y. Miyamoto, M. Sanbayashi: Improving photocatalytic properties of rayon fibers containing a titanium dioxide photocatalyst through enzymatic treatment. *Textile Research Journal*, 83 (15): 1615-1624, 2013.
9) T. Takahashi, M. Oowaki, Y. Onohara and Y. Yanagi: Deodorant performance of titanium dioxide-added acrylic/cellulose diacetate blended-fibers. *Textile Research Journal*, 83 (8): 800-812, 2013.
10) T. Takahashi, Y. Shoji, O. Inoue, Y. Miyamoto and K. Tokuda: Antibacterial properties of rayon fibers containing titanium oxide photocatalyst. *Biocontrol*

11) 中島照夫：代表的な天然物系抗菌剤で処理した布とフィルムの抗菌活性 4. 加工技術，43（2）：143-151，2008.
12) 佐藤賢三：新しい制菌加工・抗菌防臭加工 1―新しい制菌加工繊維製品 SEK マーク認証基準について．加工技術，33（8）：487-497，1998.

f．その他の機能性素材

1） ストレッチ素材[1]　ストレッチ素材は，汎用の繊維素材と比較して伸縮性・弾力性のきわめて大きな素材である．ストレッチ素材には，素材そのものの弾性によるものと，繊維の形態を利用したものがある．弾性によるものの代表例としてはポリウレタンがあり，柔軟部分の化学構造から，エーテル型とエステル型に分類される．これらは1959年に米国デュポン社が開発し，スパンデックス（Spandex）と称されている．ポリウレタン弾性糸をそのまま用いる場合（ベア使い）と，弾性糸のまわりを他の繊維でカバーして用いる場合（カバリング弾性糸）がある．カバリング弾性糸には，ポリウレタン弾性糸を芯糸にして伸張しながら綿，羊毛，ポリエステルなどの紡績糸を鞘に巻き付けるコアスパンヤーン，弾性糸を芯糸にして伸張しながらナイロン，ポリエステルなどのフィラメントや綿，羊毛などの紡績糸を巻き付けるカバードヤーンなどがある．繊維の形態を利用したものとしては，ポリエステルやナイロンなどのフィラメントに撚りなどの歪みを加え，熱固定して伸縮性を付与した伸縮仮撚り加工糸のタイプと，熱収縮の異なるポリマーをサイドバイサイドに複合して，熱収縮後にコイル状の高捲縮にするサイドバイサイド型コイル状弾性糸タイプがある．

衣類にストレッチ素材を使用する目的は大きく分けて，伸びとフィット性による動きやすさを追求する機能面と，弾発性のある風合いや身体に沿ったシルエットを出すための感性面の二つがあり，その目的に応じた素材の使い分けがなされている．競泳やスピードスケートなどの競技用スポーツウェアには40％以上の伸びが必要であり，ポリウレタン編物が使用されている．スポーツジャケット，インナーなどには20～40％の伸びが求められ，スパンデックス織編物，サイドバイサイド型コイル状弾性糸織編物が使用されている．シャツ，ブラウス，スラックスなどには10～20％の伸びが必要であり，スパンデックス織物，仮撚り伸縮加工織物などが使用されている．

2） 高強度・高弾性率素材[2]　強度や弾性率の極めて高い繊維素材が，防弾衣や防刃衣などの防護衣に用いられている．芳香族ポリアミド（アラミド）繊維，特にパラ系アラミド繊維（ケブラー，Kevlar）のほか，超高分子量ポリエチレンをゲル紡糸によって分子鎖を繊維方向に配列させることで得られる高強力ポリエチレン繊維や，ポリベンズオキサゾール（PBO）繊維などが知られている．防弾衣の場合は，弾丸の運動エネルギーの分散や吸収が効率よく行われることが求められ，平織織物の積層体や一方向に引き揃えた繊維を樹脂フィルムなどで固定したシートを，繊維方向を直交して積層させたものが用いられている．一方，防刃衣はエネルギーの分散，吸収よりも刃による切断を抑制する必要があることから，金属やセラミックスなど，硬度の高いものを併用することが多い．強度や弾性率を究極的に高めた繊維素材として炭素繊維があり，被服用途としてはヘルメットの補強材などに用いられている．

3） 防火耐熱服用素材　素材が燃えるために必要な酸素濃度をLOI値（限界酸素指数）という．数値が高いほど難燃性に優れており，25以上で自己消火性があるとされる．素材自身に難燃性がある場合と，難燃剤添加などの後加工によって防炎性を付与する場合がある（後者については，2.2.3 b項を参照されたい）．素材自身に難燃性があるものとしては，メタ型アラミド繊維（ノーメックス，Nomex）がよく知られており，LOI値は30程度である．難燃性に加え，遮熱性，非溶融性，低収縮性，低発ガス性などの諸特性に優れるため，消防服，防炎作業服の素材に用いられている．そのほかの難燃性素材としては，ポリイミド，ポリベンゾイミダゾール，PBOなどが知られている．

4） 特殊発色素材　被服素材は一般に染料によって着色されるが，色の深みや鮮明性を高めるためには，以下のことを考慮する必要がある．
① 繊維内の染料濃度を高める，
② 繊維表面での鏡面反射を防止して繊維内部への透過光を増やし，染料による光の吸収を高める．

既存の被服素材の中ではポリエステルが最も屈折率が高く，繊維表面で光が反射しやすい．そのため，発色性の向上はポリエステルを中心に進められてき

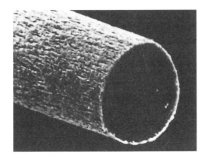

図2.1.35　微多孔ポリエステル繊維の顕微鏡写真[3]

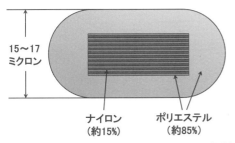

図2.1.36　構造発色繊維の断面図（文献4を基に作成）

た．繊維の表面を光の波長のオーダーで凹凸化すると，繊維表面での光の反射が防止され，内部吸収光が増えるため，染料の発色性が改善される（図2.1.35）[3]．このような表面は，微細な無機粒子を分散したポリエステル繊維をアルカリ減量加工する，あるいは，繊維表面をプラズマ処理することによって得られる．

従来の染料などによらない，光の干渉を利用した構造的発色は自然界に多く観察され，タマムシや南米のモルフォチョウが有名である．この技術を繊維に展開し，屈折率の異なる素材，例えばポリエステルとナイロンを交互に積層させることによって繊維内部で光の干渉を生じさせて，染料なしで着色した繊維が得られている（図2.1.36）[4]．被服材料に留まらず，塗料や化粧品などへと用途が拡大している．

〔吉村利夫〕

参考文献
1) 丸山尚夫：ストレッチ素材．繊維便覧，pp.470-471，丸善，2004．
2) 宮本武明，本宮達也：スーパー繊維—高強度・高弾性率繊維．新繊維材料入門，pp.63-90，日刊工業新聞社，1992．
3) 鈴木東義，和田 悠：繊維：微多孔繊維—衣料用ポリエステル繊維を例として．繊維学会誌，41（11）：401-409，1985．

4) TEIJIN LABORATORIES：最先端のナノテクノロジー技術が生んだ構造発色繊維「モルフォテックス」，pp.14-15，http://www.teijin.co.jp/recruit/career/rd/pdf/teijin_labo_03.pdf

2.1.5　被服材料の品質検査

繊維が被服として利用されるためには，多くの機能を備える必要がある．繊維材料は，製品品質の良否を決定するものであり，その性能を正しく見極めるために品質検査は必須である．しかし，品質検査は，それを行う立場や条件，素材の使い方や用途などによって，目的も試験法も異なる．一般に，消費者が衣服として用いる被服材料に必要な基本的性能には，①快適な着心地（吸湿・吸水性，透湿性，はっ水性，保温性，通気性など），②耐久性（引張り・引裂き強さ，破裂，摩耗，耐候性，耐薬品性など），③形態的性質（弾性回復性，せん断特性，剛軟性，寸法安定性，防しわ性，ドレープ性，ピリング性，スナッグ性など），④外観の審美性（出来栄え，デザインなど），⑤その他（特殊機能）などが挙げられる．ここでは織物を中心に，消費者の立場に立って必要な品質の検査方法の概要を示す．

a. 繊維材料の判定

繊維製品の組成が不明または表示が正しいかを判定する場合に，素材を鑑別する．

1) 顕微鏡法　繊維はそれぞれに特徴をもった形態を示す．特に天然繊維は固有の形態をもち，繊維鑑別の有力な手段となる．繊維の観察には，光学顕微鏡や電子顕微鏡を用いるが，デジタルマイクロスコープ（図2.1.37）による観察がビジュアル的にもわかりやすく簡便である．断面の観察（図2.1.38）には，直径0.5 mm程度の孔をあけた厚さ0.3〜0.4 mmほどの銅板に，ナイロンテグス（φ0.104

図2.1.37　デジタルマイクロスコープKH-1300
（K.K.ハイロックス製）

い小さな塊となる．炎の中では縮みながら燃え広がり，髪の毛を燃やしたような臭いで，燃えた後は黒い球状で脆い．

③ **合成繊維**： 炎に近づけると軟化，溶融するかまたは縮む．炎の中に入れると溶融して縮まりながら燃え，溶融物はしずくとなって落ちる場合がある．アクリル系繊維のように黒煙が出ることもある．燃えた後は，乳白色または黒く硬い塊が残ることが多い．

なお，このような繊維の特徴は，実験条件により異なるので，既知試料についてその特徴をよく把握しておく必要がある．

3） 耐薬品法（reagent resistance：JIS L 1030-1） 繊維の試薬に対する溶解反応によって鑑別するもので，布の混用率試験などにも応用される．多くの試薬は調整後，室温のまま観察するが，5％水酸化ナトリウム，氷酢酸は室温で観察後，ガスバーナーで2〜3分加熱を行って溶解状況を観察する．5％水酸化ナトリウムは，加熱後，溶解した場合に，5％酢酸鉛水溶液を1〜2滴滴下する．この時，黒褐色の沈殿が生ずるものは，硫黄分を含むもので羊毛などの判定に有用である．

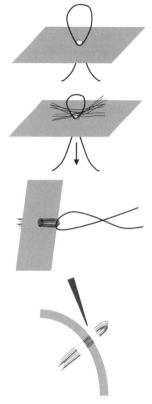

図2.1.38 断面観察切片の作製方法

mm）をループ状にして穴に通し，繊維を束にして引き入れる．この銅板をわずかにたわませて凸面とし，カミソリの刃で表裏ともに繊維を切り落とす．観察には，まず100倍程度の低倍率で繊維全体を視野に入れてから，順次，倍率を上げて400倍程度にして観察するとよい．観察結果は，JIS L 1030-1をはじめ多くの解説書があるので参考にされたい．

2） 燃焼法（burning test：JIS L 1030-1） 燃やすだけで手軽に鑑別ができる方法で，試料を炎に近づけたとき，炎の中，炎から離した場合の煙の出方，燃え方，燃える速さ，臭い，燃え残った灰の形，色，硬さ，脆さなどを調べる．燃焼試験は，すべての繊維を確実に判別することは困難であるが，次の三つのグループに分けて判別することができる．

① **セルロース系繊維**： 炎に近づけても変化はしないが，炎に触れると直ちに燃え，炎から離しても燃え続ける（自燃性）．紙を燃やしたときのような臭いで，燃えた後には，少量の白く柔らかい原形をとどめた灰が残る．

② **タンパク質系繊維**： 炎に触れると縮れて黒

4） 着色法（color identification test） 染料が繊維に染まりつく性質を利用し，あらかじめ樹脂分や染料を脱着させた白布試料に，異なる性質をもった染料を用いて染色を行うと鑑別に役立つ．この場合，色相の変化は生じないので，濃さのみでの判断となり誤りが生じやすいため，あらかじめ条件を一定にして予備的な試験を行っておく必要がある．また，混合染料による鑑別用染料として（例えばBOKENSTAIN II：ボーケン品質評価機構，カヤステインQ：日本化薬など）が市販されており，交織，混紡などの判定には便利である．

5） 混用率試験（bending ratio test：JIS L 1030-1, L 1030-2） 2種類以上の繊維が混合されている織布の混用率試験には，解舒法，溶解法，顕微鏡法などがある．溶解法は，混用品の組成を鑑別後に，全体の絶乾質量を求めた後，一方の組成を溶解し残分の質量を求めて，個々の組成繊維の全組成繊維に対する割合を質量百分率で表して混用率を求める方法で，一般的に用いられている．

6） 赤外吸収スペクトル法（infrared absorption spectrum：JIS L 1030-1） 赤外分光光度計を用

いる臭化カリウム錠剤法，またはフィルム法によりスペクトルを測定し，あらかじめ知られている繊維のスペクトルと比較・同定を行うことで，繊維鑑別に応用ができる．図2.1.39に代表的な繊維の赤外吸収スペクトルを示す．なお，吸収スペクトルの主な吸収帯と特性波数はJISを参考にされたい．

7) 示差熱分析法（differential thermal analysis）
示差熱分析により求めた示差熱曲線から，アイロンかけの最適温度や溶融温度が推定でき，単なる鑑別にとどまらず，取り扱い上の知識が得られるので便利である．図2.1.40に一例を示す．

b. 被服材料の消費性能

被服材料の物性試験において，繊維材料は湿度などの影響を受けやすいため，品質試験にはJIS L 0105 4.1に規定する標準状態（温度20℃±2℃，相対湿度65±2%）の環境で行う．

1) 試料の採取 織物の試験を行う場合，試料は不均整な部分をさけるため，原則としてできるだけ広範囲に採集するのが望ましい．しかし，試料の大きさに制限がある場合は，その限りでない（詳細はJIS L 0105（布状の試料及びその試験片）を参照）．

2) 快適な着心地

① **吸水性**（capillarity：JIS L 1907）：吸水性試験には，滴下法，バイレックス法，沈降法がある．このうちバイレックス法は，試験片の下端を水中に垂下し，試料が一定時間に毛細管現象によって水を吸い上げる高さを測るもので，濡れやすさの目安となる．なお，試験片の中央に水溶性ペンで直線を引いておくと，水が滲みこんでわかりやすい．

② **保温性**（warmth retaining：JIS L 1096 8.28）：恒温法と冷却法がある．恒温法は保温性試験機を用い，人間が衣服を着用した状態を想定して，熱源体が恒温を保つために消費する電力量を求める方法で，熱源体を布で覆わない場合の消費電力量と，布で覆った場合の消費電力量から，その比率で保温率を求める．

③ **通気性**（air permeability：JIS L 1096 8.27）：測定には，フラジール型試験機やガーレー式試験機がある．フラジール型試験機では，試験片の表裏に一定の圧力差を与えたときに，一定時間に一定面積の布地の空隙を通過する空気量（$cm^3/cm^2/s$）で示す．

c. 耐 久 性

1) 引張り強伸度（tensile strength and elon-

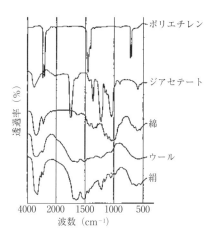

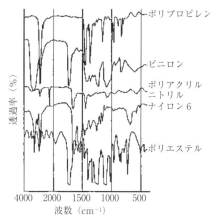

図2.1.39 赤外分光曲線

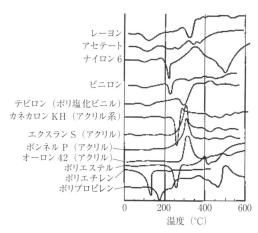

図2.1.40 示差熱曲線

gation：JIS L 1080, JIS L 1096） 織物の引張り強さは，織物の機械的性質を示す基礎となるもので，繊維の性質や糸，織物の構成因子に影響を受ける．布の引張り試験法には，ストリップ法とクラブ法が

あり，一定の速度で試料を引っ張り，切断したときの最大荷重（N [kgf]）と伸び（％）を測定する．引張り強度は，湿潤によって影響されるため，湿潤状態での強伸度測定を行い比較することが望ましい．

2) 引裂き強さ（tearing strength：JIS L 1096 8.15）　シングルタング法，メジアンピークロード法，トラペゾイド法，ペンジュラム法などがある．図 2.1.41 はタング法の一種で，三角形に変形した部分に応力が集中し引き裂かれ，糸密度や織組織の影響を受ける．ペンジュラム法は，エレメンドルフ形引裂試験機を用いた衝撃試験法で，試験片の両つかみの中央に 2 cm の切れ目を入れ，残り 4.3 cm を引き裂いたときに示す引裂き強さ（N [kgf]）を測定する．

3) 破裂強さ（bursting strength：JIS L 1096 8.16）　一般的にはミューレン型破裂試験機が広く使用され，布にかかる力を一方向だけでなく，力を布の面に作用させて破壊させたときの最大強さを測定するもので，図 2.1.42 のようにゴム膜を介して布地を膨らませ，破壊されたときの破裂強さ（kPa [kg/cm²]）を求める．布の全方向に力が加わるため，衣服着用時に加わる力に最も近い．特に編地は伸びが大きいため，耐久性の評価に多用される．

4) 摩耗強さ（abrasion resistance：JIS L 1096 8.17）　衣服の摩耗の原因は複雑で，一般によく用いられる肘，膝，脇，尻などの平面摩耗，衣服の着用時を想定した屈曲摩耗，袖口やズボンの裾，ひだなどの折り目摩耗などを評価する場合に適用される．ユニバーサル形摩耗試験機による布の摩耗試験では，試験片を研磨紙で多方向に摩耗し，試験片が破壊したときの回数を測り平均値を算出する．

d. 形態的性質

1) 剛軟性（bending resistance，二次元的曲げ硬さ：JIS L 1096 8.19）　布を曲げたときのしなやかさ，硬さを測定するには，45°カンチレバー法，スライド法，ハートループ法，クラーク法などがある．これらの測定は，比較的簡単に手作り装置でも可能であるが，布の垂れ下がりなどを測定するため，布の重さなどの影響がみられる．KES 法では，これらの影響がなく，曲げ特性の測定には適している．

2) ドレープ性（drapability，三次元の曲げ硬さ：JIS L 1096 8.19）　布が自重で垂れ下がるときの変形状態を表す方法として，ドレープ係数が用いられる．試験片はドレープテスターの試料台に置き，自重する布の垂直投影ドレープ形状面積（A_d）を測定し，試料台の面積（S_1），試料面積（S_2）からドレープ係数は，$(A_d - S_1)/(S_2 - S_1)$ で求められる．

3) 防しわ性（crease recovery：JIS L 1059-1, L 1059-2）　着用時に布の表面にできた折り目や凹凸が元に戻らない状態がしわで，糸の撚り，布の弾性・組織・密度などに影響される．防皺性試験のうち，モンサント法，針金法では，一定条件で荷重をかけ，除重後つけた折り目を一定時間放置した後の開角度で示される．また，洗濯後のしわについては，JIS L 1096 8.23 に詳細に記されている．

4) ピリング性（pilling：JIS L 1076）・**スナッグ性**（snag：JIS L 1058）　ピリング試験は，IC1 形ピリングテスターを用い，所定の特殊ゴム管に試験片を巻き付け，試験機の回転箱に入れて回転後，発生したピル（毛玉）の形態を判定基準写真と比較をして評価を行う．スナッグ試験には，IC1 形メース試験，ビーンバッグ試験，針布ローラ試験などがある．IC1 形ピリング試験法では，テスターの回転箱の対面する 2 面の対角線に 2×20 cm の研磨紙を両面テープで貼り付け，ピリングと同様の方法で試

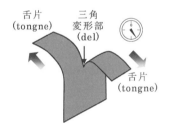

図 2.1.41　引裂き試験片の変形

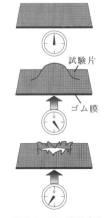

図 2.1.42　破裂試験

験を行い，一定面積内のスナッグ数で判定を行う．

〔奥野温子〕

参考文献
1) 繊維学会編：繊維便覧，丸善，2004.
2) 繊維学会編：図説 繊維の形態，朝倉書店，1982.
3) 日本繊維製品消費科学会編：繊維製品消費科学ハンドブック，光生館，1988.
4) 中島利誠編：新編 被服材料学，光生館，2010.
5) K. L. Hatch: *Textile Science*, West Publishing Company, 1993.
6) 日本規格協会編：JIS L 1030 第1部：繊維鑑別，第2部：繊維混用率，JISハンドブック，2010.
7) 日本規格協会編：JIS L 1096 一般織物試験法，JISハンドブック，2010.

2.1.6 縫製機器（sewing apparatus）

縫製機器は，工業用パターン設計から縫製準備工程，縫製工程に使用される機器までを指していうが[1,2]，ここでは，布地を縫合し衣服の組み立てに使用される各種工業用ミシンとアイロン・プレス機について述べることにする．

a. 縫製工程と縫製機器

各パーツに裁断された布地は，芯据え，縫い代の始末の後，「パーツ縫製」，「組み立て縫製」，「仕上げ」の縫製工程を経て既製服に仕上げられる．生産効率および品質の向上を目的に，各工程において多機種の工業用ミシンが開発されている．現在，日本では数千種類の機種が使用されており[2]，用途に応じて各種アタッチメントと組み合わせて用いられている．効率化，脱技能化を目的に，自動糸切り装置や自動押さえ上げ装置をはじめとする自動化が進められている．パーツ縫製では，布地の立体化と装飾化（ダーツ，ギャザー，シャーリング，タッキング縫いなど）のための縫製が行われ，見返し縫い，衿縫い，袖縫いなどの各パーツの縫製が行われる．完成したパーツは縫合されて組み立てられ，最終段階では細かなまとめ作業が加えられる．

アイロンやプレス機は，芯据え作業や布地の立体化のためのくせとり，パーツ縫製と組み立て縫製の中間工程（縫い目割り，縫い目倒し，くせとり，芯据えなど）に適宜用いられ，仕上げ工程においてはしわの除去，整形に用いられる．

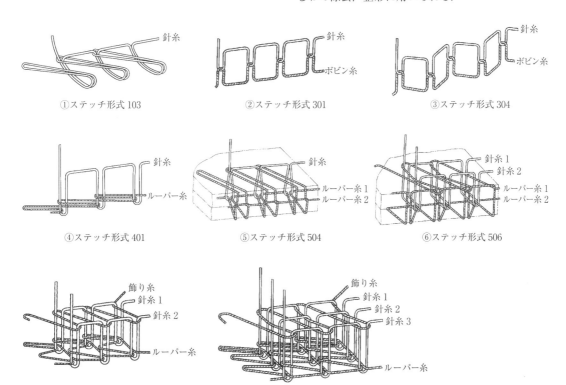

図2.1.43 ステッチ形式の種類[3]

b. 工業用ミシン (industrial sewing machine)

工業用ミシンは，縫い方式，布送り機構，ベッドの形状，天秤の形式，カマ形式などの種類によって分類することができる．縫い方式の多くは，JIS L 0120[3] (ISO 4915) で定められたステッチ形式の記号で表記することができる．以下，代表的な縫い方式（ステッチ形式）について述べ，図2.1.43にステッチ形式の例を示す．

1) 縫い方式の種類

① **本縫いミシン** (lock stitches) (ステッチ形式：クラス300[3])： 一般に本縫いミシンと呼ばれるミシンのステッチは形式301のステッチであり，1本の針糸（上糸）と1本のボビン糸（下糸）が交絡することにより構成されている．地縫い，ステッチ縫い，アタッチメントを装着して多用途の縫製に使用されている．服種別に使用されるミシンの機種を調べると，一般的な本縫いミシン（ステッチ形式301）が約半数を占める[2]．ミシン針の左右の振り幅と送りの加減で飾り縫い，伸縮素材や付属品の縫合などに用いられる千鳥縫いミシンのステッチも本縫いステッチである（例えばステッチ形式304）．

② **単環縫いミシン** (chain stitches) (クラス100)： 単環縫いミシンは，針糸のみで形成される環縫いステッチのミシンである．上着やスカート，ズボンの裾上げには，ステッチ形式103のすくい縫いミシンが使用されている．

③ **二重環縫いミシン** (multi thread chain stitches) (クラス400)： ステッチ形式401の二重環縫いミシンは，1本の針糸（上糸）とルーパー糸（下糸）の2本のミシン糸で構成される環縫いステッチのミシンである．ズボンの内股や脇縫いの縫合に使用されている．本縫いステッチと比較して，縫い目強度および縫い目伸度が高い．環縫いミシンは下糸を外部に装着するため下糸の供給に制限がない点が利点である．

④ **縁かがり縫いミシン** (overedge chain stitches) (クラス500)： 縁かがりミシン（例えばステッチ形式504, 506）は，1本または2本の針糸と2種類のルーパー糸で構成される環縫いステッチのミシンであり，ルーパー糸が布の縁端を回っている．一般の織物の縫い代の始末のほか，伸縮性が高いステッチであるためニット縫製に使用されている．ニット縫製の布送りは，ステッチに布地の伸縮性を付与するために差動下送りが，縫いずれを防ぐために上送りが装着されたミシンが用いられている．

⑤ **偏平縫いミシン** (covering chain stitches) (クラス600)： 偏平縫いミシン（例えばステッチ形式602, 605）は，2本または3本の針糸と1本のルーパー糸および1本の飾り糸によって構成されるステッチを形成する環縫いミシンであり，これらの糸が布地の表裏両面を飾る．伸縮性に富むステッチであることから伸縮性の高いスポーツウェア，カットソーの袖口・首まわり・ヘムの縫製，カバーリング縫製に用いられている．

⑥ **特殊縫いミシン**： 上記ミシンの他に，ボタン付け，穴かがり，閂止め，刺繍縫いなどの特殊縫いミシンがある．ステッチ形式は本縫いあるいは環縫いステッチである．ジャケットやコートの手縫い風ステッチに用いられているハンドステッチミシン（クラス200）には，手縫いのようにミシン針を上下で受け渡しステッチを形成するミシンもある．

⑦ **自動機**： コンピュータが内蔵されて所定の操作を自動で行うミシンが開発され，生産性や品質向上に寄与している．縫い代の始末を自動で行うサージングマシン，布端をセンサーが感知し2枚の布地を地縫いするエッジコントロールシーマー，自動柄合わせミシン，自動ポケット玉縁縫いミシン，衿を自動で縫合するパターンシーマ，袖山曲線の自動いせ込みミシンなどがある．

⑧ **その他**： 布地を溶着・接着により接合する高周波ミシン，超音波ミシンも利用されている．

2) 布送り方式によるミシンの分類

縫製作業の安定化，効率化および縫製不良の防止のために，一般の下送り以外に数種類の布送り方式が開発されている．主な布送りについて図2.1.44に示す．

① **差動下送り** (differential feed)： 前後に分かれた2種類の送り歯をもつ布送りである．針落ちの手前の送り歯の送り量を後方の送り歯より大きくするといせ込み縫いからギャザー縫製が可能となり，逆に後方の送り歯の送り量を増加させるとニットなどの縫製を行う伸ばし縫いが可能となる．

② **針送り** (compound feed)： ミシン針が布地を貫通したまま下送りと同調して前後に移動する布送りである．パッカリング防止のために開発された布送りで，縫いずれしやすい厚物縫製に適している．

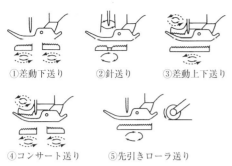

①差動下送り　②針送り　③差動上下送り

④コンサート送り　⑤先引きローラ送り

図2.1.44　布送りの種類

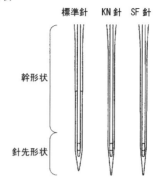

①針先形状

幹形状

針先形状

②針先端形状
（KN針，SF針の針先端はJボールを標準仕様）

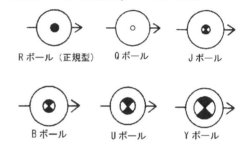

Rボール（正規型）　Qボール　Jボール

Bボール　Uボール　Yボール

図2.1.45　ミシン針の針先形状と針先端形状[5]

コンパウンド送りとも呼ばれる．

③ **上下送り**（top & drop feed）：　上送り押さえと下送りが同調して布地を挟んで送る布送りで，縫いずれ防止効果のある布送りである．

④ **差動上下送り**（drop feed & variable top feed）：下送りと独立した上送りからなる布送りで，縫製する布地に合わせて上送り量を調整して，縫いずれ防止縫製や上布のみのいせ込み縫製やギャザー縫製を行うことができる．

⑤ **コンサート送り**（differential drop & variable top feed）：　差動下送りと上送りの機構を有し，それぞれ独立して送り量を調整できる．上下布どちらにもいせ込み，伸ばし縫いができる布送りである．

⑥ **総合送り**（unison feed）：　針送りと上下送りが複合した送りで，極厚物（皮革，テント地，自動車シートなど）の縫製に適している．ユニゾン送りとも呼ばれる．

⑦ **その他の布送り**：　布地の送りを補助する装置を装着した送りに，ホイール送り，カップ送り，ローラ送り，上ベルト送りなどがある．

c．**アタッチメント**（attachment for industrial sewing machine）

ミシンのアタッチメントは，縫製作業者の技術補助の役割を果たし，省力化および安定した質の高い縫製を可能としている．布地の重ね合せ縫いに対しては各種定規，案内具，折り具，巻き具（二つ巻・三つ巻），くるみ縫いにはバインダ，重ね縫いにはフォルダなどのアタッチメントが用いられている．

d．**工業用ミシン針**（needle for industrial sewing machine）

工業用ミシン針は，各部の寸法および針先・針先端などの形状の異なる多種類のミシン針[4,5]が製造されており，ミシンの縫い方式・ステッチ形式の種類，縫製する布地の種類などに合わせて選択され用いられている．工業用ミシンは高速縫製であるためミシン針は損傷しやすく，布地の厚さや硬さに応じた強度の番手を選択する必要がある．

一般のニット素材や超ファインゲージニットの地糸切れを防ぐために，針先端をボールポイント加工した針（KN針[5]）や針先を細く加工した針（SF針[5]）が製造されている（図2.1.45）．針温度の高温化の防止に，また，糊，接着剤，テープなどの縫製による粘着物の付着による上糸切れや目飛びの防止に，針表面に加工を施した各種ミシン針が考案されている．

e．**アイロン・プレス機**（iron & press machine）

アイロン・プレス機は，縫製準備工程の芯据え作業や布地の立体化のためのくせとり，縫製の中間工程全般と仕上げ工程に用いられる．

1）アイロン・プレス機の種類　工業用アイロンには，電気アイロン（加熱：電熱のみ），蒸気アイロン（加熱：スチームのみ），電蒸アイロン（加熱：電熱とスチームを併用）がある．電気アイロンは中

間工程用であり，蒸気アイロン，電蒸アイロンは作業内容によって使い分けられている．

プレス機は，芯地接着用プレス機，中間プレス機，仕上げプレス機に大別できる．中間プレス機には，地の目通し，縫い目割り，縫い目倒し，折り，くせとりなどを行うプレス機があり，仕上げプレス機には，部位別に仕上げを行う身頃・背脇仕上げプレス機，肩・袖・アームホール仕上げプレス機，ラペル仕上げプレス機と，多工程仕上げプレス機がある．最終仕上げプレスには，合成繊維の熱セット加工や耐久プリーツ加工（シロセット加工など）も含まれる．

2) アイロン・プレス作業　アイロン，プレス機による布地の成型は，まず，布地を加熱・加湿し，形状付与のために加圧した後，常温常湿に急冷却，急乾燥することによって行われる（プレス機ではバキュームを行う）．仕上げ工程はしわの除去および整形セットである．仕上げアイロン作業は修正を加えながらの一括作業であり，仕上げプレス作業は部位別または一貫作業型のプレス機を使用する熟練を要しない作業である．アイロン作業は，素材の性質や表面構造によって，蒸気量や圧力が強いと，毛羽がへたり，布地表面にあたり，てかりが生ずる．起毛織物，ギャバジン，サージに生じやすい．プレス機も素材によって加熱温度および蒸気量を適正に調整する必要がある．ニットの仕上げプレスは風合いを損なわないよう圧力をかけず蒸気熱とバキュームで行う．
〔青山喜久子〕

参考文献
1) 日本規格協会：縫製用語，JIS L 0122，2003．
2) 石川欣造監修：新アパレル工学事典，p.428，1996．
3) 日本規格協会：ステッチ形式の分類と表示記号，JIS L 0120，2006．
4) 日本規格協会：工業用ミシン針，JIS B 9076，2004．
5) http://www.organ-needles.com/

2.1.7　縫製工学

本項では，縫製機器（ミシン）などを使用して主としてアパレル製品を製造するプロセスの概略と縫製工程が原因となる若干の縫製品トラブルについて述べることにする．

a. アパレルの製品化

アパレル製品は，商品企画の後，設計工程，縫製準備工程，縫製工程を経て製品化されるが[1]，ここでは縫製準備工程と縫製工程[2]について説明する．

1) 縫製準備工程　縫製準備工程は，検反，スポンジング，延反，裁断，仕分け，芯貼り（芯据え）よりなる．以下，各作業を順に説明する．

① **検反**：　縫製工場で行う検反を「受け入れ検反」という．検反は生地の傷などの不良部分をチェックするものであり，生地メーカーから出荷される場合も実施されているが，縫製工場においても独自に行われる．一般的には検反機を用いて，生地を流しながら目視により行うことが多い．もし傷などが確認された場合には，補修をするか，あるいはそれが不可能であれば，この部分を避けるような措置がとられる．

② **スポンジング**：　生地には製造工程の歪みなどが残留していることが多く，これを放置すると製品において型くずれなどを生じることがある．したがってこのような潜在的な各種歪みを解放することと，生地の地の目なども必要に応じて正すことも必要である．このような作業は，縫製工場ではスポンジング機によって能率的に行われる．スポンジング機では熱，水分などを用いて生地の安定化が行われるが，適用する素材によっても多様な方法が存在する．

なお原反を広げて時間をかけて自然放置することにより，歪みを解放できる場合には，この方法により安定化させることもある．これを放反，あるいは放縮という．

③ **延反**：　生地の一方の耳を揃えて，必要な枚数をきれいに積み重ね，裁断可能な状態にするのが，延反である．通常，延反は延反機を使用するが，延反方法は生地によってさまざまである．すなわち表裏同一生地であれば，「折り返し延反」でよいが，毛並みなどがある生地であれば「一方向延反」とし，表裏に加えて表の毛並みも揃えなければならない．また生地が柄物であれば，柄を正確に揃える必要がある．

④ **裁断**：　パターングレーディング後の型入れ（マーキング）方針に沿って，裁断機を用いて延反した積層布を裁断する作業である．型入れは，熟練を要する作業であったが，現在はコンピュータシステムを使用して行うのが一般的であり，さらにコンピュータ裁断（CAM）の場合には，延反した重ね生地は，そのまま能率的に自動裁断される．一方，

手作業による場合には，パーツのレイアウト情報を基に適当な裁断機を用いて裁断する．

裁断機には，バンドナイフ裁断機，たて刃裁断機，丸刃裁断機，油圧裁断機などがある．バンドナイフ裁断機はナイフ幅が狭く，正確な裁断が可能である．たて刃裁断機は刃先を選択することにより多様な生地に対応でき，よく使用される．丸刃裁断機は，重ね枚数が少ないときに適するが，小回りがききにくい．油圧裁断機は金型（ダイ）により裁断する方法で，もっぱら定型的なパーツを正確に裁断する場合に採用される．この他にレーザ裁断機も開発されているが，現在のところあまり一般的とはいえない．

⑤ **仕分け**：　裁断された生地のパーツは，以降の縫製作業に投入されることになるが，一般にパーツ点数は多いので，異サイズのものや色違いのものなどが混入して混乱を生じないように仕分け・整理される．

⑥ **芯貼り（芯据え）**：　芯地は衣服の形態保持などに欠かせない副資材であり，必要に応じて事前に芯地を表地に付属しておかなければならない．これが芯貼りである．芯地は手作業やミシン作業により縫い合わされる場合もあるが，量産服などでは基本的に接着芯地が使用される．接着芯は芯地面に熱可塑性の接着剤が付与されたもので，プレス機を用いて適当な温度・時間・圧力管理のもとで芯地と表地を接着し，よくなじませることが必要である．これが不適切であると，芯地の剥離や接着樹脂の滲みなどの商品クレームに結び付くことがある．

2）縫製工程　縫製準備工程を経た各パーツは縫製工程に投入され，基本的には生産効率を追求した各種の縫製システムの流れに乗せて縫製作業が進められる．具体的な縫製システムについては，後述する．縫製工程では縫製仕様書に基づいて作業が進められるが，その工程はパーツ縫製，組み立て縫製，仕上げに分けることができる．

① **パーツ縫製**：　パーツ縫製は部品レベルの細かい，あるいは基礎的な部分の縫製である．例えば布端のほつれを防止する始末の縫い（サージング），襟部や袖部の縫い，あるいはポケット付け，見返しなどの縫いを行うなど，投入したパーツの細部を加工していく工程である．

② **組み立て縫製**：　組み立て縫製は，パーツ縫製を経た部品を用い，複数のパーツを組み立て縫製していく工程である．例えば身頃に襟や袖を付けるなどして，衣服のシルエットを立体的に完成していくが，必要に応じてプレス機やアイロン（中間プレス・中間アイロン）なども用いて，作業が進められる．

③ **仕上げ**：　この工程は，最終的な製品にいたる工程であり，主として仕上げプレス機などを用いて，部分的な成形を行い，さらに全体的な成形や各種の最終検査が行われ，製品が完成する．

3）縫製システム　縫製システムは，能率よく縫製を行い，製品に仕上げていくためのものであり，製造目的，アイテム，製造環境などに合わせて種々の縫製システムが考案され，活用されてきた．基本的には，パーツの流れ，使用する機器の配置，作業者の連携などが重要なポイントとなる．従来から使用されてきた縫製システムには，多彩なものがあるが[1,3]，以下，そのいくつかを具体的に説明する．

① **丸仕上げ**：　分業しないで1人で生産する方式で，特注品のようなものに適用されることが多い．しかし能率的でないため，工場生産には基本的に用いられない．

② **グループシステム（組作業）**：　1人の熟練者を中心にして4～5人の作業者でグループを構成し，グループごとに作業を完了する方式で，小規模の工場で採用されることが多い．

③ **シンクロシステム**：　1枚単位でパーツを流して作業を進めるのが特徴で，それぞれの作業工程の時間（ピッチタイム）を揃えてバランスをとり，全体の流れを同期させるために，この名称で呼ばれる．単能工向きの縫製システムで，1枚流しのために仕掛り品が少なく，生産期間（材料投入から完成までの期間）も短くてすむ．

④ **バンドルシステム**：　裁断されたパーツを所定枚数分だけ束ね（これをバンドル（束）という），バンドル単位で流れ作業により分業縫製する方式である．多能工・熟練工向きのシステムである．バンドル単位で流すために工程における仕掛り品は多くなり，生産期間も長くかかるが，仕掛り量で流れのバランスを調整することが可能である．

⑤ **ユニットシンクロシステム**：　ロットサイズ，仕掛りの基準を設定し，束（ユニット）単位で品物を流す方式である．ロット流しをライン生産に近づけて，生産効率を高めるのが特徴である．

⑥ **モジュラーシステム**：　15名程度の少人数の

編成による生産方式で，個々の作業量の過不足をグループ内で調整できる．グループ単位で縫製生産するため，チームソーイングともいう．

⑦ **コンベヤシステム**： これは流れ作業における搬送システムで，工程間の搬送をコンベヤで行うものであり，ベルトとハンガを使うものに大別される．ベルトコンベヤシステムは，ベルトを搬送に用いるもので，通常はセレクタコンベヤの機能をもっているため，工程間の搬送の行先を任意に設定できる．一方，ハンガコンベヤシステムは，ハンガレールに沿って動くハンガによって次の工程に中間仕掛り品を運ぶが，搬送先は任意に設定することができる．したがっていずれの場合も大幅な機器レイアウトをしなくてもすむのが特徴である．

⑧ **セル生産方式**： 最近，注目されている新しい生産方式である．極小ロットの生産において，1人（あるいは数人）が多能工として有機的に機能して，仕掛り品を最低レベル（すなわち1点の状態）に維持して生産する方式である．

衣料品が大量に製造・輸出された時代には，シンクロシステムのように同一品を大量に生産する方式（大量生産方式）が重要な意味をもっていた．しかし1993年にわが国で新繊維ビジョンが答申された頃から，ファッション衣料の生産においてクイックレスポンス(QR)が一躍重要視されるようになった．「多品種少量生産・短納期」などの語も業界ではよく使用されたが，これは従来の生産システムが時代に合わなくなったことを意味するものであった．それに合わせて縫製の生産システムも，多品種に対応でき，少量生産で小回りのきくフレキシブルなシステムが，より追求されるようになった．

b. 縫製品の欠点

ミシン縫製においては，縫い目は美しく，かつ十分な実用性能を具備していなければならないが，縫製が関与するトラブル（欠点）として縫い目の外観に関するものに限定しても，相当数に上る[4]．ここではその中でも特に注意を要するシームパッカリング，縫い目スリップ，地糸切れについて解説する[4]．

① **シームパッカリング**： 縫製品の縫い目近くに発生するしわをいう．特に薄地の素材で発生しやすいが，原因は多岐にわたる[5]．最も直接的な原因は，縫い縮みによるものであり，縫い縮み率とパッカリングの程度は深い関係がある．縫製張力を低く，ステッチを粗くし，かつ細い縫い糸を使用することが必要である．ミシンの送りに着目して防止するなどの方法が考案[6,7]されている．一方，縫いずれもパッカリング発生に結び付く．縫いずれとは縫製により重ね布の間でずれを生じる現象であるが，縫い縮んだ布にパッカリングが発生する．この場合，押さえ圧力の設定が重要であるが，ミシン送りなどに着目して改善が試みられている[8]．

なお，極限構造に近い密な織物の場合には，縫製による縫い糸の挿入によって極限状態を超えてしまい，シームパッカリングが発生することがある．このような場合は，縫製条件の調整でパッカリングを解消することは難しく[9]，生地の選定も重要である．

② **縫い目スリップ**： 縫い目スリップは，縫い目に力がかかったときに，簡単に生地の地糸がすべり，隙間を生じる現象である．基本的には縫製生地の特性が重要で，フィラメント織物，目の粗い（糸密度の低い）織物などは織り糸間の摩擦力が小さいため，この現象を引き起こしやすい．したがって生地物性からの検討が重要であるが，縫製面からはステッチあたりにかかる力を少なくするためにステッチを細かくすると効果的である．また，設計面からはゆとりを多く入れて縫い目に作用する力を低減することなども有効な手段となる．

③ **地糸切れ**： 地糸切れは，ミシン針が生地を貫通するときに，地糸を切断してしまう現象をいう．この場合，ニット生地（特によこ編）であれば，傷が拡大する傾向をもつため問題となる．したがってよこ編生地の縫製では地糸切れをほぼ皆無のレベルに抑える必要がある．基本的にはミシン針の選択が重要で，できるだけ細い針を，また針の先端形状にはボールポイント針を使用する[10]．この針は針の先端を丸めた針で各種のものが存在するが，針貫通時に地糸を逃がして切断を回避させるという考え方に基づいたものである．また縫製速度は低下させた方が地糸切れは少なくなり，生地の水分状態なども地糸切れに大きく影響する[11]．水分の存在は，地糸切れの発生を抑制できる場合[10]と逆に増加させてしまう場合[11,12]があるので，注意が必要である． 〔島崎恒蔵〕

参考文献

1) 石川欣造監修：新アパレル工学事典，繊維流通研究会，1994.

2) 日本衣料管理協会編：新訂2版 繊維製品の基礎知識シリーズ 2—家庭用繊維製品の製造と品質, p.34, 日本衣料管理協会, 2012.
3) 日本規格協会：縫製用語, JIS L0122, 2003.
4) 日本化学繊維協会監修：縫製品の欠点解説書, 繊維総合研究所, 1988.
5) 日本繊維製品消費科学会編：繊維製品消費科学ハンドブック, p.369, 光生館, 1988.
6) 中野喜久子, 島崎恒藏：繊維製品消費科学会誌, 23：118, 1984.
7) 青山喜久子, 島崎恒藏：繊維製品消費科学会誌, 51：424, 2010.
8) 青山喜久子, 島崎恒藏：繊維製品消費科学会誌, 48：543, 2007.
9) P. Schwartz：*Textile Res. J.*, 54: 32, 1984.
10) 日本化学繊維協会監修：縫製品の欠点解説書, p.32, 繊維総合研究所, 1988.
11) 平塚菜那子, 松梨久仁子, 谷 祥子, 島崎恒藏：繊維製品消費科学会誌, 53：773, 2012.
12) K. Poppenwimmer：*Am. Dyest. Rep.*, 70: 24, 1984.

2.1.8 被服材料の生産量の推移

a. 繊維の生産推移

世界の主要繊維生産量の推移を図2.1.46に示した．繊維の総生産量は1960年から2013年のおよそ50年間に約1,500万tから8,000万tと5倍強に増加している．特に，1990年代以降の増加が著しく，その要因としてポリエステルの生産が飛躍的に伸びている点が挙げられる．また，緩やかではあるが綿の生産量も伸びており，1980年代以降，綿とポリエステルの生産量が他の繊維を大きく引き離しており，世界の2大繊維となっている．両者とも2008年のリーマンショックでいったん生産は落ちたが，その後上昇に転じている．

20世紀は全繊維の中で，綿の生産量が最大であり，天然繊維が主役であったが，1990年代後半には合成繊維が50％以上を占めるようになり，21世紀に

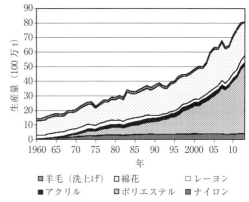

図2.1.46 世界の主要繊維生産量推移
（図2.1.46〜54は文献1のデータをもとに作成）

なってポリエステルの生産量が最大となっている．これに対してナイロン，アクリル，レーヨンは1970年代以降大きな変化はなく，羊毛は微減となっている．

国別の化学繊維生産量の推移を図2.1.47に示した．1970年代は米国，西欧，日本が主要生産国であったが，その後，韓国・台湾の生産量が伸び，2000年以降中国の伸びが顕著である．中国は2010年の世界の化学繊維生産量の約65％を占めるにいたっている．これは国際的に生産拠点のグローバル化が進み，人件費の安い中国に生産が集中した結果であり，中国が「世界の工場」と呼ばれる所以もここにある．中国の他にASEAN，インドも生産量は伸びているが，米国，西欧，韓国，台湾，日本では減少している．

日本の主要化学繊維の生産量推移を図2.1.48に示した．日本の化学繊維産業はナイロン，ポリエステル，アクリルの技術導入によって輸出産業の地位を確立し，1960〜70年に急成長を遂げた．しかし，

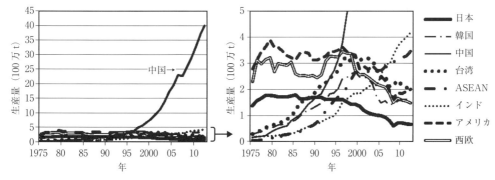

図2.1.47 国別化学繊維の生産量推移

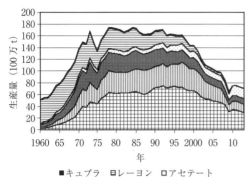

※2010年以後,アセテートにレーヨン,キュプラを含む
図 2.1.48 日本の主要化学繊維の生産推移

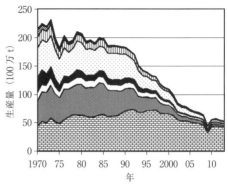

図 2.1.50 日本の主要繊維糸の生産量推移

1970年代にニクソンショックによる円高,第一次オイルショック,日米繊維協定によって,輸出産業の花形としての地位に陰りが見え始め,総生産量は90年代から減少に転じた.これは1985年のプラザ合意と円高により輸入が急増したことによる影響が大きく,世界の生産量が増加しているのと対照的である.2008年のリーマンショックで急激な落ち込みがあったが,その後やや持ち直している.繊維別ではポリエステルの生産量が最も多く,次いでアクリル,ナイロンの順になっている.

b. 糸の生産推移

世界の主要繊維糸の生産量推移を図2.1.49に示した.繊維の生産量推移と同様の傾向を示している.特に1990年代以後の伸び率が著しいが,これは第1にポリエステルフィラメント,第2にポリエステルステープルが飛躍的に増加したことに起因している.

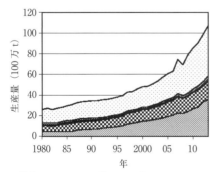

図 2.1.49 世界の主要繊維糸の生産量推移

短繊維のシェアが全体の70〜80％で,その割合は漸次低下傾向にある.繊維別では合繊糸が1990年代半ば以降全体の50％強を占めており,中でも合繊フィラメントの生産が急増している.これに対し,綿糸のシェアは1980年以降おおむね変わらず,全体の約40％を占める.その生産量は1995年頃までは緩やかに伸び,2000年以後はかなり増加している.

日本の主要繊維糸の生産量推移を図2.1.50に示した.2010年の糸の総生産量はおよそ56万tで,ピーク時の約4分の1にまで低下し,その後も低下傾向にある.日本の主要化学繊維の生産量推移(図2.1.48)と傾向は類似しているが,糸の生産量の方が低下は著しい.

紡績糸のシェアは1970年の約7割から減少を続け,1990年代前半にフィラメント糸と同率となり,2010年には2割以下となった.これは綿糸と合繊紡績糸の国際競争力が著しく低下したのに対して,合繊フィラメント糸は技術革新によって国際競争力をある程度維持しており,低下率が小さいことに起因している.2010年の総生産量の約8割を合繊フィラメント糸が占め,残りの約2割を綿糸,合繊紡績糸,セルロース系糸,毛糸で占めている.

c. 布の生産推移

世界の布の生産量に関する統計資料として,綿織物は概算でその推移をみることができる.図2.1.51に示した通り,綿糸の傾向とほぼ同様であり,2008年のリーマンショックによる一時的な減産はみられるものの,2000年以降増加が著しい.川上

の繊維の生産量に比べて,川中の糸,布の国際的データは得にくく,正確さに欠けるといわれるが,他の繊維の織物も糸の生産量推移と同様の傾向を示すものと考えられる.

日本の主要織物の生産量推移を図2.1.52に示した.総織物生産量は1970年の77億5千万m²をピークに減り続け,2010年にはピーク時の15%以下になった.特にセルロース系織物と,綿織物を主とした天然繊維織物の減産が著しい.これに対して合繊織物は1985年までは増加し,そのシェアは1990年代初めに5割を越え,2010年にはほぼ7割を占めている.なかでも合繊長繊維織物の割合は1970年には全体の2割以下に過ぎなかったが,2010年に5割を越え,2012年にはほぼ65%に達している.

日本の主要織物生地の生産量推移を図2.1.53に示した.1990年頃までは綿およびポリエステルのポプリン・ブロードの生産量が最も多かったが,その後急激に減少し,前者の2013年の生産量は1985年の約300分の1になっている.全体的に減産傾向にある中で,長繊維織物のポリエステル加工糸とポリエステルタフタの減少率は小さく,1990年代半ば以降の生産量は他の織物に比べて多い.

ポプリン・ブロードのような量産定番生地の国際競争力はなくなってしまったが,北陸3県(福井,石川,富山)を主な生産拠点とする合繊長繊維織物は,1980年代後半から90年代にかけて新合繊織物の開発・生産によって国際競争力を維持した.

図2.1.54に主要ニット生地の生産量推移を示した.1970〜99年は丸編が主流であり,全体の70〜85%を占めていた.しかし,その後丸編綿の減産が大きく影響し,10年でそのシェアは約40%にまで下落した.これに対してたて編の生産量はナイロン

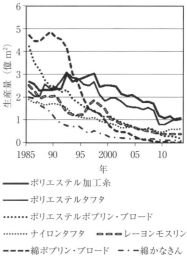

図2.1.53 日本の主要織物生地の生産量推移

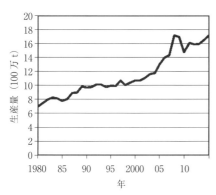

図2.1.51 世界の綿織物の生産量推移

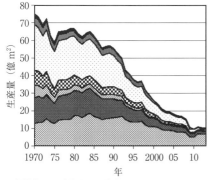

図2.1.52 日本の主要織物の生産量推移

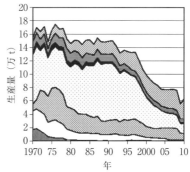

図2.1.54 日本の主要ニット生地の生産量推移

は減少しているものの，ポリエステルは増加しており全体としてはほとんど変化がない．繊維別では1970年代半ば以降，綿とポリエステルが主流である．特に1979～2000年までは綿が最も多く，全体の40～60％を占めていたが，1990年代後半の綿の減少率は大きく，2010年の割合はポリエステル約65％，綿20％となっている． 〔菅沼恵子〕

参考文献
1) 日本化学繊維協会編：化繊ハンドブック（1980～87），繊維ハンドブック（1988～2015）日本化学繊維協会．

2.2　染色加工

2.2.1　色彩物理
a. 光と色

1) 光源色と物体色　視覚で捉えることができる光，すなわち可視光線（visible rays）は，電磁波の一種であり，波としての性質をもっている．可視光線は，その波長（wave length）がだいたい400 nmから750 nm（1 nm＝10^{-9} m）くらいまでの電磁波であり，それより短い波長の光には紫外線（ultraviolet rays）が，長い波長の光には赤外線（infrared rays）がある．

可視光線のすべての波長の光が均等に含まれている光が目に入ったとき，人には「白」が知覚される．このような光を白色光（white light）という．白色光は，プリズムに通すことなどにより，波長の違いに応じて分光される．虹は，白色光である太陽光が，空中の水滴で反射する際，波長ごとの光に分かれるために「七色」が現れる．このように白色光から分かれて生じた，ある一つの色（一つの波長）をもった光は単色光（monochromatic light）といわれる．その波長が異なると知覚される色が異なる．光の波長とその光の色の関係を表2.2.1に示した．

表2.2.1　光の波長と色およびその補色

光の波長（nm）	その波長の光の色	その波長の光が吸収されたとき感じる色（補色）
～400	無色（紫外線）	
400～435	紫	黄緑
435～485	青	黄
485～500	青緑	橙
500～545	緑	赤
545～575	黄緑	紫
575～585	黄	青緑
585～620	橙	青
620～750	赤	緑
750～	無色（赤外線）	

波長の変化に伴う色の変化は連続的であるので，各色の波長領域は厳密に区切れるものではない．

なお，いわゆる「赤橙黄緑青藍紫」という「七色」が均等に眼に入ると，人は白と感じるが，光の三原色（three primary colors）である赤・緑・青の三色が均等に眼に入ることでも同じ白が認識される．色は光によって生み出されるものではあるが，眼というセンサーを通して脳が知覚するものであり，物理的な観点のみからでは説明がつかないものでもある．

光を発するものを光源というが，色が認識される対象としてまず挙げられるのが光源である．光がなければ人は色も感じない．光源からの光が当たって初めて色が生まれる．光源には単色光を発するものもあるが，多くは多様な波長の光を放つ．太陽光線は最も代表的で重要な光源である．人工光源としては，古くからある油やろうを燃やすことによる燃焼光源や，白熱電球など物体が高温に熱せられることによって光を発するもの，ナトリウムランプなど放電に伴って発光するもの，蛍光灯など蛍光物質が発光するもの，LEDなどがある．

光源から出る光の色，すなわち光源色は，その光源によって異なっており，そのことが後に述べる物体の色の見え方にも影響する．光源から出る光の特徴は，光源の分光分布（spectral distribution）から把握することができる．分光分布とは，その光源から発せられる各波長の光の強さを，波長に対して表したグラフである．分光分布の例として，図2.2.1に太陽光と白熱電球と蛍光灯の分光分布を示した．太陽光が各波長の光を均一に含んでいるのに対し，白熱電球からの光は赤みの光が強いことがわかる．蛍光灯は何種類かの蛍光物質からの発光であり，それらをうまく混合することによって白色光が作られていることがわかる．この分光分布が変化すれば，光源色も変化する．

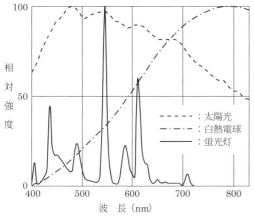

図2.2.1 分光分布の例（太陽光，白熱電球，蛍光灯）

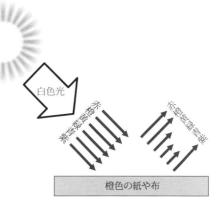

図2.2.2 橙色の表面からの光の反射

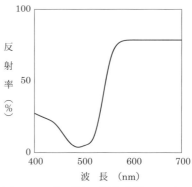

図2.2.3 ある橙色の表面の反射スペクトル

光源からの光が物体を経ることで，その光の構成成分が変化して眼に入る．そのときの光で感覚される色が物体色となる．すなわち，光源の光のうちの一部が吸収された残りの光によって物体色が生まれる．光源の光が混ざることによって生まれる色は加法混色（additive color mixture）によるものであり，テレビなどのディスプレイの色は，この原理によって作られている．一方，物体色は減法混色（subtractive color mixture）による．

2） 反射スペクトルと吸収スペクトル　白色光が物体の表面に当たり，その光が均等にほとんど反射されるとき，その表面は白に見える（白い紙など）．一方，表面からの反射光に含まれる光の波長が不均等であると色が生じる．例えば，図2.2.2に示したように，橙色の表面に全ての色の光を含む白色光（ここでは，赤・橙・黄・緑・青・紫の6色が混ざった光として表現）が当たると，青や緑色の光はあまり反射せず，それ以外の色の光が多く反射される．これらの色の光が眼に入ると，人は橙色と認識する．つまり，橙色の表面からは，橙色の色をもつ波長の光のみが反射されているわけではない．一般的には，白色光の一部が吸収されると，その色の補色（complementary color）に相当する色が認識される．例えば，青色の光を吸収する物体の表面色は黄色である．その関係は表2.2.1に示した．

このことは，分光光度計（spectrophotometer）などの機器を用いて，ある波長の光を当てて，その光の何％が反射したかを示す反射率（reflectance）を各波長の光に対してそれぞれ測定し，それらを波長に対してプロットしたチャート，すなわち反射スペクトル（reflection spectrum，分光反射率曲線とも称す）を測定することによってより厳密に知ることができる．図2.2.3に橙色の布の反射スペクトルを示した．最も吸収されている波長（最大吸収波長）は485～500 nmあたり（青緑色の光の波長）にあることがわかる．

物体色は減法混色によって生じる色であるので，例えば，反射光に青緑色の光が不足している色（橙色に見える）に，その補色の橙色が反射光に不足している色（青みの色）を混ぜると，どの波長の光も反射率が下がり，黒に近い色になる．すなわち，補色の関係にある色を混色することで無彩色が得られる．

溶液に対しても同様であり，橙色の溶液に入射した白色光は，青や緑色の光が吸収されて透過してくる（図2.2.4）．入射した光の何％が透過したかは，図2.2.5のように，透過率（transmittance）で示す

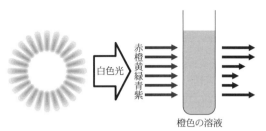

図2.2.4 橙色の溶液を透過する光

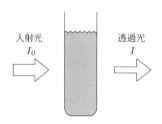

$$透過率(T) = \frac{I}{I_0} \times 100$$

図2.2.5 透過率

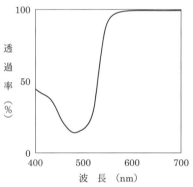

図2.2.6 ある橙色の溶液の吸収スペクトル

ことができるが，各波長の光の透過率を機器で測定し，それらを波長に対してプロットすると，図2.2.6のような吸収スペクトル（absorption spectrum）が得られる．

透過率（T）を次式のように変換したAを吸光度（absorbance）という．

$$A = -\log\left(\frac{T}{100}\right)$$

光がある溶液を通ると，その溶液により光吸収を受けて光の強さは弱まるが，吸光度と液層の長さ・濃度の関係は次式のようになる．その関係は，ランベルト・ベール則（Lambert-Beer 則あるいは単にベールの法則）といわれる．

$$A = \varepsilon cl$$

ここで，c は溶液の濃度（mol/L），l は光路長（cm），ε はモル吸光係数である．この式は，吸光度は溶液の濃度に比例することを示しており，透過率が意味としては把握しやすい値であるのに対して，吸光度は定量的な解析の際には便利な値となる．

反射スペクトルや吸収スペクトルにおいて，反射率・透過率・吸光度は色の濃さを，最大吸収波長は色相を反映するが，色の鮮やかさはピークの鋭さで判断することができる．すなわち，吸収の波長範囲が狭い場合は，より彩度の高い色であることを，広い場合は彩度の低い色であることを示す．

3) 眼の構造 光は物理的なものであるが，色はあくまでも感覚であり，光そのものは色という物理的な要因をもちあわせてはいない．眼に入った光は，レンズの役割をする水晶体によって網膜上に像を結び，網膜にある視細胞を刺激する．その刺激が電気信号によって視神経を通って脳に伝わり，処理されることにより，感覚としての色が生まれる．視細胞には，桿体（rod）と錐体（cone）の2種類があり，光が当たると変化する物質が含まれていて，その化学変化が元となって神経興奮にいたり，脳にその信号が伝達される．桿体は色覚には関与せずに明暗のみを判別する．錐体には異なる波長の光に感度をもつ赤錐体，緑錐体，青錐体の3種類がある．すなわち，赤・緑・青は光の三原色であるが，知覚した光がこの三原色に分解され，その信号が脳に送られている．

図2.2.2において，橙色の物体から眼に入る光は，白色光から青色や緑色の光が欠落した光であると述べた．同じ橙色でも，虹の中に見える橙色の部分から眼に入る光は，600 nm 付近の光（橙色の光）のみである．光の成分が異なるのに同じ色を感じるのは，色を感じるヒトのセンサー（視細胞）が，物理的に光の波長を検知しているのではなく，3種の錐体への刺激の強さに応じて色を感じているからである．つまり，ある色光を構成している光の波長分布が異なっていても，視覚における三原色に対応する刺激の割合が同じであれば，同じ色を感じることになる．

4) 照明光源による色の見え方 白い紙に赤い光線を当てれば赤く見えるし，青い光線を当てれば青く見える．つまり，物体の色は，光源に大きく

依存している．ある色をもつ物体を太陽光と白熱電球のもとで見ると，色が異なって見える．このような，照明光による色の知覚への影響は，演色といわれる．

同じ色紙を2枚に切って色を比較すると，光源が異なっても，同じ光源の元でその2枚は同じ色に見える．照明光源を変えても同じ色に見える色の関係をアイソメリズム（isomerism）という．一方，ある光源のもとでは同じ色に見える2種の物体が，別の光源のもとでは色が異なって見えることがある．このような色の関係をメタメリズム（metamerism，条件等色）という．同じ色に見えても，その色をどうやって作った（どういう色素を混合した）かによって反射スペクトルが異なることが原因である．逆にいえば，反射光に含まれる光の波長成分の構成が異なっても同じ色に見えることがあるということである．その場合，異なる分光分布をもつ照明からの光が当たると，反射光に含まれる光の構成が異なってしまい，違う色に見えることになる．

染色の場合などでは，見本の色に合わせて染料を混合して同じ色を作るという「色合せ（カラーマッチング）」が行われる．見本を染めるのに使われた染料と同じ染料を使うことができれば完全等色となり，問題は生じないが，そうでない場合は必然的にメタメリズムの関係にある色を作ることになる．これは，ある照明下では同じ色に見えてもその条件でのみ等しい色であり，別の照明下では色が異なることになる．したがって，色合せを行う場合，光源が変わったときに色の違いが目立つような染料の処方は避けるのが望ましく，異なる光源下でも色の違いが大きく生じないことを確認する必要がある．

〔牛田　智〕

b. 色の測定

1）三刺激値と色度座標および色差　目に入った光によって生じる色感覚は，三刺激値（tristimulus values）XYZで表すことができるので，国際照明委員会（Commission Internationale de l'Eclairage：CIE）は等色実験から，人の目（視細胞）の分光感度に相当する等色関数（color matching functions）として，$\bar{x}(\lambda)$, $\bar{y}(\lambda)$, $\bar{z}(\lambda)$を定めた．これは人間の網膜には長波長（赤），中波長（緑），短波長（青）の光に反応する3種の視細胞が分布していることと関係する．CIEは三刺激値XYZによってすべての色を表示できる方法を規定し，JIS Z 8701「色の表示法—XYZ表色系及び$X_{10}Y_{10}Z_{10}$表色系」に制定されている．XYZ表色系をCIE 1931標準表色系，$X_{10}Y_{10}Z_{10}$表色系をCIE 1964補助標準表色系といい，それぞれ視野角度2°と10°のときの見え方を想定している．2°視野での三刺激値XYZの値は反射物体の色の場合，次の計算式で求められる．

$$X = K \int_{380}^{780} S(\lambda)\bar{x}(\lambda)R(\lambda)\,d\lambda,$$
$$Y = K \int_{380}^{780} S(\lambda)\bar{y}(\lambda)R(\lambda)\,d\lambda,$$
$$Z = K \int_{380}^{780} S(\lambda)\bar{z}(\lambda)R(\lambda)\,d\lambda,$$
$$K = 100 \Big/ \int_{380}^{780} S(\lambda)R(\lambda)\,d\lambda$$

ここで，$S(\lambda)$は標準の光の分光分布，$R(\lambda)$は物体の分光反射率，λは光の波長（nm）を表す．

図2.2.7に，標準イルミナントD_{65}の照明光（a）下において，物体色（赤）から反射した光（b）が目に入ったとき，2°視野での等色関数（c）を用いて求められる三刺激値（X, Y, Z）（d）の計算例を示す．10°視野での三刺激値$X_{10}Y_{10}Z_{10}$の場合には，等色関数として，$\bar{x}_{10}(\lambda)$, $\bar{y}_{10}(\lambda)$, $\bar{z}_{10}(\lambda)$を用いることになる．刺激値Yは特に重要で，物体色の明度指数を示す．基準化されると，すべての照明においてどのような観測者に対しても，理想的な白はY＝100となる．

三刺激値X，Y，Zから，XYZ表色系では色度座標（trichromatic coordinates）x, y, zが次の式によって定義される．

$$x = \frac{X}{X+Y+Z}$$

$$y = \frac{Y}{X+Y+Z}$$

$$z = \frac{Z}{X+Y+Z}$$

$$x+y+z=1$$

図2.2.8には色度座標x, yによりプロットされた色度図（chromaticity diagram）を示す[1]．波長目盛の入った曲線は，スペクトル軌跡（spectrum locus）で，その両端を結ぶ直線は純紫軌跡（purple boundary）である．A，B，CおよびD_{65}は標準の光A，B，CおよびD_{65}の色度座標を表す．図2.2.7の物体色（赤）を測定すると，Y＝17.5，x＝0.524，y＝0.30の値が得られる．

図2.2.8から，x値とy値の交点が物体の色度である．x, yは，色の三属性である色相と彩度に相

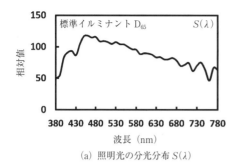

(a) 照明光の分光分布 $S(\lambda)$

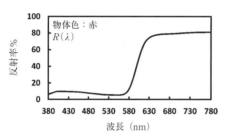

(b) 物体色 (赤) の分光反射率 $R(\lambda)$

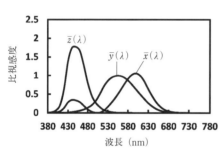

(c) 等色関数 $\bar{x}(\lambda)$, $\bar{y}(\lambda)$, $\bar{z}(\lambda)$

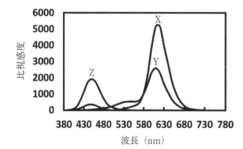

(d) 三刺激値 XYZ

図2.2.7 照明光の分光分布 (a), 分光反射率 (b), 等色関数 (c) および三刺激値 XYZ (d)

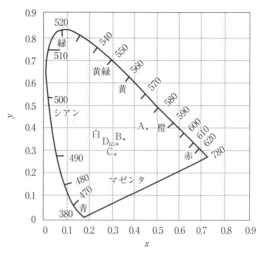

図2.2.8 XYZ 表色系による色度図 (x, y) (口絵22参照)

を用いて XYZ から算出することができる.

$$L^* = 116\left(\frac{Y}{Y_n}\right)^{1/3} - 16$$

$$a^* = 500\left[\left(\frac{X}{X_n}\right)^{1/3} - \left(\frac{Y}{Y_n}\right)^{1/3}\right]$$

$$b^* = 200\left[\left(\frac{Y}{Y_n}\right)^{1/3} - \left(\frac{Z}{Z_n}\right)^{1/3}\right]$$

ここで, L^* は明度指数, a^* および b^* は知覚色度指数を表す. X_n, Y_n, Z_n は完全拡散反射面の XYZ 表色系における三刺激値で, $Y_n = 100$ に基準化された照明光の三刺激値に等しい.

色の知覚的な相違を数量的に表すのに色差 (color difference) が用いられる. $L^*a^*b^*$ 色空間において, 座標が (L_1^*, a_1^*, b_1^*) の色と座標が (L_2^*, a_2^*, b_2^*) の色の間の色差 ΔE^*_{ab} (デルタイースターエービー) は次の式によって求められる.

$$\Delta E^*_{ab} = [(L_1^* - L_2^*)^2 + (a_1^* - a_2^*)^2 + (b_1^* - b_2^*)^2]^{1/2}$$
$$= [(\Delta L^*)^2 + (\Delta a^*)^2 + (\Delta b^*)^2]^{1/2}$$

〔森　俊夫〕

当する. 標準光源の点とその色の点を結ぶと, その線とスペクトル軌跡と交わる点がその色の主波長に相当する.

CIE 1976 $L^*a^*b^*$ 色差は, $L^*a^*b^*$ 色空間における二つの色点の距離に相当する. $L^*a^*b^*$ は次の式

参考文献
1) 日本色彩学会編：新編色彩科学ハンドブック, p.93, 東京大学出版会, 1980.

2.2.2 染色の工程

a. 精　　練

綿や絹, 羊毛などの天然繊維には, 繊維となる主成分の他, 脂肪質などの不純物が含まれている. ポ

表2.2.2 主な天然繊維の一般的組成

	原綿の組成 (%)		生糸の組成 (%)		原毛の組成 (%)	
主成分	セルロース	90.0%	フィブロイン	70.0%	ケラチン	50.0%
1次不純物	タンパク質	0.9%	セリシン	20.0%	脂肪質	22.0%
	ペクチン	0.5%	ろう・脂肪質	0.8%	スイント(羊汗)	11.0%
	ろう・脂肪質	0.4%	灰分	0.2%	土砂・植物質	7.0%
	灰分	0.2%	水分・他	9.0%	水分・他	10.0%
	水分・他	8.0%				
2次不純物	機械油, 帯電防止剤, 汚れなど					

繊維の公定水分率は, 綿(8.5%), 絹(12.0%), 羊毛(15.0%)である.

リエステルやナイロンなどの合成繊維にも, 紡糸や織物, ニットの製造工程中に機械油や汚れが付着する. これら不純物や付着物は, 染色を行う際に染料の浸透性や染色性を損なうため, 事前に清浄な状態にしておく必要がある. 精練は, 繊維にもともと含まれている脂質などの1次不純物および, 糸や生地の製造工程で付着する機械油などの2次不純物を除去するために行われる. 表2.2.2に主な天然繊維の一般的な組成を示す. ただし, 天然繊維は動植物の種類や生育環境, 個体差などにより変動が大きいため, 組成にも幅があることを認識しておく必要がある.

精練方法や使用する薬剤は繊維の種類によって異なるが, 一般にはアルカリと界面活性剤が用いられている. アルカリ剤としては主として水酸化ナトリウム, 炭酸ナトリウム, ケイ酸ナトリウムなどが, 界面活性剤としてはアニオン性または非イオン性の洗浄作用の大きいものが使用されている. 綿の精練には水酸化ナトリウムを用い, アニオン界面活性剤を添加して高温で処理する. 絹はアルカリ剤によって損傷されやすいため, 石鹸を主剤としてこれに少量のケイ酸ナトリウムなどの弱アルカリを添加して高温で精練する. 羊毛も絹同様アルカリ剤によって損傷されやすいため, 石鹸その他のアニオン界面活性剤または非イオン界面活性剤を主剤とし, これに少量の炭酸ナトリウムなどの弱アルカリ剤を添加し, 50℃前後で精練する. 合成繊維は機械油などの2次不純物の除去が主体となるので, アニオンまたは非イオン界面活性剤に少量のアルカリを添加して70℃付近で精練する. 繊維の種類によってはアルカリに弱いものや熱可塑性が大きいものがあるため, それぞれに適した薬剤の選択や温度管理が必要となる.

環境負荷の低減や薬剤による繊維の損傷を和らげるため, 酵素を利用した精練も行われる. 綿の酵素精練(バイオ精練)では, ペクチン分解酵素(ペクチナーゼ)でペクチン質を除去し, 脂肪分解酵素(リパーゼ)を用いて脂肪質を除去する. 絹の精練では, タンパク質分解酵素(プロテアーゼ)を使ってセリシンを除去する. 酵素精練(バイオ精練)はpHや処理温度に影響を受けやすいので, 処理条件に注意が必要であるが, 50℃付近の温度で精練し廃アルカリの処理が不要なため, 環境への負荷も少なくなる.

b. 漂 白

精練で除去できない有色の不純物を分解して, 白色度を向上させる工程が漂白である. 漂白は, 染色の前処理としても鮮明色や淡色を得るために重要な工程である. 漂白方法として, 酸化剤を用いる酸化漂白と還元剤を用いる還元漂白に分類できる. 酸化漂白は薬剤の酸化力により色素を分解するが, 酸化剤の選択や使用条件によっては繊維を脆化させることがある. 還元漂白は繊維の脆化を起こすことは少ないが, 無色になった色素が空気酸化によって復色することが多い. 表2.2.3に主な漂白剤とその特徴を示す.

酸化漂白剤には過酸化系(酸素系)と塩素系がある. 過酸化系(酸素系)漂白剤の代表的なものとして過酸化水素がある. 過酸化水素は漂白作用が穏やかなため, すべての繊維に適用することができる. 塩素系として次亜塩素酸ナトリウムや亜塩素酸ナトリウムなどがあり漂白効果に優れている. 塩素系漂白剤は一般に酸化力が強く, 綿などのセルロース系繊維の白物の漂白に用いられるが, 絹や羊毛, ナイロンなどの含窒素繊維では塩素がアミノ基などと反応して黄変を生じる. 塩素系はハロゲンの公害問題などから, 使用を控える傾向にある.

還元漂白剤の代表的なものとしてハイドロサル

表2.2.3 主な漂白剤とその特徴

		特　徴
酸化漂白剤　（過酸化系）	過酸化水素	有害ガスの発生もないので多く使われている．酸性側で安定，アルカリ側で活性化される．酸化力は比較的弱く，繊維の脆化は少ない．
酸化漂白剤　（塩素系）	次亜塩素酸ナトリウム	塩素が残留すると繊維の脆化や黄変の原因となるので漂白後は脱塩素処理を行う．脱塩素に過酸化水素を用いると，白度も増す．
	亜塩素酸ナトリウム	漂白後，脱塩素処理を行う．漂白効果に優れるが，鉄やステンレスに対し腐食性があるので使用する設備に注意が必要．
還元漂白剤	ハイドロサルファイト	酸化漂白剤に比べて漂白力は弱い．繊維の脆化を起こすことが少ないため，タンパク系繊維の漂白に用いられる．

ファイトがある．酸化漂白剤に比べて漂白作用が弱いが，繊維の脆化が少ないことから絹や羊毛などのタンパク系繊維に用いられる．また還元漂白は，塩素系漂白剤や処理中の鉄分による繊維の黄変に対して処理効果がある．

オゾンを利用した漂白も一部で行われている．酸化力の強いオゾンに繊維を晒すことで有色の不純物が分解されて白くなる．オゾン漂白は常温で行い，使用する薬品も大幅に低減できることから環境への負荷が少ないが，オゾンガスの処理には注意する必要がある．

精練，漂白処理を行っても繊維の白さが不十分な場合や白物衣料の白色度を際立たせるため，蛍光増白処理が行われる．蛍光増白剤は紫外線のエネルギーを吸収して青紫色光線を発する一種の染料であり漂白ではないが，漂白の項目に分類されることが多い．　　　　　　　　　　　　〔榎本一郎〕

c. 染　　料

1) 合成染料とその分類　1856年にPerkinが世界で初めて，合成染料Mauveを発表してから現在までに数万種類に及ぶ華麗絢爛たる染料が次々に製造された．合成染料は化学的あるいは構造的な観点と染色性あるいは応用的見地の2方面からの分類がある．表2.2.4には化学構造的観点からの分類と特徴を示し，化学構造を図2.2.9に示した[1-3]．

染料は繊維染色に使用する量が圧倒的に多く，これに次いで皮革，紙，木材，合成樹脂，油脂，蝋，塗料，食料品の着色あるいは少量ではあるが医薬，化粧品，指示薬，写真感光剤，顕微鏡，発煙信号筒にも使用されている．

2) 機能性色素　物を染める色素の歴史は古く，多彩な色をもつ堅ろうな染顔料が数多く開発されてきた．これに対し，特殊な機能を活用するように設計されたものを機能性色素と呼び，ニューフロンティア材料の一分野になっている．染顔料の開発は一般的には，染着機能をもつ，より堅ろうな色素に重点が置かれてきたので，指示薬を除けば堅ろう度に劣る色素はあまり関心がもたれなかった．pH指示薬は，助色団や発色団におけるプロトンの付加・脱離により色素が変色するというような欠点を特異な機能として，うまく利用しているわけである．このような酸のみならず，光，熱，電気などのわずかなエネルギーによっても消色・変色する色素，発色する色素前駆体（カラーフォーマー）や物性変化をもたらす機能材料などが主としてエレクトロニクス関連分野からのニーズとして提案されるようになった．これらの異業種分野のニーズは，色素材料開発における発想の転換を呼び，新しい機能性（酸発色性，昇華転写性，光伝導性，半導体レーザー感受性，帯電性，二色性，エレクトロクロミック性，非線形性など）をもつ色素の探索と先端技術（小型発熱素子，電子写真技術，レーザー技術，ピエゾ素子，液晶素子など）から，エレクトロニクス用色素が開発され機能性色素として展開され，衣料分野では環境対応型衣料の開発も試みられている[4-7]．機能性色素の機能と応用例を表2.2.5に示す[8]．

3) 顔　料　顔料は塗料や印刷インキ，絵具，プラスチックなどの着色材料であり，水や有機溶剤などに不溶の微粒子状の固体である．染料は水や溶剤に溶解した状態で染色される点において顔料とは異なっている．顔料の一例を表2.2.6に示す．

顔料は塗装物や印刷物に着色されてその美しい色や光沢をいつまでも保持し，また，塗料の焼き付けやプラスチックの成形による高温加工によっても変色・劣化が生じてはならない．顔料は光や熱の作用を受け，水や溶剤にわずかに溶解したり，化学薬品と反応・劣化することがある．これら化学的作用に

表 2.2.4 化学的・構造的観点からの合成染料の分類と特徴

染料	特徴	染料例[1)]
ニトロ染料	発色団としてニトロ基を含有するもので、日光、洗濯堅ろう度が弱く、繊維上で昇華するので数は少ない	C.I. Acid Yellow 1
ジフェニルメタン染料	auramine を代表とするジフェニルメタン誘導体で、その数はきわめて少なく、日光堅ろう度も不良である.	C.I. Basic Yellow 2
トリフェニルメタン染料	トリフェニルメタンの誘導体で、主として塩基性および酸性染料で、色価は高いが毒性が懸念され、日光堅ろう度も弱い.	C.I. Basic Violet 3
アゾ染料	分子内にアゾ基を有する極めて多種類、他系統の染料を包含し、工業的に重要な多数の染料を含んでいる.	C.I. Acid Orenge 7
ピラゾロン染料	tartrazine のように分子内にピラゾロン環を有する比較的堅ろうな黄色系料で、多くの場合アゾ染料に入れられている.	C.I. Acid Yellow 23
スチルベン染料	スチルベンの誘導体で黄色直接染料が多く、構造的にはアゾ染料の一種であり、蛍光染料がこの部類に属する.	C.I. Direct Yellow 12
キノリン染料	quinolone yellow を代表とし、キノリン環を有する染料であるが、isoquinoline 誘導体も含まれ、quinophthalone 染料ともいわれる.	C.I. Acid Yellow 3
アゾメチン染料	分子内に -CH=N-, =CH-N= (aldimine 結合) を有する染料で、その数は少ない.	C.I. Basic Red 12
キサンテン染料	pyronine 染料とも称され、eosine, rhodamine のように華麗な赤色系の酸性、塩基性染料が多い. 日光堅ろう度は比較的弱い.	C.I. Acid Red 87
アクリジン染料	発色団としてアクリジン環を有するものを総称していい、黄色および橙色塩基性染料であるが、日光堅ろう度が弱く、染料としての重要性は低い、むしろ殺菌剤、消毒剤としての用途がある.	C.I. Basic Orange 14
アジン染料	合成染料最初のものと称せられる mauve のように分子内にアジン環を有する、主として塩基性染料である.	mauve
オキサジン染料	染料分子内に発色団としてオキサジン環を有する多くは青紫色系の染料で、その数は比較的少ない.	C.I. Basic Blue 3
チアジン染料	発色団としてチアジン環を有する比較的種類の少ない、主として塩基性染料である.	C.I. Basic Blue 24
チアゾール染料	発色団としてチアゾール環を有する主要な直接染料に属するものが多く、一般に黄色系直接染料が多いが、数は比較的少ない.	C.I. Direct Yellow 28
硫化染料	硫黄溶融によって製造され、一般に鮮明度を欠くが、廉価・堅ろうな染料として需要が多い. 鮮明な赤色がない. 絹・毛などを害する恐れがあり、綿は長期保存により脆化変色する.	C.I. Sulphur Blue 13
酸化染料	aniline black, diphenyl black などのように厳密には染料ではないが、被染体上で酸化して染料を生成させる中間体で、毛皮や頭髪の染色に用いられる. 堅ろうであるが毒性が懸念される.	aniline black
ナフタリミド染料	発色団として naphthalimide を有する建染料で、数は少ない. スルホン化して酸性染料としても用いられる.	C.I. Acid Yellow 7
インジゴイド染料	インド藍のように太古より用いられた天然染料も含まれ、元来建染染料であるが、スルホン化して酸性染料としたものもある.	C.I. Vat Blue 1
ベンゾキノンおよびナフトキノン染料	キノリン構造を有するベンゼン、ナフタレン系の建染染料で、アジン、チアジン、カルバゾール環を有するものが多く、毛の染色に用いる.	Helindon Red CR
アントラキノン染料	アントラキノン誘導体で媒染、建染、直接、酸性、分散、反応性染料など多系統あり、色相は全領域にわたり堅ろうで鮮明である.	C.I. Acid Blue 27
フタロシアニン染料	フタロシアニン誘導体で銅、ニッケルなどの金属錯体と金属を含有しないものがある. 青、緑色系のものが多く堅ろう度に優れる.	C.I. Direct Blue 86
反応性染料	酸性染料に繊維と直接反応して結合する反応性基を導入した構造を有する. 現在繊維染用として多方面で使用されている.	C.I. Reactive Blue 4
蛍光染料	染料は無色・淡黄色であるが、強い紫色蛍光を放射し、繊維などを光学的に漂白するので蛍光増白剤と称される. 日光堅ろう度は不良.	C.I. Fluorescent Brightening Agent 135

*1) 図 2.2.9 に化学構造を示す.

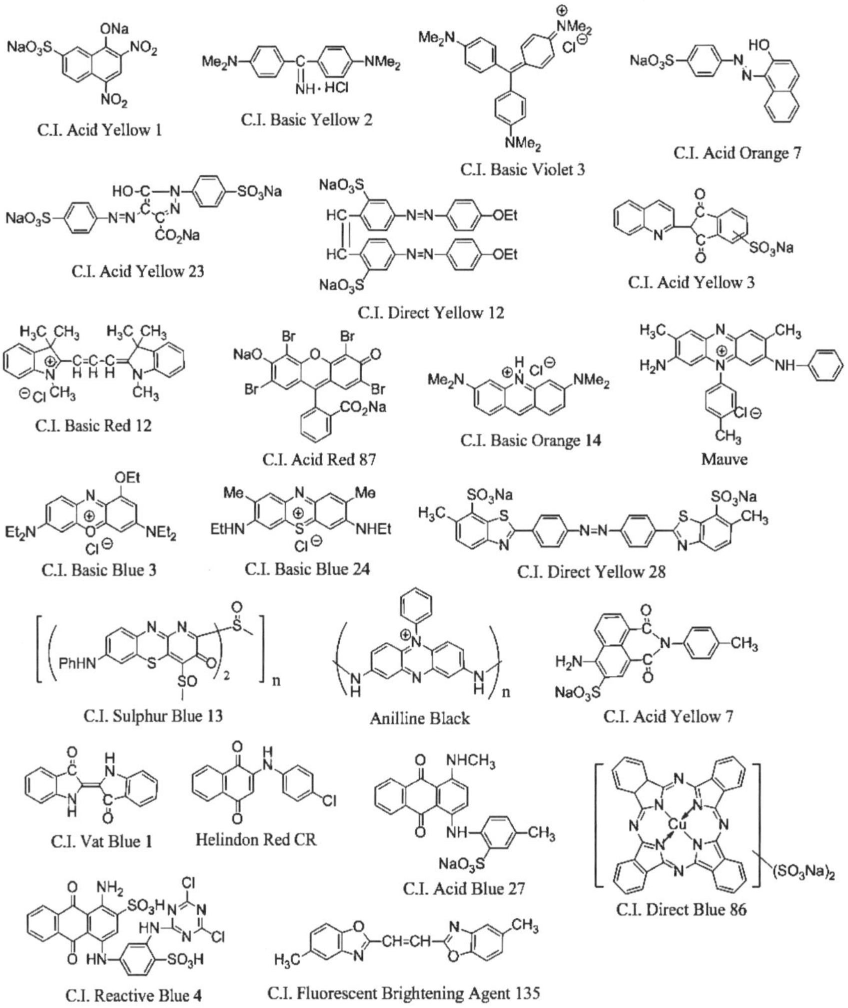

図2.2.9 染料の化学構造

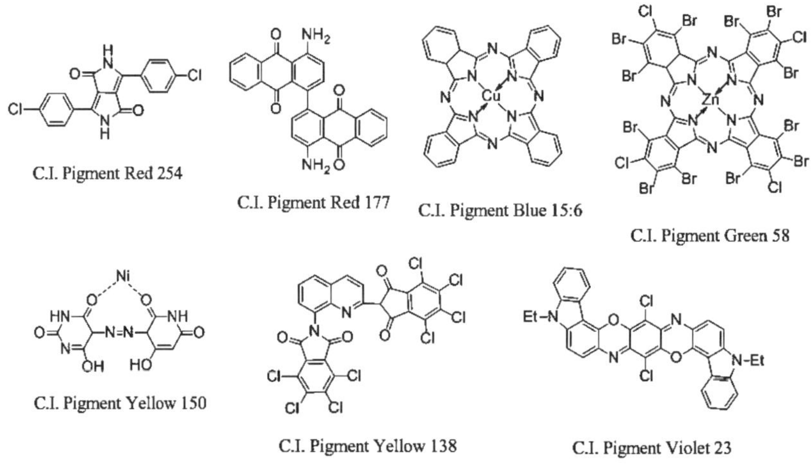

図2.2.10 液晶テレビ用カラーフィルター着色顔料

表2.2.5 機能性色素の機能と応用

色素	色素の機能特性	情報	応用分野
情報記録用色素	光電導性	可視光／電子写真	電子写真記録（カラープリンター）
	光電導性／半導体レーザー感受性	レーザー光／電子写真	レーザープリンター
	半導体レーザー感受性	レーザー光	追記型光ディスク
	半導体レーザー感受性／フォトクロミック性	レーザー光	高密度記録（書き換え型光ディスク）
	銀塩発色性	可視光／カラー写真	銀塩写真記録（銀塩ビデオプリンター）
	ラジカル発色性	紫外光／ラジカル写真	ラジカル写真記録（カラープリンター）
	酸発色性	圧／マイクロカプセル	感圧記録（ノーカーボン紙）
	酸発色性	熱／発熱素子	感熱記録（ファクシミリ）
	昇華転写性	熱／発熱素子	感熱記録（ビデオカラープリンター）
	溶融転写性	熱／発熱素子	感熱記録（カラープリンター）
	帯電性	電気／ピエゾ素子	インクジェット記録
	ジアゾニウム発色性／感光性	熱／発熱素子／紫外光	感熱記録（定着型カラープリンター）
情報表示用色素	フォトクロミック性	紫外・可視光	フォトクロミック色素
	エレクトロクロミック性	電気	エレクトロクロミック素子
	サーモクロミック性	熱	サーモクロミック素子（示温材料）
	ソルバトクロミック性	溶媒・基質	ソルバトクロミック素子（指示薬）
	二色性	電気／液晶／可視光	液晶カラー表示・素子
	二色性	フィルム／可視光	偏光板
エネルギー変換用色素	光電変換性	可視光	有機太陽電池
	光電変換性	太陽光	太陽エネルギー化学的利用
	レーザー発振性	レーザー光	色素レーザー
	非線形性	レーザー光	波長変換素子
医療診断用	生体染色性	生体成分	医療診断
	生体染色性	レーザー光	がん治療

表2.2.6 顔料の色と種類

顔料の色	顔料の種類
白色顔料	二酸化チタン，亜鉛華，鉛白
黄色顔料	黄鉛，黄色酸化鉄，カドミウムイエロー，ジスアゾイエロー，ファーストイエロー
橙色顔料	ピラゾロンオレンジ，モリブデートオレンジ
赤色顔料	カドミウムレッド，べんがら，レーキレッドC，キナクリドンレッド，ブリリアントカーミン 6B
紫色顔料	メチルバイオレットレーキ，ジオキサジンバイオレット，マンガンバイオレット
青色顔料	紺青，群青，フタロシアニンブルー，コバルトブルー，ビクトリアブルーレーキ
緑色顔料	酸化クロム，フタロシアニングリーン，クロムグリーン
黒色顔料	鉄黒，カーボンブラック
蛍光顔料	硫化亜鉛，タングステン酸カルシウム
真珠光沢顔料	雲母チタン，オキシ塩化ビスマス，グアニン
金属光沢顔料	ステンレス粉，ブロンズ粉，アルミニウム粉

対する安定性は堅ろう性と呼ばれている．顔料の堅ろう性には耐光性，耐候性，耐熱性，耐溶剤性，耐油性，耐薬品性，耐環境性などがあり，顔料は染料より優れた堅ろう性を有する．

顔料は物質の着色以外に，下地を隠し，錆止めや防汚などの特殊な機能を果たす用途にも使用されている．その用途を挙げれば，塗料，印刷インキ，文具，プラスチック，ゴム，繊維，紙，皮革，化粧品，石鹸，陶磁器，建材などがある．近年は磁性顔料，導電性顔料，示温顔料などの用途が広まり，従来の顔料が見直されるとともに新しい顔料が開発されている[9]．一例として，液晶テレビ用カラーフィルター着色顔料を図2.2.10に示した[10]． 〔**織田博則**〕

参考文献
1) K. Hunger : *Industrial Dyes*, WILEY-VCH, 2003.
2) H. Zollinger : *Color Chemistry*, WILEY-VCH, 2003.
3) 有機合成協会編：染料便覧，丸善，1970.
4) R. Muthyala : *Chemistry and Applications of Leuco Dyes*, Plenum Press, 1997.
5) S.M. Burkinshaw et al. : *Colour Chemistry '98*, 1,

6) 織田博則：機能性色素の耐光性改善，繊維学会誌，64：381，2008．
7) 織田博則：環境材料（衣服及び生活材料）の機能性保持を求めて．生活文化研究，50 (3)，2011．
8) 大河原信，黒木信彦，北尾悌次郎：機能性色素の化学．シーエムシー出版，1987．
9) W. Herbst and K. Hunger: *Industrial Organic Pigments*, WILEY-VCH, 1997.
10) 栗山敬祐：LCD-TV 用カラーフィルター材料の開発について．機能性色素部会資料，78 (10)，2011．

d．染色の原理

1) 繊維・染料の組み合わせ　実用性の高い合成染料での染色では，綿，麻，レーヨン，リヨセルなどのセルロース系繊維については反応染料，直接染料，バット染料（建染染料，スレン染料），ナフトール染料（アゾイック染料），硫化染料，酸化染料がある．反応染料は酸性染料に反応基を導入した構造を有し，繊維中の水酸基などの官能基と共有結合することで染色される．共有結合は結合方式の中で最も結合エネルギーが高く，安定であるため優れた湿潤堅ろう度が得られる．反応基としては主に付加反応するビニルスルホン系と置換反応するトリアジン系，ピリミジン系がある．直接染料は媒染剤などで前処理することなく直接セルロース繊維を染色できる染料で，アゾ基を 2 個以上有するなど長い分子構造で，水溶性にするために数個のスルホン酸基を有する．バット染料は水に不溶の染料であるがアルカリの存在下で水に可溶のロイコ体となってセルロースに染着し，その後の酸化処理によって元の不溶体となり，固着される染料である．特に耐光堅ろう度が高く，スポーツ衣料によく用いられるが，くすんだ色が多く，また染色操作が煩雑で，熟練を要する．ナフトール染料は繊維にあらかじめカップリング成分（下づけ剤ともいう）を付与し，その後ジアゾ成分（顕色剤）を付与して，繊維内で水に不溶な染料を組み立てて染色する．湿潤堅ろう度は高いが，摩擦堅ろう度は低い．硫化染料はアミノフェノールなどの芳香族化合物に硫黄を加えて加熱溶解し，高温で染色し，空気酸化などの方法で不溶化する．比較的高分子量のいろいろな構造の化合物が生成するため鮮明色は出ないが洗濯などの堅ろう性が高く，黒，紺，濃茶などの濃色染めに用いられたが現在はほとんど使用されない．酸化染料はアニリンなどの芳香族化合物を繊維上に付与し，酸化剤で酸化重縮合させて染色する染料である．黒，濃紺などの濃色染めに用いられたが，環境問題，工程の煩雑さの問題などで最近ではあまり用いられない．毛髪染めには用いられている．

絹や羊毛などの天然のタンパク繊維やナイロンの染色では，酸性染料，金属錯塩染料，酸性媒染染料，反応染料が用いられる．酸性染料は分子量が比較的小さく，スルホン酸基を 1〜3 個有し，水に溶けやすい染料である．酸性染料のうち染料分子内に配位結合した金属を有し，堅ろう度を向上させたものを金属錯塩染料という．酸性染料には均染型，ハーフミリング型，およびミリング型があるが，均染型は一般にスルホン酸基の数が少なく均一に染まりやすいが，洗濯などの堅ろう度はよくない．ミリング型染料は湿潤堅ろう度は良いが均染が得られにくく，一般にはトップ，バラ毛，糸染めに用いられる．酸性媒染染料は主としてクロム原子と配位する官能基を有する酸性染料で，酸性染料に比べて堅ろう度が高いが，安全性の問題でほとんど使用しなくなっている．

ポリエステル繊維やセルロースアセテート繊維は分散染料で染められる．分散染料はスルホン酸基などの水溶性を与える官能基がなく水に不溶である．分子量は比較的小さく，鮮明色が多い．水に溶けないため分散剤を用いて分散させ，疎水性の繊維であるポリエステルやアセテート繊維への吸着はファン・デル・ワールス力，疎水性相互作用などにより行われる．ポリエステル繊維の場合，ガラス転移温度が高いため，主に 130℃ の高温で染色されるが，一部キャリアーを用い 110℃ 程度までの低温での染色も行われている．

2) 染色速度　染色は染料を溶解した浴に繊維を投入することで行われるが，染料分子が繊維内部まで均一に行き渡る過程は次の四つの素過程からなる．
①染浴中での染料分子の繊維表面までの拡散
②繊維表面への染料の吸着
③染料分子の繊維内への拡散
④染料分子の繊維内への吸着

染浴が十分攪拌されていれば，①，②の素過程は非常に速く，染色速度の律速段階は③と④の繊維内への染料分子の拡散と吸着と考えてよい．実際の染色は，草木染めなどを除き，一般に 80℃ 以上で行われ，

しかもむら染めを防ぐために常温近辺から徐々に昇温させ，所定温度に到達後，一定時間染色し，その後徐々に降温させるのが一般的である．

時間に対する繊維内への染料の吸着量をプロットすることで染色速度曲線が得られる．速度曲線の初期の立ち上がりは速く，徐々に平衡に近づく．染色速度は高温ほど早く，平衡に達する時間も短くなる．一方，平衡染着量は高温ほど低下する．これは染色が発熱反応であることに基づく．

染色速度を定量化する方法は色々あるが，一般にはフィックの法則で説明される．フィックの第1式は次式で表される．

$$F = -D\frac{dc}{dx}$$

ここで，F は拡散流束で，単位時間あたり，単位面積を通って拡散する物質（染色では染料）の量を意味する．dc/dx は濃度勾配で，比例常数 D は拡散係数である．拡散係数が大きい染料は染色速度が速いと考えてよいが，染色の濃度を決めるものではない．

実験的に拡散係数を求めるにはフィックの第1式はそのまま応用できず，これを連続の方程式と組み合わせたフィックの第2式を色々な条件で解いた式やその近似式などが用いられる．例えば，無限染浴からの染色の場合，各染色時間 t での吸着量 M_t と平衡染着量 M_∞ の間には $M_t/M_\infty = 2\sqrt{Dt/\pi a^2}$ の関係が成り立つため，M_t/M_∞ を $\sqrt{t}$ に対してプロットすることにより得られる染色初期の直線部の傾き $2\sqrt{D/\pi a^2}$ から拡散係数 D が算出できる．ここで，a は繊維の半径である．染色速度を記述するその他の経験式もいくつかあるが最近ではあまり用いられない．

セルロース系繊維のように水中で大きく膨潤するような染色系の染料の繊維内への拡散係数は $10^{-6} \sim 10^{-7}$ cm²/s と大きく，一方，結晶化度が高く，疎水性で膨潤しにくいポリエステル繊維の染色などでは $10^{-9} \sim 10^{-11}$ cm²/s と小さい．

3） 染色平衡と親和力　平衡論で染色現象を説明するには，染料の染浴中での化学ポテンシャル μ_f と繊維内での化学ポテンシャル μ_s を考える．両方の化学ポテンシャルは以下のように記述できる．

$$\mu_s = \mu_{s0} + RT \ln a_s \quad (1)$$
$$\mu_f = \mu_{f0} + RT \ln a_f \quad (2)$$

ここで，a_s および a_f は，それぞれ染浴および繊維内での染料の活量で，薄い濃度では濃度に等しいと考えてよい．また，μ_{s0} および μ_{f0} は，それぞれ染浴中および繊維内での染料の標準化学ポテンシャルである．

平衡では $\mu_s = \mu_f$ であるので，(2) 式から (1) 式を引けば 0 となり，次式が得られる．

$$\mu_f - \mu_s = \mu_{f0} - \mu_{s0} + RT \ln \frac{a_f}{a_s} = 0$$

標準化学ポテンシャルの差 $\mu_{f0} - \mu_{s0}$ $(= -\Delta\mu^0)$ を染色の親和力と呼び，染料の染浴から繊維への移行する尺度を表す．活量 a_f および a_s を求めることは容易ではないので，通常は，両相における濃度 C_F および C_S に置き換えて計算される．また，C_F を単位重量あたりの染料濃度とし，V を繊維の単位体積あたりの染着有効体積（繊維相で染料が染着できる部分の体積）とすると，標準親和力は次式より計算できる．

$$-\Delta\mu^0 = RT \ln \frac{C_F}{C_S V} = RT \ln \frac{K_p}{V} \quad (3)$$

非イオン性の分散染料による分配型吸着の染色系では，分配係数と染着有効体積より標準親和力が計算できる．実用染料の K_p は最低でも数百，大きい場合は数万近くになる．したがって，$-\Delta\mu^0$ は正の値となり，染色（吸着）は自然に起こり，この値が大きいほど染料の繊維に対する親和性は大きいことになる．

① 染色熱と染色のエントロピー変化：　染料が繊維に染着するとき（染料が染浴相から繊維相に移行するとき）には，エンタルピー変化 ΔH^0 やエントロピー変化 ΔS^0 を伴う．染色系ではこのエンタルピー変化を染色熱といい，この値は染料が繊維に吸着するときの吸着熱に相当する．

一般に，染色熱 ΔH^0 は標準親和力と次式の関係にある．

$$\Delta H^0 = \frac{d(\Delta\mu^0/T)}{d(1/T)} \quad (4)$$

狭い温度範囲では，ΔH^0 にはほとんど温度依存性がなく一定とみなせるので，$\Delta\mu^0/T$ の $1/T$ に対するプロットの傾きより染色熱を求めることができる．また，染色のエントロピー変化 ΔS^0 は標準親和力および染色熱から次式で求めることができる．

$$\Delta\mu^0 = \Delta H^0 - T\Delta S^0 \quad (5)$$

一般の染色系では染色熱は負であり，染料の繊維への染着は発熱反応となる．すなわち，熱を除去す

ればより沢山の染料が吸着するということを示す．染色過程では，染料，繊維，水の間でさまざまな結合の切断や形成が起こっており，これらに伴う発熱や吸熱の総和が染色熱と解釈できる．染色熱を測定することで結合に関する情報が得られ，染色機構を知る手がかりとなる．

　染色のエントロピー変化は，染料が繊維に吸着するときに染色系の規則性または乱雑さがどのように変化するかを表す尺度である．染料と繊維だけに限定すれば，染着により染料が繊維に結合し規則性が増加するので系のエントロピーは減少し，エントロピー変化は負となる．しかし，多くの染色系では媒体として水を使用するため，染浴中で染料分子は水和水を有し，また，疎水部のまわりには規則性の高い氷状構造の水分子が存在するが，これらの水分子は，染着の際に束縛から解放されて自由水となるので，染色系のエントロピー増加に寄与する．エントロピー変化も染色系で起こるすべての素過程の総和であり，染色熱と同じように染着機構を知る手がかりとなる．　　　　　　　　　　〔堀　照夫〕

　4）染色に影響する因子　　染料の化学構造や繊維の化学構造および物理構造は染色に影響する重要な因子であるが，これらについては別の項目で説明があるので，ここでは染色に影響する因子として，①染色媒体，②染色温度・圧力，③助剤，④浴比・攪拌速度について述べる．

　① **染色媒体**：　染色は液相または気相媒体から行われる．媒体としては現在のところ水が最も一般的である．水を用いた場合，親水性繊維の染色は比較的容易であるが，疎水性繊維の染色は容易でない．染色加工用水にはきわめて低い硬度（30 mg/L 程度）が要求され，硬水中の Ca^{2+} や Mg^{2+} は繊維に付着して光沢を損ない，染色の際に染料の吸着，浸透を妨げ，むら染めの原因になる．さらにこれらのイオンは染料や助剤に結合し染着性を悪くし，堅ろう度を低下させ，変色の原因ともなる．硬水の軟化には，煮沸法，アルカリ法，イオン交換樹脂法，金属封鎖法が用いられる．疎水性繊維の染色は，小分子染料の使用，高温染色法，染色助剤を使用して行われる．また，二酸化炭素の超臨界流体を用いた染色については別項を参照されたい．

　② **染色温度・圧力**：　染色温度は染料の熱運動を左右し，温度を上げれば拡散速度は増し，高分子鎖の非結晶領域の熱運動も一層盛んになり，染料の侵入できる隙間が広がり染色速度は高くなる．高温染色法には加圧染色法（湿熱法）とサーモゾール法（乾熱法）がある．一方，染料と繊維の結合の形成による発熱過程である染色（セルロース，ナイロン，アセテートなどの染色）においては，温度が増すと染料の拡散速度すなわち染色速度が増すが，親和力は小さくなり平衡吸着量は減少する．

　③ **助剤**：　染色の際，染色効果を高めるために用いる助剤には使用する目的によって促染剤，緩染剤，均染剤，浸透剤，染料分散剤などその種類は多い．塩や酸などの助剤は染料と繊維の組み合わせによって決まる染着機構によって，促染効果や緩染効果をもたらす．促染効果の例としては，直接染料，反応染料，バット染料，分散染料などによるセルロース繊維の染色において，染浴に中性塩を加えるとセルロースの負の表面電位を減少させ，染料アニオンがセルロースに染着しやすくなる．また，酸性染料による染色における酸の添加も促染効果がある．緩染効果の例として，酸性染料による染色における無機塩の添加が挙げられる．これは塩添加により繊維と染浴との間の染料の分配が染浴の方に有利に働くからである．また，直接染料などの染色における炭酸ナトリウムも緩染効果を示す．均染剤には緩染作用によって均染効果を高めるものが主に用いられ，染料親和型均染剤と繊維親和型均染剤があり，非イオン界面活性剤やアニオン界面活性剤が用いられる．浸透剤，分散剤には湿潤，浸透性に優れたアニオンまたは非イオン界面活性剤が主に用いられる．

　④ **浴比・攪拌速度**：　浴比の大きいときには，染色速度は主に浴の循環の度合いによって支配される．吸尽速度と拡散速度は浴比の大きいときより，浴比の小さいときの方が大きくなる．また，染液の攪拌速度を高くすれば染色速度は高くなる．

　　　　　　　　　　　　　　　　〔道明美保子〕

e．染色布の劣化と保存の原理

　染色技法や染色の原理については，以前から数多くの経験的事実が集積されており，この項では現在問題となっている劣化原因と保存法，加えて機能性衣料について述べる．

　1）染料の光退色　　染料の光退色過程は，染料

の化学構造のみならず，染料の染着状態，繊維の性質，外的条件，共存物の性質など多くの因子によって決定される非常に複雑な系であるとされている．それは多くの光反応過程が競争的に起こるからであり，それぞれの過程が退色に寄与する程度，つまりいずれの反応因子が特に優先するかは，その状態における諸条件によって異なり，優先する因子が光退色機構を決定する．染料の化学構造と日光堅ろう度との関係は，光退色は一般に酸化反応に起因して起こり，繊維が染料より酸化されやすい場合には還元反応が起こり，スチルベン系蛍光増白剤は異性化，クマリン系は二量化の寄与も受ける[1]．

染料の光退色における酸化反応については，自動酸化，一重項酸素酸化およびスーパーオキシドイオン酸化の寄与が知られている．自動酸化は基底状態の酸素が酸化剤となり，ラジカル生成により退色が開始され，ラジカル連鎖機構で進行し，ヒドロペルオキシドの生成を経由する．それゆえ，紫外光照射やラジカル開始剤，遷移金属イオンの添加で退色が促進され，自動酸化防止剤（2,6-ジ-t-ブチル-4-メチルフェノールや N,N'-ジフェニル-p-フェニレンジアミンなどに加えて，ピペリジン系ラジカル補足剤が開発されており，単独あるいは併用で優れた耐光性改善効果が得られている），それに紫外線吸収剤，過酸化物分解剤が退色を抑制する[2,3]．一方，一重項酸素酸化は色素の励起三重項エネルギーを基底状態の酸素分子に移行することにより生成した一重項状態の酸素活性種が酸化剤となり，エン型ヒドロペルオキシド，ジオキセタンまたはエンドペルオキシド中間体を経て退色が進む．この反応の特徴は可視光照射によっても退色が進むことであり，一重項酸素増感剤（ローズベンガル，メチレンブルー，クロロフィルなど）の添加で退色が加速され，自動酸化防止剤は効果がないが，一重項酸素脱活性化剤は退色を抑制する．また，スーパーオキシドイオンによる酸化を抑制するには亜硫酸ソーダやSODなどが有効である[4]．インジゴ染色綿布に光照射すると，イサチンが生成することが確認されている．しかも，その光退色は一重項酸素増感剤の添加で加速され，一重項酸素脱活性化剤の添加で抑制されることから，図2.2.11に示す退色機構が提案されている[5]．スチルベン系蛍光増白剤についても一重項酸素の寄与が見出されており，その退色機構を図2.2.12に

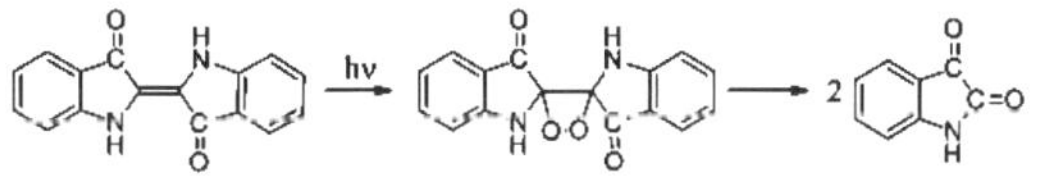

図2.2.11 インジゴの光退色機構

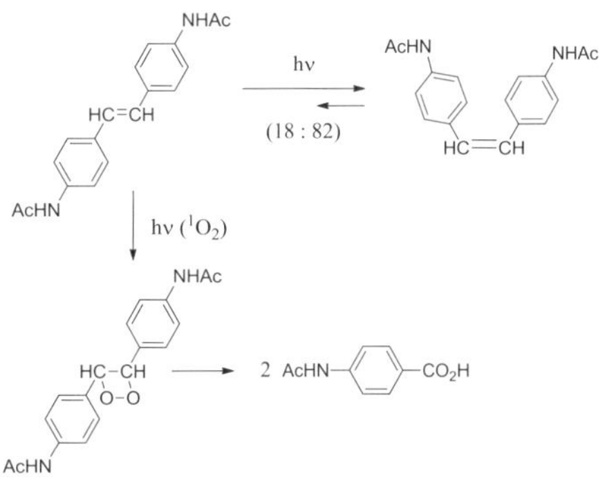

図2.2.12 スチルベン系蛍光増白剤の光退色機構

示す[6]．

また，2種以上の染料を混合して用いる場合，ある種の染料の耐光性が単独で用いた場合に比べ，著しく低下する場合がある．この現象は触媒性光退色として知られている．黄色アゾ系染料に青色アミノアントラキノン系染料を混合すると緑色が得られるが，触媒性光退色がみられる場合には，黄色染料の退色が著しく加速し，緑色が次第に青み色調に変わってくる．この現象は酸素存在下でのみ起こり，綿や毛など親水性繊維上ではみられないが，ナイロンやポリエステルなど疎水性繊維上でみられる現象である[7]．

2） 染料の退色防止 染料の光退色は一般に紫外光照射によって起こるとされており，退色を防止するには，自動酸化防止剤や紫外線吸収剤，加えて過酸化物分解剤などが有効であるとされている．しかし，最近一重項酸素酸化の寄与が見出され重要視されるようになっている．一重項酸素酸化の特徴は可視光照射によっても退色が進むことであり，自動酸化防止剤では効果がないが，一重項酸素脱活性化剤が退色を防止する．一重項酸素の脱活性化には三つの機構がある．その一つはエネルギートランスファークエンチングであって，一重項酸素生成反応の逆反応である．この機構が有効に働くためには，脱活性化剤の三重項状態エネルギーが22 kcal付近か，それ以下であることが望ましい．β-カロテン類，ニッケル錯体，色素類などがその例である．もう一

表 2.2.7 各種化合物のトータルクエンチング ($k_Q + k_R$) 定数と問題点

化合物	$(k_Q + k_R) \times 10^{-6}$ $(M^{-1}sec^{-1})$ *1)	問題点*2)
カロテン類		
β-carotene (11 C=C)	1.2×10^4 a)	光不安定性
isozeaxanthine (11 C=C)	1.2×10^4 b)	
lutein (10 C=C)	1.4×10^4 b)	
アミン類		
Et$_2$NH	1.9 c)	強塩基性・ラジカル酸化
Et$_3$N	14 c)	誘発性
DABCO	17 c)	
フェノール類		
α-tocopherol	530 c)	弱クエンチャー性
2,4,6-triphenylphenol	239 c)	
2,6-di-t-butyl-4-methylphenol	4 c)	
Ni(II)錯体		
dithiobenzil	2.2×10^4 d)	有色性
bis(diisopuropyldiethiophosphato)	7.6×10^3 e)	
スルフィド類		
diethyl sulfide	20 a)	弱クエンチャー性
tioanisole	17 c)	

*1) 溶剤：a) ベンゼン，b) ベンゼン-メタノール (3:2)，c) メタノール，d) トルエン，e) 四塩化炭素
*2) 耐光性改善剤としての問題点

つはチャージトランスファークエンチングである．これは求電子的な一重項酸素 ($^1O_2$) と電子供与体 (D) との相互作用でチャージトランスファーコンプレックスを作り，D と $^3O_2$ に分解するか，反応して DO_2 となる．アミン類，フェノール，スルフィド，ヨウ化物，スーパーオキシドイオンなどがその例である．もう一つはエネルギープーリングである．これは 2 分子の $^1O_2$ が作用して $^3O_2$ と化学ルミネッセンスを与えるプロセスで，エネルギートランスファーの特殊ケースである．現在知られている一重項酸素脱活性化剤と問題点を表 2.2.7 に示す[8]．表中のトータルクエンチング定数は脱活性化速度定数を示し，数値が大きいものほど脱活性化効果は大きい．

しかし，これら一重項酸素脱活性化剤をそのまま染色布の耐光性改善剤として用いるには，やや問題が残されている．例えば，β-カロテン類は光に弱く，ニッケル錯体や色素類は有色性であるため染色布の色を変えてしまう．第三級アミン類は強塩基性でラジカル反応を誘発するなどの問題を抱えている．ところが，ニッケル p-トルエンスルホン酸塩は無色性 ($\lambda_{max} = 221$ nm) で，有効な一重項酸素脱活性化効果を有している．サリチル酸のニッケル塩についても同様な効果が見出された．そのため，数多くのニッケルアリールスルホン酸塩やニッケルスルホン酸基を有する染料が合成され，優れた安定化効果を発現している．また，ニッケルスルホン酸基やニッケルカルボン酸基を紫外線吸収剤や自動酸化防止剤に導入した多機能型安定化剤も作られ，合成・天然染料の光退色を有効に防止している[9,10]．

3) 感温・感光変色性衣料と関連グッズ 色素は古くから主として繊維や高分子材料を染めたり，着色したりするために用いられてきたが，最近色素のもつ機能性についても追求されている．記録材料用色素の一つである感圧・感熱用色素もその一例であり，無色の化合物が発色するという機能をもつため，色素の前駆体ということからカラーフォーマーと呼ばれている．この発色機能を応用して商品化されたものが感圧複写紙であり感熱記録紙である．最近の情報記録システムは情報関連機器の急速な発展により，ますますその重要性を増しており，感熱記録材料用としてはリライタブルペーパー，ファキシミリ，自動改札切符，POS ラベルなどに用いられ，ダイラックスペーパーなどの感光紙やカラーコピー用記録材料用色素としても用いられているが，それ以外に可変色ホットカーラーやビール「飲み頃」表示などの示温材料，水着，スキーウェア，T シャツなどの感温変色性衣料用としても利用されている．感温変色性衣料を図 2.2.13 に示し，カラー

図2.2.13 感温変色性衣料(口絵9参照)

図2.2.14 カラーフォーマーを用いた哺乳瓶(口絵10参照)

図2.2.15 感光変色性衣料(口絵11参照)

図2.2.16 日焼けリカちゃん人形(口絵12参照)

フォーマーを用いた哺乳瓶を図2.2.14に示した．

一方，フォトクロミック色素は現在窓の採光調節，サングラス，包装紙，容器などの光制御フィルター，3次元ホログラム，ケミカル・スイッチなどの光メモリー，カラーディスプレイや画像記録材料に使用されている機能性色素であるが，このフォトクロミック色素をマイクロカプセルに入れ，繊維にプリントした衣服が感光変色性衣料である．この衣服は紫外光を照射したとき発色し，照射を中止すると消色する．紫外光照射により，発色と消色を繰り返す衣服で，事例を図2.2.15に示す．また，フォトクロミック色素を玩具に用いると図2.2.16に示したような，紫外光照射により色が変わるグッズができる．この色素は現在コンピュータなどの情報記録材料用色素として注目を集め，各方面で精力的に研究されているが，画像安定性と繰り返し耐久性に劣る．フォトクロミック色素の発色系は両イオン性を示すため，先のカラーフォーマーと同様，両性対イオン効果による耐久性と繰り返し耐性の改善が行われている[11]．

〔織田博則〕

参考文献

1) N. Allen and J. Mckellar: *Photochemistry of Dyed and Pigmented Polymers*, Applied Science Publishers, 1980.
2) J. Griffiths: *Developments in the Chemistry and Technology of Organic Dyes*, Society of Chemical Industry, 1984.
3) J. E. Kresta: *Polymer Additives*, Plenum Press, 1984.
4) R. Gachter and H. Muller: *Plastics Additives Handbook*, Hauser Publishers, 1993.
5) N. Kuramoto et al.: *J. Soc. Dyers Colour.*, **95**: 257, 1979.
6) H. Oda et al.: *J. Soc. Dyers Colour.*, **97**: 462, 1981.
7) H. Oda: *J. Home Econom. Jpn.*, **40**: 697, 1989.
8) H. H. Wasserman and R. W. Murry: *Singlet Oxygen*, Academic Press, London, 1979.
9) 織田博則：機能性色素の合成と応用技術, p.321, シーエムシー出版, 2007.
10) 織田博則：天然色素の有効利用―紅花赤色素カルタミンの光安定化. *Foods Food Ingredients J. Jpn.*, **210**: 207, 2005.
11) 織田博則：機能性色素の耐光性改善, 繊維学会誌, **64**: 381, 2008.

f. 染色方法

1) 浸染(dyeing)　一般に繊維製品は製織後，前工程→染色→後工程→機能加工の順に加工が行われる．染色には浸染と捺染があり，浸染は被染物を染液に浸して行う染色で(JIS L 0207)，捺染と区別している．工芸的に行われている絞り染めや絣糸染めなども，浸染の範囲内に入る．染色を円滑に行

うために，前工程として，糊抜き，精練，漂白が行われる．

浸染を被染物の繊維形状によって分類すると，ばら毛の状態で染色するばら染め，糸をコーン，チーズまたはかせで染色する糸染め，織編物の生地の状態で染色する反染め，縫製品を染色する製品染めがある．染色法には，染料，助剤を含む染浴中に繊維を浸漬し，温度を上昇させて行う吸尽染色と，拡布状の布に助剤を含む染料液を連続的にパディングした後，いったん乾燥させ，次いで化学処理，高温蒸熱処理，乾熱処理などによって染料の固着，ソーピング，水洗，乾燥を連続的に行うパッド染色がある．また，被染物を非連続的に染色するバッチ染色と連続的に行う連続染色がある．染色媒体（染浴）としては水が一般的であるが，非水溶媒を用いる溶剤染色や超臨界染色，媒体を用いない気相染色のサーモゾル染色がある．染浴中には染色助剤として，塩，酸，アルカリ，界面活性剤が添加され，染着量，染色速度をコントロールするとともに，均染性，堅ろう性の向上を目的として用いられる．さらに，染色操作，排水処理，環境などを考慮して選択される．

染色性は繊維基質および染料の化学構造，性質によって決まり，その組み合わせによる基本染法には次の八つの方法がある．

①直接染法は，染料・助剤を含む染浴中に繊維を入れ，所定の温度に昇温し，一定時間染色する方法である．

②媒染染法は，染着性，染色堅ろう性を向上させる目的で，媒染剤といわれる金属塩を使用して，繊維-染料間に配位結合を形成させる方法である．

③反応染法は，染料分子中の反応基と繊維の官能基を染色中に反応させて共有結合を形成し染着させる方法である．

④分散染法は，分散染料のような難水溶性の染料を用いて，分散液から繊維構造の緻密な疎水性合成繊維を染色する方法で，高温高圧染色，キャリア染色，サーモゾル染色がある．

⑤還元染法は，バット（建染）染料，硫化染料のような水不溶性の染料を還元浴中で可溶化したロイコ体を繊維に吸着させ，その後の酸化処理によって元の不溶性染料に戻して発色させる方法である．

⑥酸化染法は，染料中間物を繊維に付着させ，その後繊維上で重合または縮合反応を行い，水不溶性の染料を合成する方法である．

⑦顕色染法は，ナフトール類（下づけ剤）に繊維を下づけした後，ベースのジアゾ化物（顕色剤）を吸収させ，カップリング反応によって繊維中で水不溶性のアゾ色素を形成させる方法である．

⑧固着染法は，ピグメントレジンカラーといわれる顔料を合成樹脂などによって繊維表面に接着または固着させて着色する方法である．

染色後に未染着染料，助剤を除去するために界面活性剤を用いてソーピングを行う．分散染法では，繊維表面の未染着染料を還元洗浄によって除去する．

染色においては，繊維の質量に対する染料，助剤の質量をパーセントで表したものを owf（on the weight of fiber）といい，染色時における繊維と染浴の質量比を浴比という．また，色見本と同じ色相の染色物を作製するために，色合せ（カラーマッチング）をする必要があり，染料の種類，使用量，混合比などの最適処方を得る方法として，コンピュータによるコンピュータカラーマッチング（CCM）が行われている．

2） 捺染（インクジェット捺染を含む）(printing)
日本工業規格繊維用語（染色加工部門）(JIS L 0207)では，捺染は「な染」「プリント」と表記されている．染色加工業界においては，「なっ染」でなく「な染」が使われたことによる．染料・顔料による繊維などへの着色模様の付与と定義されており，一般的に次の工程で行われる．すなわち，準備（被染布準備，捺染型作製，色のり調整など）→印捺→乾燥→固着（蒸熱，熱処理，薬剤処理など）→水洗→乾燥である．

布への模様形成の方式には，大きく分けて，直接捺染，抜染，防染の三つがある．

直接捺染とは，染料・顔料などの色材および固着・発色に必要な薬剤(助剤)を糊剤に混ぜた高粘性ペーストを，布に直接印捺し模様を表す方法である．糊剤としては，水溶性の天然または合成高分子を単独または配合して用いられ，色材・助剤との相溶性，粘性（流動性），印捺性，保形性，染色性，洗去性（脱糊性），曳糸性，先鋭性が重要になる．京都の型友禅，江戸小紋，沖縄の紅型は日本の代表的な型染めであり，型紙を用いて色糊を直接印捺する．捺染では基本的には糊を用いるが，糊の代わりにバインダーを用いて顔料を印捺し，乾熱処理して顔料を布に固着

させる方法は特に顔料捺染という．

　抜染とは，捺染前に均一に染色（地染め）した布に抜染剤を含む印捺糊（抜染糊）を印捺し，地染めの色素を還元または分解して印捺部分に模様を表す方法である．抜染部分の色素が脱色して純白になる方法を白色抜染（白抜），糊に安定で地染めと異色の染料を糊に入れて印捺し，地染め部分と異色に着色する方法を着色抜染（着抜）という．

　防染とは，布上へ防染剤を含む捺染糊（防染糊）を印捺して，印捺部分への染料の浸透を防いだ後に地染めして模様を表す方法である．防染糊の印捺部分が純白になる方法を白色防染（白防）といい，防染剤に地染めに使う染料と異色の染料を入れて着色する方法を着色防染（着防）という．工芸的に行われているろうけつ染めは，ろうまたはパラフィンを防染剤として用いている．また友禅染めでは模様の輪郭に糊を置き（糸目糊置き），その囲まれた部分を染料で着色し，多彩な模様を出している．

　布上に模様を表す版式には有版捺染（製版型捺染）と無版捺染（無製版捺染）がある．有版捺染として，孔版，平版，凹版，凸版がある．孔版を用いる方法には，型紙を用いて行う型紙捺染，スクリーンメッシュと網目を用いるスクリーン捺染があり，デザイン模様の孔部から色糊をスキージ（へら）で透過させて印捺する．ハンドスクリーン捺染，フラットスクリーン捺染，ロータリースクリーン捺染がある．凹版を用いる方法にはローラー捺染があり，回転する彫刻ローラー面の凹部の模様に充填され保持された色糊を布に連続して押圧して印捺する．平版を用いる方法には転写捺染があり，あらかじめ染料・顔料インクで模様を印刷した紙，フィルムの転写紙を布に圧着加熱し，布に移して印捺する．合成繊維への昇華性の分散染料の乾式昇華転写法が一般的に行われている．

　無版捺染にはインクジェット捺染があり，コンピューター制御によって布に直接デザイン情報をインクジェット方式でノズルから色材を布に噴射し，固着する方法である．布にはにじみ防止や染料固着剤を付与する前処理が行われている．この方法ではCADなどと組み合わせることによって，クイックレスポンスで少量多品種の色・柄見本の作製が容易になる．

〔長嶋直子〕

3）超臨界染色（supercritical fluid dyeing）　非水系染色法（water free dyeing）の一つで，主に超臨界状態の二酸化炭素を媒体として染色する方法である．二酸化炭素は比較的温和な条件（臨界温度31℃，臨界圧力7.2 MPa）で超臨界状態となるが，この流体は，粘性が低く，高拡散性で浸透性に優れ，また毒性がなく，回収も容易なことから，すでにコーヒー豆からのカフェインの抽出，タバコの葉からのニコチンの抽出においては1980年代から大規模スケールで実用化されている．染色のような注入工程（impregnation process）に超臨界流体を利用する技術は1990年頃から研究が開始され[1]，2009年から実用化が開始された．超臨界二酸化炭素は極性がなく，疎水性であるため分散染料（disperse dye）などの疎水性染料を溶解する．一方，ポリエステル繊維などの疎水性繊維は超臨界二酸化炭素中で膨潤（swelling）し，可塑化されるために染料分子は容易に繊維内に拡散（diffusion）し，水系染色に比べ短い時間で染色が終了する．また，染料の繊維に対する分配係数（partition coefficient）は水系に匹敵するほど大きく，溶解度が低くても高濃度に染色できる．水系染色で必要な分散剤などの助剤の添加も不要で，染色終了後は常圧に戻すだけで繊維は乾燥状態で取り出せる．二酸化炭素は効率よく容易に回収でき，廃液も出ない．繊維に吸着されなかった染料は粉末状態で回収できる．

　ポリエステル繊維の染色には水系で用いられる分散染料のほとんどが利用可能であるが，分散剤を含まないものを準備する必要がある．実用化の条件は120～125℃，25 MPaで染色時間は準備も含め約2時間である．ナイロン繊維も分散染料でほとんど対応できるが高濃度染色には染料を選ぶ必要がある．ポリプロピレン繊維は通常の分散染料では堅ろうに染めることは難しいが，分散染料にオクチル基などの炭化水素鎖を導入すれば堅ろう性（dyeing fastness）は大きく向上できる[2]．アラミド繊維（aramide fiber）やPBO繊維などのスーパー繊維の染色には極性溶媒での前処理，または共溶媒として極性溶媒を数モル％添加した系での染色が有効である．

　セルロース繊維の染色にはいくつかの工夫が必要である．直接染料（direct dye）での染色には二酸化炭素に水や適当な助剤を加え，染料を溶解させる必要がある．系が複雑になるため各成分の回収や洗

浄に問題が多く，良い方法ではない．最も期待されている方法は反応型分散染料（reactive disperse dye）による染色である．この種の染料は以前に製造され，利用されたことがあるが，現状では製造されていない．絹や羊毛においては繊維をあらかじめ疎水性になるよう化学改質（chemical modification）して，分散染料で染める方法と，反応型分散染料で染める方法などが考えられている．

工業用水の確保や廃液処理（waste water treatment）が問題視される中，環境負荷を大きく低減できる超臨界染色への期待は大きく増し，大手のスポーツ品メーカーでは今後超臨界流体で染色した織物以外採用しない方針を掲げている． 〔堀　照夫〕

参考文献
1) K. Poulakis and E. Schollmeyer: *Chemie Fasern / Textilind.*, 41: 93-96, 1991.
2) K. Miyazaki, I. Tabata and T. Hori: *Coloration Techn.*, 128: 51-59, 60-68, 2011.

g. 染色機械

染色機械は，糸や織物などを染液に浸して無地に染める浸染を目的としたものと，織物，編物，糸などに図柄を染着させる捺染を目的としたものに分けられる．さらに，浸染用染色機械は，バッチ式と連続染色に分かれる．

1) 浸染用染色機械　ばら毛や糸のバッチ式浸染用染色機械としては，チーズ染色機，パッケージ型染色機，かせ染め染色機などが使用される．チーズ染色機は，多孔で中空のボビンに，糸をチーズ状に平均化して巻き付け，キャリアにセットした後，染液槽に沈め，芯側と外側から交互に染液をポンプで循環させ，均一に染色するものである．パッケージ型染色機は，オーバーマイヤー社のものが有名であり，オーバーマイヤー染色機とも呼ばれる．原理は2種類あり，一方は，染料で満たされた水槽をポンプで対流させ，その中に糸，ばら毛，綿状の被染物を詰め込んだ多孔のバスケットを漬けることで，被染物を動かさずに染色するものである．他方は，容器内にセットした被染物の上部から染液をシャワー状に注ぎ，被染物を通過し下部に貯まった染液をポンプで循環し染色するものである．かせ染め染色機は，糸をかせの状態で，管から吊り下げて行う．高速での糸の攪拌は糸自体を絡みやすくするため注意が必要で，糸を吊り下げる管から染液を噴射しながら均一に染色する．

次に，織物などのバッチ式浸染用染色機械としては，ウインス染色機，ジッガー染色機，液流（ジェット）染色機，ビーム染色機などが使用される．最近では，液流染色機とビーム染色機が主流となっている．ウインス染色機は，被染物を染浴内のロールに掛けて両末端を縫い合わせロープ状にした後，ロールの下方にある染浴に浸し，ロールの回転で動く被染物の移動によって染色する．ジッガー染色機は，ロールに巻いた拡布状態の被染物を，ガイドロールを通して染液に潜らせ，他方のロールと交互に巻き取り合いながら，二方向に移動し染色する．液流染色機は，サーキュラーとも呼ばれる（図2.2.17）．染色は，染色槽上部にあるジェットノズルからの染液の流れとともに，被染物の両末端を縫い合わせロープ状にした織物や編物からなる被染物が高速移動して行われる．染液の攪拌効率も良く，かつ縦方向の張力が比較的弱く，ロープしわも発生しにくいことから，高品質で均一な染色仕上がりを低浴比で可能とした．ビーム染色機は，まず被染物を一定張力で，巻き密度を調整しながら多孔のビーム芯に巻き取る．次に被染物は静止状態で，染液をポンプで循環させて染色することから，被染物へのしわの発生や風合い変化もなく，糸染めも可能である（図2.2.18）．液流染色機とビーム染色機は，低浴比を基本とした節水と省エネ，染色時間の短縮，生産性の向上などを目標に開発されてきた機種である．

一方，量産化の手法として，織物などの連続式浸染用染色機械も，現在多用されている．連続染色は，織物を中心に行われており，染料や染色助剤が配合された洗浴中に拡布状の布を浸漬し，絞りロールで付着量を調整した後，予備乾燥，染着，洗浄工程を連続して行う．工業的には，染液をしみ込ませた後に，乾熱処理を行う分散染料を使用したポリエステ

図2.2.17　液流染色機の模式図（日阪製作所製CUT-MR型，内部イラスト）

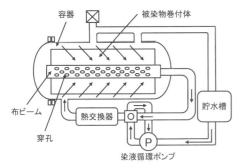

図 2.2.18 ビーム染色機の原理

ルのサーモゾル連続染色機，水蒸気を当てて後処理を行う反応染料を使用したセルロース織物のパッドスチーム染色機などがある．さらには，半連続染色機として，被染物に反応染料を使用した染液をしみ込ませた状態で巻き取り，外側をラップした後，室温で放置することで染着させる，節水と省エネを兼ね備えたコールドバッチ方式もある．

その他，繊維製品を製品の状態で染色する浸染用染色機械もある．これらには，パドル染色機，ロータリー染色機などがあり，これらの原理は，繊維製品を横向きにした円筒状のドラムに入れ，これを染液とともに回転させて染色を行うものである．

2） 捺染用染色機械 捺染用染色機械には，自動フラットスクリーン捺染機，ロータリースクリーン捺染機，ローラー捺染機などがある．フラットスクリーン捺染では，版が必要である．まず，絹，ナイロン，ポリエステルなどで作ったスクリーン（メッシュ）を枠に張る．次に，図案を重ね，フォトレジストでスクリーン上に版膜を作製後，さらにポリウレタン樹脂で版膜部分を補強し，必要な部分以外のメッシュを塞いだ版を作る．このようにして完成した版に，染料あるいは顔料を含む色糊を入れ，スキージと呼ばれるへら状の板で表面を擦ることで，版下に置かれた被染物に印捺する．自動フラットスクリーン捺染では，必要な色数のスクリーンが一列に複数台取り付けられており，その下を被染物が自動的に一定間隔で移動しながら順に印捺されることで多色刷りされる（図 2.2.19）．ロータリースクリーン捺染は，スキージがセットされた金属製の円筒状スクリーンの内部に色糊を入れ，これを被染物の移動速度と同速で回転させることで，色糊がスクリーンの外側に押し出され，連続的に印捺する．ローラー捺染は，スキージで掻き落としながら円筒状ロールの表面に彫られた溝部分に色糊を入れ，これが回転することで被染物に連続転写して印捺する．

一般的に，捺染用染色機械は印捺手段によって分類されており，この後，予備乾燥，染着，洗浄工程を連続して行い製品化される．自動フラットスクリーン捺染は，生産性では劣るが，多色刷りや濃淡の表現に優れ，小ロット生産に向いている．また，ロータリースクリーン捺染は，繊細なデザインは難しいが，高品質で生産性に優れる．これに対して，ローラー捺染は，量産化に貢献するが多色刷りは不向きであり，現在ほとんど使用されていない．

h． 染色排水処理

染色加工は，精練，染色，仕上げ加工を含め，非常に多くの水を使用し，この排水には染料，界面活性剤，合成糊剤，化学薬品などが含まれている．一般的に，ナイロンやアクリルなどの染色では染着率が高いことから染料での問題は小さいが，分散染料を使用したポリエステルの染色，反応染料を使用したセルロース繊維の染色，また，捺染加工では染料

図 2.2.19 自動フラットスクリーン捺染機と版

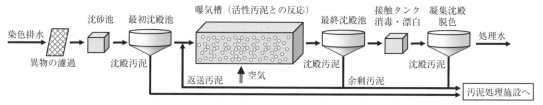
図2.2.20　活性汚泥法と凝集沈殿法との組み合わせ例

の残量も多く問題である．そして，これらを処理水として放出する際には，水質汚濁防止法や各自治体によっては透明度，色度，COD，BODに排出基準が定められている．したがって，染色工場では，染色排水処理として濾過とpH調整，活性汚泥法，凝集沈殿法などを組み合わせて行うのが一般的である（図2.2.20）．

活性汚泥法は，微生物である活性汚泥を染色排水とともに空気を送ることで培養し，染色排水中に含まれる汚濁物質を分解することで行われる．この空気を送り活性汚泥との反応を促進する槽を曝気槽といい，回分式であれば一つの槽で染色排水との混入，曝気，沈殿，処理水と汚泥との分離を繰り返して行う．連続式であれば，曝気槽に続き沈殿池を設置し，曝気槽は連続で運転，沈殿池に反応ずみの液を移して処理水と汚泥を分離後，活性汚泥の一部は，返送汚泥として再び曝気槽に送られ，新たな染色排水の分解に使用される．なお，現在では，発生する窒素を減ずる目的から，曝気を非連続で行うケースもある．

染色排水処理では，活性汚泥法による処理後にも残色していることが多く，消毒・漂白工程で脱色するか，凝集沈殿法などによって取り除かれる．凝集沈殿法とは，ポリ塩化アルミニウムや塩化鉄（III）などの電解質を加えることで，コロイド溶液中の負の電荷と逆電荷をもつイオンを粒子に吸着させて大きな粒子とし，沈殿させる方法である．

また最近では，汚泥量を低減する目的で，酵素を用いアゾ染料を分解する試みや，酸性白土などの吸着体を用いて，染料を吸着させる方法も検討されている．　〔榎本雅穂〕

i. 染色堅ろう度

繊維製品は，洗濯，汗，摩擦，日光，あるいは汗と光，汗と光と摩擦のように，単一もしくは複合した刺激によって退色（明度と彩度の変化，fading）や変色（色相の変化，color change）を起こすことが多い．そのため，日常の衣料品に関するクレームや廃棄理由の中では変退色に関するものが多い．それゆえ，染色堅ろう度（color fastness）は，繊維製品の品質を評価するうえで非常に重要な指標の一つである．

1）洗濯堅ろう度　洗濯に対する色の抵抗性を洗濯堅ろう度という．染色物は洗濯により化学的または物理的な作用を受け，それに起因して色が褪せたり，同じ繊維製品の淡色および白場への移染（色泣き，ブリード）や同浴で洗った別布への汚染を起こしたりすることがある．洗濯堅ろう度とは，洗濯による変退色および白布への汚染の強弱の度合いを示すものである．

洗濯による変退色の程度，白布の汚染の程度から洗濯堅ろう度が測定され，変退色が少なく白布汚染の程度が低ければ「洗濯堅ろう度が高い」とされ，変退色の程度が大きく白布が酷く汚染するようであれば「洗濯堅ろう度が低い」とされる．その試験法はJISにより規定されている．1級は最も低く，5級が最も高い堅ろう度であると判定される．変退色と汚染の堅ろう度は別々に定められている[1]．

水溶性染料の場合で，pH，温度，洗剤（界面活性剤）が影響する．洗濯はいうまでもなく繊維製品から汚れを落とすことである．"洗濯"は一般に水を使い，擦ったり，揉んだり，叩いたり，あるいは水の流れを利用して汚れを落とそうとする．これは水による汚れ物質の溶解性という化学的作用を利用し，また力を加えて，布同士の摩擦や衝撃力，流体力などの物理的作用によって汚れを落とそうとするものである．さらに，一般に汚れ物質の水への溶解力は低いため，洗剤の物理化学的作用を利用して繊維から引き離そうとするものである．汚れと繊維の結合は緩いものから強固なものまで幅広く存在しているが，一般に染料は汚れよりもっと強く繊維と結合しているため，洗濯によって汚れは落ちても染料

2.2 染色加工

は繊維上にとどまっている．しかしながら，染料と繊維との結合の強さと染料の水への溶解性とのバランスによって，その結合が切れてしまうことがある．その結果，染料が繊維から脱離するため，色は薄くなる．これを退色という．その場合脱離した染料が再び繊維に吸着することがあり，対象の繊維が未染色の白地であれば"汚染"現象となる．

この染料と繊維との結合は，ファン・デル・ワールス力や水素結合などによる結合（一般に"吸着"といわれるもの）から，電子を共有する化学結合まで，さまざまである．反応染料は繊維と化学的に反応結合して，染料と繊維の間に共有結合を形成するため，洗濯堅ろう度も優れた結果を示すものが多い[2]．

染料が水溶性の状態で染色を行い染着後に水不溶型に変えるバット染料，ナフトール染料，硫化染料，酸化染料などは概して洗濯に堅ろうであるものが多いといえる．染色後，繊維表面に付着した水不溶性色素をソーピング（熱セッケン液煮沸）により十分に除去することで堅ろう度を向上させることができるとともに，冴えた色調を与えることができるということは経験的に指摘されている[3]．

水不溶性染料の場合で，染料が単分子状態でなく会合状態ひいては粒子状態で染着していると，摩擦や衝撃力，流体力学的力が加わって脱離してしまう．

水のpHによっては，プロトン化などによって染料の化学構造が変化するため色度（色相・彩度）が変化してしまう．これは変色である．この現象は天然染料となる色素などでおこりやすい．アントラキノン系の天然色素（ラック）で染めた綿[4]（図2.2.21左）に関して，石鹸を用いて洗濯堅ろう度試験を行ったところ赤みが増して変色したが（右上），この試験法に準じて洗剤を市販の中性洗剤に替えて実験を行うとほとんど変色しなかった（右下）．洗剤の液性による染色布の変色の一例である．

洗濯時の染色された繊維製品の染色堅ろう性について論じるうえで，一般的な洗濯堅ろう度とは別の視点で考えなくてはならない事項がいくつか挙げられる．一つは蛍光増白剤による変色の問題である．蛍光増白剤が配合されている洗剤を使うと，生成り，ベージュ，アイボリー，黄色，ピンクなどの淡色の繊維製品では，白っぽく変色するという現象が起こる．これは蛍光増白剤が一種の染料であり，染着して青紫色の蛍光を付与するためである[5]．また，洗濯用水に入浴剤入りの風呂の残り湯を使用すると，柔軟剤との併用による複合作用で変色を起こすこともある．すべての入浴剤の色素と衣料用柔軟剤の組み合わせで繊維製品の変色が起こるわけではないが，併用は避ける方が望ましい[6]．

染色堅ろう性には表面染色でなく糸や繊維の中心部まで十分に染色加工されているかという技術的なことも関係する．インジゴ染色デニムに用いる青糸の染色に関しては，意図的に糸の表面のみを染色して中心部は白のままになるようにし，ユーズド加工や使用・洗濯によって染色糸表面の染色部分が剥がれて部分的に色が落ちた状態の風合いを楽しむという傾向がある．

これまで合成染料の開発がされてきた一方で，昨今，天然染料が見直されつつある．そのような価値観の変化の中で，天然物を利用した染色による染色性とその染色堅ろう度を調べる研究も行われている．綿の塩基性染料染色では洗濯堅ろう度が低いが，粘土鉱物で処理することにより非常に洗濯堅ろう度が高くなる[7]．合成染料，合成洗剤が発明される以前における天然染料の使用とは異なり，現代の衣生活の中で天然染色品をどのように活用できるかを考えるうえで，洗濯堅ろう度の高い天然染料と繊維の組み合わせを新たに見出していくことや適切な洗濯方法を検討することが求められる． 〔**都甲由紀子**〕

図2.2.21 ラック染色布（左），石鹸液による洗濯後（右上），中性洗剤による洗濯後（右下）（口絵13参照）

参考文献
1) 日本規格協会：洗濯に対する染色堅ろう度試験方法, JIS L 0844.
2) 矢部章彦, 林 雅子：新版染色概説, p.126, 光生館, 1963.
3) 矢部章彦, 林 雅子：新版染色概説, pp.66-67, 107-108, 光生館, 1963.

4) Y. Togo and M. Komaki: Effective lac dyeing of cotton fabric by pretreating with tannic acid and aluminum acetate, Sen'i Gakkaishi, 66 (4): 99-103, 2010.
5) 苦情処理技術ガイド編集委員会（TES会西日本支部）：繊維製品の苦情処理技術ガイド（改訂新版）色に関する苦情（TES会編），pp.53-54，社団法人日本衣料管理協会，2005.
6) 苦情処理技術ガイド編集委員会(TES会西日本支部)：繊維製品の苦情処理技術ガイド（改訂新版）色に関する苦情（TES会編），pp.72-73，社団法人日本衣料管理協会，2005.
7) J. Jung, M. Komaki, T. Nakanishi and Y. Aikawa: Improved coloration and fastness to washing and light by applying smectite to cationic dyeing, Sen'i Gakkaishi, 67 (11): 252-255, 2011.

2） 日光堅ろう度 さまざまな刺激に対する染色堅ろう度のなかで，日光堅ろう度（color fastness to daylight）は，染色された繊維製品が加工工程中や使用中に受ける日光の作用に対する色の安定性を指す．日光堅ろう度は，「日光に対する染色堅ろう度試験方法（JIS L 0841）」に基づいて評価され，堅ろう性の良否が1級から8級までの等級で示される．この試験では，試験片を1～8級のブルースケールとともに規定の方法に基づいて露光し，試験片の変退色とブルースケールの変退色の程度を比較してその堅ろう度を判定する．

染料分子（色素）は化学構造中に発色団や助色団を含み，それらによって特定の波長域の光が吸収され，反射光が色相として視覚に認識される．このように，染料の色はその化学構造に起因するものであるため，染料分子が化学変化すると変退色が起こる．一般に，光による変退色は光化学反応によって進行し，光の照射強度が強いほど退色は進みやすい．染色した繊維製品における変退色の機構は複雑であり完全には解明されていないが，紫外線を主とする光の作用によって染料分子の分解反応が引き起こされ，ラジカルによる酸化あるいは還元反応で分解が進行する[1]．したがって，染料分子の置換基や置換基どうしの位置関係などの化学構造によって変退色のしやすさは変わる．例えば退色しやすさの指標として水溶液中での安定性をアゾ染料のOIとOII（図2.2.22）で比較すると，OIのほうがOIIより明らかに退色しやすい．これはOIIがアゾ基のオルト位に水酸基をもっているために，OIに比べて分子内水素結合でアゾ基が安定化されているためと考えられている[2]．各種染料の一般的な耐光性を表2.2.8に示す[3]．

複数種の染料の配合色では，染料分子どうしの相互作用によっていずれか一方の染料のみが退色を起こすことがある（光触媒退色）．例えば，通常，緑色の色合せに使用されるレモンイエローとブルーの染料の組み合わせは，各染料の堅ろう性から予想されるより非常に低い堅ろう性を示す場合がある．なかでもレモンイエロー系染料とトリフェンジオキサ

OI

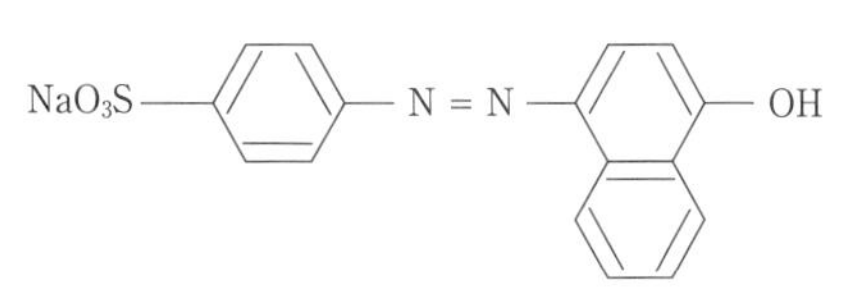

NaO$_3$S—〈 〉—N=N—〈 〉—OH

CI Acid Orange 20

OII

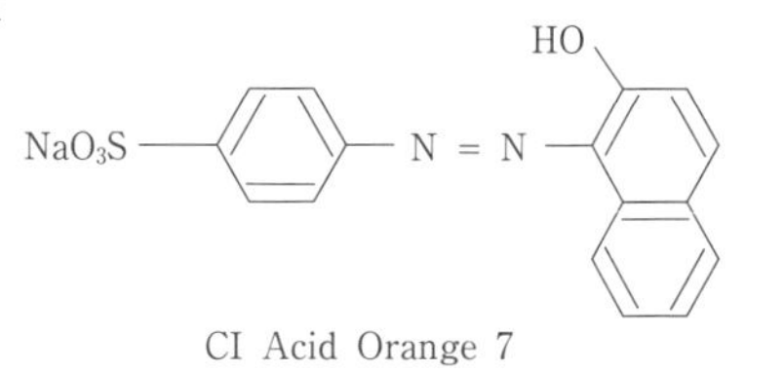

NaO$_3$S—〈 〉—N=N—〈 〉—HO

CI Acid Orange 7

図2.2.22　置換基の位置が異なる2種のアゾ染料

表2.2.8　繊維の染色適用性および日光堅ろう度[3]

染料	繊維	日光堅ろう度
酸性	ナイロン，羊毛	良
塩基性	アクリル，塩基性染料用ナイロン，塩基性染料用ポリエステル	変色
分散	アセテート，ポリエステル，アクリル，ナイロン，その他の合成繊維	良
反応	セルロース，羊毛	良
媒染	天然繊維（綿，絹，羊毛）	変色
ナフトール	セルロース	優秀
硫化	セルロース	優秀
バット	セルロース	優秀

ジン（TPD）系ブルー染料の鮮明な深緑色（シトラスグリーン）用配合色の光触媒退色については多数の報告がある[1]．また，ナイロンや羊毛を染色したミリング系酸性染料/1：2型酸性含金錯塩染料でも同様の現象が起こる[1,4]．

この他，以下のような種々の因子も変退色に大きな影響を及ぼす[5]．染料の濃度，繊維基質中の染料の会合状態，未固着の染料あるいは加水分解した染料の存在，繊維基質の化学的もしくは物理的構造，照射される光の波長，環境中の湿度および水分，環境中の気体の存在（O_2，SO_2，NO/NO_2，O_3など），仕上げ剤（樹脂，風合い調整剤，固着剤，湿潤剤，はっ水剤あるいははつ油剤など）．

染色濃度が薄いほど退色は速く，染着濃度や会合状態の染料分子の増加によって光に対する安定性は増す．これは，会合した染料分子が内部の染料分子を保護するためと考えられている．また，染料分子の会合によって，励起三重項状態の染料分子間での反応や励起三重項状態の染料分子と基底状態の染料分子との反応が他の劣化反応に優先して起こり，励起三重項状態から元の基底状態にもどりやすいため，安定性が増すことが推測されている．繊維基質が関与する例として，セルロース繊維ではインジゴ染料は光酸化で速やかに退色する．一方，羊毛繊維では，アミノ酸残基は励起一重項酸素を消光するとともに還元剤として作用し，同じインジゴでも光還元反応で退色が進むために安定性は高くなるといわれている．一般的には，塩基性染料は絹，羊毛などのタンパク質繊維に鮮明な色調で染まるが，日光堅ろう度がきわめて低く実用的でない．湿度あるいは水分は光酸化による退色の重要な外的因子であり，水は光酸化過程で大きな役割をなす酸素の移動を容易にすると考えられている．環境湿度が高いほど退色は速く，通常の試験で耐光性の高い染色物でも数時間の湿潤状態での曝露で激しく退色することもある．

そこで日光による露光に加えて湿潤の影響も加味した，洗濯と吊干し乾燥サイクルを繰り返す湿潤耐光堅ろう性も評価実験として行われることがある．また，汗を吸収すると水で濡れている場合よりも退色が速いといわれていることから，汗と光の両方が複合して作用する場合を想定した汗・耐光複合堅ろう度試験もスポーツ用衣料品などには重要である．

反応性染料で染色した衣料品の中で耐光性が良好なものでもこの複合堅ろう度試験では湿潤耐光試験の結果と同程度となり，特にアゾ系レッドやブルー染料，耐光性のよい三原色用含銅フォルマザン系ブルー染料は汗・耐光複合試験には鋭敏であることが知られている[6]．

〔小原奈津子〕

参考文献
1) M. J. Bradbury, P. S. Collishow, S. Moorhouse and S. P. Collinson, 山口一志訳：セルロース系衣料品の変退色防止と反応染料の選択．染色工業，47 (5)：226-237, 1999.
2) 須藤幸恵，飯島俊郎：アゾ染料の水溶液中における次亜塩素酸ナトリウムによる酸化退色反応．繊維学会誌, 45 (7)：332-334, 1989.
3) K. L. Hatch: *Textile Science*, West Publishing Company, p.433, 1993.
4) K. Dunkerly: The catalytic fading of acid dyes, *J. Soc. Dyers Colour.*, 108 (May/June)：268-269, 1992.
5) 中澄博行：色素の退色劣化（色素の構造と物性）．色材, 63 (11)：677-684, 1990.
6) 岩田 彬：色の変化と染色堅牢度．染色工業, 48 (3)：122-133, 2000.

3) 汗堅ろう度・摩擦堅ろう度・漂白その他の堅ろう度 前述の洗濯や日光に対する堅ろう度以外にも，繊維製品の用途によって要求される堅ろう度は多岐にわたり，JISやISOには数十種にのぼる堅ろう度が掲載されている．あるアパレル製品に対してすべての堅ろう度が要求されるものではなく，その製品にとって必要性の高い堅ろう度試験が行われる．ここでは，一般的によく取り上げられる堅ろう度を中心に解説する．

① 汗に対する染色堅ろう度（JIS L 0848），**光及び汗に対する染色堅ろう度**（JIS L 0888）： 汗のみを起因とする変色は，汗に含まれるヒスチジンによって含金属染料（特に含銅型）からの脱金属によることが多い．そこで，ヒスチジン（2.4 mmol/L）を含む人工汗液を含ませた試料を 12.5 kPa 加圧下，37℃，4時間放置し，変退色と汚染をみる堅ろう度試験が行われる．ただし，最近はこれらの含金属染料の使用は少ない．他の変退色挙動として，汗に含まれる還元糖の影響や，高湿度状態を起因とするセルロースの加水分解により生成したアルデヒド基の影響も指摘されている．色素の分解だけではなく，汗中のヒスチジンなども黄変の原因となりうる．

一方で，前述の汗・耐光複合堅ろう度は，JISの

人工汗液（pH 5.5 および 8.0）では実際の消費者苦情が再現され難いため，ATTS（繊維製品技術研究会）は人工汗液（pH 3.5）として，JISの汗液にさらに乳酸，アスパラギン酸，パントテン酸，グルコースを加えたものを開発し，検査機関などで広く採用されている．発生機序は，乳酸存在下で主に光還元による色素の変色によるものとされ，綿や絹で生じやすく，合成繊維や羊毛では生じにくいとされている．

② **摩擦に対する染色堅ろう度**（JIS L 0849）：摩擦による色移り（汚染）を対象とした堅ろう度で，元試料の摩擦に伴う退色は規定されていない．主に問題となる色材は，建染染料，ナフトール染料，硫化染料，顔料であり，いずれも色素が水不溶性粒子として染着しているものである．色移りは摩擦係数が大きく関与するが[1]，湿潤状態の布は繊維同士の接触面積が増加することにより摩擦力が増大し，色移りが激しくなるため，JIS では乾燥と湿潤の二つの試料状態の試験方法が規定されている．また，かかる圧力（荷重）が大きくなると摩擦力も増大する．繊維表面付近の染料をソーピングによって取り除くことを試みても，摩擦堅ろう度は必ずしも改善しないとされる．また，布の摩耗の関与も指摘されており，反応染料染色布でも摩耗で脱落した繊維の屑が移行して汚染するケースもある．

③ **塩素漂白に対する染色堅ろう度**（JIS L 0856），**塩素処理水に対する染色堅ろう度**（JIS L 0884），**過炭酸ナトリウム酸化漂白及び洗濯に対する染色堅ろう度**（JIS L 0889）： JIS L 0856 は塩素系漂白剤に対する堅ろう度である．強試験（有効塩素 2 g/L）と弱試験（同 0.5 g/L）がある．日本の家庭用塩素系漂白剤の次亜塩素酸ナトリウムの濃度は 60～65 g/L（製品出荷時）であるから，強試験はこれの 30 倍希釈程度の想定である．

実際に塩素による変退色が問題になりやすいケースは，水道水やプール水，公衆浴場などの残留塩素に晒された場合で，JIS L 0884 に規定されている．残留塩素は，水道水は水道法によって 0.1 mg/L 以上，プール水は厚労省の定める衛生基準によって 0.4 mg/L 以上と定められている．洗濯機の注水濯ぎは溜め濯ぎに比べ，繊維が残留塩素に晒されるリスクが高い．また，セルロース繊維が影響を受けやすいとされる．なお，屋外プールなどでは塩素と光の複合作用による変退色も問題となる．

色・柄物にも使用できる酸素系漂白剤の過炭酸ナトリウムは炭酸ナトリウム過酸化水素付加物とも呼ばれ，水中で炭酸ナトリウムと過酸化水素に分かれる．塩素系漂白剤よりも作用が穏やかなため，変退色は起こりにくいが，金属が触媒として作用し酸化作用を増大させるため，含金属染料や表面の皮膜樹脂が脱落した金属製付属品などでの変退色や繊維損傷が問題となる．セルロースが過度の酸化漂白を受けると，高分子側鎖にカルボキシ基が生成し，強度が低下する．これはターンブル・ブルー試験の青色呈色により確認できる．

④ **ホットプレッシングに対する染色堅ろう度**（JIS L 0850），**昇華に対する染色堅ろう度**（JIS L 0854），**乾熱処理に対する染色堅ろう度**（JIS L 0879）： 家庭アイロンや商業クリーニングのプレスに際し，特に問題となるのは分散染料で，分子量が小さく極性も低い色素は高温で気化し，繊維表面や他の繊維へ移行し，色むらや色泣き，汚染を生じてしまうことがある．これはサーモマイグレーションと呼ばれている．分散染料の構造的宿命（転写捺染という染色法が可能だという点では長所となる）であるが，色素の蒸気圧の制御や繊維表面の改質など堅ろう度向上のための研究，開発も進んでいる．高温でなくても，貯蔵中などに他の繊維に長時間接することによって汚染が生じることがあり，昇華堅ろう度として規定されている．特に，樹脂コーティングされたポリエステルでは染料の昇華移行による問題が生じやすい．

⑤ **色泣き（ブリード）**： 色泣きは，捺染柄や縞，格子などの色や濃淡の境界で，濡れることによって色素が滲みだし，他の領域を汚染するトラブルである．直接染料やソーピング不足の反応染料など洗濯堅ろう度の低い染料や，反応染料が経時的あるいは酸・アルカリなど外的要因により加水分解する，分散染料が熱や有機溶剤で影響を受ける，顔料染色の樹脂や色素が溶剤で溶出するといったケースが考えられるが，特に他の堅ろう度試験では合格となる染色物における色泣きが問題とされる．JIS には規定されておらず，JFR グループの消費科学研究所が考案した方法（大丸法）がよく採用される．

⑥ **その他**： 窒素酸化物に対する染色堅ろう度 JIS L 0855 は，石油ストーブや自動車の排気ガスなどに含まれる窒素酸化物ガス，いわゆる NO_x に

よる変退色に対する堅ろう度である．セルロース系繊維やアセテートを染めるアミノ基を有するアントラキノン系青色染料が赤みをおびること（浅色移動）などが知られ，アミノ基がニトロソ化したことによるとされる．ポリアミン系フィックス剤やカチオン系柔軟剤はNO_xを固定できるため，変色の防止になる．ドライクリーニングに対する染色堅ろう度JIS L 0860は，ドライクリーニングでの有機溶剤における変退色，汚染をみるものであり，JISの2008年の改訂に際し，これまでのパークロロエチレンに加え，日本で最も一般的な溶剤である石油系溶剤での試験法が加えられた．実際の洗浄を想定し，水を添加した溶剤での試験法もある． 〔古濱裕樹〕

参考文献
1) 菅沼恵子：摩擦堅牢度に及ぼす添付白布の摩擦係数の影響．繊維学会誌，66 (8)：194-198，2010．

4) 染色堅ろう度試験 (color fastness test) 染色堅ろう度は，繊維製品の製造工程，その後の使用，保管中などのいろいろな作用に対する色の抵抗性を意味するだけでなく，染料の試験にも適用される．染色堅ろう度試験の規格は各国の国状に応じて試験方法が規定されており，我が国では日本工業規格（JIS）において定められているが，最終的には国際規格（ISO）に同調する方向で研究が進められている．

① 染色堅ろう度試験の基本的な条件： 染色堅ろう度には変退色および汚染の2種類があり，判定は，各種処理による試験片の変退色あるいは試験片に添付した白布の汚染の程度，またはこれら両者について行う．

試験片は，布（織物，編物，フェルト）の場合は，通常100 mm×40 mmの大きさでしわがないものを用いる．糸・ばら繊維の場合には，試験片に添付する白布（2枚）の質量の1/2を取って，平行で密な薄い層を作る．添付白布は，通常1枚（第1添付白布）は試験片と同じ種類，他の1枚（第2添付白布）は規定された異種繊維のものを用いる．試験は，試験片を2枚の添付白布で挟んで1辺を（機械的作用を伴う場合は4辺を）縫い合わせて行う．汚染の判定は，試験片と接した面について行う．

試験片と添付白布の繊維種を，表2.2.9に示す．

判定は常温で行うことが一般的であるが，温度や湿度の差異が染色堅ろう度の判定に影響するような場合には，温度20±2℃，相対湿度65±4％の標準状態に放置した後に行う．判定は視感法または計器法のいずれかによって行い，等級は数値で表す．ほとんどの試験の場合の染色堅ろう度は5級が最も高く，1級が最も低いが，日光堅ろう度のみは8級が最も高く，1級が最も低い．

染料の染色堅ろう度は，その染料で染色した布について試験して判定するが，染料の染色堅ろう度は染色濃度に影響されるために，試験には標準染色濃度表（JIS L 0808）に規定されている濃度の染色布を作製して試験を行う．

試験に用いる試薬は，JISに規定がある場合にはそれを用いる．特に規定のない試験液の調整にはイオン交換法または逆浸透膜法による精製水または同等の質の水を用い，処理液の濃度は，mL/L，またg/Lで表す．

② 染色堅ろう度の判定方法： 判定の方法は視感法または計器法のいずれかによって行う．

• 視感法：試験前後の試験片や添付白布を灰色の下敷きの上に同一方向に並べ，傍らに変退色用（または汚染用）グレースケールを置き，グレースケールに附属されている2枚分の寸法のマスクを試験片またはグレースケールの上に載せる．下の灰色

表2.2.9 試験片および添付白布の繊維種

試験片	第1添付白布	第2添付白布
毛	毛	綿
絹	絹	綿
綿	綿	毛または絹
麻	麻	毛または絹
レーヨン	レーヨンまたは綿	毛または絹
アセテート	アセテートまたはポリエステル	綿
ナイロン	ナイロン	毛，絹または綿
ポリエステル	ポリエステル	毛，絹または綿
アクリルまたはアクリル系	アクリルまたはナイロン	毛，絹

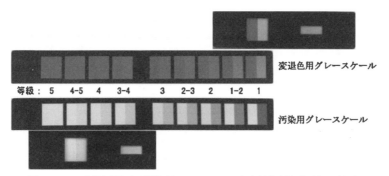

図2.2.23 変退色用および汚染用グレースケールと各判定方法（口絵14参照）

表2.2.10 等級対応値から変退色または汚染等級への変換表[1]

等級対応値（N）	変退色等級または汚染等級（級）
$5.00 \leq N \leq 5.50$	5
$4.50 \leq N < 5.00$	4-5
$4.00 \leq N < 4.50$	4
$3.50 \leq N < 4.00$	3-4
$3.00 \leq N < 3.50$	3
$2.50 \leq N < 3.00$	2-3
$2.00 \leq N < 2.50$	2
$1.50 \leq N < 2.00$	1-2
$1.00 \leq N < 1.50$	1
$N < 1.00$	$1^{(-)}$

$1^{(-)}$：等級が1級に達しないもの

が透けて見え，表面の見えに影響する可能性がある場合には，試験前後の試験片および添付白布の下にそれぞれ同じ布を重ねて敷いて判定する．色彩の変化は通常，色相，明度および彩度の変化，またはこれらの複合によるが，変退色や汚染の判定はこれらの変化の特徴とは関係なく，試験前後の試験片の視覚による色の違いと最も近い色の違いを示す変退色用（または汚染用）グレースケールの番号を用いて等級付けを行う．汚染の判定は，試験に用いたすべての添付白布について行い，縫い目の汚染は無視する（図2.2.23）．

照明光源は常用光源 D_{65}，600～2,150 lx の範囲の照明で，通常は 1,200 lx，明るい色のものは 600 lx，暗い色のものは 2,150 lx に近い照度でもよい．

- 計器法：試験前後の試験片または添付白布の三刺激値（X, Y, Z）を求め，JIS 0809によって等級対応値を求め，表2.2.10に示す変換表を用いて試験片の変退色または添付白布の汚染の等級を判定する．測定には，分光や波長のずれなどを調整した分光光度計，または調整された分光光度計で校正した測色計を用い，標準の光 D_{65}，10°視野の $X_{10, D65}$, $Y_{10, D65}$, $Z_{10, D65}$，または標準の光 C，2°視野による $X_{2, C}$, $Y_{2, C}$, $Z_{2, C}$ で測定する．〔岡村好美〕

参考文献
1) 日本規格協会：JIS L 0809.

2.2.3 仕上げ加工
a. 一般仕上げ
1） サンフォライズ加工　1934年にアメリカのSanford Cluettによって開発され，その後各国に広まった綿などの織物を対象とした代表的な機械的防縮加工法であり，発明者の名を付してサンフォライズ加工（sanforizing）と呼ばれている．

製造工程中に加えられた種々の外力や熱，水分の影響によって，大小の多様な内部歪みが繊維や糸，布の中に潜在している．内部歪みの代表的なものは，絶えず引っ張られた状態で処理されることによる伸長変形である．繊維や糸，布中に貯えられた内部歪みが張力のない状態で吸湿または吸水すると，内部歪みが除かれて安定した状態に戻ることができ，布に収縮が生じる．これが緩和収縮で，布は一般に長さ方向に張力をかけられていることが多いため，たて方向の寸法安定性が低くなる．また，布を湿らせただけでは内部歪みの緩和は完全ではないが，洗濯を繰り返すと，洗濯時の界面活性剤が繊維や糸間の摩擦力を弱めるので歪みの緩和が進み，安定した状態になる[1]．サンフォライズ加工はこの緩和収縮を防止するため，予想される収縮に相当する分だけ布をあらかじめたて方向に強制的に押し込んで仕上げる，押込収縮加工法の一つである．

加工機には主として厚地のものに用いるフェルトブランケット式と，薄地または中厚地のものに適するラバーベルト式の2種がある．フェルトブラン

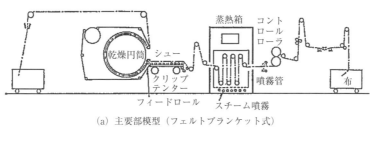
(a) 主要部模型（フェルトブランケット式）

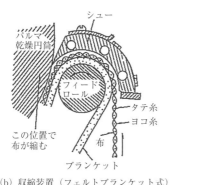

(b) 収縮装置（フェルトブランケット式）

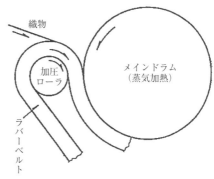

(c) 収縮装置（ラバーベルト式）

図 2.2.24　サンフォライズ加工機[2]

ケット式は，一定の緩みと湿り気をもった布が加熱装置のあるフィードロールとパルマ乾燥円筒というステンレス製のメインドラムの間を走るフェルトブランケットと同一行動をとり，フィードロールで加熱されながら伸ばされた面が，パルマ乾燥円筒で徐々に冷却されながら縮められるので，収縮状態でセットされる（図 2.2.24(a)，(b)）．またラバーベルト式は，回転するラバーベルトがメインドラム側で弛緩し，その反対側で緊張するように工夫されており，防縮の原理はフェルトブランケット式とまったく同様である（図 2.2.24(c)）．サンフォライズ加工は加工後の結果が伸びと縮みともに 1％ 以内になるようにフェルトブランケットやラバーベルトの厚さ，クリップテンターの幅あるいはロールの幅と速度などを調整する[2]．

洗濯で縮みやすい綿のみならず，ほとんどすべての布の防縮加工にあたって，サンフォライズ加工を抜きに考えることはできない．現在，サンフォライズ加工は同一原理を基にその後開発された類似の加工方法とともに，防縮加工における必須工程として広く実施されている．なお，布を押し縮める工程が布をもみほぐす作用を伴うため，風合い調節の重要な手段としても使われる[3]．

2）シルケット加工　綿糸または綿布を，水酸化ナトリウムの濃厚水溶液で緊張処理する加工法．加工により染色性，強度，光沢，防縮性がそれぞれ向上するという効果が得られる．

1844 年にイギリスの Mercer は，綿布が濃いアルカリ液によって大きく収縮すること，またこの処理によって，布の染色性が向上することを発見した．さらに 1890 年，イギリスの Lowe が緊張下でアルカリ処理をすると布に光沢が出ることを発見し，これ以降，綿布の染色前に前処理としてアルカリ処理をすることが一般化した[4]．この処理加工法は，発見者にちなんでマーセリゼーション（mercerization），マーセル化またはマーセライズ加工と呼ばれている．日本では，絹のような光沢が得られることからシルケット加工（silket finish）と呼ぶことが多い．

シルケット加工によって各種の効果が得られるのは，綿繊維が水酸化ナトリウム水溶液処理によって膨潤し，結晶構造の一部が天然セルロースであるⅠ型からアルカリセルロースを経てⅡ型へ変化し，結晶周辺の繊維構造も組み替えられるためと考えられる．水酸化ナトリウム水溶液で膨潤した綿繊維は，天然撚りが減少し，断面は円形に近づき，繊維表面

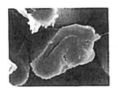 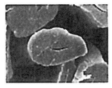

　　　　未処理　　　　　　シルケット加工
　　図2.2.25　綿繊維断面の電子顕微鏡写真（×5500）[5]

が平滑になる（図2.2.25）．水で膨潤した場合でもほぼ同じ変化が起こるが，乾燥すると元に戻ってしまう．しかし水酸化ナトリウムの場合はセルロースの結晶構造が組み替えられるため戻らない．染色性の向上は，膨潤状態が維持され染料の分子が入りやすくなるため，また強度の向上は，繊維形状が変化し応力の集中する場所が減少するためと考えられる．光沢の向上は繊維形状が均一になり平滑になるためであり，防縮性の向上は膨潤状態と膨潤による引張応力緩和状態が固定されるためであると考えられる．さらに，強度向上と光沢向上には加工時の糸または布の伸長率が影響し，できる限りよく伸ばして加工すると効果が大きい．水酸化ナトリウム濃度15%前後から収縮率と染色濃度は急上昇し，20%前後で最大となる．また，水酸化ナトリウムの液温が低いほど，膨潤が大きく，光沢が高く，風合いは硬くなる．これは水酸化ナトリウム水溶液は低温であるほど粘度が高いため，浸透が不十分となり，表面加工になるためと考えられる．液温が高いと膨潤度は低く，光沢が低く，風合いは柔らかくなるが，これは液温が高いと水酸化ナトリウムの反応が低下するためと考えられる[6]．

　結晶膨潤は水酸化ナトリウム重量濃度10%以上で顕著となり，約14%以上でいわゆるアルカリセルロースを生成する．しかしアルカリセルロースの構造はアルカリ濃度および温度により複雑な変化を示す．セルロースⅠが平行鎖，セルロースⅡが逆平行鎖の構造であることがさまざまな実験事実から確立された今日，マーセル化によるⅠからⅡへの変化はアルカリセルロースの段階における逆向きのミクロフィブリルの入交じり（interdigitation）によるものであることは疑いえない．しかしこの変化が正確にどの段階で起こるのかや，また繊維の緊張・水洗の温度などの条件によってはセルロースⅠが再生するという挙動の理由は未解明である[7]．

　液体アンモニア加工によっても，マーセライズ加工と似た効果が得られる．液体アンモニアは化学的には水と似ているが，水より粘度や表面張力が低いので綿繊維に容易に浸透する．綿繊維の場合，液体アンモニア処理後は外観が変化するとともに，内部構造も変化する．すなわち，断面が丸くなり中空部分が小さくなり，ねじれが消えて滑らかになり，フィブリルの配列が整頓されて間隔が平均化され，結晶化度が下がり，結晶構造がやや疎な形のセルロースⅢに変わる．そして防縮，防しわ，柔軟，強度向上の効果が同時に達成される．これに対し，マーセライズ加工には防縮と強度向上の効果はあるが，防しわと柔軟の効果はない[8]．

　また，液体アンモニアに続いてマーセライズ処理を行い，セルロースⅢからセルロースⅡへの転換を起こさせても，高度の防縮成形効果が得られる．風合いマーセライズは，染色性，光沢，強度などが通常のシルケット加工よりも一段上のレベルとなり，新たな加工法として確立しつつある．このセルロースⅢを経由する防縮のメカニズムは，いわゆる膨潤収縮の防止であるから，加工中の引張りに起因する緩和収縮を防止するための手段，たとえば途中工程でのリラックス処理や，最終工程でのサンフォライズ加工なども同時に必要となる[8]．

〔小松恵美子〕

参考文献

1) 日本衣料管理協会刊行委員会編：寸法安定性．新訂繊維製品の基礎知識シリーズ1，pp.80-81，日本衣料管理協会，2009．
2) 赤土正美：染色・加工学．pp.187-188，三共出版，1985．
3) 柳内雄一：サンフォライズ加工．繊維の百科事典（本宮達也・鞠谷雄士ほか編），pp.571-572，丸善，2002．
4) 坂本宗仙：仕上加工．繊維の百科事典（本宮達也・鞠谷雄士ほか編），p.42，丸善，2002．
5) 勝野晴孝：繊維学会誌，69（5）：156，2013．
6) 柳内雄一：シルケット加工．繊維の百科事典（本宮達也・鞠谷雄士ほか編），pp.626-627，丸善，2002．
7) 空閑重則：セルロースへの低分子の収着と膨潤．セルロースの事典（セルロース学会編），pp.295-296，朝倉書店，2008．
8) 柳内雄一：セルロース繊維の改質（樹脂加工，液体アンモニア加工，樹脂なし防縮加工）．セルロースの事典（セルロース学会編），pp.503-504，506，朝倉書店，2008．

3) オパール加工　オパール加工とは，混繊，混紡，合撚，交編，交織など混用布の一部の組成繊維を耐薬品性の差を利用して溶解除去し，透かし模様を出す加工である[1]．組成繊維のうち1種以上の繊維を溶解できる薬品を糊に添加し，捺染と同様の要領で糊を布に印捺した後，乾熱，蒸熱などの熱処理によって繊維を溶かして薬品に耐性のある繊維のみを残して，布に透かし模様を表現する．オパール加工は二次的な仕上げ加工で，抜食加工ともいう[2]．1950年代後半に絹と人絹と呼ばれた再生繊維の交織織物から，硫酸，硫酸アルミニウム，塩酸などの酸を用いて植物性繊維だけを炭化除去し，部分的に透かし模様を施した擬絞織物にオパールという商品名が付けられた．部分的に透かし模様を施す絹布の特殊加工は透明加工といわれ，商品名からオパール加工とも称せられた[3]．そのほか，ポリエステルとレーヨン，ポリエステルと綿などの合成繊維とセルロース繊維の組み合わせで，硫酸塩，塩酸塩などを溶解剤としてセルロース繊維を溶かす方法，羊毛と綿，羊毛とナイロン，絹とナイロン，絹とポリエステルなどのタンパク質繊維とセルロース繊維や合成繊維の組み合わせで，水酸化ナトリウムなどを溶解剤としてタンパク質繊維を溶かす方法，脂肪族ポリエステル系繊維と芳香族ポリエステル系繊維などの複数の合成繊維の組み合わせで，水酸化ナトリウムなどを溶解剤として一方の合成繊維を溶かす方法などがある．オパール加工を施す布は2種類以上の繊維で構成されていることから，透かし模様を施すと同時に白残し，異色染，同色染などを行うことができる[4]．また，綿とレーヨン，家蚕糸と搾蚕糸の組み合わせなど酵素を用いて加工する方法もある[5]．そのほか，1種類の繊維で構成された布に穴を空けたり，刺繡と組み合わせてより立体感を表現するために行われることもある．

オパール加工は，平織，ジョーゼット，ボイル，サテンの他，別珍，ベルベット，ベロアといったパイル生地やスエードなどのさまざまな織・編布に施される．風合いを損なうことなく，部分的な透かし模様とともに立体感を強調する効果や煌びやかな印象を布に与える．婦人用のファッション素材やカーテン生地などに用いられる．欠点として，溶解する面積が大きい場合，織物ではたて糸またはよこ糸がずれやすく（目寄れ），編物では引っかかりやすく，ひきつれの原因になる．別珍，ベルベットなどでは，クリーニングや摩擦などによってパイルや添毛の縫い目からの滑脱などが起きる場合もある[6]．

4) アルカリ減量加工　減量加工には，アルカリ性の溶剤を用いる加工と，酵素を利用する加工がある．一般的には，アルカリ減量加工を単に減量加工といい，ポリエステル織物の代表的な加工である．ポリエステルのエステル結合がアルカリで加水分解する現象を利用したシルクライク合繊の基本加工である[7]．繊維の外側を被覆しているセリシンを溶解除去し，繊維間に空隙をつくることによって繊維間や糸間の接触する部分の摩擦を減らし，絹織物をしなやかにするという絹織物の精練の原理を応用したものである．ポリエステルはテレフタル酸とエチレングリコールを脱水重縮合によって高分子化したものであり，強アルカリ下では逆反応が起こる．そのため，ポリエステル繊維は，アルカリ液中で加熱処理を行うと繊維表面から徐々に溶解して，残存部はポリエステル繊維の特性を保持したまま繊維径は減少する[7-9]．

加工における減量率は，重量で20～40％ともいわれているが，通常20％前後の減量加工が適用されている[10]．減量率や減量加工の速度は，布の条件（繊維のつや消し度，改質度，繊度，撚り数，仮撚り，複合繊維の種類，織物密度，精練，熱処理）と加工条件（アルカリ剤の種類，アルカリ濃度，処理温度，処理方法，浴比，減量促進剤）によって異なり，外観，風合いが変わる．断面積あたりの強度には大きな変化は少ないものの減量により生地が痩せ，布の引裂き強度の低下，織目のスリップ（目寄れ）が増すなどの問題もある[7,8,11]．

ポリエステル繊維のアルカリ減量加工法は，1948年に出願されたImperial Chemical Industries (ICI)の特許に始まり，1960年代の中頃には，絹に比べて弾性率が大きいポリエステルを三角断面繊維にして，それを織物にした後にアルカリ減量加工を施して，ソフトな風合いの絹様光沢を有したポリエステル織物を得る基本技術が確立された．その後，アルカリ減量加工を施すことにより，柔軟性，ドレープ性，抗ピル性の付与，表面の凹凸化による深色性，発色性の向上，オパール加工特殊模様や柄の付与（オパール加工）や繊維先端の繊細化，分割，溶割，複合繊維を化学的に減量することによる異型断面繊

維，中空繊維の製造，ブレンドポリマーの海島構造を利用して得られる極細繊維の製造などのさまざまな方法が開発されている[12,13]．それらの技術を応用して薄起毛の新合繊やヌバック調の人工皮革など立毛製品が開発された[14]．ポリエステル布の減量加工方法は，バッチ方式の吊り練り方式に始まり，半連続方式のパッドコールドバッチ方式に遷り，近年，主流となっているパッドスチーム方式のような連続方式がある．方式によって，労力，品質管理，設備，スペースなどの得失がある[8]．

繊維製品の減量加工は，絹の精練に始まり，羊毛，綿，レーヨン，ポリノジックなどの再生セルロース繊維など，ポリエステル以外の繊維に対しても行われている．ポリエステルの減量加工はアルカリ溶液を用いるが，羊毛，セルロース繊維の減量加工は主に酵素を用いることが多く，アルカリ溶液や物理的な処理を併用する場合もある．絹の精練は，一般的には石鹸を主体としたアルカリ溶液を用いるが，タンパク質分解酵素を併用する技術も開発されている．羊毛の減量加工は主にキューティクルの一部分解，スケールの均一化，耐洗濯性に優れた防縮加工を目的としている[14]．絹や羊毛の減量にはプロテアーゼが使用される．綿の減量加工は，従来，糊抜きや付着物質の除去に使われていた酵素を繊維の改質に応用し，アミラーゼやセルラーゼを用いて表面の毛羽の分解除去，かさ高性，染色性，光沢性，ドレープ性，反撥性，柔軟性の付与を目的としている．ジーンズのストーンウォッシュ加工も物理的に表面の繊維を削り，独特の外観と柔軟な風合いを得るという観点から減量加工といえるが，これに代わる加工としてセルラーゼが用いられる．この方法は繊維の吸湿性が向上することから，タオルの改質にも用いられている[15]．その他，酵素処理により，レーヨンのごく短いフィブリルを残したピーチスキン調の風合いをもつ布やフィブリル化したテンセルの毛羽を除去して独特の手触りや光沢ドレープ性を有する布もつくられている．酵素を利用する加工はバイオ加工と呼ばれる[16]．

〔瀬戸房子〕

参考文献

1) 本宮達也ほか編：繊維の百科事典，pp.53-54，丸善，2002．
2) 峯村勲弘：染色加工の事典（日本学術振興会繊維・高分子機能加工第120委員会編），pp.142-143，朝倉書店，1999．
3) 黒川誠一：染色加工学講座 7―繊維製品の仕上げ加工（林　茂助編），p.125，共立出版，1959．
4) 小林研吾，木村千明，吉田英敏：東京都立産業技術研究所研究報告第 4 号，pp.1-4，2001．
5) 池田善光，小林研吾，斉藤　晋：東京都立産業技術研究所研究報告第 6 号，pp.81-84，2003．
6) 国民生活センター：特殊プリント加工の女性用衣料，1998．http://www.kokusen.go.jp/news/data/a_W_NEWS_110.html
7) 本宮達也ほか編：繊維の百科事典，p.13，丸善，2002．
8) 繊維学会編：繊維便覧，pp.403-404，丸善，1999．
9) 日本繊維製品消費科学会編：新版　繊維製品消費科学ハンドブック，pp.173-174，光生館，1988．
10) 福原基忠：国立科学博物館技術の系統化調査報告第 7 集，独立行政法人国立科学博物館産業技術史資料情報センター，p.138，2007．
11) 井手文雄：高分子表面改質，pp.299-302，1987．
12) 日本学術振興会繊維・高分子機能加工第 120 委員会編：染色加工の事典，p.357，朝倉書店，1999．
13) 福原基忠：国立科学博物館技術の系統化調査報告第 7 集，独立行政法人国立科学博物館産業技術史資料情報センター，p.140，2007．
14) 特許庁：仕上げ加工技術，https://www.jpo.go.jp/shiryou/s_sonota/map/ippan02/3/3-2.htm
15) セルロース学会編：セルロースの事典，pp.389-391，朝倉書店，2000．
16) 本宮達也ほか編：繊維の百科事典，p.284，丸善，2002．

b．機 能 加 工

1）防虫加工・防カビ加工　羊毛などの獣毛繊維は衣料害虫に食害されやすいため，これを防ぐために防虫加工を行う．防虫加工に用いる薬剤には接触毒剤と体内毒剤がある．食害がなくても接触だけで防虫効果を有する接触毒剤は，防虫効果は大きく戦後広く使用されてきたが，ディルドリンにおいて肝機能障害や中枢神経障害作用を有し人体に悪影響を及ぼすことが認められ，DDT，BHC とともに利用されなくなった．体内毒剤は，害虫がなめるか食害することにより殺虫され，防虫性を与える加工処理である．現在，主としてオイラン（Eulan, ドイツ）類やミチン（Mitin, スイス）類が防虫加工剤として利用されている．無色無臭で殺虫効果をもつ酸性染料に類似の薬剤で，人体には比較的安全性が高い．オイラン類では，オイラン U_{33}，オイラン NKF，オイラン NK，オイラン CN，オイラン CAN など，ミチン類ではミチン FF，ミチン AL，ミチン LP など多種類ある[1]．羊毛などの動物繊維に吸着しやすいため，加工処理は容易で堅ろう性のよいものが多い．特にオイラン U_{33}，ミチン FF は通常の加工法で十

分な防虫効果が得られ，洗濯やドライクリーニングに対する堅ろう性も良好で主要な防虫加工剤である．染色工程での加工法は，繊維重量に対して1〜3％程度の濃度で，染色浴に加工剤を添加して染色と同時に繊維に防虫剤を吸着結合させる．他に染色後の仕上げ加工や後処理法による加工もあり，酸性媒染染料の場合はクロム媒染浴で加工することもできる．防虫加工に用いる薬剤には，防虫効果が大で人体や繊維に影響がないこと，持続性があり洗濯やドライクリーニングに対して堅ろうであること，価格，処理方法など，実用面で問題がなく使いやすいことなどが要求される．

　繊維，糸，織物として，また衣服としての保管中，カーペットなどのインテリア製品，テントなどはカビの被害を受ける．カビが繁殖すると着色や変色を起こし，カビに侵された部分の強度が低下するなど，機械的，物理的な変化をきたし，さらには悪臭や衛生上の問題などを生じる．また，染色の際には染色斑を生じたりする．カーペットにカビが繁殖するとカビを食するダニの発生など多くの障害を生ずる．カビの防除には，防カビ加工などが行われている．加工剤の作用や毒性が強すぎると人体に被害を与えることがある．トリブチル錫化合物（トリブチル錫オキシド，トリブチル錫クロライド，トリブチル錫アセテートの総称）やトリフェニル錫化合物は，皮膚刺激性や経皮・経口急性毒性があること，有機水銀化合物は神経障害や皮膚変質などを生じることから「有害物質を含有する家庭用品の規制に関する法律」により，それらは下着や靴下などの肌に直接触れる繊維製品に対しては，検出しないという基準が設けられている．防カビを主目的とするPCPなどのフェノール系加工剤がある．PCPはペンタクロロフェノール（pentachlorophenol）の略称で，薬剤の取り扱いには注意が必要であるが，加工は容易で防カビ効果が大きく，衣料用防虫剤に配合使用されることもある．防カビ剤の繊維製品への加工は，紡糸時に添加する方法，染色仕上げ時の後処理，クリーニング後に処理する方法などがある．防カビ性が発揮されると繊維でのカビの繁殖を防止できるので，悪臭や変色を抑制することができる．また，カビの胞子の増殖を効果的に防止することもできる．

〔間瀬清美〕

参考文献
1) (社)日本家政学会編：家政学事典, p.744, 朝倉書店, 2004.

2）抗菌防臭加工・消臭加工　生活水準の向上に伴い，清潔で快適な環境を創るために，生活空間で発生する不快な臭いをとる消臭剤が販売されるようになった．トイレの脱臭剤，芳香剤から始まり，抗菌防臭加工や消臭加工を施した繊維製品にも範囲は広がり，現在，多くの加工商品が上市されている．ここでは，繊維製品の抗菌防臭加工，消臭加工について触れる．

① **抗菌防臭加工**：　抗菌防臭加工とは，繊維製品を着用または使用中に，汗，汚物，病原菌などが付着し，菌が繁殖して悪臭が発生するのを防ぐため，繊維上の菌の増殖を抑制する薬剤を使用して，繊維製品に抗菌性能を付与する加工である．一般的には抗菌性の物質を繊維に練り込んだり，バインダーや化学結合を用いた後加工が行われている．化学物質のほか，ヒノキチオールやキチン，キトサンなどの天然物質が使用されているものもあり，抗菌防臭のほか，消臭，防虫，スキンケア性などの効果をうたったものもある．

　繊維評価技術協議会では，抗菌防臭加工に使用される薬剤と効果について基準を定め，1989年より基準に合格したものに「SEK」マークを認可している[1]（表2.1.13参照）．

② **消臭加工**：　消臭加工とは，人体や外界からの臭いが繊維製品に着かないように，あるいは着いても悪臭を発生させないように，消臭作用を有する薬剤を使用して，繊維製品に消臭性能を付与する加工である．抗菌防臭加工と同様に，消臭機能を持つ物質を練り込んだり，後加工をする．

　消臭のメカニズムは，強い芳香で不快臭をマスキングする感覚的消臭，活性炭，木炭などの細孔に臭いを吸着させる物理的消臭，悪臭成分との化学反応で臭いを除去する化学的消臭，微生物により悪臭を分解する生物的消臭の四つに分類される．繊維製品に行われている消臭加工は，化学的消臭によるものが多い．代表的な消臭には，酸性基やアルカリ性基をもった化合物とイオン結合による中和消臭，銅塩などの金属塩や金属錯塩と配位結合による消臭，酸化チタンなどの光触媒作用による消臭が挙げられ

図 2.2.26 消臭加工マーク（汗臭の場合）[2]

る．多くの消臭加工製品が上市されている今日，繊維評価技術協議会では，汗臭，加齢臭，排泄臭，タバコ臭，生ゴミ臭を対象臭気として，官能評価と機器評価を並行して行い，両方の合格基準を満たす製品に「消臭加工マーク」を認証している（図2.2.26）．

〔小林泰子〕

参考文献
1) 川崎英夫，伊藤　博：繊技協の新体制と活動概要．加工技術，38（4）：229-234，2003．
2) （一社）繊維評価技術協議会：ホームページ．
3) 築城寿長，木村　睦，白井汪芳：消臭繊維・消臭加工．加工技術，38（4）：235-239，2003．

3）防炎・難燃加工　防炎・難燃加工とは，可燃性物質が火源に接しても容易に燃え上がらない，または燃えたとしても際限なく燃え広がらず，着火を未然に防ぐこと，初期の段階で消火する性能を付与する加工である．その加工は易燃性，可燃性繊維を対象とする．

繊維は，表2.2.11に示すように，燃焼特性により4種類に分類される．多くの繊維は有機材料で燃えやすい上に，繊維は細く，一般的にその製品は風合いや保温性を考慮して含気率が高くなるように織られているために酸素（空気）との接触面積が大きくなり，より燃焼しやすい材料となる．

「燃える」という現象は，きわめて複雑であり，その燃焼機構を物質の状態変化として考えた場合，それは空気中の酸素と酸化反応を起こして，他の物質に変化する現象である．その燃焼機構は図2.2.27に示すようなメカニズムとなる．

繊維が炎などの熱源により熱分解され，分解ガス（可燃性ガス・不燃性ガス）および分解残渣を生成する（プロセスA）．その可燃性ガスが空気と混合することで（プロセスB）燃焼熱が生じ，引火し有炎燃焼を始める．炎の内部および外縁ではラジカル連鎖的に複雑な反応が進み，この一連の反応で生じる熱がさらに未燃部分を加熱する（プロセスC）というサイクルの繰り返しで燃焼し続ける．

繊維の燃焼性は，繊維自身の固有の化学的組織が重要な影響を及ぼしているが，その他にも物理的性質（撚り密度，厚さ，織組織，色）および繊維製品の形状，重量，織編組織，仕上加工の有無なども大きく関与する．

繊維製品の防炎・難燃加工は，燃焼機構との関連から考察すると，この燃焼機構の一つのプロセスを十分に阻害するか，全体を少しずつ阻害し最終的に繊維が熱分解し可燃性ガスを生成させるのに必要なエネルギーを発生させないことである．

その手段としては①繊維の重合時に難燃剤を共重合するか，または製糸時に難燃剤をブレンドする方法（原糸改質法），②製品に難燃剤を付着または反応させる方法（後加工法），③バッキング剤に難燃剤を混合する方法があり，その作用原理としては，加熱された際に触媒的に働いて炭化を促進させるか，熱分解した際に生成するガスや低分子物質を難燃性にすることである．難燃化に有効な元素としてホウ素，リン，窒素，アンチモン，ハロゲン（塩素，臭素など）などがよく用いられる．また，リンと窒素やハロゲン，アンチモンとハロゲンのように，2種以上の元素を併用すると相乗効果によって効果が増大することがある．

繊維の種類，混紡や交織の種類，繊維製品の用途により適当な難燃加工剤は異なる．難燃剤の選択は，難燃化効率，繊維製品の製造工程，洗濯や日光堅ろう度，耐久性，およびコストなどを考慮してなされるが，難燃剤の安全性が最重要要件である．

防炎・難燃性の評価法には「燃えにくさ」を評価する難燃性試験と，燃焼時に発生する煙や有毒ガスを評価する発煙試験・ガス分析試験がある．最近は環境安全性に対する要求の強化から発煙試験・ガス分析試験の関心が高まっている．

繊維製品の評価方法として，定量的な燃焼挙動を

表 2.2.11 燃焼特性による繊維の分類

分類		燃焼状態		繊維の種類	LOI 値
難燃性	不燃性	まったく燃えない	非溶融	ガラス繊維・炭素繊維・アスベスト・金属繊維	—
	難燃性	炎に触れている間は燃えるが遠ざけると消える（自己消火性）	非溶融	アラミド繊維・難燃性レーヨン・難燃加工綿・難燃加工羊毛	27～48
			非溶融（収縮）	ポリクラール繊維・モダクリル・塩化ビニル繊維・難燃アクリル	
			溶融	難燃ポリエステル	
加工対象	可燃性	容易に着火するが，炎の広がりが遅い	溶融	毛・ポリエステル・ナイロン	20～22
	易燃性	容易に着火し，速やかに燃え広がる	非溶融	綿・レーヨン・アクリル・アセテート	17～20

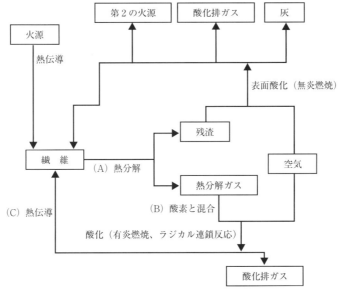

図 2.2.27 繊維の燃焼サイクル（文献 1～3 を基に作成）

評価できるコーンカロリーメーターによる燃焼試験法と酸素指数法によって限界酸素指数（LOI 値）を測定する方法がよく用いられている．LOI 値は 5 cm 以上継続して燃えるのに必要な最低酸素濃度であり，LOI 値が高いほど燃焼しにくいことを示し，一般に LOI 値が 26 以上あれば難燃性があると判断される．その他には，①消防法 45 度燃焼試験法，②JIS L 1901 繊維製品の燃焼試験法，③ISO 6941 燃焼試験法，④ISO 大火災源による燃焼試験法（ISO/TC38/SC19/WS3N259）がある．各国異なった評価方法を採用しており，今後，国際的基準評価方法を統一する必要性がある．

消防法・関係省通達や自治体条例により規制対象になっている繊維製品は衣料品から布団，毛布，シーツなどの寝装品，カーテン・カーペット類のインテリア商品など多岐にわたっている．難燃性に対する要求は，当初，発煙・発火事故に対して人命を守るという点や 1994 年に定められた製造物責任法の影響もあり，高度な難燃性を有することが求められた．しかし，地球温暖化から地球環境問題や資源問題が問題視されるようになった現在，難燃性に求められる条件も廃棄問題や製造時および廃棄時にかかるエネルギー，焼却時の有毒ガスの軽減などに要求が移行し，環境に優しく安全であることやリサイクル可能な繊維材料であることに変わってきている．すなわち，今後，求められる課題は，難燃効率の高い環

境対応型難燃技術と環境安全性を重視した加工である． 〔美谷千鶴〕

参考文献
1) R. H. Barker, M. J. Drews: Final Report NBS-GCR-ETIP 76-22, NBS, 1976.
2) 秋田一雄：高分子の熱分解と耐熱性，p.252, 培風館, 1974.
3) 加藤康夫：最新の衣料素材．基礎データと試料　化学繊維編，(社)繊維学会編, p.59, 文化出版局, 1993.

4) 樹脂加工：防しわ加工，防縮加工，形態安定加工　加工に使用される樹脂には，繊維と親和性の低い機能剤を繊維表面にとどめる接着剤としての役割を担うものと樹脂そのものの特性により繊維特性を改質するものとがある．いずれの場合も樹脂加工と呼ばれることがあるが，ここでは後者の樹脂加工，特にセルロース系繊維での防しわ加工，防縮加工，形態安定加工について解説する．

天然繊維は，合成繊維が世に出るまでは市場を独占し，繊維は縮むもの，しわになりやすいものというのが常識であった．合成繊維の出現とともにこの常識は完全に打ち破られ，特に，汎用的繊維である綿，麻，レーヨンなどのセルロース系繊維は古くから防縮加工や防しわ加工が検討された．1926年には世界初の樹脂加工の特許が，英国のTootal Broadhurst & Lee Co. から出願されている．特許は尿素ホルムアルデヒドを適用した樹脂加工で，その工業化はレーヨンスフ織物から始められたようである．1940～60年にかけての合成繊維の出現は，綿繊維にとっては大きな脅威となり，樹脂加工の技術開発に力が注がれた．

セルロース系繊維織物がしわを生じやすいのは，吸湿状態で水分子がセルロースの高分子鎖間の水素結合を切断し，また，水分子が可塑剤的に働くため，外力によってセルロース分子が相互に動きやすく，その結果「変形」すなわち，「しわ状態」となり，乾燥時に分子間の水素結合を形成して，その形状が固定されるためである．

水分子のこのような作用はセルロース分子の集合状態が疎な非晶領域で生じると考えられたことから，その当時から，この部分のセルロース分子どうしを動きにくくしてやれば，変形されても分子はずれにくく，しわがつきにくくなると考えられ（図2.2.28），樹脂による架橋結合が検討された．今日では，セルロース系織物において不可欠な加工にまで普及している．

日本での防縮・防しわ加工は，1938年に尿素ホルムアルデヒドを適用した樹脂加工の特許が成立し，レーヨンで一部実用化されたようであるが，その後もさまざまな樹脂加工剤が用いられ開発が進められた．これらの樹脂加工によって，防縮性および乾燥状態での防しわ効果が向上し，一応の成果が認められたが，加工布の強度低下や塩素傷害と遊離ホルマリンの問題が生じた．そのため，その弊害が少ないDMU，DMEU，DMDHEUなどが用いられる（図2.2.29）．

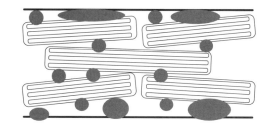

●　：　従来樹脂加工による架橋構造

図2.2.28　樹脂加工のイメージ図

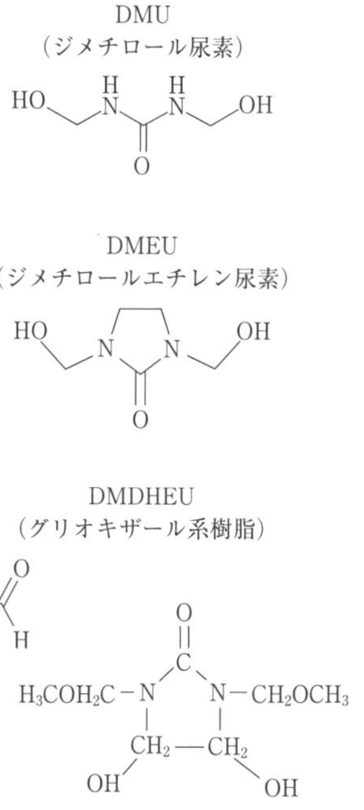

DMU
（ジメチロール尿素）

DMEU
（ジメチロールエチレン尿素）

DMDHEU
（グリオキザール系樹脂）

図2.2.29　DMU，DMEU，DMDHEUの構造式

図2.2.30 加工工場での製造工程

その後,1955~65年にかけて,綿布を洗濯後にアイロンがけを必要とせず,しわを残さずにそのまま着用できることを目的としたウォッシュアンドウェア加工(wash & wear:W&W加工)が開発された.この加工は,これまでの乾燥時の防しわ性からさらに発展したセルロース系織物に湿防しわ性を付与するものである.綿織物の防しわ性の改善という面においては,W&W加工は一応の成功をおさめ,1958年頃にはニューコットンのブランドで販売された.しかし,W&W加工を施された縫製品では,縫い目の引き吊り防止あるいは折り目やプリーツを固定することは困難であった.

そこで,永久的な折り目を付与する加工,すなわちパーマネントプレス加工(permanent press:PP加工)またはデュラブルプレス加工(durable press:DP加工)の研究が始められ,1965年にKoraton法が実用化された.

W&W加工までの樹脂加工は,セルロース系繊維の布帛を繊維加工剤の水溶液に酸触媒を加えた樹脂液を用いて,パッド(樹脂液浸漬)・ドライ(水の除去)・キュア(熱処理)法の工程で処理するものであったが,PP加工では,綿または綿/ポリエステル混紡織物の縫製品で樹脂を架橋させることにある.その方法は,ポストキュア加工(post cure)とプレキュア加工(pre cure)とに大別される.現在,加工製品の90%はポストキュア加工で行われている.ポストキュア法とは,樹脂を中間加工した布を縫製し,衣服に仕立てた後にキュアする方法である.

PP加工は,防しわ性のみでなく形態安定性も要求されるため,布への樹脂の付着量が通常の樹脂加工よりも多くなり,その結果,引裂き強度や耐摩耗強度が低下する.そのため,純綿織物では十分な加工効果が得がたく,綿/ポリエステル混紡織物に行われる場合が多い.混紡布では,ポリエステル繊維による強度補強と熱固定の両効果がかなりのウェートを占め,機能的には市場に受け入れられた.しかし,市場では純綿織物での形態安定に対する要求は根強く,その後も技術開発が続けられ,満足いく形態安定性を得るには「綿織物の強度低下や風合変化を最小限にして,形態安定・形状記憶性を付与するために,綿の繊維束(フィブリル)の不均一性による内部歪みおよび紡績,製布,加工の工程で生じる糸や布帛内部の歪みを緩和し,さらに樹脂による架橋を均一にすることが必要である」と考えられるようになった.この歪みを緩和させる方法には,古くから知られている水酸化ナトリウム水溶液や液体アンモニアで処理するマーセル化がある.綿繊維はマーセル化加工を受けると,繊維の捩れの戻り,断面の円形化,結晶構造および非晶構造の変化などが生じ,綿織物に防縮性や寸法安定性が付与される.ここで,形態安定化に向けてマーセル化と樹脂加工を組み合わせた技術開発が進められた.1993年には形態安定繊維,形状記憶繊維あるいはノーアイロンシャツなどのキャッチフレーズのもとに,各社からセルロース系繊維混紡あるいは純綿の防縮・防しわ加工商品の販売が開始され,現在定番品となっている.

実際に行われている形態安定加工はポストキュア法が主体で,加工工場での製造工程は図2.2.30のようになっている.

現在,このようにして製造された綿100%の形態安定シャツの形態安定性は4級と評価されており,洗濯後の小じわがほとんど目立たないレベルに達している.

〔上甲恭平〕

5) はっ水加工・はつ油加工・防水加工・透湿防水加工 はっ水加工とは,繊維製品に水をはじく性質を与えるものであるが,布が液体をはじくかどうかは,繊維上での液体の接触角(繊維固体表面と水表面のなす角)で決まる.接触角が小さければ液体は布に浸透し,接触角が充分に大きければ水滴は球状に近くなり,布中に浸透せず留まる,または布上を転がる.これが「布が水をはじく」状態であ

る．では接触角が何で決まるかというと，繊維と液体の表面張力のバランスで決まる．繊維の表面張力が一定ならば，液体の表面張力が高いほど接触角は大きくなり，液体の表面張力が一定ならば繊維の表面張力が低いほど接触角は大きくなる．したがって，繊維にはっ水性を付与する方法の一つに，布の表面を表面張力の小さな，シリコン系化合物やフッ素系化合物などで被覆する化学的方法がある[1,2]．図2.2.31に示すように，はっ水加工剤で繊維を被覆することにより，水ははっ水加工剤に遮られて布中に浸透したり，布を通過して内部まで浸入したりすることはなくなるが，空気は繊維・糸・布間を通過できる．我々の身近にある液体の中で，水は表面張力の高い液体であるが，水に比べると種々の油は表面張力が低く，布にはじかれにくい．しかし，フッ素系化合物は非常に表面張力が低いので，これをはっ水加工剤として用いることで，水だけでなく油もはじくようになり，はつ油加工にもなる[1]．さらに，綿などの親水性繊維には親水性の汚れが付きやすく，ポリエステルなどの疎水性繊維には疎水性の汚れが付きやすいが，これらの繊維製品にフッ素系化合物によるはっ水加工を施すことにより，親水性，疎水性いずれの汚れも付きにくくなることから，防汚（SR）加工の一種にも応用されている[3]．

はっ水加工剤を用いる化学的方法に対し，繊維の形状を変えることによる物理的なはっ水加工法がある．液体が布をはじくかどうかは繊維上での液体の接触角で決まると上述したが，図2.2.32のように，繊維や織物の表面を起毛して非常に細かい凹凸を作り，この凹凸により繊維製品と水滴の間に空気が入り込むようにし，直接接しにくくすることで繊維上の水の接触角を大きくして，はっ水性を与える方法である[4,5]．この他，極細繊維で高密度織物を作り，水滴が布内部に入りにくくした素材もある[1]．いずれも物理的に繊維や布の形状を工夫する場合は，繊維表面をはっ水加工剤で処理して化学的方法と併用する場合が多く，高いはっ水性を発揮し，コート，スポーツウェア，雨傘などに用いられている．

防水加工のうち，古くから行われていたものは，衣服の内部への水の浸透を防ぐ不通気性の防水法で，織物の表面を油脂類，ワックス，ゴム，ビニル樹脂，セルロースエステルなどで被覆したり[6]，これらの液中に布地を浸漬して布地の内部まで浸透させたりして[2]，繊維・糸・布の隙間を完全になくしたものである．昔からある雨ガッパ以外，最近ではシート，テント，傘，ズックなど衣料用以外の分野で利用されている[2]．

この方法では水の透過を防止できるが，衣服としては通気性が著しく阻害され，身体から出る水蒸気により衣服内の湿度が上がり，着用者は蒸れによる不快を感じる．そこで，外部からの雨滴や水は通さず，かつ体から出る水蒸気や炭酸ガスは逃がして蒸れない機能（透湿性）を備えた方法が透湿防水加工である．これは水滴（液体の水）が水蒸気（気体の水）に比べて非常に大きいことを利用し，水滴や雨滴よりも小さく，水蒸気よりも大きい細孔を多数もつ被覆膜（透湿防水膜）を作ることにより実現した．一般に，水滴の直径は100〜2,000 μm，これに対して水蒸気の直径は0.0004 μm であることから，直径0.3〜10 μm の微細孔を多数もつ膜を作り[1]，さらにこの膜の表面をはっ水性にし，布にコーティング加工またはラミネート加工により貼り付ける[1]．ある透湿防水膜のイメージを図2.2.33に示すが，布に貼る側は比較的大きな孔が空き，外部に面する側にはより小さい孔が多数存在する膜が作られている[5]．コーティング加工は，ポリウレタン樹脂などを溶媒に溶かした液を生地に塗布し，水溶液中で反応させてポリウレタン被膜を形成させるが，この方法では

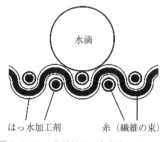

図2.2.31 化学的はっ水方法のイメージ

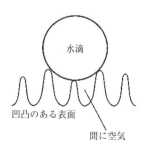

図2.2.32 物理的はっ水方法のイメージ

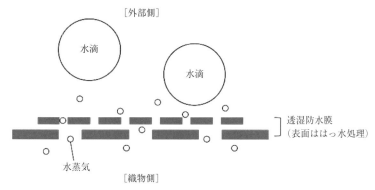

図2.2.33 透湿防水膜のイメージ

溶媒が抜けるときに微細な孔が開く．一方，ラミネート加工は，あらかじめポリウレタン樹脂やフッ素樹脂の多孔質なフィルムを作り，これを布地に貼り付ける方法である[1]．このような素材は，スポーツウェア，レインコート，ウィンドブレーカー，登山服，おむつカバーなどの衣料品をはじめ，結露防止のための建築用資材としても広く利用されている[5]．

また，この他に極細繊維を高密度に織ることにより，水滴の浸入しにくい布を作った後，10〜30%収縮させて凹凸を作り，表面にはっ水加工をすることにより，透湿防水を可能にした素材もある[7]．

〔安川あけみ〕

参考文献
1) 井上晴夫他：化学のはたらきシリーズ4 衣料と繊維がわかる 驚異の進化（日本化学会編），pp.138-144，東京書籍，2011．
2) 一見輝彦：わかりやすいアパレル素材の知識 第3版，pp.170-171，ファッション教育社，2012．
3) 信州大学繊維学部編：はじめて学ぶ繊維，p.160，日刊工業新聞社，2012．
4) 井上晴夫他：化学のはたらきシリーズ4 衣料と繊維がわかる 驚異の進化（日本化学会編），pp.93-94，東京書籍，2011．
5) 日本繊維技術士センター編：繊維の種類と加工が一番わかる，pp.176-177，技術評論社，2012．
6) 田中道一，辻和一郎：被服材料学，p.159，化学同人，1982．
7) 山口庸子，生野晴美編：新版衣生活論―持続可能な消費に向けて，p.43，アイ・ケイコーポレーション，2012．

6) 防汚加工（soil resistant, release finish）・**帯電防止加工**（antistatic finish） 防汚加工とは繊維製品に汚れやしみを付きにくくしたり，付いた汚れを洗濯で除去しやすくする加工のことである．繊維や汚れの種類と防汚効果の違いによって，大きく分けてSG（soil guard）加工，SR（soil release）加工，SGR（soil guard & release）加工の3種類がある．SG加工は繊維表面の表面張力を低下させ，水や油にぬれない，はっ水，はつ油性を付与して汚れの付着を防ぐ．ワックス，シリコンなどのはっ水加工剤は疎水性汚れを付着しにくくし，有機フッ素系などのはっ水・はつ油加工剤は親水性および油性汚れを付着しにくくする．スーツ，コート，インテリア，寝具など比較的洗濯頻度の少ない製品に用いられる．SR加工では，疎水性合成繊維の繊維表面にカルボキシル基やヒドロキシル基，アミノ基などの親水基を導入し，親水化加工することで，油性汚れなどが落ちやすくなるSRM（soil removal）性を付与する．親水化加工には親水性ポリマーを表面に塗布する方法や樹脂加工，プラズマ処理，共重合反応で親水基を導入する方法がある．一般的に油性汚れとポリエステル繊維の親和性は高く落ちにくいが，SR処理すると図2.2.34に示すように，洗濯浴中で油

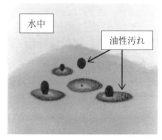

図2.2.34 SR処理したポリエステル布に付着した油性汚れのローリングアップ（写真：高松油脂提供）

性汚れが容易にローリングアップし落ちやすくなる. また，SR 加工は，洗濯中の再汚染を防ぐ SRD（soil redeposit）効果や静電気の発生を抑えて塵やほこりの付着を防ぐ帯電防止（antistatic）効果もある. ユニフォーム，スポーツ衣料などよく洗濯する衣料に用いられる. これに対して SGR 加工は SG 加工と SR 加工の両方の性能を併せもち，汚れが付きにくく落としやすい. SR 型フッ素加工や SG 型／SR 型フッ素併用加工によって得られ，空気中では疎水基によるはっ水，はつ油性に基づく SG 効果を発揮し，洗濯時に（水中で）は疎水基と親水基の反転現象（フリップ・フロップ現象）により汚れが落ちやすくなる.

花粉を対象とした花粉ガード加工は繊維表面にあるミクロな凹凸を樹脂で埋めて，表面を平らで滑らかにする加工や前述の SGR 加工で花粉を付きにくく落としやすくしている.

防汚性試験方法には「JIS L 1919 繊維製品の防汚性試験方法」がある. これは泥などの粗い粉体汚れやほこりなどの細かい粉体汚れに対する A 法（ICI 型ピリング試験機を用いる方法），親水性汚れに対する B 法（スプレー法），親油性汚れに対する C 法（滴下ふき取り法）に分類されている. 花粉汚れに対しては「東レ法（花粉付着防止性）」や「繊技協法」がある. また，繊維評価技術協議会では機能加工繊維製品の認証を行っているが，そのひとつに防汚加工がある. これは，指定検査機関で検査され，SG（汚れが付きにくい）性と SR（汚れが洗濯で落ちやすい）性が評価基準に合致した繊維製品に図 2.2.35 のようなラベルを付けることができる.

帯電防止加工は静電気の発生を抑え，発生した静電気を速やかに漏洩するように，親水性または導電性をもつ帯電防止剤を合成繊維に導入する加工であ

図 2.2.35 防汚加工マーク

り，制電加工ともいわれる. 静電気による衣類のまつわりつきを防ぐために合成繊維の裏地やランジェリー，和装品などに用いられる. また，静電気はスパーク放電を起こし，時には爆発などの事故の原因となるため，化学工場・ガソリンスタンドなどで使われるユニフォームや靴は「JIS T 8118 静電気帯電防止作業服」ならびに「JIS T 8103 静電気帯電防止用安全・作業靴」適合品を着装することが義務付けられている. さらに静電気はほこりなどの汚れを付着する. これを防ぐための加工は防汚加工にも分類され，医療や電気・電子産業分野の無菌衣，無塵衣，防塵衣などに利用されている.

帯電防止剤には界面活性剤や親水性ポリマー，導電性ポリマー，金属・カーボンなどが用いられる. 界面活性剤は吸着した水分を通して静電気を漏洩する方法である. 陽イオン，陰イオン，非イオン，両性イオン系などの種類があるが，一般的に繊維はマイナスに帯電しているため，第 4 級アンモニウム塩型陽イオン界面活性剤の効果が大きい. これは柔軟仕上げ剤としても用いられるが，繊維の摩擦係数が低下し滑りやすくなるため，繊維どうしの摩擦を減じて，静電気の発生そのものを少なくする効果もある. 界面活性剤をスプレーなどで布の表面に塗布する方法や繊維中に練り込む方法があるが，前者は摩擦や水洗で落ちやすく効果は一時的である. また，親水性ポリマーを用いる親水化加工は SR 加工の方法と同様であり，SR 性と帯電防止性の両者を兼ねる.

金属，カーボン，導電性ポリマーなどの導電性物質は静電気を通電させて除去するため，湿度依存性がなく低湿度下でも効果が持続する. また，上記の帯電防止剤より効果が高い. 布表面の電気抵抗値は界面活性剤による方法で $10^8 \sim 10^{12}$ Ω であるのに対して導電性ポリマーでは $10^4 \sim 10^9$ Ω，金属蒸着やカーボンの練り込みではさらに低くすることも可能である. 導電性ポリマーについてはブレンドまたは共重合で繊維を改質する方法と樹脂加工などで後処理する方法がある. また，金属は粒子を繊維に練り込む方法の他，ミクロン単位の細線，メッキ，蒸着繊維として布に織り込むなどの方法がある. そしてカーボンは粒子を繊維に練りこむ方法やカーボン繊維，炭素複合繊維として布に織り込む方法などがある. 金属・カーボンでは摩擦によって脱落する場合があり，それに伴って制電性が低くなる. 特に金属

表2.2.12 帯電防止加工法の特徴

帯電防止剤	加工方法	耐久性	帯電防止原理
界面活性剤, 親水性ポリマー	表面吸着処理	一時的	吸着水分による漏洩 (湿度依存性大)
	表面改質または皮膜形成	長期間の対洗濯性, 耐摩擦性不良	
	グラフト重合, 練り込み	耐久性あり	
導電性ポリマー	表面改質, 皮膜形成	長期間の対洗濯性, 耐摩擦性不良	通電による除去 (湿度依存性小)
金属・カーボン	粒子練り込み	長期間の対洗濯性, 耐摩擦性不良	
	繊維状で織り込み	耐久性あり	

繊維の場合は，着用や洗濯で発生するしわを取り除くことが難しく，金属繊維が折れたり切れることでチクチク感を与える場合もある．カーボンの場合は黒色の影響をなくすための処理が必要とされる場合がある．表2.2.12に帯電防止加工の方法と特徴をまとめた．

〔菅沼恵子〕

2.3 デザイン

2.3.1 デザインの原理

a. 形態の原理

1) 形態の構成要素　形態（form）には，人が触れたり見たりして知覚できる自然形態や人工形態といわれる現実的形態と，幾何学で扱う図形など直接知覚できない理念的形態がある．この理念的形態はデザイン上において実際に可視化する必要があるため，現実的形態とは区別され，純粋形態と称している[1]．純粋形態には，点（point）・線（line）・面（surface）・立体（solid）が該当する（図2.3.1）．

点は，幾何学上の定義によると，位置だけがあり大きさはもたないが，デザイン上では大きさをもつ面として捉える．点は一定ではなく，同一面でみる大きい点，小さい点もあれば，近距離からみると面をもつ大きい点が，遠距離からみると小さい点にみえるときもある．形も円形であるとは限らず，三角形や四角形，不規則な形でも遠距離からは点としてみえる．また，平面上にある一つの点は求心力をもち，左右対称にある二つの点は静的な感じとなる．さらに点の数を規則的に変化させたり，異なる大きさの点を組み合わせたり，上下左右に移動したりすると，安定・不安定，静的・動的，不均一感を感じさせる．

線は，幾何学的には点が移動した軌跡であり，位置，長さをもつが幅はもたない．しかし，デザイン上では幅をもち厚みを与えている．線には，直線（straight line）と曲線（curve）があり，直線は線の方向によって水平線，垂直線，斜線に分けられる．水平線は，横方向への広がりをもち，静的で素朴，単純さを感じる．垂直線は，とくに上方向に視線が誘導され伸びる力を示し，上昇，権威を感じる．斜線は，不安定感，活動感，目立ちを感じる．これに対し，曲線には波状曲線，円錐曲線，弧線などの幾何学的曲線と自由に描く自由曲線がある．曲線は全体に動的であり，柔軟，上品，優雅さを表す．

面は，線の移動した軌跡であり，閉じた線によって面ができる．直線で囲まれた面には，三角形，四角形，五角形，多角形，平行四辺形，台形などがあり，曲線で囲まれた面には，円，楕円，不定形などがある．直線と曲線でできた任意図形を分類し，類似したものを隣り合わせていくと，形態の環ができあがり面の多様な広がりがわかる．

立体は，面が移動した軌跡である．基本形態として，直方体，角柱，角錐，円柱，円錐，球が挙げられるが，これは三角形や四角形，円など面の組み合わせにより成立している．

このように，点・線・面・立体で構成される幾何学形態は，0次元，1次元，2次元，3次元と互いに相関関係があり，秩序性をもっている．

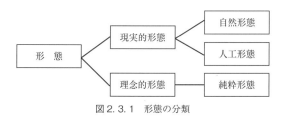

図2.3.1　形態の分類

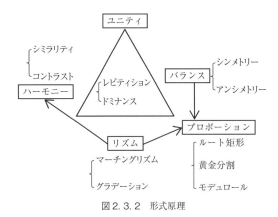

図 2.3.2　形式原理

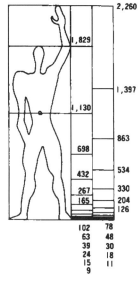

図 2.3.3　モデュロール

2) 形態の美的因子　デザインは，いくつかの美が結合して形成されているが，この美しくまとめられたデザイン要素を美的形式原理という．これには，図 2.3.2 のようなハーモニー (harmony)，バランス (balance)，プロポーション (proportion)，リズム (rhythm) と，各要素の全体統合をはかるユニティ (unity) がある[2]．

ハーモニー（調和）は，音楽の世界で使われる言葉であるが，デザイン上では各要素である個と個が適合して，単独で用いたときよりも美しく調和し，高次元の感覚効果を発揮した状態をいう．調和において，類似した個を組み合わせたシミラリティは，穏やかで単調であるが，差異がある強い個を組み合わせるとコントラストとなり，刺激的で目立ち，活力が生まれる．

バランス（均衡・釣り合い）は，天秤の秤から出た考え方である．容積，重量，寸法，配置が，左右・上下の軸対称により均等に成立したデザインは，シンメトリーと呼び静的で整然とした効果がある．点対称から生まれるシンメトリーもある．また，均等でなく変化あるデザインは，アシンメトリーと呼び動的で洒落た効果を持っている．

リズム（律動）も，音楽や舞踏において用いられる言葉である．デザイン上では，時空間のなかで強弱，長短，広狭，大小など，反復・交替する連続性や規則性から生まれる．人の脈拍や呼吸のように，間隔が一定で繰り返すマーチングリズムは，単調で平凡であるが，漸移的に広くなったり狭くなったり，明るくなったり暗くなったりして，段階的に移行するグラデーションは，優美でリズミカルとなる．

プロポーション（比例）は，部分と部分，全体と部分の長さや面積が，一定の比例関係にあることを示す．矩形の短辺を 1 としたときの長辺を $\sqrt{2}$（用紙サイズ），$\sqrt{3}$ などで表すルート矩形，1：1.168 で表す黄金比，1：2（畳）で表す日本比などがある．とくに黄金比は，ある寸法を 2 分する際に最も美しい比率といわれ，古代の建物や器物にみられる．近代建築家のコルビュジェ (Corbusier) は，デザイン用尺度として黄金比を人体に結びつけて体系化し，モデュロールと名付けた（図 2.3.3）．この黄金尺度は，生活様式に取り入れられ人間機能の尺度であるといわれる．

ユニティ（統一）は，多様な要素を全体に一つにまとめることである．同質要素のものが繰り返されて使用され，整った美しさとなるレピティション，要素は変化しても，全体のなかで強く知覚され，きわだつ部分が，全体を支配するドミナントがある．

3) 形態の知覚　人が形態をどのように知覚 (perception) するかは，見る人の注意力・精神状態，興味・関心，記憶・経験が影響して変化する．そこで，視知覚に影響を及ぼす例を挙げる[3]．

① **群化の要因**：　人は二つ以上の形態を知覚すると，まとまりのある形態として捉えようとする群化がおこる．この要因はゲシュタルト要因 (gestalt factors) といわれ，図 2.3.4 のように一定の法則性がある．

・接近の要因：他の条件が一定であれば，近い距離

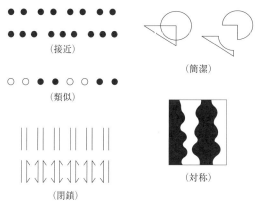

図 2.3.4 群化

図 2.3.5 図と地

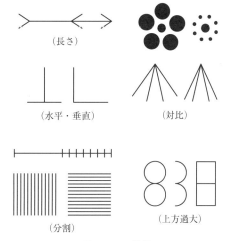

図 2.3.6 錯視

にあるものはまとまりやすい．
- 類似の要因：異なった刺激でも，他の条件が一定であれば似たものはまとまりやすい．
- 閉鎖の要因：閉じたもの，閉じ合うものはまとまりやすい．
- 簡潔の要因：単純で見慣れたものは，よい形としてまとまりやすい．
- 対称の要因：対称性，規則性のあるものはまとまりやすい．

② **図と地の分化**： 図は平面上で形と見える部分，地は背景の部分であるが，同一図形を二通りの見え方に知覚させる図形がある．図2.3.5のルビン(Rubin)の図形は，黒部分が杯にみえる場合と白部分が横顔にみえる場合がある．どちらかを図または地として反転して知覚するためで，両方の領域を同時に図として見ることは不可能である．そこで，図になりやすい条件として次のことが挙げられる．
- 水平，垂直方向は斜方向よりも図になりやすい．
- 面積が小さいものは，大きいものよりも図になりやすい．
- 囲まれている方が，囲んでいる方よりも図になりやすい．
- 異質なものは同質のものよりも図になりやすい．
- 群化の要因となるものは，図になりやすい．

③ **錯視**： 人がものを知覚する精度は高いが，客観的事実とは違って視覚錯誤といわれる錯視が生ずる場合がある．図2.3.6のように，同じ主線の長さが内向と外向の矢印の方向により，違う長さに見える長さの錯視，囲まれる中央の円が周囲の円の大きさの違いにより，大小に見える対比の錯視，他には水平・垂直の錯視，分割の錯視，上方過大の錯視などがある．

これらをうまく利用してデザインを行うことは重要であり，思いもかけないデザイン効果が生まれてくる．　　　　　　　　　　　　　　　　〔橋本令子〕

参考文献
1) 宮下孝雄編：新版デザインハンドブック，pp.8-22，朝倉書店，1969．
2) 伊藤紀之編：生活デザインの体系，pp.78-85，三共出版，2012．
3) 吉岡 徹：基礎デザイン，pp.95-112，光生館，1983．

b. 色彩の原理

1) 色の表示方法　色を識別・分類・記録・伝達する方法は，大きく分けて色名による方法と表色系による方法の二つがある．

色名による方法は，「赤」や「青」，「鮮やかな緑」や「レモン色」など色に名前を付けて表す方法である．色を思い浮かべやすいことから日常生活の中で最も多く用いられており，主として表2.3.1に示す二つに大別される．

一方，表色系による方法は，色に記号や数値を付与して色相（色合い），明度（明るさ），彩度（鮮や

表2.3.1 色名による色の表示方法

色の表示方法	特徴	表示例
系統色名	色を言葉で表現する際に最も基本となる色の表示方法として，JIS（日本工業規格）では，無彩色と有彩色の二つに分けている．無彩色は白（white）・灰色（grey）・黒（black）の3種類，有彩色は赤（red）・黄（yellow）・緑（green）・青（blue）・紫（purple）に加え，これらの中間的な色を表す黄赤（yellow red, orange）・黄緑（yellow green）・青緑（blue green）・青紫（purple blue, violet）・赤紫（red purple）の計10種類が採用されている．この基本色名に明るい（light），暗い（dark），鮮やかな（vivid），くすんだ（dull），濃い（deep），薄い（pale），赤みの（reddish），黄みの（yellowish）などの明度・彩度・色相に関する修飾語（形容詞など）を組み合わせた色の表記方法を「系統色名」と呼んでいる．JISでは「物体色を系統的に分類して表現できるようにした色名」と定義している．	・鮮やかな黄みの赤（vivid yellowish red） ・紫みの暗い灰（purplish dark grey） ・明るい灰（light grey）
慣用色名	植物，動物，鉱物，自然現象，食べ物，顔料，染料など，具体的なモノや地名，一時的に流行したもの，季節感や感情などが色名となる場合があり，これらは「固有色名」と呼ばれている．この固有色名の中でも，特に日常的に使われ一般に広く知れ渡っているものを「慣用色名」と呼んでいる．JIS Z 8102「物体色の色名」では，269種の慣用色名が採用されている（和色名147色，外来色名122色）．	・つつじ色 ・桜色 ・バラ色 ・サンゴ色

かさ）を体系的に示す方法であり，色情報を正確に識別・分類・記録・伝達できる方法である．これは，顕色系と混色系の二つに大別される．前者は，色の感じ方を三属性（色相・明度・彩度）で表し，それを視覚的に等間隔となるよう配列し，色記号や番号などで定量的に表す方法である．カラーオーダーシステムとも呼ばれ，系統的に色を配列した色見本（色票集）が存在する．後者は，光の混合理論に基づいてその混合割合を数値で表す方法であり，主に計算式によって求められる．顕色系と混色系の代表的な表色系を表2.3.2，表2.3.3に示す．

以上のように，色の表示方法はさまざまあるが，容易に色を識別，分類，記録，伝達するには系統色名や慣用色名，配色計画や配色作業にはオストワルト表色系やPCCS，より厳密に色を識別，分類，記録，伝達するためにはXYZ表色系やL*a*b*表色系が向いており，用途に合わせて最も適した方法で色を表示することが望ましい．

2) 色彩調和論 色彩の調和（color harmony）とは，2色以上の色を組み合わせた（配色した）際，程よい刺激や統一感を感じ，多くの人が美しい・好ましいと感じる状況のことをいう．色彩が調和する理由，または調和しない理由についてさまざまな側面から論じ，まとめたものを色彩調和論という．これまでに多くの色彩調和論が発表されてきたが，そ

の歴史は非常に古く，古代ギリシャの数学者であり哲学者でもあるピュタゴラスは，色と和音の関係性から色彩調和を説明し，一定の整数比に関連付けて論じている．1666年にニュートンによってスペクトルが発見されて以来，色彩は科学的側面から研究が重ねられ，色彩調和に関する論議も活発となった．ここでは，数ある色彩調和論の中から，代表的なものをいくつか紹介する．

① **シュブルールの色彩調和論**： フランスの化学者で王室ゴブラン織工場の監督官でもあったシュブルール（Chevreul）は，染色や織物の研究を行う中で色彩調和に関する法則を発見し，色彩調和を2種類6通りの形式にまとめて1839年に『色彩の同時対比の法則とその法則に基づく配色について』を出版した．

② **ルードの色彩調和論**： アメリカの自然科学者であるルード（Rood）は自然を観察する中で，葉や草は日光の当たる部分は明るく黄みの緑に，日光の当たらない部分は暗く青みの緑に見えることを導き出し，色相が黄に近い色を明るく，黄から遠い色を暗くした配色は人間が最も自然と感じる配色であり，調和することを発見した．この原理に沿った色彩調和（配色）を「自然の調和：ナチュラルハーモニー（natural harmony）」という．これらについてまとめた著書『モダンクロマティックス（現代色

表 2.3.2 表色系（顕色系）による色の表示

	マンセル表色系 (Munsell color system)	日本色研配色体系 (Practical Color Co-ordinate System：PCCS)
特徴	三属性（色相・明度・彩度）により物体表面色を系統的に配列・表示。1905 年にアメリカの美術教師で画家のアルバート・マンセル（A.H. Munsell, 1858～1918）が考案。1945 年にアメリカ光学会（OSA）が「修正マンセル表色系」を発表。日本では、JIS Z 8721「三属性による色の表示方法」(1977)として規格化。色票は「Munsell Book of Color」として出版。日本では「JIS 標準色票」として出版。	1964 年に日本色彩研究所が発表した配色体系。三属性（色相・明度・彩度）のほかに「色相」と「トーン（色相・明度・彩度の複合概念）である。有彩色 12 種、無彩色 5 種で構成。トーン（Tone）とは、明度と彩度の複合概念である。有彩色 5 種で色相とトーンで色を表示することから「ヒュートーンシステム」と呼ぶ。
色相	Hue（ヒュー）と呼ぶ。赤（R）・黄赤（YR）・黄（Y）・黄緑（GY）・緑（G）・青緑（BG）・青（B）・青紫（PB）・紫（P）・赤紫（RP）の計 10 色相をそれぞれに 10 分割し、計 100 色相としている。各色相それぞれに 1～10 の番号をつけ、そのうち 5 番を代表色相としている。	Hue（ヒュー）と呼ぶ。心理四原色の赤（R）、黄（Y）、緑（G）、青（B）とその心理補色（反対色）をもとに 24 色相。スペクトル順に 1～24 の色相番号を付与。紫みの赤（pR）から時計回り、色料の三原色（R, G, B）と色相番号を付与。色光の三原色（R, G, B）に近似した色相を包含。
明度	Value（バリュー）と呼ぶ。理想的な白（光を 100%反射）を 10、理想的な黒（光を 100%吸収）を 0、11 段階。理想的な明度 10（白）や明度 0（黒）を表現できないことから、色票上では最も明るい白を 9.5、最も暗い黒は明度 1.0 としている。	Lightness（ライトネス）と呼ぶ。修正マンセル表色系のライトネスに基づき、最も明るい白を 9.5、最も暗い黒を 1.0 とした 17 段階。明るさの違いが感覚的に等間隔となるように 0.5 刻みで分割。彩度段階が等しくても色相による表色系の明度は異なる。
彩度	Chroma（クロマ）と呼ぶ。無彩色を 0、最高彩度を 14 とした 15 段階で構成。最高彩度（純色）は色相により値が異なる。	Saturation（サチュレーション）と呼ぶ。無彩色を 0s、最高彩度の純色を 9s とした 10 段階で構成。Saturation の頭文字である s をつけて他の表色系と区別している。
色の表示方法	〈有彩色〉HV/C（色相 明度／彩度）で表示。例：5R 4/14 〈無彩色〉明度段階に Neutral の頭文字 N をつけて表示。例：N9	【三属性による表示】〈有彩色〉色相−明度−彩度で表示。例：R-4.5-9s 〈無彩色〉n の後にハイフンと明度値を併記して表示。例：n-4.5 【色相番号とトーン記号による表示】〈有彩色〉トーン記号と色相番号を併記して表示。例：v2 〈無彩色〉白は W、黒は Bk を表示。灰はトーン記号と明度値を表示。例：Gy4.5
色相環と等色相面（一つの色相面の色について、縦に明度、横に彩度を取り、平面配列したもの）	色相環（口絵 15 参照） 等色相面（5R と 5BG）（口絵 16 参照）	色相環（口絵 17 参照） 等色相面（8：Y と 20：V）（口絵 18 参照） トーン（口絵 19 参照）

表 2.3.3 表色系（混色系）による色の表示

	オストワルト表色系 (Ostwald color system)	CIEXYZ 表色系 (The CIE 1931 Standard Colorimetric System and the CIE 1964 Supplementary)	L*a*b*表色系 (The CIE 1976 (L*a*b*) Space : CIELAB)
特徴	ドイツの科学者オストワルト (W. Ostwald) によって 1923 年に考案。すべての物体色は白と黒と純色を回転混色することにより得られるとしている。白色量 (W) + 黒色量 (S) + 純色量 (F) = 100 の関係であるとしている。明度や彩度という概念はなく，明度は「白色量」，彩度は「純色量」で表示。アメリカのコンテナー・コーポレーション・オブ・アメリカ (CCA) からカラーハーモニーマニュアル (Color Harmony Manual : CHM) として色票を出版。	1931 年に CIE（国際照明委員会）で「標準表色系」として承認。色光の三原色 R, G, B (Red/Green/Blue) の混色量により色を表現。X が赤 (R), Y が緑 (G), Z が青 (B) に対応しており，これを三刺激値と呼ぶ。X, Y, Z の値は色判断が困難なため，赤，緑，青の混合比である色度座標 x, y, z に変換し，色相と彩度を表す x, y，明るさを表す三刺激値 Y（視感反射率）を用いて色を表示。	1976 年に国際照明委員会 (CIE) で規格化され，日本では JIS (JISZ8729) で採用。知覚的にはほぼ均等な色空間をもつことから，色差（色の違いの程度）の表示に使用される。三刺激値 Y にあたる明度指数 L*（エルスター）となり，クロマティクネス指数 a*（エースター），b*（ビースター）で色相と彩度を表示。色差は ΔE*ab（デルタ・イースター・エー・ビー）の数値で表示。
色相	ヘリングの反対色説に基づき，混色すると無彩色（物理補色）の関係にある赤 (red) と緑 (sea green)，黄 (yellow) と青 (ultramarine blue) の 2 対を円周上に配置し交差するように配置し，その間に橙 (orange)，紫 (purple)，青緑 (turquoise)，黄緑 (leaf green) の 4 色を配置して 8 色相とし，それぞれの色相を 3 分割した 24 色相 (1〜24) で構成。黄色を 1 番として橙，赤，紫，青，青緑，緑，黄緑の順に配置（反時計回り）となっている。	色度座標の x を横軸，y を縦軸とした xy 色度図を作成し，x と y の値を色度図上に配置して表示。x 値が高いと赤みや青みの成分が増加，低いと緑みや青みの成分が増加。y 値が高いと緑みや赤みの成分が増加，低いと紫みや青みの成分が増加。実在する色光の xy 色度を点で配置するとこの領域内に位置する。スペクトル（単色光）の色度 x, y を結んだ線はスペクトル軌跡と呼び，実在するスペクトルはすべてこの線上に位置する。スペクトル軌跡の両端を結んだ直線を純紫線と呼び，紫，赤紫の順に配置。スペクトルに含まれない紫と赤紫はここに位置する。	a* は一赤－緑方向を表し，+a* は赤，-a* は赤の補色である緑を示す。b* は一黄－青方向を表し，+b* は黄，-b* は黄の補色である青を示す。a*, b* の値がともにプラス (+) であれば色相は黄，橙，赤となる。a*, b* の値がともにマイナス (−) であれば青，緑となる。a* がプラス (+) で b* がマイナス (−) であれば赤，紫。a* がマイナス (−)，b* がプラス (+) であれば黄緑，黄。
明度	a, c, e, g, i, l, n, p の記号を付し，明度段階を 8 段階で構成。a が最も明るく白 (W)，p が最も暗い黒 (S)。	明度指数 Y を用いて 0〜100 の数値で表示。100 が最も明るく，0 が最も暗い。マンセル表色系の明度を 10 倍した値にほぼ同じ。	明度指数 L* を用いて 0〜100 の数値をもって 0〜100% で表示。
彩度	明度段階を垂直軸とし，これを底辺とする正三角形を形成した色（最純彩度）。正三角形の内側を 28 分割し，それぞれに黒色量と白色量を表す記号を配置して彩度を表現。3.5, S = 11, F = 85.5) が最も純色に近似し，純三角形の頂点 pa (W = 3.5, S = 11, F = 85.5) が最も純色に近似。	xy 色度図上の x = 0.33, y = 0.33 の位置を「白色点」と呼び。色味のない無彩色（白色）を示す。白色点に近づくほど彩度は低くなり，離れるほど（スペクトル軌跡に近づくほど）彩度は高くなる。	符号に関わらず a*, b* の絶対値が 0 に近いほど彩度は低く，値が大きくなる（原点から離れる）と彩度は高くなる。
色の表示方法	・（有彩色）：色相番号，白色量，黒色量で表示。例：20ge ・（無彩色）：明度段階を示す 8 種類の記号（アルファベット）1 文字で表示。例：a	三刺激値 Y と色度座標 x, y を用いて表示。例：Y = 13.37, x = 0.4832, y = 0.3045	L* は符号を付し，a* と b* は数値の前に ± の符号を付けて表示。 例：L* = 37.47, a* = +7.07, b* = -47.77 色 $F_1(L_1^*, a_1^*, b_1^*)$，色 $F_2(L_2^*, a_2^*, b_2^*)$ の色差は，ΔE*ab を求めて数値で表示。ただし，ΔL* は $L_1^* - L_2^*$，Δa* は $a_1^* - a_2^*$，Δb* は $b_1^* - b_2^*$ である。
色相環と等色相面 （一つの色相環の色相について，縦に明度，横に彩度を取り，平面に配列したもの）	色相環（口絵 20 参照）	xy 色度図（口絵 22 参照）	L*a*b* 色空間（口絵 23 参照）

彩学)』を1879年に出版した.

③ **オストワルトの色彩調和論**：ドイツの科学者オストワルト（Ostwalt）は,「調和は秩序に等しい」との考えから, 規則的な位置関係にある配色は調和することを発見している.

④ **ムーン&スペンサーの色彩調和論**：アメリカの色彩学者であるムーン（Moon）とスペンサー（Spencer）は, 色彩調和に対する心理反応を実験的手法により数値化し, それを法則化して配色の良否（美度）を計算で求める方法を考案した. これらの結果は, 1944年にアメリカ光学会で発表され, 高い評価を得た.

⑤ **ジャッドの色彩調和論**：アメリカの色彩学者ジャッド（Judd）は, これまでに発表された色彩調和論を調和の原理として, 秩序の原理（規則的に選ばれた色同士は調和する）, なじみの原理（見慣れた色の配列は調和する）, 類似性（共通性）の原理（色に何らかの共通性がある場合は調和する）, 明瞭性の原理（明度や色相などの差が大きく, 明快・明瞭な配色は調和する）の四つにまとめた.

3) 色の連想・象徴性 赤を見るとリンゴや口紅を思い浮かべることがある. このように, 色を見たときにそれに関連したモノやイメージを思い浮かべることを「色の連想」と呼ぶ. これらは, 見る人の年齢や性別, 職業, 経験, 教養, 個性, 国や民族, 文化などによって相違するが, 共通性も多くみられる. また近年, 色の連想はCI（コーポレートアイデンティティ；企業文化をわかりやすいメッセージで発信し, 存在価値を高める企業戦略の一つ）にも応用されている.

色の連想が個人差を超えて社会的・地域的に普遍性を帯び, 広く一般化したものを「色の象徴性」と呼んでいる. 例えば, 青は「冷」, 赤は「温」を象徴しており, これらは水道蛇口の開閉部（ハンドル部）や飲料などの自動販売機などに応用されている.

〔内藤章江〕

参考文献
1) 加藤雪枝ほか：生活の色彩学, 朝倉書店, 1990.
2) 今井弥生編著：色彩学・意匠学, 家政教育社, 1998.
3) 出村洋二：色彩の芸術と科学, 昭和堂, 2006.

2.3.2 テキスタイルデザイン

テキスタイルデザイン（textile design）とは, 織物や染物の素材, 模様, 配色などを総合的にデザインすることである. 織り, 編み, 染色, 刺繍, 特殊加工などにより作り出される. これらの技法は単独で用いられることが多いが, 複合して用いられることもある[1,2]. 染色方法については2.2.2項で説明される.

a. 織物の柄

アイビーストライプ（Ivy stripe）：米東部の大学生の間で流行した, 渋い色調の縞柄. ネクタイ, アイビーシャツによく使用される. 図2.3.7に示す柄は, 4Dbox（株式会社トヨシマビジネスシステム製）にて作成した[3].

図2.3.7 アイビーストライプ

オーニングストライプ（awning stripe）：オーニングは「日除け」の意で, ビーチパラソルなどにみられる鮮やかな色合いの幅広い縞柄のことをいう.

オンブレストライプ（ombré stripe）：オンブレは「濃淡をつけた」の意で, 徐々にかすれた縞を繰り返したもの. かすれ縞, ぼかし縞ともいう. 徐々に縞幅を細くして変化をつけた縞柄のことも指す.

カスケードストライプ（cascade stripe）：カスケードは「階段状に連続した滝」の意で, 中央の太い縞の両側または片側だけに, 少しずつ細くなる縞が順に並んでいるもの. 滝縞, シェイテッド・ストライプともいう.

シャドーストライプ（shadow stripe）：右撚りの糸と左撚りの糸を縞状に配列して織り, 光線の当たり具合で縞を目立たせるもの. 影縞ともいう.

チョークストライプ（chalk stripe）：黒や紺などの濃色地に, 白のチョークで線を引いたような, 少しぼやけた感じの縞柄. 紳士用のスーツ地によく用いられる（図2.3.8）.

図2.3.8 チョークストライプ

ピンストライプ（pin stripe）：針（ピン）の頭を並べたようなたて縞柄で, ピンヘッドストライプ, 点縞とも呼ばれる. 針のように細い縞を織り出したものを指すこともある.

ヘアラインストライプ（hairline stripe）：濃い色糸と薄い色糸を1本ずつ交互に配列して織られた，髪の毛のように細いたて縞のこと．裏面はよこ縞になる．千筋縞，刷毛目縞とも呼ばれる．

ロンドンストライプ（London stripe）：幅が5 mm程度の細い縞が等間隔に並んだ縞．一般に白地に濃色1色使いが多いが，2色使いの場合もある．シャツ地に用いられることが多い（図2.3.9）．

図2.3.9 ロンドンストライプ

市松文様：白・黒など，対照的な2色を交互に碁盤の目状に並べた割付け模様．石畳文，霰ともいう．江戸中期に江戸中村座の役者，佐野川市松が舞台で用いて大流行したことからこの名が付いた．チェッカーボード，ブロックチェックともいう．

ウインドーペイン（windowpane）：窓枠のような四角形で構成される単純な格子柄．細い枠を多く使った窓に似ているため，この名が付いた．日本語では「窓枠格子」と呼ばれる．

ギンガムチェック（gingham check）：先染糸を使って格子柄に織った綿の平織物をギンガムという．このギンガムに用いるチェック柄の総称．白と1色または数色のたて糸，よこ糸で構成される格子柄のこと（図2.3.10）．

図2.3.10 ギンガムチェック

グレンチェック（glencheck）：グレナカードチェックまたはグレナカードプラッドが本来の名称．たて・よこ糸ともに濃色2本，薄色2本，濃色4本，薄色4本の繰り返しで綾織にして作った格子柄．日本では「群縞格子」と呼ばれ，無彩色が中心である（図2.3.11）．

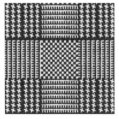

図2.3.11 グレンチェック

シェパードチェック（shepherd check）：白地に黒の小さな格子柄で，濃色のブロック部分に白の右上がりの斜線が見える模様をいう．日本では小弁慶．スコットランドの牧羊者が最初にこの柄を用いたため，シェパード（羊飼い）チェックと呼ばれる．

タータンチェック（tartan check）：たてとよこが同色，同本数の多色づかいが特徴的な，スコットランドの伝統的な格子柄．タータン，タータン・プラッドとも呼ばれる．

マドラスチェック（Madras check）：インドのマドラス地方の綿織物にみられる多色使いの不規則な大格子柄．太陽光線に晒されて，自然にかすれたような感じになるのが特徴である．

コインドット（coin dot）：硬貨（コイン）程度の大きさの水玉模様のこと．ポロドットとも呼ばれる．

ポルカドット（polka dot）：最も標準的な大きさの水玉模様．直径5 mmから1 cm程度のものを指す（図2.3.12）．

図2.3.12 ポルカドット

アニマルプリント（animal print）：動物の皮膚表面に現れた模様を模倣した柄．ヒョウやゼブラ，ホルスタイン，ニシキヘビなど，縞柄や斑点に特徴があるものが対象となる．また，動物そのものをモチーフにしたプリントを指す場合もある．

オプティカルプリント（optical print）：オプティカルは「視覚の」という意で，視覚的・錯覚的な効果を狙ったプリント柄のこと．「オプ調柄」「オプアート柄」とも呼ばれる．

カムフラージュプリント（camouflage print）：カムフラージュは「迷彩，偽装」という意で，迷彩柄ともいう．植物の葉や木樹などをモチーフとした，自然に溶け込むような緑や茶色の柄であるために敵から身を守ることができるので，陸軍の戦闘服に用いられている．

グラフィティプリント（graffiti print）：グラフィティは「落書き」という意で，落書きのように書きなぐった感じのプリント柄．大胆でポップな柄表現の一つである．

トロピカルプリント（tropical print）：トロピカルは「熱帯の」という意で，熱帯地方に特有のプリント柄の総称．熱帯地方産の植物の葉や花をモチーフとしたものが多い．

ペイズリー（paisley）：インドのカシミヤ・ショー

ルにみられる伝統柄で，スコットランドのペイズリー市に伝わって発展したためこのように呼ばれるようになった．松笠やマンゴー，糸杉などが起源といわれ，勾玉(まがたま)模様とも呼ばれる．

ヘリンボーン（herringbone）：織り目が「ニシンの骨」に似ているところからこのように呼ばれる．杉綾ともいう．柄の名称であると同時に織物の名称でもある．シェブロンストライプと呼ばれることもあり，ツイード地に多く用いられる（図2.3.13）．

図2.3.13　ヘリンボーン

モノグラム（monogram）：氏名の頭文字などを装飾的に図案化したもの．シャネル，ルイ・ヴィトンなど高級ブランドによるモノグラム商品は人気がある．

リバティプリント（Liberty print）：ロンドンの老舗百貨店リバティ社製のオリジナルプリントのこと．本来はアール・ヌーボー様式に基づいた精緻な花柄であるが，今日では小花を密に配した総柄を指すことが多い．

b. 編物の柄

アーガイルチェック（argyle check）：英国の代表的なニット柄として知られる菱形が連なる格子柄．特にセーターやソックスなどの編み込み模様にみられる．アーガイルとは，スコットランド西部の地名．

アラン模様（Aran pattern）：アイルランドのアラン島で，漁業の労働着として定着していたセーターに使われた模様に，さまざまな意味付けがされて広まった[4]．漁師が使うロープを表す縄編みや，かごに見立てたバスケットステッチ，富や財産，成功の象徴となるダイヤ柄などで構成される（図2.3.14）．

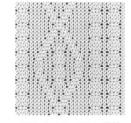
図2.3.14　アラン模様

ノルディック模様（Nordic pattern）：ノルディックは「北欧人の」という意で，主にスカンジナビア半島の人々が着用している伝統的なセーターに用いられる，雪の結晶やトナカイなどの模様のこと．特に「ルース・コスタ」と呼ばれる小さな水玉を散らしたような点描模様が特徴となっている[5]．

フェアアイル模様（Fair Isle sweater pattern）：スコットランドのフェア島（アイル）発祥の，フェアアイルセーターに用いられる編み込み模様．400年以上も編み続けられ，ケルト文化と北欧文化の影響，あるいはイスラム文化色の濃いスペインの編み技術の影響を受けているなどいくつか説がある[5]．

〔鷲津かの子〕

参考文献
1) 文化服装学院：文化ファッション講座　デザイン，p.29, 文化出版局，1991．
2) 飯塚弘子，万江八重子，香川幸子：服装デザイン論，p.134，文化出版局，1999．
3) トヨシマビジネスシステム：PLANSトレーニングマニュアル，2013．
4) 瀬戸信昭：トラディショナル・パターン・ブック アラン模様100，pp.3-5，日本ヴォーグ社，2011．
5) 成田典子：テキスタイル用語辞典，pp.375, 380，テキスタイル・ツリー，2012．

2.3.3　アパレルデザイン

アパレルとは服装，衣服と訳され，外装という意味合いが強い．アパレルデザインは人間が身にまとうものをデザインするため，人間の身体の形態も考慮しながらデザインを考えていかなければならない．そこでは外観の美しさ，すなわち審美性と機能的な美しさの両面が求められ，デザイン原理をよく理解したうえで，目的や用途に応じた形態および色彩の設計が必要となる．また，そのデザインの特徴を的確に伝えるための方法についても考える必要がある．

a. 形態の表現

アパレルデザインにおいて形態は，色彩や材料と並ぶきわめて重要な要素であり，アパレルデザインを考えるうえでは，代表的な形態の名称や特性を知っておく必要がある．

1) シルエットライン（silhouette line）　シルエットとは本来，影絵・輪郭などを意味する．服飾用語としては服のアウトライン，あるいは外形を指す．これは平面的に，そのアパレルの特徴を捉えた全体像であり，最も端的に形態を表現するアパレルの輪郭線のことである．

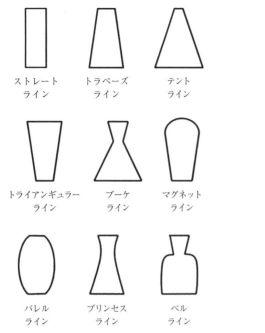

図 2.3.15　アパレルのシルエットライン

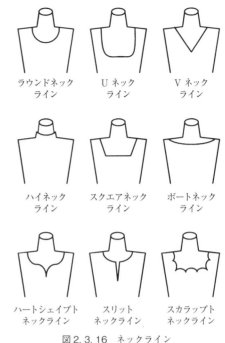

図 2.3.16　ネックライン

シルエットと似たような意味で使われる言葉にラインがある．シルエットラインの略称として使われることもあり，シルエットとほぼ同義で用いられている．

シルエットラインを特徴付け，ほぼそれを決定する部位として4か所が挙げられる．ショルダーラインの幅と位置，ウエストラインの幅と位置，ヘムラインの幅と位置，サイドライン（脇線）の形態である．図2.3.15はアパレルのシルエットラインの代表的なものを示したものである．大きくは直線的なものと曲線的なものとに分けられる

トラペーズシルエットライン，テントシルエットラインはDiorの後継者となったSaint Laurentが1958年に発表したシルエットラインとしても有名である．他にDiorが1955年に発表して以来一般的になったシルエットラインにAラインがある．Aの文字の形態特徴を表し，上部は小さく，裾に向かって広がったラインである．

2)　ディテール（detail）　細部，詳細などの意味で，アパレルデザインの場合にはアパレルの全体的なことではなく，切り替え線やネックライン，カラー，スリーブをはじめとする細部のことをいう．多くの場合ディテールはデザインに面白みを加えるが，そのアパレルの主なデザインポイントになる場合もある．

① **ネックライン**（neckline）：　えりぐり線を総称してネックラインという．ネックラインには首に沿ったもの，沿わないもの，あきの大きいもの，小さいもの，くりの形が曲線なもの，角のもの，その他特殊な形のものなどがあり，それぞれ異なった名称で呼ばれている．しかしなかには総称としての名称もある．イヴニング・ドレスにみられる前後に大きくあいたイヴニング・ネックラインや，カーディガンにみられる，前は打ち合せで，ラウンドネックかVネックが一般的なカーディガン・ネックラインがその例である．代表的なネックラインを示したものが図2.3.16である．シンプルでポピュラーなものとして，ラウンドネックライン，Vネックライン，Uネックライン，ハイネックラインが挙げられる．それらについてもくりの深さや幅，大きさは自在に変化しうる．他にもハートのような形状のハートシェイプネックライン，前中央に深いスリットの入ったスリットネックライン，波形の形状をしたスカラップネックライン，ネックラインに緩やかにドレープの入ったカウルネックライン，タックの入ったタックトネックラインなど，ネックラインのバリエーションは豊富にある．ネックラインはアパレルの雰囲気に影響を与え，着装者の印象にも関わる要素である．

図 2.3.17 カラー

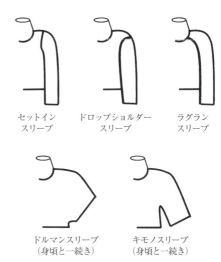

図 2.3.18 構造と袖付け位置の違いによるスリーブのバリエーション

② **カラー**（collar）： 洋服のえりの総称である．カラーはそのアパレルの最も目立つ部分の一つであり，アパレルデザインにおいて主要なポイントとして考えるべきものである．カラーはそのアパレル全体のバランスに影響し，全体の雰囲気を作り出す要素にもなる．

図 2.3.17 は代表的なカラーを示したものである．構造的にみれば，別布でつくった衿が付けられたもの（スタンドカラー，ピーターパンカラー，ボーカラーなど），別布の土台を身頃につけて，その上に衿をつけたもの（台えり付きシャツカラー），折り返した身頃の一部の上に別布の衿をつけ，その身頃部分とあわせて衿と呼ぶもの（テーラードカラー，オブロングカラーなど）がある．別の点からみれば，立ち上がったカラー，えり腰のないカラー，えり腰のあるカラー，身頃部分の折り返り線が形づけられているか否かなどによって，カラーの種類はさまざまにある．

③ **スリーブ**（sleeve）： 筒状でものを覆うとの意味があり，肩と腕を覆い包むアパレルの袖のことをいう．外観上目立つ箇所であるため，上衣のアパレルデザインにおいて重要な部分を占める．ネックラインやカラーのデザインとの調和を要する部分でもある．

多くのものが身頃と別でつくられ，肩で縫い付けられる構造であり，そのもっとも代表的で一般的なものがセットインスリーブである．セットインスリーブは原型どおりの袖付け線につけられた袖をいう．これとは別に，身頃と一枚続きに裁ちだしたものもある．ドルマンスリーブやキモノスリーブはその一例である．構造と袖付け位置の異なる代表的なスリーブを示したものが図 2.3.18 である．スリーブには多くのバリエーションがあり，構造や袖付け位置の他に，スリーブ自体の形状によってもさまざまに異なる名称で呼ばれている．形状による名称の一例として，チューリップスリーブ，パフスリーブ，フレアースリーブ，ティアードスリーブ，トランペットスリーブ，レッグオブマトンスリーブが挙げられる．また，肩から手首までの袖の長短によって，長袖，七分袖，五分袖，半袖などに区別される．

〔大澤香奈子〕

参考文献
1) 文部科学省：ファッションデザイン，実教出版，2013.
2) 冨田明美編：アパレル構成学―着やすさと美しさを求めて，朝倉書店，2004.
3) 田中千代：新・田中千代服飾事典，同文書院，1996.
4) 高村是州：ファッションデザイン・アーカイブ，グラフィック社，2011.

b. 色彩の表現

1） 色の測定　色を測定する方法には人間の眼で見比べて色を判断する視感測色法と，測定装置を用いて物体表面の反射光や透過光のエネルギーを物理的に計測して色を判断する物理測色法（機器測色法）がある．

① **視感測色法**： 視感測色法とは，人間の眼で見ることによって同じ色を判定するものである．測色値が既知の色票を基準として，測色したい試料の

色と等しい色を色票より選び，その測色値を試料の測色値に置き換え記述する．この色を直接比較する方法は，JIS Z 8723「表面色の視感比較方法」として規定されている．視感比較方法は，同じ試料に対しても，観察者，光のあて方，観察の仕方，光源の種類で判定が異なることがあるので，次の注意が必要である．

- 観察作業面の色は，無光沢で無彩色（N5）にし，寸法は 300 mm×400 mm 以上が望ましい．
- 比色のための照明には昼光を用いる．自然昼光は，北空からの拡散光で，利用時間は日出 3 時間後から日没 3 時間前までとする．人工昼光を用いる場合は，JIS Z 8716 で保証された「表面色の比較に用いる常用光源蛍光ランプ D65」を用いるとよい．照度は 1000 lx（ルクス）が原則である．
- 布地のような凹凸があるものを，斜めから照射すると影ができ色は暗くくすんでしまうので，垂直照射すると本来の色に見える．観察は，斜め方向から見る．
- 試料の表面は平坦で，つやがないこと．見る距離が 50 cm の場合，試料の寸法は 15 mm 角（2°視野）または 75 mm 角（10°視野）がよい．
- 観察者は色覚正常者で若年者が望まれる．眼鏡使用者は着色レンズ，サングラスを避ければ，遠視，老眼，乱視などは支障がないとされている．

視感測色法で用いる色票は，表色系（カラーオーダーシステム）に基づき系統的に配列されており，マンセル表色系が最も一般的で，JIS Z 8721「色の表示方法—三属性による表示」に基づいて作成された「標準色票」が多用されている．マンセル表色系の記号は HVC で色相（Hue），明度（Value），彩度（Chroma）を表し，これを色の三属性という．

② 物理測色法（機器測色法）：

i） 分光測色法： 分光測色法とは，色を見るための三つの条件，光と眼と物に基づく測色方法である．光には，一般的には標準イルミナント D65 の値を使い，眼には観測者が観察したときに，光のスペクトルを構成する各波長の色と，原色を混合した混合色とが同じ色に見える，原色の混合比率を示す等色関数の値を使う．物（測色したい試料）の分光反射率のみを測定し，求められた分光反射曲線から，光の三原色 R，G，B をもとに変換された仮想の原色である三刺激値 X，Y，Z を求め，そこからマンセル表色系の三属性などに変換され，色が表示される．

測定には，「分光測光器」を用いる．色を測るには，光を各波長の成分に分けるための装置である分光器と，光のエネルギーを電気信号に変換する光電素子という装置と，そこから電流を測る電流計をセットした測光器を用い，光の強さを測る．この分光器と測光器を組み込んだ光学器械を分光測光器という．分光測光器は，光の波長ごとの強弱が測定できるため，色を測るのに便利である．

測定は，反射率がわかっている標準白板の各波長の値を測定し，さらに測りたい試料を測定し，標準白板と試料の比率で反射率が求められる．

三刺激値は，光と観察者の等色関数が同じならば，三刺激値が同じであれば，その両者は同じ色であることが保証されたものであるが，値が異なるとどのような見えの違いがあるかまでは示していない．そのため，三刺激値は知覚的に差が等しくなるように変換された均等色空間の代表である CIE $L^*a^*b^*$ への変換やカラーオーダーシステムであるマンセル値への変換が行われる．

ii） 刺激値直読法： 刺激値直読法とは，光学器械で分光分布を求めてから計算をする手順を経ずに，「光電色彩計」という装置を用いて三刺激値を直接測定する方法である．光電色彩計は分光測光器に比べて安価なため，現在は広く用いられているが，測定条件以外の光源での値を求めることができないため，機能としては低いといえる．

光電色彩計は三刺激値を直接求めるため，試料を照明する照明光源の特性を測色イルミナントに，そして光を受け取る受光器の特性を等色関数に一致させる必要がある．そのために測定の手順として，試料を標準白板に換えて白の値を測定する．これは，色を正しく測定するための照明光源で定められている白の測色値（CIE 標準イルミナント D65，あるいは補助標準イルミナント C による白の測定値のこと）と，この色彩計による白の測定値とを一致させる作業である．次に受光器の特性を等色関数に合わせる所定の作業を行う．これらの作業による補正が充分でないと，分光測色法で求めた三刺激値と一致しなくなり，正しい測定値が得られなくなる．

物体色の計測は，測定対象の表面構造などにより，照明光の入射角とその反射光を受ける受光部の位置関係によって測定値が異なる．色を正しく測定する

ためには，照明光と受光部の位置関係を考慮しなければならない．ここで必要になるのが，照明と受光の互いの位置関係を定めた条件であり，これを光学幾何条件という．

2) デザインを表現するための色　デザインを作成する過程でその色を作りだすために使用する道具としては，コンピュータおよびモニタとその情報を紙や布の上にプリントするものと，紙や布の上に直接表現するものがある．このモニタと紙または布での色の作成原理は大きく異なっている．両者に共通するのは，三つの原色の混色で色を再現することである．モニタでは赤（R）・緑（G）・青（B）の光の発光の割合を変えて色を作りだす加法混色であるが，紙や布ではシアン（C）・マゼンタ（M）・イエロー（Y）のインクの面積または厚さを変えて色を作りだす減法混色である．

コンピュータでの色の表現は制作の途中段階で，最終的には紙や布の上での表現になるが，モニタと紙や布での色の表現を制御する原理を説明する．

モニタでの色はR・G・Bの信号値で3色の発光の比率を変化させる．このモニタは最近では液晶モニタが主流であり，液晶の透過率を変化させて，通過したRGBの光の量を変化させるものである．モニタ上ではRGBの光は小さな光の点であるが，人間が見るときには，これは識別できないので，一様な面に見える（これを中間混色という）．

紙や布での色の表現は，印刷での方法で分類すると，オフセット印刷とグラビア印刷に分けられる．オフセット印刷はCMYのインキの単位面積当たりの面積（これを網点面積率と呼ぶ）を変えてインクを紙に転写する．CとMが重なると青，MとYが重なると赤，YとCが重なると緑，3色が重なると黒になり，これにインクの載っていない紙の白の小さな8色の点の中間混色で色が見える．グラビア印刷はインクの面積を変えるのではなくインクの厚みを変えて色を変えている．多く使用されているインクジェットプリンタは面積を変えて色を再現するタイプである．

このインクの特性で大きく分けると，水や油に粉末が溶ける染料と溶けない顔料がある．染料は水に溶けるので，紙や布などの繊維と分子レベルで結合するため，そのまま着色できる．顔料は水などに溶けないので，そのまま紙や布などに着色することができないため，樹脂などの接着剤（これを展色剤という）に分散させて，この展色剤の力で着色することができる．この染料と顔料をあわせて色材という．色材は基本的には可視光線のある波長を吸収し，残りの光を反射するが，非常に鮮やかな色を作りだす蛍光物質では特定の波長のエネルギーを吸収し，そのエネルギーを他の波長に放出するので，非常に鮮やかな色となる．

染料には自然界に存在する植物や動物から色素を抽出する天然染料と，化学合成で作られた合成染料がある．天然染料による染色には合成染料による染色では得られない独特の趣があり，一部の手工芸としての染色には天然染料が好んで用いられている．

色材を布に染める場合，色の形を切り取った型版で色材を部分的に着色することを捺染という．布に転写する方法の違いでローラー捺染，スクリーン捺染，転写捺染，布用インクジェットプリンタがある．

3) 配色技法　配色とは，2色以上の色を効果的に組み合わせることである．目的に合わせて色のとり合わせを美的に演出する技術であり，配色を考えるときに大切なことは調和感である．

アメリカの色彩学者であるジャッド（Judd, D. B.）は，古今の色彩調和論を広く検討し，異なる意見の間にも共通の考え方があることを見つけだし，「秩序の原理」「なじみの原理」「類似性の原理」「明瞭性の原理」の四つの原理にまとめた．数ある欧米の色彩調和論，人間が美しさを感じる配色調和の類型はこの原理に整理される．

① **ヒュートーンシステムによる配色の考え方**：PCCS（Practical Color Co-ordinate System）は，財団法人日本色彩研究所によって開発された色彩体系であり，「日本色研配色体系」という．この体系は「Hue（ヒュー）」と呼ぶ色相と，明度と彩度をまとめた「Tone（トーン）」の二つの属性で色を整理し表示するのが特徴であり，ヒュートーンシステムといい配色調和を考えやすくなっている．

PCCSの色相環は24色（口絵17）で，その色相差は色相番号の差，あるいは色相環上の角度（1色相差15°）で考えることができる．

PCCS明度は知覚的等歩度性にもとづいて白から黒までの間を17分割している．PCCS彩度は心理的に最も鮮やかな純色との比較判断にもとづいた無彩色までの間を分割したものである．PCCSのトーン

は色調とも呼ばれ,「明度と彩度を複合して捉えた概念」といえ,色相ごとに12種類に分類して有彩色を12トーン,無彩色はブラック(Bk),ホワイト(W)を含めて5種類に分類している(口絵19).有彩色のトーンを純色,明清色,暗清色,中間色で分けると,純色はvトーン,明清色はbトーン,ltトーン,pトーン,暗清色はdpトーン,dkトーン,dkgトーン,中間色はsトーン,sfトーン,ltgトーン,dトーン,gトーンとなる.明清色,暗清色は濁りのない清色,中間色は濁った感じの濁色とも呼ばれ,同じトーンの色には色相が異なっても共通の印象やイメージが存在するといえる.

次に「色相を手がかりにした配色」を挙げる.

- 色相に共通性がある配色:同一色相配色(色相差0,色相の角度0),隣接色相配色(色相差1,角度15°),類似色相配色(色相差2または3,角度30°あるいは45°)
- 色相にやや違いがある配色:中差色相配色(色相差が4,5,6,7のいずれか,角度60°,75°,90°,105°)
- 色相に対照性がある配色:対照色相配色(色相差が8,9,10のいずれか,角度120°,135°,150°),補色色相配色(色相差が11あるいは12,角度165°あるいは180°)

トーン配色と呼ばれる,「トーンを手がかりにした配色」を次に挙げる.

- トーン共通の配色:同一トーン配色,類似トーン配色(縦方向に隣り合って並んだトーン,横方向に隣り合って並んだトーン,斜め方向に隣り合って並んだトーン)
- トーン対照の配色:対照トーン配色(明度が対照的なトーン,彩度が対照的なトーン)

② **アパレルとカラーコーディネート**: アパレルに用いられる主な配色技法としてヨハネス・イッテン(J. Itten)の色彩調和を例に挙げる.イッテンの色相環は知覚的等間隔性をもった12色相で構成される(口絵24).

- 二色調和(ダイアード):色相環の直径の両端に対置された二色の補色配色
- 三色調和(トライアド):色相環の三等分色相で正三角形の配色
- 四色調和(テトラード):色相環の四等分色相で,正方形位置の二組の補色同士の配色と,二組の補色対を含む長方形位置の配色
- 六色調和(ヘクサード):色相環に内接する正六角形の配色で三組の補色による調和.また,正方形位置の四色調和に白と黒を組み合わせた六色調和もある
- 五色調和(ペンタード):色相環上の正三角形の三色調和に白と黒を組み合わせた配色
- 三色調和(スプリットコンプリメンタリー):分裂補色配色とも言われ,二色調和のどちらかの色を,その両隣の色によって置き換える二等辺三角形の配色

〔井澤尚子〕

参考文献
1) 日本家政学会編:新版 家政学事典,朝倉書店,2004.
2) 東京商工会議所編:カラーコーディションの基礎 第3版 カラーコーディネーター検定試験3級公式テキスト.東京商工会議所,2009.
3) 東京商工会議所編:カラーコーディネーター検定試験 2級公式テキスト(第3版)カラーコーディネーション,東京商工会議所,2015.
4) 全国服飾教育者連合会監修:色彩検定公式テキスト2・3級編,A・F・T企画,2009.
5) 福田邦夫:色彩調和の成立事情,青娥書房,1985.

c. ファッションデザイン画

ファッションデザイン画とは,洋服のデザインを具体的に表現した説明図であり,スタイル画,ドローイング,スケッチ,クロッキーなどともいう.

デザインのアイディアを正しく伝えるためには,人体のプロポーションが正確に描かれていなければならない.例えば,子供服をデザインする際には頭部の比率を大きくし,大人になるに従って,その比率を小さくする.通常理想的なプロポーションは,図2.3.19のような8頭身とされているが,スタイル画では,図2.3.20のように9頭身以上で描かれることもある.また,デザインテーマを表現するには,立ち姿でしわの少ないポーズが好ましい.さまざまなポーズを正確に表現するには,基本線の位置(頭部,FNP,肩線,ウエスト,ヒップ,ひざ,足首,重心線など)を把握しなければならない.現在,デザイン画を描くにあたって最も多く使用されている画材は,手軽で発色の良いマーカーである.その他に使用頻度の高い画材としては,水彩絵の具,パステル,色鉛筆などがある.これらの画材は,単体で

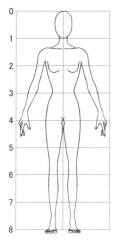

図 2.3.19　基本プロポーション（8頭身）　　図 2.3.20　スタイル画

図 2.3.21　ハンガーイラスト

使用することもあるが，他の画材と併用することにより，素材の質感表現やイラストとしての表現に幅や深みを与えることができる．なお，ファッションデザイン画は下記のように目的に合わせて描き分けられる．

① **イメージ画**：　簡単な線で全体の雰囲気やテーマイメージなどを伝達したいときに描かれる絵．新しく発表するコレクションや既存ブランドのシーズン前企画など，具体的な形は決まっていないが，イメージのみできている場合や，外部に対するイメージの伝達にとどめ，あえて具体的に内容を発表する段階ではない場合などに用いられる[1]．

② **デフォルメされたデザイン画**：　社内外におけるデザインコンペなどで，他のデザイン画よりも審査員に対して印象に残ることを目的とした絵．同じテーマと条件下で競い合って仕事を受ける際の手段として用いられる[1]．

③ **構造のわかりやすいデザイン画**：　パタンナーや縫製メーカーなどの生産に関わる人たちが理解しやすいように描かれた絵．服としてのバランスがわかりやすく，切り替え，ダーツ，ディテール，付属品の大きさや位置などがある程度理解できるもの．全身画，上半身画，下半身画など，目的に合わせて描き分けられることもある[1]．

1) ハンガーイラスト　図 2.3.21 に示したように洋服をハンガーに掛けた状態時のイラストのことで，スタイル画のように人物が着てポーズをとるような描き方はされず，洋服の詳細なディテールを記述するのに適している．

また，ハンガーイラストとは和製英語であり，英語の flat sketch に相当する．他に，絵型，製品図，平絵，チビ絵，カッチン画などと呼ばれており，アパレル業界では製品生産において使用頻度の高いイラストである．

2) モード画　モード画とは，スタイル画のような洋服の説明も含まれるが，絵画や芸術的表現が加味され，さらに時代感覚を有するものである．ブティックなどの店頭にディスプレイとして飾られたり，ブランド広告などに使用されたりするイラストレーションの総称である．

3) CG によるデザイン画　コンピュータでデザイン画を描く場合，専用ソフトを用いてマウスや

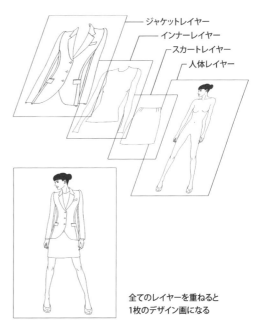

図 2.3.22　レイヤーのイメージ

ペンタブレットで直接コンピュータ上に描く方法と，紙に描いた下絵をスキャナで画像として取り込んで，線画に着色していく方法がある．どちらの方法も，人体，アウター，インナー，ボトムスといったように，パーツごとにレイヤーを作成し，図2.3.22のように，それらを重ねながら仕上げていく．また，必要な機材として，パソコン本体，モニター，スキャナ，カラープリンター，記憶メディア，ペンタブレット，ソフトウェアなどがある．主なソフトウェアとして，AdobeのPhotoshopやIllustrator，SYSTEMAXのペイントツールSAI（Easy Paint Tool SAI）などがある．なお，マウスのみでの作業も可能だが，ペンタブレットの方が作業速度の向上とタブレットの筆圧感知機能があることから，線を描く際の強弱や濃淡表現など，絵筆で描くときと同じ感覚で使用できる．

近年，CGでデザイン画が描かれるようになった要因として，色，柄，素材の検討や修正が容易に行える利便性や，紙媒体に比べて検索，更新などの作業が簡略化し，保管場所の省スペース化，媒体の移動（デザイナーから企画，マッピング，プレスへの伝達など）の高速化などが挙げられる．〔山縣亮介〕

参考文献
1) 豊口武三：デザイナーを志すあなたへ――買った人によろこばれる服を作る，繊研新聞社，pp.52-53，2002.

2.4 被服の設計・製作・構成方法：家庭縫製

2.4.1 立体構成のパターン設計

a. 上衣（女性・男性・幼児）

立体構成の衣服パターンの作成方法には，デザインを基に平面製図からパターンを作り，それを裁断して組み立て形作る方法と，立体裁断で形作る方法，両者を併用させて形作る方法がある．

1）胴部原型 胴部とは，解剖学的には頭，頸，胸，腹，臀部を含めて体幹部と呼ぶが，衣服製作では頭部，頸部を除いた胴部（躯幹部）のみを指す．この人体胴部を被覆している立体的な衣服では，胴部のウエストライン（最小胴囲を示す水平位WL）を境に上半身，下半身に区別して設計を考えることが多い[1]．

原型という言葉は，いろいろに応用されたり，変化したりする前の元の型または形というような意味で，さまざまな場面で用いられる．衣服製作における「原型」とは，種々の衣服パターン設計の基礎となるパターンを指している元型のことである．すなわち最もシンプルなデザインで，かつ立体的に人体に適合させている衣服のパターンを指しており，人体表面を被覆する大きさと形，人体の生理，運動・動作機能に対応できる最小限のゆとりを具備していなければならない．その上，あらゆる服種へのデザイン展開が容易にできる構造であることが要件である[2]．部位別には，上半身原型，袖原型，下半身用のスカート原型，パンツ原型などがある．

学校教育用としては，乳幼児・少年・少女用原型（子供原型），成人女子用原型，成人男子用原型などが用いられており，それぞれ数か所の身体寸法を用いて作図する方法が考案されている．多くの場合，一つの作図方法で得た原型を用いて，ブラウス，ジャケット，コートなど，着用層や使用する布地の厚さなどに応じて，パターン作図時にゆとりを加えて用いている[3]．

既製服の基本原型は立体裁断で作成した身頃とスカート，袖で構成されるタイトシルエットのドレス原型と，バストラインを水平にしたストレート原型が一般的で，他に目的に応じてプリンセスライン原型やブラウス原型など，いろいろな形の原型が使用されている．学校教育用として使用されている原型は，個人体型に合わせて作成するので，そのままの

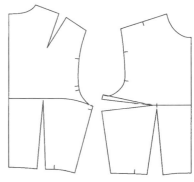

図2.4.1 立体裁断原型

形で企業用に使用されるケースは少なく，ボディ（人台）に合わせて立体裁断で作成する[4]．図2.4.1にその一例を示す．

① **成人女子用上半身原型**：成人女子用上半身原型は，ゆとりの入れ方によって，タイトフィット原型，セミタイトフィット原型，ボックス原型，ルーズフィット原型などに分かれる．教育用のものや既製服用の原型は，ゆとりを適当に入れたセミタイトフィット原型，またはボックス原型が多く用いられる．成人女子用の上半身原型は，女性特有の乳房の形に合わせるための胸ぐせダーツがとられており，その位置は，バストポイントの方向に向かってどの方向からとられていても原型としてのシルエットは同じである．そのダーツ量が多ければ立体感の強いシルエット表現の原型となり，ダーツ量が少なければ平面的なシルエット表現に適した原型といえる．さらに肩甲骨に合わせるための肩ダーツ，胴部に合わせるためのウエストダーツがある．

上半身原型の平面作図方法はいろいろな方法があるが，大きく次の3種類に分けることができる．

ⅰ）**胸度式原型**：日本で多く用いられている作図法で，バスト，背丈などごくわずかな箇所の人体寸法を着用者から計測し，主としてバスト寸法を基準にして，その他の部分の寸法を算出し，作図する方法である．バストとその他の部分の寸法との関係は，体型によって必ずしも一定ではないが，ほぼ平均的な関係を見出して算出式が考案されている．算出式の設定の仕方によって適合の良否が決まる．日本人の体型の変化に伴い，長い年月の間に，多くの人に対しての着用結果をふまえながら何回かの算出式の改訂が行われている[3]．計測部位がバストと背丈の2か所であり，比較的計測誤差の少ない部位であることから，教育現場で多く使用されている．図2.4.2にその一例を示す．

ⅱ）**短寸式原型**：人体各部の寸法を細密に計測し，その個体の計測値のみを用いるので，作図理論が正しければ個体への適合の良い原型となる．ただし，人体の体表が軟質なために，計測誤差が出やすい箇所があり，作図理論をふまえた正確な計測値が要求される[3]．

ⅲ）**併用式原型**：胸度式，短寸式を併用した作図法である．計測箇所はバストと背丈の他に，さらに数か所の寸法を使用して作図する方法であり，両

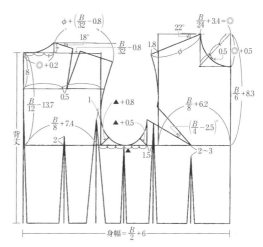

図2.4.2 胸度式原型（B式）

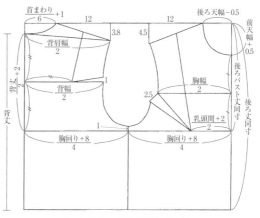

図2.4.3 併用式原型（D式）

者の利点を生かした方法である．日本でも古くからこの方法をとっている学校もある．図2.4.3に一例を示す．

デザインパターンを作成するには，これらいずれかの原型を用いてデザイン展開をする．原型の胸ぐせダーツや肩ダーツは，デザインやシルエットによって，移動することができ，集合，分散，切り離しなどを行い，ダーツとして縫う，フレアーやゆとりとして逃がす，ギャザーやタックにするなど立体化の技法が施される．

原型の操作の方法は，服種やデザイン，シルエットによって異なる．ブラウスのパターンメーキングでは，まず原型を用いて身頃のシルエットを作成する．その身頃を用いて袖，衿などのパターンメーキングを行う．ブラウス身頃のパターンメーキングの一例として，胸ぐせダーツをサイドダーツに移動し

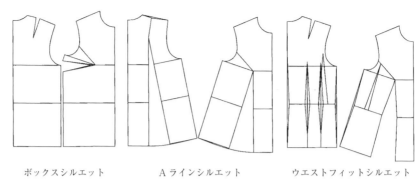

図2.4.4 ブラウス身頃のパターン展開

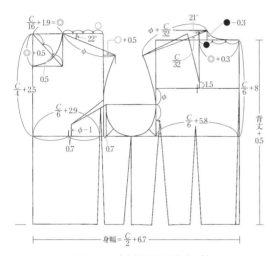

図2.4.5 成人男子用原型（B式）

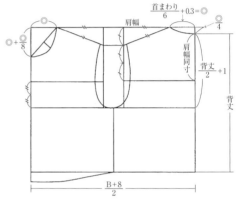

図2.4.6 子供原型（D式）

たボックスシルエット，胸ぐせダーツと肩ダーツを裾に移動してフレアーとして逃がしたAラインシルエット，ウエストダーツを利用したウエストフィットシルエットを図2.4.4に示す．

② **成人男子用原型**：成人男子は成人女子に比べ相対的に大きく，体表は凹凸が少なく，胸部より腹部が前方に出ている体型が多い．頸付け根を含む肩周辺に立体的特徴があり，原型にはこの特徴が反映されている[2]．成人男子の衣服は，成人女子ほどデザインの変化が多くなく，一般に左身頃が上前になるので，左半身を作図する．なお袖は，服種によりその都度作図するので，特に原型はない．原型は，チェストを基準にした作図法が簡単で，体型にも合いやすく，形も作りやすいので，チェスト寸法と背丈を基準として作図する[5]．作図方法の一例を図2.4.5に示す．

③ **乳幼児・少年・少女用原型（子供原型）**：乳幼児・少年・少女は，ウエストのくびれがなく，成人に比べて胴部の厚径に対する幅径の割合が小さい厚みのある体型であり，前面における胸骨上端から腹部が突出しており，これに対応した前下がりが原型に組み込まれている．個体差が著しい時期でもあり，定寸や割り出し式による作図は，体型への不適合箇所が多くなる[2]．また，子供の成長は個人差が大きく，年齢によるサイズ表示には多くの無理が生じるため，身長表示が用いられている．乳幼児から小学校低学年にかけては男女共通の寸法を使用し，成長とともに変化する部位の寸法は男女を分けて作図する[6]．作図方法の例として身長120 cmの女児の原型を図2.4.6に示す．

2）袖原型 袖とは，人体の上腕部と前腕部からなる上肢部を被覆する衣服の一部を指している．袖は身頃に縫合されて成り立つものであり，身頃のアームホールが定まってから作成する．袖原型の名称を図2.4.7に示す．

袖原型の袖山の高さは，人体腋窩水平位から肩先

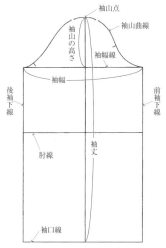

図2.4.7 袖原型各部の名称

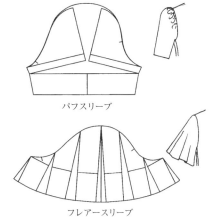

図2.4.9 袖のパターン展開2

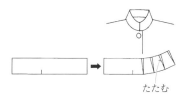

図2.4.10 スタンドカラーの作図法

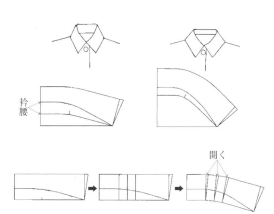

図2.4.11 シャツカラーの作図法

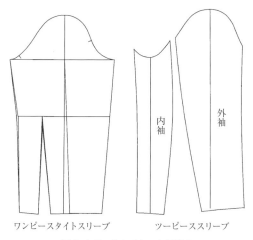

図2.4.8 袖のパターン展開1

間の長さと考えられるが,実用的には袖のかぶり分や腋窩の繰り下げ量を加えた長さをいう[1].袖山の高さにより,縫合したときの袖の角度が変化する.上肢を水平に挙上した状態に近づくほど,袖山の高さが低くなるとともに,袖幅が広く,袖下が長くなり,動作に対応しやすくなる.袖の接合角度は,衣服の着用目的に応じて決めることが大切である[2].

3) 袖・衿のパターン 袖原型のように人体の腕付け根線付近に立体的に付けられた袖をセットインスリーブと称し,最も基本的な袖である.腕の形状に沿わせるためのダーツや構成面のとり方によってできるワンピースタイトスリーブ,ツーピーススリーブを図2.4.8に,袖山や袖口の切り開きによってデザイン展開するパフスリーブやフレアースリーブを図2.4.9に示す.

衿とは,身頃の衿ぐり線に付けられ,頸部に対応する衣服の一部の名称である.顔に最も近いディテールであり,衣服のイメージを左右する要因となるため,顔や肩部の形状などを考慮する必要がある.衿は,袖と同様,身頃のネックラインに縫合されて成り立つものであり,身頃のネックラインの設定が先行する.衿は形態上4タイプに分類できる.その特徴と作図例を以下に示す.

スタンドカラータイプは,折り返りのない衿であ

る．図2.4.10に示すように，身頃の衿付け寸法をもとに長方形の布を頸部形状に合わせてつまむと頸に沿った衿ができる．これを平面展開すると，衿の上端部がたたまれ前中心部が上がり，衿付け線は上昇曲線を示す．これを上がり寸法という[1]．

シャツカラータイプは，衿幅が二つ折りとなり，衿腰部分と折り返り衿をもつ衿である．図2.4.11のように，身頃の衿付け寸法を基に幅の広い布で返り線のある衿を作るために，衿外回りの不足を補うための切り込みを入れ開くと，前中心部分が下がり，衿付け線は下降曲線を示す[1]．この分量が少なくなると衿腰は高くなり，多くなると衿腰は低く後ろ衿幅が広くなる[4]．

テーラードカラータイプは，上衿と身頃の一部であるラペルが折り返る衿である．図2.4.12のように，後ろ衿付け寸法と後ろ衿幅とで後ろ衿部分の長方形を作り，衿外回りの不足を補うために，サイドネックポイント付近で切り開き，後ろ衿部分を寝かすことで作図できる[1]．

フラットカラータイプは，衿腰が低く頸部より肩部をカバーする衿である．図2.4.13のように身頃のネックラインの形状を用いるが，衿の外回りに浮きが出ないように，前後身頃肩先を重ねる．肩先の重ね分は，衿幅が広くなると少なくなる[4]．セーラーカラーもフラットカラータイプの衿である．

〔原田妙子〕

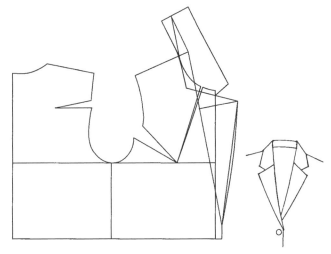

図2.4.12 テーラードカラーの作図法

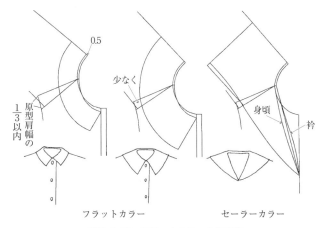

図2.4.13 フラットカラーの作図法

参考文献
1) 日本家政学会編：新版 家政学事典，pp.686，688，689，朝倉書店，2004．
2) 冨田明美編：新版 アパレル構成学—着やすさと美しさを求めて，pp.74-75，朝倉書店，2012．
3) 三吉満智子：文化女子大学講座服装造形学理論編1，pp.121，133，文化学園教科書出版部，2000．
4) 財団法人日本ファッション教育振興協会：パターンメーキング技術検定試験3級ガイドブック，pp.45，90，91，2007．
5) 大沼 淳：文化ファッション体型服飾造形講座⑨メンズウェアⅠ（体型・シャツ・パンツ），p.36，文化出版局，2008．
6) 藤森治郎：ドレメファッション造形講座⑧ベビィ・子供服（学校法人杉野学園），p.22，ドレスメーカー学院出版局，2002．

b. 下　衣

下衣（lower wear）とは下半身に着用する衣服で[1]，ボトムス（bottoms）とも呼ばれる．下半身には体幹部のウエストラインから下の腹部，腰部，臀部そして下肢が含まれる．体幹部と下肢の接合部には股関節があり，座る，かがむ，足を上げる，歩く，走るなどの広域運動をする．図2.4.14に示したように体表ピースの間隙は，原型作図にダーツやゆとりとして組み込まれる．下半身に着用する衣服の服種にはスカートとパンツがある．スカート・パンツのパターンは，腹部や臀部を美しく包むシルエットと運動機能性を兼ね備えた設計であることが重要である．

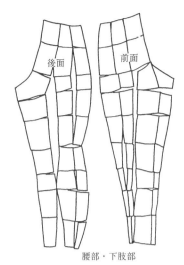

図 2.4.14 成人女子の腰部・下肢部の体表平面展開図[2]

1) スカートの原型　スカートは上衣から分離したウエストから裾までを包囲する衣服の一種で，ドレスやコートのような全身用衣服のウエストから下の部分もスカートという．スカート原型は，下半身で最大周囲長となるヒップ寸法をまっすぐに直下させたスリムなストレートスカートの形態を成しており，ヒップ寸法とウエスト寸法の差による前後のダーツと脇曲線で構成される．図 2.4.15 に示すように，布をウエストから下方向でヒップまわりにフィットするように巻き付けたとき布の形は円筒形となる．ウエスト周辺はヒップよりも周径が小さいので余った布がダーツとして畳まれる．このとき脇曲線は，ほぼダーツ 2 本分となる．脇曲線の長さは，前中心におけるウエスト位置からヒップラインまでの体に添わせた長さ（腰丈）よりも長いので，その差を 1.0〜1.5 cm 追加する必要がある．また，後ろ中心における腰丈は，前中心の腰丈よりも短いので，後スカート原型を作図する際には後ろ中心で 0.5〜1.0 cm 下げてウエストラインが描かれる．ヒップラインと裾線は床面に対して平行となる．

2) スカートのパターン　スカート原型から各種のシルエットに展開される．図 2.4.16 はスカートの部位別に①上部，②上部と裾，③裾でパターンを切り開いた例と，④組み合わせによってボリュー

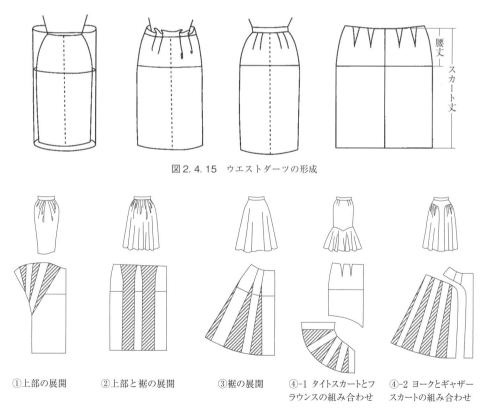

図 2.4.15　ウエストダーツの形成

①上部の展開　　②上部と裾の展開　　③裾の展開　　④-1 タイトスカートとフラウンスの組み合わせ　　④-2 ヨークとギャザースカートの組み合わせ

図 2.4.16　スカートのデザイン展開

ム感のあるデザインに展開した例である．

① **上部の展開**：スカートの上部にボリュームを加える方法には，ウエストから裾に向けて縦に切り開く方法と，ウエストから脇に向けて斜めに切り開きギャザーやタックでヒップから上部にボリュームを加える方法がある．腰骨の辺りを誇張し，裾の方で細くしたペグトップ（peg-top：西洋梨あるいは西洋梨型のこま型）スカートと呼ばれる．丈が短いと効果的でないためロングスカートに多くみられる．

② **上部と裾の展開**：ウエストから裾に向けて縦または放射状に切り開き線を入れてギャザーやタックでボリュームを加える．切り開き分量がウエストと裾で同量の場合は，裾に向かってストレートなダーンドル（dirndle）シルエットとなり，切り開き分量がウエストよりも裾のほうで多い場合は裾広がり型のフレアーギャザースカートとなる．一般にギャザースカートと呼ばれているものは後者が多い．

③ **裾の展開**：スカート原型のダーツの先から裾に向けて切り開き線を入れ，ウエストのダーツを閉じて裾を開いたフレアースカートのパターンである．スカート原型のダーツを閉じた場合，フレアー分量はダーツを形成する2本の線の角度，すなわちウエストのダーツ分量とダーツの長さによって決まる．裾の開き分を加えてフレアー分量を増やすとサーキュラー（circular）スカートに展開できる．また，フレアー分量の少ないAライン（A-line）スカートの場合はダーツを長くし，さらに裾開き分の少ないセミタイト（semi-tight）スカートは裾での広がり分だけダーツを閉じたものである．

④ **組み合わせ**：あらゆるスカートのシルエットは，他のスカート形態と組み合わせることによって作り出すことができる．ヨーク（yoke）スカートは，ダーツを閉じたスカート上部とフレアー，ギャザー，プリーツなどとの組み合わせである．また，スカート原型の裾にフレアースカートを組み合わせるとフラウンス（flounce）スカートになり，ギャザースカートと組み合わせるとティアード（tiered）スカートになる．組み合わせには，よこ方向の切り替えのみならず，たて方向の切り替えも考えられる．ゴアード（gored）スカートは，ウエストから裾に向かってたてに切り替え線のあるスカートの総称である．したがってシルエットはタイトなものから裾広がりまであり，技法はフレアーもギャザーも用いられる．タイトなシルエットで裾にフレアーを入れるとマーメイド（mermaid）やトランペット（trumpet）などと呼ばれるスカートになり，ヨークを前中央のたて切り替えとつなげてギャザーやフレアーを入れたスカートはヨークスカートと呼ばれる．

3） パンツの原型　パンツ（pants）は英語のpantaloonsの略で，16世紀イタリアの喜劇役者パンタローネが舞台で着ていた衣装からその名が付いたと伝えられる[3]．trousers（英），slacks, pants（米），pantalons（仏），日本ではズボン，スラックスの別名として近年"パンツ"という呼び名が一般化している．図2.4.17に示すように，パンツは円筒状の腰部と両脚部，これらを上下に接合する股部分により形成される．ウエストとヒップのサイズで腰の部分の筒の大きさが決まり，わたり幅，膝幅，裾幅によって脚部分の筒の大きさが決まる．パンツの原型は，裾幅が広めでヒップラインから裾にかけてまっすぐに見えるストレートシルエットを原型とするが，スリムパンツや腰から膝あたりまでフィットし裾の方で広がったベルボトムパンツなどは原型を使わず直接製図を引く場合もある．パンツの平面作図は，図2.4.18に示すように①前パンツを基に後ろパンツを作図する方法と，②スカート原型を使用して描く方法がある．男子用の製図は前パンツが左半身，後ろパンツが右半身の向きで，女子用の製図はその

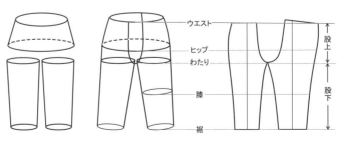

図2.4.17　パンツの構造

2.4 被服の設計・製作・構成方法：家庭縫製

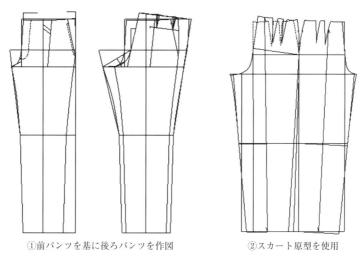

①前パンツを基に後ろパンツを作図　②スカート原型を使用

図 2.4.18　パンツの製図

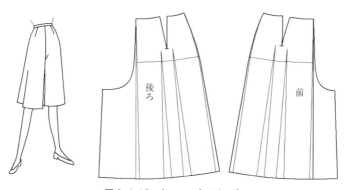

図 2.4.19　キュロットスカート

逆向きであるか，前・後ともに右半身で作図される．パンツの腰部はスカート原型のヒップラインから上の部分とほぼ同形なのでスカート原型から作図することも可能である．スカート原型をヒップラインで水平に保ち，脇線で突き合わせた状態で前後のわたり分量を出す．脇線とわたり線の交点から裾線上の直下の位置から 2.5 cm 後ろに振った位置がパンツ脇線の案内線となる．

4） パンツのパターン　スカート原型に股下部分を追加した例にキュロットスカート（culotte skirt, 図 2.4.19）がある．キュロットスカートは，前スカートと後ろスカートを別々に作図してから股下線で突き合わせて股ぐり線（crotch line）を整える．体の厚み分を考慮し，前後のわたり部分が股下で引き込まれるのを防ぐために前中心，後ろ中心で寸法を追加して原型を振る．

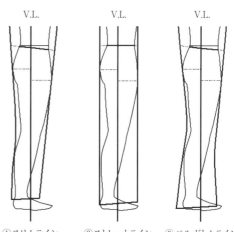

①スリムライン　②ストレートライン　③ベルボトムライン

図 2.4.20　パンツのシルエットとウエストの変化

パンツの基本シルエットとして，①スリムライン，②ストレートライン，③ベルボトムラインがあげら

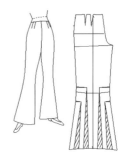

①スリムライン　②ストレート（バギー）ライン　③ベルボトムライン

図2.4.21　パンツのデザイン展開

れる．図2.4.20に示すように，パンツはシルエットによってダーツ分量やウエストラインの位置，角度に変化をもたらす．①～③は同じ下半身体形のシルエットに，前は腹部が張り出した位置，後ろはヒップラインの位置を包含する脚部のシルエットを抽象的に描いた．V.L.はvolume line（重心線）である．裾幅の狭いスリムラインは，前後のウエスト位置に必要なダーツ分量が多くなるので，ウエスト位置を下げて角度を付けると落ち着きがよい．ストレートラインあるいは腰部から脚部にかけて全体にルーズなバギーラインは，スカート原型のウエストと同様にほぼ水平位が適切となる．ベルボトムラインで，裾の広がりを強調するために膝上から腰部にかけてフィットさせた場合は，スリムラインと同様なウエスト形態が適切となる．一般に，パンツのデザイン展開は，腰部をルーズにした場合は脚部をフィットさせ，腰部をフィットさせた場合には脚部をルーズにするとバランスがよいとされる[4]．これらを図2.4.21に示した．

①　スリムラインは，展開線で重ねてダーツ分量を減らし，ウエスト位置を繰り下げて後ろヨーク切り替えとした．後ろパンツのヨークとの接合部にはいせ込みが入る．

②　ストレート（バギー）ラインは裾の開き分によって腰回りのゆとりとダーツ分量が減じられたのでダーツを1本に書き直している．

③　ベルボトムラインは，中心線を挟む両側で裾幅を同分量ずつ広げ，その反動として脇線と股下線の位置でパーツを重ねる．パーツの重なり分量は伸ばし分量となる．パンツ丈が足の甲よりも長い場合は，前裾を1.0～1.5 cm上げて後ろ裾を下げる．

パンツのデザイン展開は，上記の展開法[5]の他にクリーズライン（crease line）すなわちパンツの折り線で行う方法がある．

c．あきと留め具

あき（opening）は，運動量のために開けるスリットやベンツ，実用のために開けるポケット口やボタン穴[6]，プルオーバーのように頭から被って着る衣服の衿あきなども含まれるが，ここでは衣服の着脱のために開けるあきを取り上げる．あきは服種やあきの位置，構造，留め方によって分類できる．

1）　服種によるあきの位置　コート，上衣，ワンピースなど身頃のあきは，前あき，後あき，背あき，脇あき，肩あきがある．後あきと背あきは同意であるが，背あきはワンピースなどを着用するために設けた背中心のあき[7]を意味する．洋服の打ち合せ（打ち合い）は，女性の前あきの場合右上，後あきの場合も右上となり，男性の場合は逆になる．パンツのあきは前あきか脇あき，スカートのあきは，前あき，後あき，脇あきがある．脇あきの多くは左脇にあきを作るが，デザインによって両脇にあきを作る場合もある．また，ジャケットなどで前中心にあきを作らず，斜めや左右どちらかに寄せたあきをオフセンター（off-center）とかアシンメトリック（asymmetric）フロントという．

2）　あきの構造と種類　あきの打ち合せ構造には，突き合せ（faced opening）と重ね合せ（lapped opening）がある．突き合せあきは，見返しや縁取り布で始末され，持ち出しのない左右の布が突き合せになっておりループとボタン，フックとアイなどで留める．

重ね合せあきには，一般的な打ち抜き：前ボタンが表面に現れるように持ち出しを付けたあきと，比翼（fly-front）：前ボタンが見えないように上前を

二重にしたあき，短冊あき：上前に短冊状の別布をつけたあき，縁取りあき：切り込みあきの裁ち目をバイアス布で細く縁取りしたあきなどがある．短冊あきと縁取りあきは，袖口あきのほか，全開しない衿元や背あきに用いられる．

3）留め具　留め具は，衣服を開閉するためのボタン，ファスナーなどの総称である．ボタン，フック，スナップなどの点形式の留め具は，糸付けと打ち付けに分類される（図2.4.22）．

① 糸付けボタンは，片方の布地に縫い付ける点形式の留め具で，形状により表穴ボタン，裏穴ボタン，足付きボタンに分類される．打ち付けボタンは，リベット（rivet）という金属製の円柱状で片側にやや直径の大きい頭部が付いた鋲を対象物の穴に通したあと反対側も同様の形状につぶすことで固定する．また，金属板の継ぎ目をたたいて密着させることを「かしめる」ということから"かしめ"ともいう．

② スナップは，凸型のボール（ball）と凹型ソケット（socket）の対からなる．形は円形と角型があり，糸付けと打ち付けタイプがある．糸付けスナップの大きさは真鍮製で6 mm径から14 mm径，プラスチック製ではさらに大きいものもある．一般にあまり力のかからない平らなあき部分を留めるために使われる．

③ フックには，スプリングホックと呼ばれる針金でできたフック＆アイ（hook & eye）と板金でできたフック＆バー（hook & bar）がある．一般に市販されている円形のアイの場合はファイナー上部などの突き合せ個所に用い，アイを糸ループなどで作る場合は重ね合せの個所にも用いられる．フック＆バーはスカートやパンツのウエストベルトのような比較的力のかかる個所に用いられる．

ファスナーの名称は，JISでスライドファスナ(slide fasteners)[8]と規定され，「ファスナー」と長音で表記しない，アメリカではジッパー（zipper）と呼ばれる．スライドファスナは，普通ファスナー（conventional zipper）と呼ばれスカートやパンツに多く用いられる．縫い方には，①重ね合せ，②突き合せ，③比翼，④エクスポーズなどがある（図2.4.23）．ファスナーの種類には，コイル部分を突き合せの布で隠した⑤コンシール（invisible zipper）や，あきの両端が開くオープンファスナー（separating zipper）などがある．

テープファスナー（tape fastener）には次の3タイプがある．

- スナップテープ（snap tape）：スナップが一定間隔で付けられた対の織りテープ．多くのスナップを必要とするときに手間を省くことができる．樹脂性は金属アレルギーに対処し，薄くて軽量なので幼児服や介護衣料に用いられる．
- フック＆アイテープ（hook & eye tape）：フック

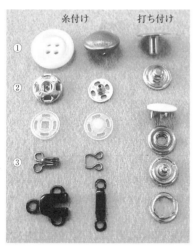

図2.4.22　点形式の留め具

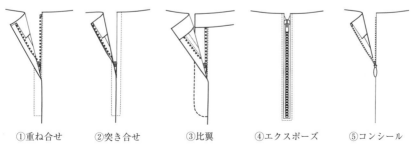

①重ね合せ　②突き合せ　③比翼　④エクスポーズ　⑤コンシール

図2.4.23　ファスナーあきの種類

とアイが一定間隔でテープに付けられた対のテープでブラジャーのようなファンデーションに用いられる.
- 面ファスナー (hook & loop tape)：ナイロンをフック状に起毛した側と柔らかくループ状に起毛した側との引っかかりにより開閉が自在で介護衣料や防護服などに用いる．日本では商標としてマジックテープ，アメリカではベルクロ（Velcro）で知られる．

d. アパレル生産のパターン設計

アパレル生産におけるパターン設計は，商品企画部門で決定したデザイン，素材，サイズなどの情報を基に，衣服の形を具体化する設計図を作製する工程である．図2.4.24はパターンメーカーを主体にパターン設計のプロセスを示している．現在，この工程にはCAD（computer aided design）が導入され，パターンデータの入出力とデータベース機能，パターンメーキング，グレーディングなどの図形処理，データの共有と通信に活用されている．アパレル生産のパターンは，主に工業用ボディからドレーピングで作成した基本原型（basic sloper）を基に，シルエットスローパやデザインパターンに展開される．ここではアパレル設計の基本となる工業用ボディとパターン設計工程の要素について解説する．

1) 工業用ボディ 工業用ボディは，衣服自体に入れるゆとりの一部をボディそのものに加えて平面製図と立体との整合を考慮して作られている．工業用ボディの種類は，性別・年齢層・体型・服種・アイテム別に作られているが，婦人服の場合，最も普及しているのがトルソー（torso）の形態をしたドレスボディである．ドレスボディから作った原型は，ワンピースやシャツブラウス，スカート，ジャケットなどあらゆる服種の製図の基本となる．現在，日本で開発され市販されている婦人アパレルの工業用ボディは数種類あり，同一サイズ・同一用途とされる人台でも形状的に差異が認められる．人台の選定においては，その違いや人台設計者の意図を的確に理解したうえでの使用がパターンメーカーに求められる[9]．

2) スローパ スローパ（sloper）は，原型（basic sloper）から転換したデザイン別に応用する工業用パターンの基本となるものと定義される[10]．一般に工業用ドレスボディからドレーピングによって作られたタイトフィット，またはバストラインから下を垂直に下ろしたストレート型（ボックス型ともいう）の胴部原型を指す．この身頃部分とスカート部分からなるフォームスローパを理論的に展開してブラウス，ワンピース，ジャケットなどのアイテム別スローパを作成する．さらにシーズンごとにトレンドのシルエットを表わしたのがシルエットスローパである．シルエットスローパは装飾的なデザインディテールを省いてシルエットの違いを明確に表現し，デザインパターンに展開しやすい形に集約したものとされる．

3) デザインパターン デザイナーが提示したデザイン画からデザインイメージを把握し，デザインを具現化するための最初のパターンでファーストパターンとも呼ばれる．デザインパターンの設計要素として，ブランドのターゲット，マーケット，トレンド，フォーム・シルエットの種類，素材や副資材の知識などの基本要素は元より，デザインを把握するためのイメージ分析とデザイナーとのコミュニケーション，スローパや既存パターンの効率的な活用などが挙げられる．デザインパターンはサンプル縫製に用いられる場合もあり，見返しや芯地，ポケットなどはパターン上に印で表わされ，衿は裏衿だけのことが多い[11]．

4) サンプルチェック サンプルメーキングは，シルエットやデザインディテールの確認，縫製技術の検討，量産品としての品質確認，展示会の見本と

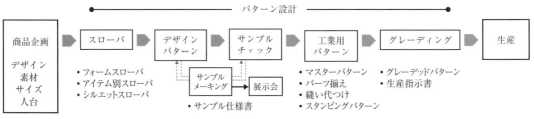

図2.4.24 アパレルのパターン設計プロセス

することを主な目的とする．専門の工場に依頼する場合に縫製仕様書，表地，裏地，付属品などを揃えて加工に出す作業を加工出し（または職出し）という．サンプルはブランドターゲットの体型とサイズに合った人台やモデルに着せてデザインのイメージや素材との適合性，ゆとり量，仕上がり寸法などを確認し，量産にあたっての問題点を検討する．また，展示会終了後はバイヤーの意見や受注の状況を参考に再びサンプルチェックを行い，必要に応じてパターンや仕様に修正を加える[6]．

5) 工業用パターン 工業用パターン（industrial pattern）の基本的要素は，①縫い代，②合い印（ノッチ），③ドリルホール，④地の目，⑤柄合わせ線で，これらはパターン表示記号（JIS L 0110-1990）に規定されている．

①縫い代は縫い代幅と縫い代角の形状を縫製仕様，素材，裁断縫製の精度，縫製効率などの条件に合わせて設定する．

②ノッチは，縫い代の幅指示，前後・上下・左右などの方向指示，縫い合わせパーツの指示，縫い合わせる寸法の合い印，ダーツやギャザーなどデザインディテールの位置や分量を指示する機能がある．

③ドリルホールはデザインディテールの縫い止まり，あき止まり，切り込み位置，ポケット位置などを指示する．

④地の目線は，パターン上に記された状態，位置，矢印の方向によって裁断時のレイアウトの効率や精度に影響する．一般にパーツの端から端まで通せる場合は中心線に入れる．

⑤柄合わせ線は，柄を合わせるパーツの出来上がり線上で同寸の位置に通す．横柄は地の目線に対して直角に，縦柄は地の目線に対して平行にパーツの端から端まで通す[9]．工業用パターンには表地パターンのほか裏地，芯地，スタンピングパターン（ノッチやドリルホールでは指示できない場合のガイドとなる部分パターン）なども含まれる．

6) グレーディング グレーディング（grading）はマスターサイズ（標準サイズ）のパターンを拡大・縮小してサイズ展開を行うことである．したがってカバー率が高く，よく検討されたマスターパターンであることが必要条件となる．サイズ構成は，JISの衣料サイズ表示法を基に，服種ごとにサイズ設定とピッチ（サイズ間の寸法差）を決める．ピッチの配分位置は，上半身の周径の分割位置は20分割または12分割，丈に対する分割位置は4分割または3分割の場合などがあり，ピッチの配分位置と分量は製品に大きく影響する．CADによるグレーディングはポイント移動式が基本であるが原理はソフトウエアにより異なる． 〔田中早苗〕

参考文献
1) 日本規格協会：繊維製品用語（衣料），JIS L 0215.
2) 中保淑子ほか：被服構成学，p.79，朝倉書店，1995.
3) 近藤れん子：近藤れん子の婦人服造形理論とPattern，p.254，源流社，1993.
4) 中保淑子ほか：被服構成学，p.93，朝倉書店，1995.
5) 大野順之助：スカート＆スラックス，pp.175，179，アミコファッションズ，1993.
6) 田中千代：服飾事典，p.6，同文書院，1976.
7) 日本規格協会：衣料の部分・寸法用語，JIS L 0112.
8) 日本規格協会：スライドファスナ，JIS S 3015.
9) 繊維工業構造改善事業協会：アパレル製作技術 I，pp.161，289，262.
10) 日本規格協会：縫製用語，JIS L 0122 (1.1) 1103.
11) 大野順之助：工業用パターンガイドブック，p.11，アミコファッションズ，1981.

2.4.2 布の造形性と衣服づくりの技法

衣服は，布を曲面で構成される人体に適合させるために，パターンを基に以下に記載する技法を用いて作られる．同一パターンであっても，布の造形性によって衣服の立体感，美的効果や分量感は異なってくるため，これらを勘案しながら設計することが求められる．

a. ドレープ

ドレープ（drape）とは，布が自重で垂れ下がるときひだを形成する状態をいう．図2.4.25のように，人体の凸部を支点として垂下した布の一部はドレープとなり，複雑な曲線と曲面，たわみが現れる．ドレープは静止の状態だけでなく，人の動作とともに揺れ動く美しさを発揮できることから，動的な美しさを表す手法としても使用され

図2.4.25
ドレープ性を利用したピンワークの作品[1]

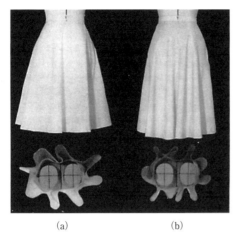

図2.4.27 ギャザーを寄せる[4]

試料		a	b
素材		綿ブロード	ポリエステル新合繊
曲げ剛性	B(gf·cm²/cm)	0.082	0.017
曲げヒステリシス幅	2HB(gf·cm/cm)	0.094	0.004
せん断剛性	G(gf/cm·deg)	2.15	0.21
せん断ヒステリシス幅	2HG(gf/cm)	5.19	0.05
布重量	W(g/cm²)	0.0121	0.0095

図2.4.26 フレアースカートの形状と布の力学的特性[2]

る．優美なドレスにおいては立体裁断によって美的効果を判断しながら作ることが多い．インドのサリーは布自体のドレープの美しさを生かした衣服の例である．ドレープ性には，布の力学的特性のうち曲げ特性とせん断特性の影響が大きいことが知られている．

b. フレアー

フレアー（flare）とは，波型のひだとなり朝顔型に開いている衣服の一部を指す．代表的な衣服にフレアースカートが挙げられ，扇型パターンを用いて裾に向けて布分量を増やし，布の垂れ下がる性質を利用して凹凸形状を表すものである．図2.4.26は，同一パターンで力学的特性の異なる布のフレアースカートを正面と下方より撮影した写真である．曲げ剛性，せん断剛性の小さい布のスカートは，裾の広がりが小さく，ヘムラインには小さなノードが数多くできる．

c. ギャザー

ギャザー（gather）とは，「集める」，「しわを寄せる」の意味で，布を縫い縮めて膨らみをつくる技法である（図2.4.27）．ヨークなどの切り替え部分に施されるギャザーやウエストのギャザーは，体型への対応と動作性向上の機能を備えつつ優美な装飾効果をもたらす．ギャザーの効果は，布の厚さ，重量，曲げ特性，たて・よこ方向などによって異なってくる．曲げ剛性の大きい布を用いるとギャザーの分量は少なくても膨らみをもたせることができ，ギャザーをたっぷり入れた柔らかなドレスを作るときは薄くて剛軟度の小さい布を用いる．

d. プリーツ・タック

衣服の立体化や装飾を目的としてひだを折りたたむ技法をプリーツ（pleats）という．ギャザーとの相違は，プリーツでは布の集め方が平板的で直線的かつ規則的に折りたたんだひだを指す点である．女子学生の制服にみられるように，スカートのプリーツはゆとりを取り込み下肢動作を容易にする．図2.4.28に示したようにプリーツには，さまざまな畳み方がある．合成繊維の熱可塑性を利用して薄手の

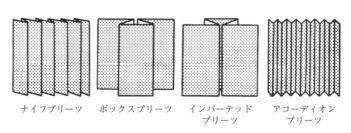

ナイフプリーツ　　ボックスプリーツ　　インバーテッドプリーツ　　アコーディオンプリーツ

図2.4.28 プリーツの例

布にプリーツ加工したものでは，流動的な装飾効果が得られる．

タック（tuck）とは「つまみひだ」，「縫いひだ」のことでプリーツと同様の目的で利用される．布をつまんで縫い留めるタックは，つまみ量を変えたり，ひだ奥の一部を縫い付けたりすることで，ゆとりを加えるとともに，シルエットやデザインにも変化を及ぼす．ワイシャツのヨーク切り替え線から下にかけて運動量分としてタックを入れたり，袖口やスカートのウエストラインに用いたりする（図2.4.29）．

図2.4.29 タックの例

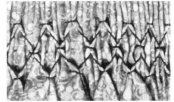

図2.4.30 シャーリングとスモッキング刺繍[3]

e. その他

その他，ギャザーのような縫い縮めを数段繰り返してひだをつくるシャーリング（shirring），刺繍の技法を用いて規則的なひだをつくるスモッキング（smocking）がある．これらは装飾性をもたせつつ立体化する手法である（図2.4.30）．

2.4.3 布地の接合（縫合）とその性能

衣服は，裁断した布を何枚かつなぎ合わせたり，重ねたりして仕立てられ，その大部分は針と糸を使う縫合（seam）で行われる．縫い目は，人体の形，動作に順応する柔軟性とともに耐久性があってしかも外観上美しくなければならない．縫合には手縫いとミシン縫い（machine sewing）があるが，ミシン縫いはスピーディで連続的，丈夫な縫い目となる．ここでは主にミシン縫いについて記載する．

a. 縫い目形式

ミシン縫いの基本的形式には以下のものがある[4]（図2.4.31）．①本縫いは上糸と下糸を交錯させて縫い合わせるもので一般的に用いられる形式である．縫い目は解けにくいが伸縮性に欠ける．一般の織物や伸縮性の少ないニットの縫合に用いられる．②単環縫いは1本の糸を用いて布地の裏側に鎖目を連続させて縫合するので伸縮性に富み，柔らかく丈夫であるが，解けやすい．③二重環縫いは，2本糸からなるため最も強度に優れ，伸縮性に富み解けにくく，ニット類ほか伸縮性のある布に用いられる．④縁かがり縫いはオーバーロックともいわれ，布の端を包むようにして縫い目がつくられる．3本糸のオーバーロックでは縁の始末の他，2枚の布の縫合にも用いられる．⑤偏平縫いは，片面・両面飾り縫い目とな

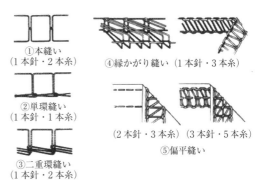

図2.4.31 ミシンによる縫い目形式[4]

りながら，縫い合わせられる．伸縮性・強度に優れ，ニットウェアやメリヤス肌着に用いられる．

b. 縫合の種類と用途

布の縫い合わせのうち，代表的なものを示す（図2.4.32）．布の厚さ，ほつれやすさ，部位などに応じて適切な方法を選定することが求められる．縫い目に対して直角方向への引っ張り強度は，折り伏せ縫いと重複縫いが約2倍となり，縫い目が2本で構成される方が丈夫である．①割り縫いは縫い代がかさばらないので厚地のものや洋服の多くの部位に利用される．③袋縫いは，透ける布・ほつれやすい布に，④二度縫いは袖付けのように柔らかく丈夫に仕立てる部位に，⑤折り伏せ縫いは丈夫な縫い目であるため，作業着・活動衣の縫製，洗濯回数の多い衣服に用いられる．

c. 縫い目の強度

針目の大きさは一般に3cm間の針目数で表す．針目が小さいほどループで固定される部分が多くなる

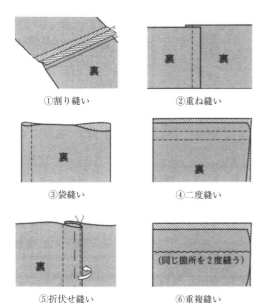

図2.4.32　代表的な縫合[5]

図2.4.33
縫い目のスリップ

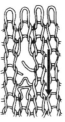
図2.4.34
ランの発生と方向

図2.4.35　縫いつれ

ため丈夫な縫い目となる．縫い目に直角方向の力が加わるようなとき，同一の針目の場合には，縫い糸が太いほど強度は増す．縫い目の破損には縫い糸が切れる場合と布を構成する糸が切れる場合があるが，後者の場合には補修がしにくいため，縫い目強度を上げるばかりでなく，布の厚さ，糸密度などを考慮して針目数や縫い糸を選ぶ必要がある．

布との関わりでは，織り糸密度の大きい布の方が織り糸密度の小さい布より縫合部の強度は大きい．たて方向はよこ方向より強度は高くなる．ストレッチ織物，ニット類，斜め方向縫いのように伸度の大きい布では，布が伸ばされる結果，縫い目が引っ張られて縫い糸が切断する．対策法として，強い縫い糸で針目を細かくし上糸・下糸の張力を弱める，布の伸びに順応するジグザグ縫いや偏平縫いなどの縫い目形式を選ぶ．縫い糸には伸度の大きいニット用の糸・ウーリー加工糸を使用するなどがある．

d. 縫い目のスリップ・地糸切れ

スリップ (slip) とは，着用中に縫い目に直角の力が加わったとき，織り糸が滑り，口が開く現象である（図2.4.33）．組織点の少ない布，フィラメント糸を使用した布，ストレッチ織物などに生じやすい．縫い代分の織り糸が抜けてしまうこともある．防止策として，ジグザグ縫いや偏平縫いなどに縫い目形式を変える，伸度の大きい縫い糸を使用するなどが考えられる．地糸切れは，織り糸が針によって切断されることをいう．地糸切れによって切断された繊維が毛羽立って外観を損ねるとともに，破損の原因になる．ニット類ではランの原因となる（図2.4.34）．布に応じた針の使用によって回避できる．

e. 縫いつれ

縫いつれ (seam puckering) は縫い目に沿って発生するしわ状の変形で，外観を著しく低下させる（図2.4.35）．縫いつれの評価には，縫い目の外観変化を標準見本と比べて5段階で判定する方法と，縫い目長さの変化を縫い縮み率として評価する方法がある．

以下に縫製時の主な発生要因と防止方法を記載する．①ミシン針が布地を貫通したり，または引き抜かれたりするときに加えられる布の歪みが縫い糸によって固定されて生じる．ミシン針と糸は布に適する範囲で細いもの，針目数を少なくする方が発生しにくい．②ミシンの上下の縫い糸の締め付けが布の反発力よりも大きい場合に座屈を起こして生じる．薄地で柔軟な布で発生しやすいため，ミシンの回転数を下げ，縫い糸の張力を低く設定する．③布2枚を縫い合わせるとき，上布の送り量は下布より小さくなる傾向がみられ，上下布間に生じた縫いずれが縫い糸で固定されて生じる．防止策として，送り歯の高さを低くする，布の下に薄紙を当てるなどがある．

2.4.4　縫い代の始末と手縫い
a. 縫い代の始末

布を2枚以上重ねて縫い合わせるときの縫い目から裁ち目までを縫い代 (seam margin) という．縫い代は，表から見えないように縫い込み，余分な分は裁ち落とし，割る・折る・片返しで整える．布の厚さ・ほつれやすさや部位に応じた方法で始末する．

1) 縫い代を割る場合（図2.4.36）

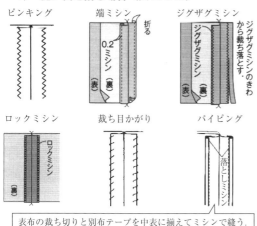

図2.4.36 縫い代を割る場合

2) 裾を始末する場合（図2.4.37）
縫い代を三つ折りにして，まつり縫いやミシンで表布に縫い付ける．

3) 片返しの場合
袋縫い（図2.4.38）は，2枚の布を外表に合わせて縫った後，裏に返し，裁ち目を中に包むようにして縫い合わせる方法で，ほつれやすい布や薄地に適している．折り伏せ縫い（図2.4.39）は，縫い代の一方を細く切り落とし，もう一方の幅の広い縫い代で包んで片方に返し，表から縫い押さえる縫い方で，縫い代の押さえとほつれ止めを兼ねている．

b. 手縫い（hand stitching）
1)～6) では主として洋裁，7)～9) では和裁に用いる基礎縫いの仕方をまとめる．

1) 並縫い，ぐし縫い（図2.4.40，図2.4.41）
並縫いは表裏の針目を同じに出して縫う方法をいう．洋裁では仮縫いの縫い合わせやミシン前のしつけとして用い，和裁においては一般的な縫い方である．ぐし縫いは針先だけを動かして細かな針目で縫う方法で，袖山，後ろ身頃の肩線のいせ込みなどに用いる．

2) 半返し縫い（図2.4.42） 丈夫に縫う方法で針目を半分だけ返して縫う．

3) 本返し縫い（図2.4.43） 手縫いの中では最も丈夫な縫い方で針目を前の縫い目の所まで全部返しながら縫う．

4) まつり縫い，流しまつり，たてまつり　①縫い目の幅の1/2から1/3くらいのところを小さく

図2.4.37 裾を始末する場合

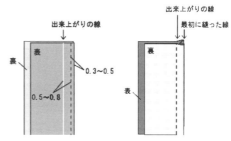

図2.4.38 袋縫い

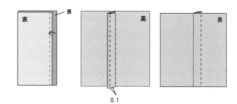

図2.4.39 折り伏せ縫い

 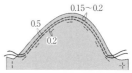

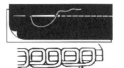

図2.4.40 並縫い　　図2.4.41 袖山のぐし縫い

図2.4.42 半返し縫い　　図2.4.43 本返し縫い

水平にすくい（図2.4.44a），②折り代の裏から③のところに針を出す（図2.4.44b）．表目はできるだけ小さく目立たないようにする（図2.4.44c）．

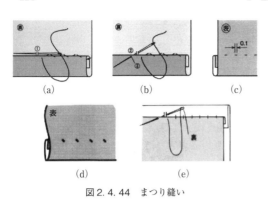

図2.4.44 まつり縫い

図2.4.45 かがり縫い

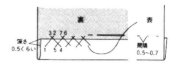

図2.4.46 千鳥がけ

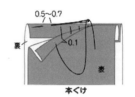

図2.4.47 本ぐけ

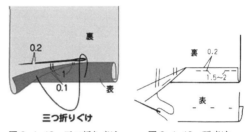

図2.4.48 三つ折りぐけ　　図2.4.49 耳ぐけ

①の針目を斜め下方にすくうと流しまつりになる (図2.4.44d).

①の針目を真上ですくうとたてまつりになる (図2.4.44e).

5) かがり縫い（図2.4.45）　縫い代のはしがほつれないように布はしを巻きながら縫う．フェルトなどの縫い合わせにも用いられる．

6) 千鳥がけ（図2.4.46）　布端を二つ折りにし，左から右へ糸を斜めに交差させて折り代を留める．裏つきジャケットの裾や袖口に用いる．

7) 本ぐけ（図2.4.47）　折り山の0.1 cm内側を0.5～1 cmの針目で手前と向こうと交互に直角にすくう．縫い糸は表には見えない．和服の衿ぐけなどに用いる．

8) 三つ折りぐけ（図2.4.48）　縫い代を三つ折りにして，表に小針を出してすくい，裏は折り山のやや内側を1 cmの針目で進む．単衣の和服の裾上げなどに用いる．

9) 耳ぐけ（図2.4.49）　布の耳はしを押さえるために，耳から0.2 cm内側を裏・表・裏と小針で布をすくい，次の針目まで1.5～2 cm進む．脇の縫い代の始末に用いる．

2.4.5 布地の立体化

布は変形し曲面にフィットする性質があるが，布自体の変形のみで人体に適合させるには十分でない．2.4.2項にて既述した造形性の技法も立体化との関わりが深いが，装飾的な色合いが強いといえる．ここでは，テーラードスーツのようにフィット性の高い衣服に用いられる基本的な立体化の手法について説明する．

a. 縫い目の利用

図2.4.50は，上半身にフィットする衣服のパターンを縫い合わせて立体化したものである．平面状の布を立体化させる手法として斜線で示したダーツ (darts, 縫い込む部分が矢じりに似ているのでダーツと呼ばれる) がある．主なダーツには，上半身ではバストや後ろ身頃の肩甲骨の膨らみにフィットさせるもの，下半身ではヒップの膨らみをもたせるものなどがある．身体の膨らみに合わせて，ダーツの位置・長さ・分量・方向を定め，デザイン性を損なわないように配置する．

切り替え線は，パターンの輪郭線のうち，2枚の布を縫い合わせる部分である．図2.4.51はジャケットの半身を分解したものであるが，肩や袖の切り替え線以外にも，胴のくびれ・腰の膨らみを出すためにカーブ形状の異なる切り替え線を縫い合わせる．このように，ダーツや切り替え線の縫合によって衣服が立体的に形作られる．

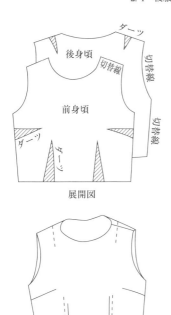

図 2.4.50 ダーツによる立体化

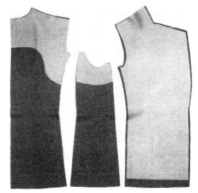

図 2.4.51 ジャケットのパーツと袖のくせとり[6]

b. くせとり

くせとり (easing and stretching) は，布を身体になじませるために，主としてアイロンの熱と圧と水分によって，布目を部分的に変形させて周辺を立体化する技法である（図 2.4.51）．裁断線の凹状曲線部には伸ばし・追い出しを，凸状曲線部分には追い込み・いせ込みをする．

伸ばしは，織り糸間隔を手とアイロンで強制的に広げて，凹面を作る技法で人体のいせ込みを入れる部位と相反する部位（前肩や脇，ズボンの内股）に行うことが多い．追い込み・追い出しは，長さを変えずにたて糸・よこ糸の交錯角度を変化させて布目を変形させる技法である．凹状のカーブが直線に近づくように引き出す「追い出し」，布目を奥の方に詰め込んで膨らませる「追い込み」がある．追い込みの原理はいせ込みと同じであるが，アイロン操作で行うためいせ込みより膨らみの分量は少ない．ジャケットの背中心線は，背面上部の凸面と胴部の凹みを出すために，背面上部では追い込み，胴部では追い出しをする．くせとりは目立たない存在であるが，体型に的確になじませ，意図するシルエットを作り出すための技法である．

c. いせ込み

いせ込み (easing) は，織り糸の間隔を縮めて立体化をはかる技法である．しつけ糸で細かくぐし縫いあるいは上糸の張力を緩めてミシンをかけた後，アイロンを用いて成型する（図 2.4.52, 2.4.53）．アイロンがけによってしわが消えて滑らかな曲面になる．工業的にはぐし縫いはせず，専用のプレス機を用いて強制的に成形する方法がとられる．いせ込みは布表面にしわを生じないようにする点でギャザーと異なり，縫い縮める量も少ない．

いせ込みが用いられる箇所は，後肩，スカートのウエストから腹部や袖山で，肩甲骨や腹の膨らみに対応して布を立体化させ，袖においては肩や腕の動

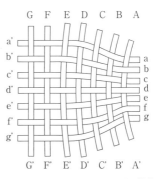

図 2.4.52 いせ込みの縫い縮め操作

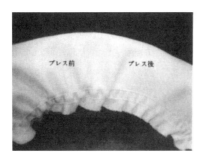

図2.4.53 いせ込みのプレス効果[7]

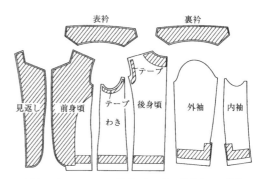

図2.4.54 テーラードジャケットの芯すえの一例[2]

表2.4.1 袖山のいせ込み分量[10]

布の厚さ(mm)	服　種	好適いせこみ分量(mm)
0.12～0.30	ブラウス	12～20
0.31～0.50	ワンピースドレス	25内外
0.51～0.80	ツーピースドレス,スーツ	28内外
0.81～1.73	コート	30～45

きを滑らかにする効果がある．このようにいせ込みは，縫合線を境に人体の曲面を覆う箇所において外観の美しさとともに動きやすさを高める働きがある．

いせ込みの分量は，服種，布の特性，布目の方向などによって異なる．表2.4.1には，服種ごとの袖山のいせ込み量と布の厚さの関連について示した．いせ込みは，外側に着るものほど，厚地のものほど多く必要である．いせ込みは，たて糸・よこ糸の交差角度が変化しやすい構造の布，たて・よこ方向よりもバイヤス方向でしやすい．一般的に，綿織物より毛織物，平織より綾織，編物より織物の方がいせ込みやすいと考えられている．　　　〔川端博子〕

参考文献
1) 楽しくスクールソーイング，p.68，開隆堂，2012.
2) 永井房子編：新版 衣の科学，pp.119-120，相川書房，2003.
3) Gardiner, W.: *The Encyclopedia of Sewing Techniques*, Running Press, 2003.
4) 日本衣料管理協会刊行委員会編：アパレル設計・生産論，pp.163-164，日本衣料管理協会，2000.
5) 松山容子編：衣服製作の科学，p.117，建帛社，2001.
6) 中屋典子，三吉満智子監修：文化学園大学講座 服装造形学 技術編II，p.51，文化出版局，2013.
7) 鳴海多恵子：いせ込みの科学．衣生活，6（3）：48-53，1991.

2.4.6　芯地の機能と使用方法（技法）

芯地（interfacing, interlining）は，衣服・バッグ・小物などの形を保つために裏打ちや芯として用いる布地である．表地と表地（または裏地）の間にあり外からは見えないが，表地を支えるために重要な副資材である．

芯地の主な機能は，①布に厚みや張りを与える（前芯，見返し芯，胸増し芯　腰芯），②型くずれを防ぐ（袖口芯，衿芯，前立て芯，背芯，裾芯），③美しいシルエットをつくる（前芯，腰芯），④強度の不足を補い丈夫にする（ポケット芯，あき見せの芯），⑤伸びやほつれを防ぎ縫製を容易にする（アームホール，縫い目線），などである．

芯地の種類は多種多様で，織物，編物，不織布とこれらを基布として片面あるいは両面に接着剤の付いた接着芯地（fusible interlining）がある．現在では接着芯地が主に用いられる．繊維の種類は，麻，綿，毛，レーヨン，ポリエステル，ナイロンなどが単独，混紡，交織して用いられる．織物では新モス，スレキ，ゴース，パンピース，シーチング，オーガンジーなどである．主な使用箇所は，洋服ではシャツやジャケット，コートの衿，身頃，見返し，前立て，袖，パンツやスカートのベルトなどで，張りを出すために芯を増すこともある（図2.4.54）．糸密度，厚さ，伸縮性，張りなど表地の性質や使用目的により芯地を選ぶことが大切である．和服では長着や羽織の衿芯，帯芯，裾の袘に芯が用いられることもある．

芯地は，表地へのすえ方により積層タイプと接着タイプに大別[1]される．

a. 積層タイプ

毛芯，麻芯，綿芯，不織布芯など，表地の裏面に芯地を重ね，しつけをかけて固定するタイプ．仕上げまんじゅうなどを利用して，立体的な状態で表地と芯地のバランスを確認することが大切であり，熟練と作業時間を要する．例えば，テーラー仕立てで

はラペルや衿を折り返した状態で「ハ刺し」を行う（斜めじつけの要領で刺し縫いを往復すると、糸が"ハ"の字形になるので「ハ刺し」と呼ばれている（図2.4.55））．

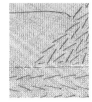
図2.4.55 ハ刺し

図2.4.56 裏地の付け方（ジャケットの例）[3]

b. 接着タイプ

接着芯地や接着テープなど，表地に芯地を接着するタイプ．接着剤は，主にポリアミド系・ポリエステル系・ポリエチレン系の合成樹脂で，形状はドット状，ランダム・パウダー状，くもの巣状，フィルム状などがあり，仮接着と完全接着タイプがある．プレス機またはアイロンで接着剤の樹脂を熱溶融させ表地に浸透後，冷却すると硬化安定して表地に接着する．留意点として，接着後の風合い変化，縮み，変色，モアレの発生，部分剥離，表地側への樹脂のふき出しなど欠点に対して，素材に応じた適切な接着条件（温度，圧力，時間）を設定する必要がある．接着芯地の開発により，短時間に均一な製品を量産できるようになり，縫製工程の省略化と合理化に大きな影響を及ぼしている．

2.4.7 裏地の機能

裏地（lining）は，衣服，帽子，バッグなどの裏や内側に用いる布地のこと．縫製品の機能を高めるために表地とともに用いる副資材である．裏地の機能は，表地の性質や使用部位などにより異なるが，着心地や外観の美しさの観点から次のようなことが挙げられる．

①着やすくする：表地や下着とのすべりをよくして，着脱を容易にする．また，歩行時の裾さばきや腕の動きをスムーズにして動作をしやすくする．
②保温効果を高める：裏地を付けることにより，表地と裏地との間に空気を保つことができる．裏地の性質によっては，むれ感を抑えることもできる．
③表地と下着とのなじみをよくする．
④表地が柔らかい場合には，風合いやシルエットを補う．
⑤形態安定性を補う：表地のしわや肘ぬけ・膝ぬけなど型くずれを防ぐ．
⑥汚れや摩耗による表地の損傷を防ぐ：身体から排泄される汗や汚れが，直接表地に付着することを防ぐ．また，着用中の動作により布が受ける変形を少なくする．
⑦デザイン効果を高める：レースや薄物では透けの効果を生かし，下着などは透けないようにする．また，衿，カフス，ポケットなどに利用すると装飾的になる．
⑧表地の縫い代や芯地を隠して，外観を美しく整える．

一般的な裏地の条件として，洋服では薄く，軽く，透けない，すべりがよいことの他，吸湿性，透湿性，制電性，耐摩耗性，防しわ性，染色堅ろう度，縫製時の扱いやすさなどが求められる．裏地の種類は多岐にわたり，繊維の種類ではキュプラとポリエステルが多く用いられているが，絹，レーヨン，アセテート，ナイロンなどもある．織物では平織（タフタ・羽二重・デシン・シャンタンなど），綾織（ツイル・綾羽二重など），朱子織（サテン），編物では伸縮性のあるストレッチ，トリコットなどがある．

縫製上の留意点として，①表地と比べて伸びにくいため，幅と丈にゆとりを入れて仕立てる．例えば，ジャケットやスカートの背中心や脇の縫い目線は出来上がり線より外側にミシンをかけ，"きせ"をかける．裾や袖口では，裏地の折り山より奥（上側）にまつり縫いをする，などである．②薄くて柔らかいため，縫製時にシームパッカリングや縫い目スリップが起こりやすく，適切な分量の縫い代が必要である．裏地の付け方は，洋服では身頃，袖，ポケット，ズボンやスカートなどに付け，ジャケットでは総裏の他に背抜き，半裏，肩裏仕立てがある（図2.4.56）．和服の袷長着では，一般に男物は通し裏にするが，女物は胴裏と裾回し（八掛）を用いる．裏地は，表地と調和する素材や色を選ぶことが大切である．

2.4.8 布地の表面装飾

布は質感を生かしてそのまま用いられることもあるが，表面を美しく加工して装飾することにより，

華やかさから素朴さまでさまざまな印象を与え，その部分に注目させる効果がある．人間の創造力を生かした物づくりを通して，私たちは心豊かな生活を築いてきたと考えられる．

布の表面に装飾が可能なことは，曲面形成や縫製のしやすさなどと深く関わっている．布は繊維と空気から構成され，自由な形に切ることができ，木や金属とは異なり針と糸を用いてつなぎ合わせたり，縫い縮めたり，アイロンを用いて伸ばしたり，折り目をつけたり，また折り目をつけなくてもゆったりとしたひだを入れるなど，比較的容易にさまざまな形態を表現することができる．

近年は，新素材や道具類の開発により表面装飾の方法も多様化する傾向にある．

a. 衣服の部分的装飾

平面の布を装飾的な要素を取り入れて立体化する製作技法として，ドレープ，プリーツ，タック，ギャザー，フレアー，切替線などがあるが，これらの技法を衣服の衿，袖，ベルト，裾などにデザインとして取り入れることも表面装飾の一つと考えられる．例えば，フリル，フラウンス，ラッフル，シャーリングなどは，優雅な雰囲気を与える．フリル（frill）は布の片方にギャザーやプリーツにしたひだ飾り，フラウンス（flounce）はフリルより幅広のひだ飾り，ラッフル（ruffle）はギャザー，プリーツ，カーブした布により布端を波立たせた縁飾りである．シャーリング（shirring）は，適度な間隔でミシンをかけたり，ぐし縫いやつまみ縫いをして縫い縮めによる模様を表したものである．また，ピンタック（pin tuck）は細くつまんだ縫いひだで，ブラウスや子供服などに用いると清楚で可憐な印象を与える．

リボン，テープ，ブレード，皮，毛皮，ボタンなど副資材の中には装飾性と実用性を兼ねて用いられるものも多く，中でもブレードやパイピング（玉縁）に用いるバイアステープは，布端の始末に用いられるが，縁飾りの役目も果たしている．

b. 柄や模様による装飾

布の表面に柄や模様を施す方法には，染めや織りによる方法と，針と糸とその他さまざまな材料を用いる方法がある．後者による表面装飾の主な技法として，刺繍，レース，造花がある．

1）刺繍 装飾的な縫いとりのことで，英語ではエンブロイダリー（embroidery），フランス語ではブロードリー（broderie）に相当する．布，皮革，紙類などの表面に，刺繍糸（絹糸，木綿糸，金銀糸や毛糸），縫い糸，透明糸などの糸と，布片，リボン，ビーズ，スパングルなどさまざまな材料を使って，刺す，カットする，はる，はめ込むなどして，平面的あるいは立体的に装飾する技法の総称．人の手による手刺繍と機械による刺繍がある．刺繍の種類は多く，地名，人名，時代，素材，技法名などさまざまな呼び方がある．

例えば，地名ではフランス刺繍，ハンガリー刺繍，スウェーデン刺繍，中国刺繍，日本刺繍，人名ではホルバイン・ワーク，ゴブラン刺繍，時代ではロココ・エンブロイダリー，ルネッサンス・エンブロイダリー，素材では色糸刺繍，白糸刺繍，キャンバス・エンブロイダリー，コード刺繍，毛糸刺繍，ビーズ刺繍，スパングル刺繍，リボン刺繍，チュール刺繍，技法名ではカット・ワーク，ドロン・ワークなど，多種多様である．代表的な刺繍の技法を，以下に示す．

① **色糸刺繍**：色のある糸や金銀糸で，点，線，面に刺したり，芯を入れたり，間隔を変化させて自由に刺していく刺繍．白い布に白い糸で刺す白糸刺繍（ホワイト・エンブロイダリー）に対する語．

② **刺し子**：主として綿布を重ねて，木綿糸で幾何学模様などを線刺ししたもの．日本に古くからある技法で，布の傷んだ箇所を繕い，補強と保温のために庶民の間で発達した．こぎん刺しは，津軽地方に伝わる刺し子の技法の一つである．

③ **キャンバス・エンブロイダリー**（canvas embroidery）：織り糸の数を数えやすいキャンバス地（粗布）に規則的な大きさで模様を刺す刺繍で，区限刺繍ともいう．代表的なものにクロス・ステッチ，テント・ステッチ，ダイアゴナル・ステッチなどがある．

④ **カット・ワーク**（cut work）：布の一部を切り抜き，その周りをかがって透し模様をつくる技法．切り抜き刺繍ともいう．元々は，白糸刺繍の一種である．

⑤ **ドロン・ワーク**（drawn work）：織り糸を引き抜き，残りの糸をかがったり，引き寄せて透し模様をつくる技法．

⑥ **アップリケ**（applique　フランス）：布の上に装飾として切り取った布や革を貼り付ける技法．日本では，布置き刺繍ともいう．貼り付ける方法と

して，アップリケしたい形を裁ち目のままブランケットステッチなどでかがる，縫い代をつけて裁ち目を折ってまつる，アップリケの中に綿を詰めて立体的にする方法（立体アップリケ）などがある．

⑦ **パッチワーク**（patch work）： 布片をはめこみ，つなぎ合わせて，1枚の大きな布を構成する技法．

⑧ **キルティング**（quilting）： 保温と装飾の目的で，2枚の布の間に芯やわた，羽毛などを詰め，詰め物が動かないように表からミシンステッチや線刺しで装飾的にとめる技法．

⑨ **スモッキング**（smocking）： ひだ飾りともいわれ，布にひだをとり，そのひだ山にいろいろな刺繍を応用して模様をつくりながらとめていく技法．ヨーロッパの農民が着ていたスモック（丈の長めの上衣）に用いられていたことからこの名がある．

2） レース（lace）　レースは透かし模様を1本または何本かの糸や紐を使って，編む（クロッシェレース（かぎ針編）），組む（ボビンレース），かがる（ニードルポイントレース，テネリーフレース），結ぶ（タッチングレース，マクラメレース）などにより装飾的に表現したもの．レース編の名称は，刺繍と同様，地名，発明者名，技法や素材，形が呼び名となったものなど多数ある．針やボビン，編棒などを用いてつくられた手編みレースと，機械レースに大別される．

3） 造花　人工的につくられた花の総称．日本では，コサージュともいう．布，革，レース，リボンなどを用いて花の形を作り，衣服では衿元，胸，肩，ウエスト，袖，背中，またバッグや帽子などに飾ることにより華やかさや清楚な美しさを与える．

2.4.9　アパレル製品の縫製工程

被服製作の工程は，注文服や自家製作のように特定個人を対象にして個別に製作する方法と既製服などのように不特定多数の人を対象に量産する方法に大別される．

a. 注文服

注文服は，注文によって製作される衣服のことで，オーダーメードともいう．オーダーメードは和製英語で，英語では tailor-made, made-to-order, made-to-measure, custom-made, bespoke といわれる．一般的な縫製工程は，洋服を例にすると①デザイン・素材の決定，②採寸，③パターンの作成，④裁断，⑤仮縫い，⑥試着・補正，⑦本縫い，⑧仕上げの順に作業が進められる．着用者の身体寸法を基にパターンが作成され，仮縫いが行われる．オートクチュール（haute couture）は高級注文服，高級衣装店と呼ばれ，特にパリ・クチュール組合（la Chambre Syndicale de la Couture Parisienne，通称サンディカ）に所属するメゾンでは，一流のデザイナーによるデザインのもと最高の素材，裁断および縫製の高度な技術を用いて，1着の服のために労力と時間をかけて丁寧に仕立てられる．作業のほとんどが手仕事で，仮縫いは何回も繰り返すといわれる．そのため，価格は大変高価になる．

b. 既製服

既製服は，そのまま着用できるようにあらかじめ量産された衣服のことで，レディーメード（ready-made）ともいう．注文服における採寸，仮縫い，試着補正の工程は含まれない．多くの人に受け入れられるようなデザイン，企業の採算上合理的な技術や経済性も考慮される．体型に合えば，適正な価格で購入でき，その場で着用できるというメリットがある．オートクチュールなどの手がける高級既製服は，一般の既製服とは区別してプレタポルテ（prêt à porter）とも呼ばれる．

既製服は，生産管理の面から製品の種類と生産量の関係によって多品種少量生産（婦人服，ファンデーションなど）と少品種多量生産（ワイシャツなど）がある．生産工程は企画，設計，縫製に大別され，縫製工程には準備工程，縫製工程，仕上げ工程がある（図2.4.57）．

1） 縫製準備工程　縫製前に検反，延反，裁断などの処理が行われる．検反は，織りきず，汚れ，色むら，色差など問題のある箇所を検査する作業で，自動検反機が開発されている．延反は何十着分もの多数のパーツを一度に裁断できるように，布を広げることをいい，一定の方法で必要枚数分積み重ねていく．裁断によるずれを防ぐためにシート状のものを布の上に置き，バキュームで固定して裁断する．現在では，アパレルCAD（computer aided design）でつくられたマーキング情報を基に，CAM（computer aided manufacturing）によりナイフを使って自動裁断が行われている．超音波，レーザーやウォータージェットによる裁断方法もある．

裁断後，衿や前身頃，カフスなどに芯地を接着し，

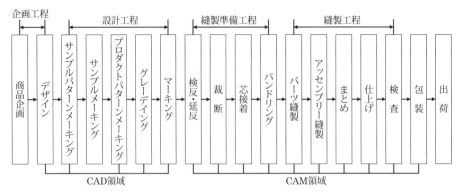

図2.4.57　アパレル生産工程[4]

裁断パーツの仕分け（バンドリング）が行われる．

2）縫製工程　パーツ縫製，アッセンブリー縫製（または組立縫製），その他の縫製に分けられる．パーツ縫製では，衿，カフス，ポケットフラップ，見返しなどそれぞれのパーツを組み立てる前にあらかじめ作り上げる．アッセンブリー縫製では，肩および脇縫い，袖付け，衿付け，ウエストベルト付けなど各パーツを立体的に組み立てる作業を行う．ミシン作業の間にはアイロン作業がある．裾の一部をまつる，ボタン付けなど機械ではできない作業は手作業で行われる．縫製工程に必要なミシン，アイロン・プレス機器などは，ハイテクを駆使した高性能高機能を有するものが使用される．特殊ミシンとして，穴かがりミシン，星止めミシンなどがある．

アパレル製品は，製品になるまでの加工工程が多いため作業を能率よく進めるために，縫製機器の数や配置，作業者数，作業内容に応じた所要時間などが検討され，工程分析表に基づいて，効率よく生産される．

3）仕上げ工程　縫製された製品の検査，形を整えるためにアイロンおよびプレス作業がある．糸くず，ボタン付けの確認なども行われる．縫製後，アパレル製品は検査の後，包装され，出荷される．

c．イージーオーダー，パターンオーダー

イージーオーダーやパターンオーダーは，注文服と既製服の中間の位置に存在し，採寸したうえで，原則として仮縫いなしで仕立てられる．イージーオーダー（和製英語）は，見本の中からデザインと生地を選び注文する方法で，手頃な価格で注文してから比較的短時間に仕上がることが特徴である．

パターンオーダー（和製英語）は，基本的なデザインの中から生地を選び，袖丈や着丈の調整，ステッチやポケットの形など細部をオプションで選ぶことができる．パソコンからデザインを選択し，サイズを入力して注文するシステムも開発されている．

d．縫製の自動化

日本では「自動縫製システム」の研究開発が，通商産業省大型プロジェクトとして1982年から9年間かけて行われ，縫製準備加工技術，縫製組立技術，生地ハンドリング技術，システム管理・制御技術の各要素技術が開発された．ロボット縫製の方式により背中心縫いの自動化，ミシン可動型の自動袖付けシステムなどが実現している．

ニット製品では，縫製なしで1着分すべてを編み上げる完全無縫製横編機がすでに製品化されているように，アパレル製品における縫製の自動化が進んでいる．

〔服部由美子〕

参考文献
1) 村上眞知子：アパレル科学（丹羽雅子編著），p.30, 朝倉書店，1997．
2) 冨田明美・青山喜久子：新版　アパレル構成学（冨田明美編著），p.96, 朝倉書店，2012．
3) 旭化成せんい：裏地の付け方と必要量は？　http://www.asahi-kasei.co.jp/fibers/lining/home/tukekata.html
4) 冨田明美編著：新版　アパレル構成学―着やすさと美しさを求めて，p.91, 朝倉書店，2012．

2.4.10　ホームソーイングまたはスクールソーイングで使用する製作用具

a．洋服製作（洋裁）のための用具

1）ミシン　洋裁に欠かせない縫製機械であるミシンは，用途別では家庭用，職業用，工業用に分

けられ，使用形式別には足踏みミシン，電動ミシンがあるが，最近は後者が主流である．作業の能率を上げるためには，定期的に注油や掃除をすることが必要である．

本縫いミシンとして，職業用，家庭用および差動送りミシンがある．職業用ミシンは，はずみ車が大きく，シャトルが全回転し，回転速度が速い．厚手の毛織物から皮革にいたるまで容易に縫うことができる．直線縫い専用のミシンと，ジグザグ縫いにも切り替わるミシンがある．家庭用ミシンは，職業用ミシンほど回転速度が速くはないが，取り扱いが簡単である．駆動機構から，電動ミシン，電子ミシン，コンピューターミシンおよび刺繍ミシンに大別できる．差動送りミシンは，差動的に動く送り歯のついた工業用ミシンである．差動下送りミシンは，伸ばし縫いや縮み縫いができるので，ニット素材の縫製に適している．差動上下送りミシンは，布のずれが少ないので，厚地，皮革，ビニールなどの素材に向いている．

かがりミシンには，インターロックミシンとオーバーロックミシンがあり，前者は，環縫いの地縫いミシンをかけながら，同時に布端をかがることができ，1枚の布をかがる場合も，縁かがりとともに環縫いのミシン目が入るので，後者よりも丈夫である．後者は，布端を二重環縫いでかがるミシンで，工業用の他に家庭用がある．さらに新機種も多く開発されている．

2） ミシン用アタッチメントなど　アタッチメントは，主に押さえ金や巻き具，定規類を指すが，広義には縫製機器に使う補助部品の総称である．ミシンに取り付けるアタッチメントは，使用することによりミシンの機能が向上する．代表的なものとして多様な押さえ金があり，皮革など送りにくい素材や縫いずれが起きる場合に使われるテフロン押さえ金，薄物やニットなどの目飛びを防ぐ専用の押さえ金，ファスナー付けに便利な押さえ金および均一なステッチを行うために使われるガイド定規などがある．穴かがり器もミシン用アタッチメントの一つであり，はと目付き穴かがりもできる．

他に，ミシンの部品としてボビンケースやボビンがある．ミシンには，半回転式と全回転式があり，機種ごとにボビンケースやボビンを使い分ける．家庭用，職業用，工業用別に，ミシンに合わせて選ぶ．

3） ミシン針，ミシン糸　ミシン針は，家庭用，職業用，工業用，特殊用に大別される．家庭用ミシン針は角針と呼ばれ，取り付け部分の一部が平らになっているが，職業用ミシン針は丸針で，取り付け部分の向きに注意する必要がある．太さは7番から25番まであり，番号が小さいほど細く，針穴も小さい．針先がすり減ったり，曲がったりしていると，目飛びや糸切れの原因になるので注意する．ミシン糸には，木綿のミシン糸で手縫いにも使われるカタン糸があり，糸の太さは8番から80番まで7種類あり，数字が大きいほど糸は細く，グレス加工の左撚りが適している．また，絹や毛織物などに向く絹ミシン糸は，生糸3本を左撚りにしてある．他に，ポリエステル，ナイロンなどの素材の合繊ミシン糸があり，太いものはステッチや穴かがりにも用いられる．ロックミシン用の糸は，高速縫いに耐える丈夫さが条件である．ロックミシンの普及，模様縫いのできるコンピュータミシンの開発などに伴い，糸も従来の地縫い専用のものから，縁かがりやステッチ用の飾り糸など種類も多くみられる．例えば，金，銀などのメタリック効果のある巻きロック糸，伸縮素材用のストレッチ糸，ナイロン製の透明糸，帯電防止加工糸，シャーリング用のゴムカタン糸などがある．

4） 縫い針（洋裁用），手縫い糸および手縫い用具　洋裁用手縫い針はメリケン針と呼ばれ，針穴は楕円形で，太さは1番から9番まで5種類あり，番号が小さい方が太い．各番号に長針と短針がある．洋裁用のまち針としては玉ピン，虫ピンがあり，仮縫い，立体裁断やピンワークなどに用いられる．手縫い糸としては，しつけ糸，ボタン付け糸，まつり糸や穴かがり糸などがある．まつり糸は，袖口や裾をまつるなど，ミシン糸より丈夫さを必要とする場合の手縫い用の糸で，糸の撚りの特徴からミシン糸には向かない．手縫いに用いられる用具として，効率的に縫い刺しを行うために欠かせない指貫，襟先などの角を整えたり，細かい部分を押さえたり，縫い目をほどいたり多目的に使うことができる目打ち，切りじつけやしつけ糸を抜き取るために使う毛抜き，ボタン穴などを開けるときに用いるのみなどがある．

5） 裁断用具　布の裁断には長さ30 cm程度の裁断ばさみを用い，紙切りばさみとは区別して使う．糸切りや細かい箇所に使う握りばさみ（小ばさみ）

や，刃がジグザグになっており，ほつれにくい布地の縫い代の始末などに使うピンキングばさみなどがある．歯のかみ合わせのよいものを選び，ミシン油を塗って錆びないように手入れをすることが必要である．

6) 印つけ用具 綿織物などに印をつけるために用いるへら，毛織物などへらでは印がつけられないときに用いるチョークやチョークペンシルなどがある．効率的に正確に印をつけるために，毛織物や薄地の布などには切りじつけを用いるが，綿織物などにはチョークペーパーとルレットを用いることもできる．

7) 測定用具，作図用具 美しく着心地のよい被服や布を用いた作品を作るためには，まず身体などを正しく測定し体型や形を把握する必要がある．測定用具としては，定規として，金尺，竹尺などの直線定規，硬質ビニール製でカーブ尺と直角定規を兼ねて利用できるL尺，方眼定規，グレーディングルーラー，カーブルーラー，人体の採寸や作図の曲線を測るテープメジャー，自在曲線定規，実寸を縮小して作図するときに用いる縮尺などがある．作図を別紙に写したり布を裁断したりするときに，布や型紙がずれないように，重石やプッシュピンを用いる．

8) アイロン，仕上げ台 アイロンは，洋裁において，しわを伸ばすことはもちろん，地直し，くせとり，繊維の弾力性の復元など，縫製や仕上げをするために必要な道具である．布地に適した温度，蒸気，圧力などを適切に組み合わせて使う．使用後は，底の汚れを落とし，スチームの場合は水を抜くなどの手入れが必要である．

アイロン台は，平面用の他に，袖作りに用いる袖まんじゅう，筒形になったパンツやスカートに用いる仕上げ馬，肩，胸，腰などの丸みのある箇所を立体的に表現するために使われる仕上げまんじゅうなどがある．また，毛足のある布用のアイロン台として，ベルベットボードもある．

b. 和服製作（和裁）のための用具

1) 縫い針（和裁用） 和裁用縫い針は和針と呼ばれ，小ちゃぼ（木綿用），木綿縫，絹縫，紬縫など，名前で表しているものと，三ノ一，四ノ三など数字で表しているものがある．後者の最初の数字は針の太さを表し，「三」は木綿用，「四」は絹用である．後の数字は針の長さを示し，三ノ一の長さは一寸一分（約3.3 cm）である．針穴はメリケン針より丸い．材料，用途に適した針を選ぶことはもちろんであるが，各人の指の長さに応じて選ぶ．短針を使う運針では，針穴の方を指貫に当て，親指と人差し指で針をつまみ，針先が指先より0.4 cm程度出るものがよい．絎針は縫針より1 cm程度長いものを選ぶ．

2) 指貫 運針に使う指貫には，短針用と長針用があり，前者は利き手の中指の第一関節と第二関節の間に，後者は第二関節の下にはめて手のひら側に針を当てて用いる．金属製のものもあるが，皮製は自分の指に合わせて作ると使いやすい．

3) 印つけ用具 和裁の印つけには，へら，電気鏝およびチョークが使われる．へらの素材は多様であるが，絹織物には象牙製，綿織物には角製が適している．へらで印がつきにくい絹織物や毛織物には電気鏝やチョークを用いる．へらや鏝で印をつける場合は，できるだけ小さく，数少なくつけることが必要である．

4) 掛針，絎台 掛針は机に固定した絎台に付けて，布がたるまないよう張っておくために用いる道具である．効率的に縫ったり絎けたりするためには欠かせない道具である．

5) 袖型 袖の丸みをつくるために用いる型で，紙製，ファイバー製および金属製がある．厚紙で任意の丸型をつくることもできる．

6) その他 裁断用具，測定用具，仕上げ用具などについては，洋裁用具に準じる． 〔鈴木明子〕

参考文献
1) 文化女子大学被服構成学研究室編：被服構成学 技術編I，文化出版局，2013.
2) 奈良女子大学被服構成研究会：改訂 裁縫要義 上，東洋図書，1985.

2.4.11 特色ある衣服設計

a. ファンデーション（英：foundation，仏：fond de robe）

ファンデーションは基礎衣類を意味する英語の"foundation garment"の略で，日本では補正下着を指す．女性の下着業界は「インティメイトアパレル」，「インナーウェア」，「ボディファッション」などと呼ばれ，日本ボディファッション協会では女性

の下着をファンデーション，ランジェリー，ニットインナー，ショーツ，ホームウェアの四つに分類[1]して，ファンデーションの役割を①ボディラインを美しく整える，②体を適度にサポートすることで動きをスムーズにして活動しやすくする，③外部の刺激から体を保護する，④下垂しやすいバストやヒップを整えるとしている[1]．具体的には，ブラジャー，ガードル，ボディスーツ，その他としてパット，ガーターベルト，スリーインワン，ウエストニッパー，ボディシェイパーが挙げられている．主な種類と特徴・機能を以下に示す．

1） ブラジャー（英：brassiere，省略 bra，古フランス語：braciere（腕の防護服）の意味で bracelet（ブレスレット，腕輪）にも通じる）（図2.4.58）バスト部分を覆い，乳房の形状を補正・保護して揺れを固定し，ボディラインを整え美しく見せる．また，医療的にバスト形状を造型して心身を保護し，婦人服のシルエットを保つ役割も果たしている．造型機能は，パターン，使用素材・パーツの特性と組み合わせ，縫製方法によって差が出る．基本的にはストラップ，土台，カップから構成され，副資材のカップ素材（不織布，ダブルラッセル，ウレタンホーム）やワイヤー（ソフト，ハード）によって違いが出る．種類としては，ワイヤーの有無，カップ形状，丈などさまざまなタイプがあり，目的と用途によって使い分ける．

- ワイヤー：ワイヤー入り（ドレスなどでバストを支え，強調・造型する場合），ノンワイヤー（バストを締め付けずに楽に着用の場合）
- 丈の長さ：ショート型（丈の短い一般的なもの），ミドリフタイプ型，ロングライン型（胸元からウエスト近くまである丈の長いもの）
- カップの形：フルカップ（図2.4.59）：乳房全体をカップ面積全体で包みこんで安定させる．ストラップがカップ中心に付いているためバストを「あげる」力が他より強い．バスト大の人がスッキリ整えたい場合に適している．3/4カップ（図2.4.60）：カップ面積が3/4で乳房を包むので，肩紐を脇寄りに付けて胸を寄せてささえることで，バストボリュームをアップできる．1/2カップ（図2.4.61）：カップ面積が1/2で乳房を包む形で，肩紐の取り外しができる場合が多いので，肩や背中を見せるアウターに適している．
- その他のデザイン[4]：ラウンドタイプ（肩紐部分が本体から続いており，着用感も軽めでジュニア，シニア，さらにスポーツに対応するブラジャー．スポーツブラと呼ばれるものは，身体の動きに対応して着崩れがしにくく，バストの揺れを防止する伸びや設計がされ，吸汗・速乾性の高い素材を適用して快適性を保っている），三角タイプ，網立成形，モールド成型，チューブタイプ，ブラウジングタイプ，フロントホックタイプ，アンダーフリータイプ，インサイドワイヤータイプ，サイドレスタイプ，ストラップレスタイプ，クロスバッ

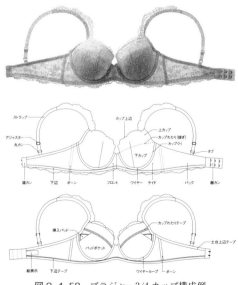

図2.4.58　ブラジャー3/4カップ構成例

図2.4.59　フルカップ（ラウンドタイプ）

図2.4.60　3/4カップ（ラウンドタイプ）

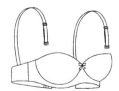

図2.4.61　1/2カップ（ラウンドタイプ）

クタイプ，オフショルダータイプ，ホルターネックタイプ，ロングラインタイプ，ビスチェ（ロングラインタイプの一種で，アウターとして使用することを目的にデザインされたものが多い），ベアバックタイプなどがある．その他，マタニティーブラジャー：妊娠によりバストが大きくなる変化に対応できる伸縮性や下垂をサポートでき，敏感な肌に優しい素材を使うなど，さまざまな工夫がされている（2.4.11 e. 妊婦服参照）．ヌーブラ：シリコン素材の粘着性と弾力性を利用し，バストに直に貼り付けて使用．はじめはアメリカ合衆国の医療メーカー Bragel 社が乳がん患者向けに開発したもの．現在，乳がん用ブラジャーは，世界のブレストケア運動のもとにピンクリボンのマークで各企業がサポートする体制で，バスト形状を自然に整え負担のかからない着心地の良いものが工夫されている．

2) ガードル（英：girdle，帯の意もある．語源は英語の守る意味の gird）（図 2.4.62）　腹部・ヒップ，ロングガードルでは大腿部の下半身を広く覆い，腹部を押さえ，ヒップをアップし，大腿部を引き締める機能を持ち，下半身のボディラインを美しく整え，保護する．近年はショーツガードルなどの名称で，ショーツにガードル機能をもたせた下着もある．元来"コルセット"と呼ばれ，身体を巻いて整形していたものが，20世紀に入り素材とパターンの革新によってパンツ形式のガードルに発展．造型機能はパターン，素材のパワー，副資材の使い方によって決まり，部位ごとに適した機能構造（フロント：あて布と切り替え，ヒップ：立体裁断，ギャザー，あて布，パワー切り替え，モールド成型）を形成する．

裾丈：ショートタイプ（ウエストから鼠径部の大腿部付け根までを覆う），スタンダードタイプ（鼠径部より下でヒップ下で水平，股下 4〜6 cm 位までを覆う），ロングタイプ（ウエストから大腿部を覆う．長さによりセミロング，ロング，フルロングの各タイプ）

ウエスト丈：ハイウエストタイプ（ウエストより高い胃部近くまで包む，ウエストシェイプ効果目的のもの），ジャストウエストタイプ，ローウエストタイプ（ウエストより低い位置までを包む股上が浅いタイプ）

補正力：ハードタイプ，ミディアムタイプ，ソフトタイプ

3) ボディスーツ（英：bodysuit, body briefer, body shaper）（図 2.4.63）　ブラジャーとウエストニッパーとガードルが一体となって，バストの膨らみからウエストを引き締めて，ヒップの張りと腹部の膨らみを押さえ，一つの下着で胴部から腰部にかけての段差のないなめらかなボディラインを美しく整える．したがって一般的には補正力が強いが，強度による種類もあるため，着用目的に応じてサイズと着心地を確認して選択する．形，カップタイプなど種類がある．近年，形状は同じで補正機能のないライト感覚のものはボディブリファーと呼ばれる．

形：ワンピース型（バスト，ウエスト，ヒップ全体を一体化しているため，排泄を考慮したクロッチ部分開閉タイプ），セパレート型（ワンピース型の腰部分を除いているため，ガードルと併用可能．トップとボトムの体型差大，着丈がワンピース型

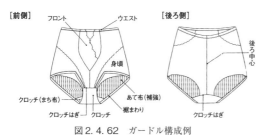

図 2.4.62　ガードル構成例

ワンピース型　　セパレート型

図 2.4.63　ボディスーツ

とは合わないなどの場合に適している）

ワイヤー：ワイヤー入り（ブラジャー部分にワイヤーの入ったタイプで，フルカップタイプが多く，機能性重視からファッション性重視まで多種類ある），ノンワイヤー（ブラジャー部分にワイヤーなしのタイプで，機能性重視のものが多い）

補正力：ハードタイプ，ミディアムタイプ，ソフトタイプ

4） パッド（英：pad）　主にクッション性素材でつくられており，ボディラインを整えるために部分的に使用される．

種類：バストパッド（フルパッド：バスト全体をカバー，トップパッド：乳頭部分をカバー，ハーフパッド：カップ内のサイドや下カップ部分に使用してボリュームを出す），ヒップパッド（ストッキングやガードルの下に使用して，ヒップ形状を整える），ショルダーパッド（肩形状を整え，ボリュームを出す）

5） ガーターベルト（英：garter belt）（図2.4.64）　パンティ部のない大腿部までのストッキングを吊すためのベルト．ベルト状の布から4本のリボンを下げた形で，先端のクリップでストッキングを留め，腰まわりに付けて用いる．

6） スリーインワン（英：basque，和製英語：three-in-one，フランス語：guêpière）（図2.4.65）　ブラジャーとウエストニッパーとガーターベルトが一つになっており，ビスチェにストッキングを留めるためのガーター紐が付いたものとも考えられる．バストアップからウエストを引き締めて美しいボディラインに補正することができ，ストッキングの固定までを一つの下着で補うことができる．ウエストより下部も覆う物もあり，ロングブラジャーの呼称もある．ビスチェとともにブライダル用として正装のロングドレスの下着として利用される場合が多い．

7） ウエストニッパー（英：waist nipper）（図2.4.66）　ウエスト部分を補正するもので，バスト下部よりウエストさらに腹部を引き締めて整え，胴部と腹部を細く造型する．コルセットとほぼ同様の役割を果たすが，コルセットよりは伸縮性のある素材を用いて身体の形を型にはめるのではなく，身体形状を整えるためにある程度融通性のある素材が使用され，着脱もフックやファスナーを使用して比較的簡単にすることができる．ハードタイプの他に，装飾を楽しむソフトタイプなど種類がある．

8） ボディシェイパー（リフトアップシェイパー）（英：body shaper, lift-up shaper）（図2.4.67）　胃の出っ張りやアンダーバスト部分の脂肪のはみ出しを防ぎ，バストを全体的にアップする．背中をサポートして姿勢を良くする機能をもつタイプもある．バスト部分とウエスト部分の補正を一つの下着で補うことができる．

日本でのブラジャー販売は1930年頃で，大正15年「乳房バンド」という名称での広告がみられ，その後昭和4年には「乳房ホルダー」「胸美帯」「乳おさえ」などの名称も加わり薬局や小間物店，デパートなどで売られていた．ただし高価な輸入品は一般家庭では購入できないため，手作りも紹介され対応していたのが現状のようである．日本での本格的なブラジャー生産は「ブラ・パット」を基に，和江商事株式会社（現在のワコール）によって昭和25（1950）

図2.4.64
ガーターベルト

図2.4.65
スリーインワンボディスーツ

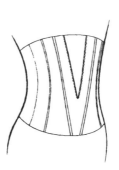
図2.4.66
ウエストニッパー

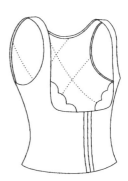
図2.4.67
ボディシェイパー
（リフトアップシェイパー）

年に開始された[2,3]．

ファンデーションは今昔を問わず，女性の身体形状の特徴を補いつつ，表着の形を整えられ，近年は生理学的・医学的にも心身を保護する重要な役割を担っている．

〔増田智恵〕

参考文献
1) 日本ボディファッション協会：IA TEXT BOOK，日本ボディファッション協会，pp.9, 38-39, 2013.
2) 日本ボディファッション協会編：日本の洋装下着の歴史，文化出版局，pp.27-36, 1987.
3) ワコールの歴史：http://www.wacoalholdings.jp/history/1950s_06.html, 2013.11.20現在．
4) 日本ボディファッション協会：IA TEXT BOOK，日本ボディファッション協会，pp.40-48, 51, 52, 2013.

b．乳幼児服

乳幼児服は，子供の発達過程のうち新生児期・乳児期・幼児期まで，いわゆる小学校就学前を想定して設計されている．

特にこの時期は子供の発達特性を理解して，着脱衣の習慣が身に付くような服づくりが重要課題である．そのためには，設計段階で機能性・安全性を十分に配慮することが必要である．

乳幼児の身体発育は，表2.4.2に示したように発達・成長が最も著しい．また，新陳代謝が活発で発汗や衣服を汚すなどに伴い更衣回数が多くなるので，この時期の衣服は，着脱が容易にできることが望ましい．乳幼児期の心身の発達は，大人との関わりを重ねていくこと，自分の知覚や活動を通して周りのことを理解し，やがて活動を心の中で思い浮かべるイメージ能力が生まれて周りをまねる行動がみられるようになる，とされており，その後の成長期の被服行動に密接な関わりをもつことになる．

1) 乳児用衣服 表2.4.3に示したように，新生児期および乳児期では胸囲と頭囲に大差がみられない．成人に比して頭囲比も大きく，衣服の首周りに開口部がないと着脱が容易にできない．乳児期は，着衣・脱衣を他者に依存しているので，前あきの衣服（肌着，ロンパース，カバーオールなど）が適しており，被り型の衣服にはあきの開閉が容易な設計が必要となる．

2) 幼児用衣服 幼児期は自我が芽生え，生活の自立を踏み出す第一歩である．ボタンをはずして服を脱ぐ，服を着てボタンを留めるなど衣服着脱に関する自立的行動がみられる．更衣の自立は，遊び

表2.4.2 乳幼児の身体寸法[注]（平均値）（文献1より作成）

年・月齢	身長（cm）		体重（kg）	
	男子	女子	男子	女子
出生時	48.7	48.3	2.98	2.91
3～4か月	61.9	60.6	6.63	6.16
6～7か月	67.9	66.4	8.01	7.52
9～10か月	71.8	70.3	8.73	8.20
1歳	74.9	73.3	9.28	8.71
2歳	86.7	85.4	12.03	11.39
3歳	95.1	93.9	14.10	13.59
4歳	102.0	100.9	15.99	15.65
5歳	108.2	107.3	17.88	17.64
6歳	114.9	113.7	20.05	19.66

注）値は平均値を示している．年・月齢の発育は個人差があり，あくまで目安である．

表2.4.3 胸囲と頭囲の比較（文献2より作成）

年・月齢	胸囲（cm）		頭囲（cm）	
	男子	女子	男子	女子
出生時	31.8	31.6	33.3	32.9
3～4か月	41.9	40.9	41.1	40.1
6～7か月	44.2	43.1	43.7	42.6
9～10か月	45.4	44.3	45.3	44.0
1歳	46.2	45.1	46.3	45.0
2歳	49.2	47.8	48.6	47.6
3歳	51.3	49.6	49.6	48.7
4歳	53.2	51.7	50.4	49.6
5歳	55.3	54.0	51.1	50.4
6歳	57.2	56.2	51.6	50.9

を取り入れたり，他者とのコミュニケーションによって習得を促進する．

図2.4.68は，3歳女児が，母親と観察者の支援を受けてボタンかけを習得するまでの観察記録から，第I期（未習得期）・II期（達成期）の所用時間を示したものである[3]．

3) 安全性を配慮した衣服の設計 子供が交通事故や自転車事故に遭ったり，公園などの遊具類による事故が報道され，子供服に「安全」「安心」を求める要望が高まっている．着ている衣服によって事故誘発が起きないような対策が必要である．

すでに欧米では，子供服の安全性の規格化がなされ，事故の誘発防止を目的として規格制定されている．例えば，英国では1997年英国規格協会（BSI）が制定され，紐やリボン，フードなどの具体的条件を規定している．米国では，1997年に米国材料試験協会（ASTM）が児童向けアウターウェア上着のフード，ネック部分の引き紐の有無・長さ，留め具などを規定している．欧州連合（EU）では，2004

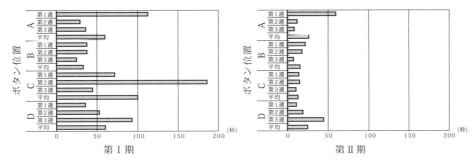

図 2.4.68 前あきボタンかけに要する時間（文献 3 より一部を引用して掲載）

表 2.4.4　ADL の衣服の着脱内容に対する回答内訳

	ADL	立ったままで，ズボンやスカートがはけますか						シャツの前ボタンを，掛けたり外したりできますか					
		1. 座らないとできない		2. 何かにつかまれば立ったままできる		3. 何にもつかまらないで立ったままできる		1. 両手でゆっくりとならできる		2. 両手で素早くできる		3. 片手でもできる	
性別	年齢	度数	%	度数	%	度数	%	度数	%	度数	%	度数	%
男性	65〜69	14	1.57	125	14.04	751	84.38	68	7.63	381	42.76	442	49.61
	70〜74	19	2.21	135	15.72	705	82.07	96	11.18	387	45.05	376	43.77
	75〜79	32	3.66	220	25.17	622	71.17	137	15.68	404	46.22	333	38.10
女性	65〜69	20	2.30	138	15.90	710	81.80	56	6.47	419	48.38	391	45.15
	70〜74	44	5.07	173	19.95	650	74.97	89	10.25	430	49.54	349	40.21
	75〜79	53	6.18	248	28.94	556	64.88	130	15.15	412	48.02	316	36.83

文献 4 より一部を引用して作成

年欧州標準化委員会（CEN）が 7 歳未満の子供服にフードや襟首の紐の禁止などの安全規格を策定し，加盟各国で適用されている．

我が国では 2008 年「子供用衣類の設計に関する安全対策ガイドライン」が業界連合三団体（全日本婦人子供服工業組合連合会，日本織物中央卸商業組合連合会，協同組合関西ファッション連合）によって策定され，2010 年には改訂版として提案され，安全確保に向けた取り組みがなされている．2015 年 12 月には，JIS L 4129「子ども用衣料の安全性—子ども用衣料に附属するひもの要求事項」が制定公布された[4]．

これらの安全設計の考え方は，子供服に限らないユニバーサルデザインである（後述 f 項を参照）．

c.　高齢者用衣服

高齢期には，加齢とともに心身の機能の低下があらわれ，衣生活においてもさまざまな変容がみられる．またこの時期での健康状態には個人差が大きいとされる．日常生活動作の程度によって自立している，要支援，要介護などに分かれる．各ライフスタイルに応じた衣生活への配慮が必要である．

例えば，表 2.4.4 は，ADL[*1] に関する日常生活活動テスト 12 項目のうち，衣服の着脱内容 2 項目「立ったままで，ズボンやスカートがはけますか．」「シャツの前ボタンを掛けたり外したりできますか．」に対する高齢者の回答内訳を示している．体力水準が高い「3」と回答した割合（%）は「ズボンやスカートをはくこと」より「シャツの前ボタンの掛け外し」の方が少ない．両項目は高齢者の生活自立度を示すものとして捉えられている．ボタンのかけはずしが，片手でもできることは，体力水準が高いと捉えられていることがわかる．

高齢者用衣服への配慮すべき設計指針[*2] として，

---

*1) ADL（activity of daily living）：日常生活動作．日常生活活動テストは，文部科学省主催の「体力・運動能力調査」時に健康な高齢者（65〜79 歳）を対象として日常生活動作 12 項目についてアンケートを行い，その結果を年度統計として公開されている．

*2) 日本規格協会：JIS S 0023（2002）「高齢者配慮設計指針—衣料品—解説」，および JIS S 0023-2（2007）「高齢者配慮設計指針—衣料品—ボタンの形状及び使用法解説」より．

JIS S 0023「高齢者配慮設計指針—衣料品」（2002年）が規定され，設計の配慮事項として，①体型の変化に対応したデザイン及び寸法，②運動機能の低下に配慮した着用性，③安全性，衛生性及び取扱いに配慮した材料の使用，④行動意識及び交通安全への配慮事項，⑤表示のわかりやすさを挙げている．これらは，加齢による体型の変化，運動機能の低下，感覚機能の低下，生理機能（体温保持，保湿機能など）の低下，注意力の低下を補完するために服作りに反映される．

さらに，JIS S 0023-2「高齢者配慮設計指針—衣料品—ボタンの形状及び使用法」（2007年）では，ボタンの設計，選択及び取り付けるときの基本的な配慮事項として，1.ボタンの形状及び材質，2.ボタンの寸法，3.ボタンの付け方，4.ボタンホールの寸法および方向，5.ボタンの付け位置（あきの位置）を挙げて具体的に解説されている．例えば，5.ボタンの取り付け位置は，かけはずしがしにくい，脇及び背面を避けて前面とすることが望ましいとして，高齢期の身体運動域の変化に対応した指針となっている．

加齢に伴う体型変化が最も顕著なのは背面形状といわれ，その変化は男性より女性の方が大きいとされる[6]．背中が丸くなると下肢の屈曲，腹部の突出がみられる．このため着用時に，上衣では後ろ丈が長く必要になるため背中や腰が出てしまう，下衣（ズボン）ではずり落ちてしまうなどの不適合が起こる．近年では，高齢者向けの衣服を店頭で見かけることができるようになったとはいうものの，満足度の高い製品は少ない[7]．

柴田ら[8]は，高齢者のズボン設計のガイドラインを得るために行った調査より，購入時に考慮する条件として股上の深さを訊ねた結果，図2.4.69に示すように，女性の場合は，高年齢層になるとともにウエスト部分はゆったりと，股上は深いものを選ぶ傾向がみられるという．特に後期高齢者層で増加しており，男性の場合も同様の傾向とされる．男性のウエスト部のゆとりを図2.4.70に示す．男性の場合では，購入時に考慮する条件として，タックの有無・本数，ヒップ部のゆとり，伸縮性などは高年齢層では気にしない比率が高いとしている．

以上のような高齢者の着用実態を充分に把握し，衣服設計に反映することが望まれる．

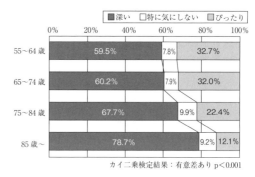

図2.4.69　ズボン購入時に考慮する条件—股上の深さ（女性）

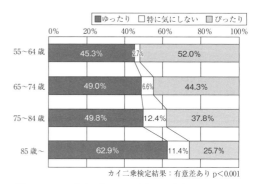

図2.4.70　ズボン購入時に考慮する条件—ウエスト部のゆとり（男性）

d. 障害者用衣服

わが国では，障害者とは，「障害があるものであって，障害及び社会的障壁により継続的に日常生活又は社会生活に相当な制限を受ける状態にあるもの」とされている[9]．現在では，障害[*3]を身体障害，知的障害，精神障害（発達障害を含む），その他の心身の機能の障害としている．このうち身体障害児・者の総数推計は，約366.3万人（29人/1,000人あたり）とされる．さらには，現在高齢者が増加しており，すべての高齢者に障害があるわけではないが，加齢とともに何らかの障害や制限を経験するといわれており，人口比では10人に1人は何らかの健康

[*3] 障害：障害の定義は，障害者基本法の改正（1993, 98年）による．それまで「肢体不自由，視覚障害，平衡機能障害，音声機能障害もしくは言語機能障害，心臓機能障害，呼吸器機能障害等の固定的臓器機能障害又は精神薄弱等の精神的欠陥」としてものを大きなくくりで規定改正されている．

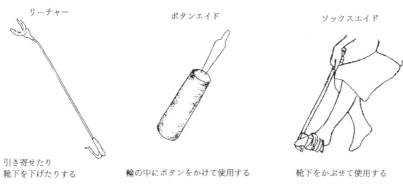

図 2.4.71 自助具
衣服の着脱を自力でできるようにする道具．例えば，ボタンエイド：輪の中にボタンを掛けてボタン穴に通す．ソックスエイド：くつ下を道具にかぶせて足にガイドする．

障害をもっているともいわれている．

わが国では，2003 年に「高齢者及び障害のある人々のニーズに対応した規格作成配慮指針」[10] が規格制定された．これによって障害のある人もない人も，高齢者もそうでない人も，ともに使いやすいアクセシブルデザイン[*4)]という設計概念が産業界に取り入れられてさまざまな商品開発がなされている．

ここでは身体障害者用の衣服設計について，特にQOL（quality of life）の視点から述べる．

1) 肢体不自由での衣服着脱　障害の内容や程度に応じた衣服の設計によって，自力で着脱が可能となる．特に衣服の着脱は，基本的な生活動作であるため，着るときは，患側から始めて健側という順で行い，脱ぐときは健側から脱いで，その後に患側を脱ぐ，いわゆる着患脱健により患側に負担をかけないで動作を容易にすることができる．衣服の留め具の開閉，くつ下なども自助具を使用することで操作が可能となる（図 2.4.71）．

2) 手術後の生活の質をより向上させる支援
わが国のがん罹患情報[*5)]によれば，罹患数の多い部位は，男性では 40 歳以上では消化器系のがん（胃・大腸・肝臓）の罹患が多く，70 歳以上では前立腺がんと肺がんの割合が増加し，女性では，40 歳代では乳がん，子宮がん，卵巣がんの罹患が多く，高齢になるほどその割合は減少し，消化器系のがんと肺がんの割合が増加すると報告されている．壮年期におけるがん手術後の生活の質をより向上させる衣分野からの支援も重要である．

乳がん手術後の女性の衣生活支援を目的として，川端ら[11)] は，乳がん手術後の女性を対象にブラジャーの着用実態とその不具合について調査を行い，切除範囲や術後の後遺症などの病状およびパッドの種類との関わりを分析している．特に，半数以上の対象者が「左右のバランス」，「ずり上がり」，「カップ内の蒸れ」を不具合と回答していることを指摘し，さらに切除の位置と範囲によって乳房の変形が多様であるため，その関わりを整備していくことを課題としている．また，ブラジャーのタイプと着装意識の調査結果から「術前と違うもの」着用者はおしゃれ関心度が高いが，情報収集や購買行動には消極的な傾向にあり，「術前と同じもの」着用者は，不具合を感じとりにくいとともに，おしゃれ関心度が低い傾向もあるとしている（図 2.4.72）．

以上のように，意識調査の結果から何らかの疾病手術後の衣生活の質の低下が伺える．また，消化器系がん手術後の衣生活自立に関する情報[*6)]は少なく，実態把握が困難であるが，今後どのような支援が可能なのかも課題である．　〔佐藤悦子〕

---

*4) アクセシブルデザイン（accessible design）：ユニバーサルデザインに含まれる概念で，何らかの機能に制限をもつ人々に焦点を合わせ，これまでの設計をそのような人々のニーズに合わせて拡張することによって，製品，建物およびサービスをそのまま利用できる潜在顧客数を最大限まで増やそうとする設計をいう．

*5) 国立がん研究センター：2008 年データ情報罹患全国推計値より．

*6) 例えば，オストミー患者の日常生活用具（ストーマ装具）の実態などが挙げられる．

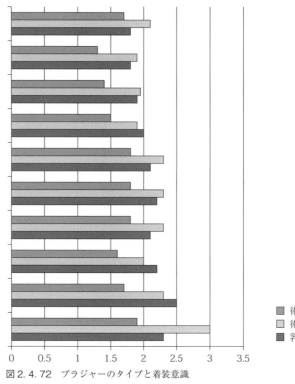

図 2.4.72　ブラジャーのタイプと着装意識

参考文献

1) 厚生労働省：平成 22 年乳幼児身体発育調査報告書, 2011.
2) 厚生労働省：平成 12 年乳幼児身体発育調査報告書, 2001.
3) 佐藤悦子, 三膳佑季子：幼児期の衣服着脱動作に関する研究—ボタンかけはずしの習得過程について, 日本繊維製品消費科学会年次大会・研究発表要旨, 209-210, 2006.
4) 経済産業省：公式 HP ニュースリリース, 2015. http://www.meti.go.jp/press/2015/12/20151221002/20151221002.html
5) 文部科学省：平成 24 年度体力・運動能力調査報告書, 2013.
6) 小林茂雄, 田中美智：介護と衣生活, pp.65-70, 同文書院, 2005.
7) 東京新聞, 2013 年 7 月 6 日夕刊.
8) 柴田優子, 布施谷節子：高齢者のズボンの着用実態, 日本家政学会誌, 64 (9) 591-598, 2013.
9) 内閣府：平成 24 年版障害者白書.
10) 日本規格協会：JIS Z 8071 (2003) 高齢者及び障害のある人々のニーズに対応した規格作成配慮指針, JIS ハンドブック 38 高齢者・障害者等アクセシブルデザイン, 2013.
11) 川端博子, 谷田貝麻美子：乳がん術後女性のブラジャーの着用実態からみた不具合. 日本家政学会誌, 62 (10) 649-658, 2011.

e. 妊　婦　服

妊婦が妊娠中にあるいは産後の一時期に, 心身の変化に対応して着用する衣服の総称である. 近年は, マタニティドレス (maternity dress) もしくはマタニティウェア (maternity wear, maternity clothing) と呼ばれる. ここではマタニティ用下着や授乳服 (nursing clothes：授乳時に乳房を容易に出せて他から見られないように工夫された服) の一部も含めて説明する.

妊婦の身体は, 妊娠週数による胎児の成長に従い体型が変化し, 動作もしにくくなる. 同時に生理的・心理的にも不安定な状態を伴うため, 妊婦服は下着も含めて妊娠時の心身の変化に対応して快適に過ごすためのさまざまな工夫が考えられ設計されている.

妊娠週数に伴う妊婦の身体寸法と体型の具体的な変化, 生理的・心理的体調に対応した既製服の工夫の概略を, まとめて図 2.4.73 と図 2.4.74 に示す.

1) 身体の体型変化に対応したデザインの工夫

バストからウエストおよび腹部が大きくなるが, 他の部分は大きく変化しないため, 肥満体型とは異なる妊娠特有の体型になる. 図 2.4.73 にその経過による縦断面図による変化[1]を示す. 特に腹部の張り

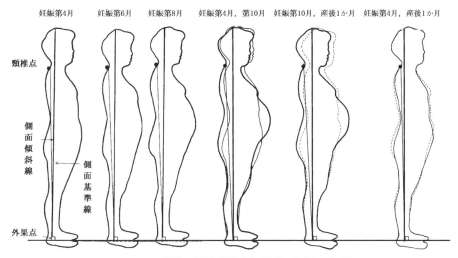

図 2.4.73 妊婦の体型と姿勢変化（文献 1 をもとに改変）

出産前後用マタニティブラジャーの例

伸縮性のあるストレッチタイプでサイズ変化に対応，やさしい肌触りで快適性保持．

産後の授乳機能例 授乳ホック付きで，カップをめくって授乳容易．

4段階サイズ調節で体形変化に対応．

出産前用マタニティサポートガードルの例

パターン設計と伸縮性のあるストレッチタイプで胴囲，腹囲，腰囲などのサイズ変化に対応し，下腹部から腹部の重みをサポート．下腹部ベルト調節によりサイズ変化に対応．

腹部の重みにより負担のかかる腰部へのパターン設計とストレッチ素材による軽減化サポート．

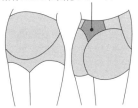

妊婦服および出産後の授乳服の例

授乳口

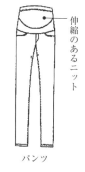

伸縮のあるニット

ワンピース　　チュニック・オーバーブラウス　　パンツ

図 2.4.74 妊婦に快適な衣類の選択と近年の妊婦用衣類の工夫とファッション傾向

出しは，前へ膨らむ場合，横へ張り出す場合，あまり目立たない場合など，個人差がみられる．

妊婦服のサイズ表示は JIS 規格にはないため，生産・販売側では JIS L 4005[2] の成人女子用衣料，また下着は JIS L 4006[3] のファンデーションのサイズでの着用区分に従い，「体型区分表示，単数表示，範囲表示など」（詳細は 4.2.1 a.「既製衣料のサイズシステムとサイズ規格」と 2.4.11.a「ファンデーション」を参照）で表示される場合が多く，メーカー独自でデザインに対応した工夫がされている．したがって主なサイズ表示は，バスト・アンダーバスト・ウエスト・ヒップ・身長であるが，マタニティ独自としてウエストより「腹囲」が多用される（図 2.4.74）．

2) 生理的・心理的な体調に対応した快適性への工夫 妊娠経過によって胎児の成長を助け，同時に妊婦のつわりや冷え，腰痛などの特有の身体不調にも対応できる締め付けのなく，身体を冷やさず，また腹部の膨らみによる重みや下垂を支えるための衣類が必要になる．服の締め付けが強かったり身体が冷えると血流が阻害され，妊婦から血液を通して送られる胎児への栄養や酸素不足にもつながる．また，つわりなどの不快な症状に対してもリラックスできる服装が好ましい．妊娠を祝い安産を祈る慣例的儀式として，妊娠5か月目に入った最初の戌の日にさらしを巻く腹帯の儀式があり，「帯祝い」として岩田帯とも呼ばれる．近年はウエストや腹部・腰部をしっかり包み込んで冷えすぎを防ぎ，図2.4.73に示す腹部の膨らみによる重みの支えや後方へ反った姿勢による腰痛（腰椎と仙椎の痛み）などの負担を和らげることを期待して，ベルト形式の腹帯だけでなくさまざまな工夫がされたマタニティ専用のショーツやガードルが提案されている（図2.4.74）．

3) 妊婦に快適な衣類の選択と近年の妊婦用衣類のファッション傾向 身体の変化と着脱の容易さ，産後の授乳の容易さ，さらに身体保護のために従来はワンピースやジャンパースカートなどのデザインが多かった．近年は妊娠中も働く女性が多いため，一般の婦人服と同様にTPOに対応した多種類の服と下着が提供されデザインも多様である．色柄形のファッション性に加えて，妊婦用として着脱容易な脇あき，着用したままで授乳可能なもの，パンツの股ぐりを深くして大きくなる腹部のサイズに対応して伸縮するニット素材などを使用して包むタイプ，トイレでの使用が容易なデザインなど提供されている（図2.4.74）． 〔増田智恵〕

参考文献
1) 藤田光子：妊産婦の体格・体型 より良い妊婦服を求めて，p.94，ぎょうせい，1988.
2) 日本工業規格協会：成人女子の衣料サイズ，JIS L 4005，2001.
3) 日本工業規格協会：ファンデーションのサイズ，JIS L 4006，1998.
4) 藤田光子：妊産婦の体格・体型 より良い妊婦服を求めて，pp.141-142，ぎょうせい，1988.
5) A.アイゼンバーグ，H.E.マーコフ，S.E.ハザウェイ，井上裕美，星野妙子監訳：月別の妊娠できごと事典，pp.1-433，メディカ出版，2002.
6) 明治：Maternity Textbook 母親学級・両親学級テキスト，pp.2-24，株式会社明治，2012.
7) 馬場一憲編：目で見る妊娠と出産，pp.1-126，文光堂，2013.

f．ユニバーサルファッション

1) ユニバーサルファッション ユニバーサルファッション（universal fashion）とは，わが国において1990年代後半にファッション業界市場の振興活動の一つとして提案されたものである．その背景となったのは，ユニバーサルデザインとして知られる概念として米国のロナルド・メイス[*7)]が提唱した「年齢や能力に関わりなく，すべての生活者に対して適合するデザイン」に始まり，これらが発展して七つのデザイン原則が掲げられたことであるとされる．近年，ユニバーサルデザインは年齢や性差，障害の有無に関わりなく，すべての人に公平なデザインを目指して，アパレルファッション業界をはじめ私たちの生活環境を取り巻くさまざまな産業分野で製品・商品などに展開・開発されている．

わが国のファッション業界では，1999年非営利団体としてユニバーサルファッション協会（UNIFA）[*8)]が設立され，製造―流通―生活者を繋ぐ役割を担った．ともすると「高齢者や障害者に対応するためのデザイン」という側面がクローズアップされて，特別視されがちだが，そうではなく体型や年齢，性別や人種，障害に関わらず「誰もがファッションを楽しめる環境をつくること」をコンセプトとして，協会が定めた推薦制度のガイドラインをクリアした商品・プロジェクトを推奨している．現在は，ユニバーサルデザインの振興活動と連携をとりながら，ファッションを中心とした分野での振興，実現に貢献している．

図2.4.75は，衣に関する生活動作の使い手の回答割合を示す．高橋ら[1)]は，ユニバーサルデザインの視点から動作を制限された場合を想定して，男子

---

*7) ロナルド・メイス（Ronald L. Mace）：ノースカロライナ州立大学に在籍中に，それまでのバリアフリーに代わる概念としてユニバーサルデザインを提唱した．「できるだけ多くの人が利用できるようなデザインにすること」を基本コンセプトとしている．つまりデザインの対象者を障害者に限定していないことが，バリアフリーとの違いとされる．

*8) ユニバーサルファッション協会（UNIFA）：NPO法人．他にも，ユニバーサルボタンなどが紹介されている．

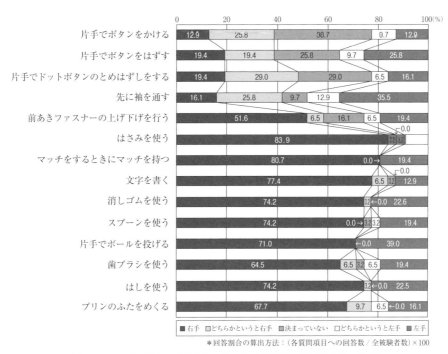

図 2.4.75 衣に関する生活動作の使い手の回答割合（筆者ら編集・作成）

学生によるシャツの前あきボタンのかけはずしを両手と片手で比較検討した結果，ボタンかけはずしに要する時間は，両手よりも片手で行う方が長く，操作する手の利きによる差異はないことを明らかにしている．道具を使って手指の操作を伴う生活動作には，巧緻性が高い動作ほど利きが関わることが知られている．そこで衣に関する生活動作の使い手を問うたところ，回答割合の分布には偏りが少なく，片手でのボタンかけ・はずし，ドットボタンのとめはずしは「決まっていない」との回答が多く，先に袖を通す，ファスナーの上げ下げは使用する手がある程度定まっていることがわかった．ここに挙げた動作では，利きとの関連性は，それほど高くないことが明らかになり，この結果から，動作が制限された場合，両手で行ってきたことを片手で行ったり，通常の使い手とは反対側の手で行うことが可能であると推察される．

2) 災害時の衣料の開発・支援 2010年国際ユニヴァーサルデザイン協議会（IAUD）[*9]がUNIFAと連携して「衣のUDプロジェクト」を立ち上げ，

図 2.4.76 災害時用衣料の例：UDジャケット

誰もが着やすく，機能性があり，ファッショナブルなスポーツジャケットの研究開発を行い，2011年3月11日の東日本大震災後には「災害時に役立つ衣料とは何か」として研究を開始し，実際に被災地に赴き，聞き込み調査を行い軽量・コンパクトな「災害時用UDジャケット」試作品を提案している（図2.4.76）．例えば災害時を想定して，UDジャケットは，ポケッタブル，多様ポケットで防災品（軍手，マスク，医療品，ライトなど）を収納，再帰性反射材テープを使用して夜間にも対応，ファスナー開閉が上下自在，フード内にショックアブソーバー装着可能など随所に工夫がみられる． 〔佐藤悦子〕

参考文献
1) 高橋美登梨，佐藤悦子：前あき衣服のボタンかけは

---

*9) 国際ユニヴァーサルデザイン協議会（IAUD）：http://www.iaud.net/

ずしの動作特性について―片手での操作と生活動作との関連から，日本家政学会誌，61 (7) 421-429, 2010.

g. 安全な衣服

人は衣服に包まれることにより心身ともに安心する．しかし，その被服によってけがをし，時には死に至ることもある．例えば，たき火による着火で大火傷をした，フードや紐が遊具に引っ掛かり幼児の首を絞めた，ズボンの裾についていた紐が自転車の車輪に絡まり足が車輪に引き込まれ大けがをした，男児がファスナーを引き上げるとき局所を挟んだ，ロングスカートの裾を階段で踏んで転倒し大腿骨骨折をした，滑り止め防止のポチポチの付いた靴下が廊下に張り付き転倒し顔面の怪我と大腿骨骨折をしたなどがある．ここでは，交通事故を目立つ色で減少させようと子供の安全服を設計した例を述べる．

1) 色の目立ち実験 交通事故から幼児，子供を守ろうと，運転者に少しでもよく目立つ視認性のよい安全服を作成することを目的に，まず，どの色がどの程度目立つのか，色の目立ちについて実験を行った．色の目立ちは照度レベル，背景が大きく影響する．子供の活動する明るい昼の照度から夜の暗い照度までを設定し，背景は通学路などを調べ生垣や塀が夜は真っ黒に変化するので，明るい明度から暗い明度まで設定した．照度は 0.01 lx から 1,000 lx まで 6 段階，明度は N1 から N9 まで 6 段階変えて実験した．刺激色票については全色相をカバーするように選び，クロマについては大小いろいろの値を採用し，バリューについては 4 から 6 の範囲にした．用いた 12 色の刺激色票のマンセル表色系による HVC の値は 8R4/14, 7YR4/9, 5Y5/8, 3GY5/8, 2G5/8, 10G6/6, 8BG6/6, 7B6/6, 5PB5/8, 3P5/8, 2RP5/8, 10RP4/12[1, 2] である．背景 N1 の実験結果を図 2.4.77 に示す．横軸は色票を観察したときの照度，縦軸は目立ち得点で，高いほどよく目立つ．高照度では赤系の色の目立ち度が高く，低照度では青系の 8BG, 7B の目立ちが照度レベルの低下に伴い大きく上昇する．最も明るい 1,000 lx で最も高い得点を出しているのが 8R，最も暗い 0.01 lx で最も高い目立ち得点を出しているのが 8BG で，この 2 色を太線で示した．10 lx くらいから，青系が上昇し，赤系が低下していて，プルキンエ現象が観察される．人々は毎日この現象を見ているが，認識してはいない．

2) 2 色配色で 1 日中目立つ安全服の設計 1 日中目立つ安全服を設計するために，明るいときも暗くなってもよく目立つように 2 色を組み合わせた配色を検討する．そのとき，特に大切なのは暗いときに目立つ色を安全服のベースの色とし，暗い中でも人のシルエットを浮かび上らせることで，人が歩いていることを運転者が認識しやすいようにすることである．つまり，暗くなって目立つ青系の色をベースの色，明るいとき目立つ赤系の色をポイント的に用い，この 2 色で 1 日中目立つ安全服を設計する．2 色配色を考えるとき 2 色の目立ちインデックス CI (conspicuity index) を，図 2.4.78 の色の目立ち空間を用いて計算した．これは物体色の色差をよく表すといわれる CIE の均等色空間 L*a*b* 空間を修正して作成した．1 日の視覚的全順応状態を，暗所視 (a) + 薄明視 (b) + 明所視 (c) の 3 空間からなると考えた．一番下の明所視 (c) 図を例に示す．「背景色 N2〜ベースの地の色 (8BG)〜ポイント色 (8R)」を点線で示した．この点線の距離を暗所視，薄明視，

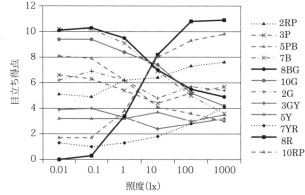

図 2.4.77 照度レベルによる色の目立ちの変化

2.4 被服の設計・製作・構成方法：家庭縫製

転者に視認される．再帰反射材は前照灯で照らされた光を再びその光を発した運転者の方向に帰す性質があり，夜間の安全には有効である．そこで，2色配色の安全服に襟や裾，腕に再帰反射材を使用しより高い安全を目指した安全服をデザインし，幼稚園，学童保育児，母親などへの安全教育と普及を目指している．薄明視，暗所視で暗く見える色を避け，明るい色を用いることが大切で冬のコートなど暗い色の場合は外に白のマフラーを巻くなど心がける．

被服による危険は思わぬところから起きる．事故例を知っていることは危険の因子を減らすことになり安全につなげることができる[4,6,7]．〔芦澤昌子〕

参考文献

1) 芦澤昌子，池田光男：色の目立ちによる安全服の設計，繊維製品消費科学会誌，29：36-41，1998．
2) 芦澤昌子，池田光男：色の目立ちの照度レベルによる変化—プルキンエ移行の影響．照明学会誌，71：612-617，1987．
3) 芦澤昌子，池田光男：色の目立ちの照度レベルによる変化—実験式の導出．照明学会誌，72：79-84，1988．
4) 芦澤昌子，池田光男：全照度レベルにわたって目立つ2色配色，照明学会誌．73：649-653，1989．
5) 国際照明委員会：CIE 1976 均等色空間 L*a*b*表色系．
6) 芦澤昌子：服飾における安全と色彩—色の目立ちによる子供の安全服の設計．日本色彩学会誌，32 (3)：211-215，2009．
7) 全国反射材普及協議会：夜間の衣服の明度と反射材の見え，2000．

h. 個人対応の既製服（未来型着装シミュレーション）

既製服（ready to made clothes, ready to wear）は，注文服（order to made clothes, made to measure）に対応して，大量生産され商品化された出来合いの衣類を指し，日本ではアパレル製品全般を指す．日本のアパレル生産の歴史は浅く，約1960年代頃から大量生産のシステムを展開してきたが1970年代からの個性化・多様化に伴い，顧客満足への対応として2000年代からはロット数少量化による多種類のデザイン服生産を低価格化で展開するため，海外生産が主流となっている．さらに日本では，超高齢化（2015年9月現在65歳以上の人口26.7%）[1]）によるサイズやデザインのさらなる多様化と若年層の少数化による顧客減少対応のために，超IT社会を利用した個人対応型の仮想試着や半オーダー的既製

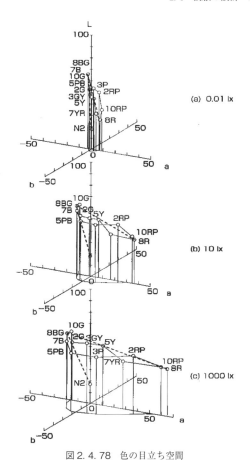

図2.4.78 色の目立ち空間

明所視の3空間を足し合わせ，距離が長いものが目立つという考えで2色配色のCIを計算する[1,3,4,5]．その結果 8R-8BG の組み合わせが最も高かった．

3) 子供と母親の嗜好実験 最も目立つ2色配色で様々な安全服をデザインし，その嗜好実験を実際に使用する幼稚園児とその母親で行った．安全服の中から着たいものを選択してもらったところ，子供が選んだのはポイント色でデザインしたイチゴや花，てんとう虫などの日頃なじんだデザインで，幾何学模様やストライプより好まれた[1,4,6,7]．

4) 夜間の視認距離 夜間，運転者が歩行者を認識する距離は着ている衣服の明度で異なり，明度の高い色は38 m，明度の低い暗い色は26 m，反射材使用は57 m ほどといわれている．明るい色の衣服つまり，白やクリーム，薄いブルーなどの洋服を着用すると暗闇に白っぽくシルエットが浮かび，人がいるとわかる．さらに，再帰反射材を使用すると57 m の距離から見えるので，一層遠い距離から運

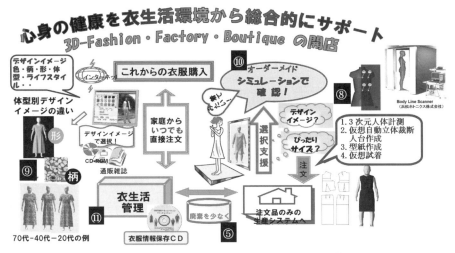

図2.4.79　3次元オーダーメイドファッションシステムの構想例

服生産と販売方法の新しい展開が始まっている[2-7]．同時に子供や高齢者をサポートできる家庭での衣生活環境を心身の健康も含めて総合的に管理サポートできる販売・生産システムが望まれ，仮想衣服設計・試着を実現化するための3次元人体形状把握，個別的対応の衣服パターン設計，2次元平面（布）からの仮想3次元着装シミュレーション開発に関する研究がなされている．具体的にこれらを利用した将来可能な体形把握からデザイン選択と試着に利用した衣生活システム構成として，図2.4.79のような3次元ファッション・ファクトリ・ブティックの構想例[8,9]が考えられる．

1) 体型情報（図2.4.79の①）　従来はJIS既製衣料サイズ（4.2.1 a．項参照）および販売側での設定した既製サイズで対応しているが，個人の場合は多数の1次元長さサイズや3次元体型そのものの情報から対応が可能である．例えば，図2.4.79に示す3次元計測人体による衣服設計用人台の立体裁断からの基本型紙をオーダーして保存しておけば，今後の選択したデザイン設計と着装シミュレーションによる仮想試着に利用できる．

2) 3次元着装シミュレーションによるデザイン選択と試着確認情報（図2.4.79の②と③）　コンピュータなどの画面の中の実際に服を製作しない仮想衣服として，3次元着装シミュレーションで構成した衣服のデザインを比較・選択，さらに試着確認する．体型別に同じ服の形で色・柄などの違いによる比較ができ，大量のデザイン情報も従来の通販雑誌などと異なり低価格なCD-ROMなどやネットで直接届けられて場所をとらずに保存できるため，利用価値が高く廃棄も少ない利点がある．

3) 3次元着装シミュレーションによる衣類の保存と管理および着回し情報（図2.4.79の④と⑤）　着装シミュレーションによる具体的な服のデザイン情報を記録・保存して，購入した衣服の管理ができるため，無駄な衣服選択防止（新しい服購入時の着回し効果の確認，似たデザイン服購入の防止など）と管理のサポートをする．

4) 販売・生産側からの着装シミュレーションによる生産ロス削減による廃棄減少（図2.4.79の⑤）　販売用試作検討の効率化（デザインイメージの仮想的具体化）と注文服のみの生産による廃棄衣類減少は，環境問題にも貢献する未来型の生産体制となる．

3次元人体モデルで仮想的に着装シミュレーションによるデザイン服を試作して，イメージとTPO，また年代による体型の違いに基づく評価もされており，世界的にも超IT汎用型の個性化ファッションに対応した既製服販売が提案されている．日本の高齢化社会では，衣服選択・購入サポート型の個人対応の既製服販売が望まれるであろう．

3次元人体とスカート3次元着装シミュレーションは図2.4.80のように，3次元$P(X,Y,Z)$と2次元$P(X,Y)$の表面を三角形メッシュで構成し，各頂点の角度と辺の長さの大きさの関係によって3次元曲面形状を近似造形することができる．上図のような人体の中に入り込まない着装時の3次元スカートフ

2.4 被服の設計・製作・構成方法:家庭縫製　247

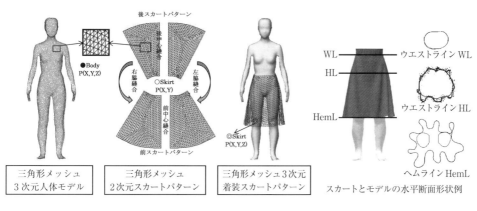

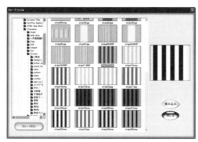
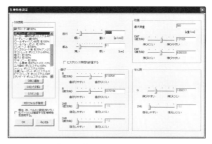

図 2.4.80　3 次元人体モデルとスカートの三角形メッシュによる造形から着装シミュレーション表示への流れ
((株)テクノアの i-Desiner の物性と布地入力画面引用)

レアー曲面が，下図の素材の色・柄および物性の特徴の入力に対応した三角形メッシュ形成を行い表示される。　　　　　　　　　　　　　　〔増田智恵〕

参考文献
1) 総務省：統計からみた我が国の高齢者 (65 歳以上)—「敬老の日」にちなんで—，統計トピックス No.90，平成 27 年 9 月 20 日現在．http://www.stat.go.jp/data/topics/topi900.htm
2) 店頭で服選びサイトで購入．日本経済新聞，2013 年 9 月 28 日，p.13.
3) 見本のゲージ服を調整お手軽なオーダー方式．中部経済新聞，2013 年 9 月 27 日，p.20.
4) 飽きる消費者へカスタマイズ商品を．繊研新聞，2013 年 7 月 16 日，p.7.
5) 着物でバーチャル試着．日刊工業新聞，2013 年 7 月 23 日，p.20.
6) 紳士服イージーオーダー用 3D シミュレーション．繊研新聞，2013 年 6 月 18 日，p.5.
7) CAD データをイメージで確認 仮想試着システム拡販．繊研新聞，2012 年 2 月 20 日，p.4.
8) 増田智恵：3 次元オーダーメイドファッションシステムの開発を試みて．繊維学会誌，69 (9)：297-307，2013.
9) 増田智恵編：ファッショナブル衣生活—選び・着て・装い・管理する情報の提供—，三重大学出版会，2014.

2.4.12　平面構成の被服

平面構成（和服）の特徴は，直線裁ちで，そのほとんどが直線縫いであり，着装は，立体である身体を紐を用いて被うことである．形態はほぼ定形で，ゆとり量が多いことから，不特定の人が着用できる利点がある．さらに，たたんで平らに収納することができ，手縫いで縫製されるため，縫い目が粗くほどきやすいという特色もある．

和服の形態と服種は，性別，年齢，季節，着装により分類される．形態は，大きく，乳児の小裁ち，幼児・児童の中裁ち，成人の大裁ちに分けられる．その仕立ては，季節により単衣，袷，綿入れがある．服種は，表着では丈が裾まである長着，羽織，袴，コートがあり，下着には肌襦袢，長襦袢，裾除けがある．ここでは，和服製作において基本となる成人女子の，大裁ち女物単衣長着（木綿仕立ての浴衣）を中心に解説する．

a.　和服の寸法

従来の和服は，江戸時代に生まれたとされる標準寸法を用いて，画一的に仕立てられていた．しかし，近年日本人の体格向上により，これまでの標準寸法では対応できない箇所が見られるようになってき

表 2.4.5 大裁ち女物単衣長着の寸法例（文献1，pp.40-41）

	項目	寸法例（cm） 小	中	大	設定（cm）
丈	身丈	150	160	170	身長＋2～3
	衽下	77	82	88	身長／2＋2～3
	袖丈	49	49	49	
幅	後ろ幅	27	29	31	腰囲　小 86
	前幅	21	23	24	中 92
	衽幅	15	15	16	大 98
	合褄幅	13.5	13.5	15	基本は衽幅－1.5
	裄	63	65	67	肩幅＋袖幅
	肩幅	31	32	33	袖幅より広くならない
	袖幅	32	33	34	
	衿幅（ばち衿）	衿肩あき5.5	衽下がり6.5	衿先7.5	
標準寸法	袖口		23		
	袖付け		21～23		低身長は21
	衽下がり		21～23		低身長は21
	身八つ口		15		
	衿肩あき		8.5		
	袖丸み		2～10		若い人は大きく
	繰り越し		2～3		

た．そのため，身長・裄・腰囲の3項目を寸法設定する．身長は，丈寸法である身丈，衽下を決定するために行う．裄は肩幅と袖幅に分割する．長着の形態は背中心から袖口まで一直線であることから，測定は，両上肢を90°水平側挙し，頸椎点から尺骨突起中点までとする．他の計測方法には，上肢下垂・30°・45°などがあり，計測初心者にとって誤差が少ないので良法である．体型や好みにより，この値に寸法を増減してもよい．最大周径の腰囲は，幅寸法である後ろ幅，前幅，衽幅を決めるのに必要である．

- 身幅割り出しの計算式（腰囲92 cmの場合）
  全体の身幅＝腰囲＋前打ち合せ*10)＋ゆとり量（3～4 cm）
  前　幅＝38 cm－衽幅（表2.4.5参照）＝23 cm
  後ろ幅＝（腰囲－前打ち合せ＋ゆとり量）/2＝29 cm

標準的な腰囲であれば，この割り出し寸法を使用すればよい．寸法例を表2.4.5に示す．

b．和服の裁断としるし付け

1970年代の反物の長さは1,140 cm（3丈），幅は36 cm（並幅）が標準であった．しかし，近年丈は1,200 cmから1,300 cm，幅は38 cmから40 cmとなり，丈

---

*10）前打ち合わせ＝前幅＋衽幅
　　　　　　　　　＝腰囲／2－前後の差（8～9 cm）
　　　　　　　　　＝38 cm

は長く，幅は広くなっている．その結果，高身長で長い裄寸法を製作することは可能となったが，身長が低く裄寸法が短い場合は，幅が広すぎて柄が脇に寄りすぎるという不具合も生まれてきた．また，近年の反物では，折注染（表裏のない伝統的な染色方法によるもの）が少なくなり，片面のみ一方向にローラーを用いる染色や，布幅に耳がない反物も販売されているため，これまでの柄合わせやしるし付けでは，対応することが困難となってきている．

1）大裁ち女物単衣長着の裁断　　出来上がり寸法に縫い代を加えた裁ち切り寸法を用いて裁断する（図2.4.81）．
- 裁ち切り身丈：でき上がり身丈＋裾衽け代（2 cm）
- 裁ち切り袖丈：でき上がり袖丈＋縫い代（3 cm）
- 裁ち切り衽丈：裁ち切り身丈－20 cm
- 裁ち切り衿丈：掛け衿（共衿）（90～95 cm）の残布

2）小裁ち（一つ身）・中裁ち（四つ身）の裁断
図2.4.82と図2.4.83に示す．

3）大裁ち女物単衣長着のしるし付け（ここでは表2.4.5の中寸法を用いる）

しるし付けの注意点は以下の通り．
- 布は中表に重ね，上部にあたる方を左に，裾の方を右に置く．
- 布は布目をまっすぐ通してへら台に平行に置く．
- 布はすべてしるし付けが終わるまで動かさない．

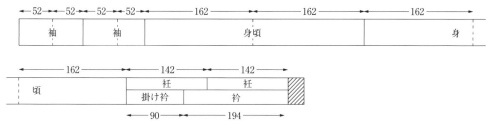

図 2.4.81 大裁ち女物単衣長着裁断図（文献 2, p.43 より引用改変）

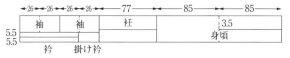

図 2.4.82 小裁ち（一つ身）裁断面（文献 3, p.33 より引用改変）

図 2.4.83 中裁ち（四つ身）裁断面（文献 3, p.187 より引用改変）

- へらはしっかり握り，付ける長さは 1.5 cm 位とする．
- 丈しるしを先に，幅しるしを後にする．丈のしるしは 10 cm 間隔に，幅のしるしは等分にするとよい．
- 着用時にしるしが表に出ないよう，目印へら・一字べら・T 字べら・十字べらの使い分けをする．目印へらは，正式なへらを付ける前に，目印として付けるへらのことである．
- へらでしるしが付かない場合は，チャコペンなどを使用する．

i) 袖　1 枚ずつ中表に二つに折り，重ねてしるし付けをする．左に袖山側（上部），向こうに袖口側を揃えて置き，袖下 4 枚を裁ち揃える．図 2.4.84 に示す．

① 袖丈 + きせ[*11]（49.2 cm）：50 cm のものさし 1 本で，しるし付けができ能率的である．

② 袖口（23 cm）：1 cm 以下の短いへらにする．

③ 袖付（23 cm…目印へら）

④ 袖口絎け代（1 cm），袖口下縫い代（1 cm）

⑤ 袖幅 + きせ（33.4 cm）：④から手前に取り，袖下は十字べらにする．再度，袖山から袖付け寸法を

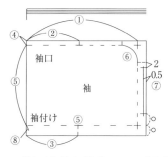

図 2.4.84 袖しるし付け（文献 3, p.191 より引用改変）

とり T 字べらにする．

⑥ 丸み（7 cm）：型紙を用いて通しべらにし，最初と最後は T 字べらにする．

⑦ 袖下袋縫い

⑧ 山印：前後の中心のしるし．

ii) 身頃　2 枚を中表に重ね，背縫い側を揃えて手前に置き，左を肩山として下に前身頃を置き，上に後ろ身頃を重ねる．裾 4 枚を裁ち揃える．

- 後ろ身頃：図 2.4.85 に示す．

① 背縫い代（1 cm）：柄，布幅により 2 cm でもよい．

② 裾絎け代（2 cm）

③ 袖付（23 cm…目印へら）

④ 身八つ口（15 cm…目印へら）

⑤ 後ろ幅 + きせ（29.4 cm）：肩幅，後ろ幅の差が 2

[*11] きせの寸法は，衿を 0.1 cm，他を 0.2 cm とする．

250　　　　　　　　　　　　　　　　　　　　2　生　産

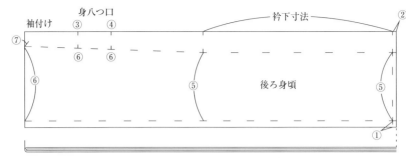

図2.4.85　後ろ身頃しるし付け

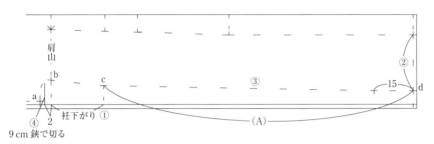

図2.4.86　前身頃しるし付け

cm以下であれば，身八つ口と裾で寸法を取り結ぶ．それ以上（ここでは3cm）であれば袖付けの傾斜が大きくなるため，脇裾の十字から衿下寸法をとり，その位置で裾と結ぶ．裾は十字べらにする．

⑥肩幅＋きせ（32.4cm）：肩山と⑤を結ぶ．再度，肩山から袖付け，身八つ口の寸法をとり，それぞれT字べらにする．

⑦山印

・前身頃：後ろ身頃2枚を静かに左に開き，脇，裾のへらをもう一度上から付ける．図2.4.86に示す．

①衽下がり（23cm…目印へら）

②前幅＋きせ（23.4cm）：裾の脇しるしから手前にとり，十字べらにする．

③衽付けしるし：裾から15cmまっすぐ取り，①から向こう側に，裁ち切り衿肩あきと同寸法（9cm）を取った点と結び，T字べらにする．c〜dの衽丈を測っておく．（A）

④衿肩あき：肩山から2cm左に，手前の耳から9cm入って通しべらでしるしを付け，しるし通りにはさみで切る．

⑤衿付けしるし：背縫いしるしで2cm，衿肩あきより0.3cm外を通り，図2.4.87のようにしるしを付ける．衿肩あき寸法B（a〜b）と，衽下がり寸

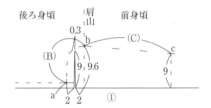

図2.4.87　衿付けしるし（文献1，p.138より引用改変）

法C（b〜c）を測っておく．

ⅲ）衽　2枚を中表に重ね，衿下側の裁ち目を揃えて手前に置き，右の裾を裁ち揃える．図2.4.88に示す．

①裾衽け代（2cm）

②衽丈（前身頃Aの寸法…目印へら）

③衿下（82cm）

④衿下衽け代（1.5cm）：衿下はT字，裾は十字べらにする．

⑤衽幅＋きせ（15.2cm）：④裾の十字から向こう側へとる．

⑥合褄幅＋きせ（13.7cm）：衿下しるしのT字から向こう側へとる．

⑦衽丈（A寸法）：裾から⑤の寸法を15cmまっすぐとり，⑥を通って②の衽丈の長さまで延長する．再度，線上にA寸法をとり十字べらにする．

⑧衿付けしるし：⑥の衽丈しるしより0.3cm手前

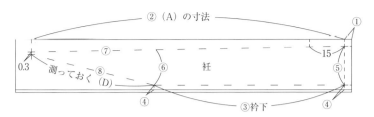

図 2.4.88 衽しるし付け

に十字べらを入れ，衿下しるしと結ぶ．衽衿付け寸法を測っておく．(D)

iv) 衿　ここでは，掛け衿（共衿）と地衿を先に縫い付け，2 枚で衿付けを行う方法とするため，それぞれ中表に二つに折り，重ねてしるし付けをする．左に山側（上部），手前に衿付け側を揃え，下に掛け衿を置き，その上に地衿を重ねる（図 2.4.89）．

① 衿肩あき：前身頃④計測寸法 B + 0.2 cm．1 cm 以下の短いへらにする．

② 衽下がり：前身頃④計測寸法 C + 0.2 cm．1 cm 以下の短いへらにする．

③ 衽衿付け寸法：衽⑦計測寸法 D

④ 衿付け縫い代（1 cm）

⑤ 衿幅：出来上がり衿幅 × 2 + 0.1 cm

⑥ 山印

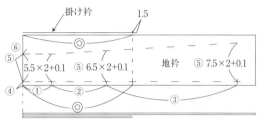

図 2.4.89 衿しるし付け

⑦ 掛け衿縫い代：布端から 1.5 cm 山側へしるしを入れ，それぞれ十字べらにして結ぶ．　〔小山京子〕

参考文献
1) 木野内清子ほか：基礎きもの，白水社，1987.
2) 岩松マス：和服裁縫 前篇，雄鶏社，1968.
3) 成田　順，石原アイ：和裁の研究，同文書院，1972.

2.5　被服の設計・製作・構成方法：工業縫製

2.5.1　スーツの歴史と日本の紳士服スーツの歴史[1-3]

a. スーツとは

スーツは，「長袖上着 + ズボン + ベスト + シャツ + タイ」の組み合わせであると定義されている．必ずしも上下同一の素材のものがスーツと呼ばれてきたわけではなく，例えば，ディレクターズスーツは上下同一素材ではないがスーツと呼ばれる．上下同一素材で仕立てた服を指す言葉にはディトーズ（dittos）がある．

b. 現代スーツの祖先—ラウンジスーツの誕生

1860 年頃，寛ぎのためのインフォーマルな服として，ラウンジジャケット（アメリカではサックスーツと呼ばれる）が登場する．ダイニングルームでは燕尾服を着ていた時代，食後ラウンジに移って食後酒やタバコを嗜みながら談笑するときにテイルが付いていると邪魔で堅苦しかった．テイルもなくゆったりとしたジャケットが寛ぎの気分にかなったのである．これがラウンジ専用ジャケットであり，やがてカジュアルウェア，スポーツウェアとして着られ始める．上着が筒型になるのに歩調を合わせてズボンもゆとりをもった筒型になっていった．その後上下を同じ素材で仕立てたラウンジスーツが登場する（図 2.5.1）．これがスーツの直接の祖先である．ラウンジスーツはパットなし，ダーツなし，丸い肩でゆったりとしたシル

図 2.5.1
1860 年 ラウンジスーツ[4]

図 2.5.2
1900 年頃[2]

図 2.5.3
1910 年代初期[2]

図 2.5.4
1910 年代後期[2]

図 2.5.5　1920 年 米国[5]

図 2.5.6
1920 年代初期 米国[2]

図 2.5.7
1920 年代後期 米国[2]

図 2.5.8
1935 年 米国[5]

図 2.5.9
1940 年代（1930 年代後期〜）
イングリッシュドレープスーツ[2]

エットが特徴である．

c．ラウンジスーツ以降

スーツは150年間同じ形を保ち続けてきた．スーツは絶えず微妙にスタイルを変えているが，それでいて同一の形態をもち続けている．

1）　1900 年頃のスタイル（図 2.5.2）　着丈が長く，ルーズフィット，ボタン位置は高く，肩に大量にパットが詰められラペルは極端に小さく，袖はたっぷりと長かった．組下は，腰まわりはゆったりと作られ，裾口は極度に細く，先細りのシルエットであった．このズボンの型はペグトップと呼ばれた．

2）　1910 年頃のスタイル（図 2.5.3，図 2.5.4）　1910 年代初期はオーバーサイズの丈の長い上着，ペグトップ型ズボンで，1910 年代後半はナチュラルショルダー・スーツ，つまり，ナチュラルショルダー，ハイウエスト，細身のシルエット，センターベント，上下とも身体にピッタリしたシルエットが主流となる．ズボンのクリーズラインをイギリス国王エドワード7世がロンドンで流行させた．

3）　1920 年頃のスタイル（図 2.5.5，図 2.5.6，図 2.5.7）　ナチュラルショルダー，身体にタイトなチューブライン，ノーベントが特徴で，1920 年代後期ウエスト絞りが緩くなり，ストレートラインのシルエットが流行し，パンツも少しゆとりのあるラインになり，タックが現れた．主にアメリカでジャズスーツが流行した．ニッカースーツが流行し，アメリカの学生の間でオックスフォードバッグス（ニッカーの上に履く）が流行し，アイビーリーガーが真似をした．

4）　1930 年頃のスタイル（図 2.5.8）　イングリッシュドレープスーツ（ブリティッシュブレードスーツ）が流行した．広い肩幅，胸からウエストにかけてのゆったりしたシルエット．幅広のラペルのシングル，ダブルのノーベント，または短いサイドベ

図2.5.10
1940年代後期 ボールドルック
イングリッシュドレープスーツ[2]

図2.5.11
1950年代初期
MrTルック[2]

図2.5.12
1950年代
コンチネンタルスーツ[2]

図2.5.13
1960年
コンテンポラリーモデル[2]

ンツの上着，同じく全体にゆったりした股上の深い組下，丈の短いウエストコートの組み合わせである．

5) 1940年頃のスタイル イングリッシュドレープスーツ（図2.5.9）で，1941年アメリカが第二次世界大戦に参戦したため，アメリカでは緊縮令によってスペアズボン，燕尾服，モーニング，ダブルのタキシード，パッチポケット，裾の折り返し禁止などが1945年まで行われた．1948年から1950年のアメリカでボールドルック（図2.5.10）が流行し，上着は広い肩幅，広いラペル，強い胴絞り，組下はたっぷりとしたドレープで屈強なタフガイルックを強調した．

6) 1950年頃のスタイル MrTルック（図2.5.11)，別名「スリーティールック」が1950年代初期に流行し，ボールドルックの過ぎた部分の修正から，肩幅もラペル幅も狭く，全体にほっそりしたシルエットとなった．スリーティーとは，tall（高く)，thin（細く)，trim（きちんとした）の略である．アイビーリーグモデル―ナチュラルショルダー，胴絞りのないボクシーなシルエット，細めのノッチドラペル，シングル3ボタン上二つ掛けの上着，組下のシルエットは細身の直線的パイプドステム―が1950年代後半から流行した．ヨーロッパでは，イタリアンコンチネンタルモデル―細いラペル，大きなカッタウェイ，広い肩幅，浅いサイドベンツ，短い着丈，先細り型の組下―が1950年代中頃に流行し，ブリオーニ，リトルコなどの職人的デザイナーが斬新なスタイルを提案した．アルマーニ以前のイタリアンモードである．アメリカンコンチネンタルモデル（図2.5.12)―スクエアショルダー，短い着丈，フロントカッタウェイ，ラペル返り位置の高いシングル2個ボタン，細身の組下―が1958年からアメリカで流行した．

7) 1960年頃のスタイル アメリカントラディショナルモデル―アダルト版ナチュラルショルダー，シングル3ボタン中一つ掛け，段返りラペル，センターベント，胸ダーツなし―がアメリカ東部で流行した．俗にいうⅠ型でアイビーリーグモデルの原型となった．

アメリカ西部では，コンテンポラリーモデル（図2.5.13)―遊び人スタイル（芸能人スタイル）がハリウッドを中心に流行した．アメリカンコンチネンタルを基調にしたモデルで，ラペル返り位置が低く，シングル1個ボタンまたはシングル2個ボタンで，短い着丈，ベントは浅く，ダーツはなく，フィッシュマウスラペル，セミピークドラペルに変わり衿形の上着，組下はベルトレスでテーパードシルエットである．

ブリティッシュシェープドモデル（図2.5.15)―近代ブリティッシュスタイル，コンケーブショルダー，強めに絞ったハイウエスト，上着の裾にフレアーを出す，長い上着丈，シングル3ボタン中一つ掛け，組下裾の

図2.5.14
1960年 アメリカン
トラディショナルモデル[2]

図 2.5.15　1960 年代後期 ブリティッシュシェープドライン[2]
図 2.5.16　1970 年代[2]

フレアー——が 1960 年後期に流行した．

8) 1970 年頃のスタイル（図 2.5.16）　広いラペルのウエストシェープドスーツ，ブリティッシュアメリカンモデル——ラルフローレン，ポールスチュアートなどのスーツ，ナチュラルショルダー，ブリティッシュシェープドモデルほどウエストの絞りは強くない——が流行した．

9) 1980 年頃のスタイル　日本はバブル時代で，アルマーニスーツはポストモダンなスーツであり，モダンが産み出した合理性と機能性を残したまま豊かな生活に目覚めた大衆に夢を見せる，ビジネススーツの新境地を構築した．紳士服の流行は常に先進国で強い国に起きてきた．ルイ王朝時代はパリ，産業革命時代 19 世紀末から 20 世紀初頭の 1940 年頃まではイギリス，第二次世界大戦以降はアメリカが流行の発信地域であった．

10) 日本のスーツ生産の移り変わり　明治初期の洋服職人の工賃は高く，月収は当時の県知事と同じくらいで，巡査の 7 倍，大工左官の 5 倍くらいであった．大工が日当 20 銭の頃，洋服職人は上着 1 枚 1 円の収入を得ていた（上着は 2 日間かかる）．日本のテーラー業界が戦後から立ち直り始め，第 1 回全日本紳士服技術コンクールが主催されたのは 1949 年，敗戦から 4 年後であった．テーラー業界は急成長し昭和 34（1959）年にはテーラーの数が全国に 52,000 店あったといわれている．この年の既製服スーツの平均価格は 1 着 8,000 円で生産量は約 650 万着．オーダースーツの生産量は 430 万着．1960 年代に入ると，全服連などが中心になり，海外の著名なテーラーを招聘し技術指導の講習を始めた．日本の技術はまだ戦前のままであり，本場の技術とデザインを学びたいという思いは，日本中のテーラーがもっていたであろう．昭和 44（1969）年には既製服と注文服のシェアが半々だったが，職人賃金の高騰により注文背広の価格が急激に値上がったため，昭和 48（1973）年には既製服が断然優位に立ち，注文服の生産量は減少へ急激に移行していく．昭和 39（1964）年頃から石津謙介氏率いる VAN がアイビールックを引っ提げて既製服業界に急激に台頭してくる．その他のブランドには JUN，ACE があり，デザイン性を重視した既製スーツは，若い男性のお洒落心をつかみとり，注文服離れという現象がさらに強まる．さらに昭和 48（1973）年に起きた石油ショックによりテーラーを支えていた富裕層が買い控えるようになったため，最盛期には 10 万人といわれたテーラー人口は昭和 52（1977）年にはわずか 1 万人まで減少した．既製服生産が注文服の数量を凌駕してくると，既製服の工場に転職する洋服職人が多くなった．注文服の技術をいかに量産品に生かし，均一で，着心地の良い製品を作ることを多くの紳士スーツ工場は競い合った．1964 年の創業から 1995 年頃までの日本における洋服製造の先駆けである「大阪・谷町」の企業が集って，生産性と技術の向上を目指して創立したのが大阪紳士服団地である．創立当初は「既製服団地」と呼ばれていた．既製服団地の紳士スーツ工場は非常に品質の高いスーツを製造していた．しかし，中国生産の台頭による影響をいち早く受けたのも既製服団地も含めた関西地区の紳士スーツ工場であった．相次ぐ中国への生産の移管により，工場が閉鎖され，技術者達は中国生産の品質向上の技術指導に駆り出されるようになった．お陰で近年の中国の紳士スーツ工場のレベルは，ハイクオリティな製品が縫製できるまでになった．日本の紳士スーツ工場は淘汰が進み，現在日本で稼動している紳士スーツ工場は，今でも世界に誇れる技術力と品質をもった工場のみである．

2.5.2　紳士服のサイズ構成と代表的なサイズ表示[6]
a. 制定・改正の経緯

JIS L 4004 は，昭和 51（1976）年から 3 か年にわたり，関連規格の全面的見直し検討を行った結果，昭和 55（1980）年 3 月 1 日に制定された．その後日本人の体格の向上・変化に伴って見直しが図られ，

人間生活工学研究センターが平成4(1992)〜6(1994)年度にかけて人体測定を行い,男女合わせて約3万4千人の身体寸法178項目と3次元画像が採取され,JIS L 4004の対象となる18〜79歳の成人男子12,686人分のデータが解析された.これに基づき,平成8(1996)年度1月30日開催の消費生活部会で改正が議決された.

b. 体型区分表示

1) 体型区分 チェストとウエストの寸法差によって,表2.5.1の通り体型を区分する.

2) サイズの種類と呼び方 体型区分別のサイズの種類と呼び方は,表2.5.2〜2.5.11による.

表2.5.1 体型区分

体型	意味
J体型	チェストとウエストの寸法差が20 cmの人の体型
JY体型	チェストとウエストの寸法差が18 cmの人の体型
Y体型	チェストとウエストの寸法差が16 cmの人の体型
YA体型	チェストとウエストの寸法差が14 cmの人の体型
A体型	チェストとウエストの寸法差が12 cmの人の体型
AB体型	チェストとウエストの寸法差が10 cmの人の体型
B体型	チェストとウエストの寸法差が8 cmの人の体型
BB体型	チェストとウエストの寸法差が6 cmの人の体型
BE体型	チェストとウエストの寸法差が4 cmの人の体型
E体型	チェストとウエストの寸法差がない人の体型

表2.5.2 J体型(単位cm)

呼び方		88J3	90J4	92J5	94J6	96J7	98J8	100J9
基本身体寸法	チェスト	88	90	92	94	96	98	100
	ウエスト	68	70	72	74	76	78	80
	身長	160	165	170	175	180	185	190

表2.5.3 JY体型(単位cm)

呼び方		88JY3	90JY4	92JY5	94JY6	96JY7	98JY8	100JY9
基本身体寸法	チェスト	88	90	92	94	96	98	100
	ウエスト	70	72	74	76	78	80	82
	身長	160	165	170	175	180	185	190

表2.5.4 Y体型(単位cm)

呼び方		86Y2	88Y3	90Y4	92Y5	94Y6	96Y7	98Y8	100Y9
基本身体寸法	チェスト	86	88	90	92	94	96	98	100
	ウエスト	70	72	74	76	78	80	82	84
	身長	155	160	165	170	175	180	185	190

表2.5.5 YA体型(単位cm)

呼び方		86YA2	88YA2	88YA3	90YA3	90YA4	92YA4	92YA5	94YA5
基本身体寸法	チェスト	86	88	88	90	90	92	92	94
	ウエスト	72	74	74	76	76	78	78	80
	身長	155		160		165		170	

呼び方		94YA6	96YA6	96YA7	98YA7	98YA8	100YA8	102YA9
基本身体寸法	チェスト	94	96	96	98	98	100	102
	ウエスト	80	82	82	84	84	86	88
	身長	175		180		185		190

表 2.5.6 A 体型 (単位 cm)

呼び方		86A2	88A2	90A2	88A3	90A3	92A3	90A4	92A4	94A4
基本身体寸法	チェスト	86	88	90	88	90	92	90	92	94
	ウエスト	74	76	78	76	78	80	78	80	82
	身長		155			160			165	

呼び方		92A5	94A5	96A5	94A6	96A6	98A6	96A7	98A7	100A7	98A8	100A8	102A8	102A9
基本身体寸法	チェスト	92	94	96	94	96	98	96	98	100	98	100	102	102
	ウエスト	80	82	84	82	84	86	84	86	88	86	88	90	90
	身長		170			175			180			185		190

表 2.5.7 AB 体型 (単位 cm)

呼び方		88AB2	90AB2	92AB2	90AB3	92AB3	94AB3	92AB4	94AB4	96AB4
基本身体寸法	チェスト	88	90	92	90	92	94	92	94	96
	ウエスト	78	80	82	80	82	84	82	84	86
	身長		155			160			165	

呼び方		94AB5	96AB5	98AB5	96AB6	98AB6	100AB6	98AB7	100AB7	102AB7
基本身体寸法	チェスト	94	96	98	96	98	100	98	100	102
	ウエスト	84	86	88	86	88	90	88	90	92
	身長		170			175			180	

呼び方		100AB8	102AB8	104AB8	104AB9
基本身体寸法	チェスト	100	102	104	104
	ウエスト	90	92	94	94
	身長		185		190

表 2.5.8 B 体型 (単位 cm)

呼び方		90B2	92B2	92B3	94B3	94B4	96B4	96B5	98B5	98B6	100B6	100B7	102B7
基本身体寸法	チェスト	90	92	92	94	94	96	96	98	98	100	100	102
	ウエスト	82	84	84	86	86	88	88	90	90	92	92	94
	身長	155		160		165		170		175		180	

表 2.5.9 BB 体型 (単位 cm)

呼び方		92BB2	94BB2	94BB3	96BB3	96BB4	98BB4	98BB5	100BB5	100BB6	102BB6	102BB7	104BB7
基本身体寸法	チェスト	92	94	94	96	96	98	98	100	100	102	102	104
	ウエスト	86	88	88	90	90	92	92	94	94	96	96	98
	身長	155		160		165		170		175		180	

表 2.5.10 BE 体型 (単位 cm)

呼び方		94BE2	96BE3	98BE4	100BE5	102BE6	104BE7
基本身体寸法	チェスト	94	96	98	100	102	104
	ウエスト	90	92	94	96	98	100
	身長	155	160	165	170	175	180

表 2.5.11 E 体型 (単位 cm)

呼び方		94E2	96E3	98E4	100E5	102E6	104E7
基本身体寸法	チェスト	94	96	98	100	102	104
	ウエスト	94	96	98	100	102	104
	身長	155	160	165	170	175	180

2.5.3 紳士服採寸方法
a. 体型判断
1) 採寸とフィッティングの体型判断（図2.5.17参照）

1) 上 衣

- イ. 総 丈（右図(a)）
  - ワイシャツの衿下O点より靴のかかとまで垂直に，メジャーを下げて計る．
    （身長－25cm(平均)＝総丈）
- ロ. 上衣丈（右図(a)）
  - 総丈の2分の1が，標準（総丈140cm前後の人）
    ※総丈135cm以下は，1～1.5cm位長めに
    ※総丈150cm以上は，1～1.5cm位短めに
    注）尻が，隠れる程度とする，また，流行，デザインにより変わる．
- ハ. 袖丈（右図(a)）
  - 普通で親指の先端から11～12cmマイナスした寸法で，お客様の好みにより長短があり，年配者や身長の高い人また，若い人は13～14cm位マイナスする．
    注）お客様の好みを充分，確認した上で行う．

- ニ. 肩巾（右図(b)）
  - 左肩，肩縫い目線と袖付け縫い目線交点からO点を通り右肩縫い目線と袖付け縫い目線の交点までの寸法を言う(右図(b)のa)．
    ※チェストとのバランスにより決められる．
    注）ドレープ（右図(b)のb）
  - 背巾左右に運動量として縦にドレープ（ユトリ）が付きます．
    これは前身頃にも付いているユトリで，前身頃では芯により目立ちませんが，取り過ぎると手が前に出難くなります．
- ホ. チェスト（右図(c)）
  - 脇下を水平に指2～3本の余裕を見て採る．
    （洋服は，チェスト寸法と肩巾のバランスが一番大切です）
    尚，上衣の横巾の基準となります．

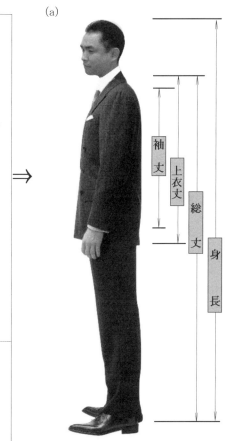

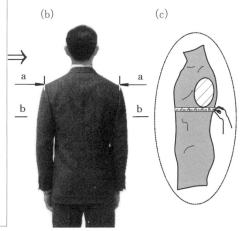

図2.5.17 採寸とフィッティングの体型判断

2) ゲージサンプルや製品の採寸位置（図 2.5.18 参照）

※尚，上記採寸部位，以外に指定がある場合はそれに従うこと．

図 2.5.18　ゲージサンプルや製品の採寸位置

b. 体型観察
1) 正体・反身体・屈身体 (図2.5.19参照)

(a) 体型図

(b) 発生し易い欠点

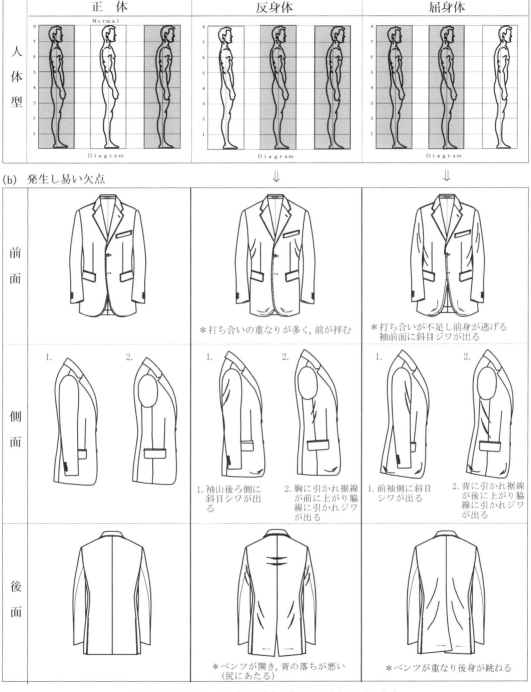

図2.5.19 正体・反身体・屈身体の体型図と発生しやすい欠点

2) 正体・怒肩・撫肩（図 2.5.20 参照）

(a) 体型図

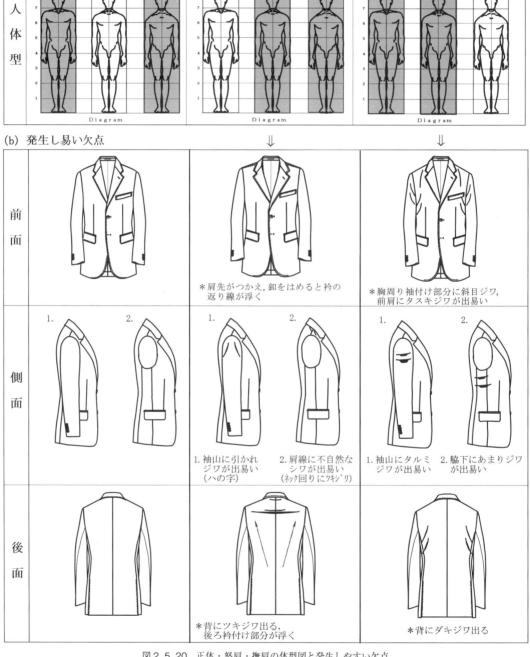

図 2.5.20 正体・怒肩・撫肩の体型図と発生しやすい欠点

3) 第二反身体・鳩胸・猫背 （図2.5.21 参照）

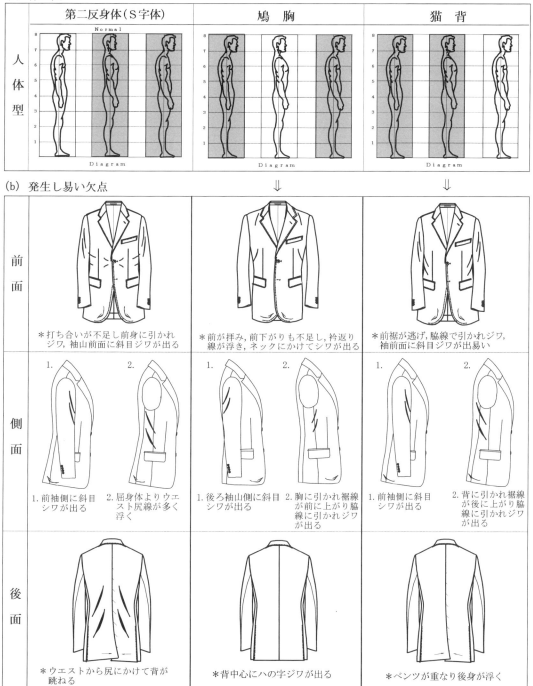

図2.5.21 第二反身体・鳩胸・猫背の体型図と発生しやすい欠点

c. 補 正
1） 反身体の欠陥状態による補正方法（図 2.5.22 参照）

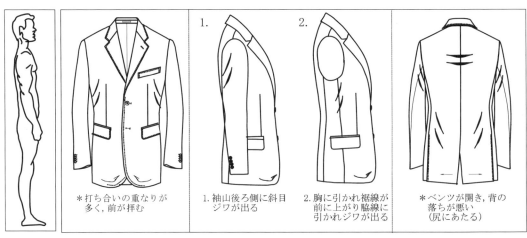

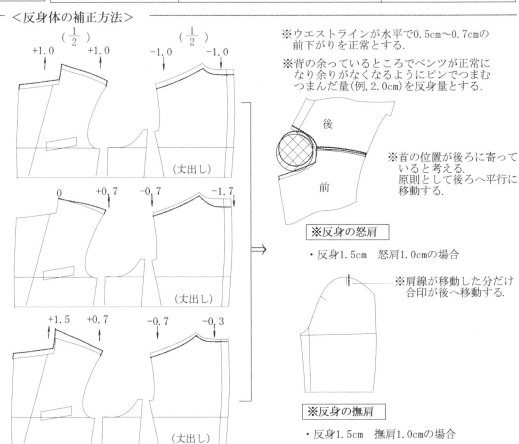

図 2.5.22 反身体の欠陥状態による補正方法

2) 屈身体の欠陥状態による補正方法 （図2.5.23参照）

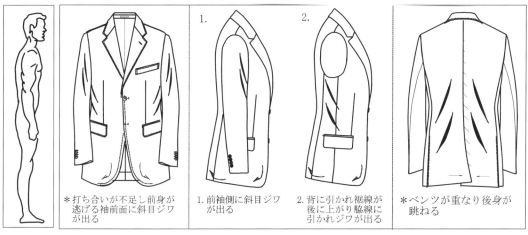

* 打ち合いが不足し前身が逃げる袖前面に斜目ジワが出る
1. 前袖側に斜目ジワが出る
2. 背に引かれ裾線が後に上がり脇線に引かれジワが出る
* ベンツが重なり後身が跳ねる

― ＜屈身体の補正方法＞ ―

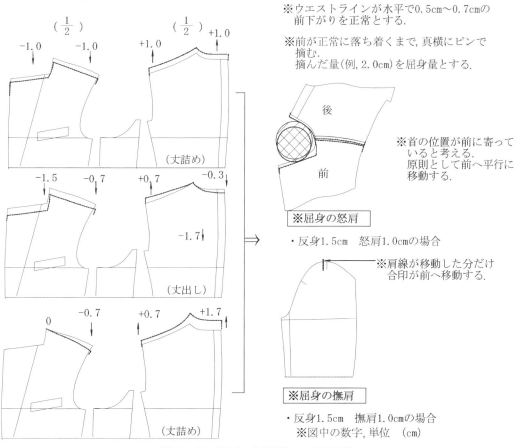

※ウエストラインが水平で0.5cm〜0.7cmの前下がりを正常とする.

※前が正常に落ち着くまで, 真横にピンで摘む.
摘んだ量(例, 2.0cm)を屈身量とする.

※首の位置が前に寄っていると考える.
原則として前へ平行に移動する.

※屈身の怒肩

・反身1.5cm　怒肩1.0cmの場合

※肩線が移動した分だけ合印が前へ移動する.

※屈身の撫肩

・反身1.5cm　撫肩1.0cmの場合
※図中の数字, 単位（cm）

図2.5.23　屈身体の欠陥状態による補正方法

3) 怒肩の欠陥状態による補正方法（図2.5.24参照）

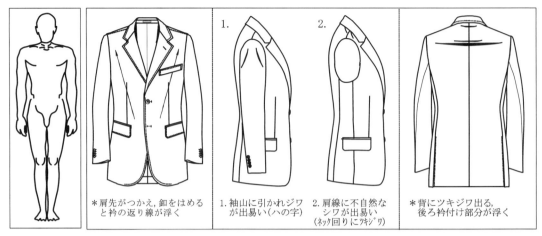

― <怒肩の補正方法> ―

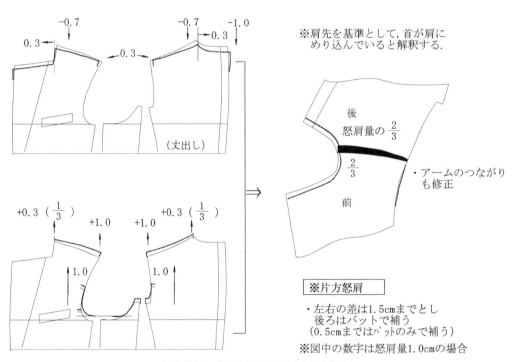

図2.5.24 怒肩の欠陥状態による補正方法

4） 撫肩の欠陥状態による補正方法（図2.5.25参照）

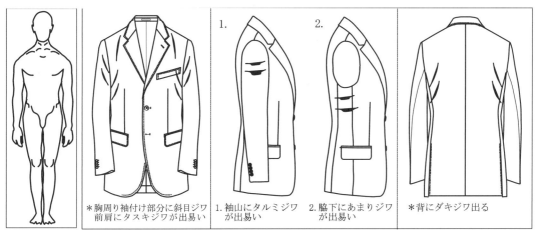

― <撫肩の補正方法> ―

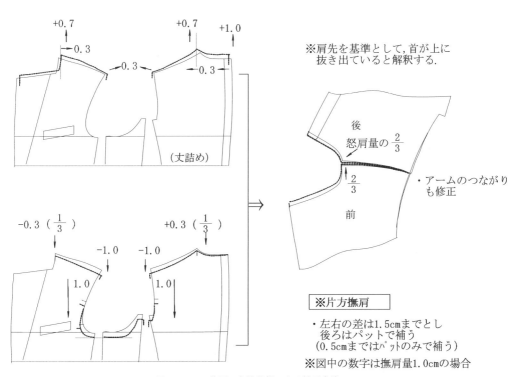

図2.5.25 撫肩の欠陥状態による補正方法

5) **第二反身体（S字体）の欠陥状態による補正方法**（図2.5.26参照）

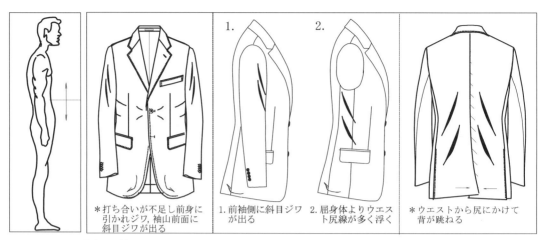

─ ＜第二反身体の補正方法＞ ──────────

・第二反身体（S字体）は，

　ウェストより上が屈身体でウェストより下が反身体という体型であり

補正段階では，

　上下体型の強い方を重視し，p.261およびp.262を参照とする．

図2.5.26　第二反身体（S字体）の欠陥状態による補正方法

2.5 被服の設計・製作・構成方法：工業縫製

6) 鳩胸の欠陥状態による補正方法（図 2.5.27 参照）

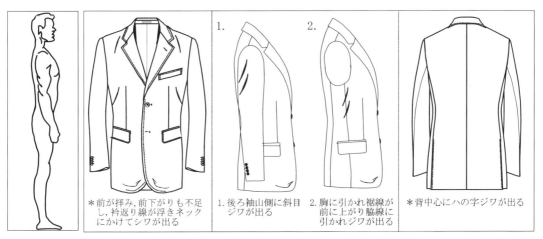

― ＜鳩胸の補正方法＞ ―

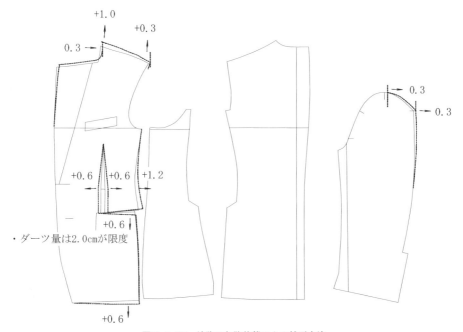

図 2.5.27　鳩胸の欠陥状態による補正方法

7) 猫背の欠陥状態による補正方法（図2.5.28参照）

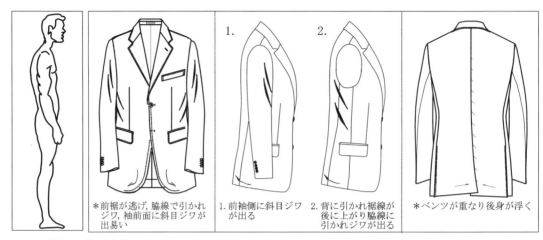

― ＜猫背の補正方法＞ ―

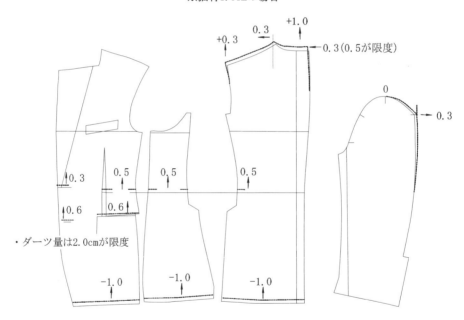

※丈の出し，詰めに対し，ウエストは2分の1，上下する
　　　　　　腰ポケットは3分の2，上下する
　　　　　　胸ポケットは5分の1，上下する

※図中の数字は単位(cm)

図2.5.28　猫背の欠陥状態による補正方法

2.5.4 製図・設計：ジャケット・スラックス（図2.5.29〜図2.5.31参照）

*〈パターンは全て上がり製図〉

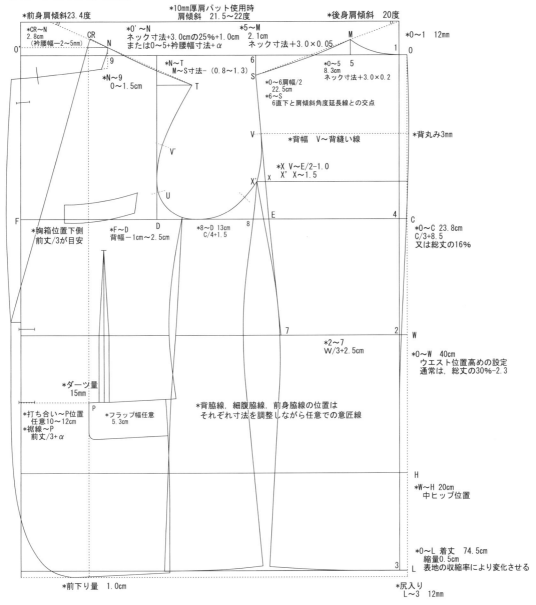

適用寸法

身長	170cm	尻囲（ヌード）	97cm
総丈	148cm	尻囲仕上がり	107cm（10cmゆとり）
着丈	74cm	ネック寸法	38.5cm
肩幅	45cm	C（胸囲/2）	47cm
胸囲（ヌード）	94cm	W（腰囲仕上がり/2）	48.5cm
胸囲仕上がり	110cm（16cmゆとり）	袖丈	61.0cm
腰囲（ヌード）	82cm	アームホール	51.0cm
腰囲仕上がり	97cm（15cmゆとり）	袖口幅	14.0cm

図2.5.29　ジャケット（身頃）の製図・設計

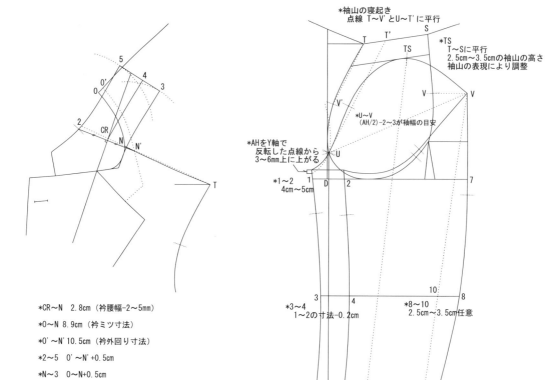

*CR〜N 2.8cm（衿腰幅-2〜5mm）

*O〜N 8.9cm（衿ミツ寸法）

*O'〜N' 10.5cm（衿外回り寸法）

*2〜5 O'〜N'+0.5cm

*N〜3 O〜N+0.5cm

*3〜4 3.0cm（衿腰幅）

*4〜5 4.0cm（衿羽幅）

図2.5.30 ジャケット（衿，袖）の製図・設計

2.5 被服の設計・製作・構成方法：工業縫製

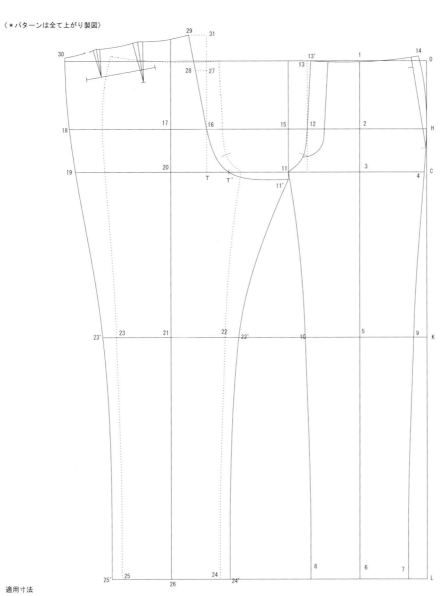

図 2.5.31　スラックスの製図・設計

2.5.5 副資材—スーツの主要副資材

1) 加工毛芯

- 用途：身頃，肩，バストの立体形状の美しさを安定的に成型する．
- 種類

①総毛芯（フル毛芯）—トラディショナル仕様で使用する加工毛芯：最も伝統的な仕立て方法で，前身頃に基本的には接着芯を使用しない．肩から裾までの立体感，着用感の追求，表地の風合いを生かすことができる．

②衿付き胸増し芯—セミトラディショナル仕様で使用する加工毛芯：前身に接着芯をラペルを除き貼り，ボタン位置の下あたりから毛芯を省く．表地の安定と縫製工程の時間削減が目的．

③胸増し芯—胸まわりのみ立体感および補強目的で使用する加工毛芯：前身前面に接着芯を貼る．

④肩増し芯—肩まわりのみ補強目的で使用する加工毛芯：前身前面に接着芯を貼る．

2) 肩パット

- 用途：美しいシルエットの構築，着用感の向上，体型の欠点を補うために用いる．
- 種類：一般に使用する綿は紡績工場から出る落綿で，アメリカ綿，オーストラリア綿，中国綿，メキシコ綿が多く使われる．

3) 袖綿（たれ綿）

- 用途：袖山，袖山前後シルエットの構築および，袖の前後の膨らみを出すために用いる．綿1枚のものから，フェルト，毛芯4枚構造の工夫をした作りのものまでさまざまある．

4) 裏地

- 用途：着用感，すべりの良さ，形態安定性，保湿性などが目的で使用する．
- 種類：キュプラ，ナイロン，ポリエステルなどを使用する．キュプラは吸湿性があり，すべりが良く着用感が良い．

5) ボタン

①貝ボタン—白蝶貝，黒蝶貝，メキシコ鮑，高瀬貝，広瀬貝などが原料．

②ナットボタン—南米エクアドル産のタグワ椰子の木の実が原料で，美しい肌艶と象牙木目をもつ

③水牛ボタン—水牛の蹄，角が原料．

④ポリエステルボタン—石油が原料で貝調や水牛角調などに仕上げられる．

2.5.6 工場生産

既製服の縫製工場では，取引先であるアパレルメーカーなどから受注し生産を行い，納品することが基本的な流れになる．しかしながら取引先により縫製工場への原反や，副資材，パターンの投入方法などの形態の違いがあり，受け入れ側である工場が自身の工場生産における仕組みをしっかりとルールや決まりごとに則り運営していかなければ成り立たないといえる．以下に例として紳士スーツ工場における生地の投入段階からの工場生産の流れと注意点を順を追って説明する．

裁断計画から，パーツの縫製，本流ライン，仕上げプレスの流れはすべてつながっており，投入前から生産計画をしっかり立て，縫製ラインを淀みなく稼動させ，仕上げプレスも生地のプレスの難易度まで加味しプレスの生産性と納期を兼ね合わせた，計画を立てることが重要である．

① 解反・放反： 紳士スーツ工場では，緩和収縮，熱収縮，ハイグラルエキスパンションなどの表地の動きを原反入荷から，製品出荷までコントロールすることが品質管理において重要である．解反とは巻かれた状態で入荷された原反をできるだけ早く解いて折り畳んだ状態にし，巻かれていた張力から解放することで，梱包状態で発生したしわ，輸送中に出来た加重しわなどを取り除く．放反とは解反した原反を一定時間放置し素材をリラックスさせることで，原反の巻き取り時にかかった反始，反央，反末の加重差を戻すために行う．

② 検反： 工場は入荷した原反の検反を行う．消費者に素材不良の商品が供給されないように生産する前に全反検査を行う．原反表示の確認（色番，反番，総長，S箇所，純長），生地の表・裏の確認，布目，毛並み，生地幅，有効幅，風合い，しわ，織疵，飛込み，中希，染めむら，斜行，柄ピッチなどの確認を行い，検反報告書の作成と関連部署への通達を行う．

③ 縮絨（スポンジング）： 紳士服，特にスーツの表地は毛織物が主体であるが，生地メーカーから納品される表地は基本的には整理加工を施した表地が原反として納品される．表地は工場に納品されるまでに，いろいろな工程を経過する間に引き伸ばしや歪みが付与され，さらに原反の巻き取り時にかかる張力により本来の性質とは違う状態になっお

り，緩和収縮が潜在している．この緩和収縮を取り除き，寸法安定化，および生地のもつ本来の状態に戻すことが縮絨（スポンジング）の目的である．工場での縮絨の温度は 90℃ ほどが整理加工された状態に戻せる温度であり，生地本来の状態に戻せる設定である．

④ **素材特性テスト**：　表地の収縮，可縫性，接着条件の確認などを把握し対応するために事前に，工程寸法変化試験，素材加工変化試験，ハンドリング試験，接着剥離強度試験を行う．特に品質を左右するのが，ハイグラルエキスパンションの対応をどのように行っているのかであり，紳士スーツ工場では重要になる．工程寸法変化試験により，製品完成後の湿度変化による製品の状態の変化を予測することができる．工程寸法変化試験のデータを活用し，縫製工程での湿度コントロールを行い，ハイグラルエキスパンションなどの表地変化によるブクツキやバブリング，パッカリングを最大限に抑える縫製対応を行い，日本の四季の湿度変化に対応できる製品を実現する．

⑤ **工業パターン作成，グレーディング，各種工程ゲージ作成，仕様書作成**：　工業パターンとは，そのまま裁断できるパターンのことである．裁断し縫製工程に工場のルールで流せる状態に表型，裏型，芯地型，ゲージ類を作成する．工業パターンがマスターサイズで完成したら，グレーディングを行いサイズ展開を行う工場独自のフォーマットで仕様書を作成し，各班ごとに仕様書を確認する部分を決めて流すことは間違いの発生を防ぎ，生産効率も上げることにつながる．

⑥ **型入れ（マーキング）**：　型入れ（マーキング）とは要尺を少なくするために裁断に必要な型紙を布上などに組み合わせて配置することである．製品コストの中で高い割合を占める原材料費は素材の要尺により決まる．マーキング作業では歩留まり率を高くするように工夫をして，要尺を極力少なくすること，見積もり時の要尺を超えないようにし，サイズ展開による要尺のバラツキも大小サイズの組み合わせで吸収していく．

⑦ **延反**：　延反とは生地を裁断するために必要な長さや枚数に従って台の上に広げることである．ハンドによる延反，延反機を使用する延反があるが，生地にテンションをかけないで縦・横の地の目を通しながら，耳を揃える作業である．

⑧ **裁断（カッティング）**：　延反された素材上にマーキングされたマーカー紙を乗せ固定して裁断する．素材の特性や重ね枚数に合わせたカットスピードで作業し，パーツの裁ちずれや歪みを防ぐと同時に，裁ち刃やドリルを垂直に運びカットパーツの上下に誤差を発生させないようにする．正確な裁断を行うことにより良い製品ができる．基本的に無地の生地や，接着をしないパーツはパーツに余裕をつけないマーカー図で完全裁ちを行えるが，柄合わせや，接着を行うパーツは粗裁ちを行い，裁断後に柄合わせまたは接着加工後に重ね合わせを行い，正確なパーツに完全裁ちを行う．裁断する機械には CAM，バンドナイフ，丸刃裁断機，縦刃裁断機がある．裁断は無地，ストライプ，格子の順で作業の負荷が大きく違ってくる．

⑨ **接着工程**：　紳士テーラードの縫製仕様では，前身頃や見返しに部分的に接着芯を貼り表地を補強したり，ハイグラルエキスパンションなどの生地の動きを弱くしたりする目的とで接着を行うことがある．最近は接着機の種類はローラー型接着プレス機が主流となっている．表地に適正な温度と圧力をかけ，樹脂を溶かし表地に浸透させ接着力を得る．接着前に生地と芯地の特徴や性能を把握して作業をしないと予測もしなかった問題が発生することがあるので要注意である．

⑩ **縫製**：　素材に対してミシンやアイロンの調整が上手くいっていない場合と素材や素材対応の方法に問題がある場合とがある．素材の特性を把握してそれに合わせた縫い方，ミシンの調整[12]，アイロンの温度や蒸気量の調整を行う．縫い目に欠点が発生すると，機能性の面で欠陥品となり不良品として納品できなかったり，返品になる．例えば縫い糸切れ，表地の地糸切れ，縫い目のスリップ，滑脱，縫い目飛びなどがある．

　美観的な許容範囲の観点から指摘される欠点としては，縫いつれ（パッカリング），縫い伸び，糸引け・

---

[12] ミシンの調整：縫い針（番手，針先形状，材質），押さえ金（種類，材質），針板（針に合わせる），送り歯（高さ，歯の枚数，材質），糸取りバネ，糸調子，押さえ圧，縫いスピード（回転数），送り量，運針数などを素材に合わせて調整する．

糸返り，縫い代のアタリ，縫い代セット不足，蒸気むらや水染みなどがある．縫い目の美しさや性能を確保し，さらに事故を防ぐために素材に関する可縫性のデータを参考にして各々の調整を行うことが必要である．

可縫性試験として，素材加工変化試験，工程寸法変化試験，ハンドリング試験，接着剥離強度試験を行う．

紳士スーツ工場の縫製ラインは，縫直人数で50〜100名規模の1ラインの縫製工場が多い．グレードにもよるが，1着あたりの縫製工程数が250〜350工程，時間では6,000〜18,000秒ほどを掛けて縫製している．同じ縫い方をしていても工程数はカウントの仕方で増減できるので，1着あたりの縫製時間によりグレードや出来上がりを判断することができる．本流1ラインの他に，パーツ（前身・袖・背中・衿・見返し）工程がある．本流の流れに合わせパーツの供給を在庫過多や不足にならないようにする．裁断計画から，パーツの縫製，本流の流れまではすべてつながっており，投入前から生産計画をしっかり立て縫製ラインを滞ることなく稼動させることが大切である．

日本は四季があり，湿度変化が大きい．スーツの既製品の生産時期は，湿度が高い春夏物を着用する時期に工場では秋冬物を縫製し，湿度が低い冬物を着用する時期に工場は春夏物を生産している．着用する時期と生産する時期の湿度が正反対のため，湿度の影響を商品が受けて購入したときと比較し変化を起こしやすく，クレームにつながることが多々ある．それを防ぐためには，縫製時の湿度管理（コントロール）が重要になる．

湿度のコントロールは各縫い目のパッカリング防止，前身のブクツキ防止を目的に行う．表地が乾燥して縮んだ状態で縫製したり，芯据えをしたりすると，湿度が高いときに表地が伸びてきて，縫い目の糸の長さが不足してくるためにパッカリングが発生する．総毛芯仕立ての縫製方法の時に表地が乾燥状態で芯据えすると前身のブクツキが発生しやすくなる．

湿度をコントロールする工程として，背中心縫い・脇縫い・袖縫い工程，芯据え工程，見返し据え工程，背地縫い工程などがある．

コントロールにあたっては，事前に工程寸法変化試験で取得したデータに基づき表地の経緯の伸度，ハイグラルエキスパンションの程度や，熱収縮率，加湿によりどれくらい伸びるか，霧吹きすることによりどのように動くかを考えて，加湿ボックスに入れる時間や，霧吹きを併用するなどの手法を決定し，先上げ見本時，量産先流し数着でテストして結果を見極め，量産を流していく．

簡単に工程順に流れと要点を説明する．衿，袖，背中，見返しを，各班にて湿度コントロールを行ったうえで，ラインの流れに合わせ作っておく．前身頃の工程は，ダーツ縫いから，見返し据え工程までの工程である．ダーツ縫いはダーツ止まりがエクボにならないようにダーツ止まり付近をインカーブで抜けるように縫うことが大切である．ダーツ処理や前脇割りを行う．この際にくせとりされた前身の形状が最後まで維持されることが大切である．

次に腰ポケット，胸箱ポケットを作り，湿度コントロールを行い，芯据えを行う．芯据えは表地の伸度，毛芯の特徴，特性を考慮して，毛芯の力によりブクツキを防止できるようにしっかり縦にゆとりを入れることが重要である．芯据え後に返り線テープを吊り，胸のボリュームをしっかり出し，ラペルの八刺しを行う．

前身セットプレスを行い，表地，毛芯を一体化させる．ここまでが前身の工程である．その後加湿または，エイジングを行い，前身を自然な状態にしてから，本流組み立て工程の始まりとして，見返しを前身に据える．見返し据えの善し悪しでラペルのピリつきや，雨にぬれた後などにラペルのピリつきが回復しないことが起きるので注意が必要である．

前返し，肩パット付け，背脇縫い前も湿度コントロールを行い背脇地縫い，背脇縫い目割りアイロン，肩地縫い，肩割りアイロンによりしっかりくせとりを行い，肩甲骨に背中のボリュームを出す．ゴージ縫いを行い，衿を付け，ゴージをアイロンでしっかり割る．ゴージラインと肩縫い目が繊細に細くなると高級感が出る．

袖付け前に，袖のアームホールのグシ縫いを行い，アイロンでいせを処理しておくと袖付けも行いやすく，いせ量も多く入れられて着用感が向上する．袖付けミシンで袖付けを行い，袖山の処理を行う．次に身頃のアームホールを毛芯に閉じていく．閉じ方が非常に重要で，ダーツ処理，芯据え，肩割り，ネック止め，により前肩分量を出し着用感を向上させる

作業を行ってきており，この作業で仕上げる．次に身頃裏を被せ，アームホールを閉じミシンで裄綿を付けながら閉じる．衿穴，前身ボタンホールを空け，前端にハンドステッチミシンでステッチを入れ，縫製ラインが終了する．

　日本のスーツ工場のほとんどはマトメ作業を外注（家庭内職）に出す．マトメ作業は仕様にもよるが，1着1〜3時間ほど掛かる作業である．作業の内容は，ハンドステッチ糸の始末や，肩裏袖裏，袖口，カラークロスや上衿まわりの手まつり縫い，しつけ糸取りが手作業で行われる．マトメ作業を行える内職先が激減しており，スーツ工場にとり深刻な問題になっている．マトメ外注から仕上がってきたら，平面検査を行い，表地裏地のキズや汚れ，ほつれや，糸始末，縫い目のパンク，袋地の縫い忘れがないかなどの検査を行う．ほつれや，不具合は補修を行う．マトメ内職への技術指導，管理も品質を維持向上するには不可欠である．

⑪ **機械プレス**：　平面検査で合格した製品は仕上げ工程に入っていく．まずは機械プレスで仕上げていく．機械プレスの目的として，しつけ糸跡や，生地の表面荒れの修正，縫い目割り，中間プレスで付いたプレスアタリとりなどを行う*13)．機械仕上げの順番としては一般的に，袖プレス，前身プレス，後ろ身プレス，肩プレス，脇プレス，カラーマスター（衿，ラペルプレス），アームホールまわり（ゲンコツプレス），裏地しわとりアイロン，ラペルプレスを行う．次に前ボタンの印つけ，前ボタン付けを行う．

　ここまでで機械プレスは終了し，最終の仕上げアイロンをアイロン台で手作業で行っていく．仕上げアイロンは，お化粧アイロンともいわれ，細かいプレスアタリやしわなどをしっかりとり，ラペルのロール感を出し，肩の雰囲気を整え，表地に艶を与えて品位を高めていく効果がある．仕上げプレスで重要なのはしっかりバキュームを使用し蒸気が表地に残留しないようにすることである．蒸気が残留している状態で出荷すると輸送途中や，売り場へ納品されてから変化を起こす可能性が高くなる．仕上げプレスは表地の色により難易度が左右される．

- プレス機，アイロンの調整：温度，蒸気量，蒸気質，鏝カバー，バキューム量と時間，押さえ圧，当布など．アイロン作業は①スチーミング（加湿で加熱），②ベーキング（加熱・加圧），③バキューミング（吸引で除湿，冷却）の3工程を繰り返す．アタリが起きやすい素材はバキューミングとブローイングを併用する．

- アイロン条件：機種（電蒸，ヒートレス，仕上げ用，中間用），鏝面温度または生地表温度，蒸気温度，蒸気圧，蒸気量，鏝カバー，アイロンの当て方，バキュームの引き方．アイロンマットの考え方として，中間アイロン用は，縫製中の処理のため割り工程などが多く，作業性などから，マットは薄く，硬めが特徴である．最終仕上げ用は，風合い重視の工程が多くマットは厚く柔らかいことが特徴である．

⑫ **検査**：　仕上げプレスが終わると，検針機を通し，針の混入がないことを確認して，最終検査が行われる．規格検査を行い，外観検査を行う．規格検査で問題がないことを確認し，致命的欠点，重欠点，要注意欠点，軽欠点，微欠点を確認し，必要があれば，縫製直し，仕上げプレス直しを行い検査合格するまで繰り返される．売り場と同じように上から当たる照明を設置して，売り場での見え方を確認し，売り場での不具合に対応している工場もある．

- 規格検査：使用原料や表示類（品質，取り扱い，サイズ，原産国など）が指示通りか確認する．縫製仕様書の指示通りの縫い方や，仕様になっているか，サイズが指示通りか確認．着用による機能検査も行う．

- 外観検査：売る立場，買う立場になり製品の出来栄えやバランスをチェックする（原材料不良，裁断不良，縫製不良，マトメ不良，仕上げ不良，汚れ，臭気，色ムラ，中希，柄合わせ不良，毛並み，柄方向間違い，芯地のあたり，縫い目の吊れ，伸び，縫い目の滑脱，縫い目の地糸切れ，縫い目の糸引け，縫い目のあたり，素材表面の荒れ，表・裏のなじみ不良，製品のサイズ不良，色違い）．紳士スーツの外観検査ではハンガーでの出来栄えが非常に重要視されている．

　検査手順は，衿→肩→袖→前身，裾→ポケット→脇身頃，裾→後身，裾→見返し→裏側，裾→付

---

*13) 中間プレス作業や中間アイロンの方法も素材に合わせて事前に決めておく．問題点として，縫い代アタリ，生地テカリ，セット不足，蒸気むらによる表地表面の毛足の乱れ，水染み発生などがある．

帯部品，副資材→縫い糸調子→着用上の状態→平面上→その他，管理事項，の順で行う．

⑬ **出荷**：　検査に合格した商品は，スーツであればサイズやロットの間違いがないように細心の注意を払い，組下と組み合わされ，下げ札や，値札などを品番，色番，サイズを間違えないようにセットする．その後最後に輸送中に汚れたりしないように，ビニールなどが掛けられ倉庫にストックされる．検査に合格し，完成された商品といえども，その後の保管状況によっては，表情が仕上げ前の状態に戻ってしまったり，素材に予期せぬしわやダレが発生して，納品先で大きな問題になることがある．倉庫内の換気や温度，湿度などが影響して起きる問題であり，これらの条件をコントロールできるスペースや倉庫を確保する必要がある．

工場は原材料の入荷から，裁断，縫製，仕上げプレス，検査，出荷まで一貫した流れで成り立っている．工場全体が長い工程でありどこか一つが滞ると，工場の基本的な目標である，品質維持向上，生産性向上，納期厳守の目標達成が困難になる．

〔永野孝志〕

参考文献
1) 中野香織：スーツの神話，文藝春秋，2000．
2) O・E・ショーフラー，W・ゲイル著，高山能一訳：エスカイア版20世紀メンズ・ファッション百科事典，スタイル社，1981．
3) 遠山周平：背広のプライド，亀鑑書房，2000．
4) F. Chenoune: *A History of Mens Fashion*, Flammarion, 1995.
5) S. Blum: *Everyday Fashions of the Twenties—As Pictured in Sears and Other Catalogs*, Dover, 1981.
6) 日本規格協会：成人男子用衣料のサイズ，JIS L 4004．

2.6　品質管理

昨今の消費者意識の高まりや社会に対する企業の影響力の増大に伴って，「企業の社会的責任」（corporate social responsibility：CSR）が問われるようになってきた．また，近年では企業だけではなくあらゆる組織はステークホルダー（利害関係者）に対して「社会的責任」（social responsibility：SR）があると考えるようになっている．

この流れを企業が生産する製品の面から考える．企業は従来からの品質管理活動に加え，顧客を強く意識した品質保証の活動が必要になっている．これはアパレルも同様であるが，他の工業製品と異なる点もあるため，現状の品質管理や品質保証の取り組みについて説明する．

2.6.1　品質：企画品質，設計品質，製造品質

JIS Q 9000-2006「品質マネジメントシステム—基本及び用語」によると品質とは「本来備わっている特性の集まりが，要求事項を満たす程度」となっている．要求事項は「明示されている，通常暗黙のうちに了解されている，又は義務として要求されているニーズ若しくは期待」とある．すなわち，品質は良し悪しを示す性質，形，はたらき，性能，効用について顧客が考える要求や期待の程度と考えてよい．重要なことは品質の良し悪しを決めるのは，生産者ではなくお客様である点である．

a. お客様視点からの品質

お客様視点で見ると品質には「当たり前品質」と「魅力的品質」とがある．

1) 当たり前品質
- 法令を遵守し，安全・安心な商品であること：消費者基本法，製造物責任法（PL法），有害物質を含有する家庭用品の規制に関する法律，家庭用品品質表示法，不当景品類及び不当表示防止法，薬事法，消費生活用製品安全法など
- 物性的な品質に問題がないこと：生地強度（引張り，引裂き，摩耗，破裂など），染色堅ろう度（耐光，洗濯，汗，摩擦，ドライなど），形態安定性（寸法変化，斜行など）

2) 魅力的品質　　購買意欲，再購入意欲につながるような外観（色柄，デザインなど），快適性（風合い，通気性，保湿性など），高機能性（吸水速乾，接触冷感，吸湿発熱，抗菌防臭性など）があることである．

これらの品質のどの部分に重点をおくかは，企業，ブランド，アイテムなどによって異なるが，製品の企画段階から決まる．魅力的品質を追求するあまり，

安全・安心が損なわれることのない，バランスのとれた製品作りが大切である．

生産工程面から考えると製品の品質には企画段階，設計段階，製造段階がある．原材料，付属，デザインなどに関する企画品質，仕様，パターン設計，副資材選定などに関する設計品質，裁断，縫製，仕上げなど組立工程に関する製造品質の三つがある．

b．企画品質

企画品質でまず最終製品に大きく影響するものは，原材料の品質である．これには糸の番手，撚り，目付けなど原材料の設計に起因するものだけでなく，染色堅ろう度，色むら，ピリングなど物理的，化学的な要因によるものも含む．また，原材料に関係する消費者苦情は，ピリング，スナッグなどのように，単に素材の問題だけでなく，取り扱い方法との複合的な現象により発生する．そのため，注意表示などにより消費者に対して適切な取り扱い情報を伝えることを検討することも，この段階で必要になる．

また，最近はファッション的に重要となっているスパンコールやビジューなど付属品が，使用時に安全であることや製品そのものに悪影響を及ぼさないことなど，付属品の選定も大事な要素となる．

c．設計品質

設計品質は，主にパターンの設計の問題となるが，「柔らかい」素材の特徴を理解し，設計することが必要である．縫製工程での中間プレスや仕上げプレスなどの熱による影響，縫製時とその後の流通段階での湿度の違いによる変化などを十分考慮して設計することが重要である．

素材特性を考慮したデザインや縫製仕様も考えなければならない．例えば引張り強度や破裂強度の弱い繊細な素材は大きなゆとりあるデザインにする必要がある．また滑脱抵抗力の弱い素材には，縫い代に滑脱防止テープを使用したり，コバステッチを打ったりするなどの配慮が必要となる．

縫製仕様は設計と同時に決定するが，量産することを念頭において，求めるデザインを表現した製品を，効率良く生産できることが必要である．また，外部委託先である量産工場に，仕様が正確に伝わるように第三者にもわかりやすい縫製仕様書の作成が大事である．これができないと，企画の意図と異なる製品が量産されることになる．

d．製造品質

製造品質は縫製工場で組み立てた製品の品質のことであり，消費者や製品を受け入れるアパレル企業が評価する重要なものである．縫製工場やニッターは原材料を仕入れ，加工し，組み立て，仕上げを行って完成品とする．すべての工程で適切な品質管理を行っていないと，最終製品の品質が保てない．企画品質，設計品質とはまったく異なり，検査工程を含むそれぞれの工程管理が大変重要になる．生産現場の中で品質管理がいかにうまく行えているかがそのメーカー（縫製工場やニッター）の品質における評価となる．

2.6.2 原材料の受入検査

アパレル製品は複雑な流通経路（サプライチェーン）をたどって生産されるため，それぞれの流通段階で仕入れた原材料の品質をチェックし，良質な原材料を使用して加工を行うべきである．原材料の不良が原因で製品に問題が発生しても，すべての原因を原材料に転嫁することはできない．例えばメーカーは欠点のある原材料をもとに生産を行い，製品に不良が発生しても，裁断もしくは編み立てた以上，原材料メーカーにそのすべての補償を求めることができない．このようなケースは数多く発生している．

メーカーは原材料である生地もしくは糸を仕入れて生産を行う．その原材料は表地などの主原料だけでなく，裏地，芯地，付属など多岐にわたる．それらを用いた製品の品質保証を取引先から要求されないよう，原材料の受入検査をしっかりと行い，不良原材料は仕入れないようにすべきである．

一方，原料の物性はメーカーで検査することはほとんどなく，最終製品で物性が原因の不良が発覚すれば製品での対応をせざるを得ず，大きな損失となる．そのような不良が発覚した場合は，生地の検反での不適合と同様に専門業者で修整することが多いが，修整後の製品も適合品であるかどうか改めて検査を行うことが必要である．

表素材以外の裏地，芯地や副資材，付属などは用途に合わせて受入検査を行う．金属付属のメッキ不良などは，加工の種類によってはメッキ状態にバラツキが大きいことがある．特にボタンなど細かい部材の受入検査は，素材の検査と比較して多くの労力がかかる．

2.6.3 製造工程での検査

　生産工場は，アイテムによって異なるが製造工程ごとに検査を行っている．ここでは，布帛製品の製造工程における一般的な検査について述べるが，その他のアイテムについても工程ごとの検査を行うという点では同様である．布帛製品の生産工程は大まかに，裁断→パーツ縫製→組み立て縫製→まとめ作業→仕上げになる．

　裁断の工程では，裁断したパーツの検査は重要である．工場では，原反を延反し数枚重ねてから裁断機で裁断するが，重ねて裁断した同一パーツのすべてがパターン通りになっていることが必要である．重ねて裁断したパーツに形状の違い，いわゆる裁断ずれが発生すると縫製後に寸法不良や外観不良が発生する．また，繊維素材のマイナス面の特徴であるが，1着に組み立てた後に縫合部分に色違いが発生してしまうこともあるため，組み立てたすべてのパーツが同一原反の近接した部位となるように，注意する必要がある．

　製造工程の検査は，不良をできるだけ早い段階で捉え，原因を探り，すみやかに工程にフィードバックして不良が連続発生しないように行う．そのため，各作業者は望ましい状態かどうかを自ら確認して後工程に流すべきであるが，一般に製造工程全体で行っている検査は，中間検査（縫い上がり検査），まとめ上がり検査，最終検査（出荷前検査）である．

　中間検査は，ミシン縫製工程の終端で行い，検査対象は主にミシン工程の縫製不良である．通常，中間検査の専任担当者を縫製ラインの終端に配置し，ラインごとに検査を行う．検査の目的はラインで発生する問題を速やかに是正することだが，検査結果はすべて記録し，恒常的に発生する不良の内容を分析することが重要である．また，寸法検査もこの工程で行うべきである．仕上げ工程後でなければ生地は安定せず正確な寸法ではないが，前述の裁断の正確性を含め，正しい寸法となっているか，縫製上がりで確認することがよい．

　さらにミシン縫製工程が終了しているこの工程で，縫製中のミシン針の破損による針の破片混入がないことを確認するために，検針作業（コンベアタイプの検針機を使用）を行うことが望ましい．

　まとめ上がり検査は，ボタンなど付属の縫い付け，しつけ糸のとりはずしなど手作業で行う工程の終了後に行う．作業者の手作業によるものであるため，作業の仕上がりにバラツキが発生しやすい．この工程の検査はまとめ作業の内容の確認や審美性（出来栄え）の検査を行うとともに，未熟な作業者を特定し指導を行うためのデータ収集を行う面もある．

2.6.4 アパレル〜販売までの検査

　アパレル企業は，縫製メーカーが出荷した製品の受入検査を行うが，現在では自ら製品の受入検査を行うことはほとんどなく，第三者である検品会社に受入検査そのものを委託しているケースが多い．委託先による検査とはいえ，アパレル企業の基準に沿った検査に変わりはない．アパレル企業は委託先検品会社の検査を受入検査とし，その結果を基に縫製メーカーの品質管理を行う．その後アパレル企業が出荷した製品はそのまま販売店の店頭に並ぶ．受入検査の本来の意味からすれば，製品を仕入れる販売店でも受入検査を行うべきである．受入検査の主な検査項目を表2.6.1に示す．

2.6.5 抜取検査と全数検査

　アパレル製品の検査における検査項目は，素材のキズ，色差，ボタンなど付属品の取り付け強度，アジャスターなどの機能性能，ミシン縫製部分のステッチ調子，採寸，そして大きな比重を占める外観のバランスおよび審美性など，検査工程を機械化することが不可能な検査項目が多岐にわたっている．また，審美性など曖昧な基準により合否判定をしなくてはならない項目が多いことなど，検査に多大な手間と時間がかかるため，以前はアパレル企業の受入検査は，抜取検査によるロット判定となっていた．

　アパレル製品の抜取検査は，サンプルを抜き出すための母集団を決定しにくい．一般に抜取検査は，1ロットからサンプリングするが，同一生産ロットでもアパレル側に納品されるときに必ずしも同一のロットごとに納品されるわけではない．つまりアパレル側で受入検査を行う場合に生産ロットと入荷ロットが同一ではないことがあるため，同一生産ロットの製品でも合格と不合格が発生するなど，偏りを生じてしまう危険性をはらんでいる．

　抜取検査はJIS Z 9015他に規定されているが，アパレル製品では，各企業が独自の基準で検査方法を設定していることが多い．統計学的な裏付けがなく，危

表 2.6.1 受入検査の主な検査項目

	検査項目	不良内容例
原材料	外 観	糸むら，ネップ，異物飛び込み，ボンディング剥離　目落ち半ぐい
	色	色違い，中希，堅ろう性
付属	機 能	ボタン付け不良，打ち込み不良（ドットボタンなど）　ファスナー止め不良
	形 状	（危険な）バリ，尖り
縫製	ステッチ	縫い目ほつれ，縫いはずれ，リンキング目落ち，針跡残り
	生 地	地糸切れ，ラン，織り糸引け
	機 能	着用不可能，（袖裏の）ねじれ，ポケット袋の抜け
	仕 様	寸法不良，仕様違い，刺繍もれ，ネームなどの天地逆付け
仕上げ	プレス	プレスじわ，プレス当たり
外観	汚 れ	擦れ汚れ，シール付着
	バランス	形態不良（十字合わせ不良，左右非対称など）
	審美性	シームパッカリング，いせ込み不良，しわ，ツレ　ぶくつき，柄合わせ不良
	納品形態	輸送中の型くずれ，梱包状態不良（ビニール破れなど）
表示	下げ札	汚れ，折れ，表示内容の不備
	縫い付けラベル	表示内容の不備，絵表示の妥当性
その他	全 体	異物混入

険率を計算していない抜取検査を行うことは，ロットの合否に対する正式な根拠がないため注意を要する．

抜取検査は一般的には，破壊検査のように全数検査が不可能なとき，もしくは検査に多大な費用と時間がかかるときに有効な検査方法とされている．アパレル製品は破壊検査の対象品ではなく，また製造工程が機械化されていないため個々の製品の品質にバラツキが発生しやすいため全量検査を行うことが望ましく，特に製造工程での検査は全数検査を実施しなくてはならない．

昨今は社会的に CS（消費者満足）への必要性，CSR（企業の社会的責任）意識の高まりにより製品に対する品質保証の要求が増加している．一方製品の生産にかけられる時間（リードタイム）を短くすることが求められ，品質が低下する傾向が続いている．このようなことから受け入れ検査に，前述した第三者検品会社への委託を含めて，全数検査を実施するアパレル企業が多くなっている．

本来は工程中の不良を減らすことにより，品質を向上し最終的な全数検査の負荷を低減させるべきである．例えば事前にロットから一定数量の抜取検査を細かく行い，工程の不備や仕様および工場の加工機材による不良に対処した後，効率の良い全数検査を行うなどの工夫が必要である．

2.6.6 品質保証活動

品質管理や品質保証は JIS Q 9000：2006「品質マネジメントシステム―基本及び用語」に次のように記載されている．

① 品質管理：品質要求事項を満たすことに焦点を合わせた品質マネジメントの一部
② 品質保証：品質要求事項が満たされるという確信を与えることに焦点を合わせた品質マネジメントの一部
③ 品質マネジメント：品質に関して組織を指揮し，管理するための調整された活動
④ 要求事項：明示されている，通常，暗黙のうちに了解されている若しくは義務として要求されている，ニーズ又は期待

品質管理は顧客が期待する品質の製品を提供する活動であり，品質保証は製品の品質に対して，顧客が安心と信頼をもてるようにする活動である．また，品質マネジメントは品質管理，品質保証を含む管理活動となっている．

品質マネジメントシステムをもとにすると品質管理業務，品質保証業務には次のような実施項目がある．

1) システムの構築　品質管理活動の仕組みをつくる．市場からのニーズや期待，製品企画，設計，製造，販売，クレーム分析などの品質保証活動を計画的，体系的にまとめた品質保証体系の確立

2) 顧客や利害関係者のニーズ，期待の明確化
顧客の要求する品質は企業のブランド・品目によって異なり，把握方法には，市場調査，アンケート調査，クレーム分析などがある．特に消費者苦情の分析は具体的な改善にもつながるため重要である．

3) 品質方針，品質目標の設定　顧客の要求事項を製品に反映するための企画，設計を行う．主素材，副素材の選定は品質への影響が大きいが，近年ではボタンやビーズなどの付属素材も大切な要素になっている．このとき，要求品質と技術限界とを踏まえて品質基準を設定する必要があるが，事前に品質基準として設定している企業が多い．顧客要求も技術水準も変化しているため継続的な見直しが重要である．

4) 品質目標の達成に必要な工程および責任の明確化　最終的に主素材，副素材，付属，縫製などを決定し仕様書を作成する．生産工場を含め，どのような工程で，ねらった品質を作りこむのかを明確にする．

5) 品質目標の達成に必要な資源の明確化
資源には，人，設備，環境などがあるが，近年"人"への教育が重要になっている．品質保証システムで仕組み，手順，基準などを作成したとしても，実行するのは人であり，お客様を意識した品質の維持向上活動，継続的な改善活動には，やはり人の能力や意識によるところが大きい．

6) 各工程の管理，内部監査，データ分析　各工程には，品質の作りこみと確認とを行い次行程に引き継ぐ考えが必要だが，保証という意味の検査も重要になっている．検査には，受入検査，工程内検査，最終検査がある．

①受入検査：いかに工程を管理しようとも問題のある部品では良い製品はできないという考え方に基づく

②工程内検査：工程での品質程度の確認．最終検査で問題となった場合，コストにも影響するため，より早い段階で問題を見つける取り組み

③最終検査：顧客に引き渡す最後の検査であり，要求事項を満たしているかの確認を行う重要な業務

④内部監査：自らシステムを客観的に見直し，継続的改善につなげる自浄作用を強化し発揮する業務．業務を理解しているとともに客観性が重要であり，直接携わっていない部署の状況確認を行う

⑤データ分析：管理指標としてわかりやすく図形的にまとめたQC七つ道具などを利用し，状況分析と問題解決につなげること

7) 是正処置，予防処置

①是正処置：さまざまな段階で発生する不具合や問題点を結果に及ぼす影響の大きさによって解決すること．真の原因を追究し，対策を立て，実行し，その対策は本当に効果があったのかを検証することが重要である．また，他にも同様な事例はないかを確認する水平展開を行う必要がある

②予防処置：是正処置は再発防止であり，予防処置は未然に防止することだが，厳密に区別することが難しい．前述の水平展開も一種の予防処置と捉えることもできる．繊維やアパレルの業界では，古い産業であることや精密機器産業ではないこともあり，問題が発生した際に，人に起因することも多く，真の原因を追究することが困難な場合がある．その場合でも，真の原因を追究する姿勢が必要

8) 継続的改善　問題解決だけにとどまらない進歩を目指した顧客満足度を上げる活動であり，品質保証システムのあらゆる段階に必要な取り組みである．計画（Plan），実行（Do），確認（Check），処置（Act）を行い，スパイラルアップ（らせんの概念で状況を改善する）すること．（処置 Act：Actionとすることが多いが，JIS Q 9000ではActを使用しており，ここではActとした．）

2.6.7　管理活動とPDCA

すべての工程で①計画（Plan），②実行（Do），③確認（Check），④処置（Act）を行い，④の処置（Act）で終わるのではなく，次の段階のPDCAサイクルに進むスパイラルアップをすることが重要である．

① Plan　　計画　　目標達成のための計画立案
② Do　　　実行　　計画に従った実行
③ Check　　確認　　結果の分析，評価
④ Act　　　処置　　対策処置

一般的にPDCAサイクルのPlan，Doまでは比較的容易だが，効果的なCheckとActは実行しにくい．実行した結果を効果的に分析，評価できなけ

れば適切な Act や次の段階の Plan にはつながらない．アパレルの生産工程を意識しながら PDCA サイクルを考える．

a． Plan 計画①

新たな機材の導入や製品の型の変更によって，工程変更する場合がある．その際，管理者はまず作業者に対して作業標準や管理基準を示さなくてはならない．

すでに PDCA サイクルを実施して次の段階の Plan の場合は，効果的な Check と Act に対応した Plan を行う必要があり，確実に目的が果たせるようにすべきである．また，実行の程度が客観的になるように，マイルストーン（進捗管理用の節目）や KPI（key performance indicator：達成度の評価指標）もこのときに設定しておく．

b． DO 実行②

計画や作業標準どおりに実行する．国内の染色工場，縫製工場が減少しており，技術水準の維持・継承，技術者の育成という問題点を抱えている．品質にはバラツキが生じる可能性があり，計画したマイルストーン，KPI，品質基準などを利用した現状把握が必要である．また，現場で実行可能な作業標準でなければ日々の業務の中で基本ルールとして実行できない．トップダウンの取り組みだけではなく，みんなで作成したルール（作業標準や仕組み）を遵守するというボトムアップの取り組みが重要である．多くの事故，不具合，クレームは，当たり前のことが当たり前に実行できていないことから発生する．

c． Check 確認③

作業標準や管理基準に基づいて問題ないことを確認しつつ，品質管理の基礎データを集計する．工程に従って，「後工程はお客様」，「自工程完結」などの考えのもとにそれぞれの工程で確認を行い次工程に進める．不具合があれば前工程にフィードバックする．このような仕組みも Plan の段階で考えておく必要がある．また，Check には集計データや品質記録などを十分に分析し，真の原因をつかみ是正する方法と日々の業務処理の中で状況を「見える化」し，素早く問題点を是正できるようにする方法とがあるが，内容や及ぼす影響の大きさに応じてどちらにも対応できなければいけない．

d． Act 処置実施から Plan の立案④

初めに Plan で理想の姿をイメージし，作業可能な計画を立て Do で実施する．その後，効果的な Check と Act に対応した Plan を行う．その流れには経験，知恵，アイデアが必要となる．確実に有効な処置を講じなければならない．

例えば出荷した製品に汚れが多いとのクレームが発生した場合，生産者は緊急対応し，検査部門の人員を増加し検品の精度を上げる．それとともに，汚れを修整後再検査して適合品として出荷する．生産者は不良品の納品を減少できるが，この状態が続くと検査員の増加によるコストアップと修整作業による生産性の低下が起こる．この場合，Act として必要なことは，検査部門の能力アップと汚れ発生の真の原因究明と対策の実施である．

その後，次の Plan の作業となる．重要なことは現場で確実に実施可能な内容か，頑張れば手が届く内容とすることである．例えば，現場に配置するチェックシートであっても，内容は必要十分であるかの検討をすべきである．

e． 生産工程だけでない PDCA

PDCA は生産工程だけでなくあらゆる工程で実行しなければならない．品質管理の基本は人であるから，教育でもこの考え方を導入するのがよい．企業の人事部門は人を採用し，会社として必要な教育や能力開発のためのジョブローテーションを行い，人事制度を維持運用している．しかし，現場は，作業を取得するための教育指導を行ってしまうことがある．本来，現場が中長期的な教育計画を立て，それを踏まえて1年間の教育計画を立案，実行し，本人の理解度のチェックを行い，次の教育につなげることが重要である．

2.6.8 繊維製品の品質評価

a． 法律の遵守と一定水準の品質保証

それぞれの企業では企画，見本生産，本生産，販売の流れの中で繊維製品の品質を評価し問題ないものを販売している．重要なことは法律の遵守と一定水準の品質保証である．

① **法律の遵守**： 法を守ることは社会の基本的原則である．繊維製品を製造，販売するにあたり，業者が守るべきお客様の安全や利益保護を目的とした法律を遵守する

② **一定水準の品質保証**： お客様が満足する一定水準の品質を保証し，安心して購入していただくために，商品の安全性を含めて品質的に問題がある

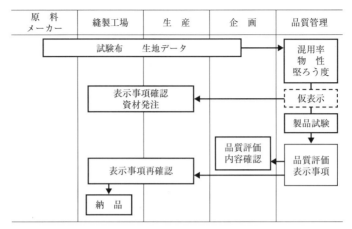

図2.6.1 品質評価の流れ

表2.6.2 品質評価業務の例

企画・生産の段階	試験確認事項	内　　容
企画構想素材決定	基礎試験Ⅰ	新規素材，特殊素材の重点項目
見本検討会	商品チェック	商品の外観・縫製・素材チェック 問題点の指摘 組成，取り扱い表示記号，付記用語の仮指示 製品試験用サンプルの指定
	基礎試験Ⅱ	商品チェックで指摘した問題点の試験 生地または製品で重点項目の試験 素材の物性，安全性，加工の適正，外観
各色生地	生地試験	各色生地で混用率，染色堅ろう度 寸法変化率，その他の物性，安全性の試験
展示会	商品チェック	展示会商品の外観・縫製 表示の適正（裏地表示，付属）
	製品試験	製品の耐洗濯性試験 洗濯前後の外観，縫製，寸法変化率 組成，取り扱い表示記号，付記用語の決定
量産の先上げサンプル	商品チェック	外観，縫製，仕様，表示事項
本生産（生産工場）	商品チェック	外観，縫製，検針
入　荷	商品チェック	外観，縫製，表示事項
販　売		顧客，得意先への商品情報の提供 クレームへの対応

かどうかを確認する

　生地段階で各種の物性試験や製品での試験を行い，消費性能的な問題がないことの確認が大切である．繊維製品は一般的な工業製品とは異なりファッション的なものであるため，素材の特性，品種，ブランド，消費者の年齢などを考慮した基準の適用が必要である．

　例えば，素材や染色の特性によっては色落ちすることがやむをえない場合がある．そのような場合には，取り扱い注意表示（ケアラベルや下げ札）で着用や取り扱いに関する注意情報の提供も必要になる．ただし，このような表示は企業としての責任を免れるものではなく，あくまでもお客様への情報提供である．図2.6.1に一例を示した．

b．品質評価業務

　品質には企画品質，設計品質，製造品質があり，企画から生産までの各段階でそれぞれの品質評価（品質管理）業務がある．各企業によって詳細な点は異なるが，流れと実施事項を表2.6.2に示した．

1）企画段階の品質評価（品質管理）　素材の選定がよくなければ，最終製品の品質に影響するため，素材の特性や短所をよく理解しておく必要があ

る．素材の柔らかさ，伸びなどの特性に応じた縫製仕様を決定する．裏地，芯地，ボタンなどの主要な副素材を決定する．

2)　見本段階の品質評価（品質管理）
- 外観・縫製の確認，試験結果の確認：混用率，寸法変化率，各種染色堅ろう度（耐光，洗濯，汗，摩擦，ドライクリーニングなど），各種の物性値（引張り，引裂き，破裂，縫い目滑脱強度など）
- 表示事項の確認：消費者への情報伝達の手段であるとともに，法律に関する内容を含むため，適正なものでなければならない．組成表示，取り扱い表示，原産国表示，サイズ表示など

3)　生産段階の品質評価（品質管理）　企画，展示会段階で問題を改善し，それに基づいて，品質，原価，納期の管理を行い生産する．

2.6.9　取扱表示記号の ISO との整合

家庭用品品質表示法に関連する繊維製品品質表示規程（以下，表示規程）は，日本国内で販売する衣料品の取り扱いの表示方法を決めている．この表示規程には，取り扱い表示記号は JIS L 0217：1995（繊維製品の取扱いに関する表示記号及びその表示方法）に従い表示するとしている．

ISO 規格（ISO3758）と整合化した新たな表示体系は，JIS L 0001：2014（繊維製品の取扱いに関する表示記号及びその表示方法）として制定となった．この新規格は，経済産業省事業として 2011 年から 3 年計画で繊維業，衣服製造・販売業，クリーニング業，試験検査機関，消費者団体などの関係者からなる JIS 開発委員会で検討した原案が，所定の審議を経て制定された．その後，表示規程は 2015 年 3 月 31 日に改正告示となり，施行日（2016 年 12 月 1 日）以降に JIS L 0001 に基づいた表示が義務化する．

a.　新たな表示記号体系となる背景

近年，繊維業界を取り巻く環境は，生産が海外に移行したり，海外のブランドの製品が国内流通したりしているようにグローバル化している．そのため，WTO/TBT[*14)] 協定への対応と政府の「規制緩和計画」（1995 年 3 月）への対応などの理由により新た

[*14)] WTO：世界貿易機構（World Trade Organization），TBT：貿易の技術的障害に関する協定（WTO Agreement on Technical Barriers to Trade）

な表示記号体系に変更することとなった．また，海外からは「日本独自の取扱い表示記号は貿易の障壁となる可能性があり，ISO 規格へ整合する必要がある」との要請がきていた．

WTO/TBT 協定は工業製品などの各国の規格および規格への適合性評価手続き（規格・基準認定制度）が不必要な貿易障害とならないように国際規格を基礎とした国内規格策定の原則，規格作成の透明性の確保を規定したもので，WTO 加盟国すべてに適用されている．これまで，表示記号に関する規格はいくつかの理由により国際整合化できなかった．今回の変更によって，1995 年に批准していた TBT 協定への対応責務を約 20 年の後ようやく果たすこととなる．

整合化が進まなかった理由には次のようなことがある．ISO 規格を採用しているヨーロッパの洗濯，乾燥の実情が日本と合わなかったことと ISO 規格は GINETEX（International Association for Textile Care Labelling）が国際商標登録した記号および使用方法を採用していたことである．

洗濯の実情とは，ヨーロッパの洗濯機は，回転ドラム式だが日本はパルセータ式であり，繊維製品に対する機械的作用が異なっていること．また，乾燥の実情とは，ヨーロッパではタンブル乾燥が主流だが，日本では自然乾燥が基本となっており，ISO 規格に自然乾燥記号がなかったことである．その後，ISO 規格に日本のパルセータ式洗濯機と自然乾燥記号とが追加となったことにより JIS と ISO 規格との整合化の課題の一つが解決した．

商標権の問題では，日本は表示規程で JIS の取り扱い表示記号を使用するように義務化しており，GINETEX に商標権がある表示記号を採用することはできなかった．その後，この問題も GINETEX が，日本，アメリカ，中国，韓国では商標登録出願は行わないとしたことと，どの基本記号でも全ての処理が可能な場合には省略が可能とすることへ賛同したことで解決した．

b.　改正点と内容

1)　改正点　今回，記号が単に変わるだけでなく，内容的にも大きく変わっている．新たに制定された関連 6 規格を ISO 規格と対比して示す（表 2.6.3）．

大きく変更となる適用範囲，上限情報の提供，漂白記号の追加，ウエットクリーニング記号の追加の

表2.6.3 取り扱い表示に関連する規格

JIS	対応規格	JISの表題
JIS L 0217	—	繊維製品の取扱いに関する表示記号及びその表示方法
JIS L 0001	ISO 3758	繊維製品の取扱いに関する表示記号及びその表示方法
JIS L 1930	ISO 6330	繊維製品の家庭洗濯試験方法
JIS L 1931-1	ISO 3175-1	繊維製品の商業クリーニング 第1部：生地及び製品の評価方法
JIS L 1931-2	ISO 3175-2	繊維製品の商業クリーニング 第2部：パークロロエチレンによるドライクリーニング試験方法
JIS L 1931-3	ISO 3175-3	繊維製品の商業クリーニング 第3部：石油系溶剤によるドライクリーニング試験方法
JIS L 1931-4	ISO 3175-4	繊維製品の商業クリーニング 第4部：ウエットクリーニング試験方法

表2.6.4 主な変更点

内容	JIS L 0217	JIS L 0001
適用範囲	【家庭洗濯を対象とする】 家庭における洗濯などの取扱い方法を指示する	【家庭洗濯と商業洗濯を対象とする】 家庭における洗濯などの操作だけでなく，業者によるドライクリーニングおよびウエットクリーニングも対象
情報の提供目的	【指示情報】 家庭における洗濯などの取扱い方法を指示するために，繊維製品に表示するときの表示記号およびその表示方法について規定する	【上限情報】 繊維製品の取扱い操作の過程で，回復不可能な損傷を起こすことのない最も厳しい操作についての情報を提供することを目的とし，表示記号を規定する
漂白記号の追加・変更	【塩素系漂白剤使用の可否】 次亜塩素酸ナトリウムなどの塩素系漂白剤が使用できるかどうか	【酸化型漂白剤使用の可否】 ・塩素系漂白剤 　（次亜塩素酸ナトリウムなど） ・酸素系漂白剤 　（過炭酸ナトリウム，過酸化水素など）
商業クリーニング（ウエットクリーニング記号の追加）	【ドライクリーニングの可否】 溶剤はパークロロエチレン，石油系	【ドライクリーニングの可否】 【ウエットクリーニングの可否】 特殊な技術を使用した水洗いと仕上げによる処理

4点を表2.6.4に示した．アパレルは今回の変更点をよく理解し，取り扱いを表示する必要がある．

適用範囲は，業者によるドライクリーニングとウエットクリーニングとが追加になった．

上限情報の提示部分では，「回復不可能な損傷を起こすことのない最も厳しい操作についての情報」となっている．例えば絹製品を水洗いした際に繊維が細かく割れて表面が白くなるフィブリル化やタンブル乾燥の際の寸法変化はどの程度を「回復不可能な損傷」とするかなど，アパレルは自社の考え方を消費者や取引先に説明することが必要になる．

漂白記号では，塩素系漂白剤だけでなく酸素系漂白剤の内容が追加になった．変色や損傷の可能性のある金属の付属類，含金染料，硫化染料などを使用した製品の表示には，注意が必要となる．

ウエットクリーニング記号では，四つの記号が追加になった．水洗い可能な毛素材のスーツ，家庭での仕上げが困難であったジャケット類，ダウン製品などに使用できるようになる．

2) 洗濯処理の記号（表2.6.5）　試験方法にはヨーロッパで使用しているA形洗濯機（ドラム式全自動洗濯機），アメリカで使用しているB形洗濯機（アジテータ式），日本やアジアで使用しているC形洗濯機（パルセータ式）がある．今回，A形洗濯機とC形洗濯機の機械的作用が同様となるようにC形洗濯機の条件設定を行った．温水の供給ができないことやC形洗濯機の材質がプラスチックであることから，水温が50℃以上の条件はA形試験機で行い，40℃以下はA形洗濯機またはC形洗濯機で行う．

2.6 品質管理

表2.6.5 洗濯処理の記号

記号	洗濯処理	記号	洗濯処理
95	液温は95℃を限度とし洗濯機で通常の洗濯処理ができる.	40	液温は40℃を限度とし洗濯機で通常の洗濯処理ができる.
70	液温は70℃を限度とし洗濯機で通常の洗濯処理ができる.	40	液温は40℃を限度とし洗濯機で弱い洗濯処理ができる.
60	液温は60℃を限度とし洗濯機で通常の洗濯処理ができる.	40	液温は40℃を限度とし洗濯機で非常に弱い洗濯処理ができる.
60	液温は60℃を限度とし洗濯機で弱い洗濯処理ができる.	30	液温は30℃を限度とし洗濯機で通常の洗濯処理ができる.
50	液温は50℃を限度とし洗濯機で通常の洗濯処理ができる.	30	液温は30℃を限度とし洗濯機で弱い洗濯処理ができる.
50	液温は50℃を限度とし洗濯機で弱い洗濯処理ができる.	30	液温は30℃を限度とし洗濯機で非常に弱い洗濯処理ができる.
—	—	手洗い	液温は40℃を限度とし手洗いによる洗濯処理ができる.
—	—	✕	洗濯処理はできない.

表2.6.6 漂白処理の記号

記号	漂白処理
△	塩素系および酸素系漂白剤による漂白処理ができる.
△(斜線)	酸素系漂白剤による漂白処理ができるが, 塩素系漂白剤による漂白処理はできない.
△✕	漂白処理はできない

表2.6.7 タンブル乾燥処理の記号

記号	タンブル乾燥処理
⊙	洗濯処理後のタンブル乾燥処理ができる 高温乾燥：排気温度の上限は最高80℃
⊙	洗濯処理後のタンブル乾燥処理ができる 低温乾燥：排気温度の上限は最高60℃
✕	洗濯処理後のタンブル乾燥処理はできない

処理温度を表す記号だけでなく付加記号として弱い操作を表す"－"や非常に弱い操作を表す"＝"がある. 本数の違いは洗濯機械力の差であり, 試験を行う公的検査機関およびアパレル各社の試験室は, 自社の洗濯機の機械的作用を調べ, 表示記号に応じた条件設定が必要になる.

3) 漂白処理の記号とタンブル乾燥処理の記号（表2.6.6, 表2.6.7） 酸素系漂白剤の記号が追加された.（試験方法はJIS L 0889参照）. 酸素系漂白剤は染料への反応性は低く, 色物・柄物に使用できる. 家庭洗濯でも, 色柄物に酸素系漂白剤や酸素系漂白剤配合洗剤が普及しており, 家庭洗濯できる衣料品には, 酸素系漂白剤が使用できることが望ましい.

また, 酸素系漂白剤には過炭酸ナトリウムを酸化剤とする粉末タイプと過酸化水素を酸化剤とする液体タイプとがある. 国内の市販酸素系漂白剤は, おおよそ95％が液体酸素系漂白剤である. 粉末タイプはアルカリ性のため毛・絹素材には使用できないが, 液体タイプは, 家庭洗濯できる毛・絹素材にも使用できる.

どちらのタイプも金属の付属類, 含金属染料, 硫化染料, 草木染用天然系染料などを使用した製品には変色や損傷の可能性があり注意が必要である.

タンブル乾燥処理記号は今までのJISになかった記号である. 家庭洗濯後の処理の記号であり, 商業クリーニングにおける処理は含まない.

4) 自然乾燥処理の記号（表2.6.8を参照）

5) アイロン仕上げ処理の記号（表2.6.9） 家庭でのアイロン仕上げ処理を表す記号. 従来と比較して, 各記号ともにアイロンの底面温度の最高値が10℃低くなっている.

6) ドライクリーニング処理の記号（表2.6.10） 従来, 表示記号はパークロロエチレン処理と石油系処理であったが, 弱い処理を表す"－"を含めて五つの記号となった. ドライクリーニング処理にはタンブル乾燥が含まれており, 自然乾燥などの処理はできない.

表2.6.8 自然乾燥処理の記号

記号	自然乾燥処理	記号	日陰での自然乾燥処理
 ❘	つり干し乾燥がよい	 ⧄	日陰でのつり干し乾燥がよい
 ‖	ぬれつり干し乾燥がよい	 ⧄	日陰でのぬれつり干し乾燥がよい
 —	平干し乾燥がよい	 ⊟	日陰での平干し乾燥がよい
 =	ぬれ平干し乾燥がよい	 ⊟	日陰でのぬれ平干し乾燥がよい

表2.6.9 アイロン仕上げ処理の記号

記号	アイロン仕上げ処理
	底面温度200℃を限度としてアイロン仕上げ処理ができる．
	底面温度150℃を限度としてアイロン仕上げ処理ができる．
	底面温度110℃を限度としてスチームなしでアイロン仕上げ処理ができる．
	アイロン仕上げ処理はできない．

表2.6.10 ドライクリーニング処理の記号

記号	ドライクリーニング処理
 Ⓟ	パークロロエチレンおよび記号Ⓕの欄に規定の溶剤でのドライクリーニング処理ができる．―通常の処理
 Ⓟ	パークロロエチレンおよび記号Ⓕの欄に規定の溶剤でのドライクリーニング処理ができる．―弱い処理
 Ⓕ	石油系溶剤（蒸留温度150〜210℃,引火点38℃〜）でのドライクリーニング処理ができる．―通常の処理
 Ⓕ	石油系溶剤（蒸留温度150〜210℃,引火点38℃〜）でのドライクリーニング処理ができる．―弱い処理
 ⊗	ドライクリーニング処理ができない．

表2.6.11 ウエットクリーニング処理の記号

記号	ウエットクリーニング処理
 Ⓦ	ウエットクリーニング処理ができる．―通常の処理
 Ⓦ	ウエットクリーニング処理ができる．―弱い処理
 Ⓦ	ウエットクリーニング処理ができる．―非常に弱い処理
 ⊗	ウエットクリーニング処理はできない．

7) ウエットクリーニング処理の記号（表2.6.11を参照）

8) 付記用語（表2.6.12） 従来からあった絞り方・あて布の記号はなくなり，中性・ネット使用の文字は記号に付記できなくなった．これらの記号は付記用語として表示することになる．付記用語には取り扱い記号に直接関連するものと，商品の特性情報を示すものとがある．

2.6 品質管理

表2.6.12 付記用語の例

区分	付記用語の例	
表示記号と直接関連する表示	・中性洗剤使用 ・液体酸素系漂白剤使用 ・あて布使用 ・洗濯ネット使用 ・弱く絞る	・蛍光増白剤禁止 ・単独で洗う ・スチームアイロン推奨 ・スチームアイロン禁止 など
商品の特性情報 （デメリット，商品説明や注意表示）	・顔料染色です ・表面に合成樹脂をコーティングしていますので，時間の経過と共に劣化し，コーティングが剥離する特性があります	・インディゴ商品です

表2.6.13 基本記号と表示の例

表示方法	表示
5個の基本記号	（洗濯桶）△□（アイロン）○
実際の表示の例	（40）（三角）（乾燥）（アイロン）P W （手洗い）✕ ✕ ① □ P W 中性洗剤使用　他のものと分けて洗う　あて布使用

9) 記号の使用について（表2.6.13）　記号の使用は，洗濯，漂白，乾燥，アイロン仕上げ，商業クリーニングの順に並べることとなっており，この5個の基本記号が表示されていないときは，その記号の意味しているすべての処理ができることになる．

c. 課　題

1) 過保護表示　アパレルや表示者は，水洗い可能な製品にもドライクリーニングのみの表示としているような，やや安全な方向にかたよって表示を行っている場合があった．この規格では上限情報を提示することになっており，根拠をもって表示する必要がある．根拠は必ずしも試験結果だけではなく，過去の不具合の実績や素材の性質などに基づき，消費者からの問い合わせなどに明確に答えられるものでなければならない．

2) 石油系ドライクリーニングの乾燥について　今まで，アパレルはデリケートな素材について石油系ドライクリーニングで，"自然乾燥をお願いします"などの注意表示を行っていたが，大気汚染防止法のVOC（volatile organic compoundsの略）規制の観点から見ると望ましくない．規格にある試験方法はタンブル乾燥のため，タンブル乾燥可能な製品を開発することが必要である．

3) ウエットクリーニング記号の扱い　ウエットクリーニングはISO規格の表示記号ではドライクリーニング処理の代替処理として規定されていた．そのため，従来日本のクリーニング店がスーツなどに行っている「汗抜きクリーニング」などとは異なり機械的作用が大きなものであった．

今回，日本での活用が可能なように「非常に弱いウエットクリーニング処理」の試験方法を機械的作用を低くして新JISに規定し，その試験方法をISOに提案した．現時点では，クリーニング店のこの表示記号への対応程度は不明だが，例えば毛素材のスーツ類や水洗いできるが家庭では仕上げが困難なジャケットなどに使用できるものと考えている．また，ダウン製品は，水洗いではダウンの偏りが発生しやすく，多くの場合石油系ドライクリーニング表示をしていた．その結果，石油系ドライクリーニング後にキワツキが発生することがあった．今後はウエットクリーニング記号が使用できるため，このようなキワツキの減少に期待がもてる．

4) 内容の正しい理解　今回の改正は，消費者，教育機関，小売店（百貨店，量販店），クリーニング店，アパレルなど関係者が多く影響が大きい．特に，表示の責任者となるアパレルは，内容の正しい理解と適切な表示とが必要になる．また，消費者にわかりやすく伝えることが重要である．

2.6.10　消費者苦情（クレーム対応）

品質に関する苦情は，消費者が求める水準と商品を提供する企業が考える水準とに大きな開きがある

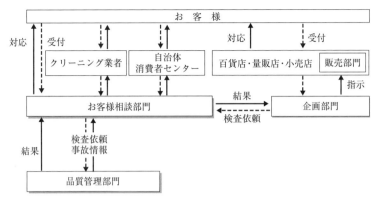

図 2.6.2　苦情管理体制の例

場合に発生する．両者の水準の開きが小さい場合には，品質に多少疑問を感じていたとしても，企業に苦情を言う人はそれほど多くはない．消費者が満足する商品を開発し販売することが使命である以上，苦情品の情報を活用し，要因を分析することで消費者の要求品質を求め，次の商品開発や品質管理に生かす事が必須である．

クレームのうち社内で発生したものを「不適合」，社外（消費者を含む取引先）からのものを「苦情」と呼ぶこととする．検品などにより社内で不適合が見つかった場合は，消費者からの苦情を減らすことにつながる．苦情は，企業の社会的責任を問われることがあり，生産工程で不適合を出さないことが重要である．

a.　社内クレーム（不適合）

労働災害などの分析では，ハインリッヒの法則がある．1件の重大事故の背後には29件の軽度の事故が発生しており，さらに300件の事故になっていない「ヒヤリ・ハット」の事例が存在し，労働災害事故の98％は予測可能であるとしている．同じ現象の不良品が複数発生することの背後には相当数の不良品があるとみるべきである．このような不適合は応急処置とともに，原因を正しく分析し，再発防止や未然防止の活動の実施が必要である．

b.　消費者クレーム（苦情）

1）　企業の社会的責任と消費者の要求　企業の社会的責任を問われる時代になっている．製品の品質や対応でのわずかなミスのために，企業の姿勢が消費者から問われ，経営者の責任問題や事業の閉鎖につながることが起きている．衣料品業界は生命に関わるほどの問題はないが，組成や機能性の表示が適正でなかった事例があった．

CS（顧客満足：customer satisfaction）に関して，米国 e サティスファイ・ドットコムの調査やグッドマンの法則がある．消費者が購入した商品やサービスに不満があったとしても，96％はクレームをつけない．そのうち再び購入者となる消費者はその中の9％であり，残りの91％が次からは他社品を購入しているとの内容である．顧客満足を満たさない商品を販売してしまうことが，いかに顧客を失うことになるかを示している．

アパレルはファッションの変化や社会的要求に応じて，自社基準を見直し対応を行っているが，決して万全なものを販売しているわけではない．また，自社で考えている水準と消費者の求める水準とが大きく異なる場合もある．消費者の要求は，企業，ブランド，アイテム，消費者の年齢などによって異なっており，品質管理の部分で述べた「当たり前品質」と「魅力的品質」とのバランスが重要である．苦情の情報は非常に貴重なものである．要求を正しく分析し，必要であれば自社基準を見直す必要がある．この部分にも PDCA の手法が利用できる．

2）　苦情の受付体制　企業は顧客からの苦情を受け付け，不満の解消と信頼の回復に努める必要がある．また，発生した苦情を迅速に正しく分析し，社内，縫製工場，素材・付属メーカーなどにフィードバックしなければならない．そのためには，専門部署を設けた受け付けの体制が必要になる．苦情管理体制を図 2.6.2 に示した．

3）　アパレルの現状と苦情　アパレルを取り巻く環境は次に示すように変化しており，十分な品質の確認が行えないことも多くなっている．そのこ

とが苦情につながっている場合がある．

① 企業の社会的責任の増加とお客様のニーズの変化：お客様目線と客観的判断が重要になっている．ステークホルダー全体に対する責任を問われている．高品質で低価格の商品に対するニーズが増加している．

② 短サイクルでの商品開発と少量生産品の増加：水洗いや，ドライクリーニングの繰り返しなどの定番的な確認にとどまっており，着用や取り扱いを想定した確認はできない．生産ロットが少なく，十分な品質確認ができない．海外や国内での買い付け商品を販売することがある．

③ 生産拠点の海外移転と人材の減少：副資材などはローカルの素材を使用することがある．生産拠点が海外に移動していることもあって，生産現場を含めた生産管理の知識，経験のある人材が減少している．　　　　　　　　　　　〔酒井直樹・神崎　晃〕

参考文献

1) 鐵　健司：QC 入門講座 1 TQC とその進め方，日本規格協会，1984．
2) 梅田政夫：QC 入門講座 4 品質保証活動の進め方，日本規格協会，2000．
3) 石川　馨：品質管理入門 A 編，日科技連，1965．
4) 石川　馨：品質管理入門 B 編，日科技連，1966．
5) 辻本　攻：クレーム・不良ゼロを目指す品質管理活動の「全容」と「基本」，日刊工業新聞社，2010．
6) 事例にみる衣料品の品質管理，繊維流通研究会，1989．
7) 広瀬　淳：繊維製品の品質管理入門，日本繊維センター，1981．
8) 繊維製品 品質クレーム処理マニュアル PL Q&A，全日本婦人子供服工業組合連合会，2010．
9) 改訂版 繊維製品の基礎知識 2 部，3 部，日本衣料管理協会，2004．
10) 表示責任者のための取扱い絵表示の ISO 移行に関するガイドライン作成協議会：表示責任者のための取扱い表示記号作成ガイドライン，JIS L 0001，2014．

3 流通

3.1 ファッション産業

3.1.1 ファッション産業の成立と生い立ち

a. 戦前の日本の繊維産業

日本には,独特の和服の世界が存在する.戦前までは,絹,綿,麻で作られた着物がその中心で日常着として着られていた.伝統的な着物文化は,民族衣装として,今日まで継承されている.しかし,明治維新以降,洋服が着られるようになり,和服は日常着から次第に消えていった.

明治5(1872)年,群馬県の富岡に,官製の富岡製糸場がつくられ,繊維産業が立ち上がる.繊維産業は,明治政府の富国強兵,殖産興業の2大政策のもと,安価な労働力と日本人の手先の器用さを生かした産業として中心的な役割を果たしていく.生産された綿製品を中心にした繊維製品は,主に輸出に振り向けられ,外貨獲得の原動力となり,近代国家の基盤を作り上げることに成功する.繊維産業は,日本を代表する戦前の主力産業として経済発展に貢献してきた.

しかしながら,昭和20(1945)年太平洋戦争に敗れ,日本が焦土となってしまうが,日本経済は,戦後の早い時期に平和産業として繊維産業から復活をみせる.1950年代にピークを迎えるものの,その後に起こった日米繊維戦争などの影響で勢いを失い,他の産業に主役の座を奪われてしまう.

b. ファッション産業とは

日本のファッションビジネスは,繊維産業の中の小売段階(特に,婦人服専門店)で1960年代に確立し,次いで小売りに商品を提供する仕入れ先のアパレルメーカーが主導権を握るようになり,アパレル産業という括りが成立する.さらに,「ファッション」という概念,言葉が一般化するとアパレル=ファッションを中心にファッション化が始まり,やがて,ファッションの対象範囲は,生活全般に広がりをみせる.そして,現在では,アパレル産業を包含するファッション産業が業種として確立されている.

ファッションとは,さまざまな定義が存在するが,ウェブスター辞典によれば,「ある特定の期間あるいはシーズンに,誕生または確立した衣服あるいは個人装飾品のひとつ,もしくは一群のスタイルのことで,それが大衆に受け入れられ,広く流行したもの」と定義されている.そして,日本ファッション協会では,「多くの人々にある一定期間,共感をもって受け入れられた生活様式」と定義付けている.さらに,感覚的に表現すると,「時代時代のトキメキを感じる対象」がファッションといえよう.

繊維産業の場合,繊維そのものが主役となるが,ファッション産業では,生活者と直接接点をもち,店頭という場をコントロールできる小売業が主役となる.そこで,ファッション産業は,「ファッション商品(色,柄,デザインなどを重視した商品)を企画,製造,販売する産業」と定義できる.したがって,衣服や服飾品だけでなく,化粧品,靴・時計などの身の回り品,家具,インテリアなども含めてファッション産業とされる場合もある.

c. ファッション産業の領域

ファッションは,アパレルからスタートするが,その後その領域を拡大している.ファッションの領域を限定するために,いわゆる次のような「四つの皮膚論」が存在する(図3.1.1).

「ファッション生活空間(ライフ・スペース)を次の四つの皮膚に例えたもの.①第1の皮膚(ヘルシー&ビューティー)=健康と身だしなみのニーズを満たしてくれる空間,②第2の皮膚(ワードローブ)=着こなしのニーズを満たしてくれる空間,③第3の皮膚(インテリア)=暮らし心地のニーズを満た

してくれる空間，④第4の皮膚（コミュニティー）＝住まい心地のニーズを満たしてくれる空間」[1]．

ファッションという言葉は最初，洋服そのものの意味で使われたが，その後は，周辺・関連領域も対象になり，現在は，ライフスタイルへの関心から，第4の皮膚までカバーするようになってきている．

ファッション産業の範囲	4大分類	産業別の中分類	
最も広義のファッション産業／広義のファッション産業	第1の皮膚系 「ヘルシー＆ビューティー」の皮膚	●健康器具・健康食品産業 ●スポーツ器具産業	
最も広義のファッション産業／広義のファッション産業／狭義のファッション産業	健康と身だしなみのニーズ	●クリーニング産業 ●ビューティー産業（化粧品，香水，理美容，エステティックなど）	
最も広義のファッション産業／広義のファッション産業／狭義のファッション産業	第2の皮膚系 「ワードローブ」の皮膚 着こなしのニーズ	最も狭義のファッション産業 ●アパレル産業 ●服飾雑貨産業 ●ファッション小売産業 ●アパレル素材産業（テキスタイル産業，染色整理業界を含む） ●その他素材産業 ●きもの産業 ●ファッション・ソフト産業（デザインアトリエ，ファッション・ジャーナリズムなど）	●ファッション関連産業 ・加工業界 ・副資材業界 ・関連機器業界 ・陳列器具業界 ・照明器具業界 ・店舗設計施工業界 ・その他関連産業 ●ファッション産業関連機関 ・学会 ・教育機関 ・繊維関連試験場 ・産業団体，官庁
最も広義のファッション産業／広義のファッション産業	第3の皮膚系 「インテリア」の皮膚 暮らし心地のニーズ	●寝具産業 ●インテリア産業	
		●インテリア小物産業 ●家具産業 ●家庭照明器具産業 ●家電・パソコン・AV産業 ●DIY産業 ●玩具産業 ●ステーショナリー産業 ●カメラ産業 ●花・グリーン産業	
最も広義のファッション産業	第4の皮膚系 「コミュニティー」の皮膚 住まい心地のニーズ	●住宅産業 ●エクステリア産業 ●スポーツ施設産業 ●自動車・自転車産業 ●レジャー産業 ●リゾート産業 ●ホテル産業 ●外食・レストラン産業 ●和洋菓子産業 ●飲料・酒類産業 ●加工食品産業 ●出版・音楽産業 ●広告産業 ●美術館，博物館	

（注）1. 一般にファッション産業というときは，「アパレル産業・服飾雑貨産業・ファッション小売産業」，つまり"最も狭義のファッション産業"を指すのが通常である．
2.「アパレル素材産業」には，繊維素材産業，テキスタイル産業，染色整理産業が含まれる．
3.「その他の素材産業」とは毛皮，皮革，ビニールフィルム，紙，ゴムなどの産業を意味する．
4.「きもの産業」は，ファッション産業に含まないとする解釈もあるが，今後は包含していくべきであると考えられる．

図3.1.1 「四つの皮膚」論によるファッション産業の範囲[2]

d. ファッションビジネスとは

ファッション産業を成立させている基盤は，ファッションビジネスである．ファッションビジネスとは，「流行という社会現象を企業活動に転化していくビジネスの総称であり，生活者に夢と発見を提案し，付加価値のある商品やサービスを提供することによって，収益を確保するビジネス」である．

人間にはさまざまな欲求があり，このさまざまな欲求に対応していくことで，社会が進歩し，今日の文明社会が形成されている．その中で，「流行のものを取り入れたい」「個性を表現したい」「自己を変身させたい」「伝統を楽しみたい」「仲間と一緒に楽しみたい」といった欲求におしゃれという視点で対応しているのがファッションビジネスである．

e. 日本のファッション産業の歴史

日本のファッション産業の歴史は，ヤングカジュアルファッション（young casual fashion）の歴史といえよう．欧米には，戦前からあるファッション産業が連続，進化して存在しているが，日本には和装（きもの）という伝統的な文化が存在していた．それが，明治維新以降，洋装化の動きが生まれ，戦前までは両者が共存する移行期というべき時期が続いた．

それが，戦後，新しい時代を迎え，欧米文化が庶民生活レベルで浸透し，衣生活は既製服の時代を迎える．一方，団塊世代が登場し，若者が消費生活に多大な影響を与え始めた．おしゃれに目覚めた若者は，ファッションに強い影響を受け，鈴屋，三愛，高野に代表される婦人服専門店（仕入れ品揃え型）が圧倒的な支持を受け，ファッションビジネスという分野を確立する．日本のファッション産業の誕生は，1960年代初めに専門店業態（品揃え型専門店）によって成立したといえよう．当然，洋服は百貨店や量販店，洋品店などの業態でも並行して売られていたが，新しい産業の下でのファッション衣料の消費は，団塊世代の支持の下に，専門店業態を中心に生まれたといえよう．また，同時並行的に，既製服化の流れに乗り，百貨店を主たる売り場に，レナウン，オンワード樫山などの大手卸売企業が売り上げを拡大していった．特に，オンワード樫山は，委託取引・派遣店員制度などを活用し，急ピッチで百貨店の売り場シェアを伸ばしていった．

当初は，繊維2次製品という位置付けであった繊維製品がファッション性を付加価値とするようになり，既製服としてのファッション商品が代表になる．小売りの世界では，既製服の販売が主流になり，専門店を中心とするファッション小売業が全国的に確立するとともに，そこにファッション商品を企画・製造する（ただし，自社工場をもたない）アパレルメーカーが生まれ，急速に成長していく．ファッション小売店とアパレルメーカーの体制ができ，生産・流通の体制の根幹が成立する．この二つの体制が，店頭を介してビジネスを成立させていった．その後は，ファッション商品の領域の拡大，小売り業態の多様化が進みながらファッション産業は発展していく．

仕入れ品揃え型専門店がやがてピークを迎え，売れ筋中心の品揃えで同質化するとともに，店頭商品でトータルコーディネート提案をする手法が限界をみるようになってしまった．そこに，最初からトータルコーディネートのコンセプトで企画されたブランドが登場してきた．そのデザイナーズブランドの1号店が青山に昭和48（1973）年に誕生した"コムデギャルソン"である．同様に，特定デザイナーの冠のない独創的なキャラクターをコンセプトにしたキャラクターズブランドも登場する．1980年代に入ると，数多くのブランドが全国に展開され，二つのブランド群を総称して，DC（designer's & character's）ブランドと呼ばれるようになり，一大ブームを巻き起こした．やがて1980年代末期になると，過剰出店による希少価値の低下と価格と品質のアンバランスが指摘され，急速に勢いを失ってしまった．

その後は，百貨店売り場でのインポートブランドが人気を博し，独立店を含めバブル経済を背景にブームを巻き起こした．

国内の専門店業態は，バブル経済崩壊後しばらく中心業態を見失い低迷を続けたが，アメリカの"GAP"のビジネス展開を参考に，SPA（specialty store retailer of private label apparel：製造小売業）が紹介され，アパレルメーカーがSPAを始める一方，小売業も参入する．小売業はものづくりの失敗体験もあり，多くは消極的であったが，無印良品，ファーストリテイリングなどの成功例も生まれている．ほぼ同時期に，ビームスやユナイテッドアローズなどのセレクトショップ（個性的なブランドや商品をこだわりをもったコンセプトに基づいて，直接買い付け，販売する小売業）が登場する．その後，海外から，H&M，ZARA，フォーエバー21などのファス

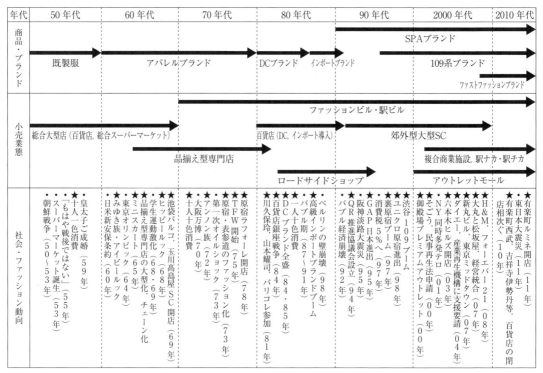

図 3.1.2　ファッションマーケットの変遷[1]

トファッション（fast fashion：最新の流行商品を短期間に大量生産し低価格で販売するブランド）が上陸し，一つの勢力になっている．

少し遅れてライフスタイルショップ（ある特定のライフスタイルをテーマに品揃え提案するショップ）も登場し，業態間競争が激しさを増し現在に至っている（図 3.1.2）．

f．世界のファッション産業

ファッションビジネスの起源は，1850 年以降に勃興したオートクチュールによって基盤が形成された．オートクチュールは，質の高いファッションデザインとその仕立てを指すが，高級衣装店ともいう．1 世紀に及んだその華やかな存在は，第二次世界大戦後，ヨーロッパに大量消費社会，ファッションの大衆化が出現したことで，急速に衰退していった．オートクチュールは，その後プレタポルテ（prêt-a-porter：高級既製服）に移行し，超富裕な所得層から大衆化につながっていく．質より量の世界へのシフトである．

現在はその求心力は低下したものの，フランスのパリはファッションのメッカでもある．現在の世界的な高級ブランドは「創作クチュール」に認定されたブランドが中心だが，近年，イタリアのミラノ，アメリカのニューヨーク，イギリスのロンドンを起点に，確立されたブランドイメージを活用し，取扱商品を香水，ハンドバッグ，靴，アクセサリーなどのおしゃれ関連用品やインテリア，食器などに広げている．対象は世界で，ブランドビジネスとして大きな勢力の一つになっている．

一方，商業施設の面でも先行し，1852 年には，パリにブーシコが「ボン・マルシェ」（近代百貨店のはじまり）を作っている．その後，世界の主要国に相次いで大型商業施設としての百貨店が誕生する．ファッションを販売する拠点としては，専門店，量販店，ショッピングセンターと業態を多様化させていく．

そして，最近では価格志向に対応したファストファッションが急速に広がりをみせ，高級ブランド企業群の対極に価格志向のブランドの企業群を形成させている．このほかには，ネットビジネスを展開する勢力が急速に台頭し，世界のファッションビジネスは，主たる市場をアジア地域に移しながら，発展を続けている．

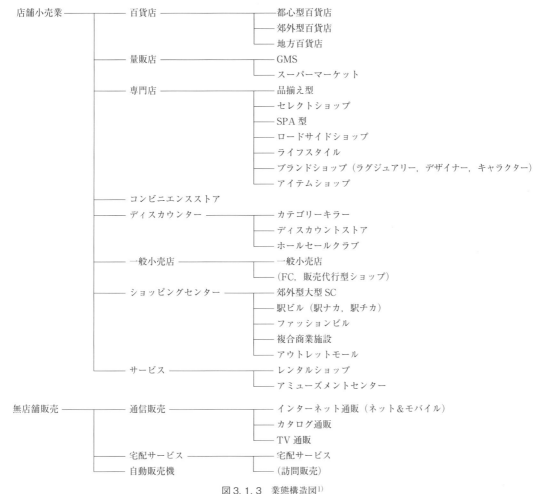

図 3.1.3　業態構造図[1]

3.1.2 ファッション産業の現状

a. 日本のファッション産業構造と業態

ファッション産業は，業態の変化によって姿を変えていく．繊維産業は，生産，卸，小売りのそれぞれの段階で進化してきた．それに対しファッション産業は，小売り業態を中心に市場変化に対応した多様な業態を産み出しながらも，専門店業態の変化を軸に構造を変化させ，発展してきている（図3.1.3）．

専門店業態は仕入れ品揃え型からスタートし，DCブランド，SPA型，セレクトショップ，ファストファッション，ライフスタイル型へと対応を変化させてきている．

b. ファッション産業のライフサイクル (life cycle)

ファッション産業は，繊維産業の体系の中で，製造・卸・小売りの流れのうち，小売り段階を中心に誕生した．それが，時代環境に適応しながら，成長発展し一つの有力な産業として，繊維産業とは別の独立した産業として確立された．

日本のファッション産業の場合，1960年代が導入期，1970年代，1980年代が成長期，1990年代，2000年代に成熟期に到達，2010年代は衰退期に入っている．そして，まもなく，団塊世代の退場とともに一つのライフサイクルを完結しつつある．あとは，新しいファッション産業の登場を待つばかりである．

c. ファッション産業のポジショニング

ファッション産業の構造的な特性は，時代時代の人々のおしゃれな感覚の表現にある．繊維産業のように，繊維製品が主役ではなく，ファッション商品は，生活者とファッション商品の作り手との売り場（店頭）での情報交換である．したがって，店頭が主役になるところに特徴がある．そして，顧客のニー

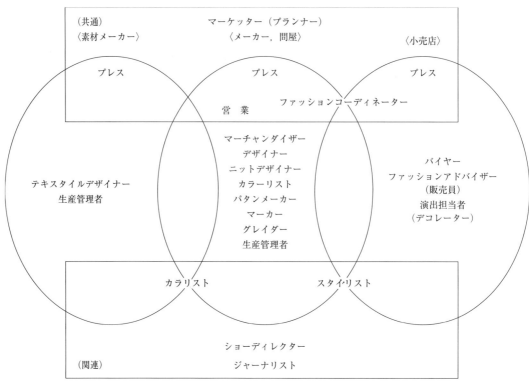

図 3.1.4　アパレル・ファッションの仕事の種類[3]

ズ (needs：状況判断, 過去の経験, 現状分析などから割り出した必要性), ウオンツ (wants：内面から出てくる欲求, 願望から出てくる必要性) に対応したさまざまな業態 (売り方の仕組み) で交換が行われる.

d. ファッション産業と繊維産業

ファッション産業は, 繊維産業の中で誕生し, 独立しており, 同一のものではない. しかしながら, 現実は, 混同し, 同一のものと考えられて論議されている場合が多いが, ファッション産業の現在と未来を考える場合, 明確に区分して考える必要がある.

繊維産業の中核が素材の開発, 生産にあったように, ファッション産業での中核は, 小売り店等が基盤にある. 商品の送り手と受け手としての生活者が直接に接する場となる. 一方, 繊維産業は, 繊維を素材とする繊維製品の生産→卸→小売り→生活者というモノの流れが軸であり, 伝統的な産業の構造をもっている. ファッションは, 当初小売りの付加価値の一つであり, そこで扱われる商品の選択肢の一つであった. それゆえ, 繊維産業という大分類の中の, パートとして位置付けられ, 生活者の関心が異常に大きくなったことで, 一つの独立したジャンルとして位置付けられるようになった. つまり, 図3.1.4のような関係になる.

このような関係になると, ファッション産業は, 異なる体系をもつようになる. 異次元の関係といってもよい. この関係を明確にしないと各種の混乱が生じてしまう. 繊維産業とファッション産業は同一のものではない.

〔**髙見俊一**〕

参考文献
1) 川畑洋之介, 鈴木康明, 髙見俊一：新版ファッション販売論, pp.4, 10, 日本衣料管理協会, 2013.
2) モード辞典編纂委員会：モード辞典, pp.752, 943, モード学園出版局, 2009.
3) 髙見俊一：繊維ファッション情報ガイド, pp.45-60, 繊維産業構造改善事業協会, 1995.

3.1.3　糸, 布, 副資材の流通

繊維原料から始まる服地づくりは, 売れ筋も不明な時点からスタートするきわめてリスキーなビジネスである. これにかかわる業種, 業態は多種多様あって, その企業規模は, 大企業から中小零細までと裾

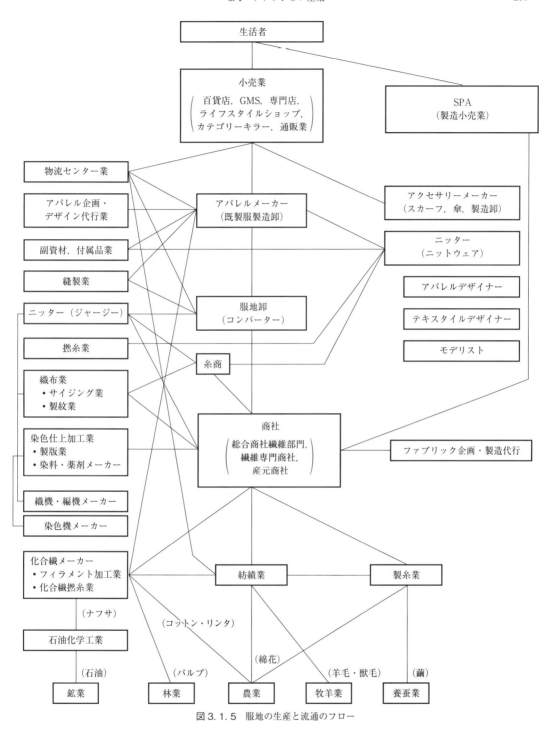

図3.1.5 服地の生産と流通のフロー

野が広い.
　服地の生産と流通の構造図（図3.1.5）から次のことがわかる.
　① **原料，繊維から糸，布（服地），既製服への製**

品化の流れ：繊維，糸，布（生機）は，この流れの各段階でデザインされ，それぞれがデザインされた材料となる．アパレル素材は，プラスチックや金属，木材，土砂などの素材（マテリアル）と，この

点で異なっている．デザインされた材料は，製品として商取引される．

② 業種間の商取引流通（商流）： ここには，生産・製産，調達に伴う数量，納期，在庫（原材料在庫，仕掛り在庫，製品在庫），原価，費用の負担，見込み外れのリスク負担，代金回収リスクなどが存在する．輸出であれば，FOB，CIFなどの価格条件，LC（信用状）などの支払い条件の売買契約などが存在する．

③ 服地の物としての流通（物流）： ここでは，紡織業や服地卸の指示に基づく半製品，製品反（服地）などの在庫管理，取り合わせ，要尺裁断，包装，配送（アパレルメーカー，縫製工場への），伝票発行などが行われる．輸出では，船腹予約，乙仲の手配，輸出・通関手続き，梱包，保税倉庫への搬入などが行われる．

服地の生産と流通の特徴として，次の五つが挙げられる．

① 生産・流通構造の分業性： 原料から繊維，糸，布（生機），服地までの各段階に，それぞれの専業メーカーが存在している．しかも，各段階に流通業（産元商社，親機，糸商，商社，服地卸など）が介在している．一方，大手メーカーの一貫生産・販売や大手製造小売業者とのバーティカル・プロジェクトなどもある．

② 産地性： 多くの加工段階のそれぞれに，これを分担する専業者がいる．その分業を統御したり維持する流通業者（産元商社，親機など）が存在する．これを軸に，各専業者は，一企業のように連携プレーする．そこで，専業のメリットが活かされ，その産地特有の服地が作られる．工程分担を異にする専業者が，自主的に連携した商品開発・生産も現れている．

③ 中小零細性と職人性： 家内労働の，生業としてのメーカーが多数存在し，保有する独自の技術，技能と感性で，ユニークな服地作りが行われる．DCアパレルのオリジナル服地作りを担ってきている．

④ ハイテク性： 高度技術によって，繊維，織糸，編糸を作り，それを服地にする染織編，仕上げ・後加工する技術と，専業メーカーが連携する生産システムを構築している．

⑤ 品揃え性： 日本を一つの産地としてみると生産している服地は多品種である．天然繊維から化学繊維までの各種の繊維素材を用い，さまざまな加工方法を駆使して，高感性，高品質，高機能な服地を作っている．

生産のかたちには，生産と製産の2様がある．「生産」とは自家工場で製品を作ることをいい，「製産」とは他社に生産を委託し，その製品を自社の製品とすることをいう．

繊維，糸，布の生産・製産は，ビジネスの意図，思惑に基づいて行われる．生産，製産への意思決定には次のことがつきまとう．

① 製品・商品企画の外れによる損失発生のリスク負担．
② 企画，デザイン，生産・製産，物流などに関わる費用の負担．
③ 加工代金，製品代金の回収リスク負担．
④ 意志決定に対する責任，義務．

これらの負担の回避（リスクヘッジ，risk hedge），軽減・取引相手へ損失転嫁（バッファー（buffer）機能）などが図られる．例を挙げると，期近発注・初回導入の多品種少量発注・期中発注，クイックデリバリー・多頻度少量発注，小口納品・低原価・"中抜き"・負担を曖昧にした商取引・アウトソーシング（OEM，ODM，生地売り製品仕入れ）などである．

リスク回避，投入資金の低減，アウトソーシングなどの効率経営を主是とするアパレルメーカー，百貨店などのあり方は，生産形態を見込み生産・製産から受注生産・製産へと一変させた．その結果，自らの存在意味を変え，機能を変質させるにいたった．リスクヘッジとは，代金の回収リスクを商社に肩代わりしてもらうことである．バッファー機能とは，アパレルメーカーが自らの企画外れによる損失を服地卸に被せることである．例を挙げると，発注反の未引き取り・発注反の返品・発注反の転売要請・代金の値引き要求・代金決済の長期化・別品種との交換要求・マーケット・クレーム（製品買い取り，見込み利益の補償要求）などで，被った服地卸は，これを生産者に転嫁する．

業際化，業態開発，業種と産地の盛衰，流通経路の短縮化，流通経路の多様化など，生産と流通の構造は，変動的であり，その実際は多岐多様，複雑である．「業際化」とは，異業種の事業を行ったり，異業種の企業と組んで，異業種にまたがる事業を行うことをいい，事業領域（ドメイン）の拡大である．

例えば，紡績，織布，染色までする紡織業，紡織から既製服小売りまでする紡績業，合繊の生産からコンバーティングまでをする原糸メーカー，服地の製産からアパレルメーカーへの直販をする産元商社，縫製工場のファクトリー・ブランド，小売業者のPB（プライベート・ブランド）などがある．

ここでいう「業態」とは，ビジネス環境に対応した商品とサービスの仕方を組み合わせた営業形態である．例えば，カフェを併設したライフスタイル・ショップ，EC（電子商取引）と実店舗を組み合わせた小売り，加工賃を受けるだけの下請けから，自社企画で生産し直販する生産者に変身した機屋，ニッター，染色仕上加工業者，縫製業者などである．「流通経路の短縮化」とは，流通業者（商社，産元商社，服地卸など）を介さないで，合繊メーカーや織布業者が大手製造小売業者と商取引するなど，いわゆる"中抜き"である．「流通経路の多様化」とは，従来とは異なる経路が複数現れたことで，例えば，製造小売業者が自ら素材企画しリスク負担で直接，織布業者に服地を製産させたり，無店舗小売業者と消費者（生活者）が売買したりすることである．

アパレルメーカー（既製服製造卸），アパレル製造小売業（SPA）の商品企画や販売の仕方，利益の出し方（利益構造）などは，それに対応する生産サイドのあり方，生産の仕方などを変化させる．そこで，生産と流通は相互作用，利害関係の中で捉えることが必須になる．

生産と流通は，生産拠点の海外移転，持ち帰り，3国間貿易などとグローバルになっている．衣服の輸入とは，衣服の形に変わった服地（裏地），糸，副資材，付属品の輸入でもある．

アパレル製品の流通については後述されることから，本項においては糸，布，副資材の生産と流通について取り上げる．

a．糸の生産と流通

織糸，編糸づくりの分野を構成している業種，業態は次のようである．

1） 紡績業 綿糸，麻糸（リネン，ラミー糸），羊毛糸，獣毛糸，化合繊のスパン糸，化合繊と天然繊維との混紡糸などを作る．また，その糸で，織布，編み立てし，生地をも作る．綿紡，麻紡，毛紡，絹紡などと専業に分かれる．糸の原料である綿花や靭皮（フラックスなど）は農業，繭は養蚕業，羊毛は牧羊業，パルプは林業，ナフサは石油化学工業，鉱業の産物である．天候不順による産出量の減少，品質の低下，思惑による作付面積や飼育頭数の増減，投機的現象の発生，産出国の政策などに影響される．

2） 製糸業 繭から生糸を作る．また，その糸で，絹織物を作りもする．

3） 化合繊メーカー 化学繊維（再生繊維，半合成繊維，合成繊維）を作る．その繊維を用いた糸，織物を製産し，自社ブランドを付けての販売も行う（チョップ品，chop）．ファイバー・メーカー，原糸メーカーともいう．原糸とは加工を施す前の糸のことである．"高感性素材"と呼ぶポリエステル・フィラメント織物は，繊維の設計段階で糸の設計，織物設計，撚糸，かさ高加工，織布，仕上げ（リラックス処理，減量加工など），後染めまでの設計をし，加工段階が進むにつれ，意図した質感が発現するように工程管理をして作る．合繊メーカーは，繊維を作り売り渡すだけではなく，撚糸，フィラメント加工，織布，染色仕上加工などの業者と協働体制をつくっている．これは，北陸産地にみられる．祖業である衣服用繊維作りから，非衣料の炭素繊維品や化成品分野へ事業を移しつつある．

4） 合繊撚糸業 合繊メーカーが作ったフィラメントの束に，撚りをかけ，撚り糸にする．撚り数を多くすれば，強撚糸になる．

5） フィラメント加工業 かさ高加工糸を作る．この糸は，ナマ糸にふくらみを与え，保温性を高めたポリエステル・フィラメント糸である．ポリエステル繊維は，多数本を同時に紡糸し，それを束にした状態で巻き取り，マルチフィラメント糸として作られる．撚りがかかっていないので絹の生糸と似ている．そこで，ナマ糸と書き，呼び分けている．これを原糸としている．

6） 撚糸糸業 綿，羊毛などの糸と糸を撚り合わせて1本の糸（諸撚り糸，杢糸など）を作る．撚り糸に撚りをさらに加え（追撚り）て強撚糸にする・生糸に撚りをかけて撚り糸にする・意匠撚糸を作る，などを行う．

7） 商　社 繊維，繊維製品の輸出入を行う．OEM，ODM，コンバーティング，ファッション企業への金融（資金提供，リスクヘッジなど），ファッション業界の生産，流通活動のオルガナイザー機能などを担う．総合商社の繊維部門，繊維事業会社，

専門商社（繊維分野をもっぱら扱う商社），産元商社（産地にあってその産物を扱う）などがある．

8）糸商　織糸，編糸，レース糸，縫い糸などを，織布業，ニッター，レースメーカー，刺繍メーカー，縫製業などに供給する．

b．布の生産と流通

服にするための布が服地であり，これから加工を施す布を生地という．服地づくりの分野を構成している業種，業態は次のようである．

1）織布業　織糸を織り，織物を作る．機屋（はたや）ともいう．織布の前後には，織糸の供給，撚糸，整経（せいけい），糊付け（サイジング），経通し（へどおし），紋紙製作，染色仕上げ，整理，補修などを担うそれぞれの専門業者が連なっている．こうした分業は産地内，または産地間で行われる．自社工場で紡績，織布，仕上げまで一貫生産する内製（ないせい）も行われている．織布業者は，スパン織物系の綿織物，麻織物，毛織物（梳毛織物，紡毛織物），絹紡織物．フィラメント織物系の絹織物，合繊織物．ジャカード織物，パイル織物など，使用繊維や織り組織別に専業にわかれる．さらに，シャツ地（shirting），スーツ地（suiting）など用途別にも専業化している．

2）ニッター（knitter）　編糸を編んで，ジャージー（jersey），無縫製ニットウェアなどを作る．編み立てとも呼ぶ．丸編，横編，経編など編機別に専業に分かれる．さらに，流し編地，成形編地などの専業に分かれる．「無縫製ニットウェア」とは，編み糸から直接，（反物（服地）にならないで）服に編み立てられたもの．アパレル素材といえば，服地と編み糸となる．

3）レースメーカー　糸レース（リバーレース，トーションレースなど），編みレース（ラッセルレースなど），刺繍レース（ケミカルレース，チュールレース，エンブロイダリーレース，アイレットレースなど）を作る．加工方法別に専業されている．

4）染色加工業　原綿（げんめん），原毛（げんもう），トップ，生地糸，生機（きばた），製品などに，精練漂白，浸染（バラ毛染，トップ染，糸染，後染，反染，製品染），捺染，仕上げ，後加工などを施して，色，模様を染め表す．染色加工業は，浸染（dyeing），捺染（printing）など染色方法や染色機の種類，染色する物（被染物），仕上げ・後加工の内容などによって専業に分かれる．

5）整理業　毛織物分野での仕上げ業の呼び名である．織り上がった毛織物は，ゴワゴワで，艶がない．縮絨（しゅくじゅう），起毛，剪毛（せんもう）（起毛した毛羽を剪り揃えたり，毛羽を残さず剪り取る），艶出し，補修などをする．これにより毛織物服地が出来上がる．

6）コンバーター（converter）　自らのリスクで服地を企画し，デザインと仕様，仕入れ生地，糸を染色加工業者，織布業者，ニッターなどに渡し，加工を委託する．できた製品反はアパレルメーカーに卸売りする．この働きをコンバーティングといい，見込み製産である．アパレルメーカーの意向を受けて服地の調達も行っている．デザイナー・アパレルの素材企画スタッフ的存在でもあり，服地卸，生地問屋の一種である．

生産・製産には次の二つの形態がある．

①受注生産・製産：注文を受けてから作るもので，これをバイオーダーという．

②見込み生産・製産：自らのリスクで商品を作り受注する．これを備蓄，手張りと呼ぶ．

7）産地　同種の服地を生産するための各工程を分業する者や企業，そこで生産した服地を流通する業者などが集まっている地域のことである．産元（さんもと）商社は，産地にあって，産物をコンバーティングする商社である．それぞれの産地には，得意とする扱い品種があり，合繊長繊維織物の北陸三県，毛織物の尾州，綿織物の遠州，綿先染織物の播州，備州，ニットの墨田，和歌山など，全国に多数，散在する．縫製業の産地もある．

8）集散地　各産地の服地を集め，アパレルメーカーに売りさばく服地卸が集まっている地域で，東京，名古屋，京都，大阪などがある．

c．副資材の生産と流通

副資材と付属品とに分けられる．表地である服地を主資材とすれば，裏地（ライニング），芯地は副資材となる．リボン，テープ，紐，縁飾り用レースなどの布や，パッドなどは副資材に入る．留め具であるボタン，ホック（フック・アンド・アイ），スナップや，ファスナー（ジッパー，面ファスナー）などは付属品とされる．これらに，ネームラベル（織ネーム，プリントネーム），ワッペン，縫い糸を加え，一括して副資材と呼んだりもする．既製服の生産拠点が海外移転するのに伴い，副資材もその地の縫製工場へ配送され，各工場への物流網が現地に構築される．

1）裏地　綿，ポリノジック，キュプラ，ポ

リエステルなどの織物裏地は，後染業者，先染業者と連携する織布業者が作る．編物裏地は経編ニッター，緯編ニッターが，プリント裏地は捺染業者がつくる．裏地と表地のカラーコーデネイト，柄のマッチメイトなどをさせるデザインでは，表地（服地）に従う．これらを主導する裏地卸が存在する．

2) 芯 地 毛芯や化合繊の接着芯の専門メーカーがある．芯地メーカーには，次々と開発される新しい表地の形状変化とその縫製の仕方に適応した芯地の開発が要請される．これまで表地として不適当とされてきた布の使用にも対応してきている．

3) ネームやラベル ブランド，メーカー名，産地名，図柄など織り表したもの，プリントしたもの，表示機能だけでなく装飾効果をもつものもある．織ネームは，ジャガード組織で織ったもの，シャツの襟裏の首筋部分に縫い付けたものには，襟吊にも使えたりもする．織マークは細幅織物産地の丸岡で，紋リボンとともに作られる．

4) 副材料の流通 副資材，付属品の分野には，それぞれの専業メーカー，卸問屋がある．縫製に際しては，表地と同時に副資材，付属品が事前に揃っていることが必須である．縫製工場は，揃っている順に工程設計を行い作業に入るから，工場へ早期に投入する必要がある．副資材とこまごまとした付属品を表地とパックし，同時に国内外の縫製工場へ供給する業者も現れている．

縫製業者が副資材，付属品を仕入れるとともに，指定された表地を服地卸，または発注者であるアパレルメーカーから仕入れ，縫製し，服にして受注着数を発注者に売り渡す"生地買い，製品売り"の取引も行われており，製品代を受ける．服地卸はこれを工場納めといい，服地代金は縫製業者から受け取る．これはトラブルが発生しやすい取引形態である．ニッターの場合は，"糸買い，製品売り"となる．この流通形態は，アパレルメーカーにとって，省力化，材料ロスの負担回避，服地，副資材，付属品の仕入資金不用（仕掛り在庫なし）などのメリットが得られる．

縫製業はもともと，アパレルメーカーから純工料，属工料を受ける下請けである．純工とは，表地と副資材，付属品，デザイン，型紙，仕様を預かり，服に縫い上げる賃加工仕事である．属工は，表地を預かり，副資材，付属品は自前で調達し，服に縫いあげ，加工賃と副資材，付属品代を受ける取引形態である．最近は，下請けを脱して，アパレル製造業（真のアパレルメーカー）に転身するところも現れた．

〔野末和志〕

3.2 消費者行動と心理

3.2.1 服装心理

a. 欲求と被服の着装動機[1,2]

1) 欲 求 欲求（needs）とは，われわれの行動を引き起こす要因となるものであり，人はさまざまな欲求をもっている．欲求の分類の一つに，一次的欲求（primary needs）と二次的欲求（secondary needs）に分ける考え方がある．前者は生理的欲求ともいい，生得的な欲求である．例えば，食欲，性欲，苦痛からの回避などであり，被服の場合，寒さから身を守るために厚着になる，暑さから身を守るために薄着になるという寒暖の調整は一次的欲求である．これに対して二次的欲求は社会的欲求ともいい，習得的な欲求である．例えば，所得欲，名誉欲，優越欲などであり，被服の場合，もっと多くの被服が欲しい，ブランドの被服，流行の被服を着たいなどは二次的欲求である．

2) マズローの欲求理論 アメリカの心理学者であるマズロー（Maslow）の提唱した「欲求の階層理論」は有名である．この理論では，欲求は低次から高次に向かって，①生理的欲求，②安全の欲求，③所属と親和の欲求，④尊敬と承認の欲求，⑤自己実現の欲求が階層をなしており，低次の欲求が満たされると，より高次の欲求を求めるようになると考えている．なお，前述の一次的欲求，二次的欲求の分類からは，生理的欲求，安全の欲求は一次的欲求に，所属と親和の欲求，尊敬と承認の欲求，自己実現の欲求は二次的欲求に属する．

欲求の階層理論について，被服の場合を例にして考えてみる．被服とは当初は寒さを防ぐため，身の安全を保護することが中心であった．しかしながら，

この種の生理的欲求や安全の欲求が充足されると，他人の目を気にして人並みの被服を着て，社会集団のなかに所属し親しくなりたいという欲求，すなわち所属と親和の欲求（社会帰属の欲求ともいう）を求めるようになり，さらに，人よりも良い被服を着て他人から称賛されたいという尊敬と承認の欲求（差別化の欲求ともいう）へと移っていく．そして最後に，自分らしさを表現した被服を着用し，被服は自己実現の欲求の手段としての意味合いが強くなる．

マズローは欲求の階層理論を発展させ「高次欲求の理論」を提唱しており，欠乏欲求と成長欲求という考えを導入している．欠乏欲求は精神的，身体的な欠乏状態によって生じ，外界の資源で補おうとするものであり，充足すると行動は終了する．これに対して，成長欲求は自らのなかにあまったエネルギーを外界にある価値ある対象に充当させ，成長しようとするものであり，充足されても行動は終了することはない．欲求の階層理論の生理的欲求・安全の欲求・所属と親和の欲求・尊敬と承認の欲求は基本的欲求（欠乏欲求）としてまとめられ，成長欲求としては真・善・美をはじめ，いくつかの存在価値（多くは普遍的価値である）を挙げている．これらの価値的欲求が満たされたとき，人間は最高の段階まで自己実現をとげることができるとしており，この理論においては高次の成長欲求を重要視している（図3.2.1）．

3）着装動機　欲求は行動の基礎をなすものであるが，欲求をもっただけでは行動は起こらない．行動が起こるためには，欲求を満たすために何かをしたいと思わなければならない．このそう思う心の状態になることを動機づけ（motivation）という．被服の着装動機は一次的動機（primary motives）と二次的動機（secondary motives）に大別できる．前者は人間はなぜ被服を着用するようになったかという着衣起源の動機であり，原始的動機ともいう．これに対して後者は，例えば，パーティにはどのドレスを着ていこうとか，このスーツにはどんなネクタイが似合うかといったような，われわれが日常生活で行っている被服選択の動機である．

一次的動機については，①身体保護説，②装飾説，③魔除け説などの説がある．身体保護説は自然環境に対する保護，虫や獣に対する保護，一般の敵に対する保護などが着用動機となったとする説である．

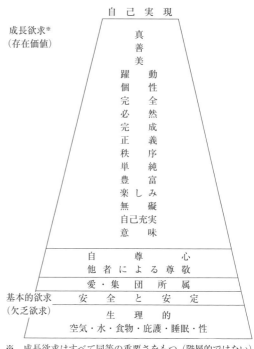

図3.2.1　欲求の立体的層構造[1]

装飾説は審美的手段が着用動機となったとする説であり，魔除け説は悪魔や病魔から身を守るためのお守り的な意味から，耳輪，首飾り，腰帯を身につけたことが，着用動機につながったとする説である．

二次的動機については，被服選択の動機の要因がいろいろと考えられる．すなわち，個人的要因としては，感覚・感情，自己概念，欲求，価値観などが，また対人的要因としては，印象形成や対人魅力などが，集団的要因としては，集団規範が挙げられる．さらに文化的・社会的要因としては，流行，社会的役割，社会規範などがある．

4）流行採用の動機　服装の流行など，さまざまな流行現象は，その時代の社会的・文化的背景や人々の社会意識を反映しており，その時代に生きた人々が，一定の状況の中でなんらかの動機に基づいて流行を採用したからにほかならない．ものが流行するには，いうまでもなく流行を最初に採用する人がいて，その数がだんだんに広まっていくことが必要である．この場合，流行の採用時期は人々によりさまざまであり，流行を早く採用する人もいれば，遅く採用する人もいる．流行の採用時期を時間的な流れから捉える場合，Rogersが提唱した採用者カ

テゴリーモデルは参考になる．Rogers は採用の早い順に，革新者（イノベータ），初期採用者，前期追随者，後期追随者，遅滞者（ラガード）のカテゴリーに分けている．

流行採用の動機にはいろいろの要因が考えられるが，主な要因について述べる．

① **新しさと変化を求める動機**： 流行の大きな魅力の一つは新奇性にある．人間には好奇心という欲求があり，流行はその欲求を満たしてくれる．最新の流行の被服を着用することによって，気分転換したり，いつもと違う自分を表現し，変身願望の欲求を満たすことができる．

② **差異化と他者の承認を得たいという動機**： 人間には多かれ少なかれ，自分が所属する集団や社会のなかで目立ちたい，尊敬されたいという欲求がある．最新の流行のものをいち早く採用する者には，採用によって周囲の多数の他者から区別して目立ちたい，賞賛されたいといった自己顕示欲や優越感が強く働いている．マズローの欲求の階層理論に尊敬と承認の欲求があるが，この動機は尊敬と承認の欲求に対応した動機である．なお，この動機は採用時期からみると，早期採用者の動機である．

③ **同調化と集団や社会に適用しようとする動機**： 自分が所属する，あるいは所属したいと願っている集団に，メンバーとして受け入れられたいという欲求がある．流行の採用は，社会や集団に適応するための容易な手段の一つである．流行が多くの人々に普及しはじめると，同調意識が働き流行の採用へとかりたてる．マズローの欲求の階層理論に所属と親和の欲求があるが，この動機は所属と親和の欲求に対応した動機である．なお，この動機は採用時期からみると，後期採用者の動機といえる．

④ **個性化と自己実現の動機**： 人は他人にない自分らしさを表現したい，美しく個性的でありたいとの願いをもっている．流行はこのような欲求をもつ人々にとって，自己表現したり，創造性を発揮し自己実現をはかるための有力な手段となる．マズローの欲求の階層理論に自己実現の欲求があるが，この動機は自己実現の欲求に対応した動機である．なお，この動機は採用時期からみると，早期採用者の動機といえる．

⑤ **自我防衛の動機**： 多くの人は自己の体型や容貌，能力や性格，社会的地位や役割などに対して，多かれ少なかれ劣等感をもっており，自我を防衛し劣等感を少しでも克服したいと願っている．流行の採用は劣等感を一時的にでも克服し，優越感を得る手軽で効果的な手段といえる．例えば，田舎から都会に出てきた若者が，最新の流行の服装をしてファッション街を歩く心理には，自我防衛の動機が少なからず作用していると考えられる． 〔小林茂雄〕

参考文献
1) フランク・ゴーブル，小口忠彦監訳：マズローの心理学，p.83，産業能率大学出版部，2004．
2) 小林茂雄：装いの心理，pp.3-8, 55-58，アイ・ケイコーポレーション，2007．

b． 自己概念と着装
1) 自己概念とは 　自己概念（self-concept）とは，自分のことをどのように理解し認識しているのか，具体的には自分の性格や能力，身体的特徴などをどのように考え，感じているかのことをいう．特に，性格，容姿，体型などは着装との関わりが密接に関係している．例えば，自分はスタイルがよく流行への対応が早い人間であると思っていれば，時代を先取りするような服装を積極的に取り入れるであろうし，逆に質素で流行にも興味がない人間と思っていれば，流行には消極的な服装をするであろう．つまり自分の抱くイメージに基づいて行動しているといえる．

2) 発達・成長における自己概念の形成と着装
私たちの一生を通して，各世代とも服装との関わりは常に生まれており，特に児童期までは自己概念の形成に大きな影響を与えている．生まれてから乳児期までのまだ自分の意志で着ることのできない段階では，例えば，新生児が生まれれば，贈答品として女の子には暖色系の「女の子らしい色の服」を，男の子には寒色系の「男の子らしい色の服」を意識して贈り，また親もそのような系統の色を買い与えることが多く，保護者などの大人の意向が反映される時期である．子供に着せられた衣服の色を見て他者は性別を認識し，「男の子らしい服」の子供には男の子として，「女の子らしい服装」の子供には女の子として接していく．つまり，衣服が介在することによって，それを基準に性別の対応を考えて行動する現状がみられ，それぞれの性別の扱いを受けた多くの子供は，結果的にその性別の意識をもって育っ

ていくことになる（ただし，近年，性同一性障害など，自分の性の意識と社会的に求められている性との間に違いが生じる場合も見受けられるが，ここでは一般論として述べる）．

次に，幼児期から小学校低学年頃までになると，子供は自分と他者との区別が可能になっていき，「先取りの社会化」「空想の社会化」の意識をもつようになる[1]．先取りの社会化では，「ごっこ遊び」として，身近な自分の親の姿などを投影し，親の役割，職業の役割を体得する時期でもある．女の子ならば，母親と同じようにエプロンをつけ，化粧をまね，母親の立場から自分を見ることを学ぶことにもなる．さらに，おままごとごっこを通して，家族の位置付けなども把握していく．職業としても，帽子を被って運転のまねをすることで電車の運転手さん，白い衣服と聴診器のおもちゃをもつことでお医者さんなど，身近に接する職業になりきることができる．また空想の社会化では，何か一つアイテムを加えることなど，例えば風呂敷をマントにして魔法使いになったり，ヒーローモノの衣装を身にまとうことで，ヒーローに変身したりと，現実にはありえない架空の存在にも，本人はその役割を演じたつもりでいる．この場合もヒーローらの性とは同一になっていることが多い．

さらに小学校高学年から中学生の頃にかけては，集団意識，仲間意識が芽生え，仲間同士同じような服装をする者や，一人では着ない服でも仲間がいることで，社会的に特徴的な服装を着たりする場合もある．この場合，大人（教師，保護者）の価値観からみると規範から外れたり，反社会的のように見えたりするため，子供との間に摩擦が起きる場合もある．

青年期以降，成人になると社会生活を営むうえでの服装の位置付けを理解し，場に相応しい服装を考慮して行動するようになることが多くなる．また，服装を通して自己表現，自己実現をはかることもできるようになっていく．

3）自己概念と着装との関係　自己について考える場合，現実の自分に対する考えの現実的自己概念と，このようになりたいとする理想の自分のことをいう理想的自己概念の二つが存在する．この二者の自己概念が一致することはほとんどない．この両者のずれを解消する一つの手段が服装であり，自分の体型で理想から外れている部分を理想のスタイルに近くなるよう，柄やデザインに求めることが多い．

自己概念は，自己の着装の仕方とも関係する．例えば自尊感情が高い人は，目立つ最新の流行を取り入れた服装でも抵抗感がなく，ファッショナブルな着こなしをする傾向にある．逆に自尊感情が低い人は，人より控えめな服装をし，流行を取り入れるのが遅い傾向にある[2,3]．このように，自己概念が服装に反映され，自己の意識を表現することがある．さらに，他者は「このような服装をしている人だから，この人はこんな性格の人である」と推察する手段にもなる．このとき，他者がこの服装について肯定的な反応をすれば，着装者はより自己概念が強固になり自信にもつながるが，否定的な反応であると，着装者は自分の選択した服装に迷いが生じ，自己概念が揺るがされ，その後，選択を変更する場合もある．

以上から，人の自己概念は着装に反映され，その服装情報を基に他者の着装者への対応が決定される．その他者の反応を読み取った着装者は，また自身の自己概念に作用し，相互に影響しあうことになる．

4）理想的身体と着装　理想的な自己概念の一つに理想的な身体も関係している．自分の身体に対するイメージを身体像（ボディイメージ）ともいう．現実にある自分の身体のイメージは現実的身体像であり，こうなりたいという理想の身体のイメージを理想的身体像という．これも理想と現実の間では，ずれが生じている[4]．

現代の女子学生に理想的な体型の有名人を挙げてもらうと，痩せ形のスタイルの細い人をその一つとして挙げる者が多く，実際に現代の情報社会の中，映像的にも痩せ形の人を目にすることが多い．ただ特に雑誌と写真などは画像処理技術が進み，スタイルの良さを強調するあまり，実際にはいない体型の身体像を映像的に作り出し，一般大衆の目に触れさせることがある．若い女性らが憧れる体型は，実は架空の人物であり，この事実を知らないままに過剰なスレンダー志向になっていることに，社会的にも警鐘が鳴らされている．

5）着装による自己概念の影響と効果　自己概念が着装に影響を与えることは前述した通りだが，逆に着装することで自己概念に影響が与えられることもある．

日頃，華やかな服を着装すると心が弾み，地味な服を着装すると落ち着いた気分になる．この着装の

内容と心の感じ方を利用し，日々の生活の中で着装に変化を起こさせると，医療的な面からも，高齢者や入院中の患者らの情動の活性化や生き甲斐の付与などに効果があるとされている．例えば，高齢者施設で女性入所者を対象にファッションショーを実施する場合，モデルを担当することになった人は，ショーに向けて，いかに元気そうに若々しく見せるかを考えるようになり，これまでひきこもりがちな生活にも張り合いが生まれる．さらに化粧についても，日々の変化のない生活から，身だしなみへの意識，自己表現をどのようにするかまで考えるようになり，精神的にプラスの効果につながっている．

また，現代社会では，これまで男性らしい服装，女性らしい服装が根底にあったが，近年，両者間での敷居が低くなってきた．女性は儀礼的や公的な場にスカートだけでなくパンツの着用者も増加し，男性の中では女装化という現象もみられるようになってきた．特に女装化は，マスメディアでもかつてほど否定的に取り上げることはなくなっている．男性でありながら女性の服装をすることで，より女性に近い自分を意識し，元来の属性以外の世界の体現が可能な状況を後押ししている．

このほか，職業として舞台衣装などに身を包むと，着装したそのときから，その役になりきる役者がいる．あくまでも仕事上の人物の自己概念であっても，舞台衣装の影響により，演じたい人物像を表現する手段として精神的にも効果的に働いている．同様に，会社員が会社の制服を着用する場合，スポーツ選手がユニフォームを着用する場合なども，所属する組織や立場に相応しい一員になるべく意識が切り替わり，これも着装によって自己概念が影響される事例といえよう． 〔内田直子〕

参考文献
1) 藤原康晴：自己概念と被服行動．被服心理学，p.33，日本繊維機械学会，1988．
2) 藤原康晴：自己概念．家政学事典（日本家政学会編），p.574，朝倉書店，1990．
3) 小林茂雄：自己概念と装い．改訂版 装いの心理，p.21，アイ・ケイコーポレーション，2007．
4) 小林茂雄：自己概念と装い．改訂版 装いの心理，pp.22-23，アイ・ケイコーポレーション，2007．

c. 被服による印象形成・印象操作

印象形成（impression formation）とは，特定の人間や集団，あるいは事象などにかんする限られた情報を手がかりとして，その対象の全体像を推論することである．対人認知の場面では，他者の容姿・容貌・声・身振り・態度・風評などによって，その人物のパーソナリティや諸能力が推論されることになる．

一方，印象操作（impression management）は，特定の人間，集団，事象に対して，他者が抱く印象を操作しようという目的をもった行動をいう．印象管理と表記されることもある．コミュニケーションを円滑に行うことを目的とした場合には，社会的スキル（social skills）の一種として位置付けられる．社会的スキルとは，対人場面において相手に適切かつ効果的に反応するために用いられる言語的，非言語的な対人行動[1]である．自己呈示（self presentation）も印象操作とほぼ同じ意味で用いられるが，印象操作は，印象を操作する対象が自己以外にも想定される点で，より包括的な意味を含む．

印象形成が情報を受け取る側を主体にした概念であるのに対して，印象操作は，情報を発信する側を主体にした概念といえる．印象形成も印象操作も，言語的情報だけでなく，非言語的情報に基づく非言語的コミュニケーションによって行われる場合が多い．衣服，化粧，装飾品などを含め，被服は，非言語的コミュニケーションにおける媒介手段の一つであり，印象形成および印象操作において非常に重要な役割を果たしている．

対人認知においては，断片的情報だけからでも，その人物について一定のまとまりをもった印象形成が行われる．これは，人々がもっている暗黙の性格観（implicit personality theory）[2]の働きによる．暗黙の性格観とは，「口数の多い人は外向的である」とか，「地味な服を着た人は内向的に違いない」というような，表面的な特徴と性格特性の関連についての信念である．そのため，ある人物について同一の情報が与えられた場合でも，個々の認知者がもつ暗黙の性格観の内容が異なれば，それぞれ異なる印象が形成されることになる．例えば，最新の流行服を身につけている人物に対して，ある認知者は「衣服に対する意識の高いおしゃれで活発な性格」という印象をもつこともあれば，別の認知者は「流行に踊らされやすい軽薄な性格」という印象をもつこともありうる．

印象形成の過程では，他者がなんらかの望ましい，

あるいは望ましくない特徴をもっていた場合，その評価を当該人物に対する全体的評価にまで広げてしまうという光背（後光）効果（halo effect）や，その集団のメンバー全般に対して，個々の区別をせずにひとまとめにした信念や期待を割り当てるというステレオタイプ的認知（stereotyping）といった認知的バイアスが混入しやすい．例えば，身体にフィットした仕立てのよい高級そうなスーツを着ている人物は仕事でも有能であるという印象が形成されやすいのは，光背効果の現れである．いわゆるパンクファッション（金属の鋲の付いた革ジャンパーや革パンツ，逆立たせた髪の毛）をしている人物を不良や暴走族に違いないとか，濃い化粧をしている女性は性的に積極的であるという思い込みをすることは，ステレオタイプ的認知の一種といえる．

多くの人々は，被服には，それを身につける人の性格，態度，感情，意図などが反映されているという信念をもっている．そのため，被服は，第一印象の段階から印象形成の重要な手がかりとなる．例えば，その状況における被服の規範から逸脱した者は，社会的態度や行動においても逸脱しているとみられやすい[3]．女子大学生に言語によって女性の服装特徴を手がかりとして与え，その人物の性格特性を推測させるという調査では，暖色系の服を着ている人物には，「心の広い，親しみやすい」という性格が，装飾的な服装やブランドがよく知られている服装をしている人物には，「外向的な」性格が想起されやすいという結果が得られている[4]．また，男子大学生に女子大学生の全身写真を提示し，その服装と性格特性との関係を調べた調査では，その服装特徴から，「個人的親しみやすさ」「活動性」「社会的望ましさ」の3次元が抽出された．上衣の型と色はこれらの認知のいずれにも，上衣の柄は個人的親しみやすさに，下衣の型は活動性に（例：ズボン，ジーパン，ミニスカートは活動的な印象），スカートの丈，ストッキングの有無といった下半身の衣服の特徴は社会的望ましさに，それぞれ影響を与えることが明らかになった[5]．

衣服以外では，男性の髭の有無や頭髪の長さによる印象形成の違いを調べた研究もある．男女大学生を対象にしたこの調査では，髭を生やした男性はそうでない男性よりも，教養，知性，社交性などに優れているような印象を与えること，長髪の男性は短髪の男性よりも，偏見が少なく，大胆ではあるが教養に乏しく，あまり幸福ではないという印象を与えることが示されている[6,7]．

印象操作の目的と内容は，①取り入り（ingratiation），②自己宣伝（self-promotion），③示範（exemplification），④威嚇（intimidation），⑤哀願（supplication）の5つに分類されている[8]．それぞれを被服の事例で挙げるならば，採用面接の場面など，清潔な身なりやその場の服装規範に従った被服によって好感や同調を得ようとする行動は「取り入り」，高価な装飾品を身につけることによって経済力があることを示そうとすることは「自己宣伝」，高い社会的地位を示す服装によって自身の価値を示そうとすることは「示範」，サングラスや肉体を誇示する服装によって自分を強い人間に見せようとすることは「威嚇」，粗末で貧しそうな外見を装うことで不幸な状況にあることを示そうとする行為は「哀願」ということになる．

印象操作は，自己モニタリング（self monitoring）やマキャベリアニズム（Machiavellianism）の程度によってその様相が異なる．自己モニタリングとは，人が自身の自己呈示や表出行動，非言語的な感情表出を観察したり統制したりする程度のことをいう[9]．自己モニタリングの高いタイプは，それぞれの状況における自己呈示の仕方や，他者が示す手がかりに敏感で，自己の様子をモニターしながら行動を行う．これに対して，自己モニタリングの低いタイプは，状況にかかわらず内的に一貫した行動をとることを重視し，他者の行動や状況における適切さへの関心も低い．自己モニタリングの高いタイプは，仕事とデートでは明確に異なる着装をしたり，仕事でも接客時とプレゼンテーションでは雰囲気の異なるスーツを着用したりするなど，場面によって被服を使い分けることになろう．一方，自己モニタリングの低いタイプは，そのような使い分けをあまりしないことになる．

マキャベリアニズムとは，目標達成のためには手段を選ばない，うそも方便，理想よりも現実重視といった考え方や行動スタイルのことをいう．詐欺的行為を行う人物はこれにあてはまる．彼らは人を信頼させるために，あえて端正な服装を戦略的に用いることが多いであろう．一般に印象操作への動機付けは，自己モニタリングやマキャベリアニズムの高

いタイプの方がより強く，したがって，印象操作に被服を利用しようとする行動もより積極的にみられると予想できる．

被服による印象操作に対する動機付けについて，社会人を対象に行われた調査では，以下の点が報告されている．男女いずれも，営業職など社外の人に会う機会が多い人は印象操作への欲求が強く，また，被服が仕事の結果に影響を及ぼすという信念が強い人ほど被服による印象操作の傾向が強いため，職場に相応しい着装を行おうと職場での着装規範意識を高めていた[10]．このように，適切な着装が仕事の成功にとって有効であるという意識は，ホワイトカラーや管理職には広く認められる．一方，ブルーカラーの労働者は，着装の重要性を意識しつつも，彼らの関心の多くは，衣服の耐久性やそれが仕事の成績を上げられるかどうかに向けられていた[11]．

被服行動への関心や積極性は，一般に男性よりも女性の方が高いとされているが，印象操作にも性差（ジェンダー）はみられ，女性の方が印象操作により積極的であるという結果が報告されている．被服によって印象操作したい自己の内容や，印象操作に関わる被服行動の内容は，男性より女性の方が明確である[12,13]．

日常の被服行動において，どの色の被服を選択するかということは頻繁に行われるところである．被服の色選択には印象操作の目的が含まれる場合もあろう．女性の被服の色を変数とした調査では，それぞれの色がどのようなメッセージを女性の調査対象者に与えるかが分析された．そこでは，赤，黒，紫の服装は性的魅力，白と黒の服装は女らしさ・顔立ちのよさ・知的さといった内容を伝達することが明らかにされている[14]．　　　　　　〔羽成隆司〕

参考文献
1) 中島義明，子安増生，繁枡算男，箱田裕司，安藤清志，坂野雄二，立花政夫編：心理学辞典，有斐閣，1999．
2) J. S. Bruner and R. Tagiuri: The perception of people. *Handbook of Social Psychology* (G. Lindzey ed.), Vol.2, 1954.
3) 堀内圭子：被服と対人行動．被服と化粧の社会心理学（高木　修監修，大坊郁夫，神山　進編），pp.156-174，北大路書房，2001．
4) 神山　進：服装に関する暗黙裡のパーソナリティ理論（第2報）―服装とパーソナリティの間の仮定された関連性．繊維製品消費科学会誌，28：378-389，1987．
5) 永野光朗，小嶋外弘：服装特徴と印象形成．繊維製品消費科学会誌，31：288-293，1990．
6) S. M. Pancer and J. R. Meindl: Length of hair and beardedness as determinants of personality impressions. *Perceptual and Motor Skills*, 46: 1328-1330, 1978.
7) 西川正之：被服による対人認知と印象管理．被服と化粧の社会心理学（高木　修監修，大坊郁夫，神山　進編），pp.102-120，北大路書房，2001．
8) E. E. Jones and T. S. Pittman: Toward a general theory of strategic self-presentation. *Psychological Perspective on the Self* (J. Suls ed.), Vol.1, pp.231-260, Lawrence Erlbaum Associates, 1982.
9) M. Snyder: *The Psychology of Self-Monitoring*, W. H. Freeman & Co, 1987.
10) 中川由理，高木　修：印象管理スキルとしての被服選択行動の過程．繊維製品消費科学会誌，52：129-134，2011．
11) K. P. ジョンソン，S. J. レノン編，高木　修，神山　進，井上和子監訳：外見とパワー，北大路書房，2004．
12) 山中大子：恋愛と被服行動に関する研究―被服による自己形成と他者との関わり．繊維製品消費科学会誌，47：640-645，2006．
13) 鈴木理紗，神山　進：被服による自己呈示に関する研究―「被服によって呈示したい自己」および「自己呈示に係わる被服行動」．繊維製品消費科学会誌，44：653-665，2003．
14) 神山　進，枡田　庸：容姿の情報伝達内容に関する研究―服装色について．繊維製品消費科学会誌，33：104-113，1992．

3.2.2　購　買　行　動
a.　ライフスタイルと衣生活
1) ライフスタイルとは　　ライフスタイルという用語は，井関によると，「もともとアメリカの社会学者たちの間で，必ずしも明確な定義付けのないまま，人々の生活様式，行動様式，思考様式といった生活諸側面の文化的・社会的・集団的な差異をトータルな形で表そうとする言葉として用いられてきた」[1]．のちに村田は，「多面的・多次元的な生活意識と行動を包括的にとらえる複合概念である」として定義づけた．その後，マーケティングの分野にライフスタイルの考え方が導入され，消費者行動研究において，ライフスタイルによるアプローチが定着した[2]．

消費者行動を社会心理学から追究した飽戸によると，「ライフスタイルとは，生活空間，生活時間，そして価値観のすべてを包括した，その人の生活様式，生活スタイルで，心理学，社会学，文化人類学のすべてを網羅した変数ということができる」としている[3]．

このようにライフスタイルは，生活を捉えるうえで不可欠な要素である．そのため，高等学校家庭科用教科書のなかでも，ライフコース（年齢を重ねる過程で，その時代や社会の影響を受けつつも，さまざまな役割やできごとを経験し，それぞれの人が生きていく道筋），ライフステージなどの用語とともに，各々の人生観やアイデンティティなどを映した個人の生きかたを示している用語として示されている．また変化の激しい時代においては，さまざまな情報を収集し，状況に応じて，ライフスタイルを見直し，変化させていくことも必要である[4]．

2) ライフスタイルの多様化とその背景　どのような生き方をするかについては，人それぞれが自らの人生観，価値観などさまざまな状況により選択するが，近年そのライフスタイルは非常に多様化している．性別役割分業意識にとらわれずに，自分らしい，個性を尊重したライフスタイルも定着した．職業生活，家庭生活，地域生活，住まいなどを例に挙げても，選択肢は多く，どのように考え，どう行動するかによって，ライフスタイルは大きく異なる．

このようにライフスタイルが多様化した背景には，コンピュータとネットワークによる情報社会への進展がある．コンピュータは開発されてから，その性能が著しく向上し，大量の情報を迅速に処理できるようになった．またインターネットが接続され，コンピュータがネットワークによりつながった．それらを利用することによって，人々は多くの情報を収集し，また遠く離れた世界中の人たちと瞬時に情報を交換したり，共有することができるようになった．ICT（information and communication technology）といわれる技術の活用は，今や産業だけでなく，医療や教育など生活に関わるあらゆる領域において欠かせない技術となり，私たちの生活に浸透している．

加えて，携帯電話やスマートフォン，タブレットなどといった，持ち運べるモバイル通信機器の利用者も年々増加している．その結果，いつでも，どこにいても，どんなものからでもネットワークにつながるユビキタス（ubiquitous）ネットワーク社会が実現した．

3) 情報社会と衣生活　コンピュータとネットワークが整備された情報社会の実現は，最も身近な生活環境である衣生活に対し，大きな影響を及ぼした．被服の新しい素材やデザイン，流行などファッション情報の伝播だけでなく，被服の生産，販売，消費など流通のしくみにも変化が生じた．

インターネットが普及するまでは，ファッション情報はテレビ，ラジオ，新聞，雑誌などのマスメディアを媒体に，公開されていた．しかしインターネットを利用して，ホームページやブログが開設されるようになると，インターネットのインタラクティブ性の高さによって，それらを介した情報交換が増加し，流行は著しい速度で広がるようになった．ファッション情報が掲載されたホームページやブログは，アパレルメーカーやファッション業界に精通した企業によるものだけでなく，ファッションに興味関心の高いモデルや俳優，また一般の個人により公開される場合が多く，インターネット上に書かれた評判が口コミとして流行を発信するきっかけを作った．

このように多くの情報を収集した消費者は，自己の趣向に適した商品を探し求めるようになった．その結果，商品を検索し購入する手法として，インターネットによる通信販売，すなわちネットショッピングが利用されるようになった．ネット上にはメーカー直営の店舗や個人経営の店舗，またそれらを統合した総合ショッピングモールなど多くの店舗がある．消費者はモニタに示された画像や製品番号などをもとに，商品を検索し，選択する．ネット上にはオークションという売買の購買システムもあり，消費者間の商品取引が容易になった．しかしそれらの取引にはクレジットカードを用いることが多く，消費者には電子商取引におけるルール，マナー，トラブル対処における知識が求められる．

4) 衣生活のグローバル化　第二次世界大戦後，衣服を家庭裁縫により調達してきた時代を経て，1960年代以降，アパレルメーカーの縫製による既製服が中心の衣生活に変化した．その後1970～80年代にかけて，景気の上昇とともにアパレルメーカーは，日本のファッションビジネスを主導するまでに成長した．しかし1990年代に入り，バブル経済が崩壊した後は，衣料品の生産の拠点が中国やベトナム，カンボジアなどに移行した．2000年に入ると，衣料品の90％以上が輸入されることになり，衣服をつくる繊維，糸，布，そして衣服の縫製，販売の各工程がさまざまな国で行われる衣生活のグローバル化が定着した．

5) 衣文化に対する理解　2013年度から全面

実施された新学習指導要領では,「国際社会で活躍する人材の育成を図るため,我が国や郷土の伝統や文化について理解を深め,そのよさを継承・発展させるための教育を充実する」という内容が追加された[5].そのため中学校 技術・家庭の家庭分野では,「浴衣など和服について調べたり着用したりするなどして,和服と洋服の構成や着方の違いに気付かせたり,衣文化に関心をもたせたりすることなど,和服の基本的な着装を扱うことも考えられる」という内容が記された[6].衣生活の中に継承されてきた,日本独自の文化を衣文化として理解し,発展させていくことの必要性が認識され,またそのためには,初等教育から衣文化教育を行うことの重要性が示された.

6) 持続可能な衣生活 天然資源を大量生産,大量消費,大量廃棄することは,生活が便利になる一方で,地球温暖化という深刻な課題をもたらした.そのため,地球温暖化防止の国際的な取り組みとして,1997年に「京都議定書」が合意され,温室効果ガス排出量の削減目標を,1990年を基準年として国別に削減目標数値を定め,世界が協力して約束期間内に目標を達成することが定められた.そこで環境省は,地球温暖化防止対策の一環として,2005年度より冷房時の室温を28℃にしたオフィスでも,快適に過ごすことができる素材,デザイン,コーディネートを取り入れたクールビズファッションを提唱した.その後2008年度からは,「クールビズ」を,冷房時の室温を28℃にした部屋でも快適に過ごすことのできるライフスタイルとして位置付け,これまでのビジネスシーンに限らず,全てのライフシーンで「クールビズ」の実践を呼びかけるようになった.同様に冬場のライフシーンにおいて,過剰な暖房の抑制を呼びかける「ウォームビズ」の取り組みも始まった.このように日常の衣生活において,エネルギー消費量を削減し,環境に調和したエコロジカルなライフスタイル(エコライフ)への取り組みが行われるようになった.アパレルメーカーもクールビズ,ウォームビズに適した素材の開発,デザインの考案に力を入れており,年々新しい商品が市場に出回るようになった.

健康と持続可能な社会に配慮したライフスタイルは,アメリカでも,ロハス(LOHAS:lifestyle of health and sustainability)という造語ができ,ロハス志向者の消費行動をビジネスに関連付けるマーケティング概念として,使われるようになった.日本でもロハス志向の消費者向けの商品を取り扱う企業も登場し,繊維や副資材の企業がこの概念に賛同し,環境に配慮した活動に協賛している.

また2010年頃から,エシカルファッション(ethical fashion)という概念も登場した.エシカルとは倫理的なという意味であるが,環境保全や社会貢献の意味を含むこととして解釈されている.すなわちエシカルファッションは,オーガニックコットンやリサイクルコットンといった環境に配慮した素材を選定し,発展途上国から買い付け,化学染料を使用せず,そしてフェアトレードにより,商品を流通させるという工程を経る商品のことである.フェアトレードとは,発展途上国の生産者が貧困から抜け出せるように,不当な取引を排除して,継続的・安定的な価格で直接取引する公平な貿易のことである.2002年には国際フェアトレード認証ラベルもでき,商品への認知も高まる傾向がある.加えて伝統的な技術をいかし,生産地の環境に適した生産方法をとることから,貧困問題の解決のほか,環境保護に役立つことも期待されている.これまでに国際フェアトレード認証ラベルが付けられていたのは,コーヒーや紅茶などの食物などが多く,製造工程が多く,工場認証に時間がかかるコットンでは,ようやく2010年に製品が販売されるようになった.コットン製品の場合,綿花農園から縫製工場そして小売企業までその製品に携わるすべての団体・企業がFLO-CERTを通じて認証されることになっている.FLO-CERTとは,国際フェアトレードラベル機構"Fairtrade Label Organization"(FLO)から独立したフェアトレード認証専門会社である.この会社により,製品が消費者に供給されるまでのサプライチェーンすべてにIDが付与される.そしてそのトレーサビリティが担保されることによって,消費者が安心してフェアトレードラベル製品を消費することができるシステムが構築された.さらにFLO-CERTは,ウェブ上でその活動をより積極的に広報し,社会貢献の実績を高める取り組みも行っている.しかしそのようなサプライチェーンの構築は容易に行えることではなく,メーカー側にとってフェアトレードラベル製品の導入が進まない原因の一つにもなっている.

さらに日本で導入が遅れた原因としては,2015年

現在，日本に多くの衣料品を輸出している中国が国際フェアトレードラベル認証の対象国として認められていないことが挙げられる．コットン製品を原料から製品まで自国で一貫生産できる国は，インド以外にアジアにはほとんどないため，中国以外で新たにサプライチェーンを構築することは非常に難しい．東南アジアでは原料を他国から輸入し，完成品にするケースが多いが，フェアトレードに関してはいくつかの国をまたがって製品化する．その結果，サプライチェーンが複雑になり，コストもハードルが上がってしまうことが課題となっている[7]．

以上のような持続可能な社会への衣生活の取り組みは，企業や行政だけでなく，次世代を担う子供の教育においても重要である．2013年度より小学校・中学校・高等学校で全面実施された新学習指導要領の中でも，日本の伝統や文化に関する教育の充実が掲げられた．家庭科では中学校で和装の取り扱いを重視し，高等学校では衣食住の歴史や文化に関する学習を充実させるようになった．日本の伝統的な被服である和服は，一着を仕立て直しながら，一生使い続けることができる．また一着の着物は親から子へ，子から孫へと代々受け継がれていく習慣がある．使い捨てではなく，長く使えることを念頭においた，被服構成により縫製されている和服について，その特徴を理解させることは，日本の伝統や文化の継承という意義に加え，持続可能な衣生活を考えさせる大きな意義がある．　　　　　　〔村上かおり〕

参考文献
1) 井関利明：「生活者」志向経営とライフ・スタイル研究．ライフスタイル発想法─新しいマーケティングの技法（村田昭治，吉田正昭，井関利明編），pp.288-349, ダイヤモンド社，1975．
2) 村田昭治：ライフスタイル全書─理論・技法・応用（村田昭治，井関利明，川勝　久編），pp.1-4, ダイヤモンド社，1979．
3) 飽戸　弘編：売れ筋の法則─ライフスタイル戦略の再構築，pp.9-30, ちくま新書，1999．
4) 家庭基礎，平成25年度用，大修館書店．
5) 文部科学省：新学習指導要領「生きる力」保護者用パンフレット（2010年作成）．
6) 文部科学省：中学校学習指導要領解説　技術・家庭編（平成20年9月）．
7) フェアトレードコットンイニシアティブ：国際フェアトレード認証　フェアトレードコットンイニシアティブ，http://www.fairtradecottoninitiative.com

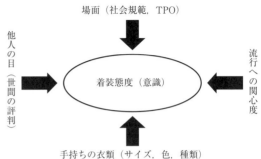

図3.2.2　着装意識に影響を与える要因

b. 着装態度と購買行動

1) 着装態度を決める要因　着装態度とは個人が衣類を装うときに，心に決めたことを表す行動である．その根本には意識が存在している．装いは個人の価値観や好悪などを反映している．いわば個人の自己表現といえよう．しかし，装いを個人の価値観や好悪だけで決めることはできない．社会規範をふまえなければならないときもある．例えば，赤色が好きであっても葬式のときには喪服（黒）を着て参列する．真っ赤なワンピースを着て参列することは，周囲とそぐわず違和感がある．社会規範はその社会の中で人々が共通認識をしているルールのようなものである．常識と呼ばれることもある．では，ルールから逸脱することがなければ，個人の価値観や好悪が優先されるかというと，現実的にはそうではないこともある．例えば，親しい女子の集団においては，しばしば装いが似ていることがある．これは仲間意識のあらわれである．周囲とあわせたいという同調の気持ちから，似たような雰囲気の装いになる．同調したいという気持ちに関しては，ドイツの社会学者ゲオルク・ジンメル（Georg Simmel, 1858～1918）が人間の心理には同調と非同調の心理があると両面説で説明をしている．ある集団の中での装いには同調したいという気持ちが働いている．また，装いに対する態度は，すべてを自己の価値観や好悪で決定するのではなく，そこには他人の目（アイ・シャワー）への意識がある（図3.2.2）．

このように自己の価値観や他人の目への意識などが着装心理を形成し，それが外観にあらわれたものが着装態度になる．

2) 定番と流行の二つの現象の中での着装選択
他人の目（アイ・シャワー）は世間の評価とも考えられる．ルールから逸脱していなくても，例えば時

代遅れの装いには抵抗を感じる者もいる．そもそも装いには定番と流行がある．定番はいつの時代でも，どこにでもあるような品目や装いを指す．流行は，はやりすたりのある品目や装いを指す．

多くの商品はおおむね定番と流行とに分けることができる．例えば，Tシャツはいつの時代でも販売されている．幅広い年代層に受け入れられ，性別も関係がない．そのためTシャツは定番の代表格のようにも思えるが，丈の長さや着こなしは流行に左右される．デザインも，コラボTシャツやアートTシャツの場合は，そのときの旬のTシャツになる．このようにTシャツは品目としては定番であるが，一方でデザインや着こなしに関しては流行に左右される．つまり定番と流行の両面をもっている．もちろんTシャツだけではなく，スカートやジーパンもTシャツと同様に定番と流行の両面をもっている．

このケースとは別に爆発的にある装いが売れるときがある．また，目立つ服装が街にあふれかえるときもある．これらの現象はメガヒットと呼ばれる．1960年代後半は世界中で多くの女性たちがミニスカートをはいた．1965年にイギリス出身の女優でありモデルであるツイッギー（Twiggy Lawson：結婚後の氏名）がミニスカートのブームに火をつけたといわれている．また，ヒッピーが流行したときには，彼らの多くが愛用していたジーパンも，日本の多くの若者たちに受け入れられた．このように時代とともに，流行が明確な装いもある．その時代によって，着装に対する考え方や品目の選択基準が異なっている．メガヒットの頃には，同調の気持ちから品目を選択していたのであろう．また，最近ではファストファッションのように，流行ではあるが安価であることを選択基準にする若者もいる．選択基準には，価格，色，サイズ，品質，機能などのように品目そのものに関する属性と，好悪，着こなし，流行などのように着装心理に関する属性がある．個人の着装態度はこれらの属性内の要因をいかに選択するかによって決定されるのである．そして選択基準そのものも時代，性差，年齢，社会的地位，予算，地域など基本的な属性から大きく影響を受けるのである．

3）購買行動に至るまでのプロセス 購買行動は「ほしい」と思うから「買う」という単純な行動にみえるかもしれないが，そうではない．購買行動

注意（Attention）
↓
興味（Interest）
↓
欲求（Desire）
↓
記憶（Memory）
↓
行動（Action）

図3.2.3 アイドマの法則

にはいくつかの段階がある．アイドマの法則を例示する（図3.2.3）．

人には，ある品物が目にとまる瞬間がある．その品物に注意（attention）を払っているのだ．これは品物の認知段階である．その品物に注意を払った次の段階では，その品物に対して興味（interest）がわいてくる．もしも，興味がなければそのままその品物を忘れてしまう．その次の段階では「ほしい」という欲求（desire）になる．ほしいからこそ，その品物の名前や形，あるいはメーカーなどを記憶（memory）するのである．このほしいという欲求から記憶するまでは，個人の内在的なもので外から行動としてみえるものではない．その次の段階で行動（action）を起こすのである．この行動が品物を買うという購買行動にあたる．

購買行動に至るまでの五つの段階のそれぞれの頭文字をとってAIDMA（アイドマ）の法則と呼ばれ，1920年代にアメリカのサミュエル・ローランド・ホール（Samuel Roland Hall）が提唱した．つまり購買行動は最終段階ともいえよう．購入した後は，今度はあらたに生活の中で「使用」することになる．そして廃棄するまでの間，使用を通じて，その品物との付き合いが始まるのである．

なお，衝動買いという購買行動については，あまり良い意味には捉えられていなかったが，この衝動買いという行動も，潜在的に，注意，興味，欲求，記憶までのプロセスを踏まえている．興味があった商品を記憶しているので，目の前にその商品が記憶内の情報よりも有利な条件（値段が安い，耐久性が優れている，サイズが良いなど）であった場合に購入するのである．よって，言葉どおり衝動的に購入しているのではない．商品に関する基本的な情報がすでに記憶されているといえよう．

4) 購買行動を喚起する店頭での販売員の役割

店頭は購買行動を起こす場である．ゆえに販売員は人々の購買行動に重要な影響を与える．本来，人々は商品を選択する場合，個人の価値観，すなわち好悪によるところが大きい．販売員のアドバイスが，好きでも嫌いでもないいわばニュートラルであった気持ちを好きの方向へ移行させるのである．販売員の豊富な商品知識にふれることによって，商品はより魅力的に見える．また用途や由来を聞けば，商品をより身近に感じる．さらに，販売空間での快適さも購買行動に重要な影響を与える．店舗で買い物をする場合，快適な空間であれば気持ちも和らぐ．その空間が買い物をする側（消費者）にとって，快適か否かは，その空間が清潔であるか，商品が見やすいかなど，多くの要因の相互作用である．例えば商品と壁紙とのレイアウトの良し悪しもあるし，品揃えの多少もある．購入したいという気持ちになるかどうかは，まさにその場の雰囲気によるところである．その場をつくる役割も販売員の仕事の一つである．商品をきれいにたたみ，よく見えるように置くことも，販売促進のためには，必要なことである．店内の照明もその色や強さによって，快適に感じるか否かを左右する．店内行動においては顧客（消費者）の導線も重要である．通路の広さや，目線に沿った品の陳列も大切である．

消費者は店内へ入店する，商品を見る，商品を手に取る，鏡などで似合うか否かを確認する，試着室で試着する，そして購入に至るというプロセスをふむ．特に試着をした顧客は購入率が高いといわれている．試着室の広さはもとより，販売員が試着するようにすすめるタイミングや試着中に販売員から声をかけることが重要になることも理解できよう．購入した後にも，販売員のアドバイスなどによって，より自信をもってその商品を着ることにもつながるのである．

5) 購買行動を喚起する広告の役割

広告は購買行動を促すものであり，個人に与えられる情報である．広告にはポスターや公共交通機関の吊り広告，駅の看板などの従来から街でよく目にするものや，チラシや新聞などの紙媒体のものがある．また，従来のテレビやラジオに加えて，昨今ではインターネットの普及によってブログやツイッターなども含まれる．特に若者にアピールするためには，インターネット上での広告やスマートフォンを活用した告知

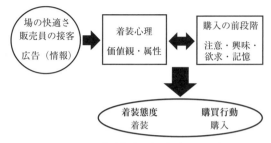

図 3.2.4 着装態度と購買行動との関係

が有効であるとされている．また，インターネットを使用しての販売も重要になっている．通信販売と同様に，インターネットでの商品の情報を，いかに正確に，消費者に伝えることができるのか，そして魅力的に伝えられるかが企業にとっては販売促進の勝負になってくる．

6) 着装態度と購買行動との関係

着装態度を表面的なものとすると，その前に着装心理という内面的なものがある．そこに影響を及ぼすものが場の快適さである雰囲気や販売員の接客，あるいは情報源である広告となる．また，購買行動を起こすまでの内面的なものには四つの段階がある．それらは注意，興味，欲求，記憶である．四つ目の記憶にとどめられていた知識が，商品を見たときに購入するあるいは購入しないという判断につながる．そして購入という行為が購買行動なのである．このように内面的なものが外から観察できる状態になったものが着装態度であり，購買行動である．これらの関係を図 3.2.4 に示した．

着装心理の中には個人の価値観という心理と個人が置かれている立場を代表とする属性がある．この立場や社会的身分をダイレクトに表現しているものには病院内での医者の白衣や，ビジネスマンのスーツ，警察官の制服などが挙げられる．

いずれにしても着装態度は，購買行動とともに，他者から観察可能な範囲であり，その最終段階にたどりつくまでには，段階があり，自己と他者との二つの価値観があると考えられる． 〔辻 幸恵〕

3.2.3 色彩心理
a. 色彩のイメージ

色彩のもつイメージや色彩から受ける連想は，服装色においても重要である．色彩のイメージに関する研究は古くから行われているが，イメージを把握

するためによく用いられる手法として，アメリカの心理学者オズグッド（Osgood）が開発したSD法（semantic differential method）が挙げられる[1]．この方法は，反対の意味をもつ10～20種程度の形容詞対を用いて，色彩などを対象として多くの被験者により3段階，5段階，7段階で評定させるものである（5段階が多く用いられる）．得られた被験者の評価を形容詞対ごとに平均し，図式化したものをイメージプロフィールという．図3.2.5にあざやかな赤とピンクのイメージプロフィールの例を示した．SD法は，その後これらの評価をもとに因子分析を行い，内在する因子を検討することが多いが，対象とする色彩サンプルによっては必ずしも得られる因子構造は一致しない．しかし，単色の場合は多くの研究で比較的一致しており，Osgoodと同様，活動性（activity），力量性（potency），評価性（evaluation）の3因子が抽出されている．なお，服装色の場合にはあたたかさの因子が別に抽出される例も多い[1,2]．

色彩に対するイメージは，文化の違いによる差はあまりみられないといわれているが，好き－嫌いなどの嗜好に関しては，多くの研究で差が認められている．しかし，千々岩らは世界20か国の大学生5,375名を被験者として色彩感情を調査した結果，世界の若者の色彩認知や色彩感情は「7割が普遍的であり，

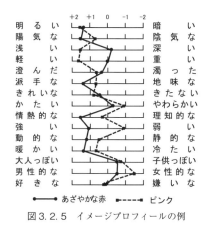

図3.2.5 イメージプロフィールの例

3割が個別的である」と結論付けており，嗜好色に関しても一定の共通性を見出している[3]．また，日本流行色協会によるカラーイメージの年代別調査によれば，ヤング層（18～30歳）とアダルト層（31～50歳）のカラーイメージの構造は類似しており，加齢したとしてもイメージ構造の基本的な部分の変化は少ないという結果を報告している[4]．イメージの個人差は個々の色彩が「自分の色」かどうかという点にあり，「自分の色」の場合は強く意識されるが，そうでない色彩は客観的に評価され，類似したイメージを引き起こす場合が多いとしている．

表3.2.1に色と感情の関係を色相，明度，彩度別

表3.2.1 色と感情の関係

属性別		感情の性質	色の例	感情の性質
色相	暖色	暖かい 積極的 活動的	赤	激情・怒り・活動的・興奮
			黄赤	喜び・はしゃぎ・活発・元気
			黄	快活・明朗・愉快・活動的・元気
	中性色	中庸 平静 平凡	緑	安らぎ・寛ぎ・平静・若々しさ
			紫	厳粛・優婉・神秘・不安・優しさ
	寒色	冷たい 消極的 沈静的	青緑	安息・涼しさ・憂うつ
			青	落着き・淋しさ・悲哀・深遠・沈静
			青紫	神秘・崇高・孤独
明度	明	陽気 明朗	白	純粋・清々しさ
	中	落着き	灰色	落着き・抑うつ
	暗	陰気 重厚	黒	陰うつ・不安・厳めしい
彩度	高	新鮮 溌らつ	朱色	熱烈・激しさ・情熱
	中	寛ぎ 温和	ピンク	愛らしさ・優しさ
	低	渋み 落着き	茶色	落着き

に整理したものを示した[1]．色相は暖色，中性色，寒色などの寒暖感を与えるだけでなく，暖色系の純色は激情，怒り，快活などの感情を示し，興奮色ともいわれる．逆に寒色系の色は安息，落ち着きなどの感情を示し，沈静色といわれる．また，明度について，高明度は陽気，明朗，低明度は陰気，重厚などの感じを与える．彩度について，高彩度は新鮮な，低彩度は渋みの感情を示す．しかし，実際の色彩はこれら色相・明度・彩度の三属性が互いに影響しあって存在するため，感情との関係は単純には割り切れないものである．

b. パーソナルカラー

パーソナルカラーとは，個人の色彩，自分の色彩という意味であり，人格的色彩をいう．パーソナルカラーを個人の嗜好色として発達段階的に分析し，その傾向を検討した研究[5]もあるが，現在では 1928年アメリカの色彩学者ロバート・ドアが開発した「ブルーベース／イエローベース」のカラーシステムを基本としたその人に「似合う色」のことをいう場合が多い．人間の肌色は，基本的に暖色（赤紫〜黄）をベースに，明度・彩度が変化した色彩であるが，その中にも「紫みの赤」「黄みの赤」「赤みの黄」など，微妙な色彩の違いがあり，髪・瞳などの色彩も個人個人が独自の身体色の特徴をもっている．似合う色とは，肌の透明感が増し，明るく見え，シミやシワなど欠点を隠し，顔立ちをすっきり見せ，パーソナリティに合った魅力を引き出す色彩をいう[6]．

ロバート・ドアは，すべての表面色には黄または青のアンダートーン（ある色彩に含まれるベースとなる色彩）があり，アンダートーンを共有する色同士は調和しやすいとした．その後この理論は「ロバート・ドアメソッド」として現在も伝えられている[6]．また，1950年ダイアナ・バンズは，この理論を基に「フォーシーズン・カラー」を発表し，イエローベースをSOFT：スプリングタイプ（春）とHARD：オータムタイプ（秋）に，ブルーベースをSOFT：サマータイプ（夏）とHARD：ウィンタータイプ（冬）に分類して4シーズンを設け，各シーズン内に色彩を配し，シーズン内の色彩同士でコーディネートすることによって，調和したカラーコーディネートが得られるとしている[7]．これらの理論はパーソナルカラー理論として，ファッションコーディネートやメークアップに利用されることもある．

c. ファッションカラー

服装の個性化に対応し，アパレル業界においても大量生産という原則がくずれ，多品種適量生産という形で消費者のニーズに対応しなければならない．そのような中でのアパレル生産計画には目安というものが必要になってくる．その目安として，過去および現在の流行の分析および市場のニーズを踏まえた流行色予測がある．図3.2.6にトレンドカラー情報の流れを示した．先のシーズンに向けた流行色の最初の情報は約2年前に日本を含む十数か国による国際流行色委員会（International Commission for Color）によってインターカラー決定色が発表される．国際流行色委員会は，1963年に発足した国際間で流行色を選定する世界で唯一の機関であり，日本からは1953年に設立された日本流行色協会（Japan Fashion Color Association：JAFCA）が，公益的立場で参加している．

このインターカラーに次いでJAFCAにより日本のファッション市場状況を踏まえてファッションカラーが選定される[8]．この後，さまざまな予測情報が流され，展示会やショーが国内外で展開され，最終的にわれわれ消費者の手元に届くようになっている．

ファッションカラーとしてのこれらの色彩は，単色で用いることは稀であり，多くの場合2色以上を組み合わせて用いる．これらの配色は，用いる色彩の面積によってイメージは大きく異なってくる．カ

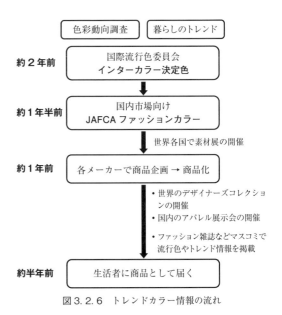

図3.2.6 トレンドカラー情報の流れ

ラーコーディネートにおいては，一般的に最も大きな面積を占める色をベースカラー（base color）といい，色調を抑えた色彩を用いる場合が多い．次に大きな面積に用い，ベースカラーと比較的色調を合わせた同系色や類似色をドミナントカラー（dominant color）という．ドミナントカラーに次ぐ面積の色彩はアソートカラー（assort color）といい，ベースカラーやドミナントカラーの同系，類似，対象などさまざまな配色で用いることができ，その配色関係により全体のイメージが大きく変化する．また，アクセントカラー（accent color）は最も小さな面積に用いられる色彩であるが，全体の色調を引き締め，視点を集中させるなどの効果を求めることから，目立つ色彩を用いて配色する．

ファッションカラーにおける代表的な流行配色として以下のようなものが挙げられる．まず，近似した色調の配色として，カマイユ配色（色相もトーンもかなり近似した配色），フォ・カマイユ配色（「偽りのカマイユ」という意味で，色相もトーンもほぼ近似した配色），トーン・イン・トーン（「トーンの中で」という意味であり，同じ色調でまとめる配色），トーナル配色（中彩度，中明度領域を用いた配色でPCCSではダルトーンを用いた配色が代表的である）などがあり，これらはデリケートで上品なイメージを作り出すことができる．トーン・オン・トーン（「トーンを重ねる」という意味であり，同系の色相で明度差を大きくとった配色）は，同じ色相の濃淡・明暗であることから，まとまり感や品格があり，さらに，堅さやフォーマル性の高い配色といえる．

ナチュラル・ハーモニー（自然連鎖の原理に沿った配色であり，黄色相に近い色彩の方を明るい色にする配色）は自然な色の見え方であるため，なじみ感のある上品な配色であり，色彩を必要以上に意識させたくないときには有効である．逆に，コンプレックス・ハーモニー（ナチュラル・ハーモニーとは逆に，黄色相に近い色彩の方を暗い色にする配色）は1960年代の流行色の中で提案されたが，自然連鎖の原理に適合しないことから個性的ではあるが普段見慣れないことから違和感をもつ配色である．

また，共通性を求める配色として，色みを統一したまとまりのある配色として，ドミナント・カラー（「色相が支配する」という意味で，色相を統一して全体をまとめる配色），色調を統一した落ち着いた配色としてドミナント・トーン（「トーンが支配する」という意味で，トーンを統一して全体をまとめる配色）が挙げられる．

さらに，コントラストの強い配色として，ビコロール（「ビ」はフランス語で「2」を意味し，コロールは「カラー」したがって，コントラスト感のある2色配色），トリコロール（「トリ」はフランス語で「3」を意味し，コントラスト感のある3色配色）は，明快な配色であることから活動的であり，サッカーやバスケットなどスポーツのユニフォームにも多く使われる配色である．

ファッションにおける好ましいカラーコーディネートについては，色相が同系や類似の場合は，トーン（明度・彩度）に複雑性をもたせた対照配色に，色相の対照や補色を用いる場合はトーンに統一性をもたせ，同系や類似の関係で用いることによって単調になりすぎず，複雑にもなりすぎない配色を得ることができる．

〔石原久代〕

参考文献

1) 日本色彩学会：新編色彩科学ハンドブック，pp.381-382，東京大学出版会，1998.
2) 石原久代他：着装者の顔面の形態的要素と服装色との関連性．繊維製品消費科学会誌，26 (1)：41-46，1985.
3) 千々岩英彰：図解世界の色彩感情事典，pp.14-18，河出書房新社，1999.
4) 日本流行色協会：色のイメージ事典，pp.180-190，同朋社，1991.
5) 今井弥生：色彩嗜好とパーソナル・カラーの分析．日本色彩学会誌，8 (3)：96-105，1979.
6) 大沼 淳：ファッション色彩II，pp.256-267，日本ファッション教育振興協会，2007.
7) 東京商工会議所：カラーコーディネーションの実際 カラーコーディネーター検定試験1級公式テキスト第1分野ファッション色彩，p.22，中央経済社，2008.
8) 日本流行色協会：流行色，No.573，p.4，日本流行色協会，2013.

3.2.4 消費者とマーケット
a. マーケットとは

マーケット（market）には，英語で「市，市場，需要，販路」などの意味があるが，資本主義経済社会では，多くの生産物は「商品」として生産から消費にいたるプロセスとして「市場」を経由している．

かつて人と人がどこかで偶発的に接触し，物と物の交換が始まったが，やがては交換が規則的な行事

になり，「もの」も交換を目的として生産されるようになった．交換を行う場所や日時も自然に決まってきて，これが「市場」・マーケット（market）の始まりである．日本では，物の交換・売買をすることや場所のことを「市」と呼び，奈良・平安時代には毎日「市」が開かれていた．

経済学の概念では，「食料品や日用品などを扱う小規模小売店舗が集まっている商業集積（市場）」や，「商品・財貨・証券などの売買の場（市場）」のことをいう．

マーケティングでは，「需要，あるいは買い手の集積（市場）」がマーケットであるとされている．ここでいう需要とは，「商品に対する購買の裏付けのある欲望，またはその総量」のことであり，わかりやすくいえば，「特定の製品，サービス・権利などに関する人々の要求」である．アパレルマーケットでは，「アパレル商品やブランドを購入し，着用する現実の消費者や欲望の集合」が需要ということになる．

また，マーケティングでは，「市場とは存在するものではなく，創造すべきものである」とされている．ある高価な新商品に対して，人々の多くが高くて買えない場合には，市場は形づくられない．そこで，分割払い方式ならば買うという人々が増えたとする．そういう場合には，市場が創造されたことになる．

b. マーケットの変化

マーケットは常に変化している．市場の変化を生み出す要因として，社会，経済，技術変化がある．

1) 社会的要因 社会関係の変化は，市場の変化に直接的に結び付く．特に，身近で基本的単位である「家庭」の変化が大きな影響を与える．

① **核家族**： 高度経済成長期に，地方から都市へ人口移動した都市化が原因である．現在は親世帯と子世帯の価値観やライフスタイルの違いが大きな原因となっている．ライフスタイルに対するこだわりは，ファッションビジネス市場に膨大な消費を生み出している．

② **単身世帯の増加**： 単身世帯は，女性の社会進出や晩婚化で増えている．高い教養をもち，社会参加に高い意欲をもち，経済力も兼ね備えた女性は，自らの価値観にこだわるため，流行に敏感となり，女性がリードする市場を創造している．

③ **高齢化の進展**： 日本において急速に高齢化が進んでいる．どちらかというと，弱者で暗いイメージもあるが，一方で積極的な人生を歩んでいこうとする人々も多い．特に，女性の高齢者は年齢に関係なくおしゃれを楽しみたいという市場が存在する．

2) 経済的要因（経済低迷と新しいビジネスチャンス） 経済状態は市場に大きな影響を及ぼす．経済状態が良好であれば消費が活発になり，高額アパレルも売れる．反対に景気が悪いと，先がみえない経済状況に対して消費を控える．そのような状況の中で，流行を採り入れつつ低価格に抑えた衣料品を，短いサイクルで大量生産・販売するブランドやその業態（ファストファッション）が登場した．

3) 技術的要因 市場を変革する力の中で，最も直接的に大きな力となるのが新技術である．アパレル商品だけでなく，消費や販売のあり方を変えてしまう．

① **情報・通信**： 情報・通信関係はデジタル化技術に代表される．パソコンからスマートフォンの普及が，インターネットでの情報の受発信があたりまえとなり，無店舗販売であるネット販売が大きく伸びている

② **新素材**： 新素材の開発は，アパレル商品の可能性を大きく広げる．超極細繊維の開発がアパレルの軽量化，透湿防水機能，保温機能，吸汗速乾機能などをもつアパレルの開発に結び付いた．また，防臭，抗菌機能がある繊維製品は介護の現場で利用されている．

③ **環境技術**： 環境技術とは，環境保護や省資源，リサイクルなどに貢献する技術である．ペットボトルを再生して作ったフリース製品が近年増えてきた．また，とうもろこし繊維は，石油などの化学原料依存の素材ではないために，使用後廃棄しても土中や水中の微生物の栄養源として利用され，最終的には水と炭酸ガス（CO_2）に分解される．地球にやさしいエコロジカルな繊維である

c. 市場細分化とは

市場細分化は「消費者の欲求や必要など種々の基準に基づいて市場をいくつかの小部分（segment）に区分すること」[1]と定義付けられている．この定義で明らかなように，一般に市場細分化では，消費者市場の細分化が想定されて，買い手としての消費者の細分化を指す．

対象の消費者は，欲求の面からみて，一様ではな

く多様化している．市場は，男性と女性，独身者と既婚者，センスのある人ない人など，もともと異質な消費者の集まりである．そこで，その市場を細かく分化して，それぞれの市場区分（market segment）には同質の消費者だけが集合したような区分をつくることが可能である．

市場細分化で最初に注目されたのが，年齢，職業，所得などの「デモグラフィック要因（人口学的要因）」である．消費者の行動がデモグラフィック要因だけでは説明できないことが判明し，価値観，意識，個性といった社会心理的要因である「サイコグラフィック要因」が考えられた．デモグラフィック要因の調査は比較的容易であるが，サイコグラフィック要因は反対に難しい．分析の一つにAIO分析がある．A（activity：行動），I（interest：興味），O（opinion：意見）という三つの尺度から分析する方法である．このサイコグラフィック分析は，ライフスタイル分析，クラスター分析と呼ばれる．その例を図3.2.7に示す．

市場細分化を行うことにより，下記のような効果が期待できる．

第1に，消費者の欲求に違いがある以上，すべての消費者に同じ商品を，同じ価格で，しかも同じ方法で提供するのではなく，消費者の差異に応じて最も適正な商品を適切な価格と方法で提供してこそ，真の消費者志向が実現される．

第2に，成熟期段階では，企業が競争を有利に展開するためには，市場を細分化し，特定の市場に対して，集中的にマーケティング攻勢をかけることができる．マーケティング活動集中化のためにも，市場細分化が前提条件である．

第3に，マス・マーケティング時代が終わり，特定標的顧客に照準をあてて，活動すべき，ターゲット・マーケティングの時代を迎えると，効果的な市場細分化が前提条件となる．

d．アパレル市場の細分化

2012年のアパレル総小売市場規模は9兆1,645億円である．その内訳は紳士服・用品の小売市場規模が2兆5,185億，婦人服・洋品が5兆7,500億，ベビー・子供服が8,960億である．最も規模が大きいのがレディスウェアである．婦人服業界で用いられるセグメント基準について述べる．

1）クラスター別セグメント クラスターとは，「果物の房」，「群」の意味があり本来は階級を指す．

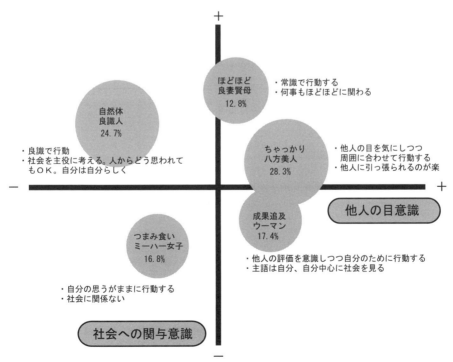

図3.2.7 生活価値観クラスターマップ[2]

対象とする消費者のライフスタイルを調査・分析して，類似したライフスタイルの人たちを一つのクラスターとして捉える．

2) マインド別セグメント　実際の年齢ではなく，「気持ち，精神，心の年齢」として分類する．アパレルを中心にファッション商品の場合，中・高校生（ジュニア），女子大生・OL（ヤング），キャリア・ウーマン・ヤングミセス（アダルト），ミッシー，ミセス，シルバーミセスといったように，女性の各ライフステージ別に分類する．

3) シーン別セグメント　オケージョン別セグメントとも呼ばれる．生活場面は大きく二つに分類できる．一つは公的なパブリックステージ，もう一つは私的なプライベートステージである．パブリックステージはビジネスを中心としたオフィシャルシーンと，結婚式やパーティといったソシアルシーンとに分類できる．また，プライベートステージは，家の中でのくつろぎのデイリーシーンと，スポーツライフ，旅行などリゾート，レジャーシーンがある．

4) テイスト別セグメント　好みを基準としたファッション感性分類の一つである．ファッションに対し積極性，流行の関心度を示す．一般的に流行に敏感で積極的に取り入れる順に，アバンギャルド，コンテンポラリー，コンサバティブの3タイプに分けられる．

①アバンギャルド：「前衛，先駆け」の意味で，ファッションに対して敏感で，時代の先端を行く感覚をもつタイプである．
②コンテンポラリー：「現代的な」の意味で，現代的な感覚をもち，時代の流行を意識しているタイプである．
③コンサバティブ：「保守的な，控え目な」の意味で，略してコンサバともいわれている．ファッションに対しても消極的なタイプである．

アドバンス，アップ・トゥ・デイト，エスタブリッシュといった分類もテイスト別セグメントに属する．

5) グレード別セグメント　グレードとは英語で「等級，程度」といった意味がある．ファッション商品では，安価で買いやすいが質の低い商品から，高価であるが上質な商品まで，その段階を区分した商品レベルのことを指す．

①プレステージ：威信，威光，名声などの意味があり，ファッション商品では，最もグレードと価格の高いゾーン．
②ベター：高級志向の商品群で，比較的上質で，上品なゾーン．
③モデレート：適度，中位などの意味があり，ベターのワンランク下の価格で品質的にも標準となるゾーン．
④ボリューム：標準的な主力商品群．ファッション商品では，最も大量に売れる商品領域で，一般的にはリーズナブル（合理的な値段）商品が中心．

e．ターゲットセグメンテーション

成熟した市場でのマーチャンダジングで最も重要なことは，市場細分化を基に，ターゲットを設定することである．ターゲットのライフスタイル，ワードローブ，スタイリングイメージ，マーケットでのポジショニングなどを明確にする必要がある．さらに，マーチャンダジング計画の立案をする際は，ターゲット設定はさらに図3.2.8に示すように，「テイスト」と「マインド」を切り口に，リードターゲット，リアルターゲットを明確に設定し，企画を進行させることが重要である．

①リードターゲット：理想とする顧客．マーチャン

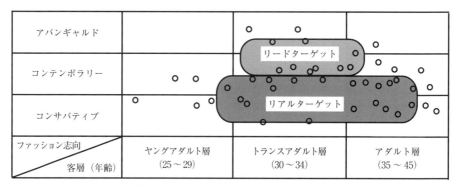

図3.2.8　ターゲットセグメンテーション[3]

ダイジングの軸
②リアルターゲット：実際に商品を購入して売上高を支えてくれる顧客　〔小野幸一〕

参考文献
1) 同文館編：マーケティング用語辞典，同文館出版，1971.
2) 小原直花：婦国論，弘文堂，2008.
3) 日本衣料管理協会編：ファッション販売論，2013.
4) 繊維工業構造改善事業協会編：アパレル素材企画，1987.
5) 繊維工業構造改善事業協会編：アパレルマーチャンダイジング，1982.
6) 繊維工業構造改善事業協会編：アパレル販売戦略，1984.
7) 日本商工会議所・全国商工会連合会編：販売士養成講習会3級テキスト，2012.
8) 日本衣料管理協会編：マーケティング論，2006.
9) 矢野経済研究所：国内アパレル市場調査結果，2013.

3.3　企業と商品

3.3.1　企業のマーケティング活動
a.　マーケティングの定義と重要性

マーケティングの概念・定義は固定した不変的なものではなく，時代の変遷の中で社会・経営環境の変化に対応して，発展し，見直されている．また，マーケティング（marketing）は，そのまま外来語として使用されることが多く，経営（management），宣伝（advertisement），販売（sale）のように日本語の適当な対訳語をもたない．いくつかの国語辞書を引いても，「商品・サービスを市場へ流すための企業の活動」[1)]など，商品，市場，企業，活動といった言葉を含んだ多様な語釈がなされている．このため，多くの社会人や学生にとって，マーケティングは，やや不明瞭に理解している言葉であり，概念・定義は，わかりづらいものになっているのが現状である．

アメリカマーケティング協会（American Marketing Association：AMA）は，これまでに上記の理由から，幾度かの定義改訂を行っており，現在の定義（2007年）は，以下の通りである．

「マーケティングとは顧客，依頼人，パートナー及び一般社会にとって価値あるものを創造し，コミュニケーションを行い，送り届け，交換する活動，一組の制度，及びプロセスである．」[2)]

また，日本マーケティング協会は，1985年のAMAの定義改訂を受け，1990年に以下の定義を発表している．

マーケティングとは，企業および他の組織[(1)]がグローバルな視野[(2)]に立ち，顧客[(3)]との相互理解を得ながら，公正な競争を通じて行う市場創造のための総合的活動[(4)]である．

　（1）教育・医療・行政などの機関，団体などを含む．
　（2）国内外の社会，文化，自然環境の重視．
　（3）一般消費者，取引先，関係する機関・個人，および地域住民を含む．
　（4）組織の内外に向けて統合・調整されたリサーチ・製品・価格・プロモーション・流通，および顧客・環境関係などに係わる諸活動をいう．

つまり，マーケティングはもともと企業が自社製品の拡販を図るための営業活動を指していたが，現在では，企業に留まらず多くの組織運営にとって，非常に広範囲にわたる重要な活動となっている．特に，日本の多くの消費財市場のように，成熟化が進み，顧客側に選択権が移行している市場においては，企業のマーケティング戦略は，経営戦略，事業戦略にほぼ等しく，その巧拙による活動結果が，企業の業績に多大な影響を及ぼす．本項の対象としている日本のファッション産業についても，その範疇に属している．

企業のマーケティングを「価値提供システム」と捉える考え方がある．このシステムは，図3.3.1に示す3段階に分かれている[3)]．

第一段階は，自社商品の価値を認めてもらいたいターゲット顧客層を選択し，その顧客に向け，どのような価値を提供するかを設計する「価値の選択」の段階．ここで，誰のどのような欲求に対し，どんなモノを提供し，欲求の解決を図るか，が決まる．

第二段階は，構想された価値を具現化し提供するための仕組みを構築する「価値の提供」の段階．ここでは，そのモノをどうやって生産し，顧客に送り届けるか，価格やコストをどう設定するか，といっ

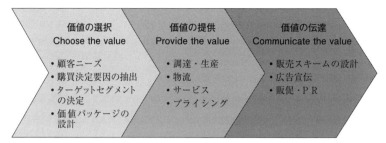

図3.3.1　価値提供システム（value delivery system）[3]

たことが決まっていく．

　第三段階は，構築された価値を顧客に正確かつ確実に伝達する「価値の伝達」の段階．いくら価値のあるモノが創られても，宣伝広告や販売促進といった活動がなければ，あるいは，直接対応する営業・販売スタッフが顧客に価値を伝達できなければ，顧客に価値は伝わらず，購買意欲にはつながらない．

　この3段階からなる一貫性をもったシステムを構築し，効果的かつ持続的に機能させることが，マーケティングである．マーケティングは，マーケティング部や商品企画部といった限られた部門が専門的に行う業務ではない．企業全体が，顧客への価値提供を目的に，それぞれの部門の業務を連動させていくことで，初めてシステムとして確立し，稼働する．

　言い換えれば，優れた価値提供システムを有し，顧客に価値を十分に伝えることを実現している企業が，マーケティングの優れた企業といえる．

　ただし，マーケティングは，客観的かつ合理的なシステムを構築するだけでは，十分に機能しない．顧客の潜在的ニーズを顕在化させるためには，優れた感性に基づく，ある種のひらめきや，それを具現化するためのセンスといったものが必要になる．特にファッション産業のマーケティングにおいては，担当者が優れた感性を有していることは，重要な差別化要因となる．

b．ファッション産業のマーケティング

　本項におけるファッション産業を，図3.1.1に挙げられている「最も狭義のファッション産業」と定義する．なかでも，ファッション産業において，中核的役割をもつ，アパレルメーカーとファッション小売業について言及する．

　アパレルメーカーは，衣料品（特に既製服）の企画・製造・販売を行っている企業を指す．アパレルメーカーの企画する製品は多岐にわたるため，製造については，自社にその部門をもたず，外注をしている場合が多く，産業分類的には卸売業に分類される．自社で企画した製品を百貨店，大型スーパー，衣料品専門店といった小売業を通じて，消費者に販売する．また，自社あるいはグループ企業内に小売部門を有し，一部の商品を直接消費者に販売している企業もある．

　ファッション小売業は，衣料品を中心としたファッション商品を仕入れ，消費者に直接販売している小売業を指す．衣料品専門店，百貨店，大型スーパーといった業態が代表的である．近年では，アパレルメーカーの製品を仕入れて販売するだけではなく，小売業自らが，独自に商品を企画し，製造を委託，自社流通で販売しているケースも多くみられる．

　ファッション産業のマーケティングとは，アパレルメーカー，ファッション小売業において展開されている，前述の価値提供システムの構築および推進を指す．ファッション商品には，以下の特徴があり，マーケティングもその特徴を考慮して展開される．

　① 取り扱い品種が多く，色・柄・サイズなどを考慮すれば，他の消費財に比べ，多品種少ロットでの生産・販売が一般的である．

　② 四季を中心としたシーズンごとに商品が入れ替えられ，売れ残った商品が翌年のシーズンに再販売されることは，原則として少ない．企業は，シーズンごとの変化を予測し，きめ細かく，次々に商品企画と需要予測を行わなければならない．

　③ 買い回り品であり，消費者の購買行動範囲は広く，多くの選択肢の中から，相対的に価値の高い商品を選択し，購入するため，競合は幅広く，絶えず変化している．

　④ 嗜好品であり，デザインや流行といった感性的要素が，消費者の価値観に影響する．価値が認識されれば，高価格も受容されるため，高付加価値高

価格戦略も可能である．

以上の特徴から，他の消費財のように，一つの商品を長い時間をかけて開発のうえ発売し，その商品の販売状況を分析しながら，年々改良を加え，ロングセラー商品に成長させていく，という手法は，ファッション商品においては取りづらい．今年のヒット商品は，必ずしも，翌年以降の発展につながらず，限定的成功に終わってしまうことも多い．また，社会情勢の変化とそれに伴う消費者の嗜好性変化を短期間に予測し，具現化しなければならないため，シーズンごとの商品企画は，担当者の感性に依存する部分も大きく，不確実な要素でもある．一方，定番的な衣類を重点に展開すれば，売り上げは安定するものの，ファッション商品としての鮮度，訴求力の低下は否めない．

安定した売り上げとファッション商品としての鮮度，この二つの課題に対応し，継続的かつ長期的成長を目的とするために，ファッション産業のマーケティングにおいては，ブランド戦略が重要になってくる．

c. ファッション産業のブランド戦略

まず，ブランド戦略全般について，解説する．ブランドは，「銘柄」，「商標」などに訳される．企業は競合との差別化を図り，顧客に自社あるいは自社商品の価値を認識してもらうため，宣伝広告や販売促進，PRといったマーケティング活動を推進する．前述の価値提供システムの中で，顧客への価値伝達において重要な役割を果たすのがブランドである．ブランドは単なる識別名称ではなく，顧客に正しく認識されることによって，企業や商品に付加価値をもたらす．その機能を推進させていくものがブランド戦略である．

ブランドを階層別に分類すると，企業全体で展開される企業ブランド（corporate brand），企業内の一事業で展開される事業ブランド（business brand），いくつかの製品カテゴリーにまたがって展開されるファミリーブランド（family brand），単一製品カテゴリー内で展開される製品ブランド（product brand）などに分類される（図 3.3.2）．

一般的にファッションブランドは，企業が，いくつかの事業ブランドやファミリーブランドを保有し，展開している場合が多い．顧客の多様化に対し，複数のブランドによって，自社内の棲み分けを図りながら，これらのブランドのコンセプトをターゲット顧客層に訴求する．ブランドコンセプトとは，ターゲット顧客層の欲求に対し，それを満足させる価値を概念化したものであり，このコンセプトが理解，支持されれば競合との差別化が可能になり，商品の

企業ブランド
企業名として展開，訴求し，認知される．
例：「花王」，「サントリー」，「ワールド」

事業ブランド
事業名として展開，訴求し，認知される．
例：「無印良品」，「ローリーズファーム」

ファミリーブランド
いくつかの製品カテゴリーにまたがるブランドとして
展開，訴求し，認知される．
例：「ラックス」，「ビオレ」，「ヒートテック」

製品ブランド
単一製品カテゴリーのブランドとして
展開，訴求し，認知される．
例：「アタック」，「かっぱえびせん」

図 3.3.2 ブランドの階層構造

継続購入が期待できる.

コンセプトが支持され,ブランドへの信頼が高まると顧客のブランドロイヤルティ（brand loyalty：ブランドへの愛着心）が醸成される.これを基盤として,シーズンごとにブランドコンセプトの軸がぶれないことを前提に,流行性を加味した新商品を継続投入し,顧客の増大,固定化を図っていく.これが,ファッションブランドの基本戦略である.

ファッションブランドといえば,欧米で生まれた高級ブランドをイメージする人が多い（例：シャネル,ルイ・ヴィトン,プラダなど）.これらのブランドは,ラグジュアリーブランド（luxury brand）と呼称され,ブランドコンセプトに共鳴する強いブランドロイヤルティをもった中核顧客層と,その世界観にあこがれる浮遊顧客層を取り込み,高イメージとともに安定した地位を築いている.ラグジュアリーブランドは,ブランドコンセプト徹底とブランドイメージ保持のため,商品企画から販売まで,一貫して自社でコントロールすることが原則である.ただし,グローバル化に際しては,投資リスク回避を目的に,進出国・地域の状況に精通したパートナー企業を選び,ライセンス契約を結んで,事業展開を図る場合もある.

従来,アパレルメーカーは,前述の階層別ブランド戦略に基づき商品を中心とした事業展開を図り,ファッション小売業は,自社の企業ブランド（あるいは事業ブランド）コンセプトに基づき,店舗を中心に,コンセプトに適合した商品を仕入れ,事業展開を図ってきた.ただし,近年では,ブランドコンセプトの徹底,コスト効率化推進のため,ラグジュアリーブランドに限らず,商品企画から販売まで,一貫して自社で行う企業が増えてきている.

d. SPA戦略

SPA（specialty store retailer of private label apparel）という言葉は,1987年にギャップ社が,自社の業態を定義したのが初出である.商品企画から販売までを一貫して行う業態を意味し,主に製造小売業と訳される.1990年代になって,日本でも製造小売業を営む企業が急成長してきたことから,このような業態をSPAと呼ぶことが一般的になってきた.

従来,ファッション産業においては,商品企画は,アパレルメーカー,販売はファッション小売業という分業体制が主流であったが,顧客に,より確実に価値を伝えるため,製造業と小売業の垣根を取り除いたSPAという業態が台頭してきた.SPAには,ファッション小売業が企画,製造に進出する場合と,アパレルメーカーが自らのブランドを小売業として,展開する場合の二つのパターンがあり,いずれも,従来の専門店とアパレルメーカーの両方の機能が必要となる.ただし,一概にSPAといっても,自社機能として,どのプロセスを有し,どのプロセスを他社に委託するかは,企業によって,大きく異なる.一般的に分類したタイプ別プロセスを図3.3.3に示す[4].

Aタイプは,縫製関連以外,自社で行っているタイプ.自社企画で,ブランドの独自性,一貫性,品質へのこだわりなどを具現化できるが,従来のアパレルメーカーと同等の社内体制を構築する必要があり,商品企画にあたって,コストと時間がかかる.Cタイプは,商品企画のディレクションとコスト・納期・ロット管理以外は商社などに委託しているタイプ.ローコストで短期間に売れ筋商品を販売することができるが,品質が安定せず,独自性を強く打ち出せないため浮遊客が多く,顧客の固定化が図れない.商品企画力が社内に蓄積されない,などのデメリットがある.Bタイプは,AとCの中間のタイプである.

21世紀に入り,ファッション市場のグローバル化が進行する中,コスト削減と顧客満足の両立を目指し,グローバルSPA戦略を推進する企業が,世界の衣料品売上高ランキングの上位を占めるようになった.なかでも2013年現在,ZARA（インディテックス社）,H&M（ヘネス&マウリッツ社）,GAP（ギャップ社）の売上規模が突出しており,売上高において,世界の3大ブランドとなっている.日本を代表するSPAブランドとしては,ユニクロ（ファーストリテイリング社）が挙げられ,世界的にみても前述の3大ブランドに次ぐ地位につけており,日本市場に留まらず,積極的に海外展開を推進している.

SPAは,社会の変化に対応し,顧客志向のマーケティングを達成させることができる業態として,多くの企業が注目し,業態転換,あるいは新規開発を図っているため,ファッション産業において,主流となりつつある.顧客と直結する小売店舗を有し,顧客ニーズに合わせた商品を開発,提供する垂直統合型の仕組みは,成功すれば,顧客の支持を獲得し,競合に対する差別化を実現できるため,企業に多大

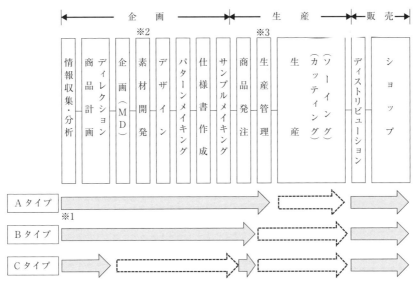

図 3.3.3　SPA 企業の企画・生産・販売のプロセス[4]

※1：グレーの矢印は自社で実施，破線の矢印は商社，縫製工場などに委託．
※2：素材開発は繊維メーカーとのコラボレーションが一般的．
※3：生産管理は，生地・副資材メーカーや縫製工場などを手配し，納期のスケジュール管理などを行う．Aタイプの場合，サンプルメイキングの後に「生産管理（生地・副資材メーカー，縫製工場の手配）」が入り，「商品発注」→「生産管理（納期管理）」の順となる．また，B・Cタイプも納期管理は商社などと連携しながら自社で行っている．

な収益をもたらす．ただし，市場・顧客情報を活かす効率的な体制を構築せずに，安易に SPA を指向することは，在庫リスクなどの深刻な経営課題をもたらすことにもつながる．

ファッション市場は，今後，一つの大きな流れとして，SPA の動向を中心に動いていくと考えられるが，SPA 企業間での盛衰をかけたグローバル，ローカルレベルでの更なる競争激化が予測される．ブランド戦略を通して，企業の総合的マーケティング力の優劣が問われる時代ともいえるだろう．

〔藤田雅夫〕

3.3.2　マーチャンダイジング

a.　マーチャンダイジングの定義と重要性

マーチャンダイジング（merchandising：MD）という言葉は，流通・小売業界においてよく使われており，とりわけ，ファッション産業においては，アパレルメーカー，ファッション小売業の双方で頻出する言葉である．企業のマーケティング活動の一部を指し，一般に商品計画，商品化計画，品揃え計画などと訳されている．

語源としては，マーチャンダイズ（merchandise：商う）に由来するといわれ，ing をつけて動名詞化したものがマーチャンダイジングと考えると，マーチャンダイジングは，商い活動を指す．そこから，流通・小売段階での営業活動という意味でマーチャンダイジングという言葉がそのまま使われるようになった[5]．

したがって，もともとは，流通・小売業界において商品計画や実行を意味していた言葉が，商品化，製品化という意味にも広がりをもち，アパレルメーカーでも使われるようになったと考えられる．ちなみに，アパレル以外の一般的な消費財メーカーでは，マーチャンダイジングという言葉は，あまり使われていない．なお，マーチャンダイジングの業務範囲や担当部署，職名は，企業によって異なるが，通常，マーチャンダイジングの中心的な業務をしている職種の人間をマーチャンダイザー（merchandiser）と呼称する．MD という略称は，マーチャンダイジング，マーチャンダイザー，両方の意味として，用いられる．

前出の AMA が 1948 年に公表したマーチャンダイジングの定義は，以下の通りである．「マーケティング活動における，最適な商品，サービスを最適な場所と時期に，最適な数量と価格で取り扱うことに

表3.3.1 マーチャンダイジングの基本要素「5適（five rights）」

①	適品	right merchandise	顧客の欲求に応じた適正な商品の提案
②	適所	right place	顧客にとって適正な売り場の提供
③	適時	right time	顧客に合わせた最適な時期での供給
④	適量	right quantities	顧客の欲求に応じた適正な量の供給
⑤	適価	right price	顧客の感じる価値に対応した価格

表3.3.2 ファッション・アパレルメーカーにおけるマーチャンダイジングの「5適」[7]

①	適品	right merchandise	シーズンや月の方針に基づいた最適な商品の開発と構成
②	適所	right place	ターゲット顧客にとっての最適な売り場の選択とフェイシング
③	適時	right time	販売時期を想定したシーズン別・月別・週別の納期計画
④	適量	right quantities	売り場ごとの適正な数量の設定と生産ロットの検討
⑤	適価	right price	商品価値とのバランスを考えた価格設定

関する計画」[2].

上記から抽出されたマーチャンダイジングの基本要素を「5適（five rights）」という（表3.3.1）．AMAの定義は，マーケティングと同じく，時代を追って改訂されており，また，多くの研究者によってさまざまな定義がなされている[6]．ただ，現在でもここに挙げられている5適を基本要素とし，マーチャンダイジングを定義している場合が多い．

山村（2013）は，ファッション・アパレルメーカーのマーチャンダイジングについて，5適を表3.3.2のようにあてはめた．これら5適は，それぞれが深く関わり合っている．例えば，最適な商品は，生活者が欲しい時期に買える価格で提供されて初めて成立する．価格は，原価と目標利益率をあわせて考慮する過程で設定される．もちろん原価は，生産ロットが多いほど低減するし，また，工場に対する発注が早いほど計画生産が可能となるため低減する．工場への発注を早めるには，企画のスタートを早め，より先のシーズンを予測する必要があるが，最適な商品を開発するにあたってのリスクは増大する[7]．

このバランスを考慮しながら，全体の最適化を実現していくには，社内外の多くの部署と連携し，計画を推進していかなければならない．商品が顧客に価値を訴求する最重要要素であるファッション産業にとって，マーチャンダイジングは，事業推進の中核となる重要な機能であり，業務である．したがって，その成否は，事業の盛衰に多大な影響を与える．

b. マーチャンダイジングの役割と位置付け

ここでは，ファッションブランドビジネスに必要な機能とマーチャンダイジングの位置付けについて言及する．ブランド戦略は，前項で述べた通り，ファッション産業にとって，経営戦略，マーケティング戦略の根幹を成す重要な戦略である．ブランドは，顧客に価値を認められ，支持を得られれば，企業に安定した収益をもたらす．ブランドの創造〜育成には，ブランドコンセプトの商品や店舗による継続的な訴求が必須となる．その具現化を推進することが，マーチャンダイジングの大きな役割である．

マーチャンダイジングは，従来，アパレルメーカーが自社ブランドを開発し，展開するブランドマーチャンダイジング（商品化計画）とファッション小売業が展開するリテールマーチャンダイジング（品揃え計画）に大別されていた．前者は，ブランドコンセプトに基づき，商品企画から生産までを担当し，消費者への販売は原則として小売業に委ねる．後者は，自社のブランドコンセプトに適合した商品を仕入れ，品揃えを図る，という棲み分けがなされていた．ただし，近年では，単にモノを創る，モノを売るといった考え方から顧客を中心としたトータルマーチャンダイジングへ概念が広がっているため，両者の違いは，少なくなってきている．

アパレルメーカーにおけるブランドビジネスの機能とマーチャンダイジングの位置付けについて，山村（2013）は，次のようにまとめている（図3.3.4）．

ファッション・アパレルメーカーのブランドは，生活者の満足価値を創造することを目的としており，この目的を達成するためにさまざまな機能を有している．具体的には，「創」を代表する商品企画，「工」を代表する生産管理，「商」を代表する販売管理の三つの機能と，それらをつなぐ情報受発信，モデリング（modeling：デザインを衣服の形にする過程），ロジスティクス（logistics：物流機能合理化の手段）

3.3 企業と商品

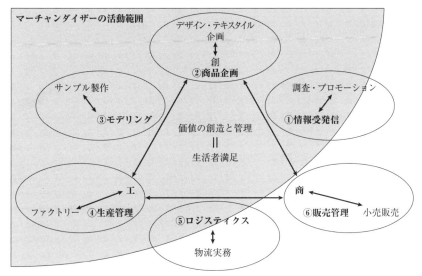

図3.3.4 ブランドビジネスの概要[7]

の三つの機能をあわせた六つの機能が有機的にリンケージしている．これら六つの機能のうち，情報受信（情報収集）から始まり，商品企画，モデリング，生産管理までの業務がマーチャンダイザーの携わる分野である．それに対して，生産管理・素材調達から始まり，ロジスティクス，販売管理，情報発信（プロモーション）までの業務が営業責任者の携わる分野である[8]．

今日では，SPA の隆盛により，SPA 型マーチャンダイジングが新しい潮流として，注目を集めている．SPA は，商品企画から販売までを一貫して行う業態であり，マーチャンダイジングについても，アパレルメーカーとファッション小売業の両方を融合した機能が必要になる．つまり，ブランドコンセプトに基づき，自社の顧客と店頭を具体的に想定したうえでの，商品企画が求められることになる．

c. マーチャンダイジングの業務

これまで述べてきたように，マーチャンダイジングの業務は，5適を基本にブランドコンセプトに基づいた商品計画を推進することであり，これを担当するマーチャンダイザーには，次のようなセンスや能力をもつことが期待される．

① 社会や消費者の変化をいち早く感じとる鋭敏な感性
② 企画，生産，流通といった業務の流れをトータルで把握できる経営センス
③ さまざまな情報やデータを収集し，分析する判断能力
④ 社内外の各部門の理解と協力を導き出すコミュニケーション能力
⑤ 企画を実際に具現化し，率先して遂行する実行力

上記を満たすためには，豊富な実務経験や商品知識が必要であり，業務経験の浅い社員では担当できない．そのため，マーチャンダイザーは，デザイン，販売，生産など，多様な業務出身者から，登用されている．

また，マーチャンダイジングの概念の広がりとともに，その業務範囲も多岐にわたってきている．特に大型ブランドで多様なカテゴリーに商品を有する場合，商品企画から販売・利益管理といった一連の業務を，1人のマーチャンダイザーが，すべて掌握したうえで，実務も推進することは，不可能に等しい．このため，例えば，ブランドの総括責任者として，ブランドマネージャー（brand manager）をおき，その下にカテゴリー別に数名のマーチャンダイザーを配置するという体制をとっている企業もある．また，マーチャンダイジング業務を，商品企画を中心としたソフト開発と，売上・利益を中心とした計数管理に分け，前者を開発マーチャンダイザー，後者をブランドマーチャンダイザーと呼称して，分業体制をとっている企業もある．

なお，具体的なブランド企画のプロセスと内容については，3.3.3項にて，詳しく述べる．

〔藤田雅夫〕

参考文献

1) 新明解国語辞典 第七版, p.1415, 三省堂, 2012.
2) 高見俊一：新版 ファッション販売論, p.35, 日本衣料管理協会, 2013.
3) 小森哲郎：研修会講演資料, クラシエホールディングス, 2007.
4) 鈴木康明：新版 ファッション販売論, p.20, 日本衣料管理協会, 2013.
5) 小山周三：現代の百貨店, pp.137-143, 日本経済新聞社, 2001.
6) 宮副謙司：マーチャンダイジングの捉え方について, pp.3-9, 2008.
7) 山村貴敬：増補新版 アパレルマーチャンダイザー, p.22, 繊研新聞社, 2013.
8) 山村貴敬：増補新版 アパレルマーチャンダイザー, pp.36-39, 繊研新聞社, 2013.

d．ビジュアル・マーチャンダイジング

ビジュアル・マーチャンダイジング（visual merchandising：VMD）は，「視覚的商品化計画」の意であるが，特に視覚に訴えた売り場演出法を指す．つまり，顧客の関心を引くための単なるディスプレーにとどまらず，商品の特徴などが目で見てすぐにわかるように演出する方法をいう[1]．ディスプレーは陳列，展示の意で，顧客の目を引き，また選びやすく買いやすいようにデコレーションやショーイング（商品価値がより高く見えるように飾り付けに工夫をすること）などの技術を駆使し，商品に演出性を与えることである[1]．端的にいえば，マーチャンダイジング（merchandising：MD）の5適（適品，適所，適時，適量，適価）（3.3.2項参照）を軸にして，顧客が見やすく，選びやすく，買いやすい売り場を視覚的につくることであり，ディスプレーは演出技術としてVMDに含まれる[2]．その結果，顧客の「買い上げ点数」を増やすことができる．VMDの実行には，まずは売り場（店舗）の環境づくりと売り場構成の基本的な知識を習得しなければならない．

1) 売り場の環境づくり　売り場の環境づくりには，人は明るいほうへ向かって動く，人の目は左から右へ水平に動くなどの人間の習性を理解することが大切である[3]．店内を回遊しやすいように，さまざまな商品との出会いを増やすために，売り場の配置，通路の取り方などを工夫して効果的な導線を考慮することも環境づくりには必要なことである．

一方，売り場には顧客が瞬時に捉える視覚的効果の"見せる"という役割，楽に手に触れたり選ぶことのできる高さと範囲の"売る"という役割，ある

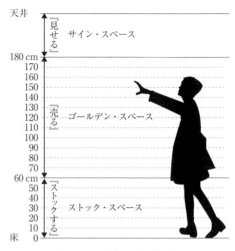

図3.3.5　売り場の視覚的効果

程度の要望に応えられる商品（在庫）の保管場所を"ストックする"という役割などがある．"見せる"はサイン・スペースと呼ばれ，よく見える範囲，"売る"はゴールデン・スペースと呼ばれ，手の届く範囲，立ったまま楽に手が届く範囲，"ストックする"はストック・スペースと呼ばれ，前屈またはしゃがまなければならない範囲とされている（図3.3.5）[4]．

また，商品のディスプレーをしたりストックするための器具を効果的に使うことも大切であり，それらは什器と呼ばれる．マネキン，トルソー（人体の胴の部分），棚什器，ハンガー什器，平台が基本的で，店舗によりさまざまなものが提案されている．

2) 売り場構成　売り場構成は，VP（visual presentation），PP（point of sales presentation），IP（item presentation）の三つから成り立っている（図3.3.6）[5]．VPは，視覚に訴えたいテーマや商品を使うシーン，使う人のライフスタイルなどを一目でわかるように訴求する方法で，顧客を店内へ誘導するきっかけとなるように常に新鮮な発信をしなければならない[3]．場所はお店の入口付近で，什器はマネキンやボディが効果的である．PPは，販売計画に基づいて在庫が十分にある商品をコーディネートすることにより関連販売を促進するための展示方法のことで，棚やハンガー什器に陳列してある商品を紹介する目的がある[3]．IPは，一つ一つの商品を顧客の目につき，品選びしやすいように陳列することで，購買へ結び付ける方法である．

売り場では，それぞれの商品が適切な陳列什器に

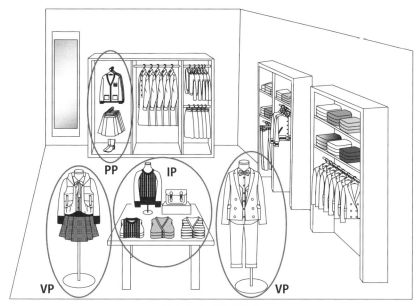

図 3.3.6 売り場構成

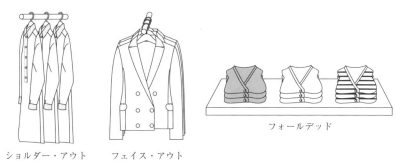

図 3.3.7 商品の陳列

よって陳列すべきである．大きく分けてハンギング（掛ける）とフォールデッド（たたみ置き・積む）がある．ハンギングは商品をハンガーラックなどに掛けて陳列する方法で，ショルダー・アウト（スリーブ・アウト，側面陳列）とフェイス・アウト（正面陳列）がある（図3.3.7）[4]．商品の形・価格・色などを考慮し，特性に合わせて売り場ごとに陳列する．ショルダー・アウトはラックの長さにより飾る適正数量は変わるが，多くの商品を掛けることができる．フェイス・アウトは商品の全面を見せる飾り方なので，訴求したい商品や上段にジャケット，下段にスカートやパンツなどコーディネート販売をしたいときに使うと効果的である[5]．フォールデッドは，棚などにデザイン別，サイズ別などにして積んで置く方法で，色や素材を見せるのに最適である[4]．　　〔宮武恵子〕

3.3.3 ブランド企画

ブランドとは「銘柄，商標」の意味で，商品の品質，名称，サイン，シンボルなどの総称である[6]．関連する言葉として，ブランド・アイデンティティ，ブランド・イメージ，ブランド・エクイティ，ブランド・ストラテジーなどが挙げられる．一方，トレードマークは登録商標の意で屋号や企業のマークをいう．

ブランドには製造業，生産者に属するナショナル・ブランド（NB）と流通業に属するプライベート・ブランド（PB）がある．ナショナル・ブランドは大手アパレルメーカーの主力商品が多く，一般に製造業者ブランドと呼ばれる．一方，プライベート・ブランドは百貨店，専門店など，主に大手の小売業者が，自社の顧客動向に合わせてリスクを負って独自に開発した商品である．つまり，ブランドは消費者に商

品・店構え・広告などの提供をするだけでなく，商品の属性・機能を超えて，視覚や聴覚などの五感で受け止められるイメージや象徴的な価値も提供している[7]．

ブランド企画はマーチャンダイジングそのもので，具体的には5適（適品，適所，適時，適量，適価）を基本にして時代・社会・消費者のニーズをキャッチし，ターゲットに売れる商品を設計・提供する．そのためには，まず情報収集と分析が大切である．情報には基礎情報と加工情報，外部情報と内部情報，定量的情報と定性的情報などの基本的な捉え方がある[8]．近年，特に重要とされているのが定量的情報と定性的情報である．製品別やエリア別の売上データなどのように，数値によって計測，集計，分析が可能な情報が定量的情報，消費者の嗜好性などのように数値では表されない性質をまとめた情報が定性的情報である．最終的には数値的に判断しなければならないが，感覚的な判断が意思決定への材料となる場合もあるため，定量調査を基にした定性調査が必要とされる．

新商品の開発では新しい方向性を抽出するために，トレンド情報の収集と分析が重要となる．既存商品の開発では何がヒットし，何が売れ残ったかという調査・分析が重要である．なぜヒットしたのかの理由には，品質が良く安かったという価格への関心もあれば，今までにない便利な機能性があった，組み合わせが良かった，など人々に受け入れられる要素は一つではなく，複合的である．また，「なぜ売れ残ったか」を分析することも大切であり，商圏と商品の適合性，競合他社の提案に遅れていないか，ターゲットのニーズと合致しているかどうかなど，さまざまな要因が絡んでいる．

a. ブランド企画のプロセス

ブランド企画を実行するプロセスは大きく二段階に分けられる．まず前述した情報収集をさまざまな視点で行い，ターゲットとコンセプトを立案する．次に競合他社の商品と比較検討し，ブランドの優位性を特定する．これがブランドポジショニングであり，流行に応じて微妙に変化はしても，基本的な方向性は変えないことが重要である．このときに，店舗イメージの表現や雑誌や広告などのプロモーションの展開方法についても検討していかなければならない[9]．

さらに実際に市場で展開していく商品のシーズンテーマを決め，毎月の商品構成を計画し設計をする．この業務実行の前にも情報収集・分析は必須となってくる．シーズンテーマによって季節ごとに設定する商品のイメージや方向性について，テーマを決めて具現化する．シーズンについては後述する．シーズンテーマが決定したら月ごとの企画を行う．その月の特性を想定し，売れるアイテムを予測し品番数，型数を設定する．品番とは商品管理などの目的で商品に付ける番号のことで，アパレル企業においては一般にブランド名や商品部門，服種，品目などを数字，アルファベット等で記号化している．一つの品番ごとに，形・素材・価格・色・サイズが確定され，SKU（stock keeping unit，最小在庫管理単位）で管理される．アパレル製品の場合，一つの品番に対して形と価格は確定されており，サイズと色の展開が複数あるのが一般的である．月ごとの企画は前述したVMD，広告宣伝などのプロモーションと連動して組み立てる．決定した品番数を基にして，企画の構成は打ち出すアイテムとコーディネートを想定し組み立てる．レディス商品の場合は基本となるのが，スカートやパンツなどの下半身に着用するボトムである．ボトムに合わせて，提案したいシャツやブラウス，セーターなどの上半身に着用するトップスを設定していく．設定の詳細については，c項で述べる．

b. ターゲット設定とコンセプト設定

1） ターゲット設定 ターゲット設定は，まず全市場の中から，どの市場を狙うのかクラスターを絞り込むことによって明確にし，その中でブランドのターゲットの位置づけを確認する．アパレル産業界で使うクラスターは，趣味嗜好いわゆるテイストの類似性を示している．そしてライフスタイル，着こなしがどのように変化しているのかを分析しながら特性を導き出し，ターゲットを絞り込んでいく．ターゲットを示すためには，次の五つの要素を明確にする必要がある．

①対象年齢を明確にする．
②その時に人間の一生における幼年期・児童期・青年期・壮年期・老年期などのそれぞれの段階を示すライフステージを確認する．
③ターゲットの生活背景，価値観，生活の送り方に対する考え方，あるいは何に興味をもち，何にお金を使っているのかなど，ライフスタイルの特徴

を示す．

④ "かわいらしい・かわいい" ものが好きなのか，"かっこいい" ものが好きなのか，またはファッション用語でエレガンス，フェミニン，ナチュラル，モダンなど，どんな趣味嗜好・テイスト志向をもっているのかを設定する．

⑤ 流行に対して敏感であるのかそうでないのかの度合いを確認し，ファッション志向を明確化する．

ターゲット設定をする際には上記の五つについて，文章でまとめた資料と，ターゲットのイメージを表現するためにコラージュなど視覚に訴える手法を使うと効果的である．コラージュは切り貼り，切り絵のことで，印刷物や色紙などの紙片や布きれ，その他の材料を貼り付けて一枚の絵に構成する．

2) コンセプト設定 ターゲットを設定した結果を受けて，ブランドの総合的な基盤となる考え方や方向性を決定していく．どんなことにこだわっているブランドなのか，他ブランドとの相違点，優位性を明確にする．イメージやテイストが統一されていないと，具体的に素材や色の選定に入ったときに一貫性に欠けやすく，バランスの良くない商品や商品構成になってしまう．コーディネート，アイテム，色，シルエット，価格帯など，こだわる要素は多種多様であり複合的に捉えてもよい．

ブランドの優位性が定まったら，展開するアイテム，サイズ構成，販路，価格帯などを具体的に示していく．市場を食い合う可能性の高い既存ブランドを挙げて，ブランドのポジショニングを確認することも重要である．

コンセプト設定も，ターゲット設定と同じように文章で示す資料と，コラージュをする資料をあわせて提案するとよい．最終的に商品を企画するためには，素材，色，形を決定する必要があり，この三つの要素がコンセプトと合致していなければならない[10]．

c．シーズン・テーマと商品構成

ターゲットおよびコンセプトを設定したら，あらかじめ設定した消費者クラスターが次期シーズンに着てみたい，あるいは購入したいと思う商品を予測し，イメージし，それを具現化する．シーズンは春夏，秋冬と二つに大別できるが，春夏を春・初夏・夏（盛夏）・晩夏，秋冬を初秋・秋・冬・梅春と分けて訴求をするなどブランドにより異なる．シーズンテーマは，ブランドのコンセプトに基づいて，各シーズンのトレンドの根底に流れる基本的な概念やイメージの共通するものを分類し，それぞれの特徴を捉えた資料をコラージュで表現するのが一般的である．

シーズンテーマを受けて，さらに月別に商品を構成していく．月別の商品構成は情報収集と分析を行い設定する．このとき，自ブランドにおける昨年の同シーズン月別の実績，トレンド情報のほかに，他社情報，素材メーカー情報，情報会社の情報なども含めて総合的に収集・分析する．シーズンテーマの着こなしイメージ，コーディネート，スタイリングを表現するための素材，色，形を具体的に表していく．当然，数量を多めに用意するのか，少なくするのかという数の理論も加わることになる．

図3.3.8は，シーズンテーマに従って，ある月を想定した商品企画の事例である．テーマは "Preppy Girl"[*1] とした．活動的な若い女性を想定して，品番数・型数を15型として構成している．シーズンおよび月により異なるが，例えばボトム対トップスの比率は1対2～4で想定している．まずは売りたい・売れるボトムを確定する．そしてそのボトムに合わせるトップスを想定し，コーディネートとして打ち出したいスタイルを決定する．これがVMDとして店頭展開され，マネキンやボディに着せ付ける．また，プロモーションも同様で，雑誌等には打ち出したいコーディネート，スタイリングを掲載する．コーディネートを想定するアイテムを設定した後に，売りたい・売れるアイテムを確定する．その際，主となるボトムとのコーディネートをできるだけ多様にしたい．すなわち，店頭において消費者の選択範囲が広がれば，より売り上げ増につながるからである．また布帛，ニットなどの素材のバランスは，その月の特性によって考えなければならない．加えて，必要なアイテムが的確な素材で提案されているのかを検証することも重要である．

〔宮武恵子〕

参考文献
1) 文化女子大学教科書出版部編：ファッション辞典，pp.231, 261, 267, 274, 文化出版局, 2012.
2) 田村登志子：図解VMDの基本，pp.12-14, 38, 122, 123, 繊研新聞社, 2007.

---

*1) アメリカの一流大学への進学コースのある私立高校をプレパラトリースクール，略してプレップといい，そこの生徒たちをプレッピーと呼ぶ．

アイテム展開の考え方
- シーズンテーマに属する単品展開アイテム
- 出来るだけコーディネートの可能性を高くする．

図3.3.8　シーズン・テーマと商品企画の事例

3) 日本ファッション教育振興協会編：ファッション販売II, pp.188-189, 日本ファッション教育振興協会, 2007.
4) 日本ファッション教育振興協会編：ファッション販売I, pp.120, 121, 133, 134, 日本ファッション教育振興協会, 2006.
5) 中島ゆう子：ファッション販売．VMDの教科書, 9月臨時増刊, pp.39, 40, 2006.
6) 文化女子大学教科書出版部編：ファッション辞典, 文化出版局, 2012.
7) 川島蓉子：資生堂ブランド, p.26, アスペクト, 2007.
8) 曽根美知江：ファッション・マーチャンダイジング入門, 文化出版局, 1999.
9) 崎田喜美江：FASHION BRANDING, p.93, 宝塚造形芸術大学, 2006.
10) 菅原正博, 本山光子：ファッション・マーケティング, ファッション教育社, 2007.
11) 吉村誠一：ファッション大辞典, 繊研新聞社, 2011.
12) 菅原正博：アパレル・マーチャンダイジング, ファッション教育社, 2007.

3.4　販　　売

3.4.1　小　売　業

「商品を仕入れて，顧客に提供する」，これが小売の原点である．ファッション産業における小売業の役割は，年々その重要性が増している．原料に始まり，長い工程を経て作られるファッション製品の最後のバトンを受け取るのが小売業である．いかに素晴ら

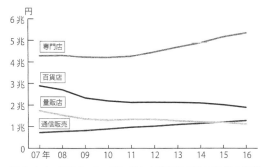

図 3.4.1 流通チャネル別に見た衣料消費市場の 10 年の推移（繊研新聞, 2017 年 11 月 10 日 13 面より転載. 日本百貨店協会「全国百貨店売り上げ概況」, 日本チェーンストア協会「販売統計」, 日本通信販売協会「通販市場売上調査」および, 繊研新聞社の専門店業績調査, 国内ファッション EC 市場規模調査から算出）

しい製品であっても, 店頭でその魅力が最大化される陳列や販促・広報, そして適切な接客がなされなければ, 顧客が購入に至ることはない. 商機の鍵は店頭にあり, 小売は顧客のために存在する.

ファッション産業での存在感が増す小売業だが, 21 世紀に入ってからはオーバーストア現象[*2]を呈しており, 商圏人口に対して小売店の数が多くなり, 供給過剰に陥っている. 例えば小売業全体の約 2 割を占めるショッピングセンターの数は, 20 年前の約 2 倍, 広さは約 3.5 倍に増えている. そのうえ, インターネットを介した EC（電子商取引）の台頭によって企業間の競争がより過酷なものになっている. そもそも小売は立地が重要な地場産業であったが, 現代においてはもはや来店を前提とする実店舗だけではなくなっている. 実際に, EC 市場は今後も更なる成長が見込まれており, インターネット情報もパソコンからモバイル端末へと移行し, IT 技術の進化とともに日々劇的な変化を遂げている.

図 3.4.1 は, この 10 年間の流通チャネル別にみた衣料消費市場の推移である. 専門店・通販の増加と百貨店・量販店の減少が顕著に見て取れる. このような現状を踏まえたうえで, 本節では小売業の外観を歴史的な経緯を通して, 伝統的小売業である百貨店, 量販店（GMS）, ショッピングセンター（SC）, ファッションビル・駅ビル, 専門店の四つを軸にし

て論じる. また, 小売業にまつわる職種についても言及する. EC については, 3.4.2 節「通信販売」で詳しく論じられるが, 総括として, 今後の小売業の展望について論じる中で, 触れていく.

a. 小売業の概観
1) 百貨店

① **百貨店の定義と発祥**: 百貨店（department store）は, 経済産業省の商業統計では「衣・食・住の商品群のそれぞれが 10% 以上 70% 未満を取り扱い, 売場面積の 50% 以上において対面販売を行う業態」と定義している. つまり, 接客を受けながら複数のカテゴリーの買物が可能となる商業施設である.

百貨店の原点はフランスにある. 1852 年創業のオー・ボン・マルシェ（Au Bon Marché）である. その時代, ファッション製品を扱う店は新しいモノを扱う店（magasin de nouveauté）, つまり流行品店と呼ばれていたが, それはあくまでもファッション関連商品であった. それを他分野の商品にも幅を広げて売場で一同に展開し, ワン・ストップ・ショッピングを可能にした. オー・ボン・マルシェは, その名の通りフランス語で"安いモノを売る"店であり, またそれまで細分化されていたファッション関連分野をトータルで展開して, 活況を呈した. 創業者である Boucicaut は, 顧客に劇場のような売場での買物体験を提供し, また価格の提示販売や, カタログ販売を行うなど, 現在の小売業の礎を築いた.

② **日本における百貨店の展開**: このように百貨を揃える小売形態は, 英国でハロッズ（Harrod's）, 米国でメイシーズ（Macy's）やロード・アンド・テイラー（Lord and Taylor）と次々に誕生した. 日本における百貨店は, 江戸時代から越後屋として商売を続けてきた三越呉服店が, 1904 年に「デパートメント宣言」として, それまでの商業を近代化し, より広範な商品を取り揃えることを打ち出したのが最初である.

日本においては, この三越のように一呉服店から発展した店舗と, 交通網の発達とともに沿線住民の価値向上のためのインフラの一つとして設立された電鉄系の店舗が存在する（表 3.4.1）. また日本国内に多数の店舗を展開し, その他に海外にまでも支店をもつ百貨店と, 地方を基盤とする百貨店がある.

しかし, 1990 年代前半のバブル経済崩壊後, 百

[*2] 商圏人口に対して, 小売店の数が多過ぎて, 供給過剰に陥っている状態を指す.

表3.4.1 百貨店の分類

系統	主な店舗名
呉服系百貨店	三越，伊勢丹，大丸，松坂屋，高島屋など
電鉄系百貨店	東急，西武，東武，京王，小田急，阪急，阪神など

表3.4.2 再編後の百貨店各グループ

グループ名	傘下の百貨店・専門店
H_2O リテイリング	阪急百貨店，阪神百貨店
J. フロントリテイリング	大丸，松坂屋，パルコ
三越伊勢丹ホールディングス	伊勢丹，三越，丸井今井，岩田屋
セブン&アイ HLDGS	西武百貨店，そごう，バーニーズジャパンなど

貨店は売上不振が続き，2000年のそごうの民事再生法申請をその象徴として，地方百貨店の破綻や不採算店舗の閉鎖が相次いだ．2003年にそごうと西武がミレニアムリテイリングを発足し，2006年にセブン&アイグループと経営統合を行った．2007年には三越と伊勢丹が合併し，次いで大丸と松坂がJ.フロントリテイリングとして，また阪急と阪神がH_2Oリテイリングとして経営統合し，百貨店業界の再編が行われている（表3.4.2）．

③ **百貨店のビジネス構造**： 売上げ不振の大きな原因として，ECを含め他業態との顧客の奪い合いや物販消費の冷え込みという外的要因のほか，百貨店の抱える構造的な問題もある．複雑な問題であるが，主に次の三つが挙げられる．まず，高価格の品揃えである．2000年以降，後述する専門店の中にトレンドを押さえ，価格の安い製品が出てきたことにより，顧客のファッション製品に対する価値観がよりシビアになった．特に，若年層を中心として百貨店離れが顕著である．

二つ目は，人件費を始めとする固定費の問題である．百貨店の最大の特徴である手厚いサービスは，人や物流によって支えられている．多くの売場は，展開する各メーカーの派遣販売員に委託しているものの，人件費が利益を圧迫している．

三つ目は，取引形態から派生する売場作りの問題である．百貨店の商取引には三つの形態がある．一つは，メーカーから商品を委託されて販売する「委託仕入れ」であり，これには返品条件が含まれている．二つ目は，売れたものだけを百貨店の利益とする「消化仕入れ」である．この二つの仕入れ方法では在庫はメーカー側のリスクであり，シーズンが終了してから百貨店が返品を行う．三つ目は，商品入荷の段階で決済を終了し，在庫はすべて百貨店のものになる「買取り仕入れ」である．現在，取引の主流は消化，あるいは委託仕入れである．

このことにより，店がリスクをもって商品買付けを行い，独自の売場を作り上げる必要性が減少し，メーカー主導の品揃えへと変化した．また，売上げを望める人気ブランドを各百貨店が導入し，売場の同質化が起こった．その結果，百貨店に魅力的な売場が減少して顧客離れが進み，それらが連関して売上げの低迷にも繋がった．

④ **百貨店の新たな展開**： こういった反省を踏まえ，これからの百貨店のあり方を見直す動きも出てきている．筆頭は，三越伊勢丹である．2003年にリニューアルオープンした伊勢丹新宿店のメンズ館は，各ブランドのロゴが主張しない統一什器を用い，売場全体のマーチャンダイジングを自ら行い，業界に衝撃を与えた．同店は，2015年春に完了をみた本館のリニューアルにおいても「ファッションミュージアム」を標榜し，館を劇場のような感動体験としての場と考え，自主編集の売場の拡充も行っている．また，これまでの百貨店の枠を超え，羽田空港のイセタン羽田ストアや，後述するファッションビルへのチャネル開拓の一環として，化粧品に特化したISETAN MiRROR なども手掛けている．

一方，大丸松坂屋を擁するJ.フロントリテイリングは，「いかなる流通再編にも左右されない企業価値の高い企業を作る」ことを掲げ，脱・百貨店への転換を図っている．2011年の大丸梅田店のリニューアルでは，東急ハンズ，ユニクロ，ポケモンセンター，ABCキッチンといった大型テナントを導入

し，伊勢丹とは異なる手法で新しい百貨店のあり方を提示した．2012年には，後述するファッションビルの代表格であるパルコを買収し，今後もファッションビルや駅ビルで行っているリーシング手法を導入する姿勢を強めている．このように各社は同質化の時代を経て，各々の21世紀の百貨店像を模索している．

2) 量販店（GMS） 量販店は，米国で生まれた大量仕入れ・大量販売を基本にした業態であり，GMS（general merchandise store）とも呼ばれている．日本においては，もともと呉服屋，八百屋，洋品店などであった店舗が規模の拡大とともに，扱い品目を増やしていった．

現代の量販店の代表格であるイトーヨーカ堂は，1920年に洋品店として創業し，1961年に伊藤雅俊が欧米流通視察を通して，チェーンオペレーション[*3]の手法を取り入れて発展を遂げた．またイオンは，太物・小間物商である岡田屋（1758年創業）とフタギ洋品店（1937年創業）が1969年に合併し，イオンの前進であるジャスコを設立し，現在にみられるような巨大なショッピングセンターを展開するにいたっている．また現在ではイオン傘下のダイエー（1957年創業）は，「お客様のために，よい品をどんどん安く，より豊かな社会を」を理念に，セルフ販売によって商品コストを下げ，消費者主権の"流通革命"とも呼ばれた．創業者である中内㓛は，「お客様に役立つ商品を選ぶのがバイヤーの仕事であり，流通業界はお客様の利益を確保する存在だ」と訴え，業界に大きな影響を与えた．

量販店では大量仕入れ・大量販売を実現するために，店舗規模と従業員作業の標準化を行い，セントラルバイイングで仕入れ権限を本部に集中することによってバイイングパワーを発揮した．また出店はドミナント（一地域に集中出店）方式で進め，シェア拡大と一定の物流効率を確保していった．量販店の主要な扱い品目は食品であるため，より粗利益率の高い衣料品を増やそうとしたものの，この20年間に売上げはかつての3分の1まで激減している．

その背景には，調達を含む商品開発力の問題とともに，同価格帯の衣料品を扱うしまむら，ユニクロ，西松屋チェーンなどの専門店の興隆がある．

そのため，例えばイトーヨーカドーはギャロリア（GALLORIA）など，イオンはエスプリムール（ESPRITMUR）など，プライベートブランド（PB）の商品政策に力を入れて，魅力ある売場の展開を試みている．

3) ショッピングセンター（SC） 日本に古くから存在する商店街に対し，計画的に作られた商業の集合体がショッピングセンターである．日本におけるSC開発が本格化する契機は，1969年に開業した玉川高島屋SCである．これは，高島屋傘下の東神開発が街作りの視点から，地域の価値向上の一環として開発を行い，高島屋をキーテナント[*4]とし，100あまりの専門店を構成するという画期的な試みであった．現在，日本国内には3,211ものSCが存在するが（2016年時点），このSCの誕生がその素地を作った功績は大きい．

1970年代以降，モータリゼーションの進展に伴い，広大な駐車場を完備した大型のSCが次々に誕生した．特にGMSが出店拡大の際に，SCという形態をとったことが拍車を掛けた．1980年代に入ると，1981年に三井不動産が手掛けるららぽーとTOKYO-BAYが完成し，不動産業による大型SCが出現した．このようにSCを開発・運営管理する企業をディベロッパーと呼ぶ．ディベロッパーは，商業施設全体を一元的に管理している．

日本ショッピングセンター協会では，SCの定義を「一つの単位として計画，開発，所有，管理運営される商業・サービス施設の集合体で，駐車場を備えるものをいう．その立地，規模，構成に応じて，選択の多様性，利便性，快適性，娯楽性などを提供するなど，生活者ニーズに応えるコミュニティ施設として都市機能の一翼を担うもの」としている．

特に，1973年に制定されたいわゆる大規模小売店舗法（大規模小売店舗における小売業の事業活動の調整に関する法律）が1992年に改正され，最終的に2000年に廃止されたことによって，地方のみならず，首都圏においても出店が相次いだ．現在は

[*3] 多店舗経営のこと．仕入れ機能と販売機能を分離させることによって，流通効率を高め，小規模経営のもたらす優位性，利益を獲得しようとする方法．『ファッション辞典』pp.259-260，文化出版局，1999．

[*4] SCで中核となる店舗のこと．アンカーストア（anchor store）ともいう．

表 3.4.3　2000 年以降に開業した東京の主な大型商業施設

商業施設名	開業年	跡　地	ディベロッパー
丸の内ビルディング	2002 年	丸ノ内ビルヂング建て直し	三菱地所
六本木ヒルズ	2003 年	港区六本木 6 丁目再開発	森ビル
東京ミッドタウン	2007 年	防衛庁	三井不動産
東京スカイツリータウン	2012 年	東武鉄道貨物駅	東武鉄道
渋谷ヒカリエ	2012 年	東急文化会館	東京急行電鉄
KITTE（JP タワー）	2013 年	東京郵便局建て直し	日本郵政・東日本旅客鉄道・三菱地所
東急プラザ銀座	2016 年	数寄屋橋阪急	東急不動産
GINZA SIX	2017 年	松坂屋銀座店	J フロントリテイリング・森ビル他

ららぽーとを始めとする三井不動産，三菱地所，イオン，東神開発など，多種多様なディベロッパーが存在する[5]．

　SC は計画的なフロア構成でテナントを誘致し，利用者の利便性に照らし，回遊性を高めるゾーニングを図っている．現代生活においての SC は地域コミュニティでの存在感が増しており，その反動で古くからの商店街が打撃を受けて "シャッター商店街" といわれるように衰退した．日本各地にみられるようになった SC は，近年，複合的なアミューズメント施設やエンターテインメント施設を導入するなど，館として明確な個性を打ち出す傾向が強まっている．

　また出店側であるメーカーや専門店も，SC を流通チャネルの重要な選択肢に位置付ける動きがある．その顕著な例として，それまで渋谷，原宿，表参道といったファッション感度の高いエリアに日本での 1 号店を出店してきた海外のカジュアルブランドやライフスタイルストアが，近年，東京近郊の SC に店舗を構える傾向が強まっている．

　こういった首都圏近郊や地方の SC の他に，2000 年以降，首都圏を中心に再開発に伴う大型商業施設が加速度的に誕生している（表 3.4.3）．大型商業施設の多くは，上層あるいは別棟にオフィスゾーンを構え，商業ゾーンでは物販・飲食の他，時にホテルや公的な施設までもが一体化している．こういった商業施設の歴史は古く，1923 年に東京・丸の内に建てられた丸ノ内ビルヂングが最初である．その丸ノ内ビルヂングの立て直しも，2002 年に建物を保有する三菱地所によって行われている．首都圏の大型商業施設は，小売りのみならず，ランドマークとして観光の一翼も担っている．

　このように SC が他の小売業と異なるのは，確かに外見からは小売りではあるが，基本はテナント誘致業務（リーシング）主体の不動産業であり，自ら販売は行わず，家賃収入により利益を得ている点である．一部の SC には，各テナントのマーチャンダイジングにも関与するところもあるが，集客力あるテナントを誘致し，施設管理や販促を主たる事業としている．

　① **ファッションビル・駅ビル**：　ファッションビルもまた，テナントのリーシングにより成り立っている．SC がさまざまなカテゴリーを集積しているのに対し，ファッションビルはファッション関連商品の取り扱いに特化している．その象徴的な存在は，パルコとラフォーレ原宿である．始まりは，1969 年に池袋に誕生したパルコである．当時の西武グループが，若者をターゲットに，彼らの関心の高いファッションを館のコンセプトの中心に据えた．1973 年にパルコは渋谷へ進出し，現在みられるような若者の街 "渋谷" を形成する一端を担い，ランドマークとなった．後にパルコからは，1980 年代の日本のファッションを牽引する数多くの DC ブランドが生まれている．

　また，1978 年に誕生したラフォーレ原宿は，オフィスビルを数多く手掛ける森ビルが開業した．ラフォーレは，仏語の森を意味する la forêt である．ラフォーレ原宿は，原宿らしい強烈な個性をもった若者たちによる若者たちのための店を多く有しており，ファッションの趨勢とともに館としての新陳代謝を繰り返しながら，今なお，個性的なファッションを求める若者たちの聖地となっている．

---

[5] SC の定義，ならびに現在日本で展開されている SC の詳細については，一般社団法人日本ショッピングセンター協会ホームページを参照されたい．URL：http://www.jcsc.or.jp

駅ビルは，JR をはじめ各私鉄の主要なターミナル駅に併設される形で全国に存在する．日本で初めての駅ビルは，1920 年に大阪にできた梅田阪急ビルである．以降，圧倒的な通行量を背景に，乗降客の価値拡大のための駅ビルは発展し続けている．

特に，JR の運輸事業の多角化の一環として展開している流通事業，商業施設，ショッピング・オフィス事業は，小売業として無視することのできない規模に拡大している．その代表格が，1976 年に当時の国鉄（現在の JR）が新宿に開業したルミネである．以降，特に 2000 年からはルミネのほか，アトレなど，服のみならず，食を含めてトータルにファッション化することで，利用者からの支持を集めている．また，2005 年に JR 大宮駅構内に開業したエキュートは，「エキの魅力を向上させる」ことをキーワードに，駅スペース活用事業として，改札を出ずにショッピングを楽しめる商業空間を創出した．このような駅ナカ事業は成長しており，JR のみならず，鉄道会社の小売展開は今後も加速することが予想される．

② **アウトレットモール**（outlet mall）: 米国で誕生した小売形態である．当初は，工場で生産した製品を直販する意図であったが，後に小売店やメーカーの在庫品を処分する形態が主流となり，現在に至る．米国においては 1970 年代以降徐々に拡大し，1990 年代に大きく発展した．日本では，1993 年に埼玉にできたアウトレットモール・リズム（現在は閉鎖）を皮切りに，1990 年代後半から加速度的に日本各地での建設が相次いだ．

現在，三井不動産の「三井アウトレットパーク」と三菱地所・サイモン（旧チェルシージャパン）の「プレミアム・アウトレット」がアウトレットモールの 2 大勢力となっており，2 社で 5,115 億円の売上高を誇っている．アウトレット市場全体は，7,000 億円と推定されているが，その 70% がこの 2 社で占められている[*6]．

当初は，有力メーカーの商品が安く購入できることが来館者のインセンティブ（行動に至る理由付け）であったが，テナント側であるメーカーも正価（プロパー）で見切った商品を供給するだけでは足りず，アウトレット用の商品開発を行うところもある．アウトレットモールは，施設間の過当競争やファストファッションの台頭により，値頃感を打ち出すことが徐々に難しくなっており，施設内での飲食や遊び，周辺の観光との連動など，エンターテイメント施設としての差別化された魅力をどう打ち出すのかが今後の課題である．

4) 専門店 専門店は，江戸時代にさかのぼれば呉服屋であるし，男性の制服を中心に洋装化の進んだ明治以降は，顧客の嗜好やサイズに合わせてオーダーを受ける仕立屋として，さらに既製服が進展した時代には洋品店として発展した．当時，既製服を揃えるには国内アパレル産業そのものが成熟しておらず，現代にみられるような専門店の体を成したのは戦後である．

戦後の専門店の代表的存在は，海外の一流品を取り揃えたサンモトヤマである．茂登山長市郎が戦後の闇市から創業した．茂登山は HERMÈS，GUCCI などの世界の一流品を日本に紹介した先駆者である．このような個人のオーナーの目利きと拘りで運営される専門店は全国各地に存在し，地元の顧客に根強い支持を受けている．特に地方においては，必ずしも立地が良くなくても集客に優れた専門店が数多く存在する．そのお店がそこにあるからこそ顧客が足を運び，通行量で集客を競う都心の小売業とは一線を画すデスティネーションストアである．

① **専門店のファッション化**: 1960 年代以降は，量販店を中心に米国のチェーンオペレーションの理論を導入し，あらかじめ決められたフォーマットで多店舗化していく潮流が現れた．1970 年代以降，それをファッションで押し進めた企業として，鈴屋，鈴丹，タカキューなどがある．自社での生産機能は持たず，主に OEM から商品を仕入れて品揃えを行った．

1970 年代は，セレクトショップ[*7]の萌芽の時代でもあり，1975 年にシップス（設立当初はミウラ＆サンズ）が，1976 年には BEAMS が「日本の若者の風俗・文化を変えよう」を企業スローガンに掲げて設立されている．現在，セレクトショップと呼ばれる企業群には，この 2 社のようにもともと小売店を

[*6] 小島健輔「特別企画アウトレット 熾烈化する増床合戦 進む"2 強"の寡占化」，『販売革新』商業界，2015 年 8 月号，pp.54-57．

[*7] セレクトショップは"品揃えをする店"の意であるが，和製英語であり，米国では specialty store（専門店）と呼ぶ．

出自とし，商品を買い付けるだけでなく，自社のオリジナルのレーベルを手掛けて独自性を打ち出す方向の企業と，もともとがメーカーや卸業でありながら小売りに進出した企業がある．後者の代表は，1977年創業のベイクルーズと翌年に創業したトゥモローランドが挙げられる．

また1989年にBEAMSから独立したメンバーでスタートしたのがユナイテッドアローズである．セレクトショップの中では後発ながらも株式上場を果たし，1,450億円の売り上げ規模（2017年度）を誇る巨大企業へと成長した．セレクトショップは若者を中心に市場の大きな支持を得て，2013年には台湾を足掛かりにアジア圏に進出する動きも出ている．

② **SPAの台頭**：　専門店には，上記の他，SPA（specialty retailer of private label apparel，製造小売業）と呼ばれる企業群も含まれる．これは，1987年に米国のGAPが株主総会で自らの業態を規定したことを報じた繊研新聞の造語だとされている．独自のブランドを展開するファッション専門店であるSPAが，2000年以降のファッション領域を席巻してきたといっても過言ではない．

こういったSPAの業態は，他にスペインのインディテックスが手掛けるZARA，スウェーデンのH&M，英国のTOPSHOPにみられるように欧米を中心に発達してきた．日本においても，1995年のGAPの上陸以降，追随する企業が多く出現した．なかでもこのGAPのビジネスモデルを学び，日本で展開したのが，ファーストリテイリングのユニクロである．1949年にメンズショップ小郡商事として創業した企業で，柳井正が1984年に広島にユニクロの1店舗目をオープンし，以降，ロードサイドを中心に出店攻勢を行った．1998年に自社製品の1,900円のフリースで大ヒットを収めたことから注目を集め，「あらゆる人がよいカジュアルを着られるようにする」をコンセプトに，品質に優れた低価格衣料を提供している．

SPAといっても，大きく二つの動きがある．一つはGAP，H&M，ユニクロのように小売りを出自としながら自社ブランドを展開するという，いわゆる川下から川上に進む垂直統合を行う流れと，もう一つはZARAのようにもともと製造を行っていた企業が小売りを手掛けるという川上から川下に進む垂直統合を遂げる動きである．また前者の場合でも，例えばユニクロのように東レと戦略的なパートナーシップを組み，ヒートテックのように素材から製品開発を行う企業と，OEM（original equipment manufacturer，相手先のブランドで生産すること）との連携で製品開発を行う企業，最終製品を仕入れる企業などが混在する．いずれにしても自社工場はもたず，物作りを行う業態である．

またH&Mや米国のForever21のように，トレンドを押さえた低価格製品で，在庫は持たない"売り切り御免"方式で，回転速く製品を供給する企業をファストファッションと呼び，特に日本では2008年のH&Mの上陸以降，若者を中心に日本市場に浸透した．

これらSPA企業はグローバルな観点から市場を捉え，製品開発・物流・店舗という一連のサプライチェーンをダイナミックに展開している．このようなSPA企業の台頭は，これまでのように"アパレル"と"小売り"といった明確な業界の線引きがなくなっている事実を明示している．

③ **ラグジュアリー・ブランド**：　ファストファッションの対極にあるのが，ラグジュアリー・ブランドである．日本においては，これらも専門店の領域に含まれる．ラグジュアリー・ブランドは，主に欧州や米国を本社として，日本にはジャパン社という形の法人を置いている．ラグジュアリー・ブランドには，CHANELやHERMÈSのように単体で事業を行っている企業と，1980年代以降のM&A（企業統合・買収）により，コングロマリット傘下の企業がある．

主要なコングロマリットは，LVMHグループ，Kering，Richementグループの三つである．それまで先のサンモトヤマのような輸入代理店を介してきた海外の一流ブランドは，1980年代に入ると，各ブランドが自らの資本で日本市場に進出し，銀座や表参道を中心に直営店を展開したり，百貨店の1階という一等地に出店を行った．

こういったラグジュアリー・ブランドの場合，基本的に製品は本国から供給され，ジャパン社は販売，およびそのための販促・広報機能のみを有する．日本での展開においてはマーチャンダイザーが存在するが，この場合には本社からの仕入れ業務が主たる職務となる．

b. 小売業の主な職務

これまでみたように，小売業にはさまざまな形態

があるが，このように多岐にわたる小売業の主な職務についてみてみよう．

① **販売職**： ファッションに限らず，どの領域の仕事においても現場が最も重要である．なかでも店頭での販売は，最終製品と顧客をつなぐ大切な役割を担っている．ファッション関連の販売職は，ファッションアドバイザー（FA）と呼ばれている．顧客の要望を伺い，適切なアドバイスを行い，購入頂くという一連のプロセスを通して，顧客に感動と満足を届け，店舗の売上げに貢献する仕事である．

そのためには製品に関する情報（デザイン特性，素材，コーディネート法，取り扱い方法など）を熟知し，円滑なコミュニケーション能力が必要となる．また店内のクレンリネスを心掛けることはもとより，入店を促すための商品の見せ方を考え，手に取って頂きやすい環境を整えることも重要である．販売の実務は，製品を売ることだけではなく，売上管理，商品管理，売場管理，人事管理，顧客管理など多岐にわたり，高いパフォーマンスを発揮するには，高度なマネジメント能力が要求される．

現代においては，3.4.2 項で述べられる EC をはじめとする通販領域も含めると，顧客の製品購入場所は多岐にわたり，わざわざ顧客が来店して購入するというのは貴重な機会であることは理解できるだろう．EC の進展とともに，売場でリアルに人と人が介する接客は，今後，ますます重要性を増していくと考えられる．そういった今後の展開を鑑みながら質の高い仕事を目指すためにも，常に顧客視点に立脚し，自社，あるいは自身が所属するブランドの立ち位置を認識する俯瞰した眼も必要となる．

② **スーパーバイザー**： 販売職において，店長の次のキャリアとして位置付けられる職務であり，主にエリアごとに束ねられた店舗を統括する仕事である．日常業務を大所高所から検討し，改善が望まれる事柄を指摘し，人材育成を含めた各店舗のパフォーマンスを最大限に引き上げる仕事である．

③ **バイヤー**： 顧客の"購買代理人"といわれる商品仕入を担う職務である．自店の顧客に対して，来るべきシーズンにどのような提案をするか，トレンドや価格を含める商品政策，販売政策，販促政策を担う．この職務を遂行するには現場での経験は不可欠であり，感性面はもとより，次に顧客が求めるモノを予測する能力，また利益管理を含む計数能力も必要となり，感性と科学の両面が必要となる．

④ **ディストリビューター**： 多数の店舗を抱えるブランドにおいて，各店舗の売上規模や販売傾向，また在庫の状況に応じて，商品の分配とタイミングを決定する業務である．店頭と物流部門をつなぐ重要な役割を担い，最終的な利益配分にも影響を与える重要なポストである．

⑤ **VMD 担当**： 商品企画によって組まれたシーズン内の商品展開を，実際の売り場において視覚的にどのように展開していくかを考え，販売担当者とともに実行していく仕事である．競争環境の激しい小売りにおいて，年々この職種の重要性は高まっている．

⑥ **プレス・広報担当**： 自社の取り扱い製品を，戦略的な手法をもってメディアに告知し，その掲載を通して，最終ユーザーまで情報を浸透させることが職務である．とかく華やかな側面に焦点が当てられることが多いが，専門的で精緻なコミュニケーション能力が必要とされる．

⑦ **店舗開発担当**： 店舗の出店に関わる戦略の立案，それに伴う調査を行い，実際の契約までを行う職務である．自社ブランドの発展のためにそれぞれのチャネルの立地をどのように考慮し，その価値を高めながら，実際の市場への訴求を促すかが焦点となる．日頃から，不動産業やディベロッパーとの情報共有が重要となる．

こういった専門職務の英知の集合体が売り場である．魅力ある売り場作りのためには，全てのマーチャンダイジングに通底する 5 適，欲しい商品を，欲しいときに，欲しい数だけ，欲しい価格で，買い求めやすい状態で展開することが重要になる．これらを実践し，顧客にとって見やすく，買いやすい売り場を考えるのが小売りの重要な仕事である．そのためには，顧客の対象，用途，関心度を知る「顧客分類」，商品構成を細部に分類する「商品分類」，顧客の関心度に基づく「展開分類」，売り場に置く什器や商品の型数・枚数を決める「定数・定量」が必要となる．

c. **小売業の展望―顧客を中心に据えてのデジタル技術の進展**

本項では時代の変遷とともに，小売業がどのような変化を遂げてきたのか，またその現状について触れた．業態による栄枯盛衰はあるものの，共通して

いることは顧客の満足を獲得するために，より利便性を高める方向に進んでいるということである．今後，さらなるICT（情報通信技術）の進展により，小売りを巡る環境は劇的な変化を遂げる．

近年，O2O（オンライン・トゥ・オフライン）という言葉が出てきた．これはインターネットをきっかけに，顧客が実店舗に足を運んで購買につなげる，あるいは実店舗で見てインターネットで購入するなどの相互に関連のある購買行動を示すものである．同時にO2Oは，小売りのショールーミング化を促進したことも事実である．ショールーミングとは，店舗で商品を見て，より安いECサイトで購入するという購買行動である．つまり売り場が"ショールーム化する"ということである．

この浸透は，顧客からこれまで以上に売り場で購入する意味—より魅力的な売り場作りや接客を通しての感動体験をどう提供できるかを問われているともいえる．実際，2012年のHarvard Business Reviewは「小売業は復活できるか」をタイトルに，今後の小売業のあり方を提示する特集を組んだ．「復活できるか」に込められたメッセージは，ECに劣ることなく，リアル店舗だからこそデジタル技術を主体的に取り入れながら，感動ある売り場の作りを図ろうという問い掛けでもあった．

その延長線上で，近年ではオムニチャネルという言葉が台頭している．これは，小売業が顧客との無数の接点を組み合わせ，顧客の利便性を高めて商機を最大化する流通戦略を意味する．顧客とのコンタクトポイント（リアル／バーチャルを含めたさまざまな媒体を介しての顧客と企業との接点）となりうる無数の販売チャネル，チャットなどのウェブ接客，AI（人工知能）に顧客情報を読み込ませてのパーソナライズ化など，ICTを通じて，顧客と相互交流できるようになる仕組みである（図3.4.2）．顧客を中心に据えながらすべてのチャネルにおいて，同一のサービスをシームレスに提供するというものである．

すでに日常の店頭においては，タブレットを使った商品カタログや，モバイル端末のアプリケーションで店舗情報が送られてくることは定着した．自社のECサイトでの店舗在庫表示やバーチャル試着シミュレーション，スマートフォンのGPS機能を活用したチェックポイントサービスなど，IT技術の積極的な導入が進んでいる．この動きは，今後もかなり

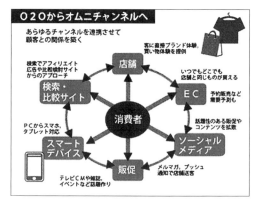

図3.4.2　O2Oからオムニチャネルへ（繊研新聞，2013年9月25日7面より転載）

早いスピードで多くの小売業に浸透していくことが予想されている．

オムニチャネル化の目的は，店舗やウェブサイトなどのチャネルと顧客との接点を最適化して，企業の利益を最大化することである．それがリアルな店舗であろうと，ウェブサイトのバーチャルな世界であろうと，小売業であることには変わりはない．米国には"Retail is Detail"（小売りでは細やかなことが物をいう）という言葉がある．ユーザーである顧客の利便性は，さらに全方位的に高まる方向に押し進められ，小売業はまさにその最前線にある．

〔大川知子〕

参考文献
1) 大内順子：20世紀日本のファッション，源流社，1996.
2) 角田奈歩：パリの服飾品小売とモード商—1760-1830，悠書館，2013.
3) 鹿島　茂：デパートを発明した夫婦，講談社現代新書，1991.
4) 鍜島康子：アパレル産業の成立—その要因と企業経営の分析，東京図書出版会，2006.
5) 齋藤孝浩：人気店はバーゲンセールに頼らない—勝ち組ファッション企業の新常識，中公新書ラクレ，2013.
6) 繊維・ファッションビジネスの60年，繊研新聞社，2009.
7) 末田智樹：日本百貨店業成立史，ミネルヴァ書房，2010.
8) 小売業は復活できるのか．DIAMONDハーバード・ビジネス・レビュー，2012年7月号．
9) 中内　潤：中内功—生涯を流通革命に捧げた男，千倉書房，2009.
10) グローバル経営の教科書，日経BPムック，2013.

11) 新版 ファッション販売論, 一般社団法人日本衣料管理協会, 2013.
12) ファッションビジネスの世界, 一般社団法人日本衣料管理協会, 2013.
13) 速水健朗：都市と消費とディズニーの夢—ショッピングモーライゼーションの時代, 角川one テーマ 21, 2012.
14) 林 邦雄：戦後ファッション盛衰史, 源流社, 1987.
15) 茂登山長一郎：江戸っ子長さんの舶来屋一代記, 集英社新書, 2005.
16) 柳井 正：一勝九敗, 新潮社, 2003.
17) 山﨑光弘：現代アパレル産業の展開—挑戦・挫折・再生の歴史を読み解く, 繊研新聞社, 2007.
18) 渡辺明日香：ストリートファッション論—日本のファッションの可能性を考える, 産業能率大学出版部, 2011.
19) SC経営士会：新・ショッピングセンター論, 繊研新聞社, 2013.

3.4.2 通信販売
a. 通信販売の定義・概要

小売業は有店舗小売業と無店舗小売業に大きく分けることができる．この分け方はいわゆる店舗の有無という単純な視点であるが，前者は店舗を有して商品を販売する方式であり，後者は店舗を有せず商品を販売する方式である．そして，無店舗小売業の代表的な形態として，本項のテーマとなっている通信販売がある．

商業統計表によると，通信販売は，「カタログ，テレビ，ラジオ，インターネット等の媒体を用いてPRを行い，消費者から郵便，電話，FAX，インターネット，銀行振込などの通信手段による購入の申込みを受けて商品を販売した場合を言う」と定義付けされている．すなわち，通信販売は無店舗小売業の一形態であり，さまざまなメディアに商品を展示することで，メディアにアクセスした消費者から通信手段で注文を受け，商品を販売する方法である．

わが国における通信販売のタイプにはさまざまなものがあるが，上記の定義に基づいて，すなわちBto C（business to consumer）型の通信販売という観点から，通信販売業者を分類すると表3.4.4のようになる．これによると，B to C型の通信販売は，①総合・アパレル通販，②専門通販，③テレビ通販，④ネット通販の四つに分類され，さらに，表のように小さく分類される．

通信販売の市場規模の動向については，公益社団法人日本通信販売協会が出版している「第31回通信販売企業実態調査報告書」によると，2012年度（2012年4月～2013年3月）の通信販売市場の売上高は，前年比6.3％増の5兆4,100億円となっており，金額ベースでは前年に比べ約3,200億円の増加となっている．ただし，ここで得られた値はあくまでも推計値となっている．すなわち，日本通信販売協会会員509社（調査時点）を対象に実施した調査から得た回答の売上部分を先行集計した結果と，各種調査から推計できる有力非会員約180社の売上を加えて算出されている（調査期間：2013年7月1日～8月21日）．小売業界全体では，昨今，景気低迷やデフ

表3.4.4 B to C型の通信販売の主なタイプと代表的企業[1]

Business to Consumer (B to C)			
総合・アパレル	専業系	千趣会, ニッセン, ディノス
	百貨店系	三越オンラインショッピング, 高島屋オンラインストア, 大丸松坂屋オンラインショップ
	アパレル系	イマージュ, ファーストリテイリング, ワコール
専門通販	化粧品系	ディーエイチシー, ファンケル, 再春館製薬所
	健康食品系	やずや, サニーヘルス, 健康家族
	雑貨系	カタログハウス, アイフォーレ
	食品系	らでぃっしゅぼーや, 生活協同組合, ふくや
テレビ通販	テレビ局系	日本テレビ, テレビ東京ダイレクト, 関西テレビハッズ
	専業系	ジャパネットたかた, 日本文化センター, 日本直販
	CS, CATV系	ショップチャンネル, QVCジャパン
ネット通販	モール	楽天市場, ヤフー
	PC・家電	デルコンピュータ, ヨドバシカメラ, エプソンダイレクト
	エンターテインメント	アマゾンジャパン, ツタヤ, ネットプライス
	ケータイ	ディー・エヌ・エー, シーエー・モバイル

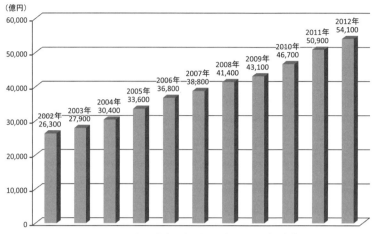

図 3.4.3　通信販売売上高の推移（2002〜12 年度）[2]

レーションなどの影響により消費低迷といった経済的状況がさまざまなメディアで取り上げられているが，図 3.4.3 に示されているとおり，通信販売市場の売上高は過去 10 年でおよそ 2 倍となっている．

このように，わが国の小売業界全体が低迷している中，通信販売市場は順調に成長していることがわかる．例えば，他業界との売上規模で比較してみると，食品スーパー，コンビニエンスストアに次ぐ第 3 の業態となる規模となっている．このような背景として，昨今の通信販売市場の成長は，さまざまな企業によるマルチチャネル化が大きな要因であり[*8]，その代表としてのインターネット通信販売の存在が挙げられよう．

昨今のインターネットの普及に伴い，インターネット通信販売の市場規模伸び率が著しい．経済産業省「平成 24 年度我が国情報経済社会における基盤整備（電子商取引に関する市場調査）報告書」によると，B to C-EC（electronic commerce）市場規模は，9 兆 5,130 億円（対前年比 112.5％）となっている（図 3.4.4）．ちなみに，先でみた日本通信販売協会による調査結果（5 兆 4,100 億円）と経済産業省による調査結果（9 兆 5,130 億円）の値が大幅に異なるのには理由がある．前者はあくまでも協会会員 509 社と有力非会員約 180 社を調査対象としているが，後者は日本標準産業分類に基づいたさまざまな業種を調査対象としており，前者に比べてかなり幅広く調査が実施されている．B to C-EC 市場規模の拡大に寄与した業種として，「衣料・アクセサリー小売業」（対前年比 121.5％），「医薬化粧品小売業」（対前年比 119.3％），「宿泊・旅行業，飲食業」（対前年比 117.8％）などの業種は対前年比が大きく，順調な成長を遂げている．この結果から，以前は衣料・アクセサリーといったファッション商品はインターネット通信販売にはそぐわないと考えられていたが，さまざまなファッション通販サイトの成功によってそれらの常識は覆されてきており，今後もインターネット通信販売市場は拡大する余地が大きいと考えられる．

このように，今やインターネットで売れない商品はほとんどないと捉えることができ，重要なことは，インターネットでは売れないと思われてきた商品・サービスをいかにして売るかに知恵を絞ることであろう．例えば，先の経済産業省の報告書によると，近年，注目を集めているキーワードとして，「O2O（online to offline）」が挙げられている．これは，オンライン上で実店舗への訪問を促すという手法や，オンライン上の活動がオフラインである実店舗でのビジネスにも影響を与えるという概念，あるいはリアルとネットの融合により相乗効果を狙うという考

[*8] マルチチャネル化とは，Web サイトや小売店，通信販売カタログ，ダイレクトメール，電子メール，モバイルなど直接／間接のコミュニケーション・チャネルを組み合わせて顧客と交流し，顧客が自由に自分の好きなチャネルを通じて企業とコンタクトをとれるようにすることをいう．

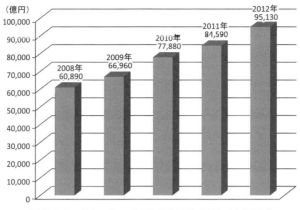

図 3.4.4 日本の B to C-EC 市場規模（2008〜12 年度）[3]

え方である[*9]．例えば，楽天は百貨店と協業し，楽天市場に出品する全国の商品を集めた物産展を，百貨店の催事場で行っている．これにより，百貨店は集客効果が期待でき，楽天は百貨店で買い物をするさまざまな消費者層に商品やインターネット通信販売の魅力をアピールすることが可能となっている．

最後に，日本貿易振興機構「ジャパニーズ・マーケット・レポート No.74 通信販売」[4] を参考として，インターネット通信販売のビジネスタイプについてみてみよう．第1は，従来のカタログ通販などの広告媒体にインターネットが加わったビジネスタイプである．具体的な企業としては，千趣会やニッセンなどがある．第2は，インターネットと実店舗を組み合わせたビジネスタイプである．これは，実店舗・物流システムとインターネット上のオンライン店舗とを組み合わせ，相乗効果を図るビジネス手法である．例えば，レンタル・販売のカルチュア・コンビニエンス・クラブでは，同社の店舗である「TSUTAYA」への来店を子会社のオンラインショップ「TSUTAYA online」を活用し，携帯電話にオンラインクーポンを送信することによって，店舗への来店促進の成果が上がっている．第3は，インターネット上のみで販売するビジネスタイプである．これは，一般の商品を販売・サービスするものと，着メロやゲームなどのダウンロードを主としてインターネット上のみで販売するものがある．ここでは便宜上三つのビジネスタイプに分類したが，視点によってはさまざまな分類パターンが可能である．

b. 通信販売の歴史

通信販売の歴史については，米国の通信販売と日本の通信販売に関するその誕生から黎明期という視点に基づいて説明する．

1) 米国における通信販売の誕生から黎明期

通信販売は，19世紀後半頃の米国において，地方の農民を対象に登場し発展した．このように，通信販売が米国において発展を遂げた主要因として挙げられるのは，①農家の孤立生活，②読み書き能力の向上，③余剰購買力，④地方小売業の能力不足，⑤通信販売の低価格，⑥返品保証，⑦その他である（表3.4.5）．これら以外に考えられる要因としては，郵便制度の確立，鉄道網の整備なども挙げられる．そして，このような背景のもと，通信販売が本格的なビジネスとなったのは，モンゴメリー・ウォード社（以下，モンゴメリー社）とシアーズ・ローバック社（以下，シアーズ社）の2社が事業を始めてからとされている．この2社が，黎明期のカタログ通販の双璧である．

モンゴメリー社の創業者であったアーロン・モンゴメリー・ウォード（Aaron Montgomery Ward）は，通信販売を展開する前はストアの店長や百貨店，卸売業者のセールスマンをしていた．そしてそのときの経験を活かし，交通網や郵便制度が未発達であった当時としては画期的な通信販売方式を確立した．

[*9] EC の黎明期にあたる 2000 年頃から「クリック&モルタル」と呼ばれる近い概念があるが，こちらは実店舗をもつ事業者が新たなチャネルとして EC サイトを設けるというケースを指すことが多い．

表 3.4.5 通信販売が米国において発展を遂げた主要因[1]

①農家の孤立生活…購買環境と交通手段の未発達
②読み書き能力の向上…普通教育と新聞・雑誌の普及
③余剰購買力…所得と生活水準の向上
④地方小売業の能力不足…余剰購買力を吸収しきれない
⑤通信販売の低価格…中間業者の排除による低価格の実現と、広告による低価格性のアピール
⑥返品保証…消費者に安心感を与える
⑦その他… • 誠実な広告の批評
　　　　　• 小包郵便を含めた郵便制度の改善
　　　　　• 注文品の迅速な発送サービス
　　　　　• 効果的なマーチャンダイジング　　など

それは，メーカーから直接現金で商品を大量に仕入れ，それを農村に直接販売するという方式であった．このような方式を思いついた背景に，当時の農村の人たちはさまざまな商品を割高に押しつけられていたことがあった．そこで，通信販売方式を確立することで小売価格を格段に安くできるのではないかと考えたのである．実際，その小売価格は，当時の一般の店よりも4割ほど安かったといわれている．このような状況のもと，ウォードは1872年，2,400ドルの資金を元手にシカゴで通信販売会社を開業した．

次に，モンゴメリー社が通信販売会社を展開するにあたって，具体的にどのような取り組みをしたのかについて述べよう．まず，開業当時のカタログは，1枚の商品価格リストという極めて簡単なものであった．しかし，1884年には1万アイテムもの商品を取り揃えるようになり，ページ数も240ページにも及ぶカタログに成長していった．さらに，ターゲットとされていた農村の人たちを囲い込むことを目的として，当時としては画期的な取り組みも行っている．例えば，農村の人たちを対象にした会員組織を構築し，これらの会員に対して支払猶予の特典や返品保証の特典を与えるなど，自社のサービス力の向上や農村の人たちの信頼を獲得することに腐心した．

一方，シアーズ社の創業者リチャード・ウォーレン・シアーズ（Richard W. Sears）は，鉄道の貨物輸送を管理する駅長であった．ある日シアーズは，届け先の受け取り拒否のために駅留めになっている金時計を，送り主から半額の12ドルで譲り受け，それを14ドルで売りさばくことに成功した．そして，このやり方をベースに，仲間の鉄道員や知人に手紙を書いて買った商品を売り込むことにも成功し，半年で5,000ドルを手に入れた．これが，ダイレクトメールによる通信販売の走りである．このようにしてシアーズは，1886年に時計と雑貨の販売会社を設立し，1893年にはアルヴァー・カーティス・ローバック（A. C. Roebuck）と共同事業を始めることになる．これがのちに米国最大手の小売業へと飛躍するシアーズ・ローバック社の始まりである．

シアーズ社が行った具体的な取り組みについてみてみよう．同社は，大量販売をベースに資金の回転率を高めることにより利益を確保しようとした．いわゆる，薄利多売で安い商品を揃えることに徹底したのである．また，モンゴメリー社と同様に，顧客の囲い込みにもいろいろ取り組み，さらには，得意客を利用してカタログ配布をさせ，その販売促進貢献度に応じて報奨を与えるといった紹介販売方式を導入するなど，独創的な方式で急成長していった．

以上のように，米国では世界に先駆けて通信販売が急速に普及していくことになった．その要因を簡単にまとめると，商品を比較的安い価格で提供したこと，広大な国土であったこと，郵便諸制度が整備されたこと，地方の人口が急速に増加したこと，地方の人々が大都会と同様の生活を手に入れたいという憧れが上昇したこと，などの要因が米国の通信販売業の発展を後押ししたともいえよう．

2）日本における通信販売の誕生と黎明期　日本における通信販売については，1876年発行の『農業雑誌』第8号に掲載された米国産トウモロコシの種の販売が始まりといわれている．そして，1887年頃より種苗通信販売会社が次々に起きたが，当時は通信販売という名称はなく郵便注文営業と呼ばれており，このことは1871年に確立した郵便制度によるところが大きいことがうかがわれる．

日本における通信販売の誕生から明治期・大正期・昭和前期までの経過を簡単に概観すると次のようになる．まず明治期については，日清戦争と日露戦争

に勝利する中で，社会的・経済的発展に伴ってさまざまな通信販売企業が登場してくるが，信頼度の高い百貨店，新聞社，出版社，大商店以外の通信販売企業は現れては消えるといった状況であった．大正期になると，通信販売は詐欺商法だという悪いイメージが消費者に植え付けられるようになった．その背景は，高級品を低価格で売るという広告を展開し，代金を受け取った後で雲隠れするような業者が増えていたことである．その結果，真面目に取り組んでいる通信販売企業も倒産・撤退に追い込まれるという事態が増加し，このような業界イメージは昭和期まで引きずられることになった．昭和前期については，第二次大戦前までは，通信販売が継続されていた百貨店や出版社系を除いて目立つ企業は見当たらず，戦後は社会が安定するまで通信販売の姿はなく，地方紙を利用した通信販売が散見される程度であったという．そのような中，のちの日本の通信販売業界に貢献をした外資系企業「日本リーダーズ・ダイジェスト社」が参入した．

以上のような歴史的経緯を経て，通信販売がようやく産業として確立しはじめたのは，1960年代に入ってからのことである．例えば，大手百貨店の通信販売事業への参入や新規の通信販売企業の誕生などで，通信販売業界は賑やかになりつつあった．しかし，大正期から続いてきた悪いイメージも払拭することができずにおり，各企業は商品や取引方法の改善に腐心し，イメージアップに努めようとしていた．このような状況の中，行政も消費者保護の立場から積極的に法制度を整えようと努めることになる．そこで以下では，具体的にどのような法制度が整えられたかについて，さらにはどのような業界団体が設けられたのかについて，年代別にみていくことにしよう．

1960年代においては，1961年に割賦販売法が公布され，1962年に景品表示法，1968年に消費者保護基本法が制定されている．1970年代にはテレビショッピングやラジオショッピングが登場した背景から，1974年にはテレビ通販の二重価格の表示について公正取引委員会から改善の要望が出されている．また同年には，産業構造審議会より広告表示と契約履行の問題が取りざたされ，1976年には訪問販売等に関する法律（現：特定商取引法）が制定されている．この法律により通信販売は法的に位置付けられることになり，広告への表示義務事項などの規制が行われるようになった．さらに，1972年には景品表示法も改正され，景品の制限の面から通信販売に関する広告の表示の規制が定められている．

1980年代になると，1983年には通商産業省（現：経済産業省）の指導により，業界の健全な発展を図ることを目的として，日本通信販売協会が設立されている．この協会は，会員に対して通販業務に関する自主的なガイドラインを徹底させたり，クレームなどを含んだ消費者と業者をつなぐ窓口としての役割も担っている．また1984年には郵政省（現：日本郵政公社）の指導により日本ダイレクトメール協会も発足している．1986年にはダイレクトマーケティング協会や米国商工会議所が団結して，ダイレクトメール発送のコスト削減にも取り組んでいる．

以上，米国と日本における通信販売の誕生から黎明期について振り返った．特に日本に関しては，通信販売に関わる法令についても簡単に取り上げたが，現在の状況を次のc.項で解説する．

c. 通信販売に関わる法令

日本における通信販売に関わる法令としては，特定商取引に関する法律，電子消費者契約法，消費者契約法，割賦販売法が代表的である（表3.4.6）．以下ではこれらのうち，通信販売に関する基本的な法律である，特定商取引に関する法律（以下，特定商取引法）と，昨今のインターネット通信販売の進展を鑑みて，電子消費者契約法の二つの法令についてみていく．

1）特定商取引法　通信販売に関する法令の

表3.4.6　通信販売に関わる代表的な法令[4]

法令	目的	管轄官庁
特定商取引法に関する法律	特定商取引での購入者の被害防止	経済産業省
電子消費者契約法	電子商取引における消費者トラブル解決の仕組み	経済産業省
消費者契約法	消費者契約トラブルの円滑な解決	内閣府
割賦販売法	割賦販売等に係る、購入者等の利益を保護	経済産業省

うち，中心となるのがこの特定商取引法であるが，この法令は一般消費者を保護するためのものであり，そのために次のような制度が定められている．
①広告に記載しなければならない事項を法律で定めている．
②誇大広告を禁止している．
③前払い式通信販売の場合には，代金を受領した場合には，領収書面などの交付が必要とされる．
④迷惑メールを規制している．
⑤消費者の意に反する申込の受付を規制している．

しかし，ここで注意する必要があるのは，基本的にはクーリング・オフ制度がないという点である．ただし，現物を確認したあとでやはり欲しくはなかったというような状況を鑑みて，返品制度の有無とその内容を広告に表示しなければならないと定めている．このように特定商取引法では，通信販売は，広告を見て消費者が考える余裕のある取引であると考えられており，契約の判断材料に必要なことは広告に表示するよう事業者に義務付けしている．返品制度は通信販売を安心して利用するためには重要な制度であり，それゆえ，消費者は広告で内容を十分に確認する必要があるといえよう．

次に，特定商取引法において通信販売の広告に記載すべきこととしている事項についてみてみよう．この事項については，広告メール，インターネット通信販売にも同じ表示義務がある．
①販売価格
②支払時期と支払方法
③商品等の引渡し時期，サービスの場合には提供時期や提供期間
④商品等の返品制度の有無．返品制度がある場合にはその内容
⑤事業者の氏名／名称，住所，固定電話番号，代表者（社長）の氏名または通信販売業務の責任者の氏名
⑥広告の有効期限
⑦価格や送料以外に必要な付帯的な費用
⑧商品に隠れた瑕疵がある場合についての事業者の責任について定めている場合にはその内容
⑨商品の販売数量の制限がある場合にはその内容，その他の特別な販売条件がある場合にはその内容
⑩広告の表示事項の一部を表示しない場合に，消費者がそれらを記載した書面を請求した場合にカタログ代などが有料の場合や送料の負担が必要な場合は，その内容と価格
⑪インターネット通信販売や広告メールの場合には，事業者のメールアドレス
⑫広告メールやメールマガジンの場合には，再送信拒否メールを送るためのメールアドレス
⑬ソフトウェアによる取引のときはその動作環境など

以上のような事項に関して違法または不当な行為が行われた場合，主務大臣が事業者に対して改善するよう指示を出すことができる．さらに，指示に従わない事業者は，罰金や業務停止命令の対象となる．

2) 電子消費者契約法 インターネット通信販売の進展とその利用者の増大に伴って，さまざまな取引に関する問題が発生するようになり，このようなインターネット通信販売（いわゆる電子商取引）におけるトラブルを防ぐことを目的として制定されたのが，電子消費者契約法（電子消費者契約および電子承諾通知に関する民法の特例に関する法律）である．同法においては，消費者と事業者が電子商取引を行う場合について，実際の契約がどの段階で成立しているのか，また契約が無効となる場合はどのような場合かについて規定している．

まず，契約がどの段階で成立しているのかについてみてみよう．インターネット上の取引においては，事業者は商品情報をホームページなどに掲載するが，これを申込の誘引という．消費者は申込の誘引に応じて商品を注文するが，これを申込という．そして事業者は，消費者の申込の意思表示を受けて応じるのであるが，これを承諾という．民法では契約という行為は，売手と買手間で，申込と承諾という相互の意思が合致することにより成立するのを原則とする．また，当事者同士が遠く離れた場所にいて契約する場合でも，承諾の通知が発信された段階で契約が成立するのが原則とされている．

このような原則に従うと，インターネット上の取引も，お互いに離れた場所での取引であるため，承諾の通知が発信された段階で契約が成立すると解釈できるはずであるが，インターネットでは承諾の意思表示はすぐに相手に到達することになる．このため，電子消費者契約法においては，インターネット上の取引の場合には，承諾の通知が相手に到達したときに契約が成立すると定められている．すなわち，

事業者が消費者の申込に対する承諾のメールを送り，消費者のメールサーバーに届いた時点で契約が成立することになり，消費者が実際にメールを見るかどうかは関係ないとされている．

　次に，契約が無効となる場合はどのような場合であろうか．パソコンの操作については，得意な人と不得意な人との差が大きく出てしまうものである．特に操作に慣れていない人にとっては，操作ミスをしてしまうことも多々ある．また，パソコンではさまざまな操作が瞬時に処理されてしまうため，ミスに気付いたときには，取り返しのつかないことになっていることもある．このような状況を鑑みて，電子消費者契約法では，消費者の操作ミスによる契約の無効が規定されている．ちなみに契約に関する民法の原則では，重大な不注意で勘違いして意思表示をしたときは，契約の無効を主張することはできず，操作ミスは重大な不注意に該当する可能性がある．そのため，電子消費者契約法では，この原則に対して例外を定めている．

　具体的には，事業者は消費者が申込を確定させる前に，申込内容を再確認できるようにする義務が課せられている．このような義務を課しているということは，消費者にとってはさらなる注意をする必要があることも意味している．すなわち，事業者が上記の義務を果たしていないときに消費者がパソコンの操作を誤った場合には，契約の無効を主張することは可能であるが，他方，事業者が上記の義務を果たしている場合で消費者がパソコンの操作を誤った場合には，契約の無効を主張することはできない．

〔玄野博行〕

参考文献
1) 店舗システム協会編：図解 通販業界ハンドブック Ver.2，東洋経済新報社，2007.
2) 日本通信販売協会：第31回通信販売企業実態 調査報告書，2013.
3) 経済産業省：平成24年度我が国情報経済社会における基盤整備（電子商取引に関する市場調査）報告書，2013.
4) 日本貿易振興機構：ジャパニーズ・マーケット・レポート No.74 通信販売，2005.
5) 石光　勝，柿尾正之：通販「不況知らず」の業界研究，新潮社，2010.

3.4.3　情報管理

a.　マーケティング・リサーチとデータ

1）　経営情報（management information）　経営情報は，企業組織内部の構成員および外部の利害関係者が意思決定を行う際に必要とする情報である．つまり，経営活動に必要となる情報が経営情報である．経営情報は，質的・量的基準，情報発生源での基準，管理領域による分類などさまざまな基準で分類される．管理領域による分類としては，マーケティング情報，生産情報，会計情報，研究開発情報などがある．企業は，これらの経営情報によって企業経営の意思決定を行っている[1]．

2）　マーケティング情報（marketing information）　マーケティング情報は，マーケティング管理者が意思決定する際に必要とされる情報の総称のことであり，問題解決に必要な情報，代替案の検索に必要な情報，代替案を評価・選択するうえで必要とされる情報などがある[2]．

3）　マーケティング情報システム（marketing information system）　マーケティング情報システム（MIS）とは，企業が必要とするデータを収集，加工，分析，保管し，マーケティングの意思決定に有用な情報を提供するシステムのことである．マーケティング情報システムは，①売上高，受発注量，在庫量，諸経費，収支などの企業内部で作り出されたデータを集計し，回収する会計情報システム，②セールスマン，展示会，調査報告書，白書，専門雑誌，業界紙などから情報を収集・解釈し，消費者や競合他社の動向を把握するマーケティング・インテリジェンス・システム，③企業が独自に調査を実施し，データを収集，加工，分析，解釈し，問題解決に活用するマーケティング・リサーチ・システム，④上記三つのシステムから得られた情報を保管したデータベースから，マーケティング管理者が，必要に応じて情報を引き出し分析・解釈するための情報処理システムなどの構成要素からなっている．マーケティング管理者の意思決定における不確実性を削減することが，このシステムの主な役割である[2,3]．

4）　マーケティング・リサーチ（marketing research）　マーケティング・リサーチ（マーケティング調査）は，マーケット・リサーチ（市場調査）ともいわれ，マーケティング・リサーチとマーケット・リサーチの両方の意味でとられることが多い．

しかし，マーケティング・リサーチとマーケット・リサーチとでは調査対象の範囲が異なっている．マーケット・リサーチには，販売予測，需要調査，消費者（顧客）調査などが含まれ，これらはマーケティング・リサーチを構成する要素といえる．これに対して，マーケティング・リサーチは，「商品およびサービスのマーケティングに関する諸問題のデータを体系的に収集し，記録・分析することである．リサーチは，マーケティングの問題解決のために，外部の機関，企業または企業の代理店によって行われる」と1960年のAMAの定義に示されている．このことからマーケティング・リサーチは，消費者調査，競合他社の調査，マーケティング手段の調査，社会環境の調査，企業内部の調査など，対象範囲が広く，企業固有の問題を解決するために，独自の調査を実施し，有用な情報を得るための活動といえる．調査の手順は，①問題点の明確化，②既存資料からのデータ収集，③リサーチ・デザイン，④調査票の作成，⑤予備調査（プリテスト），⑥本調査，⑦調査結果の報告と追跡，が一般的である[3,4]．

5） 一次的データ（primary data） 一次的データは企業が抱える特定の目的のために，独自にマーケティング・リサーチを行って収集された情報のことである．データ収集は，質問法，観察法，実験法などを通じて，企業内の調査部門が行ったり，専門のリサーチ会社に依頼して，企業内外から集めている．特定の目的のために収集するオリジナルなデータであるため，二次的データと比べて実用性，有用性が高い．しかし，コストおよび時間がかかるため，二次的データを収集・検討した後に，一次的データの必要性を検討するのが賢明である[5]．

6） 二次的データ（secondary data） 二次的データは，他の目的で他者によって過去に収集された情報のことである．二次的データは，内部データと外部データとに分けられる．内部データには，①販売分析，②返品・苦情の分析，③財務諸表の分析，などがある．販売分析については，売上高の記録を期間別・部門別・販売員別・商品別・顧客別などに分けて分析・検討すれば，販売活動における課題が明らかとなり，データを時系列的に分析・検討すれば将来の売上高を予測することも可能となる．返品・苦情の分析について，過去の返品や苦情を企業の課題として受けとめれば，将来の製品計画や販売活動などのさまざまな面で活用できる．財務諸表分析については，過去の貸借対照表や損益計算書などのデータに基づいて，過去の数値や目標値を比較することで，収益やコストの動向を把握することが可能となる．外部データには，調査報告書，白書，専門雑誌，業界紙などがある．二次的データは一次的データと比べて，コストおよび時間がかからないため，二次的データをうまく活用できれば，マーケティング・リサーチを効率よく実施することができる[5]．

b. 調査方法の決定
1） 母集団（population） 母集団とは，調査の対象とする大きなグループを母集団とし，母集団の中から代表として抽出した被調査員（被験者）を標本（sampling）と呼んでいる．母集団には，有限母集団と無限母集団があり，前者は数えあげることができるもの，後者は数えきれないものをいう[6]．

2） 全数調査（complete survey） 全数調査は，全部調査ないしは悉皆調査とも呼ばれる．これは，設定された母集団に含まれる個々の対象すべてを調べるものであり，国勢調査がその代表的なものである．全数調査において，データが迅速に収集されれば詳細な結果が得られる，理想的な調査方法といえる．しかし，多額のコスト，大きな労力，収集・分析に時間がかかることが欠点とされる．場合によっては，調査結果が明らかになったときには，母集団の状態が大きく変化しており，有用なデータとなりえないこともある．そのため，全数調査は母集団規模が比較的小さい場合や国勢調査のように全体の情報を詳細に知る必要がある場合には採用されるが，一般的には標本調査が広く採用されている[6]．

3） 標本調査（sampling survey） 標本調査は，母集団からその全体を代表するような標本（sampling）を抽出し，それに対して調査を実施することで，その結果から母集団の特性を推定するものである．標本調査は，全数調査と比べて，多額のコスト，大きな労力，収集・分析に時間がかからず，しかも，標本抽出の作業を誤らなければ，全数調査と同等程度の有用なデータが得られるといわれている．実際の調査では，この方法が広く採用されている．このような標本調査には，単純無作為抽出法，系統的抽出法，層別抽出法，多段階抽出法，地域抽出法などがある．また，標本調査は，確率標本法と非確率標本法とに分けられる．確率標本法は母集団から標本を，

さいころ，くじ，乱数表などによって無作為かつ機械的に抽出するものであり，母集団の中の標本は，同一の確率で等しく選択される．その他，調査方法として，期間内に同一調査対象（標本）から繰り返しデータを収集するパネル調査もある[7]．

c. データの収集方法

1) 質問法（questionnaire method）　質問法とは，マーケティング・リサーチの中の実態調査の一つで，調査員が調査目的を基に選定した調査項目をアンケート用紙と呼ばれる質問票にまとめ，調査対象である被調査員（被験者）に質問という刺激を与えて，回答という反応を記録し，データを収集する方法である．質問法は，質問票を使用して実施する調査方法の総称であり，一般的に，面接法，郵送法，電話法，留置法，インターネット法などに分けられる．質問法は，マーケティング・リサーチにおいて最も採用されている方法である．その基本的な方法としては，①被調査員の職業，年齢，所得，学歴，家族構成など，客観的な事実を測定する事実調査，②企業イメージ，商品の使い心地，品質・価格・サービスの適切性などについて被調査員からの意見および評価を測定する意見調査，③特定のブランドや店舗を選択した理由および動機を被調査員から測定する解釈調査，の三つの形式に分けられる．質問法は，質問票を媒介して行われるために，質問票作成の良否が調査結果を左右する．質問票の作成にあたっては，かなりの経験と知識が必要であり，質問法は，多額のコスト，大きな労力，かなりの時間を必要とする[8,9]．

2) 面接法（interviewing method）　面接法は質問法の一つであり，調査員が被調査員（被験者）に直接対面して適宜，質問を行い，被調査員の好意のもとで，データを収集する方法である．面接法のメリットとしては，①質問内容を掘り下げることができる，②目的にあった信頼性の高い回答が得られやすい，③回収が早く，回収率が高い，④間接的な回答も得られる，⑤面接場所や形式など環境を設定できる，などがある．一方，①調査員の主観や技量に影響されやすい，②かなりの人件費と時間を必要とする，③優秀な調査員の確保が困難である，などのデメリットが挙げられる[10,11]．

3) 郵送法（mail survey）　郵送法は，調査票と依頼状などと一緒に被調査員（被験者）へ郵送し，それに回答を記入して返送してもらう方法である．被調査員が広範囲に散在しており，面接法ではコストがかかる場合，また業務上面接が困難な被調査員を調査対象とする場合に郵送法が用いられる．郵送法のメリットとしては，①広範囲に散在する多くの被調査員から，少ない費用で回答が得られる，②内容のある質問を設定することができる，③調査員の主観や技量に影響されない，などがある．デメリットとしては，①何らかの工夫がないと，回答の回収率が低く，信頼度が劣る可能性がある，②必ずしも宛名人が回答者とは限らない，③回答に対して確認や聞き返しができない，④無回答や不正確な回答が多い，などが挙げられる[3,12]．

4) 電話法（telephone survey）　電話法とは，調査員が電話を通じて被調査員（被験者）に質問し，回答を得る方法である．安価かつ短期間で散在した多くの被調査員から回答を得られるため，これまで世論調査やマーケティング活動の効果測定手段としてこの電話法がよく採用されてきた．しかしスマートフォンの普及率の高まりや振り込め詐欺の被害増加に伴い，固定電話の減少や協力拒否の増加がみられるようになった．電話法のメリットとしては，①割安な費用で回答が得られる，②即座に回答が得られ，聞き返しができる，③散在した被調査員から回答が得られる，などがある．デメリットとしては，①調査が実施できる時間帯に制約がある，②短時間で回答できる質問に限定される，③協力を拒否されることが多い，などが挙げられる[12,13]．

5) 留置法（leaving method）　留置法は調査員が被調査員（被験者）に記入方法を説明するとともに，質問票を配布しておき，後日の決まった日時にそれを回収する方法である．多くの高等教育機関の教職員が学生を対象として，この方法を採用している．メリットとしては，①多くの被調査員から回答を回収できる，②調査票の質・量ともに充実した質問ができる，③回収率が高い，などがある．デメリットは，①被調査員以外の意見が反映される，②記入漏れが多いなどが挙げられる[3,12]．

6) インターネット法（internet method）　インターネット法は，インターネットを利用して被調査員（被験者）に調査票を送り，インターネットで回答を返送してもらう方法である．この調査法の最大のメリットは，広範囲に散在する被調査員から，

かなりの割安で，簡便に多くのデータを収集することができる点である．また調査員と被調査員との間で，双方向の情報伝達も可能である．しかし，必ずしも被調査員が回答者とは限らず，回答に対してポイントが付与される場合，同一の被調査員が複数回，回答する場合もある．さらに，被調査員が特定の層に偏る可能性も考えられる[14]．

7) 実験法（experimental method） 実験法は，製品，価格，チャネル，プロモーションなどのマーケティング手段を操作することによって，被調査員（被験者）の反応や行動の変化を調べてデータを収集する方法である．例えば，同一の衣服について値引販売をしたときとそうでないとき，またチラシ広告を配布したときとそうでないときとでは，売上げにどの程度の差が生じるか，など消費者の反応を分析調査し，その効果を予測する場合に採用される．実験法においては，対象とする被調査員の設定が難しく，調査には時間とコストがかかる．さらに，実験を実施する条件を同一に設定するのが難しい．しかし，この調査法を採用すれば，さまざまな条件について具体的なデータを得ることができる[3,8]．

8) 観察法（observational method） 観察法は，調査員が被調査員（被験者）のありのままの状態や行動，経過に伴う変化を，実際に直接的および間接的に観察し，データを収集する方法である．そのため，被調査員に調査目的が気づかれないようにする必要がある．観察法は質問法よりも正確な調査データが得られるという特徴を有している．観察法には，①店舗内や商店街などにおける，顧客の歩行経路を観察する動線調査，②店舗内における顧客の商品陳列棚に対する注目対象の変化を把握する視線調査，③出店予定地などの通行量を継続的に測定する通行量調査などがある．したがって，観察は一般に調査員の目や耳で観察されるが，調査対象によっては，機械やカメラなどを用いて行われる[12,15]．

9) 動機調査（motivation research） 動機調査は，顧客がなぜ，特定の店舗，ブランド，商品を選択するのかという，動機または動機付けになる要因を明らかにする方法のことである．顧客は商品選択にあたり，外部からの刺激に対して，顕在意識ないしは潜在意識が反応し，購買動機を形成している．しかし，人間の潜在意識を一般的な質問票で把握することは困難である．そこで動機調査では，深層面接法，集団面接法，投影法（文章完成法，言語連想法，各画法，絵画統覚法）などの社会心理学分野で開発された技法を用いて，専門家がデータ収集にあたる．深層面接法（depth interview）は，調査員と被調査員（被験者）が1対1の形で一定時間かけて，消費者の潜在意識を探り，動機を明らかにする調査である．集団面接法（group interview）は，グループ・インタビューのことであり，決められたテーマについてグループで討論する中で，質問によって本音を引き出す調査である．投影法（projective technique）は，被調査員に対して，言語，絵画，写真などの刺激を与えて，その反応を基に，間接的に潜在意識を探り出す調査である．動機調査のメリットとしては，①消費者行動のメカニズムが把握できる，②新たなマーケティング戦略が展開できる，などが挙げられる．デメリットは，①調査コストが高く，時間もかかる，②専門家以外には調査ができない，などである[6,8]．

d. 質問回答形式

1) 自由回答法（free answer question） 自由回答法は，自由記述法とも呼ばれ，選択肢を設けず，質問だけを設定しておき，被調査員（被験者）に自由な意見を記述してもらう形式である．質問項目を作成するのが楽であり，回答の予測が立ちにくい質問の場合に用いられる．そのため，予備調査で質問の範囲や項目を探る際に重視される．回収したデータを分類・整理の必要があるため，集計には時間を要する[12]．

2) 二項選択法（two clause choice method） 二項選択法は，「ある，ない」，「賛成，反対」のように，あらかじめ定められた二つの選択肢の中から被調査員（被験者）に一つを選択させる方法である．この方法での結果は，処理および分析が容易であり，短時間で回答を得ることができる．しかし，被調査員がその回答を選択した理由を知ることができないため，この欠点を補うために，自由回答法を併用することがある．またこの方法は，いずれか一方を強制選択することになるため，被調査員の実情にそぐわない回答を導き出す可能性もある[6,9,12]．

3) 多項選択法（multiple choice method） 多項選択法は，あらかじめ複数の選択肢を用意しておき，その中から被調査員（被験者）があてはまるものを選択するという方法である．その場合，選択

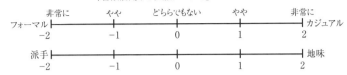
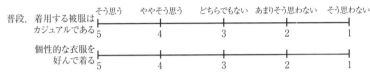

図3.4.5 セマンティック・ディッファレンシャル法尺度とリッカート尺度

肢の中から一つを選択する単一選択法，該当するものを複数選択することのできる多項選択法，そして，回答数を指定する制限選択法の三つに分けることができる．この方法は自由回答法に比べて曖昧な回答が少なく，また二項選択法における強制選択の欠陥を緩和することができる．適切な選択肢の設定ができれば，ある程度，細かな意見を把握することもでき，集計も容易な方法である[6,12]．

4) 順位質問法（ranking method）　順位質問法は，「購入を希望する順に番号を付けてください」というような形式の質問であり，選択肢の一部または全部について，選択順に従って序列を付けさせる方法である．単なる選択よりも，被調査員（被験者）の詳細な評価を得ることができるが，選択肢が多すぎると序列を付けることが困難となり，信頼性が低くなる[7]．

5) 評定尺度法（scale method）　評定尺度法は，被調査員（被験者）の感情や意志の強さの程度，期待や確信の強さの程度，商品評価の程度を調査するのによく採用される方法である．通常，5段階，7段階，9段階といったように奇数段階がよく用いられる．これにより，被調査員から細かなデータを収集できると同時に，それを統計的に処理して，因果関係を導くことも可能である．評定尺度法では，一般的に，セマンティック・ディッファレンシャル（SD）法尺度とリッカート尺度などが用いられることが多い（図3.4.5）[7]．

e. 分析手法

1) 時系列分析（time series analysis）　時系列分析（時系列解析）は，時間系列にそって観測した資料の動きを分析する方法であり，マーケティング・リサーチにおいては，この時系列分析が将来の動向を予測するのに採用される．つまり，過去の動きのパターンから将来の動向を察知し，マーケティング計画を立てるのに一定の方向付けを与える．時系列分析には，①傾向変動，②季節変動，③循環変動の三つがある[7]．

2) 多変量解析（multivariate statistics）　多変量解析とは，多数の要因（変数）が複雑に絡んだ現象において，それら複数の要因の相互関係を数式モデルによって分析するための統計的分析手法のことをいう．消費者の行動は複雑であり，多数の要因が関与している．そのため，マーケティング・リサーチにおいては，①相関分析，②重回帰分析，③因子分析，④判別分析，⑤クラスター分析などの多変量解析が多く用いられる[9,16]．

3) 相関分析（correlation analysis）　相関分析とは，二つの事柄（変数・項目）の関係を調べる解析手法を総称したものである．マーケティング・リサーチを行う主な目的は，二つまたはそれ以上の事柄の間に，因果関係の法則を発見し，将来を予測することである．しかし，自然科学のように，容易に実験ができるような場合には，因果関係を直接，発見することができるが，消費者の購買行動や社会現象のような場合には，簡単にそれを発見することはできない．その場合には，相関関係を確認し，それを通じて因果関係を予測しなければならない．その時に，必要とされるのが，相関分析である[3,16]．

4) 重回帰分析（multiple regression analysis）
重回帰分析は，一つの従属変数（量的データ）を複数の独立変数（説明変数）から予測する分析手法である．言い換えれば，ある結果が導かれた場合，それはいかなる要因から影響を受けているのか，また要因が変化した場合，結果にどのように影響するのか，などを予測する場合に採用される．衣服の評価の場合，それが有する属性の影響の程度を明確にする際の属性は，品質，性能，価格，デザイン，ブランド，店舗，店員などが考えられる[4,9]．

5) 因子分析（factor analysis） 因子分析は，何らかの事象を説明する複数の変数があるとき，それら変数間の背後に共通に潜んでいる潜在的な変数を抽出し，その事象の構造，すなわちどのような潜在的因子から影響を受けているか，を探る際によく用いられる分析である．本来，心理学の分野で用いられていた分析であったが，その後，セマンティック・ディッファレンシャル（SD）法によるイメージ測定において因子分析が採用され，今日に至っている[4,9]．

6) 判別分析（discriminant analysis） 判別分析は，一つの新しい従属変数（量的データ）に対して，その従属変数がどのカテゴリー（独立変数）に属するかを判別するための解析手法である．言い換えれば，一つの従属変数を複数の独立変数（質的データ）からどのカテゴリーにあてはまるか判別することになる．従属変数を構成しているカテゴリーを判別するために，カテゴリー分けをするが，その際には判別関数を用いて直線を導き出す．その場合，カテゴリーが二つの場合には，1本，三つの場合には，2本の直線を引く必要がある[4,9]．

7) クラスター分析（cluster analysis） クラスター分析は，判別分析とは異なって外部基準を設けず，データの内部構造を分析する手法であり，サンプルや変数間にみられる類似度，あるいは距離に着目して，被調査員（被験者）や変数をグループ化するための解析手法である．解析の手順は一般的に，①因子分析で行った因子得点や散布図から，被調査員の距離を調べる，②被調査員間の大小を樹形図で示す，③グループ数を決め，樹形図を用いて被調査員をグループ化する，となっている．クラスター分析は，階層クラスター分析と非階層クラスター分析に大別できるが，マーケティング・リサーチでは前者の分析を採用する場合が多く，マーケット・セグメンテーションやポジショニングを行う際に使用される[4,9]．

f．情報管理におけるインフラストラクチャーとその活用

1) EDI（electronic data interchange） EDI（電子データ交換）は，取引に伴うやりとりをコンピュータ間の通信上で直接行うためのシステムである．これにより見積もりから，契約，決済に至るまでの伝票上のやりとりを電子化することで，業務の効率化を実現することができる．企業間で商品コード・取引コード・帳票フォーマットなどが異なっていると，取引情報のやりとりができない．そこで，EDI標準においては，データ交換規約，統一企業コード，受発注システムでの確認方法などの内容の取り決めを行っている．EDI標準には，日本標準の他に国際標準がある[17,18]．

2) EOS（electronic ordering system） EOS（自動補充発注システム）は，POSシステムによって得た情報に基づいて，小売商が店舗の端末機から通信回路を使って，卸売商やメーカーなどに自動的に補充発注を行うシステムである．EOSでは，伝票やFAXではなく，EOS端末やハンディターミナルを用いて発注を行う．EOSは，①多頻度少量発注，②情報伝達の迅速化・正確化，③リードタイムの短縮，④機会損失の減少，⑤事務作業の軽減など多くのメリットが挙げられる．さらに，POS情報や商品情報とも統合でき，EOSは拡張性の高い電子発注システムといえる．これは情報処理技術や通信技術の発展，通信事業の自由化に伴うVAN（付加価値通信網）と呼ばれる情報交換ネットワークがそれらを可能にしている[17,18]．

3) ECR（efficient consumer response） ECR（効率的消費者対応）は，大規模小売商で採用されているSCM（供給連鎖管理）の一つである．個別企業の枠を超えて効率よく消費者の欲求に対応していくために，卸売商や生産者までを含めた鎖のような体系を構築し，業界全体を情報システムで管理することで，常に望ましい商品が調達できるようにしている．ECRは食品，雑貨品業界で展開しているシステムの呼び方であり，衣料品業界では，QR（クイック・レスポンス）と呼ばれる場合が多い[19]．

4) POSシステム（point of sales system）
POSシステム（販売時点情報管理システム）は，店

舗に設置されたキャッシュレジスターをコンピュータ端末としてコンピュータに結合させ，商品を販売した時点で商品バーコードから商品情報を読み取り，コンピュータ・システムに記憶させて，商品管理や経営管理に役立てるシステムである．仕組みは，まず，商品自体ないしは値札にバーコードをつけ，店舗にはPOSターミナルを設置する．そのPOSターミナルは，バックヤードに設置されたストア・コントローラおよび，場合によっては，本部のホスト・コンピュータと連動しており，バーコードを読み取るスキャナも付いている．顧客が購入した商品バーコードから，スキャナで商品情報を読み取ると，その情報は即座にストア・コントローラに転送され，商品マスター・ファイルと照合される．このとき商品バーコードを手がかりに，該当する商品名や価格の検索が行われ，POSターミナルへ返送されることになる．その情報に基づき，POSターミナルでは，売上金額の計算やレシートが作成される．一方，ストア・コントローラは，品目別の販売情報を記録・蓄積し，各店舗で活用されるとともに，多くの場合，本部のホスト・コンピュータへも伝送される．本部に集められた商品情報は，さまざまな資料に加工され，商品管理だけでなく，経営にも広く活用されている．POSシステムの導入には，①清算業務の省力化・合理化，②品揃え・商品陳列の効率化，③各店舗における経営状況と販売状況の把握，④顧客サービスの向上，⑤製品開発および販売促進の活性化などメリットが多い．POSシステムは，VAN（付加価値通信網）やEOS（自動補充発注システム）などとともに流通業における情報化の進展の中心を担っている[20]．

5） VAN（value added network）　VAN（付加価値通信網）とは，取引関係にある企業が所有する機種の異なるコンピュータ間でもデータの伝送制御手順の変換を加えて，通信を可能にするネットワークである．これによって多くの小売商からの受注データを卸売商やメーカーが自社のコンピュータに取り込むことができる．業界の参加企業が共同して利用するVANのことを共同VANという[21]．

6） ポイント・サービス（point service）　ポイント・サービスとは，各店舗がマーケティング・リサーチを目的として，商品およびサービスの購入金額あるいは来店数に応じて，ポイントを顧客に提供

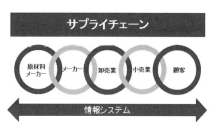

図3.4.6　SCMのメカニズム

するサービスのことである．顧客は，次回以降の来店時にそのポイントを代金の一部ないしは商品と交換することができる．また店舗においては，マーケティング戦略を考えるうえで必要な顧客情報を入手することが可能となる[19]．

7） SCM（supply chain management）　SCM（供給連鎖管理）は，部品調達から生産，物流，販売に至るまでの業務プロセスを1本の鎖と考え，企業間にまたがってネットワークを図り，流通過程において取引関係にある企業の在庫や費用をリアルタイムに共有化する方法である．これによって途切れることのない商品供給の連鎖が可能となり，取引関係にある企業全体の迅速化が図れ，経営効率を上げながら顧客満足の向上が実現できる．SCMにおいては，関連企業全体を管理する情報システムが最も重要となる（図3.4.6）[19]．

〔清水　真〕

参考文献

1) 宮川公男監修：経営情報入門，pp.2-5，実教出版，2011．
2) 新津重幸，庄司真人編：マーケティング論，pp.175-179，白桃書房，2011．
3) 江尻　弘，斉藤忠志：現代のマーケティング・リサーチ，pp.38-126，実教出版，1991．
4) 野口智雄，塩田静雄：マーケティング調査の基礎と応用，pp.18-108，中央経済社，1989．
5) 高田博和，上田隆穂，奥瀬喜之，内田　学：マーケティングリサーチ入門，pp.60-91，PHP，2008．
6) 日本衣料管理協会刊行委員会編：消費者調査法，pp.13-31，日本衣料管理協会，2004．
7) 塩田静雄：マーケティングと市場調査，pp.97-122，中日文化，1981．
8) 田内幸一，村田昭治編：現代マーケティングの基礎理論，pp.123-125，同文館出版，1986．
9) 塩田静雄：マーケティング調査と分析，pp.30-114，税務経理協会，2006．
10) 岩井紀子，保田時男：調査データの分析の基礎，p.17，有斐閣，2007．
11) 西村　林，三浦　収編：現代マーケティング入門，p.93，中央経済社，1980．

12) 田中由多加編：新・マーケティング総論，pp.94-102，創成社，1990．
13) 朝野熙彦，上田隆穂：マーケティング＆リサーチ通論，p.134，講談社，2000．
14) 西田安慶，城田吉孝編：マーケティング戦略論，pp.46-47，学文社，2011．
15) 出牛正芳：市場調査の実務要領，pp.54-55，同文館出版，1970．
16) 菅　民郎：実例でよくわかるアンケート調査と統計解析，pp.168-219，ナツメ社，2011．
17) 高橋秀雄：電子商取引の動向と展望，pp.67-79，税務経理協会，2001．
18) 鷲尾紀吉：現代流通の潮流，pp.73-77，同友館，2004．
19) 朝岡敏行編：マーケティングと消費者，pp.46-133，慶応義塾大学出版会，2012．
20) 涌井順一郎：販売流通情報システム，pp.60-84，東海大学出版会，1993．
21) 重田靖男：流通のしくみ，p.164，日本能率協会マネジメントセンター，1999．

4　消　費

4.1　被服材料の消費性能

4.1.1　力学的性質

a.　伸長特性

1) 応力-歪み曲線（荷重-伸長曲線）　繊維や糸や布に引張りの力を加えると伸びる．力と伸びの関係を調べると計測した試料の伸長特性を知ることができる．同じ材質の繊維や糸でも，試料が太いと変形させるためにより大きな力を要し，長いと同じ力で引っ張っても伸びが大きくなる．このように同じ素材であっても試料の寸法によって力や伸びが変わってくる．したがって，重い荷物には太い紐を使い軽い荷物には細い紐を使う．一方，綿とポリエステルの材質の違いを調べるためには試料の寸法をそろえて比較する必要がある．実際に試料の寸法をそろえて測定する代わりに，力（F）を作用する面積（A）で除して応力（stress：σ）として規準化し，伸びを元の長さで除して歪み（strain：ε，これを%で表示すると伸度という）として規準化すると材質の比較ができる．一般に，繊維や糸の場合は断面積を求めることが難しいために断面積の代わりに恒長式番手を使用することが多く，布の場合は断面積の代わりに布幅（cmやインチ）あたりの力として表示することが多い．この応力と歪みの関係を図示したものを応力-歪み曲線（stress-strain curve, S-S カーブ），あるいは荷重-伸長曲線といい，繊維では一般に図4.1.1のような曲線が得られる．

応力-歪み曲線の切断点から材料の切断強度（単に強度という）と切断伸度（単に伸度という）が求められる．S-S カーブ初期の直線部分の傾きは材料の硬さを表し初期引張抵抗（初期ヤング率, initial Young's modulus：E）といい，応力 σ，歪み ε と (1) 式の関係にある．

$$\sigma = E \cdot \varepsilon \tag{1}$$

始点 O と切断点 B を結んだ直線の傾きは材料の平均の硬さを表し平均スティフネス（平均引張り抵抗, average stiffness）という．始点 O から切断点までの S-S カーブと x 軸とで囲まれる面積は切断に要するエネルギーとなり材料の丈夫さを表しタフネス（toughness）という．また，最初の極大値をとる点を降伏点（yield point, 降伏荷重・降伏伸度）といい，以降の変形は材料内部のすべり（塑性変形）によるものとなる（はっきりとした降伏点がみられない材料もある）．

2) 布の強度と伸度　布の強度は機械力の作用により，引張り試験・引裂き試験・破裂試験・摩耗強度試験など種々の試験方法によって評価される．これらの力の作用に対する抵抗性は布の種類（組成繊維・布構造など）だけではなく，変形の速度（通常は試験片長の 50〜100% /分）や環境の温湿度（標準時は 20℃・65%RH）などの測定条件によっても異なってくる．

布は金属材料やプラスチックのように均質な物体ではなく，経糸と緯糸が交錯した織物構造（織組織）や糸のループが絡み合った編み構造，あるいは繊維同士が絡み合った不織布構造など不連続で不均質な

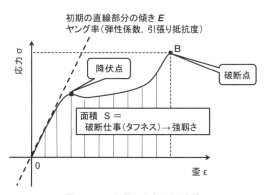

図 4.1.1　繊維の応力-歪み曲線

構造体である．このため布の荷重伸長特性は，繊維組成，糸構造，織編みなどの布構造の集成の結果として現れるとともに，伸長の方向や試料の掴み方などの測定方法にも大きく依存する．引張り試験の方法は，試験機の機能から次のように分類され，JISでは布の種類や試験方法等で細かく分類されている．

- 定速緊張形：constant rate of tension（ショッパー型）
- 定速荷重形：constant rate of load（スコット型）
- 定速伸長形：constant rate of specimen extension（インストロン型）

布試料の引張り試験は JIS L 1096 に規定されており，大きく分けるとストリップ法（A法）とグラブ法（B法）の2種類がある．この両者の違いは，試料幅が試験機の把持幅より小さく設定されている場合がストリップ法で，把持幅より大きい場合がグラブ法である．さらに，ストリップ法に関しては，試料幅の作成方法の違いから，ラベルドストリップ法とカットストリップ法の2種類が定められている．ラベルドストリップ法では，測定試料片幅（2.5 cm）より大きく裁断した試料の両側から糸を抜いて所定の試験片幅に作成するもので試験片の方向と幅を正確に決めることができる．ニット試料のように糸を引き抜くことができない試料は，最初から測定幅で試料を裁断するカットストリップ法で行う（JIS L 1018 メリヤス生地試験法）．

織物の経・緯方向の伸長では最終的に伸長方向のすべての糸が切断して終わるが，図4.1.2のように初期段階では織り縮み分が弱い力で伸ばされ，次に糸が伸ばされ，理論的には掴み幅にある糸の本数分の引張り強さで切断することになる．実際には最も力が集中した糸から順次切断していくことになり，1本の糸の強さに糸密度（織密度ともいう）をかけたものより小さくなる．バイアス方向の伸長では初期段階での織り縮み分だけではなく，伸長方向へ糸が角度を変えていく過程が加わるため，実際に糸が伸ばされるまでに大きい伸びがみられる．

編物の伸長の場合は，最初に編み目のループが伸ばされるために非常に大きな伸びが観測される．ループの変形が終わった後で糸が伸長され切断へと進む．このため，よこ編では糸が連続してループを作っているコース方向がウェール方向よりも伸びが大きくなる．

繊維同士が複雑に絡み合った不織布の場合は，組成繊維の種類や長さと太さ，繊維の配列状態，接着剤や融着方法など製造の際の多くの要因が関係してくるため，不織布の伸長特性も多様なものとなる．一般的に不織布は見かけの密度が小さいため，織物や編物よりも強度は小さい．〔城島栄一郎〕

参考文献
1) 繊維学会編：繊維便覧 第2版, 丸善, pp.178, 238, 1994.

b. せん断特性

せん断変形は，互いに平行な辺に沿って逆向きの力を加えることによって生ずるもので，ずり変形ともいう．変形前に直交していた2直線の角度が変化する変形であり，平面で考えると，図4.1.3に示すように一様なせん断変形により長方形は平行四辺形になる．

織物はたて糸・よこ糸方向，編物はコース・ウェール方向を基準にとる．織物においてはたて糸とよこ糸の交差角の変化によって，編物においては編目が

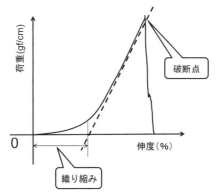

図4.1.2 織物の荷重伸長曲線

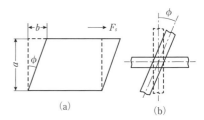

図4.1.3 せん断変形の模式図(a)と織布の交差角の変化(b)（文献2をもとに改変）

傾斜することによって容易に変形する.

せん断歪み γ とせん断応力 τ との関係は次式で表すことができる.

$$\tau = G\cdot\gamma \quad \text{ただし,} \quad \tau = \frac{F}{A}, \quad \gamma = \tan\phi = \frac{b}{a}$$

ここで, F は加えられた力, A は力の加えられた部分の断面積, ϕ はせん断角を示す. 比例係数 G は, せん断剛性率といい, 物体のせん断のしやすさを表す物性値である.

図4.1.4に布のせん断変形測定結果の一例を示す. 図の接線の傾きがせん断剛性を与える. この場合のせん断剛性は, せん断剛性率とは異なり, [単位幅あたりのせん断力／せん断角] で定義される. せん断による変形量を $\tan\phi$ でなく直接角度 ϕ で表す方が理解しやすいからである. また, 変形過程と回復過程の間で, ヒステリシス現象が生じる. ヒステリシスの度合いは一定角度におけるヒステリシス幅で与えられる. これは織物の場合は織糸の角度が変化するとき, 編物の場合は編目が傾斜するときの糸間の摩擦や糸内の繊維間摩擦によると考えられる.

被服材料のせん断特性は一般に伸ばされた状態で加えられることが多く, 例えば座ったときの膝頭の部分の変形や腕の運動時の肩の部分の変形などがその例である. 織物はきわめて強い直交異方性体であり, 糸の配列方向に強いがそれ以外の方向にはわずかの力で変形しやすい. 織物のたて糸とよこ糸との交差角が容易に変角し, せん断変形がしやすいので, 弱い曲げ抵抗性とともに1枚の平面的な薄板で, 容易に立体的な曲面を形成することができる. 例えば腰のふくらみや後肩の丸みなど身体各部の曲面に沿わせることができる. これは織物が被服材料として適性を有する大きな理由になっている. この強い直交異方性は, 布が特殊な配列をもつ糸の集合体であることによって発現される特異なせん断特性に基づくものであり, 不織布や紙と異なる点である. すなわち, 被服の着用時における形態の保持に役立っており, さらにドレープ性, 衣服のシルエットにも関係し, 被服の外観に及ぼす効果も大きい. また, 縫製の際にもせん断特性を利用しており, 平面的な布で曲面をもった立体的な衣服を作ることができる.

せん断角度が大きくなると, 布の斜め方向にひだが入り, せん断じわが発生する. この状態を座屈といい, このときのずれ角をせん断の臨界角と呼ぶ.

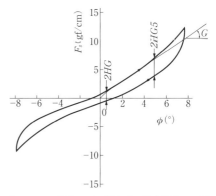

図4.1.4 織物のせん断変形の測定結果の一例
（文献2をもとに改変）

厚みの違いにもよるが, 編物の臨界角は比較的大きく, 織物は編物に比べて臨界角が小さい. 皮革や不織布などはごく小さい臨界角となる. せん断応力-せん断歪み曲線は, この臨界角より小さい場合について求める.

被服材料のせん断特性を捉えるにあたっては, KES[1] を用いて, せん断ずり変形を与える方向と直交方向に一定の力（標準としては10 gf/cm）を与えた状態で一定のせん断ずり速度（標準は0.417 mm/s, せん断歪み速度は0.00834/s）で, せん断角度±8°のせん断ずり変形を与える. その変形特性より得られる F_s （単位幅当たりのせん断力）-ϕ（せん断角）関係より, 特性値として, せん断剛性（単位幅あたりのせん断力／せん断角）G, せん断角0.5°におけるヒステリシス $2HG$, せん断角5°におけるヒステリシス $2HG5$ が与えられる (図4.1.4). $\tan\phi$ で定義されるせん断剛性率 G と $\phi°$ で定義される G との関係は, 次式のとおりである.

$$G(\tan\phi) = 57.30 G(\phi°)$$

せん断特性は被服の外観に関わる立体曲面形成能, 弾性保有量, ドレープ形成能などにも曲げ特性とともに関わり, シームパッカリング, 縫い目スリップの生じやすさにも影響している. また, 布の疲労により, ヒステリシスが増大するという傾向が見られる. これは着用や洗濯によって, 織物の場合は織クリンプが減少し, 糸の断面が扁平化して, 織物中のたて糸とよこ糸との交差部での接触面積と接触圧が増加し, 繊維間摩擦の増加をもたらすためと考えられる.

〔井上真理〕

参考文献

1) 川端季雄:風合い評価の標準化と解析（第2版），日本繊維機械学会，1980.
2) 松生 勝編著:アパレル科学概論，p.71，朝倉書店，2002.

c. 曲げ特性

布の曲げ特性は，衣服の仕立て映え，美しい曲面の作りやすさ，手で触ったときの風合い，衣服着用時にできたしわの回復性やスカートなどのドレープの形状などと関連している．また表地に芯地を接着したときの複合体の曲げ特性は芯地の選択に応用できる．曲げ特性の指標となる物性値は，曲げ剛性（bending rigidity）と曲げヒステリシス（bending hysteresis）である．この物性値を求める種々の測定方法が提案されている．

1) 布の自重によるたわみ曲線から得られる曲げ特性 図4.1.5の(a)は布の一端を固定し，自由端が自重によってたわんだ曲線を示している．Peirceはこの図のモデルより，布を弾性体と仮定し，さらに実験結果よりもとめた補正係数を加えることで曲げ長さ（bending length）c を下記の式で提案した[1]．

$$c = l\left[\frac{\cos(\theta/2)}{8\tan\theta}\right]^{1/3} \quad (1)$$

ここで，l は試験片の長さ，θ は斜面と水平面のなす角度である．Peirceは $c=0.5l$ が成り立つ条件での測定を提案し，そのときの θ は41.5°である．曲げ剛性 B は，曲げ長さ c から次式で求まる．

$$B = wc^3 \quad (2)$$

ここで，w は単位面積あたりの重さ（gf/cm^2，または mN/cm^2）である．θ をラジアン，c, l を cm で表すと，B（mN·cm）が計算できる．布1cm幅あたりの B に換算するには，(2)式でもとまる B を布の幅で割れば，曲げ剛性 B（mN）となる．JIS L 1096:2010[2]で規格されている45°カンチレバー（cantilever）法は，試験片を45°の斜面に対してすべらせ，布の自重によって布の一端の中央点が斜面に接地したときの試験片が移動した長さ（cm）を剛軟度と定義している．同じように片持ち梁の理論に基づいたJISスライド法では，図4.1.5(a)の δ（cm）を読み，剛軟度 B_r（mN·cm）を下記の式で計算する．

$$B_r = \frac{wl^4}{8\delta} \quad (3)$$

この(3)式が成立するのは，たわみ δ が微小な場合であること，剛軟度 B_r（mN·cm）が曲げモーメントで表される場合であることに留意する必要がある．

この二つの方法は，非常に柔らかい試料や編物でカーリングが生じる布では，自由端の接地点を見つけることが難しい．したがって，柔らかい布では図4.1.5(b)のようなハートループ法を用いて長さLを測定する．これらの三つの方法は，いずれも布の曲がっている形状に関係する長さを測定し，弾性体の理論すなわち，変形に対して100%回復する材料を仮定した式を使用して曲げ剛性を計算する．

2) 曲げモーメントと曲率の関係からもとめる曲げ特性 図4.1.6のように布を円弧状に曲げたときの曲率（cm^{-1}）とモーメント（mN·cm）の関係を測定し，得られた曲線（図4.1.7）の傾きから直接曲げ剛性 B を測定するのが，KES-Fシステム[3]の純曲げ方式である．図4.1.7に現れているように曲げていくときの曲線と回復曲線の差，ヒステリシスは，布の特徴である．ヒステリシスには織物，編物を構成する糸間，繊維間の摩擦の影響が大きい．布の曲げ剛性，ヒステリシスは織り，編みの構造や密度，構成する糸の太さによってたて，よこ方向で異なる場合が多い．この方法は布を任意の曲率で曲げたときのモーメントを求めることができるため，布のドレープやシルエットのシミュレーションにも値を応用することができる．　　　　〔鋤柄佐千子〕

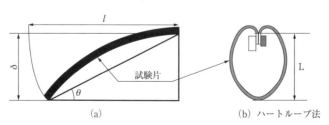

(a)　　　　　　　(b) ハートループ法

図4.1.5　布の自重によるたわみ曲線

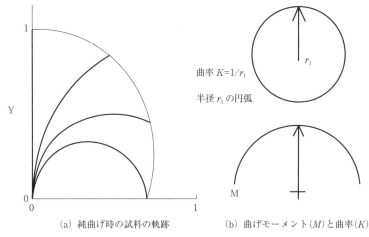

(a) 純曲げ時の試料の軌跡　　(b) 曲げモーメント(M)と曲率(K)

図4.1.6　KESシステムによる曲げモーメントと曲率

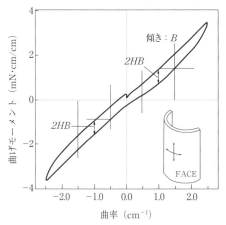

図4.1.7　曲げモーメントと曲率の関係
B：曲げ剛性，$2HB$：曲げヒステリシス

参考文献

1) F. T. Peirce: The 'handle' of cloth as a measurable quantity. *J. Text. Inst.*, 21: T377-T416, 1930.
2) 日本規格協会：JIS L 1096-2010, 41-44.
3) 川端季雄：風合い評価の標準化と解析 第2版, pp.27, 28, 40-42, 日本繊維機械学会, 1980.

d.　引裂き特性

洋服を着用しているときに釘などに引っ掛けてかぎ裂きが起こることがある．これは布に強い力が瞬間的，局所的に加わり，その部分から糸が連鎖的，断続的に切断する現象である．このような布の破断の強さを測定する方法として引裂き試験がある．

布の引裂き試験には，ペンジュラム形とシングルタング形があり，試験布にたて方向あるいはよこ方向に切り込みを入れて試験を行う．引裂き強さは，経糸を横断して引き裂く場合を経糸引裂き強さ，緯糸を横断して引き裂く場合を緯糸引裂き強さと定義される．

織物の場合の引裂き力は1本の糸が引張りとせん断の力を受けて破断する強さであるが，糸密度や経糸と緯糸の交錯度などの織物構造，および，糸間の摩擦などによって糸の動きやすさが異なり，拘束が少なく糸の自由度が大きいほど，1本の糸の切断ではなく複数の糸が同時に切断することになり強さが増していく．すなわち，糸密度が大きく糸の伸度が小さい平織の綿ブロードなどは引裂き力が小さく，交錯度が小さい糸の自由度が大きい斜文織や朱子織の布は引裂き力が大きくなる．また，引き裂くスピードが速いと糸の滑りが起こりにくいため引裂き力は小さくなる．

編物の場合は織物よりも糸の自由度が大きく，引裂きによる切断が起こるまでに非常に大きな伸びが観測される．したがって，着用時にはかぎ裂きや引裂きによる破断よりも糸が引き出されるスナッギングが問題となる．

不織布は非常に多くの種類があるため，一概に引裂き特性を述べることはできないが，伸長特性の場合と同様に一般に引裂き力は織物や編物より小さいものが多い．

1) ペンジュラム形　エレメンドルフ形引裂試験機（図4.1.8）を用いる引裂き試験である．1本の切り込みを入れた布を動的にハンマーの力で引き裂き，すて針が指している目盛りから引裂き強さ（gf）を読み取る．

図 4.1.8　エレメンドルフ形試験

図 4.1.9　シングルタング形試験

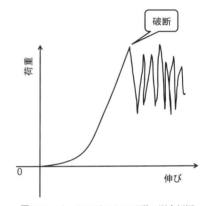

図 4.1.10　シングルタング形の測定例図

2) シングルタング形（インストロン形定速伸長）

切り込みを入れた布をインストロン形引張り試験機で引き裂く．試験条件は布の伸長特性のストリップ法と同様に，一定の引張り速度（100 mm/min など）で測定する．切り込みが 1 本の場合のシングルタング形（図 4.1.9）と切り込みが 2 本の場合のダブルタング形がある．

図 4.1.10 はシングルタング形の測定例である．極大の力で局所的な糸の切断が生じて布の引裂きが始まると，力は一時的に減少するが，次の局所的な引裂きに向かって引裂き力が増大していき，また，極大力で局所的な引裂き破壊（糸の切断）が発生する．これを繰り返して全体の引裂き破壊にいたる．荷重の極大値の 5～10 個の平均値を引裂き力（gf）とする．

〔城島栄一郎〕

参考文献

1) 島崎恒蔵編：衣服材料の科学　第 2 版，建帛社，p.96，2005.

e. 摩擦および摩耗特性

1) 摩擦特性　布地の摩擦特性は，布のドレープ性，形態安定性，手触りや肌触りなどの触感的な特性との関わりが深く，さらには衣服の着心地や機能性とも関連する特性である．

表面摩擦の大きさは摩擦係数によって示される．図 4.1.11 に示すように，2 物体の接触面に働く平行な摩擦力 F は，垂直抗力（接触面に垂直に作用する力）P に比例する．このときの比例定数 μ を摩

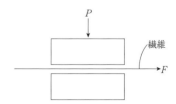

図 4.1.11　摩擦係数（文献 1 をもとに改変）

擦係数と呼び，$\mu = F/P$ で示される．2物体間の圧力 P を一定にすると，移動に対する摩擦抵抗が大きいほど摩擦係数は高くなり，滑りの抵抗が大きい．摩擦には静摩擦と動摩擦があり，静止しているものが動き出すときの静摩擦係数は，動いているときの動摩擦係数より大きい[1]．

摩擦係数には，材質，繊維の太さ，布地表面の凹凸状態や粗さ，水分の有無，さらには荷重や速度などの影響を受け変動しやすい．硬い布に比べ，柔らかい布の方が摩擦は大きい．また，加工（油剤処理など）により，摩擦係数を減少させることも可能である．

摩擦係数および摩擦係数変動の小さい方が滑りやすく，これは着衣の動作拘束性と関連がある．一般に表面の滑らかなフィラメント糸使いの布は，紡績糸使いの布よりも滑りやすい[2]．

羊毛繊維は，表面のスケールが一定方向に並び重なり合っているため，摩擦の方向によって，羊毛繊維のスケールの絡まり状態が異なる．根元から先端に向かって摩擦するよりも，先端から根元に向かって摩擦する方が摩擦係数は極端に大きくなる．これを指向性摩擦効果（directional friction effect：DFE）あるいは摩擦の異方性という．水中でスケールが開き気味になると，この傾向はさらに強まるため，羊毛製品を水中で洗濯すると縮絨（フェルト化）が起こりやすい．この特色を利用して，羊毛フェルトが作られている．

2) 摩耗特性 日常生活の中で繰り返し着用する衣料や寝装品，カーペットなどは，生活行動の中で複雑な摩擦作用やもみ作用を継続的に受けることで，布が次第に性能低下を起こし，やがて使用に耐えなくなる．例えば，ズボンの尻部，内股部，膝部，裾部，上着やセーターの肘部，シーツなどは，長期の使用によりすり切れ，薄くなり，損傷する．洗濯

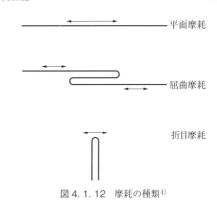

図 4.1.12 摩耗の種類[4]

においても互いにこすれあうために摩耗が起きる．

布が摩擦されると，その表面の摩擦と同時に，繊維や糸は，引張り，圧縮，屈曲，ねじれなどの外力を受け毛羽立ち，次第に毛羽がとれて弱化し，最終的には破断する．衣服着用中の損傷や変形を生じるのは，引張りより摩擦に起因するものが多い．摩擦作用による部位の具体的な性状変化は，厚さの減少，こしの低下や風合いの変化，引張り強さをはじめとする各種の強さ低下，表面光沢の変化，退色などから観察することができる[3]．摩耗強さには，平面摩耗，屈曲摩耗，折目摩耗（ひだ摩耗）などがある（図 4.1.12）[4]．

表 4.1.1 に，ユニバーサル形摩耗試験機を用いた平面摩耗（JIS L 1096 8.19.1 A-1法）の強さ結果の一例を示した．これは，布に一定圧力をかけた条件で，研磨紙（エメリーペーパー）を用い多方向に摩擦を与え，布が破壊するまでの摩擦回数によって評価する方法である[5]．摩耗強さは，繊維素材，布の構造・構成要因が影響しており，糸が太く，布地の厚いもの，織組織が密なものは，耐摩耗性が高く丈夫な傾向がある．表面摩擦係数の小さい平滑な布は耐摩耗性が高く，ツイードや綿ネルのように表面に毛羽がある布は，摩耗の作用が緩和される．同じ

表 4.1.1 織物の平面摩耗強さの一例

布名	材質（%）	組織	厚さ（mm）	回数*
ブロード	綿 100	平織	0.24	21
デニム	綿 100	斜文織（綾織）	0.75	692
綿ネル	綿 100	平織	0.72	111
ボイル	毛 100	平織	0.30	38
ツイード	毛 100	平織	1.53	754
ベンヒット	キュプラ 100	平織	0.10	16
サテン	アセテート 100	朱子織	0.20	58

*：ユニバーサル形摩耗試験機を用い，研磨紙（400番）で布がすりきれるまでの回数

繊維で構成された布の場合は，糸の太さ，撚り，厚さなどの要因が摩耗強さを左右する．　〔矢中睦美〕

参考文献
1) 成瀬信子：改訂版 基礎被服材料学 第2版, p.19, 文化出版局, 2016.
2) 日本家政学会編：新版 家政学事典, p.675, 朝倉書店, 2004.
3) 島崎恒藏：衣服材料の科学, pp.98-100, 建帛社, 2000.
4) 新訂 繊維製品の基礎知識 第1部, p.76, 日本衣料管理協会, 2009.
5) JIS L 1096 8.19 摩耗強さ及び摩擦変色性．A-1法 ユニバーサル形法（平面法）

f．その他の力学的性質

1) 微小変形と回復性　伸長，引裂きや破裂による布の破断強度特性は衣服材料の丈夫さの基本性能として重要であるが，普段の着用時の衣服の動きを考えると小さな変形と回復が繰り返し作用している．そのために，微少な変形特性とその回復挙動が着心地と密接に関係している．小さな変形とその回復には，引張り，圧縮，せん断，曲げによる変形などがあり，総合的な着心地を決定する主要因となる．微小変形挙動を計測して布を評価する装置としてKES測定装置がある．

図4.1.13はKES引張り試験による荷重過程と除重過程の荷重伸長曲線である．完全弾性体の変形は原点を通る直線となるが，4.1.1 a.「伸長特性」項の説明のように伸長の初期は小さい力で変形が進み，その後徐々に抵抗が増えるため下に凸な曲線となる．また，除重過程では繊維間あるいは糸間のすべり摩擦によるエネルギーロスのため荷重時よりもさらに応力が小さくなるというヒステリシス（履歴）現象がみられる．荷重過程の曲線の下側の面積から求められる仕事量WTの弾性変形時の仕事量の比を弾性変形の程度として，引張り剛さ，荷重過程と除重過程の仕事量の比をレジリエンス回復率，柔らかさの尺度を設定荷重時の伸び率として，次の式で求める．

- 引張り剛さ：$LT = WT/\Delta OAC$ の面積
- レジリエンス回復率：$RT = WT'/WT \times 100$（％）
- 設定荷重時の伸び率：$EMT = OC$（％）

圧縮，せん断，曲げなどの場合も同様な考え方で指数を求める．

2) 破裂強度　風船の破裂のように，たてとよこの2次元方向に同時に力が作用するときの布の強さを破裂試験で求めることができる．破裂試験は図4.1.14のミューレン形破裂試験機（JIS L 1096, 1018 A法）による場合が一般的である．破裂試験の原理は，ゴム膜の上に布の円周を固定し，圧力を加えてゴム膜を膨らませて布が破裂したときの圧力を破裂強さ（kPa）として読み取る．また，そのときの切断した糸の方向を観察する．破裂による布の破壊は，経糸と緯糸が均等に伸長されるために切断伸度の小さい糸から切断する．そのために，破裂強さは経糸と緯糸の中で伸度の小さい糸の切断強さと糸密度によって決まる．　〔城島栄一郎〕

図4.1.14　ミューレン形破裂試験機

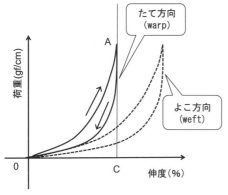

図4.1.13　荷重時と除重時の荷重伸長曲線

4.1.2 生理衛生学的性質

a．吸湿性

気体状態の水，すなわち水蒸気を収着する性質のことである．被服材料の吸湿性は，被服内の温湿度の調節に大きく関係し，被服の着心地に大きな影響

を及ぼす．さらに，被服材料の保温性，帯電性など生理衛生学的性能や伸長特性，摩擦，摩耗特性など力学的性能やしわ特性，形態安定性など外観の性能などにも大きく影響する．被服材料を構成する繊維高分子の化学構造と物理構造の影響を受ける[1,2]．

1) 吸湿性の表し方 被服材料の吸湿性は，一般に，試料の絶乾質量 W_0 と吸湿質量 W とを用いて (1) 式で計算される水分率 (regain) で表されるが，(2) 式で計算される含水率 (moisture content, water content) も用いられる．

$$水分率(\%) = \frac{W - W_0}{W_0} \times 100 \quad (1)$$

$$含水率(\%) = \frac{W - W_0}{W} \times 100 \quad (2)$$

化学工学の分野では，(1) 式で表す水分率を乾量基準含水率，含水率 (water content) といい，(2) 式で表す含水率を湿量基準含水率という．食品や建築材料の分野では (1) 式を含水率と呼んでいる[3]．分野によって定義が異なるので注意が必要である．吸湿は被服材料が置かれた環境の温度，湿度の影響を受けるので，水分率や含水率を測定するときには，恒温恒湿状態にすることが必要である．

2) 化学構造と吸湿性 図 4.1.15 に衣料用繊維を中心とした吸湿等温線（繊維の水分率を相対湿度に対して図示したもの）を示す．吸湿等温線は，温度 t ℃ のときの平衡水分率と相対湿度で表される．化学構造が大きく寄与し，アミノ基 ($-NH_2$)，カルボキシ基 ($-COOH$)，ヒドロキシ基 ($-OH$) など親水基を多数もつ羊毛，絹などのタンパク質繊維（天然ポリアミド繊維）やヒドロキシ基を多数もつ綿，麻，ビスコース（レーヨン）などのセルロース繊維がすべての相対湿度で大きな水分率を示しており，吸湿性が大きいといえる．アセテートはセルロースのヒドロキシ基の一部が疎水性のアセテート基 ($-OCOCH_3$) に置換されているためセルロースに比べ，吸湿性が小さい．合成ポリアミド繊維であるナイロンは分子末端にしかアミノ基やカルボキシ基がないので，天然ポリアミド繊維である羊毛や絹に比べて吸湿性が小さい．親水基が全くないポリエチレンやポリプロピレンは水分率がほとんどゼロである．

図には示していないが，ポリビニルアミン ($-CH_2-CH(NH_2)-)_n$，ポリアクリル酸 ($-CH_2-CH(COOH)-)_n$，ポリアクリル酸ナトリウム ($-CH_2-CH(COONa)-$) など高分子電解質や塩類は天然繊維よりも高い吸湿能をもつ．

3) 物理構造と吸湿性 水分子が吸着する親水基は非晶領域にあるもので，結晶領域を形成している親水基には水分子は結合できない．したがって同じセルロース繊維でも綿，麻，レーヨン，キュプラは結晶状態が異なるので水分率が異なる．ナイロンのように分子末端の親水基が吸湿性に大きく寄与しているものは，結晶状態だけではなく，分子量の影響も受ける．

4) 吸着熱 繊維が吸湿すると熱が発生する．つまり吸湿は発熱反応であるので，温度が低いほうが平衡吸湿量は多い．また，図 4.1.16 に示すように，繊維の種類によっても発熱量は異なり，アミノ基，カルボキシ基，ヒドロキシ基を多量にもつ羊毛が発熱量が大きく，次いでアミノ基，カルボキシ基の量が羊毛より少ない絹，ヒドロキシ基をもつ綿と続き，

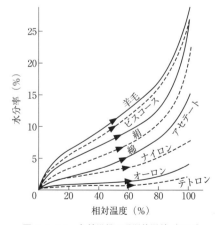

図 4.1.15 各種繊維の吸湿等温線 (25℃)

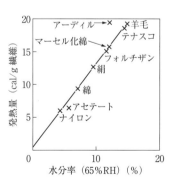

図 4.1.16 乾燥状態から相対湿度 65% にしたときの発熱量 (cal/g) と相対湿度 65% における水分率 (%) との関係

セルロースのヒドロキシ基の一部を疎水性官能基のアセテート基に替えたアセテート，天然ポリアミド繊維（羊毛，絹など）よりもアミノ基，カルボキシ基が圧倒的に少ない合成ポリアミド繊維であるナイロンはさらに発熱量が下がる．水分率の大きな，吸湿性の大きな繊維ほど発熱量が大きいことがわかる．

このことから，ヒトが衣服を着用したときに，衣服内温度が低くなるほど，衣服の平衡吸湿量が増え，それに伴って，吸着熱が増え暖かくなり，逆に，衣服内温度が高くなると，平衡吸湿量は減少し，吸着熱も減少して涼しくなることがわかる．つまり，衣服内気候の調整を衣服がしているわけで，吸湿性の大きな繊維ほどその効果は大きい．この原理を利用している機能性繊維の中に，保温性素材の吸湿発熱素材がある．吸湿発熱素材は，着用時に身体から発散される水蒸気や汗を吸って発熱する保温性素材である．

最近は，ポリアクリレート系繊維を使い，高吸湿放湿をうたった商品や，吸湿性と放湿性を向上させた改質ナイロンと異形断面形状ポリエステルを混用した吸湿・放湿・速乾素材が市販されている[4]．

さらに，アクリレート系繊維を綿などと混用して織編物にした素材が吸湿発熱素材として肌着などで商品化されている．　　　　　　　　　　〔牛腸ヒロミ〕

参考文献
1) 高分子学会編：高分子と水分，幸書房，p.204，1972.
2) 中島利誠：被服材料学，光生館，p.22，1977.
3) 相良泰行：冷凍，79（920）：437-443，2004.
4) 北村和之，井塚淑夫，向山泰司：繊維学会誌，70（12）：788-799，2014.

b．透湿性

1）透湿性の評価　透湿性（moisture permeability）とは，布の両面に水蒸気圧差がある場合に，水蒸気圧の高い方から低い方に水蒸気が拡散透過する性質をいう．人体からは，不感蒸散によって常に水分が放散されている．その量は，約 $24\,\mathrm{g/m^2 \cdot h}$ といわれており[1]，例えば $1.6\,\mathrm{m^2}$ の体表面積をもつヒトの1日量に換算すると，900〜1,000 g にもなる．また，環境温度が上昇したり，ヒトのエネルギー代謝量が増大した場合には発汗する．

これらの水分は，衣服に吸湿あるいは吸水されるとともに，水蒸気として布中を拡散し，外界に放出される．この水蒸気を衣服系の外側に迅速に放出しなければ，蒸れ感や湿潤感が増すばかりでなく，体熱放散が円滑でなくなり体温調節の観点からも問題となる．

透湿性の評価には，一般に透湿度（定常状態で単位時間に布の単位面積を透過する水蒸気量）が用いられる．

$$q = \frac{Q}{At}$$

ここで，q は透湿度（$\mathrm{g/(m^2 h)}$），Q は透湿量（g），A は布の表面積（$\mathrm{m^2}$），t は時間（h）である．さらに，布の透湿性がFickの拡散法則に従うとすると，定常状態における透湿性は，透湿抵抗 R（m）で評価される．

$$R = D(C_1 - C_2)\frac{At}{Q}$$

ここで，C_1 および C_2（$C_1 > C_2$）は，それぞれ水蒸気圧 p_1，p_2（$p_1 > p_2$）に接した面の水蒸気濃度（$\mathrm{g/m^3}$），D は水蒸気拡散係数（$\mathrm{m^2/h}$）である．R は布の透湿抵抗を同じ抵抗の静止空気層に相当する厚さ（m）に置き換えたものである．

また，布の透湿性を次式の透湿係数 P（$\mathrm{m^2/h}$）で評価することもある．

$$P = \frac{QL}{(C_1 - C_2)At}$$

ここで，L は布の厚さ（m）である．P は，水蒸気濃度差が $1\,\mathrm{g/m^3}$ であるとき，厚さ1 m，面積 $1\,\mathrm{m^2}$ の布を1時間に通過する水蒸気量に相当する．

水蒸気が布を透過する過程としては，図4.1.17に示すように，水面からの蒸発過程①，布中の糸間隙や繊維間隙からの拡散過程②と，吸湿性繊維からなる布の場合には，水分が一旦繊維に吸収された後に放湿する過程③がある．

2）透湿性の測定　繊維製品の透湿性の測定

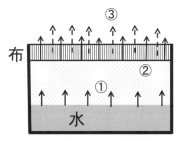

図4.1.17　布からの透湿過程
①は水面からの水蒸気拡散，②は布の気孔からの水蒸気拡散，③は繊維に吸湿後の水蒸気拡散（吸湿性繊維の場合）

表4.1.2 JISにおける透湿性の試験方法（JIS L 1099, 2012 より）

	名称		測定方法
A法	A-1法	塩化カルシウム法	塩化カルシウム（吸湿剤）の入ったカップに試験片を載せ, 40±2℃, 90±5%RHの条件下に置き, 吸湿剤に吸収された量を測定
	A-2法	ウォータ法	水が入ったカップに試験片を載せて, 40±2℃, 50±5%RHの条件下で水が蒸発した量を測定
B法	B-1法	酢酸カリウム法	防水性のある試験片を取り付けたカップを水槽内に設置し, 吸収剤に吸収された量を測定
	B-2法	酢酸カリウム法の別法 I	水槽内で試験片の裏面（水側）にも補助フィルムを用いる. 防水性のない布に適用
	B-3法	酢酸カリウム法の別法 II	水槽内で試験片の裏面（水側）にも補助フィルムを用いる. 防水性のない布に適用. B-2法とは, 環境温が異なる
C法	C法	発汗ホットプレート法	熱板を用い, 熱流束から水蒸気透過抵抗を測定

法として，JIS L 1099では，A法，B法，C法を定めている（表4.1.2）．A法およびB法はカップ法である．A-1法は吸収法であり，A-2法は蒸発法である．B法は水中で最大透湿度を測定する方法である．一方，水蒸気の移動には熱の移動（潜熱移動）を伴う．これを利用したのがC法の熱板法であり，潜熱移動量から水蒸気透過抵抗を測定する方法である．測定法や測定条件によって結果が異なってくるので，これらを明確に記述することが必要である．

A-2法の蒸発カップ法を用いて，恒湿恒温室（20℃, 65%RH）内で測定した各種布地の透湿度 q を図4.1.18に示す．綿繊維からなるギンガム，ネル，デニム，スムースと，ポリエステル繊維からなるフリースの q は15～19 g/(m²h)の範囲にあり，透湿度に及ぼす繊維の吸湿性による相違は小さい．また，夏用ストッキングSCY（シングルカバードヤーン）の q は約20 g/(m²h)，冬用ストッキングDCY（ダブルカバードヤーン）の q は約17 g/(m²h)であり，このような編目の粗いものであっても，先の布地との透湿度の相違は小さい．この理由として，繊維表面の静止空気層（境界層）の影響が考えられる．

図4.1.19は，繊維充填率と透湿抵抗との関係である[2]．繊維の吸湿性は，繊維充填率が30%以上となるような非常に密な布において透湿抵抗に影響するが，通常の衣料（繊維充填率は30%以下）ではほとんど影響が認められない．以上のように，定常状態において通常の織構造や編構造をもつ布では，織目・編目の粗さや繊維の吸湿性が透湿性に及ぼす影響は小さいといえる．

一方，安価なシート状の携帯用レインコートなどでは透湿性がないため衣服の中は即座に高湿となり，結露に至る場合がある．しかしながら今日では，水蒸気（粒子の大きさ0.0004 μm）は布中を通過できるが，霧雨～雨（100～2,000 μm）は通れない程度

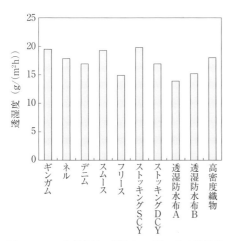

図4.1.18 各種布地の蒸発カップ法による透湿度（環境条件20℃, 65% RH）

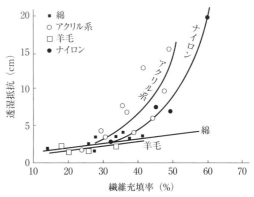

図4.1.19 繊維充填率に伴う透湿抵抗の変化（文献2をもとに改変）

の微多孔をもつポリウレタン樹脂を基布にコーティングした透湿防水素材や，極細繊維を緻密に織りあげた高密度織物などが開発され，冬季の雨の日にも快適に着用でき，体熱放散の視点からも着衣性能が大きく改善されている．これらの布地の透湿度 q は，14～18 g/(m²h) であり（図 4.1.18），一般の衣料布とほぼ変わらない程度にまで性能が向上している．

〔諸岡晴美〕

参考文献
1) 久野　寧：汗の話，光生館，p.40, 1975.
2) L. Fourt et al.: Diffusion of water vapor through textiles. Text. Res. J., 17: 256, 1947.

c. 吸水性

繊維集合体（布）の吸水は繊維間隙における毛管作用によって生じる現象で，衣服の快適性や衛生機能の実現に役立つなど，実用上重要な性質である．布の吸水性の測定は，布面に沿った方向はバイレック法，布面に垂直な方向はラローズ法によりそれぞれ行われてきた．しかし最近，吸水性に関する新しい測定法の開発，評価法の提案および吸水機構の解析が行われている[1-5]．以下に，吸水性に関する基礎事項について概説する．

1) 布面に沿った水分移動　布面に沿った水分移動を測定するため結露センサアレイ法が開発されている[1]．これは，結露センサアレイを構成しておき，この上に密着させた布中の水分の進行を湿度の上昇を利用したスイッチングによりつぎつぎに電気的信号に変換していくという方法である．図4.1.20 にその測定例を示す．時間 t (s) の経過とともに，水面の位置 x (cm) が進行していく様子が捉えられている．横軸を $\sqrt{t}$ でプロットすると，x 対 $\sqrt{t}$ は非常によい精度で直線回帰できるので（図 4.1.21），その傾きを吸水速度定数 K_H (cm/$\sqrt{s}$) とし，布面に沿った吸水性の評価に用いる．ここで，Washburn の法則を次の形に表してみる[6]．

$$x = K_H \sqrt{t} \tag{1}$$

$$K_H = \frac{1}{2}\sqrt{\frac{D_p \sigma \cos \theta_a}{\mu}} \tag{2}$$

ここで，D_p：有効空隙直径，σ：水の表面張力，θ_a：水－繊維間の前進接触角，μ：水の粘性率である（図 4.1.22）．ほとんどすべての試料について，$x \propto \sqrt{t}$ が成り立つので，式 (1) の意味で Washburn 則が成り立っているといえる．また，同じ繊維・糸からなり布構造が異なる布グループの測定により，織密度が大きくなるほど K_H が小さくなるという結果が得られている．これより，式 (2) の意味でも Washburn 則が成立していることが示唆される．このように，布面に沿った水分移動の場合に Washburn 則が成立するのは，布面内における繊維軸の配向の程度が強く，さらに水の進行方向がこれと一致しているためと考えられる．繊維素材の影響としては，含水性の高い木綿・レーヨンなどセルロース系繊維の K_H が大きく，含水性の低いポリエステルの K_H が小さい傾向にある．

2) 布面に垂直な吸水　布面に垂直な吸水の

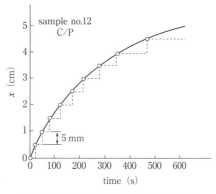

図 4.1.20　結露センサアレイ法の測定例

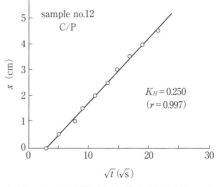

図 4.4.21　水の侵入距離 (x) 対 $\sqrt{t}$ (t：時間 (s)) のプロット

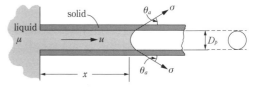

図 4.1.22　Washburn の法則の説明

測定法として，従来からラローズ法が用いられてきた[3]．測定部として多孔性物質に水を浸漬させてメニスカスを形成し，これに試料布面を垂直に接触させて吸水を行わせる．吸水による水分減少は，測定部に連結した連通管における水面の移動を目視により観察する，という方法である．以後ラローズ法の改良が行われたが，布に吸水を生じさせる機構は共通しており，吸水による水分量変化検出の自動化の方法に関して各種の工夫がなされている．Millerら[4]は，測定部に連結された水だめの水分減少量を電子天秤により検出している．勢田[5]は，連通管における水面の移動をレーザマイクロメータにより検出するという方法をとっている．筆者らは，測定部の底部に圧力センサを設置し，吸水による水柱の圧力変化を検出する方法を開発した（圧力センサ法[2]）．ここでは圧力センサ法について述べる．

圧力センサ法の測定例を図4.1.23に示す．縦軸は吸水量 M（g/cm^2），横軸は時間 t（s）である．横軸を $\sqrt{t}$ でプロットしたものを図4.1.24に示す．飽和近傍を除けば，M は $\sqrt{t}$ に関してよい精度で直線近似できる．その傾きを吸水速度定数 k_V（g/cm$^2\sqrt{s}$）とし，飽和吸水量 M_{max}（g/cm^2）とあわせて，布面に垂直な場合の吸水性が評価できる．解析により，布面に垂直な吸水現象が非線形拡散モデルで表せること，および，M 対 $\sqrt{t}$ の初期部分が直線近似できることが導かれている．さらに以上の事実から，布面に垂直な場合の吸水機構として，繊維まわりに形成された水路網における毛細管流れであることが推測されている．

3） 吸水速乾性繊維製品の開発　吸水速乾性の繊維製品の開発に関連する，繊維集合体（布）の吸水性の制御について述べる．布の吸水性とその要因との関係に関する基本的な考え方は Washburn の法則（式(1)，(2)）に示されている．吸水性を支配する制御可能な要因は，接触角 θ_a で表される繊維の界面化学的性質（濡れやすさ），および，有効空隙直径 D_p で表される布空隙構造（繊維集合構造に等価）の二つである．前者の繊維表面における濡れやすさの改善には，親水性物質の表面グラフト重合，界面活性剤や親水性物質の表面付着等の化学的改質，プラズマや紫外線によるエッチングなどの物理的改質などの技術が用いられている．後者の繊維集合構造による吸水性の改善には，繊維，糸，布の各レベルで各種の方法が用いられている．例えば，繊維レベルでは異形断面繊維や中空繊維の利用があり，これは繊維側面あるいは内部に水が流れやすい大きさと形をもつ水路を形成するという考え方に基づいている．異形断面をもつ高吸水性繊維の開発例としては，旭化成 Technofine®，Sheebe® が知られている．

d． はっ水性・防水性

防水性は布の一方の側からもう一方の側に向けて液体の水を通さないこと一般をさしており，はっ水性，耐水性などは防水性を構成する要素機能であると考えられる．このうち，はっ水性は布表面において液状の水をはじくことをいう．一方，耐水性は大量かつ高圧の液状水に対する布の透水抵抗であると考えられる．このように，防水性とはっ水性，耐水性は機能として一体化したものとして考える必要がある．本項では，被服材料の防水性，およびはっ水性について，それぞれの性能を実現する技術および性能評価法などを簡単に紹介する．

1） 防水性　透湿防水性布（ゴアテックス）が開発されて以来，衣服材料において防水性を議論す

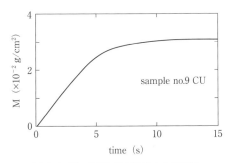

図4.1.23　布面に垂直な吸水の測定例

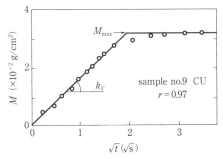

図4.1.24　布面に垂直な吸水　吸水量対 $\sqrt{t}$ のプロット（t：時間（s））

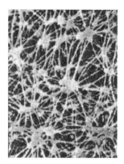

図4.1.25
ゴアテックスの空隙構造
（ゴアテックスジャパン）

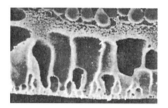

図4.1.26　エントラントの断面構造
（東レ）

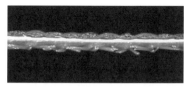

図4.1.27　ゴアテックス布の断面写真
（著者撮影）

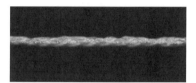

図4.1.28　高密度織物の断面写真
（著者撮影）

る場合，単純な防水性布と透湿防水性布に分けて考える必要が出てきている．日常的な使用における単純な防水性を付与するだけならば，これまでのようにゴム引き布あるいは塩化ビニルシートで十分である．しかし従来型の防水材料は一般に透湿性および通気性に欠けており，衣服内湿度が高くなり"蒸れる"という現象を避けて通ることができなかった．このような従来型の防水材料と比べたとき，透湿防水性布は透湿性が付与されたことにより，衣服材料として次の点で優れている．

①衣服内気候の快適性（低い衣服内湿度）
②寒冷環境下における結露の防止（凍死などの遭難を防ぐことができる）

本項では，透湿防水性布のタイプ，透湿機構および性能評価法について概説する．

透湿防水性布の主要部分は，透湿性を有する微多孔性シート，透湿性無孔フィルム，および，高密度織物，の三つのタイプに分けることができる[7]．

微多孔性シートの代表的なものがゴアテックスである（図4.1.25）．ゴアテックスはポリテトラフルオロエチレン（テフロン）フィルムを延伸加工し，微多孔性シートとしたものであり，水蒸気（直径4×10^{-4} μm）は通すが液滴状の水（直径数百〜数千 μm）に対しては不透過性をもつ．この場合，透湿機構は多孔性部における水蒸気の拡散である．

透湿性無孔フィルムの代表例はエントラント（東レ）である（図4.1.26）．エントラントは親水性ポリウレタンからなるフィルムであり，透湿機構はフィルムに対する水蒸気の溶解および拡散である．微多孔性シートと透湿性無孔フィルムは衣料用布として用いるため，シートを織布，編布で挟んだ多層構造をとる（図4.1.27）．布に対して透湿フィルム層を形成する方法としては，フィルムをラミネートするタイプとコーティングによりフィルム形成を行うタイプの二つに大別される．

高密度織物は，ポリエステル，ナイロンからなる超極細繊維の糸を高密度織物とし，はっ水処理を施したものである（図4.1.28）．極細繊維が密集した構造により微多孔性を有するため，織布単独で水蒸気の拡散が可能であり十分な透湿性・防水性を備えている．

透湿防水性布の透湿性および防水性の評価法がそれぞれJIS規格として定められている．透湿性はJIS 1099「繊維製品の透湿度試験法」のうち「酢酸カリウム法（B-1法またはB-2法）」に従って行われる．B-1法，B-2法はとくに透湿防水性布の透湿性評価のために用意されたものである．一方，防水性はJIS 1092に従って，耐水圧およびはっ水度が評価される．

2）はっ水性　はっ水性は布表面に対する水滴の接触角を大きくすることで（約140°以上），布に対する水の浸入を防ぐという考え方に基づいている（図

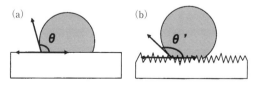

図4.1.29　(a) 平滑な固体表面上での液滴と接触角 θ，
(b) 凸凹構造がある場合の固体表面上での液滴と接触角 θ' [8]

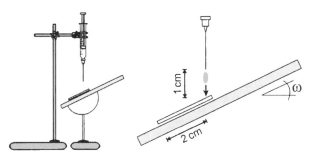

図 4.1.30 水の転落角の測定法と転落角 ω [12]

4.1.29 (a)).繊維製品においてはっ水性を実現するためには,繊維製品用はっ水剤を用いた加工による方法,および,はっ水性高密度織物を用いる方法の二つに大別される.本項では,はっ水剤による加工,繊維集合構造によるはっ水性の付与(超はっ水)およびはっ水性の評価法について概説する.

はっ水剤として用いられる薬剤は次の三つのグループに分けられる.
① 炭化水素系化合物(天然あるいは合成ワックス,油脂など)
② シリコーン系化合物
③ フッ素系化合物(ポリテトラフルオロエチレン(テフロン)など)[8]

このうちフッ素系はっ水剤は,その優れたはっ水性および風合いの良さから繊維加工に広く用いられている.仕上げ処理工程におけるはっ水剤の付与はパッド・ドライ・キュア法によって行われる.製品使用時においてユーザーが使用するはっ水スプレーも市販されている.

布表面における水滴の接触角を大きくするもう一つの考え方として,布表面の微細凹凸構造を利用して高接触角を実現するという方法があり"超はっ水性"素材として注目を集めている(図 4.1.29 (b)).
"超はっ水性"はハスの葉の表面がもつ水滴をはじく作用(ロータス効果)を模擬したもので,バイオミメティクス(生体模倣)技術の一例である.微細凹凸構造を実現するための考え方には,繊維集合構造による方法とナノ粒子による表面加工の二つがある.繊維集合構造による方法はポリエステル極細繊維からなる糸を高密度に製織し,染色加工後にはっ水加工を施す,という方法である[9].製品としてマイクロフト®,レクタス®(帝人)が市販されている.ナノ粒子による表面加工は,フッ素系化合物を含むナノ粒子をウェットプロセスにより布表面に塗布するという方法である[10].構造はっ水性の発現については,微細凹凸構造表面による濡れ性に関する Wenzel の式,および,空気を含む複合表面の濡れ性に関する Cassie の式がその理論的根拠となっている.はっ水性は静置した液滴の接触角よりは,むしろ動的なはっ水性(水滴の動きやすさ,転落角,転落速度)で評価される[11].図 4.1.30 に水の転落角の測定法の模式図および転落角 ω を示す[12].

〔米田守宏〕

参考文献
1) 米田守宏,丹羽雅子:布面に沿った水分移動の測定.繊維学会誌,48 (6):288-298, 1992.
2) 米田守宏,丹羽雅子:圧力センサ法による布面に垂直な吸水の測定とその解析,繊維学会誌,49 (5):243-253, 1993.
3) P. Larose: The water absorption by towels. *American Dyestuff Reporter*, 5: 105-108, 123-124, 1942.
4) B. Miller and I. Tyomkin: Spontaneous transplanar uptake of liquids by fabrics. *Text. Res. J.*, 54 (11): 706-712, 1984.
5) 勢田二郎:布の吸水性評価におけるレーザー走査マイクロメーターの応用.日本家政学会誌,44 (6):499-503, 1993.
6) E. W. Washburn: The dynamics of capillary flow. *Physical Review*, 17 (3): 273-283, 1921.
7) 古田常勝,來嶋由明:透湿・防水素材.繊維学会誌,50 (6):374-376, 1994.
8) 白鳥世明:フッ素化合物ナノ粒子による超撥水・高撥油コーティング.高分子,60 (12):862-864, 2011.
9) 柴田二三男,川崎俊三:撥水性.繊維学会誌,44 (3):94-97, 1988.
10) 竹中憲彦:自然の模倣—セルフクリーニング効果を付与した繊維.高分子,60 (5):319-320, 2011.
11) 森田正道,山本育男:フルオロアクリレートホモポリマーの動的撥液性.高分子,60 (12):870-871, 2011.
12) J. Zimmermann, S. Seeger, and F. A. Reifler: Water shedding angle: A new technique to evaluate the

water-repellant properties of super hydrophobic surfaces. *Text. Res. J.,* 79 (17): 1565-1570, 2009.

e. 通 気 性

被服最内層と人体の間に作られる環境を，被服内気候（clothing climate）と呼ぶ．室内環境を快適に保つように，人体の最も身近な環境であるこの被服内気候を快適に保つことが重要である．暑熱環境では，温熱性発汗（thermal sweating）に伴う水蒸気や新陳代謝産物が人体と被服の間に留まり，被服内気候は高温多湿となりやすい．この環境の快適性を確保するためには，被服内空気の換気が適正であることが求められる．この換気に影響する因子として，被服に使われている生地の通気性（air permeability），被服の開口部のデザイン，身体の動きに伴う空気の流れなどがある．暑熱環境下では，通気性の高い被服を選択し，身体で産生された熱を適正に体外に運び出す機能が被服に求められる．生地の通気性は，織物の織り目や編物の編み目を通して行われる．織り目や編み目が大きいほど，また織り目や編み目が多いほど通気性は良くなる．図 4.1.31 に秋冬用スーツ生地と夏用スーツ生地を示した．秋冬用スーツ生地は，織り目が閉ざされているため通気性が低い．夏用スーツ生地は，織り目が多数開口されており通気性が高い．

同じ糸密度であっても，織り糸の撚り数を高めたり，毛羽（fluff）を少なくしたりすることによって，通気性を向上させることができる．糸に強い撚りをかけ，毛羽焼きを行い，ウールの吸湿・透湿性などの風合いを保ちつつ，通気性を向上させた織物をサマーウールという．組織または糸使いを工夫することによって，通気性を向上させることもできる．図 4.1.32 に模紗織および校倉織の布帛を示した．模紗織の布帛は，多数の気孔を有するために通気性を向上させることができる．校倉織の布帛は，緯糸の混率や番手を変えることによって布帛に微妙な立体構造，すなわち校倉造り構造をもたせた布帛であり，通気性が良いのが特徴である．

被服内の暖かい空気は，被服上部に移動する．被服内空気の排気口として，襟部を開けると被服内に留まった水蒸気や老廃物を被服外に排出することができる．袖や裾を開けると，換気のための吸気口が得られるため，被服内空間の換気が盛んに起きるようになる．この効果を煙突効果（chimney effect）という．図 4.1.33 にイヌイット服とアロハシャツの煙突効果の様子を示した．

靴の換気は，歩行に伴うふいご効果（bellows effect）によって行われる．しかし，靴爪先は，足爪先とのフィット性が高いため，ふいご効果による換気はほとんど行われない．そのため靴爪先は，高温多湿になりやすい．換気口を設けた靴や，吸気口と排気口を設け空気の流れをよくした中敷きなどが開発されている．図 4.1.34 に換気口の有無による靴の換気回数の比較を示した．換気口がある靴は，ふいご効果によって歩行時の換気回数が有意に高値を示した．

寒冷環境においても，不感蒸散に伴う水蒸気や新陳代謝産物が人体と被服の間に留まり，被服内気候は多湿となりやすい．被服内空間に滞留した水蒸気

秋冬用スーツ生地　　　　夏用スーツ生地

図 4.1.31　秋冬用スーツ生地と夏用スーツ生地

模紗織りの布帛

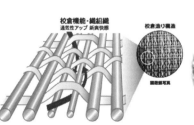

校倉造りの布帛（シキボウ HP より引用）

【レギュラー】

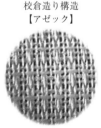
校倉造り構造
【アゼック】

図 4.1.32　模紗織りおよび校倉造りの布帛

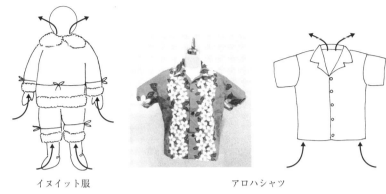

イヌイット服　　　　　アロハシャツ

図4.1.33　イヌイット服とアロハシャツの煙突効果

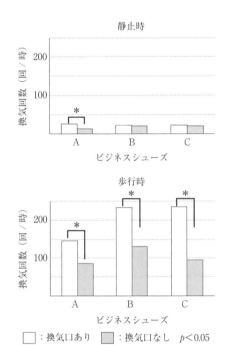

図4.1.34　換気口の有無による静止時および歩行時の換気回数比較

を被服外へ排出するためには，4.1.2 b項で述べた適正な透湿性を被服が具備していることが求められる．一方，寒冷環境においては，暑熱環境と異なり，通気性が低く身体で産生された熱が必要以上に体外に運び出されることを防ぐ機能を備えていることが求められる．ウィンドブレーカーは，中衣の織り目や編み目の通気性を抑制するための重ね着として用いられる．マフラーは，被服の開口部を覆い換気を抑制する着装上の工夫である．　　〔**成瀬正春**〕

f．保温性（heat retention property）

　保温性とは文字通り熱源体の温かさを保つ素材の性質である．伝熱には伝導・対流・放射の3種のモードがあり，それに貯熱が加わる．保温の基本はこの伝熱の3種のモードによる放熱を抑制することにある．それに加えて，貯熱による加温，すなわち，繊維材料の場合には吸湿発熱，太陽光の蓄熱などが関与する．

　1）JISによる保温性評価　　布の保温性の評価法はJIS L 1096に規定されている．これは，熱源体が裸体のときの放熱を基準として被覆したときの放熱を相対的に評価するものである．この評価法には，恒温法と冷却法の2種類がある．

　恒温法は熱源体を一定温度に保つために必要とする供給熱量の違いで評価する．この方法はASTMの試験法と同様である．

　冷却法はさらに2種類に分けられる．一つは一定時間経過後の温度降下で評価する方法であり，もう一つは一定の温度降下に要する時間の違いで評価する方法である．

　これらの恒温法と冷却法には一長一短がある．恒温法では熱源体を一定に保つための温度制御装置と熱量計測を有する試験機を必要とし，さらに冷却法よりも多くの測定時間を要する欠点があるが，放熱量で保温性を評価するので物理的意味が明白である．一方冷却法では，例えば素材試料を巻き付けた湯の入ったジュース缶の温度変化を測定するように，特別の試験機がなくても測定できるという利点を有するとともに測定時間が恒温法に比してきわめて短いという利点がある．このような非定常の冷却法では評価に温度降下や時間変化を用いているので

物理的意味が曖昧であろう．

なお，一定時間経過後の温度降下による評価は恒温法と一致するが，一定時間経過後の温度降下による評価では測定時間によって保温率が変わるなどの違いがある[1]．

2) 熱抵抗による保温性評価　いま，厚さ d_f，熱伝導率 λ_f の布で熱源体が覆われ，その表面から熱伝達率 h で放熱されている場合の1次元の定常伝熱を仮定する．

ここで，総括熱伝達率（熱通過率）を裸状時では H_n，被覆時では H_f とすると，次式のようになる．

$$裸状時：H_n = h \quad (1)$$

$$被覆時：H_f = \frac{1}{d_f/\lambda_f + 1/h} \quad (2)$$

ここで，表面熱伝達率 h には対流熱伝達に加えて放射熱伝達も含む．式(2)で $R_f \equiv d_f/\lambda_f$ とおけば，R_f は熱源体を被覆する部分の熱抵抗である．一般に R_f は必ずしも同一材料のものでなくてもよく，空気層や各種素材の組み合わせであってもよい．

図 4.1.35 において，裸状からの表面熱伝達率 h が被覆時のそれに等しいとすると，裸状時の放熱量は $H_n(\theta_1-\theta_0)$，被覆時の放熱量は $H_f(\theta_1-\theta_0)$ であるから，JIS の恒温法による保温率である式(3)を適用すると式(4)となる．なお，θ_1 は熱源体温度，θ_0 は環境温度である．

$$保温率 = \left(1 - \frac{被覆時の放熱量}{裸状時の放熱量}\right) \times 100(\%) \quad (3)$$

$$= \left(\frac{1}{1 + 1/hR_f}\right) \times 100(\%) \quad (4)$$

式(4)から明らかなように，保温率は表面熱伝達率 h と熱抵抗 R_f の積で評価される．h が一定であれば被覆材料の保温性は定量的に評価されるが，h は必ずしも一定ではない．熱伝達率値が変われば保温率は変わってしまう．例えば，被覆条件が同じであっても，風が強くなれば熱伝達率は増大するから保温率は大きくなる．したがって，保温率は保温性を定量的に評価するものではない．なお，被覆材料のみによる保温性は熱抵抗 R_f で定量的に評価できることに留意する必要があろう．

3) 貯熱による保温性　保温性に関する因子として，冒頭に述べた通り繊維材料の吸湿発熱や太陽光吸収による蓄熱がある．吸湿発熱は繊維によって異なるが，空気中を自由に飛び回っていた水蒸気が衣服を構成する繊維にトラップされて動きが拘束されることで運動エネルギーが熱エネルギーに変換されたと考えればわかりやすかろう．

また，セラミックスの中には，太陽光の波長領域の熱放射率が高いが遠赤外線領域の熱放射率が小さい素材がある．そのようなセラミックスを利用した素材は太陽光を有効に吸収することで蓄熱し，素材温度を上げる．

このように貯熱による加温効果も保温にとって重要であるが，それらの評価法は確立されていない．これは課題の一つであろう．

4) 着衣の熱抵抗　着衣を対象とした熱抵抗，クロー単位（clo unit）が Gagge により提案されている[2]．クロー単位は，21℃，50%RH で気流が 10 ft/min 以下の環境下において，安静にしている成人が快適に感じるときの着衣の熱抵抗を基準に定めたもので，この場合を 1 clo という．換算式は，1 clo = 0.155 m²K/W である．

〔鎌田佳伸〕

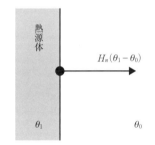

(a) 裸状時の伝熱モデル

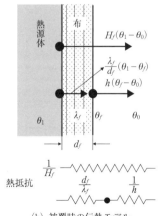

(b) 被覆時の伝熱モデル

図 4.1.35　1次元熱移動モデル

参考文献

1) 山下智恵子, 鎌田佳伸：人間熱環境系における被服機能に関する教材の開発―第1報 布の保温性の新しい評価法の提案. 日本家庭科教育学会誌, 38：55-61, 1995.
2) Pharo Gagge, A., Burton, A. C. and Bazett, H. C.: A practical system of units for the description of the heat exchange of man with his environment. *Science*, 94: 429, 1941.

g. その他の生理衛生学的性質

その他, 被服材料が具備すべき生理衛生学的性質として, 健康・安全性がある. 初めに, 被服着用による皮膚炎（contact dermatitis）の事例を, 被服の物理的刺激によるもの, 被服の化学的刺激によるもの, 被服の静電気刺激によるもの, および被服の生理的刺激によるものに分けて述べる. 次に, 健康・安全性を配慮した被服材料を紹介する.

被服の物理的刺激による刺激性皮膚炎（irritant contact dermatitis）の事例で最も多いのは, 羊毛によるチクチク感である. 羊毛は, 直径 30 μm 以上の繊維を3.5%以上, 直径 40 μm 以上の繊維を0.6%以上含むとチクチク感が生じやすいといわれている. 羊毛セーターのチクチク感を少なくするためには, 材料の繊度（fineness）に関する品質管理が重要である. 他に, ポリエステルの強撚糸による物理的刺激により, 頸, 上肢, 大腿に瘙痒, 発疹が生じたとの事例がある. 対策としては, 硬い強撚糸が直接皮膚に触れないように裏地を付けるなどである. また, ポリエステルの硬いフィラメント束がキュロットスカート裏面に使用されていたため, 大腿内側に紅斑, 発疹が生じた事例がある. 被服材料としては, モノフィラメントではなくマルチフィラメントを使用することが求められる. また, ポリエステル繊維は, 曲げ硬くなるほど皮膚刺激性が強くなるといわれている.

被服の化学的刺激による皮膚炎の事例として, ホルマリン樹脂により防縮・防しわ加工されたワイシャツの事例がある. 汗によりホルマリン樹脂が加水分解し, ホルムアルデヒドが溶出し, そのホルムアルデヒドにより, 発疹および紅斑が出現した典型的なアレルギー性接触皮膚炎（allergic contact dermatitis）である. アレルギー性接触皮膚炎には, 抗原に接触して直ちに発症する即時型（Ⅰ型）と, 抗原に接触後1～3日後に発症する遅延型（Ⅳ型）の2種のタイプがある. 衣服から溶出するホルムアルデヒドによるアレルギー性接触皮膚炎は, 遅延型である. 発症機序は, 衣服中のホルムアルデヒドが汗などにより溶出し皮膚に付着すると, 皮膚タンパク質が変性する. 変性したタンパク質（抗原）を免疫システムが非自己と認識する. すると, マクロファージがその抗原をとり込み, Tリンパ球を刺激する. 刺激されたTリンパ球は, リンフォカインを分泌し炎症をひきおこす. 対策としては, ワイシャツ中のホルムアルデヒドを除去するために, 新品であっても着用前に洗濯するなどの対策が考えられる. 他に, 綿ネル寝間着に残留していたナフトールASによる接触皮膚炎がある. ナフトールASは水に溶けにくいため, 染色後の水洗によっても完全には除去されずに寝間着中に残留したためであった. この事例では, 寝間着と皮膚がこすれあうことによって, 残留していたナフトールASが感作を成立させたと考えられる.

他に, 下着着用によって, 胸部に色素沈着および接触皮膚炎が出現したとの事例がある. 色素沈着型接触皮膚炎であり, ニッケルおよびpara-phenylenediamineに対してパッチテスト陽性であったと報告されている. いかなる化学物質に自分が感作されているかなど, 普段から自分の体質をよく知り, その化学物質を含む被服の着用を避けるなどの予防対策を事前に立てることも重要である. 毎日使っている洗濯用の洗剤も, 皮膚炎の原因となることがある. 特に濯ぎ不足は, 皮膚炎の原因となりやすい. 故に, 洗剤に表示されている濯ぎの回数を遵守するなど, 使用方法についての消費者教育も重要である. 人体に影響を及ぼす特定芳香族アミンを生成する可能性のあるアゾ染料の規制が2016年4月より施行された.

被服の静電気刺激による皮膚炎の症状は, 肌がチカチカすることである. 静電気によって細かい火花が飛ぶと, 皮膚の角質層を傷つける. この傷が被服による皮膚炎を助長する場合がある. 材料別摩擦帯電列を図4.1.36に示した. 静電気を発生させないための予防対策としては, 重ね着をする場合は摩擦帯電列の近接した材料の被服を組み合わせて着用するなどの着装上の工夫が挙げられる. また, 発生してしまった静電気を留めないで上手に逃がす方法として, 導電性繊維を混紡した糸で織られた被服を着用するなどの方法がある.

(+)										(−)
羊毛	ナイロン	絹	レーヨン	綿	麻	アセテート	ビニロン	ポリエステル	アクリル	塩化ビニル

図 4.1.36 摩擦帯電列

被服の生理的刺激による皮膚炎の事例として，カッターシャツの織り糸密度（density）が高すぎたために通気性が不良となり，頸および両腕に発疹が発生したとの報告がある．このカッターシャツの材質は，ポリエステルと綿の混紡であり，材料の特徴は，織り糸密度が高く通気性は 11 cm³/cm²·s と低値であった．そのため着用者の被服内気候は，高温多湿状態であったことが容易に推察される．対策は，適正な被服内気候を確保できる材料で作られた被服を選ぶことである．皮膚炎の予防のためには，被服内温度が 32±1℃，被服内湿度が 50±10% の被服内気候が保たれることが望まれる．ファッション性の高い被服といえども，適正な通気性，吸汗性，吸湿性，透湿性を具備していることが求められる．

アトピー性皮膚炎患者は皮膚が乾燥しているため，外的刺激に対する抵抗閾値が低い．アトピー性患者の湿疹症状は，ウール，ナイロン，ゴム，金属などの刺激によって悪化する．近年，アトピー体質の人にとって，肌にやさしい次のような被服が開発されている．原綿に含まれるワックス成分や不純物を除去し，保湿性と静菌性をもつ天然保湿成分（natural moisturizing factor）を加えたものがある．キチン・キトサンとセルロースの複合繊維により，雑菌の増殖を抑える抗菌防臭性と高い保湿性および良好なソフト性をもたせたものもある．緑茶から抽出されるカテキンの抗菌性や抗アレルギー性機能に注目した機能性繊維などもある．

被服による重篤な皮膚炎は減少した．しかし，軽度ではあるが，今なお，多くの者が被服による皮膚炎に悩まされている．汗や皮脂を効果的に吸収する機能が付与された被服や，アトピー症状を悪化させない機能が付与された被服，皮膚の健康を増進する機能が付与された被服が開発されている．生理衛生学的性質の一つとして，健康・安全性に配慮された被服材料への関心が高まっている．　　　〔成瀬正春〕

4.1.3 外観的性質

a. 表面特性

1) テキスタイル表面の形状　織物，編物の表面は，織り方や編み方，密度，布を構成する糸の太さ，撚り数と方向，糸から発する毛羽，さらに微細にみると繊維の断面形状などが複雑に関与して構成されている．したがって，これらの要素の組み合わせで，比較的平滑な朱子織物や凹凸の強いクレープ織物，タオルのように表面がパイル状の布などさまざまな意匠性を作りだすことが可能である．この表面特性の違いは，手で触ったときの風合いはもちろん，見たときの見え方，さらにテキスタイルから受ける色や光沢などの印象などに影響を与える．表面形状の測定は，顕微鏡写真や表面粗さ試験機から布の特徴を抽出できる．図 4.1.37 は，KES-FB 表面粗さ試験機[1)]を用いて測定した，布の表面粗さのトレースである．No.1 の平織では規則正しい凹凸がみられ，この布を加工したちりめん布では，畝による凹凸がトレースに現れている．右のグラフの平均偏差を移動距離で割った値（SMD）は粗さの指標となる．このような凹凸は，布を見る角度によって，表面に部分的な影をつくるため色の見え方が変化する．

2) 色や光沢と表面形状　テキスタイルの光学的性質（optical properties）は，布に入射した光の屈折（refraction），反射（reflection），散乱（scattering），吸収（absorption），干渉（interference），回折（diffraction）などのさまざまな現象と関係が深い．図 4.1.38 は光源から物質の表面に光が入射（入射角：θ_i）したときの，表面からの光の反射を表している．比較的平滑な布や繊維表面では，正反射光（specular reflection）（受光角：$\theta_v = \theta_i$）が最も強くなる．正反射は鏡の面での光の反射であり，繊維製品では一般に拡散（diffuse reflection）が存在する．正反射光の方向から布を見ると光源色が見え，物体の色が見えるのは，拡散光を見ている方向である．したがって，繊維製品の色の評価では，目視に近い測色は正反射光を除去した方法を，表面状態に関係なく素材そのものの色の評価には正反射光を含んだ状態で測色を行う．

光沢は，一般に正反射を規定して，正反射の程度を表す量（反射率）を測定し，標準面を基準として鏡面光沢度[2)]（degree of specular gloss）として表

No.1 平織布
105.83 g/m²

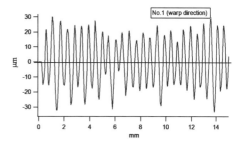

No.2 ちりめん
142.445 g/m²

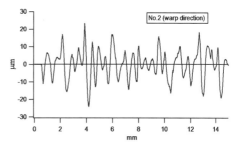

図 4.1.37 綿織物の表面形状
No.1, No.2 ともに同一の糸（たて糸：20 Ne, よこ糸：40 Ne, 綿番手）から構成

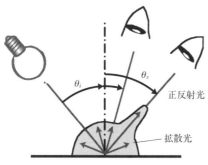

図 4.1.38 正反射と拡散反射
θ_i：入射角，θ_v：受光角

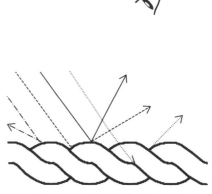

図 4.1.39 表面の凹凸と光の反射

している．したがって，正反射光が多ければ鏡面光沢度は高くなる．例えば，同一の糸，組織からできた布で鏡面光沢度を比較すれば，糸密度を高くし表面が平滑になれば鏡面光沢度は高くなる．しかし繊維製品の視感評価で重要となる"光沢感"の指標には光沢度は充分な情報を与えているとはいえない．それは，図 4.1.39 に示すように，光は糸や布の凹凸によって微細な光の反射をしているからである．そこで光沢感，明るさ，ふっくら感，ソフトさなどの視感に関わる情報を含む光学的性質の評価には図 4.1.38 に示した入射角，受光角の組み合わせを考慮した変角測色計や，さらに角度ごとに分光分布の測定を行う変角分光測色システムが用いられている．

そして，織組織の異なる織物表面の輝度分布[3]測定や，布を水平面に回転させて明度（L*）の変化を測定し[4]明暗の変化を捉えるなど，人間が布の特徴を評価するのに近い情報の収集が検討されている．

〔鋤柄佐千子〕

参考文献
1) 川端季雄：風合い評価の標準化と解析 第2版, pp.28-31, 日本繊維機械学会, 1980.
2) JIS Z 8741-1997 鏡面光沢度―測定方法, JIS L 0208-1992 繊維用語―試験部門, JIS Z 8120-2001 光学用語.
3) H. Kanai, H. Kimura, M. Morishima, U. Shouji, T.

Nishimatsu, K. Shibata and T. Yamamoto: *Text. Res. J.* 82: 1982-1995, 2012.
4) M. Endo, S. Kitaguchi, H. Morita, T, Sato and S. Sukigara: *Journal of Textile Engineering*, 59: 75-81, 2013.

b. しわ特性

1) しわとシボ, 折り目　しわは一般にひらがなで表記される布地上の凹凸であるが, 常用漢字表にない「皺」または「皴」は, まさにしわの雰囲気を伝えている. 英語では布や衣服のしわを wrinkles や creases と呼び, 薄地に生じるような細かく数の多いしわを wrinkles, 厚めの生地に生じる大きめで数の少ないしわを creases として区別している. 一般にしわが衣類に生じると美観を損ねるので, しわの生じにくい布は衣類の価値を高める. また, これとは逆に, 強撚糸を使用して織られる縮緬やクレープのようにシボと呼ばれる凹凸を生じさせて独特の風合いをもたせたものは emboss, スカートの襞やズボンの折り目のような規則的なしわは folds, pleats と呼ばれている. なお, 縫い目に生じるしわはパッカリング (puckering) である.

2) しわのつきやすさ　被服は着用や洗濯時に伸張や屈曲などの変形を受けるが, その変形が固定されるとしわが生じる. しわのつきやすさは, 主に繊維の種類・性質によって決まるが, 糸の構造や布の構造によっても変化する. 布を構成する糸や繊維が外力を受けて屈曲変形するとき, 屈曲の内側は圧縮され, 外側は引っ張られる. また, 曲率半径が小さいほど大きい圧縮・引張り力を受ける. したがって繊維の伸長弾性回復率が高い繊維 (ナイロン, 羊毛など) はしわがつきにくく, 反対に伸長弾性回復率が低い綿, 麻, レーヨンは, しわがつきやすい繊維である. 中でもレーヨンは最もしわになりやすい. これは原料が綿, 麻, と同様に植物セルロースであるものの, 薬品による溶解と再生を経て重合度, 結晶化度が低下していることに起因している. 図4.1.40[1] は標準状態での各種繊維の伸長弾性回復率を角型図式表示法で表したもので, 各伸度に対応する瞬間回復, おくれ回復, 永久変形の大きさを把握するのに便利である. なお, セルロース系繊維はその単位構造内に-OH (ヒドロキシ基) をもつために親水性が高く, 濡れると弾性率が低下することから洗濯によるしわは避け難い. このため, 形態安定加工や樹脂加工, 合成繊維との混紡などの加工 (2.2.3.b.4 項参照) が工夫されている.

布の構造としては, 一般的に編織密度が小さくて糸の自由度が高いものの方が, 変形時に糸どうし, 繊維どうしがずれやすく, しわがつきにくい. 編布が織布に比べてしわがつきにくいのも, 組織がゆるやかなためであり, 織布よりも布表面の凹凸が大き

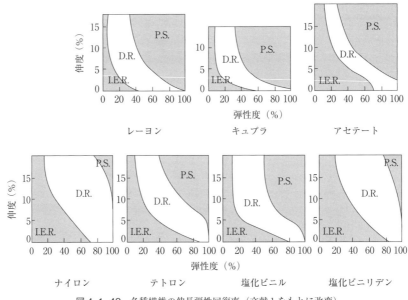

図4.1.40　各種繊維の伸長弾性回復率 (文献1をもとに改変)
I.E.R.：瞬間弾性回復, D.R.：遅れ弾性回復, P.S.：永久歪み

くしわが目立ちにくいことにもよる．織糸の自由度が糊付けなどで損なわれ，動きが固定されて布が硬くなりすぎるとしわが生じやすくなる．柔らかい糊の場合は生じにくい場合もあるが，CMC で硬く糊付けすると，厚くてもろい糊膜ができる．PVA では鹸化度の低いものの方が柔軟性が高くしわになりにくいという報告がある[2]．同一素材の紡績糸で比較すると，布を構成する糸は太く，撚りが適度に強いほうがしわがつきにくく，撚りが極度に少ない糸や多い糸はしわになりやすい．三原組織では平織，斜文織，朱子織の順にしわがつきにくくなる．実例として，細番手の撚りが甘い糸使いで糊付けされた麻平織布は最も着用によるしわ（着じわ）が生じやすい．しわのつきやすさには異方性があることも知られている[3,4]．

3) 手入れと保管時の注意　上述のように，セルロース系の織布では洗濯時に生じるしわが深刻であるが，これは洗濯中の衣類の絡まりによってねじれや引張り変形を受けることが要因であるため，洗濯機洗濯の場合はネットの使用，水流や脱水を弱設定にする，などの工夫でしわを軽減できる．長期の保管時には折りじわや，たたみじわが生じないように，過度の圧縮は避けたい．

4) しわの評価方法　しわの生じにくさ（防しわ性, wrinkle resistance）やしわ回復性（wrinkle, crease recovery）の評価は一般に加圧によるしわ付けと除重後の状態観察や測定によって行われる．状態観察法では AATCC（American Association of Textile Chemists and Colorists）試験法 128 に準拠したレプリカ写真による判定が，多方向に分布したしわの判定法としてよく用いられており，JIS L 1059-2：2009「繊維製品の防しわ性試験方法—第2部：しわ付け後の外観評価（リンクル法）」はこれに準拠している．一方，荷重除去後の規定時間に，折り目を挟んだ試験片の両側が作る角度（しわ回復角, crease recovery angle）は「繊維製品の防しわ性試験方法—第1部：水平折り畳みじわの回復性の測定（モンサント法）」として JIS L 1059-1：2009 に規定されている．これと同時に国際標準化機構（ISO）との整合性が検討され，従来の JIS L 1059-1：1998 の A 法（針金法）は使用頻度が少ないため規定外となり，簡便法として附属書 JA に記載されている．

〔澤渡千枝〕

参考文献
1) 田中道一編：被服材料学実験，産業図書，p.64, 1977.
2) 中垣正幸，島崎斐了：家政学雑誌，7 (1)：2-3, 1956.
3) R. Steele: *Textile Res. J.*, 26: 739-744, 1956.
4) 篠原　昭，呉　祐吉：繊維機械学会誌，14：507-512, 1961.

c．ドレープ性

布のドレープ性（drapability）は，布が自重で垂れ下がる美しさと，着用したときに醸し出すシルエットを決定する重要な特性である．ドレープ性を客観的に評価する方法として，ドレープ係数やノード数，ドレープ形状係数などから評価するドレープ係数法，ドレープ係数を布の力学特性から求める方法，布の力学特性に基づくシルエット判別法などがある．

1) ドレープ係数法　円形の試験片を水平円盤支持台に設置したときに生じる，静止した布周囲の3次元的な垂下状態から評価する方法で，F. R. L.（Fabric Research Laboratories）法と呼ばれる．日本工業規格 JIS L 1096[1] では，試験片は直径 254 mm の円形とし，5枚採取する．これを所定の支持円盤（直径 127 mm）に固定し，試料台を3回上下に振動させた後，1分間放置して上方から平行光線を照射してドレープの形状の陰影を投影する（図 4.1.41）．

測定は試験片の表裏について行う．ドレープ係数は，支持円盤に設置してドレープを形成した陰影の面積と形成前の面積比から得られ，次の式で与えられる．

$$D_f = \frac{A_d - S_1}{S_2 - S_1} \quad (1)$$

ここで，D_f：ドレープ係数，A_d：水平面に投影さ

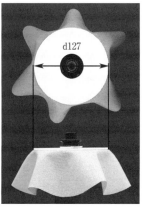

図 4.1.41　ドレープテスタに固定した試験片例

表4.1.3 Z_1, Z_2値への変換値[4]

i	parameter	characteristic value（特性値）	unit	m_i	σ_i	C_{1i}	C_{2i}
1	LT	linearity of tensile curve（引張りの線形性）	none	0.7541	0.0916	0.514	−0.339
2	$\log EM$	tensile strain at max. load（引張り歪みの最大値）	%	0.3444	0.2858	0.466	0.212
3	$\log B$	bending rigidity（曲げ剛性）	gf·cm²/cm	−1.1779	0.4518	1.956	0.968
4	$\log 2HB$	hysteresis at K=1 cm^{-1}（ヒステリシス幅）	gf·cm/cm	−1.4853	0.5368	0.193	−1.006
5	$\log G$	shear stiffness（せん断剛性）	gf/cm·degree	−0.3417	0.2447	0.571	0.687
6	$\log 2HG$	hysteresis at ϕ=0.5°（せん断角0.5°におけるヒステリシス幅）	gf/cm	−0.2679	0.4058	−0.340	1.940
7	$\log 2HG5$	hysteresis at ϕ=5°（せん断角5°におけるヒステリシス幅）	gf/cm	0.0327	0.3993	0.626	−2.696
8	$\log W$	weight per unit area（単位面積当たりの重量）	mg/cm²	1.1824	0.2311	−1.055	0.996

れた支持台の面積を含む面積（mm²），S_1：支持台の面積（mm²），S_2：試料の面積（mm²）である．なお，発現したドレープ性の評価をするために，2次元投影画像から得られるドレープ形状パラメーターとして，ノード数，ノードの位置，波状曲線の振幅，波の長さ，最大振幅，最小振幅，平均振幅，分散などが使用され，これらから3次元ドレープモデル画像も得られる[2]．ドレープ係数は，重く，曲げやせん断特性値が小さく柔らかい布では小さく，ドレープしやすい．一方，軽く，曲げやせん断特性値が大きく硬い布では大きく，ドレープしにくい．

2）ドレープ係数を布の力学特性から求める方法 布のドレープ係数を，布の曲げ，せん断特性値の組み合わせの力学量パラメーターから求める方法は，KES-Fシステムの標準計測条件下による計測値を使用して，次式で与えられる[3]．

$$D_j = -21.31 + 25.85\sqrt[3]{\frac{B}{W}} + 9.477\sqrt{\frac{2HB}{W}}$$
$$+ 0.5341\sqrt[3]{\frac{G}{W}} + 0.8598\sqrt{\frac{2HG}{W}} \quad (2)$$

ここで，D_j：ドレープ係数（%），B：曲げ剛性（gf·cm²/cm），$2HB$：曲げヒステリシス幅（gf·cm/cm），W：布の平面重（g/cm²），G：せん断剛性（gf/cm·deg），$\overline{2HG}$：せん断ヒステリシス幅（gf/cm）．織物の場合，せん断角ϕ=0.5°と5°におけるせん断ヒステリシス幅の平均値を用いる．以上の各力学量は，たて糸方向，よこ糸方向の特性値の平均値を適用する．ドレープ係数は布の基本風合いである"HARI"や"SHINAYAKASA"と強い相関をもつ．この算出式はJIS法で得られるドレープ係数から，多種の婦人服地を使用して導かれている．

3）シルエット判別法 婦人服地のシルエットは，美しいドレープシルエットを強調するドレープタイプ，反ドレープシルエットのハリタイプ，婦人の体型を美しく包みこんで立体曲面を形成するテーラードタイプに分けられる．婦人服地の基本力学特性より算出されたシルエット判別式は，次式で与えられる[4]．

$$z_1 = \sum_{i=1}^{8} C_{1i}U_i, \quad z_2 = \sum_{i=1}^{8} C_{2i}U_i \quad (3)$$

ここで，$U_i = (x_i - m_i)/\sigma_i$：基本力学特性値の基準化値，$x_i$：高感度計測条件下での各試料の力学量，$m_i$：平均，$\sigma_i$：標準偏差，$C_{1i}$，$C_{2i}$：係数で表4.1.3の値である．得られた$Z_1$，$Z_2$の位置によりシルエットが判別される（図4.1.42）．ドレープ性のある布はドレープタイプの重心の中心位置側に判別される．

以上は静止している布の静的ドレープ性の評価方法である．揺動する布の揺動特性には，特にせん断特性が関与し[5]，揺動する布の動作時の動的ドレープの美しさ，シルエットの美しさにも，せん断特性と，高曲率における曲げ特性，布の平面重が強く関与[6]している．

〔井上尚子〕

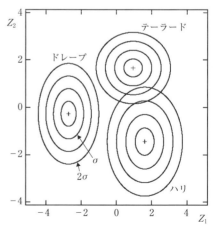

図4.1.42 シルエット判別図
+：重心

参考文献

1) 日本規格協会：JIS ハンドブック 繊維, pp.1323-1324, 2011.
2) C. K. Park, S. Kim and W. R. Yu: Quantitative fabric drape evaluation system using image processing technology (Part 1: Measurement system and geometric model). *Journal of Testing and Evaluation*, **32** (2): 131-137, 2004.
3) 丹羽雅子, 瀬戸房子：布の力学的性質とドレープ性との関係. 繊維機械学会誌, **39** (11)：T161-T168, 1986.
4) M. Niwa, M. Nakanishi, M. Ayada and S. Kawabata: Optimum silhouette design for ladies' garments based on the mechanical properties of a fabric. *Textile Research Journal*, **68** (8): 578-588, 1998.
5) 松平光男, 川端季雄：織布の動的ドレープの解析. 繊維機械学会誌, **39** (12)：T175-T183, 1986.
6) 泉加代子, 丹羽雅子：スカートにおける搖動の美しさと布の力学特性との関係. 繊維製品消費科学会誌, **30** (9)：411-418, 1989.

d. ピリングおよびスナッグ

織物や編物表面の外観的性質に，ピリング（pilling）とスナッグ（snag）があり，いずれも布表面に生じる現象で，衣服の美観や風合いに関係する性質である．ピリングは衣服の着用や使用過程で受ける摩擦により布表面の繊維が毛羽立ち，毛羽立った繊維が相互に絡み合い毛玉（ピル）を生じ布表面に付着する現象で，布の外観や布の風合いを損なうが，その生成過程は，①布表面での毛羽の発生，②毛羽の集束とピルの発生，③ピルの脱落，の三段階で示される[1]．セーターなどの袖口や脇に見られ，摩擦頻度が高い場所に発生しやすい．綿などの紡績織物ではピルは目立ちにくく，毛玉は摩擦で脱落する．合成繊維のステープル糸からなる布では繊維の毛羽でピルは発生しやすく，問題となっている[1,2]．一方，フィラメント糸からなる布ではピルは発生しない．

ピルの発生には繊維の種類，強度，太さ，長さ，断面形状，摩擦強さ，曲げこわさ，糸の種類，撚り数，布の織編組織，仕上げ加工，静電気などが影響するが[3,4]，摩擦で布表面から短繊維が引き出されやすく，引き出された繊維が絡み合いやすいほどピルは発生しやすい．例えば，図4.1.43には，繊維長とピルの発生の関係を，図4.1.44には繊維の種類とピルの発生の関係を示した[5]．繊維長が短い布ほどピルは発生しやすく，長い布ほどピルの発生は少ない．また，繊維の引張り強度の小さい羊毛やアセテート繊維ではピルが脱落しやすいため次第にピ

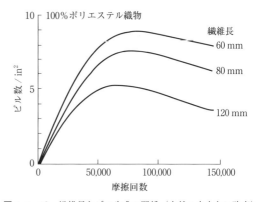

図4.1.43 繊維長とピル生成の関係（文献5をもとに改変）

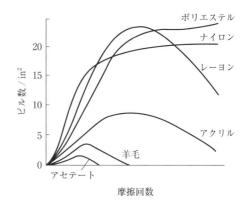

図4.1.44 各種繊維のピル生成曲線（文献5をもとに改変）

ル数が減少する．それに対し，強度の大きいポリエステルやナイロン繊維では長時間摩擦してもピルの減少は認められない．

布に耐ピリング性をもたせるためには，①繊維長を長くすること，②繊維の引張り強度や摩擦強度，引掛け強さ・結節強さを低くすること，③繊維が柔軟でないこと，④毛羽立ちを抑えること，⑤糸の撚りを強くすること，⑥糸密度を大きくし布構造を緻密にすること，などを満たした織・編物の設計が求められる．また，織物よりも編物に発生しやすい傾向があるので，適材適所の使用が求められる．

しかし，繊維の引張り強度の高いポリエステルステープルなどでは，ピルが脱落せず布表面に残留して布の外観や風合いを著しく損なうため，抗ピル性の繊維が研究され，ポリエステル繊維ではポリマーの重合度を下げて強伸度を低下させ，繊維が切断されやすくする方法が検討されている．しかし，紡編織工程に悪影響を及ぼし衣服の耐久性を低下させる懸念があるため，共重合成分としてジカルボン酸を

①羊毛ニット：羊毛繊維の毛羽は布隣接した繊維末端と相互に絡み合い，引き寄せられ，次第に大きなピルを形成している様子．
②絹織物：強撚糸の経糸では変化がないが，甘撚り絹紡糸の緯糸は繊維が滑りやすいため，摩擦で移動して引き出されピルを形成．
③アクリルニット：フィラメントの仮撚り加工糸に発生したスナッグ．

図4.1.45 布に発生したピリング・スナッグの例

用いる方法や高速紡糸による抗ピル性の付与が行われている[6]．アクリル繊維では，ポリマー組成と製糸条件を変更して，繊維のせん断力に関連する結節や引掛けの強伸度を弱めて抗ピル性を付与した繊維や，バルキー性，形態回復性をもつサイドバイサイド型のアクリル系複合繊維が開発されている[7]．

布面に発生するピリングは，JIS L 1076 織物及び編物のピリング試験方法 A 法などで評価され，ゴム管に巻いた試料を回転箱で摩擦し，織物は10時間，編物では5時間操作後，試料に発生した毛玉を標準写真により，ピリングがほとんどない状態（5級）から，大量に生じているもの（1級）まで，5段階で目視判定する[5]．

スナッグは，布を構成する糸や繊維が偶発的な引っ掛かりにより，繊維・糸が生地表面からループ状に引き出されて突出する現象で，生地の引きつれも発生する．衣服の着用や洗濯などの際，爪，アクセサリー，カギホックなどの小さな突起物と接触し，糸のループが引っ掛かり組織から引き出されるもので，ストッキングや外衣などでよくみられる．スナッグはフィラメント糸の摩擦係数の小さい滑りやすい糸で作られた布に発生しやすい．フラットで糸密度の大きい緻密な布では糸の自由度が少なく発生しにくいが，加工糸による糸密度の粗い布，浮き糸の多い組織の布では発生しやすい．スナッグの発生に関係する要因として，布の糸の引っ掛かりやすさ，引っ掛かったループ状の糸の引き抜かれやすさ，布組織への戻りにくさがあげられる．

布面に発生するスナッグは，JIS L 1058 A法：ICI形メース試験機法などで評価され，回転シリンダ上の試料を，鋭利な突起物がある球体（メース）の回転によりスナッグを発生させ，100回転後に試料表面に発生したスナッグを標準写真により判定する．スナッグがほとんど生じていないもの（5級）から大量に生じているもの（1級）まで5段階で判定する[5]．

図4.1.45には，例として，布からのピリング，スナッグの発生する様子を示した． 〔牟田 緑〕

参考文献
1) 石崎舜三：抗ピル加工．繊維製品消費科学会誌，23(9)：47-49, 1982.
2) 藤井 滋：抗ピル性素材．繊維学会誌，40(4・5)：315-317, 1984.
3) D. Grintis and E. J. Mead: *Text. Res. J.*, 29: 578, 1959.
4) 広田輝次：ピリング機構に関する研究（第4報）．繊消誌：38-45, 1980.
5) 日本衣料管理協会刊行委員会編：繊維製品試験（第三版），pp.120-121, 日本衣料管理協会，2001.
6) 福岡重紀：抗ピル・抗スナッグ加工の最新の進歩：繊維機械学会誌，32(3)：135-140, 1979.
7) 中島利誠編著，金子惠以子，清水裕子，牛腸ヒロミ，牟田 緑著：新版被服材料学，p.92, 光生館，2001.

e. 風合い（hand, handle）

1) 風合いとは　衣服などの繊維製品を選ぶとき，人は目で視ながら手で触れ，やわらかい，なめらかな，冷たいなどの評価をして，その繊維製品との適合性を判断している．これは繊維製品のもつ特有の物理的性質による刺激が，人の感覚や感情に働きかけるためである．このようにして感知される繊維製品の品質を"風合い"とよんでいる．図4.1.46に布の品質と風合いとの関係を示す．人体を覆い包む布の品質は，実用的な性能を基本条件に，人の感性との適合性に関わる本質的な性能との関わり

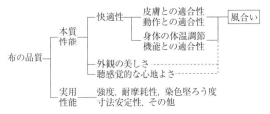

図4.1.46 布の品質と風合いとの関係(文献1をもとに改変)

として評価される．布の風合いは基本的には触感覚（肌触り・手触り）で評価されるが，光沢やドレープなどの視感覚的な特性，絹鳴りや衣ずれのような聴感覚的な特性も風合い評価に複合されている．英語では，hand（米国式），handle（英国式），handling などが風合いに相当している．近年では，繊維製品のみならず，プラスチックや木材など，人の手足に触れる機会の多い用途に用いられるすべての材料において，風合いが重要な性能となっており，材料と人間とのインターフェースとして風合いが存在すると考えられる[2]．

2) 風合いの標準化 布の風合いには多くの定義があるが，いずれの場合も布に触れたときの総合的な感覚に関係している．表4.1.4に主として触感覚が関わる風合い判断の分類を示す．布の製織・仕上げや衣服の仕立てに関わる熟練技術者は，昔から"こし"，"ぬめり"などの言葉で表される風合いを経験として伝承してきたが，風合い評価は熟練者間でも判断内容や判断基準に個人差があった．布や衣服の製造が近代工業の手掛けるところとなり，布の風合いの設計や開発において，目標とする風合いを的確に伝達して共通の解釈を得るために，風合いの標準化や尺度化が必要となった．1970年以降，風合い評価については活発に研究が行われているが，ここでは川端と丹羽による方法を述べる[4]．1972年に日本繊維機械学会に風合い計量と規格化研究委員会（略称HESC：川端季雄委員長）が組織され，①風合いは主として布の力学特性からくる感覚によって判断される，②風合い判断は，その布が被服材料として用いられるとき，その用途に適合した性質をもつかどうかに基準を置いている，との仮説に基づいて，表4.1.4の1-3, 2-1に焦点を絞って風合いの標準化が進められ，熟練技術者の評価に基づく「基本風合い」と「総合風合い」の標準試料が選定されている[4]．

3) 風合いの客観的評価法 アパレル科学の発展のためには，標準化・定量化された官能量としての風合いと機器計測に基づく布の物理的性質との関係を捉え，布の物理的性質から客観的に風合いを評価するシステムが要請される．布の風合いを評価するための物理的性質の測定装置は種々提案されているが，川端・丹羽によって開発されたKES-F風合い計測システム（Kawabata Evaluation System for Fabrics）は，標準化された布の風合いを客観的に評価するシステムとして世界的に利用されている[4]．表4.1.5に風合いの客観的評価のために選ばれた物理量を示す．手で触るときの布の変形や布にかかる荷重などはきわめて小さく，その挙動は非線形性をもちヒステリシスを伴う．これらが布の風合いに大きく関わるため，KES-F計測システムは微少変形領域における布の基本力学特性と表面特性を精密に測定できるように設計されている．

布の風合いの客観的評価の手法としては，まず多数の試料布が衣服の用途別に広範囲に収集され，熟練者による主観的な風合い評価と布の基本力学特性・表面特性の測定が並行して行われる．これらを統計処理することによって，布の基本力学特性・表面特性を風合い値へ変換するための変換式が用途別に導かれている[4]．このような布の風合いの客観的評価法は，風合いと物理量の関係を明確に示すことから，新しい風合いをもつ布の創生や，布の品質管理，高品質な布の設計・開発に広範囲に応用されて

表4.1.4 主に触感覚による風合い判断の分類（文献3をもとに改変）

1. 総合的に布の性質を捉えるときに使う風合い判断
1-1 個人的な嗜好の表現　　好きな風合い，嫌いな風合いなど
1-2 分類，属性の表現　　絹様（シルクライク）な風合いなど
1-3 品質，価値の表現　　良い風合い，高級な風合いなど（総合風合い）
2. 分析的な風合い判断
2-1 熟練技術者の表現：複合的　こし，ぬめり，ふくらみなど（基本風合い）
2-2 一般人が使う表現：単一的　やわらかな，なめらかな，冷たいなど

表4.1.5 風合いの客観的評価のために選ばれた物理量（文献5をもとに改変）

特性	記号	内容	説明	単位
引張り変形	LT	直線性	小さいほど初期特性がやわらかい	—
	WT	引張仕事量	大きいほどよく伸びる	J/m^2
	RT	レジリエンス	大きいほど回復性が高い	%
せん断変形	G	せん断剛性	大きいほどかたい	N/m
	2HG	ヒステリシス	大きいほど弾力がない	N/m
	2HG5	同（大変形）	大きいほど大変形で弾力がない	N/m
曲げ変形	B	曲げ剛性	大きいほどかたい	μNm
	2HB	ヒステリシス	大きいほど弾力がない	mN
圧縮変形	LC	直線性	小さいほど初期特性がやわらかい	—
	WC	圧縮仕事量	小さいほどやわらかい	J/m^2
	RC	弾性回復性	大きいほど回復性が高い	%
表面特性	MIU	摩擦係数	大きいほど摩擦抵抗が大きい	—
	MMD	摩擦変動	大きいほどざらつく	—
	SMD	表面粗さ	大きいほど凹凸が激しい	μm
構造	W	布重量		g/m^2
	T0	布の厚さ		mm

いる[1].　　　　　　　　　　　　　　　　〔與倉弘子〕

参考文献
1) 日本家政学会編：新版 家政学事典, p.676, 朝倉書店, 2004.
2) 丹羽雅子編：アパレル科学, 朝倉書店, 1997.
3) 阿部幸子ほか編：被服学辞典, p.369, 朝倉書店, 1997.
4) 川端季雄：風合い評価の標準化と解析 第2版, 日本繊維機械学会, 1980.
5) 丹羽雅子, 酒井豊子編著：着心地の追究, p.106, 放送大学教育振興会, 1995.

f．その他の外観的性質

1) リバース（reverse）　織物または編物が摩擦などの物理的作用を受け，繊維・糸が移動または反転することで，染色された色および柄が変化する現象をリバースという．布表面のみが染色され，糸や繊維の内部にまで染料が浸透せず，布地の裏面に達していない，捺染された布地に起こりやすい．このような捺染地に摩擦などの外力が加わると，染色濃度が異なる繊維や糸が移動し，捺染された柄が布の裏側に反転したかのように見えることがある．

糸の撚りが甘い布地や組織のルーズな編物で生じやすいが，特に毛の捺染地は，スケール同士が引っ張り合い絡み合うフェルト化によりリバースが生じやすい．ニット製品の脇の下部分によく生ずる現象である．染色された織物および編物の湿潤状態におけるリバースを評価する試験方法として，JIS L 1901 織物及び編物のリバース試験方法が規定されている．湿潤させた試験片をTO形試験機でもみ作用を加え，自然乾燥後，糸の反転による色や柄の変化をリバース判定用標準写真と比較して等級を判定する．

2) バブリング（bubbling）　布地表面が部分的に濡れることにより繊維や糸が伸縮し，波状の凹凸が生ずる現象をバブリングという．例えば雨などの影響により，部分的に濡れた箇所が波打ち，凹凸が起こる現象で，強撚糸による絹やレーヨン，梳毛の羊毛繊維で細い糸の布地に生じやすい．強撚糸使いの布地では，濡れた部分の糸の撚りが戻ることでバブリングが生じることがある．また，羊毛繊維は吸湿すると伸び，乾燥すると収縮する性質をもつ．この現象をハイグラルエキスパンションという．環境の温度と湿度の変化によって吸湿と放湿を繰り返すと，ハイグラルエキスパンションの影響により，布表面にバブリングが生じることがある．

3) 白化（whitening）　布地表面が部分的に白っぽくなる現象で，繊維表面が摩擦されることで繊維が繊維軸方向に裂けフィブリル化し，細かい毛羽立ちが起こることで，光の反射が大きくなり白く見える．

繊維表面の摩擦によるフィブリル化は，表面構造が緻密で硬い繊維，絹，麻，テンセルやキュプラなどの濃色な布地に発生しやすい．白化は摩擦を多く受ける部分に発生し，着用時に同じ部分を長時間摩擦されたときや，洗濯時に汚れを落とす際に部分的

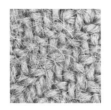

原　布　　　　　　洗濯処理1回
布地の厚さ　0.49 mm　　　　　0.81 mm

洗濯処理10回
2.37 mm

＊洗濯処理法：水温 40℃，弱アルカリ合成洗剤
標準使用量，家庭用全自動洗濯機標準コース

図 4.1.47　毛織物（ミルド）のフェルト化

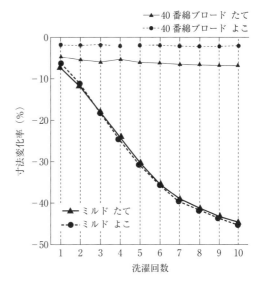

図 4.1.48　洗濯処理による寸法変化

に強くこすることも原因になるので注意が必要である．試験法は，JIS L 1096 8.32 摩擦変色性の方法により，毛羽立ちによる白化について評価することができる．

4) フェルト化（felting）　羊毛をアルカリ溶液中で熱と力の作用を与えると，スケール同士が絡み合いお互い引っ張り合うことで布地が収縮し固くなる現象をフェルト化（縮絨性）という．羊毛製品を，弱アルカリ合成洗剤を使用して洗濯機の機械力を与えるとフェルト化する．図4.1.47，図4.1.48に10回まで洗濯処理した結果を示す．激しい収縮がおこりフェルト化していることがわかる．また，フェルト化すると布地はかなり厚くなる．家庭で水洗い洗濯する場合は，中性洗剤を使用し，なるべく強い力がかからないよう注意して行う必要がある．

5) バギング（bagging）　織物または編物の特定部分に力が加わり，伸長した繊維または糸が元に戻らずに，吐出したまま膨れた状態で固定される現象をバギングという．ズボンの膝やジャケットの肘部分が，足や手の屈伸により伸びきってふくれて固定されてしまう現象で，ひざ抜け，ひじ抜けともいう．バギングは，特定部位で変形と回復が繰り返し行われることで，回復率が次第に低下し変形が元に戻らなくなることで生ずる．バギングを小さくするには，構成繊維の伸縮性が良いもの，更に瞬間伸長弾性回復率が良いものを用いることが有効である．試験方法は，JIS L 1061 織物及び編物のバギング試験方法に示されており，試験布の特性により試験法が異なる．

6) 歪み　布の製造工程中にうけた歪みが解放されることにより，カール（curl，まくれ）やターン（turn，斜行）の現象が生じることがある．これらは布地の組織と糸の構成に関係する．カールが起こりやすいものは，一重組織の平編で，表面と裏面の編組織が異なり（表面が表目，裏面が裏目），糸の歪みが生じ変形することでカールが起こりやすくなる．上下方向は表面にまくれ，左右方向は裏面にまくれる．ターンは，洗濯によって歪みが解放され生ずるケースが多い．例えば，斜文織（綾織）は織物内張力が要因となり，右上がりに斜文線が現れる織物は右方向に曲がり，左上がりに斜文線が現れる織物は左方向に曲がり，斜行が生ずることがある．また，編地の平編も糸の撚りが戻ろうとすることで，編目が変形し斜行することがある．ゴム編やパール編，両面編（スムース編）は，表面と裏面での表目と裏目の出方のバランスがとれていることで歪みが打ち消されカールは起こりにくい．また編糸が綿の単糸の場合によく生ずる現象であることから，糸を双糸にするかポリエステルの合成繊維で熱セットし歪みを解消した糸を使用することで，平編であってもターンは起こりにくくなる．このような歪みを生じた布地で製品を作ると，着用時や洗濯後に歪みが

解放されて布目が曲がり，脇線が斜行し外観を損ねてしまうので注意が必要である．斜行度は JIS L 1096 8.11 布目曲がりに算出式が示される．斜行度の目安として3％以内が合格範囲とされているが，図4.1.49に示したニット製品の斜行度は8.5％と大きい．

〔由利素子〕

参考文献
1) 日本規格協会：JIS L 1901 織物及び編物のリバース試験方法，2009.
2) 日本衣料管理協会刊行委員会編：繊維製品の基礎知識 第1部 繊維に関する一般知識，pp.77-81，日本衣料管理協会，2012.
3) 繊維製品の苦情処理技術ガイド・当該編集委員会編：繊維製品の苦情処理技術ガイド，p129-156，日本衣料管理協会，2006年.
4) 成瀬信子：基礎被服材料学，p.36，文化出版局，2014.

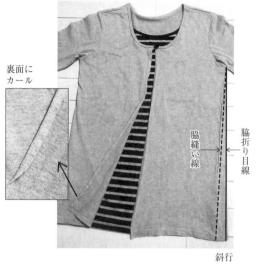

図4.1.49 ニット製品のカールと斜行

4.2 衣服の構成と着装

4.2.1 被服寸法の設定（選択・購入：製品分類，規格）

a. 既製衣料のサイズシステムとサイズ規格

既製衣料品は不特定多数を対象に設計・生産される．不特定多数の人々に適合するように被服寸法を設定するためには，基本となる人体の寸法や形状の統計的なデータおよび，一定の基準によって標準化されたサイズシステムが必要である．また，消費者にとっても着用者に適した大きさの衣服を適切に選択・購入するうえでサイズシステムが重要である．

我が国では，日本人の体格調査[1-4]の結果を分析したデータをもとに制定された，JIS (Japanese Industrial Standard) による既製衣料サイズの規格，JIS L 4001～4007[5-11]がある．国際標準化機構 (International Organization for Standardization：ISO) による衣料サイズに関する国際規格との整合性を図ったものである．日本人の体型の経年的な変化に対応させるために，必要に応じて日本人の体格調査を実施し，その統計解析の結果に基づいた改正が行われる．

既製衣料品のサイズとは既製衣料品全体としての大きさであり，その基礎となる身体部位の寸法および特定の衣料部位の寸法で表す．JISによる既製衣料サイズ規格の一般的・共通的事項および各規格 (JIS L 4001～4007) の概要を以下に示す．

1) JIS既製衣料サイズ規格の一般的・共通的事項

① **着用者の区分**： 人の体型は，性別や成長段階により特徴が異なるため，乳幼児用，少年用，少女用，成人男子用，成人女子用に区分される．さらにこの区分ごとに，体型の個人差に対応できるように規格が設定されている．

② **服種および着用区分**： コート類，ドレス・ホームドレス類，上衣類，スカート・ズボン類，事務服・作業服類，ブラウス・シャツ類，寝衣類，下着類，水着類の品目に大別され，フィット性を必要とするものか，あまり必要としないものかに区分される．また，着用の仕方により，全身用，上半身用，下半身用に区分される．

③ **基本身体寸法と特定衣料寸法**： 基本身体寸法とは，既製衣料品のサイズの基礎となる身体部位の寸法であり，特定衣料寸法は，特定の衣料部位の寸法である．いずれもcm単位で表す．基本身体寸法は，チェスト（男子の腕付根下端に接する胸部の水平周囲長[12]），バスト（胸囲），ウエスト（胴囲），ヒップ（腰囲），アンダーバスト，身長，足長，体重（kgで表示）であり，特定衣料寸法は，また下丈，スリップ丈，ペチコート丈，ブラスリップ丈である．

④ **呼び方**： 主な既製衣料品のサイズは，呼び方

の記号が個別に規定されている.

⑤ サイズの表し方の種類: 体型区分表示と単数表示,範囲表示がある.

⑥ サイズの表示方法: 基本衣料寸法および特定衣料寸法を表示する.サイズ絵表示(ピクトグラム)による方法(図4.2.1)と,寸法列記の方法(表4.2.1～表4.2.5参照)がある.

2) 乳幼児用衣料のサイズ(JIS L 4001:1998 Sizing system for infants' garments) 身長の成長が止まっていない者のうち,少年少女以外の者を乳幼児とする.基本身体寸法は身長と体重で,呼び方は身長の数値である.乳幼児の身長は把握しにくいため,購入時の目安として消費者が把握しやすい体重を補足の意味で表示する.セーター・カーディガン類,繊維製おむつカバーなど全品目を対象とする.サイズの呼び方および寸法列記による表示の例を表4.2.1に示す.

3) 少年用衣料のサイズ・少女用衣料のサイズ(JIS L 4002:1997 Sizing system for boys' garments, JIS L 4003:1997 Sizing system for girls' garments) 身長の成長が止まっていない乳幼児以外の男子を少年,女子を少女とする.基本身体寸法は,少年では身長,胸囲および胴囲,少女では身長,胸囲,胴囲および腰囲であり,品目により部位の組み合わせが異なる.身長と胸囲,身長と胴囲に基づいて体型を区分し,4分類される.体型区分の

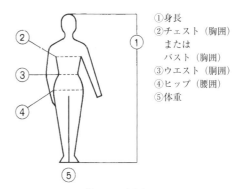

ファンデーション以外のサイズ絵表示

①身長
②チェスト(胸囲) または バスト(胸囲)
③ウエスト(胴囲)
④ヒップ(腰囲)
⑤体重

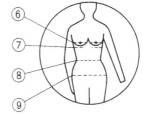

ファンデーションのサイズ絵表示

⑥バスト(胸囲)
⑦アンダーバスト
⑧ウエスト(胴囲)
⑨ヒップ(腰囲)

図4.2.1 サイズ絵表示(ピクトグラム)の表示方法[13]

詳細を表4.2.2に,A体型の呼び方の一部を表4.2.3に示す.服種別の基本身体寸法と呼び方,表示の例を表4.2.4に示す.

4) 成人男子用衣料のサイズ(JIS L 4004:2001 Sizing system for men's garments) 身長の成長

表4.2.1 乳幼児用衣料サイズの呼び方と表示の例[5]

呼び方		50	60	70	80	90	100		呼び方		75	85	95	サイズ
基本身体寸法	身長 cm	50	60	70	80	90	100		基本身体寸法	身長 cm	75	85	95	身長70 体重9kg
	体重 kg	3	6	9	11	13	16			体重 kg	10	12	14	70

表4.2.2 少年・少女用衣料サイズの体型区分[6,7]

体型区分	A (中心)	日本人の少年(少女)の身長を10cm間隔で区分したとき,身長と胸囲または身長と胴囲の出現率が高い胸囲または胴囲で示される少年(少女)の体型
	Y	A体型より胸囲または胴囲が6cm小さい人の体型
	B	A体型より胸囲または胴囲が6cm大きい人の体型
	E	A体型より胸囲または胴囲が12cm大きい人の体型

表4.2.3 少年・少女用衣料の呼び方(体型区分別サイズの呼び方,A体型の一部)[6,7]

呼び方		90A	100A	110A	120A	130A	140A	150A	160A	170A	180A*
基本身体寸法	身長 cm	90	100	110	120	130	140	150	160	170	180
	胸囲 cm	48	52	56	60	64	68	74	80	86	92

*:180Aは少年用のみ

表 4.2.4 少年・少女用衣料サイズの服種別基本身体寸法，呼び方と表示の例[6,7]

服種及び着用区分	基本身体寸法（数字は表示順位）	呼び方 例	呼び方 意味	表示例
コート類，上衣などでフィット性を必要とするもの	1. 身長 2. 胸囲	140A ①②	①身長の数値 ②体型区分	SIZE 身長　140 胸囲　68 140A
ズボン・スカートなどでフィット性を必要とするもの	1. 身長 2. 胴囲			
フィット性をあまり必要としないもの	身長，胸囲，胴囲のいずれか（単数表示と範囲表示がある）	140	身長の数値	サイズ 胸囲 65〜72 140

表 4.2.5 成人男子用衣料の体型区分と身長のコード[8]

体型区分（チェストとウエストの寸法差）	体型	J	JY	Y	YA	A(標準)	AB	B	BB	BE	E
	cm	20	18	16	14	12	10	8	6	4	0
身長のコード	コード	2		3		4		5		6	
	コード							7		8	9
	cm	155		160		165		170	175	180	185	190

表 4.2.6 成人男子用衣料サイズの呼び方[8]

体型区分別のサイズの呼び方（A体型の一部）

呼び方		90A4	92A4	94A4	92A5	94A5	96A5	94A6	96A6	98A6
基本身体寸法	チェスト cm	90	92	94	92	94	96	94	96	98
	ウエスト cm	78	80	82	80	82	84	82	84	86
	身長 cm	165			170			175		

範囲表示

呼び方	PB	SA(S)	SB	MY	MA(M)	MB	LY	LA(L)	LB	TY
チェスト cm	80〜88	80〜88	88〜96	80〜89	88〜96	96〜104	88〜96	96〜104	104〜112	96〜104
身長 cm	145〜155	155〜165		165〜175			175〜185			175〜185
ウエスト cm	68〜76	68〜76	76〜84	68〜76	76〜84	84〜94	76〜84	84〜94	94〜104	84〜94

表 4.2.7 成人男子用衣料サイズの基本身体寸法，呼び方と表示の例[8]

服種及び着用区分	基本身体寸法（数字は表示順位）	呼び方 例	呼び方 意味	表示例
コート類，上衣類でフィット性を必要とするもの背広服類など	1. チェスト 2. ウエスト 3. 身長	92A5 ①②③	①チェストの数値 ②体型区分 ③身長のコード	SIZE チェスト 92 ウエスト 80 身長　170 92A5
コート類，上衣類などでフィット性をあまり必要としないもの	1. チェスト　2. 身長 または 1. チェスト	92-5 ①② または MA 範囲表示	①チェストの数値 ②身長のコード	サイズ チェスト 88〜96 身長　165〜175 MA
ズボン類，作業服類など	1. ウエスト 2. また下丈（裾上げが完了しているもの）	79 または MA 範囲表示	ウエストの数値	サイズ ウエスト 79 また下丈 74

が止まった男子を成人男子とする．基本身体寸法はチェスト，ウエストおよび身長であり，特定衣料寸法は，また下丈である．チェストとウエストの差であるドロップ寸法により体型を区分し，10分類される．身長はコードで表す．体型区分の詳細を表4.2.5に，A体型の呼び方の一部と範囲表示による呼び方を表4.2.6に示す．服種別の基本身体寸法と呼び方，表示の例は表4.2.7のようである．成人男子用衣料の

4.2 衣服の構成と着装

表 4.2.8 成人女子用衣料サイズの体型区分およびバスト・身長の区分[9]

体型	A	それぞれの身長とバストの組み合わせにおいて出現率が最も高くなるヒップのサイズで示される人の体型．(A 体型の中心サイズは身長 158 cm, バスト 83 cm, ヒップ 91 cm)
	Y	A 体型よりもヒップが 4 cm 小さい人の体型
	AB	A 体型よりもヒップが 4 cm 大きい人の体型
	B	A 体型よりもヒップが 8 cm 大きい人の体型

| バスト | 号数 | 3 | 5 | 7 | 9 | 11 | 13 | 15 | 17 | 19 | 21 | 23 | 25 | 27 | 29 | 31 |
| | cm | 74 | 77 | 80 | 83 | 86 | 89 | 92 | 96 | 100 | 104 | 108 | 112 | 116 | 120 | 124 |

| 身長 | R (Regular)：158 cm | P (Petit)：150 cm | PP：142 cm | T (Tall)：166 cm |

表 4.2.9 成人女子用衣料サイズの呼び方[9]

体型区分別のサイズの呼び方（A 体型：身長 158 cm）

	呼び方		3AR	5AR	7AR	9AR	11AR	13AR	15AR	17AR	19AR
基本身体寸法	バスト cm		74	77	80	83	86	89	92	96	100
	ヒップ cm		85	87	89	91	93	95	97	99	101
	身長 cm						158				
参考*	ウエスト cm	年代区分 10	58	61	61	64	67	70	73	76	80
		20									
		30	61		64	67	70	76	76	80	84
		40		64							
		50	64		67						
		60				70	73	76	80	84	88
		70					76				

*：各サイズに対するウエスト寸法の年代区分別平均値をもとに定めたものを参考として示す．
年代区分は，"10" は 16〜19 歳，"20" は 20〜29 歳，"30" は 30〜39 歳，"40"〜"70" も同様．

範囲表示
（身長 154〜162 cm）

呼び方	S	M	L	LL	3L
バスト cm	72〜80	79〜87	86〜94	93〜101	100〜108
ヒップ cm	82〜90	87〜95	92〜100	97〜105	102〜110
身長 cm			154〜162		
ウエスト cm	58〜64	64〜70	69〜77	77〜85	85〜93

（身長 162〜170 cm）

呼び方	ST	MT	LT
バスト cm	72〜80	79〜87	86〜94
ヒップ cm		162〜170	

表 4.2.10 成人女子用衣料サイズの基本身体寸法，呼び方と表示の例[9]

服種および着用区分	基本身体寸法（数字は表示順位）	呼び方		表示例
		例	意味	
コート類，ドレス類，上衣類，フィット性を必要とするもの	1. バスト 2. ヒップ 3. 身長	9AR ①②③	①バストの号数 ②体型区分 ③身長の記号	SIZE バスト 83 ヒップ 91 身長 158 9AR
スカート類，ズボン類など，フィット性を必要とするもの	1. ウエスト 2. ヒップ 3. (また下丈)	64-91 ①②	①ウエストの数値 ②ヒップの数値	
フィット性をあまり必要としないもの	上半身用：バスト 下半身用：ウエスト	9R ①② 64 M	①バストの号数 ②身長の記号 ウエストの数値 範囲表示 スカート丈など特定衣料寸法以外の表示を付記してもよい	サイズ ウエスト 64〜70 スカート丈 75 M

表4.2.11 ブラジャー類のカップ体型区分[10]

カップ体型： バスト－アンダーバスト（cm）	AA	A	B	C	D	E	F	G	H	I
	約7.5	約10	12.5	15	17.5	20	22.5	25	27.5	30

表4.2.12 カップ体型別のサイズの呼び方（Aカップ体型の一部）と表示の例[10]

	呼び方	A60	A65	A70	A75	A80	A85	A90	A95	A100	A115	A120
基本 身体寸法	アンダーバスト（cm）	60	65	70	75	80	85	90	95	100	105	110
	バスト（cm）	70	75	80	85	90	95	100	105	110	115	120

服種	基本身体寸法	呼び方		表示例
		例	意味	サイズ
ブラジャー	1. アンダーバスト 2. バスト	A75 ①②	①カップ体型 ②アンダーバストの数値（cm）	アンダーバスト 75 バスト 85 A75

うちワイシャツのサイズは，JIS L 4107：2000R[14] 一般衣料品（clothing）に別途規定されており，えり回り（第一ボタンの縫いつけ点からボタン穴の中心までの長さ）及びゆき（後ろえりぐりの中央から肩先に相当する位置を通ってそで口までの長さ）の衣料寸法で表示される．

5) 成人女子用衣料のサイズ（JIS L 4005：2001 Sizing system for women's garments） 身長の成長が止まった女子を成人女子とする．基本身体寸法はバスト，ウエスト，ヒップおよび身長であり，特定衣料寸法は，また下丈，スリップ丈，ペチコート丈である．体型は身長とバストの組み合わせにおけるヒップサイズの出現率で表し4分類される．バスト寸法を号数で示し，最も出現率が高いバスト83±1.5 cmの範囲を9号と呼ぶ．身長は記号で表し，3分類される．体型区分，バスト，身長の区分の詳細は，表4.2.8のとおりである．A体型の体型区分別サイズの呼び方の一部と範囲表示による呼び方の一部を表4.2.9に，服種別の基本身体寸法と表示の例を表4.2.10に示す．

6) ファンデーションのサイズ（JIS L 4006：1998 Sizing system for foundation garments） ファンデーションの服種は，ブラジャー類，ガードル・ウエストニッパー類，ボディスーツ類，ブラスリップ類，ガーターベルト類である．このうちブラジャー類について説明する．ブラジャー類の基本身体寸法はアンダーバストとバストであり，両寸法の差によりカップ体型を区分する（10分類）．カップ体型区分の詳細は表4.2.11のとおりである．カップ体型区分別サイズの呼び方の一部と表示の例を表4.2.12に示す．

7) 靴下類のサイズ（JIS L 4007：1998 Sizing system for hosiery and pantyhose） サイズの表し方の種類は，タイツおよびパンティストッキング類とその他の靴下類である．タイツおよびパンティストッキング類の基本身体寸法は，乳幼児用は身長と体重，少年・少女用は身長，成人男子用はウエストと身長，成人女子用はヒップと身長である．表示方法は，乳幼児用と少年・少女用は身長を表示し，成人男子用と成人女子用は範囲表示（S, M, L, LL など）する．その他の靴下類の基本身体寸法は足長であり，足長の数値を表示する．

b. ゆとり量

サイズの決定には身体部位の寸法を用いるが，これは裸体の寸法であり，被服の寸法ではない．被服寸法の設定のためには，身体寸法に必要に応じた"ゆとり量"を加えることが必要である．

ゆとりとは衣服と人体の間に生じる空隙である．衣服設計面からみると，衣服が体表につかず離れずのゼロのゆとり（例：インナー類），体表に密着するマイナスのゆとり（例：水着，タイトフィットのスポーツウェア），体表から離れるプラスのゆとり（例：ルーズフィットのカジュアルウェア）の衣服があり，被服寸法が設定される．

ゆとりには，機能的に必要なゆとりと，着装の外観効果を重視した装飾的なゆとりがある．ゆとりの要因として，①生理・衛生的要因（呼吸作用や食事による変化，体温湿度調節，安全性など），②人体機能的要因（成長・発達や加齢などによる体型の変

化,皮膚の伸びやずれへの適応など),③運動機能的要因(着脱や歩行,座位,階段昇降など日常動作への適応など),④被服材料の機能的要因(厚さや密度,剛軟度,ストレッチ性,ドレープ性など),⑤着装印象などの感覚的な要因(流行,嗜好,重ね着などの着方,装飾性など)が挙げられる.JISでは服種の品目を,フィット性を必要とするものとあまり必要としないものに区分している.これは衣服に含まれるゆとり量の差を示すものである.

ゆとりが,衣服の着心地を左右する機能性と,デザインイメージの両面に与える影響は大きい.このため,ゆとり量の被服寸法への具体的な配分にあたっては,動作による運動域,皮膚の伸展方向や偏移量,ゆとりを入れる部位など,人体と衣服の関連への配慮が必要である. 〔土肥麻佐子〕

参考文献

1) 通商産業省工業技術院:日本人の体格調査報告書—衣料の基準寸法設定のための体格調査,日本規格協会,1970.
2) 通商産業省工業技術院:日本人の体格調査報告書—既製衣料の寸法基準設定のための体格調査(1978-1981年),日本規格協会,1984.
3) 通商産業省工業技術院:成人女性の人体計測データ(JIS L 4005:1997)—数値データと解析,人間生活工学研究センター,1997.
4) 人間生活工学研究センター:日本人の人体寸法データブック2004-2006,人間生活工学研究センター,2007.
5) 日本工業規格:JIS L 4001:1998 乳幼児用衣料のサイズ,日本規格協会,1998.
6) 日本工業規格:JIS L 4002:1997 少年用衣料のサイズ,日本規格協会,1997.
7) 日本工業規格:JIS L 4003:1997 少女用衣料のサイズ,日本規格協会,1997.
8) 日本工業規格:JIS L 4004:2001 成人男子用衣料のサイズ,日本規格協会,2001.
9) 日本工業規格:JIS L 4005:2001 成人女子用衣料のサイズ,日本規格協会,2001.
10) 日本工業規格:JIS L 4006:1998 ファンデーションのサイズ,日本規格協会,1998.
11) 日本工業規格:JIS L 4007:1998 靴下類のサイズ,日本規格協会,1998.
12) 日本工業規格:JIS L 0111:2006 衣料のための身体用語,p.5,日本規格協会,2006.
13) 日本工業規格:JIS L 0103:1990 既製衣料品のサイズ及び表示に関する通則,p.3,日本規格協会,1990.
14) 日本工業規格:JIS L 4107:2000R 一般衣料品,pp.8-12,日本規格協会,2000.

4.2.2 平面構成(和服)の種類・着装
a. 和服の種類と名称

和服は,大きさ,層構造,服種,性別などによって分類される.大きさでは,大裁ち(成人用),中裁ち(3,4歳から12,13歳まで),小裁ち(新生児から3,4歳まで)に分類される.中裁ちは子供用の四つ身,小裁ちは一つ身や三つ身をいう.一つ身には背縫いがなく,前後身頃を1枚に裁ち,ひと幅で作られることからこの名がある.三つ身は身丈の3倍で身頃を裁ち,四つ身は袖以外では身丈の4倍で身頃,衽(おくみ),衿を裁ちだす.層構造では,単(ひとえ),袷(あわせ),綿入れに分類される.服種には,表着の長着(ながぎ),羽織(はおり),袴(はかま),コート,帯があり,下着の長襦袢(じゅばん),肌着の肌襦袢,裾よけがある(図4.2.2).したがって,一つの和服については,「大裁ち女物単長着」,「大裁ち男物袷長着」のような表現になる.

和服の形は服種ごとにほぼ一定であるが,各部の名称は「単長着」が基本となる(図4.2.3).女物の長着では身丈を着丈よりも長く仕立てて,お端折(はしょ)りをして帯を結ぶが,男物では身丈を着丈と同寸に仕立てるため,裾の擦りきれ時の補修分として前後の身頃に内揚げ(うちあ)として縫込みをしておく(図4.2.4).大裁ち袷長着は大裁ち単長着全体に裏を付けたもので,袖口と裾では表側に裏布をのぞかせる.これを袘(ふき)という.袖袘は0.2 cm,裾袘は0.4 cm程度であり,表から見えるので,表地との配色を考え,表地の同系色または反対色を用いて,表地との調和をはかる(図4.2.5).

羽織は袖・身頃・衿と両脇の襠(まち)から成り,丈は長着より短く,前身頃に紐を付けて結んで着る.衿は裾まで付き,着用時に表に返す.男女それぞれ単と袷があり寒暖の調節あるいは整容上必要なものとして用いる.羽織は長着の上に着用することから長着との色柄,寸法などの調和を考える必要がある.

袴は,男袴・女袴ともに前に五つの襞(ひだ)があり,後ろには男袴に一つ,女袴に三つの襞がある.男物の馬乗り袴には襠があり両足を分けてはく.それぞれ上部には前紐・後紐を付ける.

コートは袖,身頃,竪衿(たてえり)(前立ての部分),小衿(衿のあきを縁取る細幅の布)からなり,竪衿を左右重ねて,スナップと紐を結んで着用する.単と袷があり,長さにより半,七分,長コートという.

帯は仕立て方やサイズによってさまざまな種類が

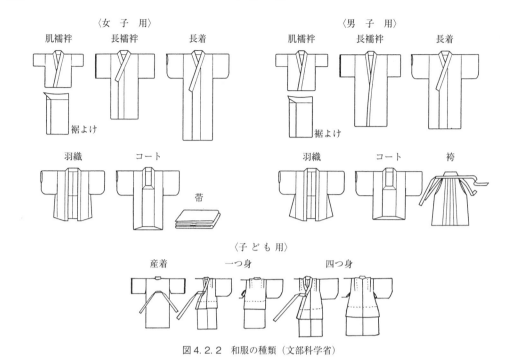

図4.2.2 和服の種類（文部科学省）

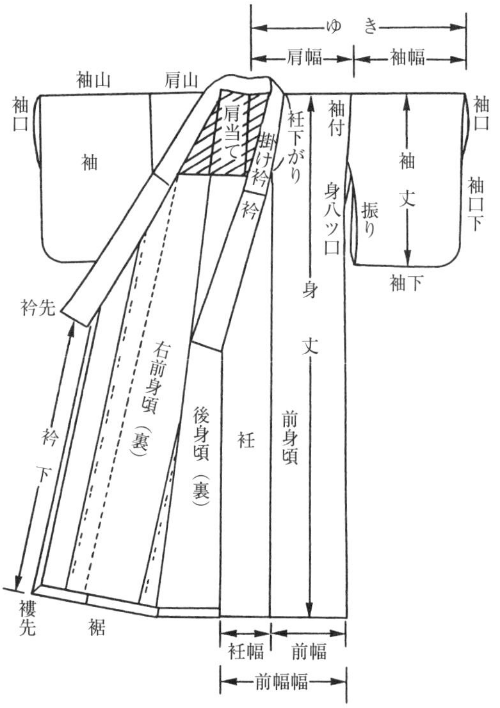

ある．女帯は華やかで種類も多い．着物と同様に目的や季節によって，構造だけでなく素材や結び方も異なり，それぞれの場合に応じて使い分けられる．お太鼓結びができる丸帯*1)・袋帯*2)・名古屋帯*3)の他に，文庫結びをする半幅帯がある．男帯は装飾性が少なく8〜9cm幅の角帯と芯がなくやわらかな兵児帯がある．子供帯では兵児帯，結び帯が代表的なものである．

襦袢は和服用の下着の一種であり，肌襦袢，半襦袢，長襦袢がある．長襦袢は整容目的で用いる．丈は着丈とし，単と袷がある．衿は裾から一続きのものと，別衿つきのものがある．肌襦袢は吸湿性の良い晒木綿やガーゼを用いる．脇下には脇あきを，袖下には袖下あきをつける．裾除けは巻き合わせ式で腰巻ともいい，輪式でペティコートもある．

図4.2.3 大裁ち女物単長着の名称（文部科学省）

---

*1) 丸帯とは花嫁衣装などで使われる最も格の高い豪華な帯で，普通の帯幅の倍に織り上げた生地を二つ折りにして芯を入れて仕上げたもの．
*2) 袋帯は丸帯に準じて，袋状に仕立てられたもの．
*3) 名古屋帯とはお太鼓部分は普通の帯幅で，胴に巻く部分を二つ折りにして半幅に仕立てたもの．

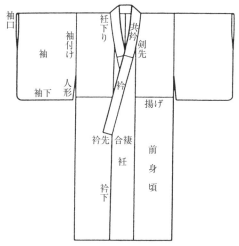

図4.2.4 大裁ち男物単長着の名称（文部科学省）

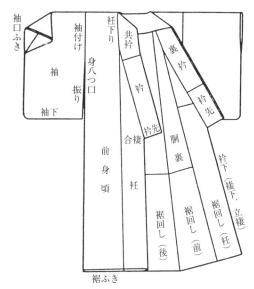

図4.2.5 大裁ち女物袷長着の名称（文部科学省）

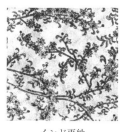
インド更紗

浴衣染め

絞り染め

図4.2.6 染めのいろいろ（文部科学省）

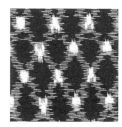
備後絣

黄八丈

仙台平

佐賀錦

図4.2.7 織りのいろいろ（文部科学省）

b. 和服の染め・織りと慣習

　和服の色柄の表現には染め・織りの二種類があり，その他，刺繍や箔による表面装飾がある．染めのきものとは，すでに織りあがっている白生地に後から色柄を染めつけた反物で作る"後染め"のきものである．友禅染め，ろうけつ染め，絞り染めなどの多種多様な染め方がある（図4.2.6）．基本的には素材は絹で，染めの着物には豪華で美しいものが多く，晴れ着やおしゃれ着として用いられる．織りのきものとは，糸を"先染め"して織り上げた反物で作るきものである．格子や縞，幾何学的な絣柄が中心となる（図4.2.7）．素材は絹，木綿，麻，ウールな

どさまざまで，趣味のきものとして，普段着や仕事着など気軽なきものとして用いられる．そのため，染めのきものは織りのきものより格が上で，きちんとした席には染めのきものという原則がある．

帯もきものと同様，多くの種類があるが，基本的には染めと織りに大別される．ただし，帯の場合は，きものとは格付けが逆で，織りの方が染めよりも格が上とされている．和服はTPOによって用いられる服種とそれに付けられる模様表現が異なる．表4.2.13には，現在，習慣的になっている着用目的による和服の種類と和服に付けられる模様を示す．特にフォーマルやセミフォーマルな場面ではこれに準じることが求められる．

「留袖」とは背中，両袖，両胸に家紋を染め抜き，裾に鮮やかな模様を散らした慶事用のきものである．地色が黒のものを「黒留袖」，黒以外を「色留袖」という．

「訪問着」はきものを広げたときに模様が1枚の絵のように見えるのが特徴である．既婚者，未婚者を問わずに，フォーマルからセミフォーマルまで広く着られる．

「付下げ」は訪問着よりやや格下で，訪問着に比べ模様が少なく，その模様が一続きではなく，脇縫で切れている．着用場所は訪問着に準ずる．

「小紋」は色無地よりやや格下で，クラス会や趣味の会などに着る．同じ柄が着物全体に繰り返し続いているのが特徴である．

織りのきものである「大島紬」や「結城紬」は有名で高価であるが，いずれも染めのきものより格下とされ，普段着として用いる．

きものは洋服と異なり，仕立て方が決まっている．反物からきものに仕立てあがったときに，模様が美しく表れる工夫が模様付けである．模様の付け方がきものの種類として表現されることもあり，模様の付け方によって格も違ってくる．

絵羽模様は，模様が背縫，脇縫，衽，袖にかけて途切れることなくきもの全体に1枚の絵のように描かれたものであり，総模様，裾模様などがある．例えば留袖，振袖，訪問着などに用いられ，白生地を裁ち，きものの形に仮縫いしてから染める．絞り染めや刺繍・箔などを加えて豪華に仕立てた和服の代表である．裾模様は江戸褄模様とも呼ばれ，五つ紋を付けた留袖の代名詞として使われている．付下げ

表4.2.13 大裁ち女物長着の着用目的による模様の付け方

着用目的	服種	模様の付け方
礼装	留袖（黒または色）	江戸褄模様
	打掛・振袖	総模様
	喪服	紋付黒無地
略礼装	色無地	紋付色無地
	訪問着	絵羽模様
	付下げ	付下げ模様
外出着	小紋	小紋柄
普段着	絣，縞，格子	絣柄，縞柄，格子柄

模様は，絵羽模様を簡略化したもので，肩山・袖山を境にして模様はすべて上向きに配置してある．訪問着と異なる点は，上前の衽と身頃は続き模様にしてもよいが，他はすべて縫い目をよけて，肩，胸，後ろ身頃，袖に模様を付けたものである．また，型染めの小紋を肩山で振り分けて染めたものもある．着尺模様は一つのパターンが反物全体に繰り返されている模様の付け方で，総柄，とび柄，割り付け模様などがある．江戸小紋などもここに分類される．

和服は日本の四季の移り変わりに合わせて，単，袷，綿入れの区別があった．季節に合わせて衣服を変えることを衣更え（更衣）という．綿入れは1・2月の防寒用に，袷は10月から5月まで，単は6月から9月までと決められていた．さらに，単も7，8月は盛夏用に特別の絽[*4]などの薄地を用いる習慣があった．明治以後，この習慣は，洋服の制服に組み込まれ，6月，10月の衣更えとして今日に至っている．しかし，今日では衣生活の合理化とエアーコンディショナーの普及により，洋服でも和服でも原則がくずれつつある．

また，日本の染織には季節をあらわしたものが多く，季節と素材・色・模様の関係も和服にとっては大切なことである．模様に，秋草・藤・菊・あやめ・ゆりなどの草木を表現したり，雪景色などの自然現象や風景などを採り入れたりしている．季節はずれの模様のきものや小物を着用するのは避けるのがよい．

---

*4) 絽とは織り方（もじり方）によって間隔をおいて空間が織り出され，その透け目が涼しさを創り出した夏用の織物である．

表 4.2.14 和服の礼装

		正式		略式	
		既婚者	未婚者	既婚者	未婚者
女子	長着	黒留袖・色留袖	振袖	色無地・訪問着・付下げ	既婚者に準ずる
	長襦袢	白	着物と調和する色もの	適宜	適宜
	半衿	白羽二重・塩瀬	白綸子	適宜	適宜
	帯	丸帯・袋帯	既婚者に準ずる	袋帯・織名古屋帯	既婚者に準ずる
	帯揚げ	白	紅などの絞り	適宜	適宜
	帯じめ	白丸ぐけ 白・金銀の組紐	緋の丸ぐけ 金銀の組紐	金銀・色の組紐	既婚者に準ずる
	履物	金銀の布製	布・エナメル	布・エナメル・皮	既婚者に準ずる
	扇子	金銀	紅白・金銀	金銀	不要
	バッグ	金銀の布製	既婚者に準ずる	布・ビーズなどの小形のもの	既婚者に準ずる
男子	長着	黒五つ紋付の長着		縞や無地の長着	
	羽織	黒五つ紋付の羽織		黒五つ紋付の羽織	
	袴	縞または無地		縞または無地	
	帯	博多織や錦の角帯		紬ほかの角帯	
	下着	長襦袢・肌襦袢・肌着・裾よけ		長襦袢・肌襦袢・肌着・裾よけ	
	履物	ぞうり（白の鼻緒）		ぞうり・げた（黒・紺の鼻緒）	
	小物	白足袋・白羽織紐・白半衿・白扇子		黒・紺の足袋・色羽織紐・半衿は長着と同系色	

c. 和服の着装

きものと帯のコーディネートは，従来は，「染めのきものには織りの帯」，「織りのきものには染めの帯」というのが常識であった．柔らかな風合いの染めのきものには，質感のある織りの帯を締めて，しっかりした印象に，渋い風合いの織りのきものには，優しく遊び心のある染めの帯を締めて，印象を和らげるという意味がある．しかし，最近では，これまでの伝統にこだわらない，新しい印象を楽しむコーディネートが多くみられるようになってきた．ただし，いずれのコーディネートも，きものの格と帯の格は同等にするのが基本である．したがって，留袖や振袖などフォーマルな場合には袋帯を，訪問着や付下げや色無地などセミフォーマルの場合には，袋帯や華やかな印象の名古屋帯を，小紋や紬などには，気軽な名古屋帯を合わせるのが適当である．

和装には，長着，襦袢類，帯，羽織などと，これらを着装するための付属品である「小物」が必要である．最近は着付けしやすいように工夫された装具類がいろいろあるが，基本的なものとして，帯締め・帯揚げ・帯枕・帯板・半襟・腰紐・足袋・履物がある．

浴衣は半幅帯で文庫結びにすることが多い．袷長着にはお太鼓結びが一般的だが，その他さまざまな装飾的な結びがある．男性の場合，角帯を用いることが多いが，結び方に多様性はない．

きものは洋服と異なり，体型を筒状に整えた方が，着姿は美しく，着くずれも少ない．体型によっては胴部や胸部にタオルなどを入れて補正する必要がある．着装に先だって，長襦袢の着丈や袖幅・袖丈が，きものの寸法よりやや短めであるかどうかを確かめておく必要がある．また，長襦袢に半衿をかけておく必要がある．

きものを着たときには，和装ならではの振る舞いが必要である．立ち方は，胸を張ってあごを引き加減に立つ．歩くときは，洋服よりもやや内股になるように心がける．腰かけるときは椅子に浅くかけ，背筋を伸ばして，心持ち体を前に傾けるようにすると美しく見える．

和服は，洋服に比べて非活動的であるため，日常着としてよりも，特別な外出着や冠婚葬祭などの礼装（フォーマルウェア）として用いられることが多くなった．礼装では，特に，着用者の年齢，性別，着用目的，季節などによって，着装に一定の決まりがある．表4.2.14は男女の慶事の礼装について，既婚者と未婚者，さらに，正式な場合と略式の場合をまとめたものである．男子には既婚・未婚の区別がない．留袖は既婚女性の，振袖は未婚女性の正式な装いである．訪問着は既婚・未婚を問わない．

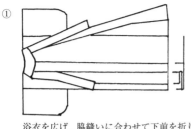

浴衣を広げ，脇縫いに合わせて下前を折り，続いて衽付けを折り返す．

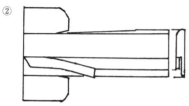

①で折り返した下前の上に上前の衽を重ねる．

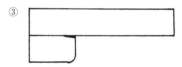

左の脇縫いを右の脇縫いに合わせて重ねる．左袖は右袖に重ねる．

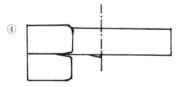

左袖を袖付けで向こう側へ折り返しておき，身丈を衿付け止まりで二つに折る．

右袖を身頃の下側に折る．

図4.2.8　本だたみ（文部科学省）

　和服は着用後の手入れが大切である．特に絹物はハンガーにかけてよく風を通し，表面の埃を払い，部分的なシミや汚れを取り除き，平面的にたたみ，たとう紙に包んで防虫・防湿効果のあるタンスや衣装缶に収納する．土用干し・寒干しなどの虫干しをするとよい．和服は服種によってたたみ方が異なり，本だたみ（図4.2.8）が基本だが，袖たたみ，夜着たたみ，羽織たたみ，長襦袢たたみなどがあり，紐のたたみ方に特色がある袴たたみもある．帯も種類によってたたみ方は異なる．

〔布施谷節子〕

参考文献
1) 熊田知恵ほか：和服―平面構成の基礎と実際，衣生活研究会，pp.43-45, 1992.

4.2.3　被服造形の評価：身体適合性

　被服は人が身につけることによって初めてその真価を発揮するものである．人が被服に求める特性は，身体的・生理的な着心地の良さ，社会的・心理的な装いの満足感，経済性の三つに大別される[1]（表4.2.15）が，着用目的や着用者，着用する場などによってそれぞれの重要度のバランスはさまざまである．しかしながら被服が人にとって最も近い環境である以上，人体との適合性の良否が着用時の快適性，ひいては生活の質を左右するといっても過言ではないだろう．このようなことから，被服造形上の評価における身体適合性は，基本的かつ重要な観点といえる．また，人の身体は動かないままの人形とは異なり，生活上の動作に伴って身体の形や体表面の大きさが変化する．したがって特に日常着用する被服の身体適合性を評価する際には，静的姿勢における体型への適合性だけでなく，動作に伴う体幹の屈伸や捻り，上下肢の変位，関節角度の変化や体表面の変形など，動的姿勢時の体型変化への適応性についても配慮が不可欠とされる．

1）体型への適合評価（静的姿勢における身体適合）　静的姿勢における身体適合性は，審美性能のみならず快適性能にも影響を及ぼす．外観上の評価として，衣服を着用した状態で耳眼水平の自然体で立ち，前面，側面，背面から全身の観察を行う．観察は原則として上部から下部へ，中央から側方へと見落としがないように順に確認していく．適合していない場合には不自然なしわや引きつれ，浮きが生じ，また水平垂直であるべき基準線にゆがみが生じるので，注意深く観察を行う．観察ポイントは以下の通りであり，観察結果により必要に応じて補正を行う．

【観察のポイント】
・前後中心線および脇線が垂直に下りているか．

表 4.2.15 被服に求められる品質[1]

身体的・生理的な着心地の良さ	フィット性（身体寸法への適応） 運動機能性（動きやすさ，着脱のしやすさ） 暑さ寒さへの適応機能 触覚的快適性（肌触り，柔らかさなど）
社会的・心理的な装いの満足感	審美性（シルエット，色，柄，縫製などの美しさ） 流行，ファッション性，希少性，新奇性，ブランド
経済性	価格 扱いやすさ（洗濯のしやすさ，保管のしやすさ） 形態安定性（型くずれのしにくさ，しわのつきにくさ） 耐久性（布の丈夫さ，縫い目の強さ，染色堅ろう度）

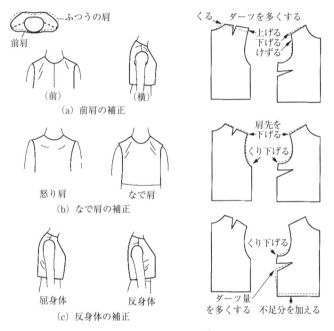

図 4.2.9 補正の例[2]

- 衿ぐりのあき具合のバランスがよく，身体に合っているか．
- 左右の肩下がりのバランスや肩縫い目線の位置がよく，肩周辺が身体に合っているか．
- 左右の袖ぐり線の位置がよく，身体に合っているか．
- 袖山のいせ込み量が適当か．袖幅の過不足はないか．
- 胸幅，背幅の過不足はないか．
- バストライン，ヒップラインが身体の位置に合い，水平になっているか．
- ウエストラインの位置が身体に合っているか．
- 胸囲，胴囲，腰囲のゆとりは適当か．
- 裾線が水平になっているか．（デザイン上のイレギュラーヘムの場合を除く）
- 身丈，着丈，袖丈の過不足はないか．
- ダーツの方向，位置，長さ，分量は適当か．
- スカートやパンツの場合，脇線のカーブが身体に合っているか．
- その他不自然なしわ，引きつれ，浮きはないか．

既製服の場合は不特定多数を着用者として想定することから，多くの場合設計には出現率の高い身体寸法バランスが採用される．このため肩の形状や姿勢（なで肩，いかり型，前肩，反身体，屈身体など）によっては，胸囲や腰囲などのサイズが同じでも不適合が生じる場合がある．図4.2.9に補正の例につ

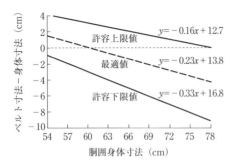

図4.2.10 ベルトサイズの許容範囲[2]

いて示す．

　外観上の観察の他，体型への適合性評価は着心地などの着用者による感覚的な方法で行われることが一般的である．このように人の感覚を用いて対象の品質特性を評価・判定することを官能評価（sensory evaluation）という．官能評価は，好みや快・不快の判定や総合評価がしやすいなどの大きなメリットがある半面，判定をする人による差（個人差）や，疲労・順応などによる再現性の低下などの問題も併せもつ．したがってこのような特性をもつ評価方法であることを認識し，判定方法や評価環境にも十分配慮して用いる必要がある．図4.2.10は，スカートやスラックスのウエストベルト寸法を効果的に設定する目的で，ベルトの締め加減の好みと胴囲寸法の関係や許容範囲について，女子学生を対象に官能評価で判定した結果[2]である．胴囲の大きい者ほどゆとりの少ないものを好み，ベルトサイズの許容範囲は広くなる傾向が報告されている．また，衣服のサイズ情報を伏せた前開きシャツの試着実験[3]では，他者から見た外観は適正サイズを着用した場合が最もよく，着用者評価は適正サイズより1サイズ大きいシャツを適合と評価するなど，衣料サイズに関する着用者評価と他者評価には差異が生じる場合があることを報告している．

　このほか，衣服の身体適合に関する研究は，衣料サイズ表示の認識の観点から[4]，既製服の身体適合に関する意識の観点から[5]，選択と衣服のゆとりの観点から[6]などさまざま行われている．

2）動作による体型変化への適応評価（動的姿勢における身体適合）　人の動作時には骨の変位や筋肉の隆起などにより体型の変化が生じる．皮膚は表面の細かい皺や襞により伸縮し，また下部組織とずれることによってこの動作による体型変化に対応している．第二の皮膚と呼ばれる衣服もこれに準じた方法で動作適応性を高めることができる．すなわち，体型の変形に対応できるだけのゆとり量や素材の伸縮性が確保されていること，体型の変形に合わせて必要な部分を開閉できること，人体と衣服がずれることができる構造になっていることなどが必要とされる．このような配慮が不足した動作適応性の低い衣服を着用した場合には，動作が拘束されて着心地が悪く不自由を感じ，場合によっては健康を害することもあるだろう．以下に動的姿勢への適応評価の例を示す．

① 袖下線の構造と動作適応性についての評価事例[7]：動作適応性を考慮したドルマンスリーブの設計条件（図4.2.11）について，筋電図（electromyogram：EMG）と動作映像から検討した結果を示す．筋電図は，骨格筋の収縮に伴って発生する微弱な活動電位を導出し増幅して記録したものである．筋の収縮が強くなるほど筋電図の振幅が大きくなるので，衣服の拘束の程度を表す指標として利用したり，衣服の拘束による動作の変化を知ることができる．図4.2.12は，180°前挙時の筋活動量（mEMG）と動作の様子を比較したものである．2種のドルマンスリーブともにセットインスリーブ（A）より筋活動量が有意に少なくなっているが，それぞれ理由が異なる．事例のようにウエストを絞ったデザインでは身頃が自由にずれることができないことから，袖下線がウエストから袖口にかけて直線的である場合（C）には，袖下から脇丈の長さが不足して腕が十分に上がらない．すなわち動作が小さいことが筋活動

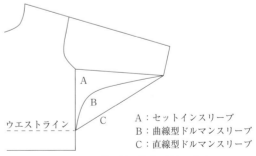

図4.2.11　袖下線の構造の異なる着衣

袖下線がウエストから袖口まで直線のものを実験服Cとし，袖下線を脇に向かってカーブさせ，袖下から脇線の距離を直線型のCとセットインスリーブのAの中間の長さとしたものを実験服Bとした．なお，動作時の衣服のずれを最小限に抑えるために，3着とも袖口とウエストが固定できるように設定した．

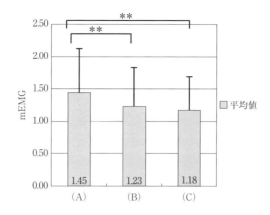

(A) セットインスリーブ　　(B) 曲線型ドルマン　　(C) 直線型ドルマン

図 4.2.12　袖のタイプによる筋活動量の違いと動作の関係（180°前挙時，EMG は三角筋中部）

量の少ない理由である．一方，袖下線を曲線的に刳り入れて袖下から脇丈の長さを確保した曲線型（B）では，腕は目標の高さまで上がっている．すなわち筋負担が少ない動作となっているといえ，ドルマンという流行のニュアンスを取り入れながら楽に動作ができる設計となっていることがわかる．

② **袖幅のゆとり量と動作適応性についての評価事例**[8]：　袖幅のゆとり量（上腕最大囲＋11 cm，7 cm，3 cm の 3 水準）を要因とし，上肢動作の適応性を官能評価と衣服圧および筋電図から検討した実験では，袖幅のゆとり量の差異が袖幅の「きつい・ゆるい」の感覚だけでなく，身頃や袖ぐり，ブラウス全体の拘束感にも影響を与えることが報告されている．また，袖幅のゆとり量が小さいほど，上腕部の最大衣服圧と側挙時の三角筋の筋活動が大きくなるという結果を得ており，最大衣服圧と官能評価の間には $r = -0.711 \sim -0.878$ で相関が認められたことから，筋負担を軽減し動きやすさを向上するためには上腕部を圧迫しないだけの袖幅のゆとりが必要

であるといえる．

③ **スカートのスリット止まりの位置と動作適応性についての評価事例**[9]：　スリットの縫い止まりの位置が異なるストレートスカート（図 4.2.13）を着用して階段を上がったときの膝関節角度と大腿直筋における筋電図パターンをみると（図 4.2.14），歩行サイクルの前半の，上段に足をかけてそのまま片脚支持で身体を持ち上げる際に使われている大腿

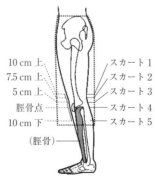

図 4.2.13　スリットの縫い止まり位置[9]

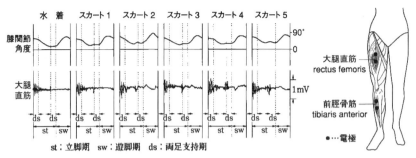

図 4.2.14 階段上昇時の膝関節角度・大腿直筋の筋電図の着衣間比較[9]

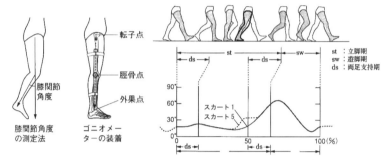

図 4.2.15 着衣による平地歩行時の膝関節角度の変化[9]

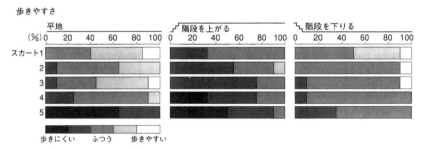

図 4.2.16 スカートの拘束による歩きやすさの違い[9]

直筋の放電が,着衣の拘束に比例して次第に大きくなっている.また,膝関節角度のパターンに変化が現れた時点,すなわち膝が着衣で不自然に屈曲したとき,水着着用時にはみられない放電が現れている.大腿直筋は膝関節の伸展に関与しているが,ここでは着衣によって強いられる膝の屈曲と同時に拮抗して収縮することにより,膝関節の固定をして安定を確保しているものと考えられる.

スリット止まりが高く拘束の小さいスカート1とスリット止まりが低く拘束の大きいスカート5を着用して平地歩行した場合の膝関節角度を比較すると(図4.2.15),スカート5の場合は測定している側の脚が後方にあるときの両足支持期に入るところでス

カート1の場合にはみられない小さな屈曲がある.これは,両足支持期においてスカートの裾幅が狭いことにより左右の足の膝の前後方向の距離が十分に取れないために起きると考えられる.

動きやすさの官能評価の結果(図4.2.16)をみると,スリットの縫い止まりの位置が下がるとともに動作時の拘束感が増大している.階段を上る場合が最も許容範囲が狭く,上記の実験結果と総合してみても日常着用するスカートでは脛骨点の上10 cmの位置より下を拘束しないことが必要であるとわかる.

3) 高齢社会への対応 既製服においては長い間若年層をターゲットとした企画生産が中心となっ

ていたが，超高齢社会を迎えた現在の日本にとっては高齢者に配慮した衣服設計が急務となっている．このようなことから，若年者と異なる高齢者の体格や運動機能の特徴を抽出して設計に生かそうとする研究も近年数多く取り組まれている．快適性の主要因であり着心地や動きやすさを左右する衣服圧に着目し，その発生要因の一つである衣服重量を要因とした着用実験[10]では，高齢者と若年者の頸肩腕負担の比較を行い，その結果，高齢者の方が衣服重量の増加による動作時の上腕の筋負担が大きいことを明らかにしている．高齢者にとって快適な衣服設計のためには，素材や付属品などを考慮して衣服重量の軽減に努めること，肩部形態など身体の立体形状情報を導入して衣服重量が肩部全体に分散するような適合性の高い衣服設計が求められる．

〔石垣理子〕

参考文献

1) 猪又美栄子，大塚美智子，川上　梅，佐藤眞知子，冨田明美，渡部旬子：製品の評価．アパレル設計論　アパレル生産論（高部啓子，大塚美智子編），p.237，日本衣料管理協会，2013.
2) 猪又美栄子，川上　梅，高部啓子，林　隆子：洋服の設計，感覚による評価．衣服製作の科学（松山容子編著），pp.70, 88, 建帛社，2001.
3) 平林優子，大村知子，山内幸恵，駒城素子：衣服サイズの違いに対する適合の評価―若年女子の前開きシャツについて．日本家政学会誌，59（7）：485-492, 2008.
4) 大村知子，渡邊敬子：衣生活行動の基礎能力に関わる衣料サイズ表示の理解と衣服寸法の認識．日本家政学会誌，36（2）：57-64, 1987.
5) 橋詰静子，長田美智子，雲田直子，長塚こずえ，増田順子，田中百子，永井房子：衣料サイズの適合性の検討．繊維製品消費科学会誌，40：246-254, 1999.
6) 布施谷節子，高部啓子：既製服のサイズ選択と衣服のゆとり．日本家政学会誌，49：131-138, 1998.
7) 石垣理子，橘川知世，猪又美栄子：袖下線の構造と動作適応性について．日本繊維製品消費科学会2010年年次大会要旨集，p.127, 2010.
8) 下坂知加，中田いずみ，石垣理子，猪又美栄子：袖幅のゆとりと動きやすさ―官能，衣服圧，筋電図による評価．日本家政学会誌，59：29-35, 2008.
9) 猪又美栄子，加藤理子，清水　薫：筋電図・関節角度の変化から見た衣服による動作拘束．日本家政学会誌，43：559-567, 1992.
10) 下坂知加，石垣理子，猪又美栄子：衣服重量が若年者と高齢者の頸肩腕負担に与える影響．日本家政学会誌，60（6）：569-577, 2009.

4.3　衣服の機能と着衣

4.3.1　気候調節機能と着装

a.　温熱環境因子

人をとりまく環境はいくつもの要因で構成されている．人体は自ら熱産生を行う発熱体であり，伝導，対流，放射，蒸発を通じて熱放散している．熱放散に影響を与える環境因子として，気温，気湿（湿度），気流（風速），放射（輻射）熱の4因子がある．さらに，人体側の2因子として活動量，着衣量がある．これらの6因子は暑さ寒さの感覚を決定する温熱環境因子である（図4.3.1）．本項では環境側の4因子とその測定法について概説する．

1) 気温 (air temperature)　気象学では，大気の温度であり，正式には地上1.2〜1.5 mの百葉箱の中で測定した空気の温度をいう．熱力学で温度は，物体の温かさ・冷たさの度合いを数量的に示した物理量である．温度の違う物体を接触させると物体間に熱の移動が起こり，高温の物体は次第に冷え，低温の物体は温かくなる．外気の影響を受けなければ，

図4.3.1　温熱環境因子[8]

物体間で温冷の程度は同じになる．この状態を熱平衡状態という．

温度を数量的に表すのが温度目盛である．温度目盛を定めるには基準温度を定めて，その間を等分す

る．セ氏（Celsius）温度（記号は t）は1気圧の下で純水の氷点と沸点をそれぞれ0℃と100℃としてその間を100等分し，その間を1℃としている．このとき，水銀やアルコールの温度による体積変化を100等分して目盛りを定めている．これが水銀温度計，アルコール温度計である．ケルビンは理論的考察から，物質に無関係な熱力学的温度を導入した．絶対温度（T）で，その単位はケルビン（K）である．$T = t + 273.15$ の関係がある．

2）気湿（湿度）（humidity）　通常，空気の中には幾分かの水蒸気が含まれている．気湿は空気中の水蒸気量である．空気中の湿気を表す方法として，相対湿度，絶対湿度，露点温度など各種湿度表示が用いられる．

相対湿度（％）は大気中の水蒸気圧とその温度の飽和水蒸気圧との比で，水蒸気を理想気体と考えればそのときのモル濃度と飽和状態のモル濃度の比に同じであり，この比はそのときの水蒸気密度と飽和状態の水蒸気密度の比に等しい．汗の蒸発速度は，汗の温度に対する飽和水蒸気圧と空気中の水蒸気圧の差に比例し，湿度は発汗時の快適性に影響する．

絶対湿度（kg/m³ または g/m³）は，湿り空気1 m³ に含まれている水蒸気の質量をいう．空気中の水蒸気がどんどん増えていけば，もうこれ以上増えることができない限界点に達する．そのときの温度を露点温度といい，結露と関係する．

3）気流（air flow）　同じ気温でも風があると涼しく感じるのは，体表からの熱放散を促進するからである．しかし，体温より外気温が高い場合は，気流は熱風となり暑く感じる．

空気圧力差による空気流動（通風）をドラフトという．冬期に室内への低温気流の流入や，ガラスなどの冷壁面で冷やされた冷風が下降する現象はコールドドラフトと呼ばれ，特に不快な気流である．気流の単位は（m/s）が用いられる．気流の基準は，当初最低換気量について定められ，0.5 m/s 以下とされている（ビル管理法）．快適性を考慮した基準は，在室者が気流速度・方向をコントロールでき，気流速度を 0.25 m/s 以下に調節できるという条件つきで 0.8 m/s までの気流を認めている[1]．

4）放射（輻射）（radiation）　熱放射は物体の表面温度に応じて熱放射線（電磁波）の形でエネルギーを放出したり，吸収したりする現象である．電磁波のうち，熱放射線は赤外線と呼ばれ，その波長域は可視光線のそれより長く，人の目で見ることができない．

熱放射を取り扱う上で理想化された物体を特に黒体という．黒体は，その表面に到達する熱放射線をすべて完全に吸収する性質をもつ．そして黒体から射出される熱放射，すなわち黒体放射は全波長域にわたり，与えられた温度における熱放射の最大値（放射率1）を示す．

温度 t（℃）の黒体から放出される熱エネルギー R は，その絶対温度の4乗に比例して次式で表される．

$R = \sigma T^4$，σ はステファン-ボルツマン定数
$\sigma = 5.67 \times 10^{-8}$（W/m²·K⁴）

ステファン-ボルツマンの法則を利用し，物体から放出されたエネルギーから求めた温度が赤外放射温度である．

5）気温，湿度の測定　相対湿度は乾湿温度計で，乾球温度と湿球温度の差から計算または換算表により求められる．気温，湿度の測定には，通風状態で測定するアスマン通風乾湿計の値が正確である．熱電対やサーミスタなどをセンサーに用いた自動記録型の小型温湿度計がよく使用される．測定後にパソコンにデータを取り込み解析できる．皮膚温や衣服内温湿度測定に多用されている．

6）気流，放射（輻射）熱の測定　気流の計測器は，機械式，電気式，温度計式がある．機械式はプロペラなどの回転子を利用したものである．簡易な風速計として以前，カタ寒暖計が使われたが，近年は，電気式の熱線式風速計がよく使われている．

黒球温度計（グローブ温度計）は，直径約15 cm の黒塗り銅球の内部に温度計を設置したものである．内部で対流がおこり，約15分で定常に達する．このときの示度をグローブ温度または放射対流温度という．

〔柴田祥江〕

参考文献

1) ASHRAE：ASHRAE Standard 55—Thermal comfort, 1992.
2) 高橋日出男：温度とは．からだと温度の事典（彼末一之監修），pp.552-554, 朝倉書店, 2010.
3) 西　安信：人体熱放散の仕組み．新版 快適な温熱環境のメカニズム—豊かな生活空間をめざして（空気調和・衛生工学会編），pp.37-39, 丸善, 2006.
4) 建築物における衛生的環境の確保に関する法律施行令，昭和45年10月12日政令第304号, 1970.

5) 林　陽生：赤外放射温度．からだと温度の事典（彼末一之監修），pp.583-585，朝倉書店，2010．

b. 温熱環境指標

1) 温熱環境指標とは　快適な衣服や冷暖房の選択，設計，制御を行うためには，温熱環境を評価し，人間の暑さ，寒さを予測することが有効である．温熱環境指標とは，対象とする環境が人間にとってどのような温熱環境なのかを評価する指標であり，安全・健康の観点や快適性の観点から用いられている．人間の暑さ，寒さには，空気温度，放射温度，湿度，気流という環境側の4要素と，着衣量，活動量という人体側の2要素からなる温熱環境6要素が影響を与える．温熱環境指標は，評価対象の環境や目的に応じて総合的に温熱環境を評価するために提案されており，温熱環境6要素のうち，いくつかの要素を適宜組み合わせて示すものである．温熱環境指標には，被験者実験により得た心理データを対応させたもの，人体と環境との間の熱平衡から理論的に作成したもの，その両方を併用したものなどがある．

2) 暑熱および寒冷環境を対象とした温熱環境指標　健康・安全性を維持することを目的とし，暑熱および寒冷環境を対象とした温熱環境指標が提案されている．暑熱環境の温熱環境指標として代表的なものとしては，人体から環境への蒸発熱損失量に着目した，熱ストレス指標（heat stress index：HSI）[1]や，乾球温度，自然換気状態の湿球温度およびグローブ温度により算出する湿球グローブ温度指標（wet bulb globe temperature：WBGT）[2]などがある．WBGTは，労働環境をはじめ日常生活における熱中症予防の指標としても使われている．暑熱環境の指標では，特に発汗時の評価が重要である．寒冷環境の温熱環境評価指標としては，空気温度と気流による冷却力を用い凍傷などの危険を評価する風冷指数（wind chill index：WCI）[3]や，寒冷環境において許容できるレベルに身体を維持するために必要な衣服の断熱性を人体の熱平衡式に基づいて算出した，必要着衣量（required clothing insulation：IREQ）[4]などがある．屋外作業の温熱環境指標として，UTCI (Universal Thermal Climate Index)[5]も提案されている．これは，気象台の屋外観測データを用いて，人体の熱平衡と体温調節のモデルに基づき算出し，寒冷および暑熱の温熱ストレス評価を行うものである．

3) 一般的な室内環境を対象とした温熱環境指標　一般的な室内環境（例えば，オフィスや住宅）においては，寒暑が極端ではないため，健康・安全性を確保した上で，さらに快適な環境を実現することが重要となる．一般的な室内温熱環境を評価するために提案された指標のうち，代表的なものを示す．

① **作用温度**（operative temperature）：　作用温度[6]は，人間と環境との間の熱平衡の理論に基づき，Gaggeらにより提案された温熱環境指標である．人体は，発汗の影響がない場合，周囲の空間と主に対流および放射による熱交換を行っている．これと同量の熱を交換するような均一温度（空気温度と壁面などの温度が等しい）の仮想的な閉鎖空間を考え，その温度を作用温度とした．具体的には，空気温度t_aと平均放射温度t_rを，それぞれの熱伝達に関わる熱伝達率で重み付け平均しており，次式で表される．

$$作用温度\ t_o = \frac{h_c \cdot t_a + h_r \cdot t_r}{h_c + h_r}$$

ここで，h_c：対流熱伝達率，h_r：放射熱伝達率である．なお，静穏気流下では，h_cとh_rはほぼ等しくなるため，この場合の作用温度は，空気温度と平均放射温度の相加平均として算出できる．

② **新標準有効温度**（standard effective temperature：SET*）：　Gaggeら[7]は，人間と環境との間の熱平衡とともに，人体の生理的な現象のうち平均皮膚温と皮膚のぬれ率を理論的なモデルを用いて求め，新有効温度（ET*）を作成した．温熱環境6要素を変数として含んでいる．生理学的なモデルを用いており，熱的中立環境だけでなく，寒冷環境および発汗による蒸発熱損失を含めた暑熱環境などにも適用できる．新標準有効温度（SET*）は，一般的なオフィスを想定した標準状態として，空気温度＝平均放射温度，標準im係数0.4，静穏気流，着衣量0.6clo，代謝量1.0metを定義した新有効温度であり，標準状態の体感温度を示すことで，統一した温冷感，快適感の評価を可能としている．

③ **予測平均温冷感申告**（predicted mean vote：PMV）：　Fanger[8]は，人体の熱的中立状態（暑くも寒くもない状態）を予測するために，快適方程式を提案した．熱的快適性を得るための必要条件として，人体と環境との間の熱平衡を保つこと，平均皮膚温と皮膚からの蒸発熱損失が適当な範囲であるこ

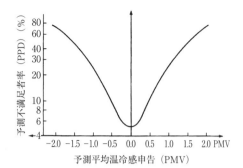

図 4.3.2 PMV と PPD の関係[9]

とを挙げ、平均皮膚温および皮膚からの蒸発熱損失を代謝量の関数として、人体の熱平衡式を温熱環境6要素のみで表現した。さらに、この理論的な熱平衡の計算量を、1,300人にもおよぶ実際の被験者を用いた実験によって得られた温冷感申告値と結びつけた予測平均温冷感申告（PMV）[9]を発表した。PMV指標では、その環境において多くの人が感じる温冷感を、「+3：暑い、+2：暖かい、+1：やや暖かい、0：どちらでもない、-1：やや涼しい、-2：涼しい、-3：寒い」という7段階の温冷感申告尺度値の形で予測することができる。さらに、ある PMV に対し、どのくらいの割合の人が不満足に感じるかを、予測不満足者率（predicted percentage of dissatisfied：PPD）として算出することができる[10]。PMV は ISO 7730[9]として国際規格となっており、$-0.5 < $ PMV $< +0.5$、PPD $<10\%$ を推奨の快適範囲としている。なお、PMV指標は、本来、熱的中立状態を基本として構成されているため、熱的中立状態から乖離した環境の評価には適さない。　　　　　〔西原直枝〕

参考文献

1) H. S. Belding and T. F. Hatch: Index for evaluating heat stress in terms of resulting physiological strains. *Heating, Piping and Air Conditioning*, 27, 129-136, 1955.
2) ISO 7243: Hot environments—Estimation of the heat stress on working man, based on the WBGT-index (wet bulb globe temperature), 1989.
3) P. A. Siple and C. F. Passel: Measurements of dry atmospheric cooling in subfreezing temperatures. *Proc. Amer. Philos. Soc.*, Vol.89, pp.177-199, 1945.
4) I. Holmer: Assessment of cold stress in terms of required clothing insulation—IREQ. *International J. Industrial Ergonomics*, 3 (2): 159-166, 1988.
5) UTCI-Universal Thermal Climate Index: http://www.utci.org
6) A. P. Gagge: Standard operative temperature, a generalized temperature scale, applicable to direct and partitional calorimetry. *Am. J. Physiol.*, 131: 93-103, 1940.
7) A. P. Gagge, J. A. J. Stolwijk and Y. Nishi: An effective temperature scale based on a simple model of human physiological regulatory response. *ASHRAE Transaction*, 77: 247-262, 1971.
8) P. O. Fanger: Calculation of thermal comfort: Introduction of a basic comfort equation. *ASHRAE Transactions*, 73 (2), 1967.
9) ISO 7730: Moderate thermal environment—Determination of the PMV and PPD indices and specification of the conditions for thermal comfort, 2005.
10) P. O. Fanger: *Thermal Comfort*, Danish Tech Press, 1970.

c. 着衣の熱特性の評価

1) 熱伝達の基本的機構　一般に、物体中あるいは異なる物体間において高温部から低温部へ熱が伝わることを熱伝達ないし伝熱といい、伝導・対流・放射の3種の様式がある[1]。

伝導は、物体を構成する分子の運動または熱運動のエネルギーが次々に伝わっていくことによって起こる熱伝達で、温度の高い方から低い方へ温度勾配に比例して移動する。ただしこのとき物質移動は伴わない。熱伝導を支配する基本法則にはフーリエの法則がある。単位時間あたりの熱移動量を Q、伝熱される単位面積 A、温度 t、距離 x とすると、図 4.3.3 (a) に示すように、$x_2 - x_1 = d$ (m) のとき、

$$q = \lambda A \frac{t_1 - t_2}{d}$$

λ/d は物体の熱の通しやすさ、d/λ は熱の通しにくさ、すなわち熱抵抗を表す。λ (W/m·K) は熱伝導率で、物体固有の熱の流れやすさを表す物性値である。

対流は、流体により熱が運ばれる現象をいう。図 4.3.3 (b) のように固体壁面から空気によって熱が運ばれて冷却するのは対流伝熱であり、衣服表面からの外界への熱移動がこれに相当する。ここではニュートンの冷却則が成り立つ。

$$q = hA(t_1 - t_\infty)$$

ここで、h は対流による熱伝導率、A は面積、t_1 は固体表面温度、t_∞ は流体温度である。

放射は、図 4.3.3 (c) のように物体間で電磁波によって熱エネルギーが伝播される現象で、これを放

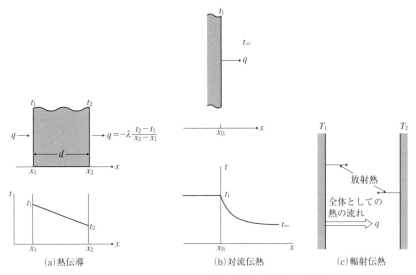

図 4.3.3 熱伝達の三つの様式（文献 1 をもとに改変）

射伝熱といい，真空中でも伝わる．放射伝熱量 q は，ステファン-ボルツマンの法則により，次式で表される．

$$q = \varepsilon \sigma A (T_1^4 - T_2^4)$$

ここで ε は放射率，σ はステファン-ボルツマン定数（$= 5.669 \times 10^{-8}$ W/m²·K⁴），A は面積，T_1 は物体表面の絶対温度，T_2 は相手物体の絶対温度である．ε は黒体の場合 1 であり，人体皮膚では 0.99〜1，繊維高分子材料では 0.95 程度である．

2) 着衣の熱特性　人体-衣服-環境系における伝熱現象は，伝導・対流・放射の複合したものであり，着衣時の熱移動特性は，衣服材料の特性だけではなく，人間が衣服を着用している状態で捉える必要がある．人体からの熱伝達は，伝導 K・対流 C・放射 R による熱伝達の和であり，総合熱伝達は平均皮膚温 t_s と外気温 t_a の差に比例する．すなわち，

$$H_d = K + C + R$$
$$H_d = h_d (t_s - t_a)$$

ここで，h_d は総合熱伝達係数（W/m²·K）で，着衣を含む人体周囲環境の熱の伝えやすさを表す．熱抵抗 R_d（m²·K/W）はその逆数で表されるので，$h_d = 1/R_d$ を代入すると，着衣の熱抵抗は次式で求められる．

$$R_d = \frac{t_s - t_a}{H_d}$$

着衣状態の熱特性の計測には，人体形状を模擬したサーマルマネキンによる計測が行われている．サーマルマネキンは等身大の人体模型で，内部または表面のヒーターによって人体と同様の皮膚温分布をもつように電気的に制御されている．衣服をマネキンに着用させ，一定時間放置し，その間の電力消費量（供給熱量）H_d（W/m²），マネキン表面の平均温度 t_s，気温 t_a を測定し，上述の式によって熱抵抗 R_d を求める．

着衣の熱抵抗を表す単位としてクロー値が用いられている 1 clo とは，気温 21.2℃，湿度 50%RH 以下，気流 10 cm/s の室内で静かに椅子に座っている人が快適に感じる程度の保温力で，0.18（℃·m²·hr/kcal）または 0.155（℃·m²/W）の熱抵抗値に相当する．ただし，この単位は，頭部や手部など露出部を含む人体全体からの熱伝達に対する，衣服の熱抵抗を表すときのみに限定して用いられることに留意する必要がある．

着衣表面の空気（限界層）の熱抵抗を含めた着衣の全熱抵抗（I_{total}）は次式で表される．

$$I_{total} = \frac{t_s - t_a}{0.155 H_d}$$

着衣の全熱抵抗から裸状マネキン表面の限界層の熱抵抗（I_a）を差し引いた着衣の有効熱抵抗（I_{clo}）は次式で表される．

$$I_{clo} = I_{total} - I_a$$

また，着衣時の表面積ファクター f_{clo}（裸状マネキンの体表面積に対する着衣時全表面積の比）を加味し，着衣表面の限界層の熱抵抗（$I_{a'}$）を差し引いた，着

衣の基本熱抵抗 (I_{cl}) は次式で表される.

$$I_{cl} = I_{total} - \frac{I_a}{f_{clo}}$$

単品ごとの衣服を組み合わせて着衣した場合, 単品の有効熱抵抗クロー値の和が, ほぼ着衣全体の基礎熱抵抗に近いことが報告されている[2].

衣服の熱抵抗を左右する要因には, 繊維の熱伝導率だけでなく, 布地の熱特性, 着衣の形態・着装法がある. 被覆面積と被覆部位, 開口の効果や重ね着の効果が関係しており, 衣服と人体表面との間に存在する空間における静止空気層のもつ大きな熱絶縁性が, 着用時の温熱的快適性に大きな影響を及ぼす.

〔井上真理〕

参考文献
1) 日本家政学会編: 被服の資源と被服材料. pp.95-97, 朝倉書店, 1989.
2) 田村照子, 酒井豊子: 着ごこちの追求. pp.88-91, 放送大学教育振興会, 1999.

d. 着衣の水分特性の評価

人体からは, 発汗が起こる暑熱時に限らず, 常に皮膚から不感蒸散が生じ, 水分が外界へ放出される. 着衣している場合, これらの水分は衣服を通って, あるいは襟元や袖口や裾などの開口部から外界へ放散される. 衣服に用いられる繊維は, 一般的に吸湿・吸水性に優れる. また布すなわち織物・編物は, 空隙率が大きい. そのため, 人体からの水分は, 布に一旦吸湿あるいは吸水されてから放湿, あるいは, 糸や布の空隙を通って透湿される. もし, 衣服が布地を通して水分を吸湿や吸水せず, 透過もしない場合, あるいは開口部から放散が起こらなければ, 人体からの水分は皮膚周辺に蓄積され, 着用時の不快感を呼ぶ.

着衣を通しての水分移動には, 布地の水分特性である透湿性や吸湿性, 吸水性に加え, 被覆面積, 衣服下空気層の厚さ, 開口部の形状や位置, 重ね着など衣服の形態や組み合わせ, 着装方法が影響する. したがって, 単品衣服あるいは組み合わせ衣服としての水分特性の評価には, 人体に似た形状の発汗(湿潤)サーマルマネキンを用いた衣服の蒸発熱抵抗 R_e が用いられる.

着衣の蒸発熱抵抗 R_e ($m^2 \cdot kPa/W$) は, 湿潤サーマルマネキンに着衣させ, 定常状態でのマネキン表面温度の飽和水蒸気圧 p_s^* (kPa) と, マネキン周囲空気の水蒸気圧 p_a (kPa) および蒸発放熱量 H_e (W/m^2) を実測し, 次式によって求められる.

$$R_e = \frac{w(p_s^* - p_a)}{H_e}$$

ここで, w は皮膚の濡れ率を表し, 水で完全に全身が濡れているときの湿潤マネキンは $w = 1.0$ である. 蒸発放熱量 H_e は, 湿潤サーマルマネキンの表面温度とマネキン周囲空気の温度が等しいと, 蒸発以外の熱移動がゼロとなるため, マネキンへの供給熱量から求めることができる. あるいはマネキンからの水分蒸発量を実測し蒸発潜熱を乗じて求めることができる.

湿潤サーマルマネキンを用いて吸湿・吸水性のないフィルムで作られた穿孔衣服の被覆面積と孔サイズを変えて蒸発熱抵抗を調べた結果[1], 被覆面積が増大するほど, 孔サイズが小さいほど蒸発熱抵抗が大きいことが明らかにされている.

水分透過指数 i_m (moisture permeability index) は, Woodcock[2] によって提案された熱と水分同時移動系における着衣の水分特性を表す数値で, 次式によって求められる.

$$H = \frac{(t_s - t_a) + 16.5 i_m (p_s - p_a)}{R_d}$$

ここで, H は湿潤マネキンの供給熱量 (W/m^2), t_s は湿潤マネキン表面温度 (℃), t_a は湿潤マネキン周囲空気温度 (℃), p_s は湿潤マネキン表面水蒸気圧 (kPa), p_a は湿潤マネキン周囲空気水蒸気圧 (kPa), R_d は衣服の熱抵抗 (℃・m^2/W) である.

水分透過指数 i_m 値は, 全く衣服が水分を透過しない場合を $i_m \fallingdotseq 0$ とし, 衣服を通して全ての水分が透過する場合を $i_m \fallingdotseq 1$ として与えられる値で, ほとんどの衣服は $0 < i_m < 1$ の値をとる. ISO 9920[3] によると, 紳士のビジネススーツ着衣 (下着・靴下・靴を含む) は $i_m = 0.32$, 女性用は $i_m = 0.36$ で, 多くの一般的な透湿性素材による1~2層の衣服の組み合わせ着衣は $i_m = 0.34$ である. 一般的な透湿性素材の着衣と透湿性のレインコートの組み合わせで $i_m = 0.15$, 不透湿性の上下のレインスーツなら $i_m = 0.07$ となる.

標準的な衣服の i_m を 0.34 とおくと, 衣服の熱抵抗から蒸発熱抵抗を推定することができる.

$$R_e = 0.18 \times I_{cl} \, (m^2 \cdot kPa/W)$$

ここで，I_{cl} は衣服の熱抵抗である． 〔小柴朋子〕

参考文献
1) 田村照子，富澤美和：定常制御型発汗サーマルマネキンの開発．日本家政学会誌，44 (8)：671-677, 1993.
2) A. H. Woodcock: Moisture transfer in textile systems, Part 1. *Textile Research Journal*, 32 (8): 628-633, 1962.
3) Ergonomics of the thermal environment—Estimation of thermal insulation and water vapour resistance of a clothing ensemble. ISO 9920: 2007 (E).

e. 着衣の熱・水分特性の左右因子

着衣の熱・水分特性には，環境要素（気温，湿度，放射，気流，雨，気圧など），身体的要素（性，年齢，姿勢，身体活動量，発汗，体組成，体サイズ，順化，適応など），着用様式（組み合わせ，重ね着など），衣服のデザイン，布地や繊維の諸特性が関わっており，これらは着用目的（自己表現，文化的要求，快適性，健康維持，特殊環境下での任務遂行など）と適合するのがよい．

本項では，日常の暮らしや野外活動に際し，着衣の熱・水分特性に大きく関わる事項，すなわち透湿性防水素材，衣類の濡れ，気流について解説する．これら各要素は，体温調節，快適性，健康維持において重要であり，また酷暑，酷寒，災害時などの厳しい環境下では生命に関わることがある．

1) 透湿性防水素材 透湿性と防水性を兼ね備える素材がある．この布は直径0.1～数 μm 程度の多孔性の膜構造を有する．そのため人体の皮膚面から発生する水蒸気（直径0.0004 μm）は通過させるが，雨水の浸入は防止する．よって雨衣や各種のスポーツ用衣服をはじめ，放射線防護服，薬剤散布服，防塵服などに使用することにより，温熱ストレスが軽減され，安全性や作業効率が向上する．

また，高山，極地，冷凍倉庫などの寒冷環境下で使用される衣類，寝袋，テントなどの結露防止としても有用である．寒冷下では露点温度が低いため，衣服や寝袋の内側は結露しやすい．結露が氷結し，連続使用によって氷結が進行すれば保温性は低下し，使い勝手が著しく悪くなる．図4.3.4に筆者らが行った実験の一例を示す．

2) 衣服の濡れ 水の熱伝導率は空気の約25倍である．そのため降雨や発汗などにより衣服が濡れると体熱を失いやすい．激しい身体労作時には爽快感を伴うことがあるとしても，概して不快であり不具合が生じやすい．そこで人類は古来，雨対策としてさまざまな工夫を行ってきた．第一次産業，屋外スポーツ，軍事などにおいても衣服の濡れ対策は重要である．

前田ら[1]による，綿を主体とする衣類を濡らした実験では，気温25℃環境下で急激な体温低下と寒冷感がもたらされた．成松[2]は，我が国の春秋期における気温（20～25℃）でも，衣服の濡れに睡眠，泥酔，意識障害などの諸条件が加わると，低体温症に陥る恐れがあると述べている．

中橋ら[3]は気温20℃相対湿度65%において，濡れた綿肌着の上に乾燥綿シャツを着用した場合と，これを逆とした場合について比較した．前者の保温性は後者の約6割となった．また，肌着とシャツが共に濡れた状態であるとき，綿肌着と綿シャツの組み合わせによる熱損失は，毛肌着と綿シャツの組み合わせに比べ，ほぼ2倍となった．Bakkevig[4]によれば，濡れた下着の保温性は，ウールとポリプロピレン混紡の両面編が優れ，ポリプロピレンのリブ編は劣る．

繊維は吸湿することにより収着熱を発生する．特に羊毛の発熱量が大きいことが知られている．また，濡れた衣服の着用を続けると乾燥に向かうことがあり，これを着干しという．実際の衣服着用時では下着から外衣に至る組み合わせ，および各々の素材は多様であり，これに身体活動レベルや環境要素も加わるため，人体が被る温熱効果は複雑である．

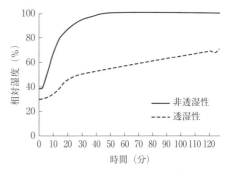

図4.3.4 テント内の相対湿度の推移
透湿性素材（エントラント®）と非透湿性素材（ビニル）による小型テントを人工気候室（−5℃，相対湿度30%）に設置した．両テント内には水蒸気発生装置（蒸発量33 g/h，60 W）を置いた．非透湿性素材では相対湿度が100%に達した．これは結露の発生を意味するものであり，居住性が劣ることを確認した．

3) 気 流 空調装置が発生する不快な気流をドラフト（draft）と称する．これを感じないことが望ましく，その基準は気温により異なるが，流速0.2 m/s以下であることが目安とされる．暑熱下では気流は概して好まれる．窪田[5]によれば，気温26〜28℃環境において，快適さをもたらす風速は0.6 m/sであるという．

暑熱下ではネクタイを緩め，寒冷下ではマフラーを巻くように，衣類の開口部における操作は体温調節に関わっている．熱はスカート上部の生地を通過して上方へ逃げる．これをアンドン効果という．衣類の裾から入った冷気は衣服内を登り襟元から外へ出る．こうした気流に乗じて体熱を逃がすことを煙突効果という．フイゴ効果（またはポンピング効果）とは，衣類と身体動作があいまって圧力差が生じることによりもたらされる換気作用である．

風が吹いたり自ら移動したりすれば身体は風を受ける．すると快感や不快感を覚え，通常，体熱が除去される．そこでPMV（predicted mean vote），修正有効温度（corrected effective temperature：CET），風冷指数（wind chill index：WCI）などの温熱評価指標は風速値を必要とする．図4.3.5に筆者らが行った実験結果を示す．風速が増すにつれ，また軽装であるほど，平均皮膚温が低下していく．

〔前田亜紀子〕

参考文献

1) 前田亜紀子，野尻佳代子，山崎和彦，栃原　裕：濡れた衣服の体温調節反応への影響．日本生気象学会雑誌，43（2）：103-112，2006．
2) 成松英智：偶発性低体温症．体温のバイオロジー——体温はなぜ37℃なのか（山蔭道明編），メディカル・サイエンス・インターナショナル，pp.103-107，2005．
3) 中橋美智子，村山雅巳，鄭　如伶：濡れた肌着の重ね方法の相違が効果的な着干しと保温に及ぼす影響について．デサントスポーツ科学，11：71-81，1990．
4) M. K. Bakkevig: Impact of wet underwear on thermoregulatory responses and thermal comfort in the cold. *Ergonomics,* 37: 1375-1389, 1994.
5) 窪田英樹：気流環境．人工環境の健康影響と快適性（栃原　裕編），弘学出版，p.29，2003．

f．衣服気候

人は環境の気候が変化しても体温を一定に保つ体温調節機構を有する．しかし，裸体で適応できる環境温度の範囲は狭く，亜熱帯の気候の範囲であるという．それ以外の気候では衣服を着装することにより身体からの放熱量を調節し，体温を一定に保っている．すなわち衣服が体温調節の補助をしている．衣服によって形成される衣服と皮膚との間の微気候を衣服気候という．

皮膚には温度受容器があると推測されるので皮膚表面に形成される衣服気候は，着衣の快適性と深く関わると考えられる．これまで，多くの研究者によりさまざまな温熱環境と衣服気候と快適性の関係が調べられ，快適に着装しているときの衣服気候は図4.3.6に示すように衣服最外層から内層に向かうにつれて，衣服内の温度が順次上昇し，衣服内の湿度は低下することが明らかにされている．

衣服気候は，衣服と皮膚との間の微小な空間の温度，湿度，気流の総称で，体幹部の衣服最内層の衣服気候はヒトが快適であるとき，図4.3.7に示すように温度が32±1℃,湿度が50±10%RH,気流が0.25±0.15 m/sの範囲であるといわれている．一方，衣服内の湿度が急に高くなると蒸れ感を感じ，温度・湿度ともに高いと暑熱感が大きく，また衣服内の温度が低下すると冷え感を感じるなど着装実験中の衣服内温湿度のデータと主観申告される着用感を比べると，衣服気候と湿潤感・温冷感とは関係が深いこ

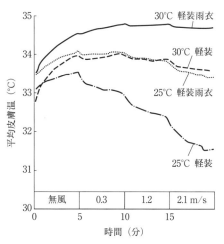

図4.3.5 風速を漸増させたときの平均皮膚温の推移
被験者は成人女性11名であった．気温30℃と25℃の2条件（相対湿度は共に50%）において安静状態を保持した．衣服条件は，軽装（Tシャツと短パン）と透湿性雨衣を用いて設定した．気温30℃における雨衣着用では，風があっても平均皮膚温は高水準を維持した．一方，気温25℃における軽装では，平均皮膚温は漸減し，全身温冷感の申告は11分目に「涼しい」となった．

4.3 衣服の機能と着衣

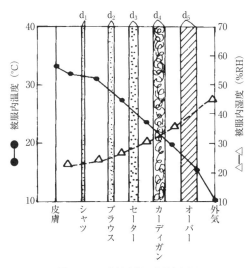

図4.3.6　多層衣服の衣服気候図

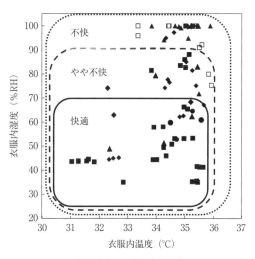

図4.3.8　おむつ内気候[3]
■快適，●やや快適，◆やや不快，▲不快，□まったく不快

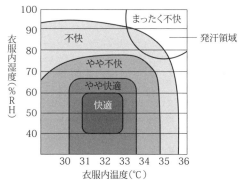

図4.3.7　衣服気候と快適感（日本繊維機械学会提供）

とが知られている．衣服気候の測定は，その着衣の快，不快を判定する目安となる．筆者らがおむつ内の衣服気候を検討した結果によると[3]，おむつ内の快適域は図4.3.8に示すように約33±2℃，約50±20%RHであり，図4.3.8の快適域よりも快適域が広いことが明らかとなった．これは，筆者らの実験では水分を伴う排泄器官がある衣服内環境であるおむつ内気候であり，高温高湿にさらされることが他の部位よりも多いため，若干温冷感や湿潤感に対する許容範囲が大きくなって快適域が広くなったと考えられる．

一方，運動時など非定常状態の着衣の快適感は衣服気候と相関関係が成り立たないことが多くの着用実験の結果，指摘されている．暑い環境での不快感は衣服内相対湿度よりも衣服内水蒸気圧との相関が高いという．また，運動中の快適性が，衣服内湿度の変化速度や皮膚への残留汗量，皮膚のぬれ面積率，布地表面のぬれ，繊維の吸湿発熱量の変化速度に依存するという報告も多い．

人の感覚は温熱的快適性を過渡的な状態で敏感に感じ，同じ刺激が続くと鈍感になるが，計測装置では定常状態での模擬が基本である．衣服気候の形成状態のシミュレーション実験も盛んになされている．平板状のものからサーマルマネキンのような等身大の人体モデルまでさまざまである．以下に具体的な計測装置を紹介する．

平板型の高度なものは種々の環境条件，重ね着などの衣服の着装状態および人間の活動状況を再現するよう工夫され，衣服内の温度・湿度が同時に測定でき，かつ非定常状態の変化が得られる．発汗状態の模擬の仕方は，熱板上に水を多量に含んだ紙を置き模擬皮膚とする方法や熱板上の微細孔から蒸気を直接吹き出す方法，模擬皮膚上に水を注入し，透湿防水布を介して不感蒸散を模擬する方法などがある．いずれの方法でも実際の人体の発汗状態とは必ずしも同じでない点もあるが着用実験の結果と良い対応関係にあることが報告されており，着衣時の熱水分移動に対して衣服素材が果たす機能を評価するには有効である．

サーマルマネキンは人体の幾何形状，寸法，表面温，表面放射率，熱放散量などを模擬した等身大の人体の放熱モデルで，衣服を着装させて着衣の熱抵抗値を計測するのに使われる．

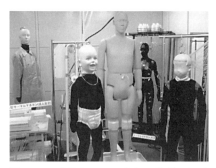

図4.3.9　各種サーマルマネキン（田村，2004）

サーマルマネキンでは着衣の形状，重ね着の仕方，衣服間隙など，着衣の構成要因を実際の状況に再現できる．また，被験者による着用実験では被験者にセンサー装着や一定の姿勢を長時間強要するなどの苦痛を与えるが，マネキンでは上記の負担なく熱抵抗値を計測できる．世界各国でさまざまな型のサーマルマネキンが設計・製作されている．素材は，銅，アルミ合金などの金属製，または繊維強化プラスチック（FRP）製である．マネキン内部は，頭部，体幹部，四肢部など数区分に分割され，各部位間は断熱されている．各部位は独立に電気的に制御され人体と同様の皮膚温分布をもつように工夫されている（図4.3.9参照）．

将来，動作や姿勢，皮膚温，発汗量などの過渡的な変化を模擬でき，より実際の人体に近づけたマネキンが開発され，着用実験の結果と比較されれば，その差異から人体の適応制御系のメカニズムが解明できるかもしれない．

〔薩本弥生〕

参考文献
1) 田村照子：基礎被服衛生学，文化出版局，p.78, 1994.
2) 原田隆司，土田和義，丸山淳子：衣服内気候と衣服材料．繊維機械学会誌，35：350, 1982.
3) 手塚香代：被服の心理生理的評価，横浜国立大学教育学研究科修士論文，2007.
4) 谷田貝麻美子，間瀬清美編著：衣生活の科学—健康的な衣の環境を目指して，アイ・ケイコーポレーション，p.15, 2006.

g. 寝床気候

寝具と人体の間にできる空間の温度と湿度を寝床気候という．寝床気候は，寝室や寝具，寝衣などの環境条件と，睡眠や体温，寝返りなどの人体の条件により影響を受ける．環境と人体の条件を，寝床気候とあわせて検討することが重要である．

1）睡眠　睡眠にはノンレム睡眠とレム睡眠の二つがある（図4.3.10）．ノンレム睡眠は第1段階〜第4段階の四つの段階に分けることができ，段階が増すにつれ深い睡眠になる．第1段階はうとうとした状態，第2段階は浅い眠り，第3段階と第4段階が深い眠りを表す．第3, 第4段階をあわせて，徐波睡眠という．レム睡眠は，眼球が急速に動くことからレム睡眠（REM：rapid eye movement）といわれる．脳はノンレム睡眠の第1段階，または覚醒に近い状態で夢を見ていることが多く，筋電図が低下し，身体の筋肉が弛緩する．正常な睡眠は，覚醒からノンレム睡眠の第1段階に入り，第2段階，そして深い第3, 4段階へと進み，一定時間後に3, 2, 1段階と浅くなりレム睡眠へと移行する．ノンレム睡眠からレム睡眠までの約90〜100分の睡眠周期を4〜5回繰り返し，起床を迎える．睡眠の前半は徐波睡眠，後半にはレム睡眠が多く出現する．

2）睡眠時の体温調節　人の深部体温は，午後6時ごろ最高になり，午前3時ごろ最低になるという，24時間を周期として増減するサーカディアンリズムをもつ．一方，人は日中活動し，夜間眠るという生活を24時間周期で繰り返す，睡眠・覚醒リズムをもつ．睡眠と深部体温は深く関連しており，深部体温が低下する時間帯に睡眠は起こりやすく，上昇する時間には起こりにくい．質の良い睡眠には，就寝時刻と起床時刻を規則的にし，睡眠・覚醒リズムと深部体温のリズムを一致させることが大切である．サーカディアンリズムにより低下した深部体温は，睡眠によりさらに低下する[1]．入眠する約30分前から皮膚温，特に末梢の皮膚温が上昇する．この皮膚温の上昇とともに身体から熱が放散されるため，深部体温も低下し，その後深部体温は起床にむけて上昇する（図4.3.11）．皮膚温の上昇と，深部体温の低下が，快適な睡眠に重要である[1]．睡眠時は深部体温とともに代謝も低下する．呼吸数や心拍数も低下するが，レム睡眠時は上昇し不規則になる．また，睡眠時の発汗には精神性発汗は見られず，温熱性発汗であることが知られている．睡眠深度が深いほど発汗量が多くなるが，レム睡眠ではノンレム睡眠よりも発汗量が減少する[2]．

3）寝床気候　快適な睡眠が得られているときの寝床気候は，温度32〜34℃，相対湿度50±10%

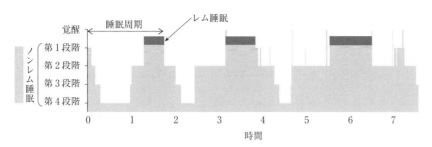

図 4.3.10 正常な睡眠経過図[1]

通常の睡眠は，覚醒からノンレム睡眠の1〜4，4〜1段階を経てレム睡眠に入る．ノンレム睡眠から，レム睡眠までが睡眠周期である．

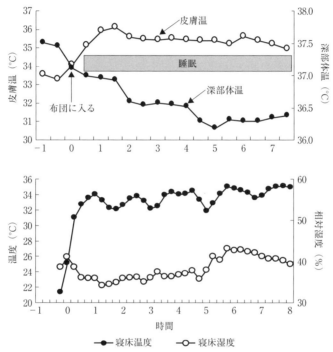

図 4.3.11 睡眠中の深部体温，皮膚温，寝床気候の変化[3]

深部体温は直腸温，皮膚温は平均皮膚温で示した．寝床気候は胸部で測定した結果である．

の範囲である[3]．睡眠中は深部体温や代謝が低下するため，寝衣や寝具は覚醒時よりも保温性の高いものが必要となり，寝床気候も衣服内気候より温度が高い．人が布団に入ると，寝床温度は上昇し，一晩を通じて安定した温度が保たれる（図4.3.11）．湿度も急上昇した後は低下し，ほぼ一定に保たれる．湿度は，速やかに敷布団や掛布団の外側に移動するため，寝床気候は温暖で乾燥した状態が保たれる．

春，秋は快適な寝床気候を保ちやすい．しかし，冬は室温の低下とともに寝床温度も低下するため，入床したときの冷湿感が皮膚温の上昇を妨げ，睡眠が妨げられる[4]．寝返りにより，肩から冷気が入ることも問題となる．また，室温が低下すると一般に掛布団を増やすが，敷布団からの放熱は掛布団よりも大きい．したがって，敷布団を増やすことや肩を覆う寝具が保温には効果的である．夏の寝床気候では，寝床温度に差はないが，寝床湿度が90％近くまで上昇し，蒸暑感が睡眠を妨げる[4]．また，寝床温湿度が上昇すると体動が増加することもわかっており，睡眠に及ぼす影響は大きい[4]．固めで人体との接触面積が少なく，透湿性の高いマットレスでは寝床湿度とともに衣服内湿度の低下もみられる[5]．

室温にもよるが，敷寝具を工夫することで，寝床気候を快適に保つ効果が期待できる．快適な寝床気候を保つことができるのは28℃までであり[4]，それ以上では冷房による調節が必要となる．〔水野一枝〕

参考文献
1) 水野一枝：寝具による圧迫．睡眠と人体生理（家政学会被服衛生学部会編），アパレルと健康，pp.90, 190，井上書院，2012.
2) S. S. Gilbert, C. J. Heuvel, S. A. Ferguson and D. Dawson: Thermoregulation as a sleep signaling system. *Sleep Medicine Reviews*, 8 (2): 81-93, 2004.
3) 水野一枝：睡眠と環境．睡眠とメンタルヘルス（白川修一郎編），p.138，ゆまに書房，2006.
4) J. C. Sagot, C. Amoros, V. Candas and J. P. Libert: Sweating responses and body temperatures during nocturnal sleep in humans. *Am. J. Physiol.*, 252 (3): R462-470, 1987.
5) 梁瀬度子：温熱環境．睡眠環境学（鳥居鎮夫編），pp.152-157，朝倉書店，1999.
6) 水野一枝，水野 康，山本光璋，松浦倫子，松尾 藍，岩田有史，白川修一郎：マットレス素材の違いが暑熱環境での入眠過程に及ぼす影響．日本家政学会誌，63 (7)：391-397, 2012.

h. 環境と着衣量

地球温暖化や2011年に起こった東日本大震災を契機に，限りあるエネルギーの保護が強く叫ばれる今日，温熱的快適さを得る手段として，冷暖房による環境条件の調節ではなく，一人ひとりによる被服の着衣量の調節が重要視されている．つまり，被服はポータブルな環境と言い換えることができ，登山服，潜水服や宇宙服などはその延長上に位置し，被服によってヒトの生存域が拡大する．

また，ヒトは熱帯に発生・進化した動物であるため，暑さに対しては発汗など有効な放熱手段を身につけているが，寒さに対しては特別な身体機能を身につけておらず，寒冷環境において被服の担う役割は大きいといえる．

1) 被服の保温効果 被服の保温効果は，その被服を構成する布地の繊維の種類，布を構成する糸の撚りの強弱，起毛しているか否かなど糸の状態，織物か編物，布地の厚さ，織りや編みの密度の粗密，着用被服のゆとり量の大小，衿，袖口や裾の形，袖や裾の長さ，開口する方向など被服の形態や被覆面積の大小により左右される[1]．

着用被服の保温効果すなわち保温力は熱抵抗（クロー，clo）で表す．1 clo とは，気温21.2℃，相対湿度50％以下，気流0.1 m/sの室内において，椅座位安静で，代謝熱量50 kcal/m²·hの成人男性が快適に感じ，平均皮膚温を33℃に維持できるような着衣の保温力と定義されている．またギャギ(Gagge)らは1 cloとの着衣の熱抵抗は0.18 (℃·m²·h/kcal)，または0.155 (℃·m²/W) に相当するとしている．さらに，clo値には着衣表面の空気の熱抵抗を含めた着衣の全熱抵抗，着衣の有効熱抵抗，基本熱抵抗など三つの定義があり，使用する際には留意が必要である[2]．

また，clo値は被服の重ね方や組み合わせなどによって変化する．厚い被服1枚を着衣するより薄い被服を何枚か重ねて着衣する方が暖かく感じる．これは被服を何枚か重ねて着衣すると被服と被服の間に空気層が形成されるため，単品被服の個々の保温力の和よりも増加するからである．しかし，重ね着の枚数が多すぎると，放熱面積の増大と下層の空気層の圧縮により，保温力が減少することもある．したがって重ね着をする場合，上に重ねて着衣する被服は徐々に大きくし，軽量である方が保温力を増加させるには有効といえる．

さらに，着衣の被服重量がclo値の目安になることから，総着衣重量／体表面積（g/m²）によって示される．全身を覆う着衣のclo値を表4.3.1に示す．重量が増すほど，clo値は増加する．現在clo値の測定は，サーマルマネキンを使用して行われている．

表4.3.1 全身を覆う着衣4種のclo値[3]

服種	重量(g)	立位(clo)	椅座位(clo)
ワンピース	305	0.42	0.43
ブラウス＋スカート	313	0.46	0.43
ブラウス＋ズボン	322	0.44	0.35
和服	669	0.65	0.61

2) 快適着衣量 温熱的に快適であるための着衣量を快適着衣量と呼び，環境の温熱条件および着用者の産熱量，性別，年齢，体型，着衣習慣などの個人的要因に左右され，個人差が大きい．環境温度との関係からみた快適着衣量の目安は，安静時において裸体の成人の場合，気温28～30℃の範囲ではヒトは血管の収縮・拡張により体温を調節し，気温が8.8℃低下すると1 clo程度の着衣増加が必要であるとされている．すなわち，気温30℃の場合には0

表 4.3.2 気候区分

無樹林気候	寒帯 (E)	氷雪気候 (Ef)
		ツンドラ気候 (Et)
樹林気候	亜寒帯 (D)	亜寒帯気候 (Dc, Dd), 針葉樹林気候 (Dfc)
		湿潤大陸性気候 (Da), 大陸性混合林気候 (Dfa)
		高地地中海性気候 (Ds)
		亜寒帯冬季少雨気候 (Dw)
		亜寒帯湿潤気候 (Df)
	温帯 (C)	地中海性気候 (Cs)
		温暖冬季少雨気候 (Cw)
		西岸海洋性気候 (Cfb)
		温暖湿潤気候 (Cfa)
無樹林気候	乾燥帯 (B)	ステップ気候 (Bs)
		砂漠気候 (Bw)
樹林気候	熱帯 (A)	熱帯夏季少雨気候 (As)
		サバナ気候 (Aw)
		熱帯モンスーン気候 (Am)
		熱帯雨林気候 (Af)

clo が,21.2℃ では 1 clo が快適着衣量となる.

また,個人が快適に感じる着衣量であっても,厚着は新陳代謝や細胞の活力を低下させ,身体の虚弱化を招き,さらに身体の動きを不活発にし,幼児では身体の発育に悪影響をおよぼす.特に乳児の夏季における厚着は,放熱障害を起こして,うつ熱性下痢の誘因となるなど,健康上好ましくないことが明らかにされている[2].

2002〜2004 年に日本全国の老若男女を対象に季節別の外出着の総着衣量を調査した結果,女性において若年者では全国平均が夏季 5.6 枚,冬季 6.8 枚,高齢者は夏季 8.0 枚,冬季 8.3 枚であり,夏季でも高齢者は肌シャツ,カーディガンそしてガードルあるいはズボン下を着衣し,若年者より着衣量が多かった.男性において若年者では夏季 4.8 枚,冬季 6.3 枚,高齢者では夏季 6.6 枚,冬季 8.2 枚と女性同様に高齢者の着衣量が多い傾向にあった[4].また,総重量において冬季の女性では 2.5 kg 程度,男性では 3.0 kg 以上を身に着けているという報告もある.近年では薄地,軽量でしかも暖かい肌着やダウンコートなど軽量で高保温力を謳った機能性被服が市販されるなど状況が変化していることから,季節別総着衣量と保温力に関する実態調査や実験的研究が周期的に行われることが望まれる.

3) 気候帯 ヒトは被服をまとうことによりさまざまな環境下で生活することを可能にしている.世界の温熱的環境については,ケッペン(Keppen)が植生に注目して考案した気候区分がある.まず樹林気候と無樹林気候に大別し,樹林気候は寒暖の差により,熱帯(A),温帯(C),亜寒帯(D)の 3 気候,無樹林気候は乾燥帯(B)と寒帯(E)の 2 気候に分類され,さらにこれらを降水量により,一年中多雨(f),夏多雨・冬乾燥(w),冬多雨・夏乾燥(s)と分類し,これらを組み合わせて表現し[2],日本は温帯・温暖湿潤気候(Cfa)に分類されている.気候区分を表 4.3.2 に示す.また小川は夏乾冬湿気候,砂漠性乾燥気候,多雨湿潤気候,夏湿冬乾気候,熱帯酷暑気候,寒帯・極寒気候の六つに分類している.

寒冷環境での生活において被服は極めて有効な保温の手段であるが,チャドリなど民族服に見られるように,厳しい暑熱環境にあってもヒトは何らかの被服を身にまとっている.これは強い太陽光から皮膚を保護し,皮膚からの放熱を促進させるために皮膚と被服の間の換気を行うためである.

〔高野倉睦子〕

参考文献
1) 日本家政学会被服衛生学部会編:アパレルと健康,p.26, 井上書院, 2012.
2) 阿部幸子, 鷹司綸子ほか編:被服学辞典, pp.11, 68, 74, 99, 123, 268, 朝倉書店, 1997.

3) 花田嘉代子ほか:服種の異なる着衣の熱特性の比較. 繊維製品消費科学会誌, 26:397-403, 1985.
4) 伊藤紀子:異なる季節・地域におけるユニバーサル・ファッション提案のための被服衛生学的研究, 平成14〜16年度科学研究費補助金研究成果報告書.
5) 山口惠子ほか編:衣生活そのなぜに答える, pp.58-63, ブレーン出版, 2005.
6) 斎藤秀子, 呑山委佐子編:快適服の時代, おうふう, 2010.

4.3.2 運動機能と着装

a. 着衣の変形と拘束性

1) 動作時の着衣変形 人体を動かすと, 身体寸法が変化する. 人体の動きが拘束されないためには, 身体表面を覆っている皮膚が動作に追随しなければならない. 図4.3.12は, 動作時の身体寸法変化の一例である. 肘・膝関節の屈伸や着座時の臀部で大きな変形が認められる.

同様に, 着衣している場合, 皮膚より外層にある衣服も動作時の身体寸法変化に追随しなければ動作が拘束される. 動作時の身体寸法増加量に対して, 次式が満たされなければならない.

動作時の身体寸法増加量
　=布の伸び量+衣服のゆとり量+衣服のすべり量

すなわち, ゆとり量が少ない衣服の場合, 伸びやすい布で皮膚-衣服間あるいは衣服-衣服間のすべりのよいものでなければ, 動作拘束性が大きくなる. 特に, 布の伸び量と布の伸長特性は, 身体拘束性を論ずる上において重要である. したがって, 着衣時の布の伸び変形を計測する必要がある.

2) 着衣時の伸び変形の計測方法

① **捺印法**: 図4.3.13は, 直径3cmの円を彫ったゴム印を, 衣服の伸び率を測定したい場所に捺印した後, 着用して椅子に座ったときの様子である. 着用前の静置状態で捺印した場合には, 着用と動作によって変形した伸び量を計測できる. また, 着用

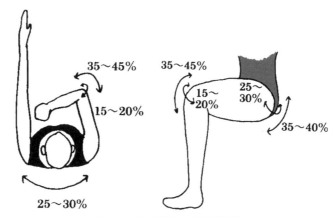

図4.3.12 動作時の身体寸法変化

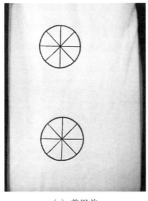
(a) 着用前

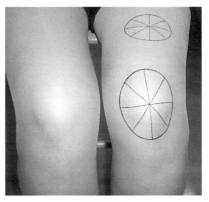
(b) 着用時

図4.3.13 捺印法によるストッキング着用時の伸び変形の測定

した後に正常立位で捺印した場合には，動作のみによって変形した伸び量を計測できる．伸び率は，元の長さ（l）に対する変形後の長さ（l'）から，以下の式で算出される．

$$衣服の局所伸び率（\%）=100\times\frac{l'-l}{l}$$

② 未延伸糸法： 未延伸状態の合成繊維（製糸工程の中間製品）を用い，糸が伸びないように注意しながら衣服に縫い込む．その後，着用して動作する．未延伸糸は，いったん伸ばされると元にもどらない性質（可塑性）をもっており，変形がそのまま残留する．このような性質を利用して，例えば1日着用後の最大伸び率を計測することができる．

③ 撮影法： 前述の方法と比べると，かなり高額な機器を要するが，近年では，3次元動作解析などを利用した測定法が多く用いられている．

3）動作拘束性　着用した衣服が動作によって伸ばされたとき，伸ばされた方向に対して垂直方向に圧迫力（衣服圧，clothing pressure）が発生する．衣服圧は，動作時の無効仕事量を増大させたり，身体の動きを拘束させたりするため，動作拘束の指標として扱われている．

平面上で衣服（布）を伸ばしても衣服圧は発生しない．丸みのある身体上でのみ発生する．図4.3.14のように，臀部や膝部を球形と仮定すると，衣服圧 P は以下のKirkの式によって算出できる．

$$P=\frac{T_1}{r_1}+\frac{T_2}{r_2}$$

ここで，r は曲率半径，T は着衣時の布の伸びに対応する張力，添字1は身体の長さ方向，2は周方向を示している．曲率半径 r は，人体表面を円弧と仮定したときの円の半径である．また，$1/r$ を曲率（curvature）という．

一方，胴部や腕・脚などでは長さ方向に丸みがないので円筒と仮定できる．すなわち，曲率半径 r_1 は無限大とみなされ，T_1/r_1 はほぼゼロとなる．結果として，P は次式で算出される．

$$P=\frac{T_2}{r_2}$$

衣服圧は，身体の曲率半径に反比例し，その部分での衣服の張力に比例することを示している．すなわち，布の伸びが大きく，伸び抵抗の大きい布ほど張力が大きくなり，また細い部位（身体の丸みの強い部位，曲率の大きい部位）ほど衣服圧は高くなる．

各種布の張力と伸長率との関係を図4.3.15に示す．織物はたて糸とよこ糸が直交しているため伸びにくいが，編物は糸がループになっているために伸びやすい．また，天然繊維の中でも，綿や毛のように繊維にねじれやクリンプ（波状）のあるものは，繊維が真っ直ぐな麻や絹よりも伸びやすい．合成繊維では，熱可塑性を利用して，繊維にけん縮加工を施した糸からなる布は，フィラメント糸からなる布よりも伸びやすい．

さらに，編物の中でも水着やストッキングが伸びやすいのは，ゴムのようによく伸びるポリウレタン弾性糸が使用されているためである．近年，非常にスリムなパンツやジーンズが動作時も窮屈さを感じずに着用できるのは，ポリウレタン弾性糸を用いたストレッチ性の向上によるものである．〔諸岡晴美〕

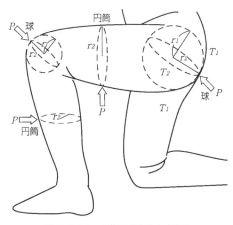

図4.3.14　人体に発生する衣服圧

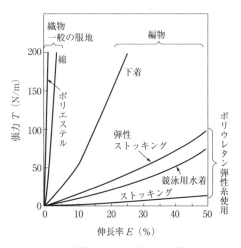

図4.3.15　各種衣服素材の伸長率と張力との関係

b. 衣服圧と生理反応

1) 衣服圧の発生要因とその定義
ヒトが衣服を身に着けて動くと，衣服によって動きを束縛されることがあるが，このときヒトと衣服との間に衣服圧が生じている．衣服圧とは，伸ばされた衣服の伸長方向に対する法線方向の分力のこと[1]で，体表面に対して垂直方向に圧迫する力のことである．日常生活で良く経験する衣服圧は，主に次の三つの条件によって衣服と体表とが接触している部位で発生する．その一つは衣服の重量によるもので，冬の厚手のコートや上着を着たとき，肩や腰などに生じる．また，スカートやズボンのベルト，ショーツのゴム紐，靴下の口ゴムといった，衣服がずり下がらないように，体の一部に被服を押さえて止め付けた周応力によるもの，体型補整のためのファンデーションや水着など，伸ばされたストレッチ素材が元に戻ろうとするときにも衣服圧は発生する．このように，我々が日常経験しているごく身近な圧力である．

2) 衣服圧の測定法とその特徴[2]
衣服の着心地を決定する要因の一つである衣服圧は，従来"きつさ感覚"の定量化の指標として研究されてきた．その代表的な測定法を表4.3.3に示す．1980年代までは"圧負荷と読みとが直線関係にならない"，"再現性が悪い"という二つの理由で，衣服圧は測定が困難とされていた．

受圧部を人体と衣服との間に挿入する直接法は，衣服と体表との間の隙間を受圧部が埋めてしまうので，着装状態が変わる．一方，Kirkらの提唱した布の張力と測定部位の曲率半径から衣服圧を求める間接法[3]では，その時々に変わる官能評価との検討が難しく，どちらの方法にも一長一短があった．その後，受圧部やセンサーが小型・軽量化したので，着装状態をそれ程変えずに計測できるようになったことから，圧感覚が調査しやすい直接法が主流となった．現在は空気バッグ法や水バッグ法がよく使われている．その他に，圧フィルムセンサーや着装状態をシミュレーションする方法なども研究されている．現段階では衣服圧の測定法は未だ統一されていない．衣服圧を測定するには，布の伸びやすさや曲げこわさ，身体測定部位の硬さや曲率，布や皮膚の張力が関係するので，ヒトの体表面の曲率を再現したマネキンに同じ衣服を着せても，人が衣服を着たときの圧分布を再現できない．衣服圧の計測方法のみならず，測定条件も統一されていないので，市販商品に貼付された衣服圧を消費者は鵜呑みにすることはできない．

なお，圧力の単位にはPa，g/cm^2，mmHgなどの単位があげられる．以前はg/cm^2やmmHgがよく用いられたが，現在はSI単位としてPa（パスカル）が用いられている．特に衣服圧の表示にはhPa

表4.3.3　衣服圧測定法の特徴と欠点[2]

測定法		特徴および利点	欠点
直接法	扁平ゴム球法	扁平なゴム球を受圧部として測定部位に挿入し，圧力計を用いて衣服圧を読み取る簡便な方法．	接触面積が圧強度によって変わるので，圧負荷と出力の読みが比例関係にならない．動作時の計測が困難．
	半導体歪みゲージ法	半導体歪みセンサーや歪みゲージ型圧力センサーを用いる方法．動作時の計測が容易．	圧力センサーを直接測定部位に挿入するため，人体のかたさ・曲率半径，被服素材の曲げこわさ・伸びやすさによって，計測値が変わる．
	空気バッグ法	1 mL前後の空気を封入したポリエチレンバッグを受圧部として挿入し，連結した半導体センサーで圧力を読み取る方法．動作時の計測がある程度可能．	計測部位によってバッグの形・大きさが変わる．水バッグ法に比べて応答速度が遅く，分解能が低い．
	水バッグ法	0.1 mL前後の水を封入したポリエチレンバッグを受圧部として挿入し，連結した半導体センサーで圧力を読み取る方法．呼吸運動や動作時の計測が可能．	受圧部と半導体圧力センサーとの高さを揃えなければならない．
	圧電フィルムセンサー	0.1 mm以下のプラスチックフィルム状の圧電素子で，圧力が加わると電気抵抗が変化する．衣服下への挿入も容易であり，衣服着用動作時や寝床時等での利用が期待される．しかし衣服圧計測への有用性については未だ検討されていない．	
間接法		Laplaceの膜平衡理論を布に適用したもの．衣服圧発生時には布がヒトの体表面にそって伸ばされるので，布の張力と体表面の曲率とから計算で求める方法（詳細は4.3.2.a.3)項参照）．	
その他		ヒトの体表面形状や被服素材の特性を数式化し，コンピューターを用いたシミュレーションモデルから，衣服を着用したときの衣服圧分布を予測する方法．布を実際に裁断・縫製しなくても着心地を予測しようとするもの．	

（ヘクトパスカル）の使い勝手がよい．ちなみに，次式の関係にある．

$$1\ hPa = 1.02\ g/cm^2 = 0.75\ mmHg$$

3）衣服圧が生理反応に及ぼす影響[2]　衣服とヒトとの間に発生する衣服圧は，その双方の影響を受ける．かつて衣服圧は，測定条件を統制しても一定値を示さないので，データの再現性が悪いと考えられていた．その原因は，当時の測定技術がヒトの動作，呼吸運動，血圧の変化などのダイナミックな現象に追従できなかったためである．表4.3.3に示した水バッグ法の発表とともに，衣服圧は経時的に変化することが明らかとなった．例えば，立っているだけでも胴部に発生する衣服圧は，呼吸運動に伴い周径が常に変動する[4]．その様子を図4.3.16に示す．成人女性の腹部に幅2.5 cmのインサイドベルトを巻き，サーミスター（呼吸運動）と胸郭ピックアップセンサー（腹部周径変動）でモニターしたときの衣服圧の経時変化を示した．自然呼吸を腹式深呼吸へ変えると，腹部周径変動，呼吸運動の波形の振幅は大きくなる．また，息を吸ったまま止めると衣服圧は高く保たれ，吐き出して止めると低く保たれる．このように，呼吸運動に関連した筋活動のある体部位の衣服圧は，呼吸運動，周径変動とともに変動する．また，呼吸を一時的に停止して腹部周径を変化させなくても，動作によって筋活動が活発化すれば，腹部周径は長くなり衣服圧は高くなる．このように衣服圧はさまざまな因子の影響を受ける．さらに，個人差は元より，同一被験者であっても衣服の素材の特性や厚さ，重さはもちろんのこと，デザインや着方によっても衣服圧は変わる．ヒトに衣服を着せたときの衣服圧を測定するためには，多くの条件を規定する必要がある．

心地よい圧迫の程度であるか否かを知るためには，官能評価（「c. 衣服圧と心理反応」を参照）のみならず，圧迫に対する生理的応答を合わせて研究する必要がある．つまり体温調節機能（代謝，深部体温，皮膚温，発汗量，濡れ率，血流量），呼吸・循環機能（肺活量，呼吸数，換気量，心拍数，血圧，心電図，血流量），運動・感覚機能（筋力，筋電図，重心動揺，筋血流，感覚弁別閾値，感覚閾値），自律・中枢神経系反応（脳波，脳血流，脳電図，心拍変動，呼吸変動，血圧変動），内分泌系反応（血液，皮脂，尿，汗，唾液中の各種微量成分分析）などの変化を調べることで，自覚症状を伴わない人体への負荷を明らかにすることができる．現在，中枢神経の応答として脳波を用いた睡眠中の脳波解析から睡眠環境（寝具・寝衣を含む）の評価[5]や着装の評価[6]，自律神経の指標としての皮膚温や唾液分泌量を用いた評価[7,8]，体性神経の応答として筋電図を用いた評価[9]など，さまざまな着心地の評価に用いられ，製品開発にも応用され始めた．その他，交感神経と副交感神経の活動状態の割合を心拍のR-R間隔から導き，生体への負荷を測る方法[10]なども知られている．

c. 衣服圧と心理反応

衣服による圧迫をヒトがどのように受容しているかを，まず皮膚の体性感覚受容器について述べ，これらによって統合された圧感覚について以下に述べる．

1）皮膚の体性感覚受容器[2]　脳および脊髄の中枢神経系から発して身体のあらゆるところに分布する興奮伝達の路が末梢神経系である．末梢神経を機能的に分類すると，運動や感覚に関連する体性神

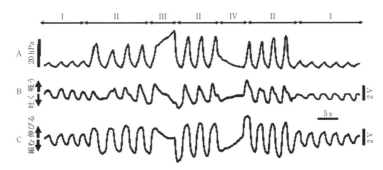

図4.3.16　ウエストベルト圧，呼吸運動，腹部周径の同時記録
A：ウエストベルト圧，B：呼吸運動，C：腹部周径変動，I：自然呼吸，II：腹式呼吸，III：腹式呼吸の吸息相で呼吸停止，IV：腹式呼吸の呼息相で呼吸停止

経と，呼吸や循環のような意志と全く無関係に働く自律的神経に分かれる．つまり，末梢神経は体性神経と自律神経に分けられ，両神経系は中枢神経系で統合されている．

体性神経には興奮を中枢神経から骨格筋などの末梢器官に伝える運動神経と，逆に感覚受容器から中枢神経に伝える感覚神経とがある．触覚や圧感覚では無髄の神経終末，メルケル盤，マイスネル小体，パチニ小体，毛根終末などが複雑に関係するが，これは体表面からごく浅い場所にあるので，衣服を着たときの圧迫感は，それ以外の体性感覚も複合して関係する．

自律神経系は興奮を中枢神経から皮膚および内臓諸器官などの末梢器官に伝える．一つの器官には2種類の神経が分布するが，そのそれぞれは胸髄・腰髄から発する交感神経と，脳・仙髄から発する副交感神経である．つまり自律神経は交感神経と副交感神経から成り立つ．衣服で圧迫されたときの圧感覚は，自覚を伴うものだけではないので，官能評価のみに頼るのでは不十分である．圧刺激に対する中枢神経や末梢神経，特に体性神経や自律神経の応答を調べることが，快適な衣服設計にとって有用である．

2) 心理反応の評価法 心理反応を知るための有用な手段として，ストレス感，疲労感，快適感などの自覚症状を官能評価として，主観申告させる方法がある．ヒトにとって快適な衣服圧を知るためには，衣服圧を測定するとともにその圧感覚を調べる必要がある．着心地の快適性は情動を除けば，衣環境・肌触り・衣服圧からなるので，厳密に圧感覚を調べたければ，快適感や着心地と区別してそれぞれ調べるか，あるいは環境の温・湿度や実験着の肌触りを統制した上で調査する必要がある．

官能評価にはSD法がよく用いられるが，さまざまな方法があるので，調査目的にあった方法を選ぶとよい．ちなみに筆者は，得られた衣服圧が定量値であるので，圧感覚も定量値になるように求め，比率尺度を用いて解析している．これにより，腹部圧迫時の衣服圧（水バッグ法使用）と圧感覚は呼息相，吸息相のデータともに，それぞれ有意な直線関係にあることがわかった．つまり衣服圧は呼吸運動に伴って変化するが，どちらの呼吸相のデータの圧値でも，圧感覚の指標となることが確認されている[11]．ただし，"かなりきつい"と感じる圧範囲までの胸部から腹部，腰部にかけての周応力に対する衣服圧と圧感覚の関係を調べると，両者の関係はWeber-Fechnerの法則が適用される．また，体部位によって"ちょうど良い"圧感覚は異なり，胸部・腹部は圧感受性が鋭敏で，手足は鈍感である[12]． 〔三野たまき〕

参考文献

1) 伊藤紀子：アパレル科学—美しく快適な被服を科学する（丹羽雅子編），pp.27-28, 86-88, 朝倉書店，1997.
2) 三野たまき：衣服測定の困難さ．アパレルと健康—基礎から進化する衣服まで（日本家政学会被服衛生学部会編），pp.74-76, 井上書院，2012.
3) W. Kirk Jr. and S. M. Ibrahim: Fundamental relationship of fabric extensibility to anthropometric requirements and garment performance. *Text. Res. J.*, 36: 37-47, 1966.
4) 三野たまき，間壁治子，百田裕子，上田一夫：衣服圧測定に関する研究（第1報）．繊維製品消費科学会誌，32 (8): 362-367, 1991.
5) 水野一枝，水野 康，山本光璋：マットレス素材の違いが暑熱環境での入眠過程に及ぼす影響．日本家政学会誌，63 (7): 391-397, 2012.
6) 諸岡晴美，廣村江利子，長岡千紗，諸岡英雄：脳波解析を用いた感性の客観評価，*J. Test. Engineering*, 57 (3): 61-68, 2011.
7) 三野たまき，上田一夫：手の皮膚温に及ぼす腹部圧迫刺激の影響．繊維学会誌，54 (10): 555-561.
8) 三野たまき，上田一夫：唾液分泌量に及ぼす腹部圧迫刺激の影響．日本家政学会誌，49 (10): 1131-1138, 1998.
9) 中橋美幸，諸岡晴美，鳥海清司，北村潔和，野阪美貴子：テーピング機能をもつ弾性タイツの開発—膝関節動作時における筋負担軽減のためのテーピング方法．*J. Text. Engineering*, 52 (6): 237-246, 2007.
10) 石丸園子，中村美穂，野々村千里，横山敦士：人体への加圧の部位の違いが心理・生理特性に及ぼす影響．人間工学，46 (5): 325-335, 2010.
11) 三野たまき，上田一夫：ウエストベルト圧と比率尺度による圧感覚．日本家政学会誌，48 (11): 989-998, 1997.
12) T. Mitsuno: Topography of fitting-perception of clothing pressures measured on the whole body of Japanese young adult female—In special reference for clothing pressure when the hoop tension occurred by an elastic-band. *Proceedings of the International Symposium on Fiber Science and Technology 2014 (ISF 2014)*, September 28 to October 1, 2014, Tokyo, Japan.

d. 各種スポーツウェア

1) スポーツウェアの基本設計 スポーツウェアを設計する際には，競技の種類，競技時間，競技のルール，季節などを考慮しなければならない．ス

ポーツの強度とそのスポーツが長時間の競技であるか，短時間の競技であるか，季節が限定されたスポーツであるかなどによって，スポーツウェアに必要とされる性能は異なる．季節に関係のない競技ではあるが高温環境での実施が推奨されない競技としては，マラソン，ラグビーなどの運動量が多く，長時間にわたるものが挙げられる．マラソンに適した気温は10℃であり，これよりも高い気温の場合では，選手の成績がばらつき，選手の耐暑性による個人差が大きくなるとされている[1]．マラソンのエネルギー代謝率は14.3，ラグビー11.1，バスケットボール12.0であり，日常生活におけるエネルギー代謝率と比較すると階段上がり10.0を上回るほどに高い，激しいスポーツである．これらの競技よりもさらにエネルギー代謝率の高い競技としては100m走195，100m自由形水泳41.4，また，特にエネルギー代謝率の低い競技としては，ゴルフ2.0，野球の野手2.0などが挙げられる[2]．

以上のような競技の特性を理解した上で，それぞれのスポーツウェアに必要とされる性能を達成させるためには，生地設計とパターン設計の両面からのアプローチが必要であり，近年では，動作性を損ねないだけでなく，動作性をサポートするための生地設計とパターン設計が求められている．

2) エネルギー代謝率が高く競技時間が短い競技 エネルギー代謝率が非常に高いが競技時間が短い100m走などでは，体温調節を考慮する必要はほとんどないため，動作に適した生地設計とパターン設計が特に重要である．生地設計としては，空気抵抗を低くするために表面が平滑であること，軽量であること，適度なストレッチ性があることなどが求められる．パターン設計としては，空気抵抗を低くするためにそれぞれの競技者の身体に過度な圧がかかることなくフィットし，かつ稼働する関節の動きを妨げないことが求められる．動作性をサポートするパターン設計としては，スピードスケート用スーツにおいて，下腿部の後方への蹴り上げが推進力となることから，ストレッチ性の異なる生地を膝裏，ふくらはぎに配置し，蹴り上げを容易にさせるといった設計例がある[3]．

3) エネルギー代謝率が高く競技時間が長い競技 エネルギー代謝率が高く，競技時間が長いスポーツでは，運動機能性だけでなく，体温調節の視点からの設計が考慮されなければならない．運動時には骨格筋の収縮が起こり，代謝量が増加するので，通常のスポーツウェア設計では，動作に適したパターン設計と，汗処理，換気といった放熱のための生地設計やパターン設計が必要である．

訓練されたマラソン選手のマラソン時発汗量は，夏季で960g/hとされている[1]．このような大量発汗の場合は，吸水速乾素材（2.1.4項参照）であっても吸水，乾燥できる量ではないため，放熱を蒸発熱だけに頼ると，人体は運動による産熱過多となり，発汗漸減とあいまって貯熱傾向となり，熱中症の原因となりうる．皮膚の表面に吐出した汗が蒸発できずに留まることによって皮膚が湿潤し，汗腺導管の開口部が閉塞することを発汗漸減というが[4]，発汗漸減を生じさせないようにするためには，皮膚表面をドライに保つことが重要であり，かいた汗をスポーツウェアに素早く吸水させ，かつ，その水分を繊維中にとどまらせないような構造としなければならない．そのため，繊維内部まで吸水するような綿素材よりも，表面のみを水分が伝うように表面に吸汗加工を施したポリエステル素材といった疎水性の合成繊維を用いることが適切である．全身の発汗量を測定し，発汗量に応じて部位ごとに最適な生地を配置したスポーツウェアも開発されている[5]．

以上のように，皮膚表面をドライに保つことは蒸発による熱放散を促進させる有効な方法であり，テニス選手の中には，1セットごとにウェアを着替えるという方法をとる者もいる[6]．また，蒸発熱を熱放散の手段とするだけでなく，対流や伝導による熱放散についても考慮できるような生地設計やパターン設計がなされたスポーツウェアも展開されている．編生地の動的ドレープ性を調整し，はためきやすい生地としたランニングシャツ[7]やウェアの湿潤によって切り込みが開き換気を促す自己調節型テニスウェア[8]などは，強制対流を起こすことによって放熱を促進させようとするものである．また，身体とウェアの間にゆとりがあれば，動作に伴う対流が生じて放熱が促進されるが，皮膚に密着するインナーウェアでは対流による放熱は期待できない．そのため，熱伝導性の高い素材を用いることによって，乾燥時，湿潤時のいずれの場合にも熱伝導による放熱が促進されるような生地設計としたスポーツシャツなどがある．

4) エネルギー代謝率が低く競技時間が長い競技　エネルギー代謝の低いゴルフや登山などは，長時間続けることができるスポーツである．ゴルフでは特別なユニフォームは必要とされていないが，ゴルフスイングは通常の肩関節の稼働方向とは異なるため，袖下のマチ部を大きくするといった袖パターンの改良によりスイングに適したシャツとすることができる．また，これらのスポーツウェアでは，発汗対策だけでなく，低温環境に応じた体温調節が可能となるように，放熱を防ぐためのスポーツウェアと防寒用ウェアの組み合わせも考慮しなければならない．透湿性防水布（2.1.4項参照）が最外層として用いられることが多い．運動時には身体が動きに伴って伸縮することから，布帛の伸縮を利用した伸張発熱繊維も開発されている[9]．

5) これからのスポーツウェア　鼠径部などを加圧することによって成長ホルモンの分泌を促す加圧トレーニングをウェアで代用させることを目的として開発されたコンプレッションウェアなど，競技時ではなく，練習時や日常生活で着用することによって身体機能を向上させ，動きをサポートしようとするものが開発されている．運動負荷トレーニングによって最大酸素摂取量を増加させることができるが，収縮期血圧／拡張期血圧や最大心拍数にはほとんど変化はみられない[1]．随時血圧を測定し，収縮期血圧が220 mmHg以上，拡張期血圧110 mmHg以上となるようなトレーニングは避けなければならない．

　将来的には，スマートテキスタイルの適用によって皮膚温や心拍数，血圧などをモニタリングし，セルフマネジメントが可能なスポーツウェアが開発されるものと推測される．　　　　　　〔潮田ひとみ〕

参考文献

1) 関　邦博, 坂本和義, 山崎昌廣編：人間の許容限界ハンドブック, 朝倉書店, pp.50, 63, 390-391, 1990.
2) 中山昭雄編：温熱生理学, 理工学社, p.90, 1981.
3) 辻中克弥：スピードスケートレーシングスーツ開発について. 日本繊維機械学会第21回秋季セミナー要旨集, pp.76-78, 2014.
4) 井上芳光, 近藤徳彦編：体温Ⅱ, NAP, 2010.
5) Caroline J. Smith and George Havenith: Regional sweat mapping in human and applications for clothing design. Abstracts of ICHES 2011, p.15, 2011.
6) 中尾公一：錦織圭のラケットバッグの中身. スマッシュ8月号, 日本スポーツ企画, p.133, 2014.
7) 吉澤知佐, 潮田ひとみ：清涼スポーツシャツの開発. 日本繊維製品消費科学会快適性に関するシンポジウム第35回要旨集, pp.21-26, 2008.
8) 堀川直幹：次世代型自己調節機能素材 MRT ファイバー, 日本繊維製品消費科学会快適性に関するシンポジウム第35回要旨集, pp.27-31, 2008.
9) 小原和幸：伸張発熱繊維スパイエルの開発. 日本繊維製品消費科学会快適性に関するシンポジウム第47回要旨集, pp.41-52, 2014.

e. 心地よい下着

　下着とは，肌に直接着ける衣服，または上着の下に着る衣服である．下着にはさまざまな目的や機能，役割がある．下着は大きく分類すると，肌着（アンダーウェア），ファンデーション，ランジェリーの3種類に分けられる[1]．

1) 肌着　肌着とは，暑さや寒さから身体を保護するために，肌に直に着る下着である．主な役割は，肌着の着用による保温や，汗を吸収して体温を調節すること，肌着が皮膚から分泌される汗や皮脂などを吸い取り，洋服の汚れや傷みを防ぐことなどである．種類としては，シャツ（アンダーシャツ，ランニングシャツ），ショーツ，ズロース，ブリーフ，トランクス，ズボン下などが挙げられる．

2) ファンデーション　ファンデーションとは，女性の身体の体型を整え，理想のプロポーションに近づけるための基礎下着である．主な役割は，ボディラインを美しく整えること，身体を適度にサポートすることで，動きをスムーズにして，活動しやすくすること，下垂しやすいバストやヒップを適切な位置に整えること，外部の刺激から身体を保護することなどである．種類としては，ブラジャー，ガードル，ボディスーツ，ウエストニッパーなどがある．

3) ランジェリー　ランジェリーとは，ファンデーションで身体を整えたあと，そのラインをきれいに仕上げるおしゃれな装飾下着である．主な役割は，洋服の滑りをよくすること，ファンデーションが透けるのを防ぎ，ファンデーションのラインが洋服にひびかないようにすること，汗や皮脂が直接洋服に付くのを防ぐこと，女性らしさを演出することなどである．種類としては，スリップ，ブラスリップ，キャミソール，テディ，ペチコート，ガーターベルト，パッドなどがある．

　女性用インナーウェアとナイトウェアのメーカー団体である一般社団法人日本ボディファッション協

会が公表した平成 25 年品目別国内出荷実績によると，下着の国内流通販売量は，アンダーウェアが 111,156,000 枚，ファンデーションが 71,929,000 枚，ランジェリーが 5,487,000 枚である[1]．

下着はプライベート的な要素が強く，一般的には他者にさらすことは少ない．しかしながら，女性はお気に入りの下着を着用することにより，親密な他者との接触やハレの舞台に対するアピール・気合い・安心感へと心理的効用にもつながる．日常生活において直面する様々な場面において，その場面に取り組む課題を達成するための心理的資源を得るために，それに合わせた好みの下着を選択して着用している[2]．

下着の繊維素材開発や加工技術は時代とともに進化している．特に肌着は，代表的な素材である綿だけでなく，さまざまな合成繊維を使用した機能性肌着が登場している．例えば，冬の発熱や保湿効果を有する機能性肌着が挙げられる．この肌着は数種類の異なる繊維素材がさまざま使用されており，レーヨン繊維による吸湿発熱効果，アクリル繊維による高い保温性，ポリエステル繊維による速乾性，さらに生地の薄地化や形状保持など，それぞれの素材がもつ特性を効果的に組み合わせることで，従来の吸湿発熱インナー用素材とは異なる新しい素材になっている．さらに，においを抑える抗菌や保湿，静電気防止などの機能も加えられている[3]．夏の機能性肌着は，キュプラと異形断面ナイロンを複合したハイテク繊維を使用することにより，汗や湿気を素早く吸収・拡散し，衣服内の湿度を快適に保ち，着心地のよい触感を備えている[4]．政府は地球温暖化防止のため，オフィスの夏のエアコン温度設定を 28℃ にする「COOL BIZ（クールビズ）」，冬の暖房時の室温を 20℃ にする「WARM BIZ（ウォームビズ）」を推奨している．この政府の取り組みに対しても機能性肌着を有効に活用することにより，快適に過ごすことが可能である．

図 4.3.17 に肌着着用時の快適性に関連する被服学分野を示す．肌着の快適性に影響を及ぼす要因として，①衣服内気候，②衣服圧，③肌触りがある．この要因に関連する被服学として被服材料，被服衛生，被服管理，デザイン・色彩がある．

肌着の肌触りは快適性を得るためには重要な要因の一つである．4～5 歳の幼稚園児を対象に一般的なかたさの肌着とやわらかい肌着を着用して，尿中のストレスホルモン（コルチゾール）を測定した研究では，やわらかい肌着を着用することにより，ストレスホルモンの上昇を抑えられた．また，やわらかい肌着の方が，免疫活動（免疫グロブリン A）が高いという報告もある[5]．

近年，アレルギー疾患が増加しており，小児アトピー性皮膚炎に罹患している児童も増加している．皮膚のバリア機能が低下している患者にとって，長

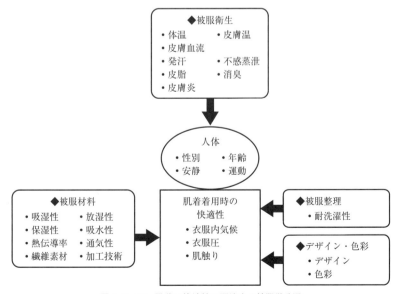

図 4.3.17　肌着の快適性に関連する被服学分野

時間着用する肌着の安全性の確認は重要である．小児アトピー性皮膚炎（AD）患者を対象に，MPC（2-メタクリロイルオキシエチルホスホリルコリン）ポリマー加工をした生体適合性をもつ肌着，汗処理・透湿性・吸湿性に優れるペバックス繊維肌着，綿100％肌着の3種類でADの症状・生理指標に及ぼす影響を調べた結果では，成長ホルモンはMPC肌着で綿100％肌着と比較して有意な増加が認められている．さらに，AD患者は皮膚の角質水分量が不足している可能性があるが，ペバックス繊維肌着を着用前後で比較すると，角質水分量は着用後のほうが有意に増加しており，肌着を着用することにより角質水分量の改善がみられている[6]．

超高齢社会を迎える日本では，高齢者の衣服への配慮も重要である．高齢者を対象に肌着に対する意識調査では，肌着に関して最も重要であると考えるのは，肌着の保温・保湿，肌触り，清涼感といった健康快適機能であった．それに次いで，耐洗濯や型崩れなど肌着の耐久性を重視していた．さらに肌着に対して，加齢臭を防ぐ機能付与や尿失禁対策，乾燥肌やかぶれなどの皮膚障害に関する改善やリハビリ，サポーター機能の要望などもあり[7]，改善をする上で高齢者特有の検討課題があることが明らかとなった．

〔永井由美子〕

参考文献

1) 日本ボディファッション協会HP：http://www.nbf.or.jp/（2015年2月現在）
2) 鈴木公啓，菅原健介，完甘直隆，五藤睦子：見えない衣服—下着—についての関心の実態とその背景にある心理的効用—女性の下着に対する"こだわり"の観点から．繊維製品消費科学会誌，51（2）：113-127，2010．
3) 東レHP：http://www.toray.co.jp/（2014年2月現在）
4) ファーストリテイリングHP：http://www.fastretailing.com/jp（2014年2月現在）
5) 小澤七洋，渡辺征之：快適性の追求と進化．繊維学会誌，64（12）：409-413，2008．
6) 横山葉子，木俣肇，御手洗幸子，平野昌一，矢野詩織，三谷元宏，山口公一，白川太郎：MPCポリマー加工肌着・ペバックス繊維肌着が小児アトピー性皮膚炎の症状・生理指標に及ぼす影響についての検討．日本小児アレルギー学会誌，21（5）：657-668，2007．
7) 岩城万里子，召田優子，森川信彦，高寺政行：肌着に対する高齢者の意識に関する研究．繊維製品消費科学会誌，53（3）：209-214，2012．

f．履物の快適性と健康

1) 歩行と履物　ヒトは，直立二足歩行をする唯一の動物である．ヒトの歩行は「あおり動作」と呼ばれ，踵の中央付近で地面に接地し，やや外側に体重を掛けながら前方へ進み，母趾側に体重を移動させ，つま先で蹴りだすという動作を左右のバランスを取りながら繰り返している[1]．足の裏には，内側の縦アーチと外側の縦アーチ，横アーチの三つのアーチがある．このアーチ構造は，スプリングの役目を果たし，地面に足が接地し荷重が加わった際に，地面からの衝撃を吸収すると同時に荷重を分散させることで歩行をスムーズにし，足や足関節などへの負担を軽減している[2]．歩行中，両足が地面についている両足支持期は約20％で，残りの80％は片足で体重を支えている[3]．歩行速度が速くなるほど，両足支持期の割合は減少する．さらに，走行時は足が地面につかないジャンプ動作の繰り返しとなり，着地時には体重の2倍以上の負荷が片足に掛かるため，その衝撃は大きく，身体への負担は大きい[1]．靴などの履物は足を保護し，足の機能を補助するものである．最近は衝撃吸収性をはじめ，それぞれのシーンに合った機能性を有する靴が販売されている．足に合わない靴は，足に弊害をもたらすだけでなく身体全体にも悪影響を及ぼす可能性がある．各自の足の特徴を知り，使用目的に合った靴選びが重要である．

2) 履物の快適性　履物は，歩行のための道具であり，足へのフィット感が靴の快適性を左右する．足の形状は千差万別であり，サイズを合わせてもフィットするとは限らない．靴購入時は必ず試し履きし，歩行してフィット感を確かめることが重要である．一方，暑熱時の靴内は高温多湿になり蒸れて不快であるが，冬でも長時間履き続けると靴内は蒸れる．これは，足の裏からは常に不感蒸散による水分蒸発があるからである．その結果，湿った靴と足の摩擦によりマメが発症したり，足の臭いや水虫などの皮膚病の原因になる[1]．蒸れない工夫として，メッシュ素材を用いたり，通気口を工夫したスポーツシューズが多く販売されている．日常靴の素材としては，吸放湿性に優れた天然皮革が最も良いとされている．一般的には，人工皮革に比べ，天然皮革は通気性に優れるだけでなく，柔軟性にも優れるため，足になじみやすく美観も良いとされている[4]．

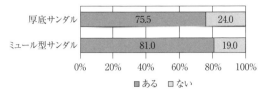

図4.3.18 転びそうになった経験の有無(厚底とミュールの比較)(文献6, 8をもとに改変)

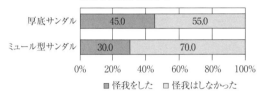

図4.3.19 怪我をした経験の有無(厚底とミュールの比較)(文献6, 8をもとに改変)

3) 危険な流行靴 靴はファッションの重要なアイテムである.ヒールの高いパンプスなど「オシャレな靴」を足が痛くても我慢して履き続け,足のトラブルを抱えている女性も多い.女性の9割が「靴」と「足」に何らかの悩みを抱えているといわれている.

1970年代のロンドンブーツの流行を経て,1990年代後半には厚底靴ブームを迎えた.石井らは,厚底靴は膝や腰を痛める恐れがあり,日常歩行中に転倒の危険性があると指摘し,当時,捻挫や転倒による怪我人が続出したと報告している[5,6].また,2000年代には,ミュールが流行した.ミュールを着用して歩行したときの筋電図を解析した結果,運動靴着用時に比べて,下肢への負担だけでなく上半身の筋肉への負担も大きいことから,ミュール着用は全身への負担が大きくなることが確認されている[7].

女子大学生を対象にしたアンケート調査結果[6-8]から,転びそうになった経験の有無を厚底サンダルとミュールで比較すると,ややミュールの方が多く,8割以上が経験していた(図4.3.18).しかし,実際に怪我をした経験は,厚底サンダルの方が多く,ミュールの1.5倍であった(図4.3.19).最近,厚底靴が再び流行している.靴の機能性・安全性よりファッション性を優先する若者に受け入れられているようだが,厚底靴の危険性を認識する必要がある.

4) 履物と健康 高校生を対象にした通学靴に関する調査を実施した結果,8割が足より大きめの靴を着用していた[9].足のトラブルの原因の多くは,足に合わない靴の着用にある.靴の圧迫による疾患として,外反母趾や槌趾(ハンマートゥ)などがある.いずれも,ファッション性を優先させたハイヒールや前足部が極端に狭くとがった靴を長期間履き続けることが主な要因とされる.また,足に合わない靴やファッション性を優先した流行靴を履き続けると魚の目やタコを発症する.足の健康を維持するには,自分の足のサイズや形状をよく理解しておくことが必要である.靴を選ぶために必要な足のサイズは,足長,足幅,足囲である[10].日本の靴のサイズは,日本工業標準 JIS S 5037「靴のサイズ」によって決められている.靴の幅はA〜Gで表示されており,足長,足囲,足幅を用いてJIS靴サイズ換算表から求める.靴の選択においては,各自の足のサイズと形状を把握し,適合した靴を選択することが大切である.また,ファッション性を最優先するのではなく,TPOに合わせて靴を履き分けることが望ましい.

〔平林由果〕

参考文献
1) アシックススポーツ工学研究所編:足と靴の科学, pp.40-45, 59, 日刊工業新聞社, 2013.
2) 清水昌一:歩くこと・足そして靴, pp.89-91, 風濤社, 1995.
3) 理学療法科学学会監修:ザ・歩行, p.20, アイペック, 2003.
4) 呉本昌時:大人の女の靴選び, p.48, 幻冬舎, 2011.
5) 石井照子:厚底靴の危険性, 日本家政学会誌, 50(8): 871-875, 1999.
6) 花田美和子ほか:女子大生の履き物の動向調査—厚底サンダルについて. 日本衣服学会誌, 42(3): 193-198, 1999.
7) 大西範和ほか:筋電図解析による流行靴ミュールを着用した歩行時の生体負担度の評価. 人間工学, 41(2): 51-56, 2005.
8) 平林由果ほか:ミュール型サンダルの歩行に及ぼす影響. 日本生理人類学会誌, 10(2): 53-60, 2005.
9) 上野顕子:高校生の靴と足の健康に関する実態と授業による意識変化. 金城学院大学論集 自然科学編, 4: 1-10, 2007.
10) 日本家政学会被服衛生学部会編:アパレルと健康—基礎から進化する衣服まで, pp.85-88, 井上書院, 2012.

g. 高齢者服・ハンディキャップ服

更衣動作は,Gordon[1]によると,静臥位の心臓の仕事量を100とすると,250〜300%に相当する中

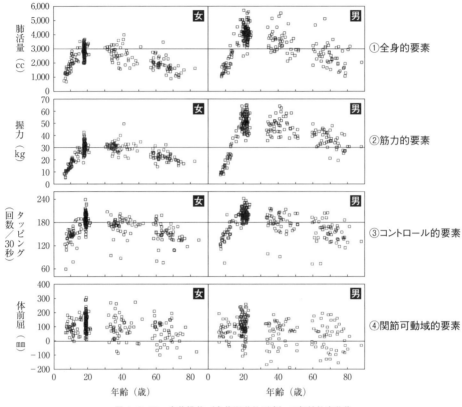

図 4.3.20 身体機能（身体運動的要素）の年齢的変化[2]
7～89 歳の男子 241 名, 女子 256 名

程度の活動で, 全身的動作である. 図 4.3.20 に示すように更衣には四つの身体運動的要素が関わり, その機能は加齢に伴い変化する. これらのうち一つでも不十分であれば更衣動作は難しくなるので, 着用者の運動機能に被服をできるだけ適合させて, 扱いやすく負担の少ない着装を考える必要がある. 図 4.3.21 は高齢者の身体機能と更衣の難易性の変化をカテゴリウエイト順に示したもので, 加齢に伴い扱いにくくなる高齢者の被服要件を知ることができる. 70 歳を過ぎると, 関節可動域の狭まりから T シャツが扱いにくくなり前あきが着やすくなる. 心肺機能の低下とともに, ウエストはゴムが好まれ, 75 歳頃になると膝・腰などに痛みを抱え, 80 歳を過ぎると, 筋力・巧緻性の低下によりボタンなどが扱いにくくなり始め, 更衣が面倒となる. これらにうまく対応するには, 図 4.3.22 や図 4.3.23 に示すように, 腕ぬきや上衣の背面で渡せるゆとり量を増やしたり, 袖山やアームホール (A.H.) を下げて腕を動かしやすくするとよい. 図 4.3.24 は運動機能に片麻痺障害がある場合の更衣動作の事例を示したものである. 高齢者も含めて運動機能にハンディキャップをもつ場合, 着るときは患側を, 脱ぐときは健側を先の更衣手順がある. 身体負担を減らすには更衣に必要となる動作空間を確保するためのゆとり量が必要となる. ①は右側障害でズボンを患側からはく場合を示す. 腰まわりとウエストにゆとりがないとズボンを引き上げられない. 脱ぐときは膝関節や股関節の屈曲が求められ健側下肢の負担が大きい. ②は右の患側に袖を通し, 背中に健側上肢を回して上衣を左側に引き寄せて袖を通すため, 背面を上衣が対側に渡るときのゆとり, 背わたり寸法が少ないと健側にかなりの負担がかかる. 片手でボタン操作するので, ボタンはつまみやすい大きめのものがよくボタンホールは一般にはたて穴が扱いやすい. ③患側の上肢に袖を通すとき, 身頃や袖にゆとりがないと入れにくい. 健側の手で衿あきの後ろ側を握り込んでおさえて頭を通す. 衿あきには頭を入れやすいゆとり[8]が必要である. ④健側上肢を少し

4.3 衣服の機能と着衣

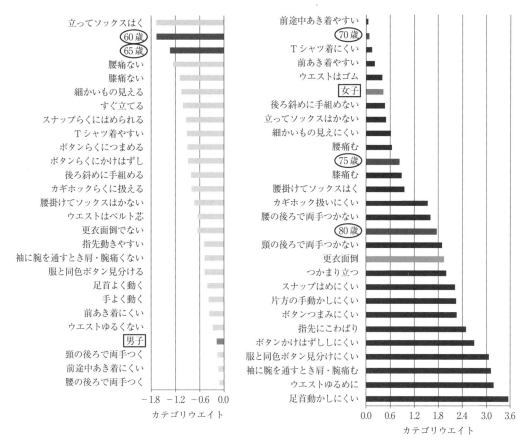

図 4.3.21　身体運動機能と更衣の難易性の加齢変化[3]
更衣に関わる検討 48 項目と各年齢男女のカテゴリウエイト（高年男女 867 名アンケート資料）

図 4.3.22　脱ぎ着しやすい上衣バストゆとり量（かぶり式の場合（腕ぬき動作の段階的変化））[4]

肩関節を挙げなくても頭を前屈すれば頭の出し入れはできるので，かぶり式上衣の若者が必要とするゆとり量より 13 cm 位胸まわりを多めにすると，腕入れ・腕ぬきがしやすく，かぶり T シャツも着用可能となる．

ずつ袖の布を送りながら袖から抜き取る．袖口と袖全体にゆとりがないと手を滑らせにくくなる．健側の袖を A.H. から抜くには上腕の長さ約 30 cm が通るだけのゆとりが必要である．健側の手で頭を抜き最後に患側を抜く．⑤ポロシャツの前あきは頭を通しやすい寸法で，ボタンもつまみやすいものがよい．

⑥半袖の場合には健側の腕を袖から抜くのは至難の業で，口でかんだりすることもある．関節可動域が必要とする動作域に達しないときは，自助具（図 4.3.25）を活用して更衣を可能にすることもできる．

〔岡田宣子〕

図 4.3.23 脱ぎ着しやすい上衣バストゆとり量（前あきの場合）[5]

若者のように肩関節を挙げることができない高齢者には，前あき上衣に背渡り寸法が多く必要で，若者が必要とするゆとり量より 12 cm 位胸まわりを多くすると，対側の手が通しやすくなる．

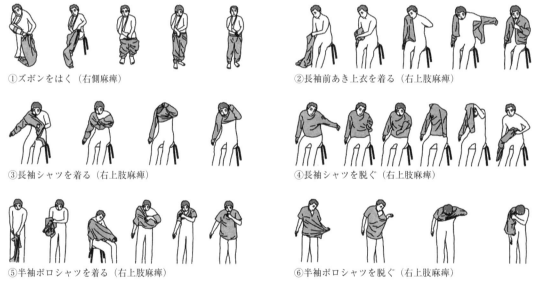

①ズボンをはく（右側麻痺）　　　　　　　②長袖前あき上衣を着る（右上肢麻痺）

③長袖シャツを着る（右上肢麻痺）　　　　④長袖シャツを脱ぐ（右上肢麻痺）

⑤半袖ポロシャツを着る（右上肢麻痺）　　⑥半袖ポロシャツを脱ぐ（右上肢麻痺）

図 4.3.24 運動機能に片麻痺障害がある場合の更衣動作の事例[6]

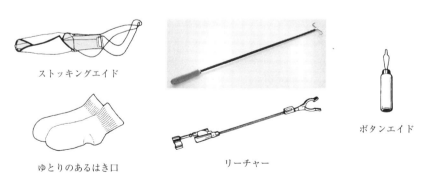

ストッキングエイド　　　　　　　　　　　　　　　　　　ボタンエイド

ゆとりのあるはき口　　　リーチャー

図 4.3.25 各種自助具（文献 7 より作成）

参考文献

1) E. E. Gordon: Energy costs of various physical activities in relation to pulmonary tuberculosis. *Arch. Phys. Med.*, 33, 201-209, 1952.
2) 岡田宜子：ライフステージに対応した快適衣服設計．日本家政学会誌，62 (9)：569-580, 2011.
3) 岡田宜子：高齢者の身体状況と被服に求められる要件の加齢変化．日本家政学会誌，56：366, 2005.
4) 岡田宜子：高齢者服設計のための基礎的研究―腕ぬき・腕入れ動作に対応したかぶり式上衣服の設計．日本家政学会誌，59：87-98, 2008.
5) 岡田宜子：高齢者服設計のための基礎的研究―高齢者の脱ぎ着しやすいバストゆとり量．日本家政学会誌，55：31-40, 2004.
6) 岡田宜子編：ビジュアル衣生活論，建帛社，p.133, 2010.
7) 岡田宜子：介護と衣生活．家政学概論(酒井豊子編)，メヂカルフレンド社，p.114, 2005.
8) 岡田宜子：かぶり脱ぎしやすさに対応した快適衿あき寸法．日本家政学会誌，65：511-521, 2014.

h. 乳幼児服

乳幼児は母体から生まれ出た瞬間から周囲の温熱環境から身体を守る必要がある．未熟児や低体重児に限らず乳幼児は体格が小さい．体表面積あたりの重量が小さいという物理的な特性をもつために周囲の温熱環境からの影響を受けやすい．つまり，寒冷環境では冷えやすく，暑熱環境では暖まりやすい(図4.3.26)[1]．皮膚にある汗を分泌する汗腺は胎児期に組織化されるが，その能動化は生後2歳半までに起こり，それ以降は汗腺数が変わらない[2]とされているが，体が大きくなるにつれて，汗腺も成長し，汗腺あたりの発汗量は増えていく．つまり，乳幼児は体温調節に関わる機能が発達途上にある．

1) 暑熱環境での体温調節　0歳，1歳，3歳，5歳の子供が裸で28℃の環境から35℃の環境に移動し，椅座安静状態で30分間滞在した後に28℃の環境に戻り，さらに30分間安静を保つ実験を行ったところ，体重減少量から算出した蒸発発汗量は，35℃では年齢による有意な差は認められなかった．しかし，タオルや衣服に付着した無効発汗量は年齢が小さいほど多くなり，0歳児の無効発汗量は5歳児に比べ有意に多くなった（図4.3.27 (a)）．

平均皮膚温は，35℃に移動すると上昇し始めるが，年齢差が認められ，年長であるほど早く皮膚温は上昇し，もっとも上昇が遅いのは0歳児であった

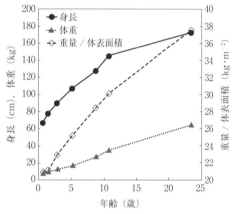

図4.3.26　子供の身体の発達[1]

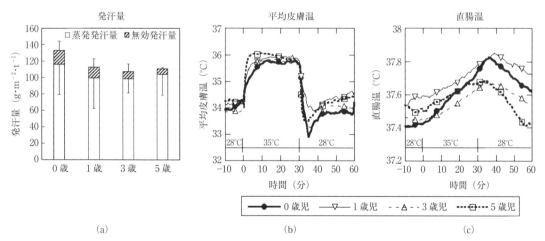

図4.3.27　暑熱曝露による乳幼児の発汗量(a)，平均皮膚温(b)と直腸温(c)の変動[1]
発汗量の上向き棒は無効発汗量，下向き棒は蒸発発汗量の標準偏差．

＊：1歳児の無効発汗量が5歳児との間に有意差あり（$p<0.05$）

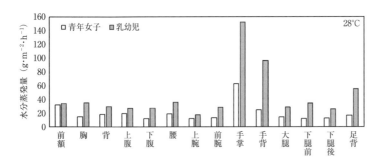

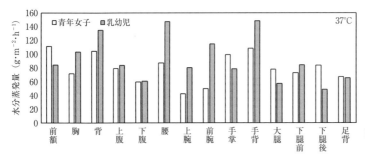

図4.3.28　エバポリメータによる乳幼児と青年女子の発汗分布[4]

（図4.3.27(b)）．また，28℃に戻ると，急激な平均皮膚温の低下が観察され，特に0歳児の低下が著しかった．

体内温である直腸温に関しては，成人の場合，この程度の暑熱ではほとんど上昇せず，若干低下して安定するが[3]，乳幼児では35℃に移動すると，全ての年齢で直腸温は上昇を始め，0歳児で最も上昇した（図4.3.27(c)）．28℃に戻ると，0～2歳児は若干上昇した後に低下したが，5歳児では速やかに直腸温は低下に転じた．

0歳児の35℃での皮膚温の変化は，皮膚血管の拡張が他の年齢群に比べて遅い，もしくは，小さい，つまり，皮膚からの放熱が少ないことを示している．体表面積あたりの重量が小さい体格に加え，放熱開始が遅れたために，直腸温の上昇が顕著であったと考えられる．0歳児の暑熱曝露後の28℃での急激な皮膚温の低下は，無効発汗量の多さでも示されたように，汗で湿った皮膚が急に冷やされたためと考えられ，結果として，直腸温も急な低下を示していた．これらの変化は，成人には何ともない暑熱環境でも乳幼児は大きな影響を受け，中でも幼い乳幼児ほど身体への負担は大きくなる．暑熱環境を避ける，または，暑熱環境であっても扇風機などで送風するなど放熱を促進する手段が有効であると考えられる．また，汗をかいた後に冷房環境に入るときには，皮膚に付いた汗を十分拭きとる，着替えるなどの配慮が必要である．

2）発汗量の部位差　椅座状態にある青年女子と乳幼児の身体局部をエバポリメータにより計測した皮膚表面の蒸発量[4]は，気温28℃は不感蒸散範囲であるが，乳幼児の方が青年女子よりも蒸発量は多く，中でも，手背，足背や手掌が際立って蒸発量が多かった（図4.3.28）．気温37℃では部位差が大きく，前額，大腿・下腿前面では乳幼児よりも青年女子の方が多いが，胸，背，腰など躯幹部や上肢では幼児の方が多くなっていた．これらの結果から，28℃の中立環境でも乳幼児は青年女子よりも全身についての蒸発量が多いので，青年女子よりも薄着にすべきである．特に，放熱が促進される開口部が大きい衣服形状が望ましく，躯幹部や上肢で断熱性を少なくし，透湿性が高い素材が推奨される．

3）腰部の圧迫が睡眠中の体温調節に及ぼす影響　乳幼児に2種類の紙オムツを着用させて睡眠をとらせた場合[5]，締め付けなしオムツに比べ1.9 kPaで腰部を締め付けるオムツでは，胸部の皮膚温はやや低下し，胸と大腿においての発汗量は有意に少なくなった（図4.3.29）．これは皮膚圧反射による影響と考えられる．呼吸数は締め付け有りオムツの方が約2回/分多くなり，特に室温が上昇し高温になったときに，その影響は顕著になった（図4.3.

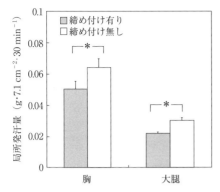

図4.3.29 オムツによる締め付けの有無が睡眠時の乳幼児の局所発汗量に及ぼす影響[5]

*：締め付けの有無による有意差あり（$p<0.05$）

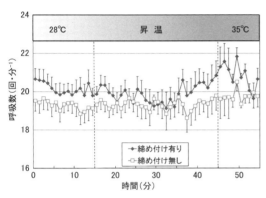

図4.3.30 オムツによる締め付けの有無が睡眠時の乳幼児の呼吸数に及ぼす影響[5]

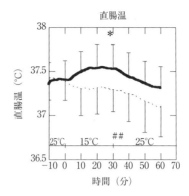

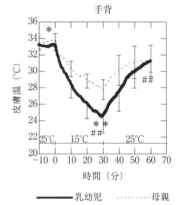

図4.3.31 寒冷曝露による乳幼児と母親の直腸温と手背皮膚温の変動[6]

*, **：乳幼児と母親との間に有意差あり（$p<0.05, 0.01$）
\#\#：乳幼児において寒冷曝露前の25℃との間に有意差あり（$p<0.01$）

30）．尿漏れを防ぐためにオムツを締め付けている場合があるが，乳幼児の自律神経活動に影響を与え，さらに，睡眠そのものにも何らかの影響を及ぼしている可能性がある．乳幼児の自律神経活動や睡眠を阻害しない，身体への圧迫が少ないが十分に尿を吸収できる紙オムツの開発や衣服の着用が望まれる．

4）寒冷環境での体温調節　Tシャツとパンツ着用の乳幼児が母親と一緒に15℃に寒冷曝露された場合，腹や足の皮膚温に差はないが，手背の皮膚温低下が著しかった（図4.3.31）[6]．これは，寒冷に対する乳幼児の皮膚血管収縮が強く，しもやけになりやすいことを示している．また，直腸温は一過性に上昇してから低下し，時間遅れが観察された．乳幼児の場合，寒冷環境では短時間であっても，衣服だけでなく，手袋などの着用による末梢部の防寒に配慮が必要である．　　　　　〔都築和代〕

参考文献
1) 都築和代：暑熱環境における子どもの体温調節の発達．子ども計測ハンドブック（持丸正明ほか編），pp.222-224，朝倉書店，2013．
2) 久野 寧：汗のはなし，光生館，1963．
3) K. Tsuzuki-Hayakawa, Y. Tochihara and T. Ohnaka: Thermoregulation during heat exposure of young children compared to their mothers. *Eur. J. Appl. Physiol.*, 72: 12-17, 1995.
4) 都築和代，田村照子：暑熱暴露時の子どもの身体部位における蒸発量，汗腺密度と皮膚温の関係．日本生気象学会雑誌，47（3）：62，2010．
5) 永嶋義直，大野洋美，豊島晴子，矢田幸博，都築和代：オムツの締め付けが赤ちゃんの昼寝時の生理学的反応に及ぼす影響．日本生気象学会雑誌，46（3）：S28，2009．
6) K. Tsuzuki, Y. Tochihara and T. Ohnaka: Comparison of thermal responses between young children (1- to 3-year-old) and mothers during cold exposure. *Eur. J. Appl. Physiol.*, 103（6）：697-705, 2008.

i．寝衣・寝具

寝衣や寝具には，睡眠時の体温調節を補助し快適な寝床気候を保つ，汗や皮脂を吸収する，身体を支持し，寝返りや姿勢の変化に対応するなどの役割がある．寝衣と寝具は，睡眠に影響を及ぼす重要な因子であり，環境や人体の状態にあわせて調節する必要がある．

1）寝衣 寝衣は夜間睡眠時に着用する衣服の総称であり，和式の浴衣と洋式のパジャマ，ネグリジェなどがある．しかし，1995年以降は寝衣の着用は減少し，Tシャツと短パンなどの寝衣以外の着用が増加している[1]．コンビニやゴミ出しに出られる，ホームウェアとタウンウェアの中間的なワンマイルウェアが好まれ，部屋着と寝衣が併用されている．

寝衣に求められる性能で上位に入るのが，肌触りの良さである[1]．柔らかい肌触りの寝衣は副交感神経活動を優位にすることから，くつろいだ状態に移行させ，入眠を補助すると報告されている[2]．また，睡眠時には発汗があるため，吸湿性，吸水性，通気性の良さも望まれる．夏の寝衣は，発汗しても肌に張り付かない素材，衿，袖，裾が開放的で風を通す形態が適している．一方，冬は保温性の高い素材，襟や袖，裾の広がりを控える形態が望ましい．寝返りによる肩からの冷気の流入があるため，肩や首の保温が効果的である．睡眠時の皮膚からは，汗，皮脂，垢が排出される．寝衣は汗や汚れを吸収し，皮膚を清潔に保つものが求められる．汚れた寝衣は，吸水性，通気性，肌触りが低下するため，こまめな洗濯に耐えられる耐洗濯性も必要になる．

睡眠時には寝返りで，寝姿勢が何回も変化する．寝衣は体を締め付けず，寝返りを妨げないことが重要である．深部体温の低下が睡眠には重要であるが，就寝時のファンデーションや下着による締め付けは，深部体温の低下を抑制する[1]（図4.3.32）．高齢者の多くは，就寝時に下着を2〜3枚以上着用しており，重ね着による締め付けが懸念される[3]．また，旅館に備え付けの浴衣を着用しない人の50％は，前がはだけることを理由としており，寝乱れの少なさも必要である[3]．高齢者の多くは夜間にトイレで覚醒するため，寝衣には着脱と歩行のしやすさも求められる．

2）寝具

① 敷布団と掛布団： 敷布団は，吸湿性，通気性に優れたもの，冬は保温性の高いものが好ましい．敷寝具の上に敷く，シーツやベッドパッドの固さや肌触りも睡眠に影響を及ぼす．冬は肌触りの柔らかいシーツが，入床時の冷湿感を防ぎ快適感や睡眠感を向上させる[4]．夏は麻などの固いベッドパッドや，さらりとした肌触りのシーツが暑蒸感を軽減し（図4.3.33），寝床湿度を低下させる[5]．また，敷布団は身体を支え，正しい寝姿勢を保つ役割がある．適度な固さがあり，寝返りがしやすいことも望まれる．敷布団が固すぎると圧力が肩甲部や仙骨部に集中し，柔らかすぎると圧力が分散し，体全体が沈み込むため寝返りがしにくい[2]．敷布団の固さの好みは個人差が大きく，背面の形態や個人の履歴に左右される．

掛布団は，吸湿性，放湿性が高く，冬は保温性の高いものが好ましい．また，適度な軽さと，柔らかさが必要である．重い掛け布団は，身体に圧がかかり，寝返りを妨げることから避けるべきである．寝返りをしても体からずれない，肌添いの良さも大切である．

② 枕： 枕は頭部を支持する役割があり，高さが重要である．固い素材では低く（約3〜6cm），柔らかい素材では高め（約7〜11cm）が好まれる[2,6]．しかし，高さの好みは体格，年齢，寝姿勢などにより個人差があり，個別に調整する必要がある．枕に頭をのせた際の頭圧分布が広い範囲に分散され，頭の動きに対応して圧が変動することも大切である[6]．また，頭部からの放熱も考慮する必要があり，枕には透湿性，通気性，適度な熱伝導性も必

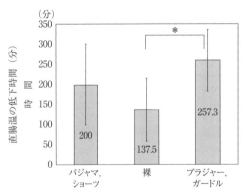

図4.3.32 各種ファンデーションを着用した場合の直腸温の低下時間[1]

＊：$p<0.05$

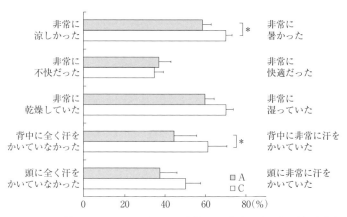

図 4.3.33 異なるベッドパッドとシーツを使用した場合の睡眠時の主観申告[5]
A は麻のシーツとベッドパッド, C は綿のシーツと一般的によく用いられるポリエステルのベッドパッド. 環境温湿度は 29℃, 70%RH.

要になる. 冷却枕は, 夏の睡眠時には全身発汗量を減少させる効果がある[7]

〔水野一枝〕

参考文献

1) 田村照子：寝衣. 睡眠環境学（鳥居鎮夫編）, pp.175-184, 朝倉書店, 1999.
2) 田村照子：寝心地のよい寝衣・寝具. 衣環境の科学（田村照子編著）, pp.132-140, 建帛社, 2004.
3) 水野一枝：睡眠改善のための適切な被服選定法. 応用講座 睡眠改善学（白川修一郎編）, pp.36-43, ゆまに書房, 2013.
4) K. Okamoto, K. Matuo, K. Nakabayashi and N. Okudaira: Effects of specially designed bed sheet upon sleep and bed climate. *J. Home Econ. Jpn.*, 48 (12): 1077-1082, 1997.
5) 水野一枝, 水野 康, 松浦倫子, 松尾 藍, 岩田有史, 白川修一郎：ベッドパッドとシーツの違いが暑熱環境での昼寝の入眠過程に及ぼす影響. 繊維製品消費科学会誌, 54 (3): 12-19, 2013.
6) 棚橋ひとみ, 渋谷惇夫：枕の高さ変化が頭圧分布に及ぼす影響. 繊維製品消費科学会誌, 40 (2): 56-63, 1999.
7) K. Okamoto-Mizuno, K. Tsuzuki and K. Mizuno: Effects of head cooling on human sleep stages and body temperature. *Int. J. Biometeorol.*, 48 (2): 98-102, 2003.

j．世界の民族服

1）民族服とは　民族服とは, 人種・言語・宗教・歴史などの文化特性を共有する地域や民族で慣用されてきた特色ある服飾をいい, 民族衣装ともいう. 民族服の区分として便宜上政治的体制を含む国家名を用いた区分がなされることも多い. さらに一つの民族服は不変ではなく, 科学・技術の進歩や生活様式の変化, 異民族の侵入や支配などによって時代・歴史とともに変化している. しかし, 現在地球上各地にみられるいわゆる民族服と称されるものの多くは, 今ほど文明が進展する以前, すなわち地球規模の通信・交通・空調技術による世界の均質化が進行する前のおよそ 19 世紀末までに, それぞれの原型が形成されている.

19 世紀以前, 人々は今より自然と深い関わりの中で生活し, その地の恵みであるさまざまな天然の動植物繊維や染料を素材として, 布を織り, 編み, 染色し, これを用いてその地の気候や風土などの自然条件にあった, また労働作業や居住様式に適応したデザインの衣服を生み出した. さらにそこにさまざまな装飾を加えることによって民族の誇りや精神性などを表現してきた. 民族服は, それを製作するための材料や染織の技術, あるいは文様・美意識や社会規範が, その民族の文化として何世代にもわたって共有・伝承されてきたものであり, その地の条件と折り合いをつけて豊かに生きてきた民族の知恵が息づいている. 洋服が世界服化した 20 世紀以降, 民族服は冠婚葬祭などの儀礼服化したものも多く, また繊維や染料などの技術革新に伴う変化も受けているが, 表現型はほとんど変わることなく現代に受け継がれている.

2）民族服の基本形態と例　民族服はその基本的な形態によって, 次の五つの型に分けられる.

① **腰布型**：　腰まわりのみに紐や布などを装着

図 4.3.34 世界の民族服例[1]

する型.東南アジアで多くみられるサロン,パンジャン,パーシン,スルなど.

② 巻垂型 　広幅の布を人体全体に巻きつけて装着する型.インドのサリー,タイのパーチュンガベンなど.

③ 貫頭型 　布の中央に穴を開けここに頭を通して着る型で,単に頭を通してかぶる型のものも含まれる.南米チリやペルーのポンチョ,インドのカミーズ,ウズベキスタンのクイラク,パレスチナのラーマッラーなど.

④ 前開型 　前開きの衣服を前で合わせ,帯などを締めて装着する型.日本の着物,韓国のトゥルマギ,ブータンのゴ,アラブのアバ,ウズベキスタンのチャパンなど.

⑤ 体形型 　筒袖の上着とズボンの組み合わせのように人体の形態に合わせた型.ヨーロッパの多くの国にみられる上着とズボン,ロシアのルパシカとズボン,イヌイットのアノラックとズボンなど.

民族服の中には,これらの融合した形式のものもあり,また下着と中着,上着など複数の形式を組み合わせたものもみられる.

3) 世界の気候と民族服の特徴 　民族服は地域の気候風土と強い関連をもっている.世界の民族服の特徴を気候帯によって分類し概観すると以下のようである(図 4.3.34).

① 寒冷地域: 　アラスカ,グリーンランド,シベリアなどの寒帯・亜寒帯地域における民族服の基本は体形型で,防寒を意図した重ね着による全身包被型で構成されている.植生が乏しく,素材はトナカイ,カリブやアザラシ,狐,狼など獣の毛皮や腸,一部で魚皮などが使用される.毛皮の柔毛を内側に用いた下着と粗毛を外向けに使用したジャケット,アザラシの腸を開いて作った防水性のアノラック,ズボン,サングラス,帽子,手袋に長靴が典型的な衣装である.

② 温暖地域 A(夏乾冬湿): 　ヨーロッパ,中央アジアなどのように温暖で四季の変化に富む夏乾冬湿の地域における民族服の基本は体形型で,気候の調節可能な四肢包被型で構成されている.ヨーロッパは北部でも暖流の影響で暖かく,この地域では元来騎馬遊牧民族の衣服であった上衣とズボンを祖型とし,これにローマ人のチュニックとクロークが加わり,上衣はブラウス,ベストにジャケットとコート,下衣は,男子はズボン,女子はスカートにエプロン,靴下などの基本型が形成された.これに刺繡・レース編みなどさまざまな装飾が加わって,イギリ

ス，イタリア，エストニア，オランダ，クロアチア，ギリシャ，ドイツ，スペイン，フィンランド，フランスなど地域ごとに多彩な民族服となっている．素材は古くは亜麻と羊毛，後に綿や絹が伝来している．

③ **温暖地域 B（冬乾夏湿）：** 東アジアは，モンスーンの影響により冬乾夏湿の気候に属する．季節による寒暖の差が大きいため，着脱が容易で開口部が大きく重ね着による気候調節のしやすいワンピース型またはツーピース型の前開型が基本である．中国のチーパオ，日本の着物，韓国のチマ・チョゴリ，トゥルマギ，ブータンのゴなど，衣服の形状と開きの位置，帯幅・ボタンなど留めかたが異なるが，いずれも前開きである．夏素材には麻や綿が，冬は絹の袷や綿入れが用いられ，重ね着して寒さに対応している．

④ **暑熱地域 A（湿潤）：** 東南アジア・南アジア・南太平洋など，暑熱湿潤地域における民族服の基本は腰巻型または巻垂型で，インドネシアのカイン・パンジャン，サロン，タイのパーシン，フィジーのスル，インドのサリー，ドーティなどがある．この地域では防寒のための衣服を必要とせず裸の文化も存在したが，文化の進化とともに裁断も縫製も最小限にした一枚布を腰に巻きつけ，または余り部分を肩から全身にかける形式で，川などでの水浴の習慣にも適した民族服が定着した．素材は吸湿・吸水・通気性に優れた綿布や麻・樹皮布などが中心で，バティックなど多彩な染色技法が特徴的である．

⑤ **暑熱地域 B（乾燥）：** 暑熱乾燥地域における民族服の基本は貫頭型で全身包被型が中心である．北アフリカ・西アジア・中央アジアの民族服は遊牧民の衣服が祖型であり，緩やかで着崩れにくく，動きやすく床座に適した貫頭型シャツと，ゆったりしていてサソリなどから身を守るため足首を絞ったパンツ（シャルワール），さらに気温の日較差が大きい地域では一部重ね用の前開き衣（チャパン，アバなど）の組み合わせが基本である．イスラム教圏では宗教上の理由からベールをつけるが，ベールは強烈な日差しや風・砂埃から身を守るためにも必要である．一方，中南米高地では貫頭型のポンチョとズボンに帽子が用いられている．両地域とも貫頭衣は体と衣服との間に空間があるため，日射は遮断し，乾燥から皮膚を守り，余分な汗は放散する利点をもっている．　　　　　　　　　　　〔田村照子〕

参考文献
1) 田村照子：衣服と気候，成山堂，2013．

4.3.3　防護機能と着装

身体を毛皮で被ったことが衣服の起源の一つとして考えられているように，衣服は身体を護る機能を備えている．衣服に求められる防護機能について，物理的，化学的，生物的観点に分けて述べるとともに，人体の機能を拡張する衣服についても言及する．

a.　物理的外力に対する防護

1) 低温・高温に対する防護　冬季の屋外や冷凍冷蔵庫のような低温環境で活動する場合，防寒性をもつと同時に高い作業性も確保できる衣服が必要となる．体温低下を防止するために，寒冷下作業で衣服に求められる防寒性，言い換えると，保温性（断熱性）と曝露時間との関係を図4.3.35に示す．保温力の高い衣服は，より低温な環境での長時間作業を可能とする．一方，過度な防寒性をもつ衣服の着用は，発汗を促進して衣服内の水分結露による冷えをもたらすことがあるので，寒冷から人体を護る際には，適正着衣量であることも重要となる．

火炎に携わる活動の場合，防炎性（難燃性）や断熱性の高い衣服の着用が必要となる．また，危険な物質を取り扱う作業時には，人体を有害環境から遮断するために気密性の高い衣服の着用が必要となる．これらの衣服の着用は，衣服内が高温多湿環境

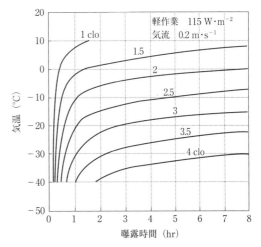

図4.3.35　寒冷環境で軽作業をする際の周囲気温および曝露時間と，衣服に求められる保温力（clo）との関係[1]

となりやすいために，人体への暑熱負担が大きく，結果として作業能の低下を招くことが多い．そこで，空冷ファンや冷却剤を搭載した冷却服を併用することが推奨されている．

2） 衝撃からの防護 大きな力で物体と接触する恐れのある活動時に，衝撃の防護材や緩衝材を装備した衣服や保護具を着用することは，危害の低減に効果的である．例えば，50 km/h の走行自動二輪（質量：150 kg）が停止乗用車に衝突した際の衝撃力は 1×10^4 N にも及ぶため，自動二輪乗車時の警察官は，頭部保護用のヘルメットと胸や脊椎保護用の防護ベストの着用が義務づけられている．

3） 紫外線からの防護 電磁波の一つである紫外線（波長 200〜400 nm）を大量に浴びると，皮膚の光老化を招いたり，皮膚の赤味や水ぶくれなど，健康被害リスクが高くなる[2,3]．そこで，屋外で活動する際には，露出を避けた服装をし，帽子も併用することが望ましい．紫外線遮蔽効果は，繊維の種類や布構造，色によって異なるため，日本では，衣服素材における紫外線遮蔽率 90％以上を A 級，80％以上を B 級，50％以上を C 級とした評価基準が設定されている．

4） 放射線からの防護 日常生活中の自然放射線による被ばく量は年間約 2.4 mSv[4] であり，100 mSv 以上の放射線被ばく量で悪影響が発現する[5]．医療で使用されている X 線は，電磁波の一種として分類される放射線であるため，撮影対象部位外の被ばく防護として，X 線不透過である鉛入りのベストやエプロンなどが医療現場で着用されている．一般的な衣服では放射線を完全に遮蔽することはできないものの，緻密な布構造をもつ特殊素材製の衣服は透過力の小さい放射線を遮り，放射性物質の人体付着を低減するため，放射線除染作業に活用されている．

b. 化学的外力に対する防護

1） 日常生活上での化学物質からの人体防護 人体の健康への影響が懸念されている有害な化学物質には，建築材から発生する化学物質や大気中の粒子状汚染物質である PM2.5 などがある[6]．この PM2.5 は，大きさ 2.5 μm（花粉の約 1/15）の微粒子で，呼吸を通して肺内部に侵入するので，防護には医療用のサージカルマスクや産業用高性能防塵マスクの装着が効果的である．

2） 化学防護服とその他保護具 有害な化学物質から人体を護る衣服のことを化学防護服といい，気密形と密閉形に大別される．気密形は，頭部と手足部を含む全身を防護服で覆い，完全な不透過性と非常に高い気密性をもつ．一方，密閉型は，全身あるいは身体の一部を防護服で覆い，防護用手袋と袖の間や防護用靴と裾の間などの開口部を，ゴムや専用テープで密閉して化学的危険物質の侵入を防ぐ．これらの防護服は，表 4.3.4 に示すように，化学的危険物質の状態に応じて，さらに 6 種類に分類されており[7]，有害環境下での作業時には呼吸保護具や

表 4.3.4 JIS T 8115 による化学物質に対する防護服の種類

種類	名称	防護性能等の特徴	用途例
タイプ 1	気密服	防護服内を気密に保つ構造であるため，頭部や手足を含む全身用防護服．自給式呼吸器を防護服内に装着する自給式呼吸器内装気密服，同呼吸器を防護服外に装着する自給式呼吸器外装形気密服，呼吸用空気を衣服外から取り入れる送気形気密服の 3 種がある．	有害環境での救助作業，化学薬品事故処理など
タイプ 2	ガス防護用密閉服	頭部や手足を含め，全身を防護する全身用防護服．衣服内を陽圧に保つため，かさ高となり，作業しづらいこともある．呼吸用空気は外部から取り入れる．	有害環境での救助作業，化学薬品事故処理など
タイプ 3	液体防護用密閉服	液相の化学物質の侵入を防ぐために，手足部を含めた各パーツの接合部も耐液体密閉性を示す防護服．	有害物質廃棄作業，化学製造業での作業など
タイプ 4	スプレー防護用密閉服	薄く膜状に広がった液体化学物質の衣服内への侵入を防ぐために，手足部を含めた各パーツの接合部も高い耐スプレー性を示す防護服．	農薬散布作業，ペイントスプレー作業など
タイプ 5	浮遊固体粉じん用防護用密閉服	浮遊する固体粉じんに対する防護服．手足部の防護性は問われない．	アスベスト除去作業，焼却炉解体作業，鉱物繊維の取り扱い，医療関係の作業など
タイプ 6	ミスト防護用密閉服	微粒子状の液体化学物質の衣服内への侵入を防ぐ防護服で，手足部を含めた各パーツの接合部においても高い耐ミスト性を有する．	農薬散布作業など

手袋，靴なども併用して健康被害から人体を護る．

化学防護服は，有害物質の透過や浸透を防ぐと同時に水蒸気の透過も妨げるため，防護服内の温湿度が上昇しやすい．それゆえ，温熱的不快感を覚えやすく暑熱負担が大きいため，熱中症を発症することもある．このような暑熱ストレスの緩和を図るために，化学防護服の内衣として，冷却スーツなどの冷却装備を併用するとよい[8]．

c. 生物的外力に対する防護

病原体や細菌などの微生物や，それらに由来する代謝産物の中には，人体に有害で悪影響をもたらす生物がいる．それらによる危険性をバイオハザード（生物学的危険性）という．医療従事者や研究者などは，生物学的危険物質に接触する危険性が高い一方，一般の生活者はその危険性が低い．しかしながら，身近な生物，特に，虫が人体に害をもたらすこともある．

1) 生物学的危険物質からの防護 鳥インフルエンザやSARSなどの生物学的危険物質は視認が難しい．そこで，接触する恐れがある場合には，バイオハザード対策用防護服を着用する．バイオハザード対策用防護服には，ほぼ全身を防護する形状，身体の体幹部のみを防護する形状，身体の一部分を防護する形状の計3タイプがある．これらのうち，ほぼ全身を防護する形状の防護服は，先の化学防護服と同様に，気密形と密閉形があり，求められる機能および衣服形状は化学防護服と酷似している．それゆえ，化学防護服と明確な区別をせず，NBC防護服（nuclear-biological-chemical suit）として使用される防護服が多い．

2) 日常生活における身近な有害生物からの防護 かつて日本の家庭では，蚊から身を護る道具の一つとして，蚊帳が広く使用されていた．蚊のように，身近に存在する虫が人体に害を与えることもある．害虫による害種は，アレルゲンや不快感の他，吸血と刺咬，皮膚炎が挙げられる．これらの被害症状は異なるものの，肌の露出を避けた着装によって人体を害虫から防護することが可能となる．

d. 人体機能を拡張する衣服

日常生活を送る上で，健康・安全性を向上する衣服について取り上げる．

1) 生体計測機能 日常生活の中で着用する衣服を利用した，ウェアラブルな生体センサーの研究が始まっており，実用化する日は近い（例えば，文献9を参照）．現在，汗の性状と発汗量，動脈血中酸素飽和度，心電図，筋電図，体動，呼吸機能の計測技術が開発されている．衣服から生体情報を収集する利点は，センサー配線による身体拘束負担が少ないことと，医療機関への通院を必要としないことである．これにより，移動手段の制限された患者や遠隔地にいる患者に対しても診断や医療的指導が可能となるので，今後のさらなる発展が期待される．

2) 視覚の保護 結膜における充血は紫外線[3]が，白内障は赤外線の長時間照射[10]が一要因であるといわれているように，電磁波は目に少なからず影響を与える．これらの電磁波遮蔽機能をもつ眼鏡の着用は，目の健康被害予防となる．最近，青色光の網膜への到達が光ストレスとなり，目の疲労や生体の概日リズムを乱す原因であることが示唆されている[11]．まだ推測の域を出ないものの，これが実証されれば，保護眼鏡装着による青色光の遮蔽防護が必要となるであろう．

3) 視認性の拡張 交通事故は，薄暮が始まる頃から夜間に多発する．反射性素材や蛍光性素材を用いた安全ベストやバンドを装着すると，暗闇での視認性が著しく向上する．

4) 救命胴衣 川下りやプールでの遊泳を楽しみながら，夏季には涼を得たりする．このような水中活動での安全性を確保する際には，顔を水面上に出すことが最も重要なことであり，浮力を利用した救命胴衣や浮き輪などの着用が有効である．

〔深沢太香子〕

参考文献

1) ISO 11079: Ergonomics of the thermal environment —Determination and interpretation of cold stress when using required clothing insulation (IREQ) and local cooling effects, 2006.
2) 堀尾 武：皮膚の光障害と防御機構．生物の光障害とその防御機構（市橋正光，佐々木政子編），pp.65-112，共立出版，2000.
3) 宮地良樹：健康と光障害．生物の光障害とその防御機構（市橋正光，佐々木政子編），pp.127-143，共立出版，2000.
4) 環境省：東京電力福島第一原子力発電所の事故に伴う放射線による健康影響等に関する国の統一的な基礎資料 平成24年度版 ver.2012001，p.69，2013.

5) 加藤真介：放射線の基礎とその人体影響．日本家政学会被服衛生学部会 第30回被服衛生学セミナー要旨集，p.15, 2011.
6) 環境省 微小粒子状物質（PM2.5）に関する専門家会合：最近の微小粒子状物質（PM2.5）による大気汚染への対応，pp.1-8, 2013.
7) 日本工業規格：JIS T 8115 化学防護服，2010.
8) C. Chou, Y. Tochihara and T. Kim: Physiological and subjective responses to cooling devices on firefighting protective clothing, *European Journal of Applied Physiology*, **104**: 369-374, 2008.
9) 堀場隆広，島上祐樹：究極のウェアラブルシステムの開発．尾張繊維技術センター2011年研究報告書, pp.1-2, 2011.
10) 勝浦哲夫：赤外線 赤外線の許容限界，人間の許容限界ハンドブック（関 邦博，坂本和義，山崎昌廣編）pp.496-498, 朝倉書店，1993.
11) 樋口和重：光環境 生体リズムとホルモン．人工環境デザインハンドブック（人工環境デザインハンドブック編集委員会編），pp.201-203, 丸善，2007.

4.4 洗　　浄

4.4.1 洗　浄
a. 汚　れ

1) 汚れの種類　汚れは繊維の表面に外部から付着したもので、繊維の外観を損ね、品質の保持に好ましくなく、また衛生上有害なために除去されなくてはならない異物であると定義[1]されている.

汚れの種類は，その成分により，有機汚れと無機汚れに分類され，付着状態の過程からは，人体からの汚れと生活環境からの汚れに分類される．成分と原因による分類を表4.4.1[2]に示す．さらにその形状別にみると，3種類に分類される．

① **水溶性汚れ**（水に溶解する汚れ）：　着用した被服に人体から付着した水溶性汚れは，汗，血液，人乳などのたんぱく質汚れ，排泄物などがある．汗の成分の90％以上は水分であり，その残りの成分を表4.4.2[3]に示す．汗の成分は無臭であるが，時間の経過とともに不快臭が発生し，汗じみを生じる．発汗量は季節により異なり，個人によっても差がある．生活環境からの汚れには，ジュース，お茶，しょう油，酒類などが挙げられる．水溶性の汚れは，長時間放置したり，熱によって変性すると水不溶性の汚れになる．

② **油性汚れ**（水には溶けにくいが，有機溶剤には溶ける汚れ）：　人体皮脂腺から分泌される皮脂と

表4.4.1　汚れの成分と原因による分類[2]

	人体からの汚れ	環境からの汚れ
有機化合物	皮脂，汗，あか，ふけなどの脱落表皮細胞，血液，排泄物などの主成分である脂質，タンパク質，糖質	ジュース，お茶，しょう油，酒類，バター，食用油，乳液，口紅，機械くず，かび，ボールペン，絵の具，クレヨン，インク，のり，油性ペン，塗料，ペンキなど
無機化合物	汗，血液，排泄物中に含まれる各種の塩類，ミネラル	ミネラルを含む食品，ファンデーション，墨，鉛筆，機械油（鉱油），顔料，泥，塵，ほこり，すす，排気ガス，浮遊粒子状物質（SPM），微小粒子状物質（PM2.5），火山灰，放射性物質など

表4.4.2　汗の主要成分（mg%）[3]

成　分	汗
Cl	320
Na	200
K	20
Ca	2
Mg	1
尿酸窒素	15
アミノ酸窒素	1
アンモニア	5
クレアチニン	0.3
ブドウ糖	2
乳糖	35

表4.4.3　ヒトの皮脂の構成[4]

粒子の大きさ（μm）	重量率（％）	表面積率（％）
脂　質	平均値（wt%）	範囲（wt%）
トリグリセリド	41.0	19.5～49.4
ジグセリド	2.2	2.3～4.3
脂肪酸	16.4	7.9～39.0
スクワレン	12.0	10.1～13.9
ワックス	25.0	22.6～29.5
コレステロール	1.4	1.2～2.3
コレステロールエステル	2.1	1.5～2.6

生活環境に由来する動物油脂，植物油脂，鉱物油およびワックスなどである．ヒトの皮脂の構成成分を表4.4.3[4]に示す．均一で繊維基質表面に拡張して，薄膜状で固体または液体状で付着している．不飽和油性物質は酸化され重合すると，溶剤にも不溶性の汚れとなる．

③ **固体粒子汚れ**（水にも有機溶剤にも溶解しない汚れ）： 大気中に浮遊する塵埃はほとんどの粒子径が3.3 μm以下の微粒子であるが，最近問題になっているPM2.5のような微小粒子状物質もある．その主成分はシリカ，アルミナ，酸化鉄，生石灰などである．浮遊粒子状物質（SPM）[5]の粒度分布を表4.4.4[1]に示す．

日常生活における汚れの成分は，3種類の汚れの混合物であり，季節によっても変化し，汚れの付着量は冬の方が他の季節より多いことがわかる（表4.4.5）[1]．

汚れの付着機構[2]には，機械的付着，静電引力による付着，ファン・デル・ワールス力による付着，化学結合による付着がある．

2） 繊維の汚染性 衣服地の汚れやすさは，繊維の種類，形態，物性，糸の太さ，糸の撚り，布の組織，密度，厚さ，混紡率，繊維の損傷，化学的改質ならびに加工剤の種類など，多くの因子の影響を受けて，複雑に変化している．ここでは，天然衿布の各種繊維表面の汚染前と汚染後の電子顕微鏡写真を図4.4.1[6]に示す．

汗腺および皮脂腺からの分泌物と老化した表皮角質層片とが混在した複雑な組成を有する天然衿汚染布をみると，親水性の天然繊維である毛，絹および綿では，不均一な汚染状態を示している．キュプラ，レーヨンなどの再生繊維，アセテートの半合成繊維の衿布では，水溶性の汚れなどは布表面ならびに繊維の凹部，繊維のひだに多く付着している状態が観察される．皮脂腺からの分泌物は布表面並びに布内部の繊維のひだや繊維の凹部に広がって，比較的滑らかな付着状態が観察される．一方，疎水性の合成繊維であるポリエステル，ナイロン，アクリル，ポリプロピレンなどの衿布では，繊維のひだに多く付着し，皮脂腺からの分泌物も布表面に比べ，繊維のひだに多く付着している状態が観察される．特に汚れが付着する前のポリエステルの表面は，なめらかで平面的であるので，汚れが繊維の内部にまで入り込んでいる様子が観察される．

さらに各種繊維の天然衿汚染布に付着する表皮角

表4.4.4 浮遊粒子状の粒度分布 (μm)[1]

粒子の大きさ（μm）	重量率（％）	表面積率（％）
0.1～0.2	13.3	72.9
0.2～0.5	0	0
0.5～1.0	3.5	4
1.0～1.2	0	0
1.2～2.2	11.7	4.5
2.2～3.3	66	18.1
3.3～70	5.5	0.5
70～150	0	0

表4.4.5 天然汚れ成分比の季節による相違 (wt%)[1]

汚れ	衿				肌シャツ			
季節（月） 汚れ成分	4～5	7～8	9～10	2～3	4～5	7～8	9～10	2～3
1．有機質汚れ	86.7	78.1	83.2	90.4	85.6	73	78.1	89.2
脂肪酸	20.2	21.9	20.5	18.9	12.8	11.5	15.8	18.3
パラフィン	1	0.9	1	1.2	0.4	0.6	1.1	0.5
スクアレン	3.9	3.8	4.1	5	1.6	2.2	4.4	2.2
コレステロールエステル	13	10.2	12.5	17.1	12.1	6.4	12.3	9.3
コレステロール	1.5	1.4	1.8	2	1.8	1.4	3.4	2
トリグリセリド	19.9	7.9	19.4	24.6	24	6.9	14.4	28.1
含窒素化合物	9	19	11.4	8.5	17.6	36.6	16.4	15.1
モノ，グリセリド，アルコール，その他	18.2	12.9	12.5	13.1	15.3	7.4	10.3	13.6
2．無機質汚れ	13.3	21.9	16.8	9.6	14.4	27	21.9	10.8
灰分	3.9	2.9	2.9	5.1	3.2	2.9	2.7	4.3
NaCl	9.4	19	13.6	4.5	11.2	19.2	19.2	6.5
汚れ付着量（% owf）*	—	—	—	—	1.3	1.5	1.5	2.1

*：繊維布重量あたり百分率（on the weight of fabric）

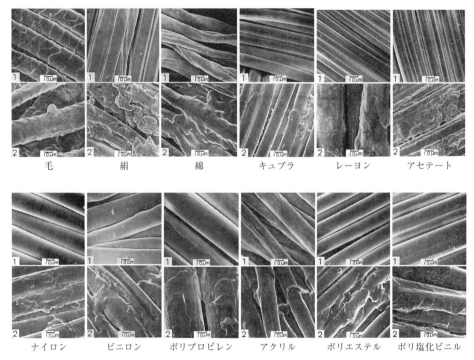

図 4.4.1 衿布の各種繊維表面の電子顕微鏡写真[6]
1：汚染前，2：汚染後

表 4.4.6 各種繊維の衿布に付着するタンパク質汚れ量と脂質汚れ量[2]

繊維の種類	タンパク質汚れ量 （mg/g 繊維）	脂質汚れ量 （mg/g 繊維）	タンパク質量／脂質量
毛	8.1	10.4	1/1.3
絹	13.7	40	1/2.9
綿	8	43.6	1/5.5
キュプラ	8.7	77	1/8.8
レーヨン	7.1	42.3	1/6.0
アセテート	10.8	54.3	1/5.0
ビニロン	4.7	23.1	1/5.0
ナイロン	6.2	39.8	1/6.5
アクリル	4	28.7	1/7.3
ポリエステル	5.4	47.1	1/8.9
ポリ塩化ビニル	3.3	27.5	1/8.4
ポリプロピレン	5.3	47.3	1/9.1

質層片などのタンパク質汚れ量と人体皮脂などの脂質汚れ量についてみると，天然繊維および再生，半合成繊維の衿布には多く付着し，合成繊維の衿布は少ない．またタンパク質汚れに対する脂質汚れの付着割合をみるとキュプラのような細い繊維や疎水性の合成繊維のアクリル，ポリエステル，ポリ塩化ビニル，ポリプロピレンなどでは大きく，親水性の天然繊維である毛および絹のタンパク質繊維では特に小さくなっている（表 4.4.6）[1]．各種繊維の汚れの付着状態は，繊維の形態的・化学的構造特性，繊維の糸の太さ，吸湿性，吸水性ならびに布の組織，密度，厚さなどにも影響される．

最近では，衣類などを汚れから防護することを目的とした防汚加工も多く行われている[1]．着用後の衣類は，多くの汚れが混合した状態で繊維に付着し，繰り返し行われる洗濯によって汚れが蓄積される．それらの汚れが，時間の経過とともに繊維の内部の非晶領域にまで浸透して，布を黒ずませる原因とな

表 4.4.7 標準的な世界および日本の河川水の平均主要化学成分濃度（単位：mg/L）[1]

	Na^+	Mg^{2+}	Ca^{2+}	K^+	Cl^-	SO_4^{2-}	HCO_3^-
日本	6.7	1.9	8.8	1.19	5.8	10.6	31.0
世界	5.3	3.1	13.3	1.5	6.0	8.7	51.7

ると考えられる[7]．そのためにも今後，繊維への防汚性を強固にする安全な加工方法が開発されることを期待する．　　　　　　　　　　〔中井明美〕

参考文献
1) 皆川　基，藤井富美子，大矢　勝編：洗剤・洗浄百科事典（新装版），pp.275, 278, 281, 466, 469, 朝倉書店，2007.
2) 増子富美，齊藤昌子，牛腸ヒロミほか：被服管理学，pp.2, 6, 朝倉書店，2012.
3) 伊藤眞次：汗の化学，pp.60-67, 医学書院，1953.
4) 酒井豊子，牛腸ヒロミ：衣生活の科学，p.144, 放送大学教育振興会，2004.
5) 中島利誠編：生活環境論，pp.91-106, 光生館，2008.
6) 奥山春彦，皆川　基編：洗剤・洗浄の事典，pp.393-395, 朝倉書店，1990.
7) 最新洗浄技術総覧，p.112, 産業技術サービスセンター，1996.

b．水

水は私たちが生活するうえで欠かすことのできない，無色，無臭，無味の液体である．地球上の水の97％は海水であり，残り3％が淡水である．洗濯用水として淡水を使用する場合，主に上水道や簡易水道などの水道水を用いるが，一部の地域では地下水や河川水も利用されている．水の中には，ナトリウム（Na^+），カルシウム（Ca^{2+}），マグネシウム（Mg^{2+}）などの金属イオンが主に溶存されており（表4.4.7），炭酸水素塩，塩化物，硫化物の形で存在していることが多い．その中で，カルシウムやマグネシウムなどの硬度成分である炭酸水素塩を多く含む水を硬水（hard water）と呼ぶ．反対に，硬度成分の少ない水を軟水（soft water）という．硬度（hardness）の表し方として，ドイツ硬度（°DH）とアメリカ硬度（mg/L または ppm）が用いられている．最近はアメリカ硬度を一般的に使用している．

ドイツ硬度は，水100 mL中に含まれる硬度成分の量を，酸化カルシウム（CaO）の量に換算したmg数で表す．アメリカ硬度は，水1,000 mL中に含まれる硬度成分の量を，炭酸カルシウム（$CaCO_3$）の量に換算したmg数で表し，全硬度（総硬度）とも

表 4.4.8　硬度による分類（WHOによる定義）[2]

硬度（mg/L）	呼び方
0～60 未満	軟水
60 以上 120 未満	中程度の軟水
120 以上 180 未満	硬水
180 以上	極度の硬水

呼ばれる．ドイツ硬度（°DH）とアメリカ硬度（mg/L）の関係は，

　ドイツ硬度(°DH) ＝ アメリカ硬度(mg/L)×0.056

である．また，全硬度は次式によりほぼ正確に算出される．

　全硬度(mg/L) ＝ カルシウム濃度(mg/L)×2.5
　　　　　　　　　＋マグネシウム濃度(mg/L)×4.1

硬水であるか軟水であるかの目安を表4.4.8に示す．

日本の水道水の硬度は，沖縄を除くほとんどの地域で軟水である．日本の水道水質基準では，味覚および生活用水としての利用面から，硬度300 mg/L以下という基準値が設定されている．地下水では河川水より比較的硬度が高い．

水中に含まれるカルシウムイオンやマグネシウムイオンは石けんの洗浄力を低下させる．特に硬水中で石けんを使用すると，次式で示すような水に不溶性の脂肪酸カルシウムや脂肪酸マグネシウムなどの金属石けんが生成される．これを通称で石けんカスという．そのために洗浄力が低下するとともに，すすぎで残った金属石けんが衣類の黄ばみや変質の原因となる．

　$2RCOONa + CaSO_4 \rightarrow (RCOO)_2Ca + NaSO_4$
　（石けん）　　　　　　　（金属石けん）

カルシウムやマグネシウムなどの硬度成分を炭酸水素塩として含む水は，煮沸するとCO_2を放出してCa^{2+}は炭酸カルシウム（$CaCO_3$）として沈殿する．Mg^{2+}は炭酸マグネシウム（$MgCO_3$）となり，さらに加水分解を受けて水酸化マグネシウム（$Mg(OH)_2$）として沈殿する．これら炭酸水素塩水のように煮沸によって硬度成分が沈殿して硬度が低下する水の硬度は一時硬度といわれ，炭酸塩硬度とも呼ばれる．

$$Ca^{2+} + 2HCO_3^- \rightarrow CaCO_3 + H_2O + CO_2$$
$$Mg^{2+} + 2HCO_3^- \rightarrow MgCO_3 + H_2O + CO_2$$
$$MgCO_3 + H_2O \rightarrow Mg(OH)_2 + CO_2$$

それに対して,硬度成分が硫酸塩(硫酸カルシウム($CaSO_4$),硫酸マグネシウム($MgSO_4$))や塩化物(塩化カルシウム($CaCl_2$),塩化マグネシウム($MgCl_2$))として水に溶けている場合は煮沸しても除去できないので,永久硬度といわれ,非炭酸塩硬度とも呼ばれる.これらの硬度には次の関係がある.

　全硬度(総硬度)＝一時硬度(炭酸塩硬度)
　　　　　　　　＋永久硬度(非炭酸塩硬度)

硬水から硬度成分を除去することを軟化(softening)という.硬水の軟化法として,以下の四つがある.

①煮沸法:一時硬水のみ.
②アルカリ法:水酸化ナトリウムまたは炭酸ナトリウムを加えると不溶性の塩類として沈殿する.
③イオン封鎖法:エチレンジアミン四酢酸(EDTA)などのキレート剤を用いて水溶性錯塩を形成し,Ca^{2+}やMg^{2+}を不活性化する.
④イオン交換法:アルミノケイ酸塩(ゼオライト),陽イオン交換樹脂を用いてCa^{2+}やMg^{2+}などを除去する.

市販合成洗剤には上記②~④の機能を有する化合物が配合されている.

水中に含まれる鉄は含有量が少ないため,硬度成分としてほとんど影響を及ぼさない.日本の水道水質基準では,鉄は0.3 mg/L以下に定められている.しかし繰り返し洗濯すると,微量であっても布に付着した鉄が空気に触れて酸化され茶褐色となり,衣類を黄色化して着色する可能性がある.また,鉄は酸素系漂白剤(特に過炭酸ナトリウム)で漂白する場合に触媒として働き,布の劣化を引き起こす.鉄の除去には,イオン封鎖法,イオン交換法が有効である.

〔福井典代〕

参考文献
1) 北野 康:水の科学(第三版),p.70,日本放送出版協会,2009.
2) 山田一裕:水しらべの基礎知識,p.25,オーム社,2009.

c. 洗　剤

1) 界面活性剤　界面活性剤は,その分子中に水に対して親和性をもつ親水基と,親和性をもたない疎水基(親油基)の両方を有する両親媒性物質を指す用語である.水に溶解すると水と空気の界面(水の表面),水と繊維の界面,水と汚れの界面などに吸着し,それぞれの界面自由エネルギー(界面張力として測定される)を低下させる働きがあり,水と汚れを混合させる効果があるため,洗剤の主成分として用いられる.

図4.4.2は界面活性剤の中でも最も親しまれている石けんの構造を示す.疎水基は炭化水素鎖から構成されており,親水基は陰イオン性の解離基である$-COO^-$の構造になっている.石けん以外の界面活性剤も疎水基は同様であるが,親水基は多様で種々

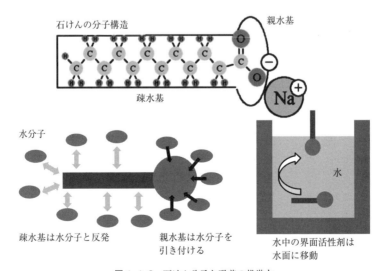

図4.4.2　石けん分子と吸着の推進力

の種類がある．親水基による分類では，水溶液中で解離するイオン性界面活性剤と解離基を有しない非イオン界面活性剤（ノニオン界面活性剤）に大きく分けられ，イオン性界面活性剤はさらに陰イオン界面活性剤（アニオン界面活性剤），陽イオン界面活性剤（カチオン界面活性剤），両性界面活性剤の3種に分けられる．洗剤に用いられる界面活性剤の大部分は，陰イオン界面活性剤と非イオン界面活性剤であり（表4.4.9），陽イオン界面活性剤や両性界面活性剤は主に柔軟剤，帯電防止剤，殺菌剤などの用途に用いられる．

衣類の洗濯時の界面活性剤の洗浄への作用としては，衣類をぬらしやすくして内部にまで洗浄液を浸み込ませる浸透・湿潤作用，油汚れを細かい油滴に分散して安定に保持する乳化作用，水中にすす粒子などを混ぜ合わせて安定に保持する懸濁作用（洗浄分野で狭義の分散作用と呼ぶ），水に溶けにくい物質を界面活性剤の会合体（ミセルなど）の内部に溶け込ませる可溶化作用，脱落した汚れに吸着して衣類への再付着を防ぐ再汚染防止作用，泡立ちを良くして泡を安定化する起泡作用などが寄与している．

界面活性剤の疎水基は水分子との相性が悪いため，単一の分子が水中に存在する状態は不安定となる（図4.4.3）．そのため界面活性剤には水相と他の相との間の界面へ吸着する推進力が生まれる．水の表面張力は，水と空気との間の界面自由エネ

表4.4.9 洗浄に用いられる主な界面活性剤

陰イオン系	脂肪酸系	石けん（脂肪酸Na，脂肪酸K） α-スルホ脂肪酸エステル硫酸塩（α-SF）	$R-COO \cdot Na \quad R-COO \cdot K$ $R-CH(SO_3 \cdot Na)COOCH_3$
	アルキルベンゼン系	直鎖アルキルベンゼンスルホン酸塩 $R-\langle\bigcirc\rangle-SO_3 \cdot Na$ （Rは直鎖のアルキル基）	
	高級アルコール系	アルキル硫酸ナトリウム（AS） POEアルキルエーテル硫酸塩（AES）	$R-O-SO_3 \cdot Na$ $R-O-(CH_2CH_2O)_n-SO_3 \cdot Na$
	α-オレフィン系	α-オレフィンスルホン酸塩（AOS）	$R-CH=CH-(CH_2)_n-SO_3 \cdot Na$ $R-CH(OH)-(CH_2)_n-SO_3 \cdot Na$
非イオン系	脂肪酸系	ショ糖脂肪酸エステル POE脂肪酸エステル 脂肪酸アルカノールアミド 脂肪酸メチルエステルエトキシレート	$R-COO-[sucrose]$ $R-COO-(CH_2CH_2O)_n-H$ $R-CON(CH_2CH_2OH)_2$ $R-COO-(CH_2CH_2O)_n-CH_3$
	高級アルコール系	POEアルキルエーテル（AE） アルキルグルコシド（AG）	$R-O-(CH_2CH_2O)_n-H$ $R-O-[glucose]$
	アルキルフェノール系	POEアルキルフェノールエーテル（APE） $R-\langle\bigcirc\rangle-O-(CH_2CH_2O)_n-H$	

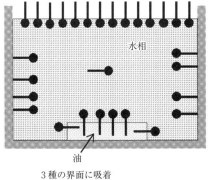
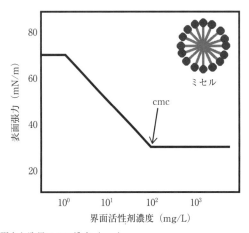

図4.4.3 吸着，表面張力と臨界ミセル濃度（cmc）

ギーを指すが，界面活性剤濃度が高くなって水／空気の界面に界面活性剤が吸着していくと表面張力は低下する．そして界面が界面活性剤の単一分子膜として飽和状態に達すると，界面活性剤濃度がそれ以上に増大しても表面張力はそれ以下に減少することなく一定値を示すようになる．さらに界面活性剤濃度が高まると，不安定な単一界面活性剤同士が会合体であるミセルを形成して安定化する．その会合体を形成し始める濃度は表面張力が最低値に達する濃度に一致し，臨界ミセル濃度（critical micelle concentration：cmc）と呼ばれる．乳化作用，分散作用，可溶化作用などの界面活性剤の主要な作用はミセルが分解して生成した単一分子が作用するので，洗浄に用いるには臨界ミセル濃度以上の濃度を必要とする．そのため，臨界ミセル濃度の低い界面活性剤は比較的低濃度で洗浄に用いることができることになる．高機能界面活性剤の条件として臨界ミセル濃度が低い点が重視されている．

界面活性剤は人体への安全性や環境問題の視点でも過去から注目されてきたが，その観点は，界面活性剤が水生生物に対して毒性が強いこと，もう一点は油脂原料の消費に直結する点である．水生生物への影響の観点からは生分解性の優れた界面活性剤が望ましいとされ，洗剤成分として現在用いられている界面活性剤は非常に生分解しやすいものが大部分を占める．ただし，より細かく生分解速度を比較すると，石けんやアルキル硫酸ナトリウムの生分解速度が高く，ポリオキシエチレンアルキルエーテルが中程度で，直鎖アルキルベンゼンスルホン酸塩の生分解速度は比較的低い．原料消費の観点からは少量の使用量で目的を達成できる省資源型の界面活性剤が追求されてきた．近年は高機能型の界面活性剤として，2分子をつなぎ合わせて1分子にしたジェミニ型界面活性剤や，微生物に生産させる天然界面活性剤であるバイオサーファクタントなどの開発に注目が集まっている． 〔大矢　勝〕

2）ビルダー

① 定義： ビルダーとは，洗剤に配合される洗浄助剤で，それ自体は界面活性能や洗浄力を有しないが，界面活性剤と共存させることにより，界面活性剤の作用が増強され洗浄力を高める物質のことをいう．したがって，界面活性剤の使用量（配合割合）を少なくすることができる．ビルダー以外の洗剤配合剤には，酵素，漂白剤，蛍光増白剤，香料などがあり，洗浄補助剤として分類される．

② ビルダーの種類と機能： ビルダーには，主に三つの機能（金属封鎖作用，アルカリ緩衝作用，再汚染防止（分散）作用）がある．

- **金属封鎖作用**：洗剤で使用される界面活性剤は，陰イオン界面活性剤と非イオン界面活性剤であるが，洗濯浴中でマイナスイオンになる陰イオン界面活性剤2分子は，特に洗濯用水に含まれる硬度成分である多価金属イオン（Ca^{2+}：カルシウムイオン，Mg^{2+}：マグネシウムイオン）1個と結合し，不溶性物質（金属石けん）となり，界面活性能が失われ，洗濯浴中の界面活性剤の濃度が低下し，洗浄力が低下する現象を生ずる．これは，いわゆるアルカリ石けんなどは極性が大きく，水に溶けやすいのに対して，金属石けんは極性が小さく極性溶媒に対する親和性が小さいためである．また，これら多価金属イオンは，繊維と汚れ成分の架橋結合に関与する場合もあり，汚れが除去しにくくなる．したがって，Ca^{2+} や Mg^{2+} などを除去するために，多価金属イオンの捕捉剤を用いる．これにはキレート化剤，イオン交換剤がある（図4.4.4）．キレートとはギリシャ語の「蟹のはさみ（chele）」に由来し，金属イオンを複数の配位座をもつ配位子の構造上の隙間に金属を挟み込む結合をいう．

- **アルカリ緩衝作用**：洗浄液をアルカリ性にすることで洗浄力が向上することが知られている．一方，アルカリ条件下では，繊維の膨潤や脆化が生じるため，高い洗浄効率を求める場合に配合される．これは，アルカリ性になることで①繊維や汚れ成分の反発力が増大する，②皮脂汚れのトリグリセリドが繊維から離脱しアルカリ（特に苛性アルカリ）条件下で加水分解して脂肪酸を遊離し，アルカリと反応して脂

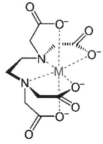

図4.4.4　キレート化のモデル
（破線の部分で配位している）

表 4.4.10 ビルダーの機能と成分

ビルダーの機能	成分名
金属封鎖作用	エチレンジアミン四酢酸（EDTA），ニトリロ三酢酸ナトリウム，クエン酸ナトリウム，アルミノ珪酸塩（ゼオライトなど），トリポリリン酸ナトリウム
アルカリ緩衝作用	炭酸塩（炭酸ナトリウム，炭酸水素ナトリウム，セスキ炭酸ナトリウム），ケイ酸塩（メタケイ酸ナトリウム），リン酸塩，水酸化ナトリウム，トリポリリン酸ナトリウムなど
再汚染防止作用（分散作用）	カルボキシメチルセルロース（CMC），ポリエチレングリコール，トリポリリン酸ナトリウム
ミセル増強剤	硫酸ナトリウム
pH調整剤	クエン酸ナトリウムなど

肪酸石けんを生成することが原因と考えられている.
- 再汚染防止作用（分散作用）：水溶性で水中で陰イオンになり，繊維表面や汚れ物質表面に吸着して電気的な反発力を高めることにより，脱落した汚れの分散性を向上させ，繊維表面に汚れが再付着するのを防ぐ.
- ビルダーの種類（表4.4.10）：キレート化剤は多くあるが，洗剤中に配合されるのは，エチレンジアミン四酢酸（EDTA）が一般的（図4.4.5）である．イオン交換剤として用いられているアルミノ珪酸塩（ゼオライトなど）は，もともとアルミノ珪酸塩に含まれているアルカリ金属イオン（Na^+）を放出し，Ca^{2+}やMg^{2+}などを捕捉する．さらに，このときに放出されたNa^+は洗浄作用には＋に作用することが知られている．アルミノ珪酸塩は不溶性である.

アルカリ緩衝剤用には，炭酸塩（炭酸ナトリウム，炭酸水素ナトリウム，セスキ炭酸ナトリウム），ケイ酸塩（メタケイ酸ナトリウム）が主に使用され，リン酸塩，水酸化ナトリウムがある.

再汚染防止剤には，カルボキシメチルセルロース（CMC）が用いられる．以前は，トリポリリン酸ナトリウムも用いられたが，現在は日本では用いられていない.

その他のビルダーとして，臨界ミセル濃度を低下させる効果がある硫酸ナトリウムが用いられる.

③ **ビルダーに関する環境影響**：日本では，1970年代後半から湖沼における富栄養化のために水質が低下する問題が注目されるようになり，湖沼の窒素およびリンに関わる環境基準が昭和57（1982）年に定められた．地域によって下水道が充分に完備していない時期であったため，家庭洗濯排水中のビルダー成分であったトリポリリン酸ナトリウムの代替品の検討を行った結果，ゼオライトを代替品にすることで，トリポリリン酸ナトリウムの配合を行わなくなった.

④ **近年の洗剤のビルダーの配合について**：従来の衣料用洗濯洗剤は，液性がアルカリ性の場合に洗浄効果が向上することから，アルカリビルダーを使用してきた．中性の衣料用洗濯洗剤（アルカリビルダー配合しないタイプ）は，アルカリ条件下では繊維が脆化する繊維を対象として使用されてきた.

2009年頃から，液体洗剤で水分配合率が低く抑えられた超濃縮タイプの衣料用洗濯洗剤が使用されるようになり，液性は弱アルカリ性，中性，弱酸性の3タイプがある．これらの場合，従来のアルカリビルダーは使用されていない．クエン酸ナトリウム，エタノールアミン，水酸化ナトリウムなどである.

3) 酵素

① **酵素の定義**：酵素は，分子量が5万～10万のタンパク質で，中には100万～200万というものもある．分子1個あたりに1個の活性部位をもち，特定の基質とすみやかに反応が進行する触媒能をもつ．これらの反応は，主に，酸化還元反応，転移反応，加水分解反応，異性化反応などである[1]．このような基質特異性と触媒能を有する特徴を利用して，洗

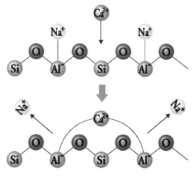

図4.4.5 イオン交換のモデル

浄過程で界面活性剤や漂白剤では除去が困難な物質を速やかに除去し，さらに環境中に排水ののち分解するため，洗浄配合剤としての利用が進んでいる．酵素は多くの高等生物（動植物）体内に存在するが，洗剤配合剤として利用されている酵素は，いわゆる工業用酵素であり，コストの観点から微生物由来が主体である．

洗剤用酵素の種類と機能：近年，洗剤配合酵素として主に利用されているのは，4種類である[2]．リパーゼは脂肪分解酵素で，皮脂成分に含まれるトリグリセリドを遊離脂肪酸とグリセリンまで加水分解する．プロテアーゼはタンパク質分解酵素で，角質細胞・血液・牛乳などのタンパク質のペプチド結合を切断して分解する．アミラーゼはでんぷん分解酵素で，でんぷんをオリゴ糖と水溶性デキストリンに分解する．セルラーゼは繊維素分解酵素で，汚れそのものは分解しないが，綿・麻・レーヨンなどのセルロース繊維を分解し，繊維表面のセルロースを分解することで汚れ成分が繊維から離脱する効果を生む．さらに，セルラーゼは繊維表面の微細な毛羽を分解することで，汚れが付きにくくなったり，色相が鮮明になるという効果もある．この他に，漂白剤としてペルオキシダーゼの利用も検討されている．

② **洗剤配合酵素の現状**：当初の洗剤酵素はアルカリ条件下で活性をもつように開発された[3]が，現在は中性条件下での使用も多くなっている．また，一般的に洗濯での洗濯用酵素製品として使用濃度は0.5から1％程度であり，温度は40℃以下で使用されている例が多い．近年は，洗濯条件のpH（弱アルカリ性や中性）に適した酵素の開発も進んでいる．

洗剤配合用では，開発当初は酵素を単独で使用していたが，複数の酵素を配合することにより，単独で使用する場合よりも相乗効果が大きい例も指摘されている．一方，粉末洗剤では顆粒状であるので酵素も配合しやすいが，液体洗剤では洗剤中に酵素が高濃度に配合されることになるため，いかに安定に配合するかが重要であり，さらに複数の酵素を配合する場合には，共存する酵素への影響を検討する必要がある．特に，プロテアーゼはタンパク質を分解するため，共存する酵素と反応する可能性がある．そのため，プロテアーゼ用の阻害剤を配合する検討もされている．

このように，洗剤に酵素を配合することで，特定の汚れ成分を効果的に分解除去できるようになり，洗浄効率が著しく向上した．したがって，結果的に洗剤の主成分である界面活性剤の使用量の削減につながった．現在，多くの合成洗剤は酵素を配合しており，洗剤中の界面活性剤の使用割合の削減や，洗剤そのものの使用量が削減されている．

〔森田みゆき〕

参考文献
1) 堀越弘毅ほか：酵素．科学と工学，p.105，講談社，1995．
2) 上島孝之：産業用酵素，p.16，丸善，1995．
3) 伊藤 進：バイオ洗剤とスクリーニング．生物工学会誌，90：586-589，2012．
4) 一島英治：酵素の化学．朝倉書店，1995．

4) 蛍光増白剤 (fluorescent brightener)

歴史：Lagorioは蛍光増白の原理を1921年に発表し，Kraisは1929年に西洋トチノキの樹皮から抽出したエスクリンを麻や人絹の増白に初めて利用した．工業的な合成は1940年頃にドイツで始まり，セルロース用のBlankophor Bなどが市販された．1945年以降，多くの蛍光増白剤が開発され，繊維や紙，プラスチックの増白に使用されている．

原理：物体に太陽光があたった場合，光をすべて反射すればその物体は純白に見える．綿や麻などの繊維は漂白しても，太陽光の青紫色の光をわずかに吸収するため，いくぶん黄色味を帯びている．蛍光増白剤は，紫外部の光（300～380 nm）を吸収して，可視部に紫青～青緑色（380～500 nm）の蛍光を放出し，蛍光の効果を加えて輝くような白さを付与する．紫外線を含む光の下では効果を発揮するが，紫外線のない光の下では増白効果は得られない．蛍光増白剤は有色染料とは異なり，繊維重量の0.1～0.5％のごく少量を用いる．適量を超えると，蛍光が減少して増白効果が低下する濃度消光が生じ，さらに布が蛍光増白剤自体の黄色や黄緑色を呈するようになる．

種類：蛍光増白剤は繊維によって使用されるタイプが異なる．ジアミノスチルベン系はセルロース繊維のほか毛やナイロンにも染着し，洗剤にも配合される．このタイプは洗濯で脱着しやすく，耐光性は低い．オキサゾール系はポリエステルに使用され，洗濯や光に対して堅ろうである（表4.4.11）．

洗剤への配合：洗濯や使用中の光によって脱着や

表 4.4.11 代表的な蛍光増白剤

名称・適用繊維	化学構造
C.I. FB 71 (ジアミノスチルベン系) 綿,麻など	(トリアジン系ジアミノスチルベン構造) X：−N◯O, Y：−NH−◯
C.I. FB 52 (クマリン系) 毛,絹など	(クマリン構造) $(H_3C)_2N$‐...‐CH_3, O
C.I. FB 135 (オキサゾール系) ポリエステルなど	(ビスオキサゾール構造) CH_3‐...‐C−CH=CH−C...‐CH_3

光退色した蛍光増白剤を補い,繊維製品の白さを回復させるために,洗剤には蛍光増白剤が0.2%程度配合される.蛍光増白剤を配合した洗剤を使用すると,綿や麻の生成色や淡色の衣類は白色化や色調変化を生じる.このような色の変化を防ぐためには,蛍光増白剤を配合しない洗剤を使用する.

洗剤に配合された蛍光増白剤は50%程度が洗濯物に染着し[1],残りは排水とともに下水道や環境水中に移行する.河川に流入した場合,土壌吸着や光分解などにより3分の2が消失する[2].河川や下水での検出[3],東京湾の海底土壌への蓄積[4]が報告されている. 〔生野晴美〕

参考文献
1) 駒城素子ほか：日本家政学会誌, 38：401, 1987.
2) M. Komaki *et al.*：Seni Gakkaishi, 37: T-489, 1981.
3) 林 優子,高田重秀,小倉紀雄：第33回日本水環境学会講演要旨集, p.294, 1999.
4) 真名垣聡ほか：第7回日本水環境学会シンポジウム講演要旨集, p.20, 2004.

5) 市販洗剤 衣類の洗濯に用いる市販洗剤は,界面活性剤,洗浄補助剤およびその他の添加物からなり,石けんと合成洗剤がある.家庭用品品質表示法では,洗濯用石けん,洗濯用複合石けん,洗濯用合成洗剤に分類されている.

洗濯用石けんは洗浄作用を示す界面活性剤が純石けん分である.純石けん分とはJIS K 3304の石けん試験法で定められる脂肪酸塩の含有量で求められ,洗濯石けんはその量が界面活性剤の総重量の70%以上のものである.洗浄補助剤としてケイ酸ナトリウムや炭酸ナトリウムが用いられる.形状としては固形石けんと粉石けんの二種類がある.

洗濯用複合石けんは,純石けん分を主体として,その他に界面活性剤を含有するもので,その量が界面活性剤総重量の30%未満のものである.石けんは水中の硬度成分 Ca^{2+}, Mg^{2+} と結合して,金属石けんを形成して不溶化する欠点をもっている.これを防ぐために脂肪酸アルカノールアミド,2-スルホ脂肪酸塩,ポリオキシエチレンアルキルエーテルなど金属石けんを分散させる働きをもつ界面活性剤が用いられる.

洗濯用合成洗剤は純石けん分以外の界面活性剤が主体となり,その量が界面活性剤総重量の30%を超えるものである.JIS K 3371では,洗剤の液性と形態によって合成洗剤の品質規格が分類されており,第1種は弱アルカリ性で粉状・粒状であるもの,第2種は弱アルカリ性または中性で液状のもの,第3種は中性で粉状・粒状・液状のものとなっている.衣類の素材が綿やポリエステルなどであり比較的汚れの度合いが多い衣類を洗濯するのに適した洗剤をヘビーデューティー洗剤(重質洗剤, heavy duty detergent)と呼び,第1種と第2種が相当する.毛・絹衣料や風合いを大切にしたい衣類用で汚れの程度が少ない衣類を洗濯するのに適した洗剤をライトデューティー洗剤(軽質洗剤, light duty detergent)と呼び,第3種が相当する.

日本石鹸洗剤工業会の統計[1]によると2013年の洗濯用市販洗剤販売量は,洗濯用石けんが31,000 t,粉末・粒状洗剤が289,000 t,液体洗剤が461,000 tとなっており,液体洗剤が主流を占めている.以下に,粉

末・粒状洗剤および液体洗剤の特徴を示す．

① 粉末・粒状洗剤： 粉末・粒状洗剤の界面活性剤として，陰イオン界面活性剤がもっとも多く使用される．一般に衣類に用いられる繊維素材の表面は洗濯水中でマイナスの電荷を帯び，一方，汚れ成分の表面も水中でマイナスの電荷を有する場合が多い．陰イオン界面活性剤は洗浄時に汚れおよび繊維の表面に吸着してマイナスの電荷を増大し，電気的反発力を高めることで汚れの脱離作用に寄与する．また一度脱離した汚れが再び繊維に付着する再汚染においては，電気的反発によって再汚染を防止する作用を発揮する．このように，陰イオン界面活性剤は洗浄作用に加えて，上記のような有利な点があるため，汎用されている．しかし，陰イオン界面活性剤は，水中の硬度成分 Ca^{2+}，Mg^{2+} と結合し，難溶性の塩を形成して，洗浄作用を低下させるものが多い．このため，陰イオン界面活性剤を主成分とする洗剤の場合，硬度成分による影響を防ぐため，硬度成分をキレート作用やイオン交換作用によって捕捉する硬水軟化剤が必要となる．こうした洗浄補助剤は，アルカリ緩衝作用や分散作用をもつものがあり，これらの機能をもつものをビルダーと呼んでいる．ビルダー成分としては安価であり，供給量が安定し，環境への影響が少ないことが求められ，一般的に無機塩類が使用されている．その結果，陰イオン界面活性剤を主成分とし，ビルダー成分を多量に配合した衣料用洗剤では，粉末・粒状形態のものが世界的に主流となっている．粉末・粒状洗剤を製造するためには，界面活性剤とビルダーを50～70%の高濃度懸濁液としてスプレー乾燥装置内に噴霧して，200～300℃の熱風で瞬時に乾燥させる方法[2]がとられる．こうしてできる洗剤は，球状中空粒子であり，多孔性であることから水への溶解性がよいという特徴をもつ．しかしその反面，見かけ密度が0.3と低いため，大きくかさばる洗剤となる．

1987年に登場した粒状のコンパクト洗剤は，従来，中空粒子とするために用いていた工程剤（硫酸ナトリウム）を大幅に削減し，洗剤粒子を圧密化して，洗剤の体積を1/4，重量で1/1.6に削減した洗剤である．この洗剤では溶解補助剤を配合することで，圧密化した洗剤粒子でも良好な溶解性を得ている．洗剤のコンパクト化は消費者にとって使い勝手の利便性があるだけでなく，環境中への洗剤成分の排出量を減らすことができ，包装容器によるごみの減量，製造・流通から保管に要するエネルギーを削減できるという環境保全の利点が評価され，日本から欧米先進国へと広まっていった．

② 液体洗剤： 洗濯をする場合，洗剤は水に溶かして使用される．したがって溶解性は，粉末・粒状洗剤よりも，水溶液の形態となっている液体洗剤の方がすぐれている．衣類の洗濯において，洗浄の対象となる汚れは皮脂，表皮角質，汗，すす，泥，食品など多種複雑なものである．粉末・粒状洗剤は，界面活性剤の他にビルダー，アルカリ剤，および酵素などの添加剤を配合してこれらの汚れに対応した洗浄効果を発揮している．液体洗剤は，ビルダーやアルカリ剤のような無機塩を配合すると，安定した液状性を得るのが難しいために，配合されていない．したがって，液体洗剤の界面活性剤はビルダーがなくても，硬度成分の影響を受けない非イオン界面活性剤が多く用いられている．液体洗剤は汚れ落ちよりも，洗濯後の衣類の風合いを重視するデリケートな素材を対象とするライトデューティー洗剤で進行した．しかし，2000年以降，「着たら洗う」という洗濯行動の変化[3]によって，一般衣類では汚れが比較的軽くなり，洗浄力よりも液体洗剤の利便性が好まれるようになり，ヘビーデューティー洗剤でも液体化が進行していった．

粉末・粒状洗剤でコンパクト化が進行したように，液体洗剤でも2009年に高濃縮したコンパクト液体洗剤が登場した．従来，液体洗剤の界面活性剤には非イオン系界面活性剤であるポリオキシエチレンアルキルエーテルが主成分に用いられてきたが，この界面活性剤は水との混合比率が約40%以上になると粘稠な液晶を形成する性質があり，液体洗剤としての流動性が得られず，液体洗剤の濃縮化は難しいとされてきた．しかし，超濃縮コンパクト洗剤ではこの粘稠な液晶を形成させない溶媒を混合使用したり，あるいは液晶領域をもたない界面活性剤と組み合わせることで，界面活性剤相当分50%以上の高濃縮を達成している．濃縮コンパクト化は，洗剤原料および包装容器の削減，輸送エネルギーの一層の削減になることに加え，洗濯工程における使用水の削減として，すすぎ工程を従来の2回から1回に削減する技術を導入している．洗濯のすすぎ1回による「節水，節電」は，環境配慮の新たな切り口となり，

最近の消費者ニーズと適合して，洗剤訴求の新しい柱となっている．　　　　　　　　　　　〔米山雄二〕

参考文献
1) 日本石鹸洗剤工業会：2013年1月～12月洗浄剤等の製品販売統計，2014年7月24日公表，http://jsda.org/w/00_jsda/5.13hosei.html
2) 特許庁公報：周知・慣用技術集（衣料用粉末洗剤），1998年3月26日発行．
3) 日本石鹸洗剤工業会：2005年洗濯実態調査，2006年3月15日公表，http://jsda.org/w/01_katud/a_seminar07.html

d. 洗浄条件

1) 濃　度　図4.4.6は各種アニオン界面活性剤を用いて人工汚染布を洗浄した場合の洗浄力である．この図のとおり，洗浄効果に及ぼす洗剤濃度の影響は大きく，界面活性剤濃度の上昇とともに洗浄率は高くなるが，やがて飽和状態に近づく．また，界面活性剤の種類によって添加濃度に対する洗浄力は異なる．

洗濯においては，水だけでは十分な洗浄効果が得られないことから，通常は衣料用洗剤を使用する．洗剤の濃度が高いほど洗浄力は高くなるが，ある濃度を超えると，ほとんど変化がないか，増加の割合が減少する．洗浄効果が平衡に至る濃度は大体洗剤の標準使用濃度に近いが，界面活性剤のミセル形成濃度の数倍以上にあたる．これは泡の形成や繊維表面への吸着分など，汚れの脱離や分散に直接かかわらないところにも界面活性剤が使われるためである[3]．

洗剤の使用量は，家庭用品品質表示法に基づいて表示されている標準使用量を目安とする．この表示は一般の洗濯機用には水量と洗濯物量に対して，またドラム式洗濯機用には洗濯物量に対する使用量が提示されている．従来は使用水量に対する濃度の提示であったが，ドラム式洗濯機の登場に伴い，使用量が適切でないことから[4]表示方法が改定された．

現在市販されている主な合成洗剤の標準使用量は，粉末石けんは0.14～0.17％，液体および粉末の弱アルカリ性合成洗剤は約0.07～0.08％，超濃縮洗剤は約0.03％，中性洗剤約0.13％である．適正洗剤濃度は，洗剤中の界面活性剤の種類や成分，液体洗剤，粉末などの洗剤の形状，弱アルカリ性洗剤，中性洗剤などの液性，媒体となる水の質や量，被洗物や汚れの量，さらに温度やpHによって異なる．例えば，被洗物の量が多い場合やひどい汚れの場合は高濃度で使用する必要がある．洗剤の過剰使用は無駄遣いであり，繊維への吸着量が増加し，すすぎが困難となるため水の使用量が増加する．その結果，資源やエネルギーの損失を生じ，環境汚染を生じる原因となるので注意が必要である．一方，近年洗剤の過少使用によって汚れが十分に落ちていない場合があることも指摘されている[5]．日本では超濃縮コンパクト洗剤などの開発によって，洗剤使用量は減少傾向である．

2) 温　度　図4.4.7は洗剤と温度の効果を調べた結果である．界面活性剤の種類によっても温度上昇に伴う洗浄効果は異なるが，総じて温度の上昇

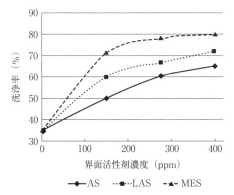

図4.4.6　各種界面活性剤の洗浄力と濃度の関係[1, 2]

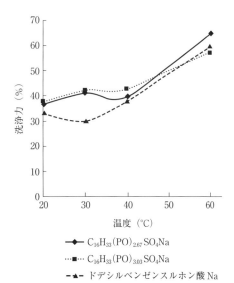

図4.4.7　界面活性剤の人工汚染布洗浄力に及ぼす温度の影響[2, 6]

とともに洗浄力は上昇する．しかし，必要以上に高温で洗濯すると衣類にダメージを及ぼす恐れがあることや，高温では洗剤が溶けない曇点の存在から，適正温度は繊維の種類，衣類の染色状態，汚れの種類，洗剤の種類などによって異なる．したがって，洗濯温度はこれらの条件を配慮した上で適正温度に設定する必要がある．以下に洗濯温度上昇による利点と不利点を挙げる．

　i）洗濯温度の上昇が洗浄を有利にする因子
①洗浄力が上昇し，洗剤量を減少できる．
②液体油汚れは流動性が増加し，ローリングアップなどにより除去されやすくなる．
③固体脂肪汚れは融点以上になると液状となり，除去しやすくなる．
④繊維や汚れへの界面活性剤の吸着が促される．
⑤洗剤が溶解しやすくなる．ただし，中性洗剤（非イオン界面活性剤）は曇点以下で適用できる．
⑥水の粘度が低下し，繊維への浸透が促される．
⑦水溶性汚れや固体粒子汚れでは，洗浄液中への拡散が促進される．
⑧酵素や漂白剤が適正温度に昇温すると有効に利用できる．

　ii）洗濯温度の上昇が洗浄性を不利にする因子
①汚れの再付着が起こりやすくなる．
②繊維内部への汚れの拡散が増加する．
③繊維や仕上げ加工の種類によっては，収縮，強度低下，劣化が大となり風合いが低下する．
④染色品は染料が溶出する危険性がある．
⑤温度上昇によるエネルギー消費量が増加する．
⑥血液などのタンパク質成分は熱変性し，落ちにくくなる．

　洗剤によって最適温度は多少異なるが，洗浄効果，経済性などから，洗濯温度は30～40℃が最適の条件といえる[7]．

　我が国の洗濯温度は，季節や地域差はあるが冬期に5～10℃以下の低温になる場合は汚れが落ちにくい．特に衣類に付着する脂肪汚れを除去するためには，36℃以上40℃程度が望ましい．そこで，日本ではお風呂の残り湯を使用する場合も多い．しかし，すすぎ時の風呂水の利用は，菌などによる臭いの発生が懸念されるため，すすぎには水道水を使用する必要がある．欧米では，過去にペストが流行した経験から，一般家庭でも高温洗濯が行われていたが，最近では，熱による被洗物の損傷や消費者の省エネ指向などから中低温洗濯が主流となっている[8]．

〔下村久美子〕

参考文献
1) T. Satsuki: *Inform*, 3, 1103, 1992.
2) 日本油化学会編：油脂・脂質・界面活性剤データブック，pp.501，502，丸善出版，2012.
3) 吉田敬一，小林茂雄，柳　許子，津田欣子，前島雅子：衣生活の科学，p.221，弘学出版，1999.
4) 山口庸子，齊藤昌子，後藤純子，永山升三：家庭洗濯の浴比低下に伴う洗剤使用量の最適化．日本油化学会誌，46 (9)：991-998，1997.
5) 山田　勲：最近の家庭洗濯の実施状況と消費者意識―2010年洗濯実態調査より．繊維製品消費科学，52 (12)：763-777，2011.
6) M. Murata, M. Tsumadori, A. Suzuki, K. Tsujii and J. Mino: *Comun. Jorn. Com. Esp. Deterg.*, 12, p.177, 1981.
7) 片山倫子編：衣服管理の科学，建帛社，p.69，2005.
8) 西尾　宏：ヨーロッパの最近の洗剤・洗濯事情．洗濯の科学，40 (4)：24-29，1995.

3) 時　間　衣服に付着している汚れは，洗浄時間が長くなるほど被洗物から除去される．一般的に時間の経過とともに汚れが除去され，洗浄率が上がっていく傾向にある．ただし汚れは時間に均等に繊維から離脱するのではない．洗浄開始初期の約5分間で急激に繊維から離脱し，洗浄率は大きく変化するが，時間の経過とともに変化の値は小さくなる[1]．脱落した汚れは洗浄液の排水とともに全て除去されるわけではなく，被洗物に再付着して繊維中に微細化して入り込む再汚染が起こる．粒子汚れ，脂質汚れのいずれに関わらず，再汚染は洗浄時間が長くなるほど増大する[2]．表面反射率から洗浄効率を考える場合，汚れの脱落は時間経過とともに進行するが，再汚染による汚れの付着も時間経過とともに進行するために一定時間経過すると見掛け上，汚れが取れにくくなり一見平衡状態のように見える．洗浄過程における汚れの着脱と再汚染による汚れ付着をモデル化すると図4.4.8[3]のように考えられる．

　汚れの着脱については，時間変化を表すための速度式を求めるさまざまな試みがなされており，単純に付着した汚れが一定の割合で除去されていくとした1次反応式や時間の対数関数として表し，洗浄結果を予想することができる[4]．しかし，実際の洗浄系はさまざまな要因が複雑に関わるため，洗浄速度

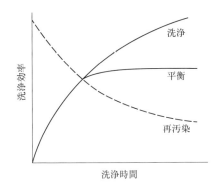

図 4.4.8 洗浄過程における汚れの脱着と再汚染[3]

式を求めることは難しい．

以上のように，洗濯時間が長くなると洗浄力は大きくなるが，被洗物が損傷を起こしたり，再汚染が増大したり，エネルギー消費量が増大したりと洗浄作用のプラス面よりもマイナス面が出てくるため，洗浄効率を考えると，ある程度の洗浄率が得られる時間で洗浄を終えることが効率よい洗濯につながる．

実際の家庭洗濯では，洗濯機の種類や汚れの程度によっても洗濯時間は異なるが，通常は渦巻式のパルセーター型洗濯機で 10 分程度，ドラム式の洗濯機で 15 分から 30 分程度の洗剤洗いが適度な洗浄効果が得られる時間とされる．また，除去しにくい汚れの場合，つけ置き洗い，部分洗い，2 度洗いなどを行う方が，一つの洗濯液で長い時間洗う場合よりも洗浄効果が高い．　　　　　〔佐々木麻紀子〕

参考文献
1) 佐々木麻紀子，角田 薫，藤居眞理子：洗濯用洗剤の洗浄性―洗浄時間の影響．東京家政学院大学紀要, **54**：41-47, 2014.
2) 中西茂子，大河内文子：第 37 回日本家政学会発表, 1985.
3) 中西茂子，岩崎芳枝，齊藤昌子，阿部幸子，増子富美：被服整理学，p.39，朝倉書店，1990.
4) 増子富美，齊藤昌子，牛腸ヒロミ，米山雄二，小林政司，藤居眞理子，後藤純子，梅澤典子，生野晴美：被服管理学，p.20，朝倉書店，2012.

4）浴 比　浴比とは洗濯時の衣類と洗剤液の重量比を指す．衣類 2 kg に対して洗剤液を 30 L 使用する場合は重量比で 1：15 として表す．あるいは衣類を 1 kg に標準化した場合の洗剤液の使用量（L）として，単に 15 とする表現方法もある．洗浄関連の研究分野では前者を，洗剤・洗濯機メーカーなどの広報ベースでは後者の表現を用いる場合が多い．

浴比が高いと衣類の単位重量に用いる洗剤液が増加することになり，水や洗剤の節約の観点からは低浴比が好ましい．一方で浴比が低くなりすぎると，衣類に対して機械力が十分に作用せず，汚れ除去能力が大きく低下することになる．よって，汚れの除去能力をあまり落とさない範囲内の最低の浴比が最適の浴比となる．当然，洗濯機の種類によっても最適の浴比は大きく変化する．

日本で 1960 年前後に 1 kg の衣類を 30 L の洗剤液で洗濯する渦巻式電気洗濯機が普及していた．当時に日本での洗浄試験の土台も構築されたという経緯があり，日本の洗濯試験では浴比 1：30 が標準的な条件として扱われてきた．その後，渦巻式洗濯機の洗濯槽が大きくなるとともに，浴比は低下してきた．洗剤液を入れた 100 mL 程度のビーカーの中に布を浸す場面を想定すると，10 cm×10 cm の布を浸す場合よりも，布を 1 cm×1 cm 程度に細かく裁断した場合の方が，より多くの布を浸漬できることが容易に想像できるだろう．この原理で，洗濯機は大型化によって浴比をより小さくすることができるのである．

洗濯機には渦巻式洗濯機のほか，回転ドラム式洗濯機と攪拌式洗濯機があるが，回転ドラム式洗濯機は浴比 1：5，攪拌式洗濯機は浴比 1：10〜15 程度が標準的とされてきた．日本では現在，30〜40 L の洗剤液で 10 kg 程度の衣類を洗濯することのできるドラム式洗濯乾燥機（浴比 1：3〜1：4），50〜60 L の洗剤液で 8〜10 kg の衣類を洗濯することのできる大型のタテ型洗濯機（浴比 1：6 前後），40〜50 L の洗剤液で 5〜6 kg の衣類を洗濯することのできるタテ型の洗濯機（浴比 1：10 程度）などが販売されている．これらの数値は洗濯機メーカーが提示しているもので，最も効率の良い浴比を示したものと捉えてよい．実際にはこの 2/3 程度の重量の衣類を洗浄するのが効率の良い洗浄結果をもたらす．

浴比と汚れの除去性の関係に着目すると，浴比が過度に低くなった場合の洗浄力低下が問題となるが，浴比が高すぎる場合も汚れの除去性を低下させる原因になる．洗濯機の機械作用の中で，布同士の擦れ合いによる摩擦作用もかなりの割合で汚れ除去に寄与していると考えられるが，浴比が高すぎると布同士が擦れ合う機会が少なくなってしまうためで

ある．

　日本の洗濯機は近年，浴比を大幅に低下させてきたが，そこで新たな問題も生じるようになった．洗剤の使用量とすすぎ性能に関する課題である．従来日本では洗剤の使用量は，標準使用濃度を定めておいて洗剤液量×濃度から決定されてきた．しかも，その標準使用濃度は，浴比1：30の条件で設定されたものが基準となる．浴比が低くなると，界面活性剤の吸着対象としての繊維や汚れ量が多くなり，結果的に洗剤成分が不足状態に陥る．そのため，洗浄力低下や再汚染などの問題を誘発する．低浴比の場合には，衣類の量に即した洗剤使用量を求める工夫が必要となる．市販洗剤ではパッケージにその点を考慮した洗剤使用量を表示したものもあるが，必ずしも消費者には浸透していない．また，低浴比ではすすぎでの希釈効果が大きく低下するため，洗剤成分などが残留しやすくなる．浴比を低くして，そのうえ洗剤濃度を高めて洗濯を行う場合には，すすぎ効果がさらに低下することになる．低浴比の場合はすすぎ回数を増やすなどの工夫も求められる．

〔大矢　勝〕

5）機械作用　機械作用は，被洗物に対して外から与えられる物理的な力（エネルギー）のことで，洗剤（界面活性剤）がもつ化学作用とともに大きく汚れ除去に関与しており，両者の寄与率はともに約50％であると推測されている[1]．界面活性剤の化学作用は汚れ除去に対して非常に有効ではあるが，洗浄液に汚れた布を浸漬しておくだけでは十分な洗浄力は望めず，たとえ落ちても非常に時間がかかる．しかし，ここに機械力が加わると，化学作用によって付着力が低下していた汚れを容易に繊維から引き離し，さらに再付着しないように洗浄液中に運び去って汚れ落ちが格段に向上する．特に，水や有機溶媒などに溶解させて除去できない固体粒子汚れは，汚れを物理的に布から運び出して除去する必要があることから，機械力の寄与が非常に大きい．

　一般に，布地に与えられる機械作用が大きいほど汚れ除去性が向上し洗浄性が高い．しかしその機械力は汚れと同時に布地にも与えられるため，布や繊維の損傷をもたらし，洗浄性と損傷の両者は相反する関係にある．このため，布地の損傷を最小限にしながら汚れ除去を高めるためのバランスの取れた領域での機械力を与える必要がある．

　機械力の具体例として，手洗いの場合は，機械力が比較的大きいもみ洗い，たたき洗い，踏み洗い，ブラシ洗いや，機械力が比較的小さい押し洗い，つまみ洗いなどが挙げられる．一方，電気洗濯機は洗浄に機械力を与える代表的な機器で，渦巻き式（パルセータ式），撹拌式（アジテータ式），回転ドラム式がある．このうち最も大きい機械力を与えるのが日本で長く普及してきた渦巻き式で，曲げ，摩擦などを基本とし，短時間で効果が得られる．回転ドラム式は，たたき洗いを基本としており，機械力が比較的小さい．布地の損傷は少ないものの洗浄力はやや低く，時間をかけて洗う必要がある．日本の家庭用電気洗濯機は，現在，渦巻き式と回転ドラム式が主流となっている．さらに，家庭用電気洗濯機は，弱水流（ソフト水流）設定，洗濯ネットの利用によって，被洗物に与える機械力を低減させることができる．

　洗浄に関わる機械力は大きく三つに分類できる．一つ目は，主に渦巻き式洗濯機で得られる被洗物の変形（曲げ，ねじれ，せん断，伸び，圧縮）と摩擦（被洗物どうし，被洗物と固体壁）で，布地に直接働きかけて汚れを除去する．外部エネルギーを積極的に加えるこれらの方法は，大きな機械力を利用できるとともに，織物組織内部にまでエネルギーが伝達し，内部に付着した汚れ除去にも有効であるため，洗浄力は高いが，一方で布地の損傷を伴いやすい．回転ドラム式洗濯機の場合，これに相当するのは被洗物の落下による衝撃である．しかし得られる機械力は変形や摩擦ほど大きくはない．二つ目は，洗浄液の流動（布表面上の流れ，織り糸や繊維間を通過する流れ）で，被洗物まわりの洗浄液の持つ流体力で汚れを除去するものである．これは，洗浄液を布地表面や織り間隙，繊維間隙を通過させ，付着している汚れを押し流す，浮かせる，はがすなどの方法である．布地は大きな運動を伴わないため，洗浄液の流動方向，流量や流速を工夫することにより損傷を最小限にしながら高い洗浄力が期待できる方法である．例えば，界面活性剤水溶液は水に比べて汚れまわりや布地間隙を容易に流れ，その結果大きな流速をもたらし流動による機械力を増加させることがわかっている[2,3]．三つ目はその他の機械力で，遠心力や超音波が挙げられ，これらは布地の損傷が比較的小さい方法である．

〔天木桂子〕

参考文献

1) 柏 一郎, 平林 隆, 角田光雄, 大場洋一：油化学, 20：304-309, 1971.
2) 天木桂子, 長谷川富市, 近野正昭：日本レオロジー学会誌, 21：41-45, 1993.
3) K. Amaki, T. Hasegawa and T. Narumi：日本レオロジー学会誌, 36：125-131, 2008.

4.4.2 汚れの除去

a. 油汚れの除去

衣服に付着した汚れが洗剤溶液の中で落ちていくメカニズムは，粒子汚れの場合は比較的単純なメカニズムであるが，油汚れの場合は複雑である．例えば人体から分泌される油汚れには脂肪酸やトリグリセリドなどが含まれ，そのような成分だけに起きる現象がある．例えば，脂肪酸は洗剤中のアルカリと反応して石けんを形成し，水に溶解して除去され，また皮脂汚れの表面で形成された石けんはその界面活性によって油汚れの界面張力を低下させ，油汚れの除去を容易にする．トリグリセリドでは，脂質分解酵素による分解・除去がある．油汚れの除去メカニズムはマクロなものから分子レベルのものまで多くあり，ローリングアップ，乳化・可溶化，液晶形成，ケン化，酵素による分解などがある．

1) ローリングアップ 油汚れがマクロに脱離するメカニズムとしては，ローリングアップ (rolling up) がある．これは油汚れが液状である場合に，図 4.4.9 に示すように油汚れが巻き上がり，完全に巻き上がるまえにくびれ現象が起きて，油滴が脱離していく現象である．この時，固体に接している部分に汚れが少し残留してしまうが，この残留した油汚れは他の除去メカニズムである，乳化・可溶化，ケン化などによって除去される．

ローリングアップの現象は，ぬれの理論を用いて説明できる．繊維表面に付着した油汚れは水中において図 4.4.10 のような油滴を形成する．平衡状態にあるとき，固相／油相／水相の 3 相の接点 A での界面張力のバランスは，ヤングの式 (1) で表される．

$$\gamma_{SW} = \gamma_{SO} + \gamma_{OW} \cdot \cos\theta \tag{1}$$

ここで，θ は接触角．水相が水ではなく，界面活性剤水溶液の場合は，界面活性剤が繊維と油表面に吸着して，それぞれの界面張力 γ_{SW} と γ_{OW} を小さくする．γ_{SO} は変化しないので，接点 A は右の方向に引かれ，接触角 θ が増大して油滴は球状になっていく．このとき，ローリングアップにおける界面張力は図 4.4.11 に示すように関わってくる．

油滴がローリングアップするかしないかは，残留仕事の概念を用いて次のように説明される[1]．繊維上にある液滴に働く力を R とすると，それはヤングの式の左辺と右辺の差として，式 (2) のように表される．

$$R = \gamma_{SO} - \gamma_{SW} + \gamma_{OW} \cdot \cos\theta \tag{2}$$

ローリングアップの現象は，固体上の油相が単位面積だけ水相に置き換わる現象であるから，この現象は界面エネルギーの差が駆動力となって起こると考えられる．

図 4.4.9 油汚れのローリングアップとくびれ現象

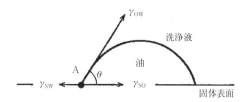

図 4.4.10 固体上の液滴と界面張力のバランス

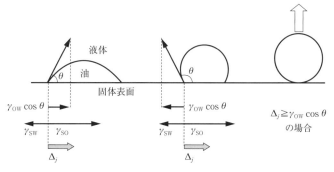

図 4.4.11 ローリングアップにおける界面張力の関わり

すなわち，$\gamma_{SO}-\gamma_{SW}$ は界面エネルギーの差を表しており，これを Δ_j とすると，式 (2) は式 (3) となる．

$$R = \Delta_j + \gamma_{OW} \cdot \cos\theta \tag{3}$$

$$\Delta_j = \gamma_{SO} - \gamma_{SW}$$

接触角 $\theta < 90°$ のぬれ広がった状態 (図 4.4.11 左) では，Δ_j と $\gamma_{OW} \cdot \cos\theta$ は同じ方向に働いているので，油を球状にしようとして接触角 θ が大きくなる．しかし $\theta > 90°$ の状態 (図 4.4.11 中) になると $\gamma_{OW} \cdot \cos\theta$ は油滴が縮まるのを防ぐ方向に働いてくる．Δ_j が $\gamma_{OW} \cdot \cos\theta$ よりも，十分に大きい場合，油滴は接触角 θ を増加させて，完全に球状になっていき，ローリングアップが起こりやすい条件となる．しかし，Δ_j が $\gamma_{OW} \cdot \cos\theta$ よりも小さい場合には，$\Delta_j = \gamma_{OW} \cdot \cos\theta$ となったときに，油滴はそれ以上球状になることを停止する．このときの残留仕事 R は油滴を引き離すのに必要な仕事を表す．

実際の系を考えると，綿のような親水性繊維の表面に油汚れが付着している場合では γ_{SO} と θ が大きく，ローリングアップによる除去は容易である．しかし，ポリプロピレンのような親油性繊維の表面に油汚れが付着している場合には，γ_{SO} と θ が小さく界面活性剤の吸着による γ_{SW} と γ_{OW} の低下はあまり大きくないため，ローリングアップは起こりにくく，外部からの力が必要となる．

2) 乳化・可溶化 乳化 (emulsion) は界面活性剤が油と水の界面に吸着して界面張力を低下させる結果，油が安定に直径数 μm の微粒子を形成して水に分散する現象である．ローリングアップとは異なり油／水界面に働く機構である．乳化には撹拌が必要であるが，界面張力が限りなくゼロに近い値またはマイナスの値をもつときには機械力がなくても自然乳化 (spontaneous emulsion) が起きることが知られている．乳化は分散する粒子が水か油であるかによって二つの型がある．水中に油滴が分散されているものを水中油滴型 (O/W 型) エマルションといい，油中に水滴が分散されているものを油中水滴型 (W/O 型) エマルションという．O/W 型は牛乳，化粧品の乳液，洗浄における油汚れの分散などがこの型である．W/O 型はマヨネーズ，化粧品のクリームなどがある．

繊維に付着した油汚れの除去メカニズムについて，デカン，スクアラン，ヘキサデカンをポリエステルに付着させ，非イオン界面活性剤水溶液で洗浄率を測定し，油／水の界面張力および接触角の変化との関係を検討した報告がある[2,3]．デカンの場合，洗浄力の最大値は洗浄温度 28℃ で現れ，油／水の界面張力は 34℃ で最小値があり，この温度領域では接触角は 110° よりも小さいことから，デカンの除去には乳化が大きく寄与しているといえる．これとは逆に，スクアランでは洗浄力の最大値が 37℃ で現れ，この温度領域では界面張力は最小ではなく，接触角が急激に増大していることから，スクアランではローリングアップが大きく寄与している．ヘキサデカンでは洗浄力の最大値が，界面張力の最小値と接触角の増大するそれぞれの温度において現れ，温度によってローリングアップまたは乳化が支配的となる二つのメカニズムが存在する．このように，油の除去は洗浄温度や油の種類によって，ローリングアップと乳化のどちらが優先的に起こるのか，変わってくる．

可溶化 (solubilization) は，水に不溶性あるいは難溶性の油が界面活性剤の形成するミセル内部に取り込まれ，溶解度を増す現象である．このとき油の極性や界面活性剤の種類によって，可溶化される油がミセル内で可溶化する位置が図 4.4.12 に示すように異なる[4]．非極性の油はミセル内部に可溶化 (a) され，極性の油ではミセルの表面近傍に位置する (b または c)．非イオン界面活性剤の場合には，親水基

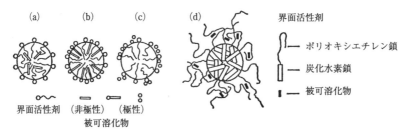

図 4.4.12 ミセル内での被可溶化物の位置[4]

部分のポリオキシエチレン鎖の内部に可溶化される．

したがって，界面活性剤の臨界ミセル濃度（cmc）付近から油溶性色素に対する可溶化能は発現し，濃度とともに急激に増加していく．その変化は油汚れの除去率と良く一致している．常温で液体の油汚れでは，ローリングアップ，および乳化・可溶化によって除去されるが，常温で固体の油汚れでは可溶化による除去が大きな役割をもつ．

非イオン界面活性剤の場合，曇り点よりもはるかに低い温度では，単純な可溶化現象が観察されるだけであるが，曇り点よりわずかに低い温度になると，界面での自己乳化現象がみられ，非常に小さな乳化滴を形成し，O/W型のマイクロエマルション相が中間相として形成される．そして，曇り点を超えると濃厚なミセル相が水相から分離してマイクロエマルション相に移動することで，マイクロエマルション相による大きな可溶化能が発現する．マイクロエマルションは通常のエマルションが白濁しているのとは異なり，透明で光学的に等方性の液体である．マイクロエマルションの構造はO/W型，W/O型という従来のもの以外に，水相と油相が共に連続しているバイコンティニュアス（bicontinuous）構造がある．このように洗浄過程において，油汚れと界面活性剤水溶液の界面で物質移動によって形成されるさまざまな中間相は，可溶化力が大きいため，油汚れの洗浄効果に大きく寄与する．

3）液晶形成 界面活性剤が油に浸透する過程において，界面に液晶相が形成し，界面活性剤／油／水の3成分溶液が連続的に排出する機構が見出されている．液晶は流動性を持ち，分子が配向して光学的異方性をもつ液体である．したがって，液晶が形成されてそこに流体力学的な力が加わると液晶は容易に脱離し，効果的な洗浄が行われる．また，液晶相が出現する温度領域では，液晶が油性物質に直接作用することによる洗浄効果や，液晶の断片が繊維上に付着し，局所的に濃度が高まることで油汚れを取り込む相の粘性を低下して洗浄作用に大きく寄与する[5]．

マイクロエマルションも同様に油汚れに直接作用すると洗浄効果が上がる．非イオン界面活性剤／炭化水素／水の3成分系においてマイクロエマルションが形成する温度付近で，油汚れを付着させた綿布を洗浄すると非常に高い洗浄効率が得られる[6]．また

バイコンティニュアス型のマイクロエマルション（BME）を形成する領域のものを，アルミ板上に付着させた液体油汚れに作用させると，ローリングアップを伴う高い効率の洗浄作用を示す[7]．BME構造の特徴である極めて低い界面張力によって，BME相と油相の相互で浸透が促進されて液状化が起こり，油相の接触角の上昇にともなうローリングアップが起きることが観察されている．

このように，界面活性剤／油汚れ／水が形成する中間相を利用することで，液晶またはマイクロエマルションがそのまま剥離して多量の油汚れを除去することができるので，効率的な洗浄が行える．

〔米山雄二〕

参考文献
1) W. Kling and H. Lang: *Kolloid Z.*, 142, 1, 1955.
2) L. Thompson: *J. Colloid Interface Sci.*, 163: 61, 1994.
3) L. Thompson, J. M. Walsh and G. J. T. Tiddy: *Colloids Surf.*, 106: 223, 1996.
4) 黒岩茂隆：油化学，34：480，1985.
5) F. Schambil and M. J. Schwuger: *Colloid Polym. Sci.*, 265: 1009, 1987.
6) F. Comelles, C. Solans, N. Azemar, J. S. Leal and J. L. Parra: *J. Disp. Sci. Technol.*, 7: 369, 1986.
7) 藤津昌子，田村孝光：油化学，43：131，1994.

b．汚れ除去のコロイド科学的解析

1）表面自由エネルギーと汚れの付着・洗浄

物体は分子（あるいは原子）で構成され，全ての分子はファン・デル・ワールス引力により相互に引き合っていることはよく知られている．図4.4.13に示すように，物体内部にある分子は周囲の分子から等しい引力を受けているので安定な状態にある．しかしながら，物体表面にある分子は物体側からの引力と空気側からの引力がアンバランスであり，全て

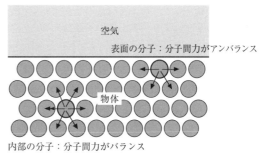

図4.4.13 物体の表面および内部における分子間力

の表面分子は物体内部に引き込まれる．その結果，物体表面には収縮しようとする力，すなわち表面張力が作用する．このままでは表面分子は内部に引き込まれて表面が消失することになり，これに逆らうには表面は過剰なエネルギーをもつ必要がある．これが表面自由エネルギーである．表面張力と表面自由エネルギーは本質的に同じもので，単位は異なるが数値は同じである．

表面自由エネルギーは分子間力に起因するので，分子間力の種類によりその大きさを成分分けすることができる．分子間力はファン・デル・ワールス結合，水素結合，イオン結合，共有結合，金属結合などの相互作用力からなるが，一般的な相互作用においてはファン・デル・ワールス結合と水素結合のみを考慮すればよく，全表面自由エネルギー γ はこの二つの成分の和で表される[1]．

$$\gamma = \gamma^{LW} + \gamma^{H} = \gamma^{LW} + 2\sqrt{\gamma^+\gamma^-} \quad (1)$$

ここで，γ は表面自由エネルギー，上添字 LW と H はそれぞれファン・デル・ワールス成分と水素結合成分，+ と - は水素結合を広義の Lewis 酸と Lewis 塩基の相互作用と考えたときのそれぞれ酸（電子対受容）成分および塩基（電子対供与）成分を表す．

物体 1 と物体 2 が接触している界面でも，界面近傍の分子は引力がアンバランスであり，過剰なエネルギーをもつことになる．これを界面自由エネルギーと呼び，各物体の表面自由エネルギーの成分を用いて次のように書き換えられる[2]．

$$\begin{aligned}\gamma_{12} = &\gamma_1^{LW} + \gamma_2^{LW} - 2\sqrt{\gamma_1^{LW}\gamma_2^{LW}} \\&+ 2\sqrt{\gamma_1^+\gamma_1^-} + 2\sqrt{\gamma_2^+\gamma_2^-} \\&- 2\sqrt{\gamma_1^+\gamma_2^-} - 2\sqrt{\gamma_2^+\gamma_1^-}\end{aligned} \quad (2)$$

繊維に対する汚れの付着・脱離は界面現象であり，表面または界面の消失や生成に他ならない．図 4.4.14 (A) に示すように，着用中に汚れが繊維に付着する場合，汚れ表面と繊維表面が消失し，汚れ／繊維界面が生成する．このときの自由エネルギー変化 ΔG_D は次式で与えられる[3]．

$$\Delta G_D = \gamma_{12} - \gamma_1 - \gamma_2 \quad (3)$$

ここで，下添字 1 および 2 はそれぞれ汚れと繊維を示す．γ_{12} に式 (2)，γ_1 と γ_2 に (1) 式をそれぞれ代入すると式 (3) は次のようになる．

$$\Delta G_D = -2\left(\sqrt{\gamma_1^{LW}\gamma_2^{LW}} + \sqrt{\gamma_1^+\gamma_2^-} + \sqrt{\gamma_2^+\gamma_1^-}\right) \quad (4)$$

式 (4) より ΔG_D は負の値となるから，汚れの繊維へ

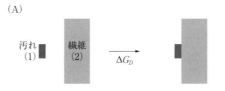
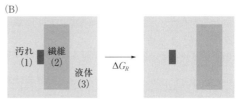

図 4.4.14　汚れの付着 (A) および洗浄 (B) に伴う界面の生成と消失

の付着は自発的に起こり，ΔG_D の負値が小さいほど汚れが付着しにくくなる．一般に，繊維表面を撥水・撥油化すると表面自由エネルギーが減少するが，エネルギーの小さな表面は安定なので汚れが付きにくくなることが予想される．実際に ΔG_D を計算すると負値が小さくなり，汚れがつきにくくなることと対応する．

一方，図 4.4.14 (B) に示すように，洗濯で繊維から汚れが脱離するとき繊維／汚れ界面が消失し，繊維／液体界面と汚れ／液体界面が生成する．このときの自由エネルギー変化 ΔG_R は次式で与えられる[3]

$$\Delta G_R = \gamma_{13} + \gamma_{23} - \gamma_{12} \quad (5)$$

ここで下添字 3 は洗浄液を表す．γ_{13}，γ_{23}，および γ_{12} に (2) 式の関係を代入すると (5) 式は次のようになる．

$$\begin{aligned}\Delta G_R = 2\bigl(&\gamma_3^{LW} + \sqrt{\gamma_1^{LW}\gamma_2^{LW}} - \sqrt{\gamma_1^{LW}\gamma_3^{LW}} \\&- \sqrt{\gamma_2^{LW}\gamma_3^{LW}} + 2\sqrt{\gamma_3^+\gamma_3^-} + \sqrt{\gamma_1^+\gamma_2^-} \\&+ \sqrt{\gamma_2^+\gamma_1^-} - \sqrt{\gamma_2^+\gamma_3^-} - \sqrt{\gamma_3^+\gamma_2^-} \\&- \sqrt{\gamma_1^+\gamma_3^-} - \sqrt{\gamma_3^+\gamma_1^-}\bigr)\end{aligned} \quad (6)$$

通常，ΔG_R は正の値となるから，汚れを落とすにはこれに対抗する機械力を与えることが必要となるが，このとき ΔG_R 値が小さいほど汚れはとれやすい．一般に，繊維表面を親水化すると表面自由エネルギーが増大し，水にぬれやすくなって汚れがとれやすくなることが予想される．実際に ΔG_R を計算すると値が小さくなり，汚れがとれやすくなることと対応する．

このように，着用中の汚れの付着や洗濯による汚れの除去は，汚れや繊維の表面自由エネルギーの大きさに支配される．

2) コロイド分散系の安定性理論と洗浄

一般に，固体表面が液体と接すると電荷を帯びる．帯電した固体表面には，溶液中の反対符号のイオン（対イオン）が電気的引力により引きつけられ，固体/液体界面を挟んで反対符号の電荷が集まる．これは表面電荷とこれを中和するイオンが向かい合って並んだ平行平板コンデンサーであり，Helmholtzはこれを電気二重層と呼んだ．しかし，溶液中のイオンは常に熱運動しており，溶液中に均一に分布しようとするから，対イオンは拡散的な拡がりをもつと考えられる．さらに，Stern は帯電面には対イオンが吸着し，その外側に拡散層が広がっていると考えた．Stern の界面電気二重層モデルと電位変化の概念図を図 4.4.15 に示す．表面電位（$\psi 0$）は吸着層内で直線的に減少して Stern 電位（ψS）となり，さらに拡散層内では指数関数的に減少し，溶液内部で零となる．

洗浄液中では汚れも繊維も帯電しているので電気二重層に囲まれており，この二つが接近すると電気二重層が重なりあって静電力が働くようになる．コロイド分散系の安定性に関する DLVO（Derjaguin-Landau-Verwey-Overbeek）理論によると，汚れ-繊維間（球-平板近似）の静電相互作用ポテンシャルエネルギー V_{EL} は次式で表される[4]．

$$V_{EL} = \frac{\varepsilon a}{4}\left[(\psi_1^2+\psi_2^2)\ln\frac{\exp(2\kappa d)-1}{\exp(2\kappa d)} \right.$$
$$\left. +2\psi_1\psi_2\ln\frac{\exp(\kappa d)+1}{\exp(\kappa d)-1}\right] \quad (1)$$

ここで，下添字1および2はそれぞれ汚れと繊維を表す．ε は液体の誘電率，a は粒子半径，κ は電気二重層厚さの逆数，d は汚れ-繊維間の距離，ψ は表面電位である．

汚れ-繊維間のファン・デル・ワールス相互作用のポテンシャルエネルギー V_{LW} は (2) 式で与えられる[4,5]．

$$V_{LW}=\frac{A_{132}}{6}\left[\ln\frac{d+2a}{d}-\frac{2a(a+d)}{d(d+2a)}\right] \quad (2)$$

ここで，下添字3は液体を表す．A_{132} は Hamaker 定数で，次式で与えられる[5]．

$$A_{132}=-12\pi d_0^2(2\sqrt{\gamma_1^{LW}\gamma_3^{LW}}+2\sqrt{\gamma_2^{LW}\gamma_3^{LW}}$$
$$-2\sqrt{\gamma_1^{LW}\gamma_2^{LW}}-2\gamma_3^{LW}) \quad (3)$$

ここで，d_0 は汚れ-繊維表面間の最小接触距離である．

酸-塩基（水素結合）相互作用のポテンシャルエネルギー V_{AB} は (4) 式で与えられる[5]．

$$V_{AB}=4\left[\sqrt{\gamma_3^+}(\sqrt{\gamma_1^-}+\sqrt{\gamma_2^-}-\sqrt{\gamma_3^-})\right.$$
$$+\sqrt{\gamma_3^-}(\sqrt{\gamma_1^+}+\sqrt{\gamma_2^+}-\sqrt{\gamma_3^+})$$
$$\left.-\sqrt{\gamma_1^+\gamma_2^-}-\sqrt{\gamma_1^-\gamma_2^+}\right]$$
$$\times\pi a\lambda\exp\left(\frac{d_0-d}{\lambda}\right) \quad (4)$$

ここで，λ は液体分子の減衰長さである．

汚れ-繊維間の全相互作用ポテンシャルエネルギー V_T は，V_{EL}，V_{LW} および V_{AB} の和として与えられ，汚れと繊維の電位や表面自由エネルギーの各成分を用いて汚れ-繊維間の距離の関数として算出できる．

図 4.4.16 に示すように，全相互作用ポテンシャルエネルギー曲線はある距離で極大をもつ．汚れが繊維に付着するにはエネルギー極大を乗り越える必要があるから，極大が大きいほど汚れは付きにくくなる．汚れと繊維の距離が極めて小さくなると，溶媒和層による反発力や表面原子の電子雲の重なりによる Born 反発力が作用するので[6]，極小が出現して汚れはここで付着することになる．汚れがとれるには，エネルギー極大を逆に乗り越える必要があり，極小と極大の差が小さいほど汚れがとれやすくなる．

このように，洗浴中における汚れの脱離や再付着はコロイド分散系の安定性の問題に他ならず，汚れ

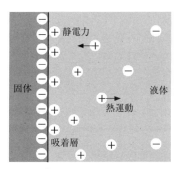

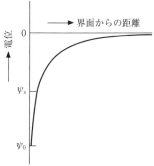

図 4.4.15 電気二重層と電位

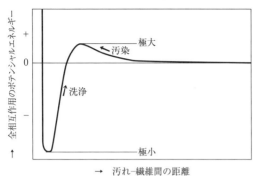

図4.4.16 汚れ-繊維間の相互作用ポテンシャルエネルギー曲線

-繊維間のポテンシャルエネルギー曲線を用いて論じることができる[7,8]．　　　　　　　　〔後藤景子〕

参考文献

1) C. J. van Oss, R. J. Good and M. K. Chaudhury: Additive and nonadditive surface tension components and the interpretation of contact angles. *Langmuir*, 4: 884-891, 1988.
2) C. J. van Oss, R. F. Giese and P. M. Costanzo: DLVO and non-DLVO interactions in hectorite. *Clay and Clay Minerals*, 38: 151-159, 1990.
3) 後藤景子：繊維製品の防汚—その基礎科学．繊維機械学会誌，66：97-101，2013.
4) K. Gotoh, T. Inoue and M. Tagawa: Adhesion of nylon particles to a quartz plate in an aqueous solution and their removal by electro-osmosis. *Colloid & Polymer Sci.*, 262: 982-989, 1984.
5) K. Gotoh, Y. Nakata and M. Tagawa: Evaluation of particle deposition in aqueous solutions by the quartz crystal microbalance method and its verification by the extended DLVO theory, *Colloid and Surfaces A: Physicochemical and Engineering Aspects*, 272: 117-123, 2006.
6) J. N. イスラエルアチヴィリ：分子間力と表面力（近藤　保，大島広行訳），朝倉書店，1995.
7) K. Gotoh, Y. Nakata and M. Tagawa：Experimental determination of energy barrier to particle detachment. *Colloid & Polymer Sci.*, 270: 794-798, 1992.
8) K. Gotoh, J. Tao and M. Tagawa：Adhesion interaction in water/n-alcohol mixtures between silanized silica and polymer particles. *J. Adhesion Science and Technology*, 13: 1307-1320, 1999.

3）界面電気現象と洗浄　水中では，繊維と汚れ粒子の表面は電荷を帯びる．繊維は，帯電状態により陰性繊維と両性繊維に分類される[1]．陰性繊維には，木綿やレーヨン，キュプラなどのセルロース系繊維，ビニロン，ポリエステル，ポリアクリルニトリル系繊維があり，カルボキシル基やスルホン酸基の解離により負に帯電する．両性繊維には，羊毛や絹などのたんぱく質系繊維やナイロンなどの合成繊維がある．これらはカルボキシル基とアミノ基をもつため，表面電位は溶液のpHに依存してpH 3〜5付近で電位がゼロになる（等電点）．汚れ粒子も末端基の解離により負に帯電するものと，pHによって表面電位が変化するものがある．例えば，カーボンブラック粒子は，表面にあるヒドロキシ基やカルボキシル基の解離により水中で負に帯電する．金属酸化物や水酸化物は，水中で水和してヒドロキシ基を有するためpH 7〜8で等電点を示す．溶液中のイオンが固体表面に吸着する場合にも表面は帯電する．洗浄液中では，界面活性剤やビルダーのイオンが繊維や汚れ粒子に吸着するため，界面電気的性質はさらに変化する．

水中の固体表面がどのような帯電機構で帯電しても，表面近傍には表面電荷とは逆符号の当量の対イオンが分布する（電気的中性の原理）．グイ-チャップマン（Gouy-Chapman）は，固体表面の溶液側に表面電荷に引きつけられた対イオンと，対イオンの熱運動によって溶液側に拡散しようとする対イオンとから形成される拡散電気二重層モデルを示した．このモデルでは，イオンを点電荷と考えて大きさを無視しているため，表面近傍の対イオン濃度が測定値よりもかなり大きくなる場合がある．そこでステルン（Stern）は，固体表面の近傍にはイオンの特異吸着層（ステルン層）があり，その溶液側にグイ-チャップマンの拡散電気二重層が広がっているモデル（図4.4.17）を提唱した．図4.4.17（a）は，対イオンの特異吸着が少ない場合，図4.4.17（b）は対イオンの特異吸着が表面電荷を上回って電荷が反転した場合を示す[1]．グイ-チャップマンの理論によると，拡散層が始まる面（ステルン面）の電位ψ_δが低い場合，固体表面からの距離がxの位置での電位ψは式（1）で近似される[2,3]．

$$\psi = \psi_\delta \exp(-\kappa x) \quad (1)$$

ここで，κはデバイ-ヒュッケル（Debye-Hückel）パラメータで，次式で得られる．

$$\kappa = \left(\frac{2nz^2e^2}{\varepsilon_r \varepsilon_0 kT} \right)^{1/2} \quad (2)$$

ここで，nは表面から無限に離れた点での対イオンの濃度，zは対イオンの原子価，eは電気素量，ε_r

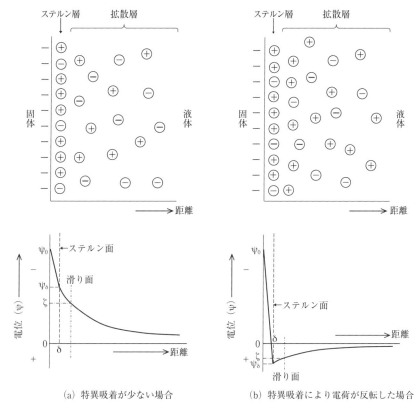

(a) 特異吸着が少ない場合　　(b) 特異吸着により電荷が反転した場合

図 4.4.17　電位分布の模式図とステルンの電気二重層モデル

は溶液の比誘電率，ε_0 は真空の誘電率，k はボルツマン定数，T は絶対温度を示す．式 (1) において $x=1/\kappa$ で $\psi=\psi_\delta/e$（e：自然対数の底）になることから，$1/\kappa$ を電気二重層の厚さと呼ぶ[4]．$1/\kappa$ は，pH 7 の純粋な水では 960 nm であるが，式 (2) からわかるように，対イオンの濃度や原子価に依存する．たとえば 25℃ における NaCl 溶液（1：1 電解質）の電気二重層の厚さは，式 (3) により求めることができる[3]．

10^{-4}M の場合は，$1/\kappa=30.4$ nm となる．

$$\frac{1}{\kappa}=\frac{0.304}{\sqrt{[\mathrm{Nacl}]}}\ \mathrm{nm} \tag{3}$$

洗浄現象を科学的に解析するには，繊維と汚れ粒子の表面電位 ψ_δ の値が必要である（前項参照）．表面電位 ψ_δ は実測できないため，ゼータ（ζ）電位（滑り面の電位）を用いる．ゼータ電位は，電気泳動や電気浸透，流動電位などの界面電気現象を利用して測定できる唯一の表面電位である．　〔田川由美子〕

参考文献
1) 北原文雄，渡辺　昌編：界面電気現象 基礎・測定・応用，共立出版，1986．
2) 北原文雄，古澤邦夫，金子克美編：コロイド科学 I．基礎および分散・吸着（日本化学会編），東京化学同人，1998．
3) J. N. イスラエルアチヴィリ：分子間力と表面力（近藤　保，大島広行訳），朝倉書店，1995．
4) 北原文雄，古澤邦夫：界面電気と分散系の安定性．分散・乳化系の化学，工学図書，1979．

4.4.3　洗浄力の評価

より洗浄力の高い洗剤や洗濯機の製品開発をはじめ，消費者への適切な情報提供や洗浄メカニズムの解明を行うには，洗浄力を客観的に評価しなければならない．また，実用上は洗浄力のみならず被洗物の損傷，変退色なども含めた消費性能全般に目を向けることも重要である．さらに生分解性などの環境への影響や毒性などの安全性については，洗剤の基本的な性能として考慮されなければならない．いずれにしても洗浄のようにきわめて複雑な系で各種検討を行う場合には，その目的に応じた実験計画を立案するとともに，その結果の適用範囲を明示することが肝要である[1]．

ASTM (American Society for Testing and Materials) で標準化されている洗濯用洗剤のファミリーバンドルテスト (family bundle test)[2] は, 洗剤の実用的性能を評価する信頼性の高い方法として知られるが, ここではモデル実験による洗浄力評価を中心に述べる.

a. 汚染布
1) 天然汚染布　洗剤の実用性能の評価には, 実際に着用, 使用を行って汚染した天然汚染布の使用が望ましい. 一例として, JIS K 3362：2008（合成洗剤試験方法）には襟あか布が採用されている（図4.4.18）. 同規格では, 最終的に汚れ落ちの程度を視覚判定し, Scheffé の一対比較法を用いて解析する.

2) 人工汚染布　洗浄力の試験用には, その研究の目的に応じてさまざまな人工汚染布も考案されており, 特に汚染物質の定量化や対象となる汚れの種類, さらには安全性なども考慮して設計される. またこの際には, 基質形状も繊維に限らず, フィルムやプレートなどを用いる場合がある. グローバルで簡便な方法としては, 市販の人工汚染布を利用することが考えられる.

JIS C 9606：2007 では, 電気洗濯機の洗濯性能試験に供する人工汚染布が規定され, この汚染布が市販されている. なお, この洗濯性能試験および汚染布は洗濯機の機械力を評価するものであり, 市販洗剤などの洗浄性能試験に適用してはならないとされている. 国際的には, EMPA (Swiss Federal Laboratories for Materials Science and Technology) や wfk (Cleaning Technology Institute) の汚染布などが広く知られている. さまざまな基質と汚垢物質の組み合わせがあり, ISO, IEC などの国際規格に採用されているものも含まれる.

b. 評価法
1) 模擬洗濯物　洗浄時の浴比は, 被洗物の攪拌状態を変化させるとともに, 機械力を変化させ洗浄力を左右する要因となる. 洗浄試験においては, 擬似洗濯物やバラスト布などを用いてこれを調整する場合がある. JIS C 9606：2007 では, シーツ, シャツ, タオル, ハンカチを, また IEC 60456：2010 (Clothes washing machines for household use—Methods for measuring the performance, Ed. 5) では, シーツ, 枕カバー, タオルを模した模擬洗濯物が素材, 縫製方法, 汚染布の取り付け位置とともに規定されている.

2) 指標洗剤　洗剤の洗浄力評価や洗濯機の洗濯性能試験, また繊維製品の性能試験を行う際には, 比較対照や評価の基準となる指標洗剤 (reference detergent) が必要とされる.

洗浄力判定用標準洗剤として JIS K 3362：2008 には, 洗浄力判定用指標洗剤, また, IEC 60456：2010 には, 指標洗剤 A*の組成が規定されている. また, ISO 6330：2012 では, これらを含め試験に用いる洗濯機の形式（A～C Type）に合わせた5種類の指標洗剤が, 規定されている. 現状では, いずれの標準洗剤も無リンのものとなり, 蛍光増白剤や酵素の配合されたものもあるなど, 現在市販されている一般的な衣料用合成洗剤の組成を反映することが試みられている.

3) 洗浄試験機　洗浄における機械力の発生源となる洗濯機は, 洗剤とともに洗浄力を左右する大きな要因となるため, 市販洗濯機では, 洗剤などの効果を統一的に評価するには不向きである. そこで, 各種の規格で標準洗濯機が規定されている.

JIS L 0844：2011 の洗濯試験機はラウンダオメータ (Launder-Ometer), JIS K 3362：2008 の洗浄力試験機はターゴトメータ (Terg-O-Tometer) として, 国際的に用いられているものであり, それぞれ, ドラム型, 攪拌型の洗濯機をモデル化したものと考えられる（図4.4.19）.

ISO 6330：2012 では, 現在世界各国で用いられている電気洗濯機の形式を考慮して, Type A1（ドラム型）, Type B1（攪拌型）, Type C（タテ型）の3タイプを規格に取り入れている. これらのうち標準洗

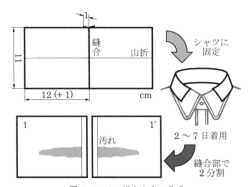

図4.4.18　襟あか布の作成

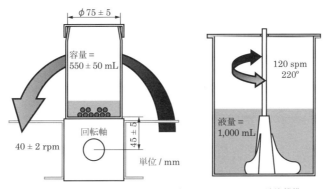

図 4.4.19 Launder-Ometer および Terg-O-Tometer の洗浄機構

図 4.4.20 Wascator FOM 71 CLS Lab Washer

濯機 A1 は，試験用に開発されたドラム型の洗浄試験機で，Wascator FOM 71 CLS（Electrolux）として販売されており，ISO の規格を始めさまざまな洗浄プログラムを詳細に設定可能としている（図 4.4.20）．

4) 評価の方法

① 表面反射率の応用： 多くの人工汚染布は，汚染物質としてカーボンブラックなどの有色物を用いて，白色の原布を着色している．これが洗浄によりどの程度元の白い状態に戻るかを光電反射計，分光光度計などで測定した反射率で表し，洗浄力を判断することができる．また，原布の反射率 R_0（％），汚染布洗濯前の反射率 R_S（％），汚染布洗濯後の反射率を R_W（％）とした場合，次のような方法で洗浄度を規定することができる．ただし，いずれの場合も被洗物に付着した汚れを直接定量しているわけではなく，汚れ量の目安を反射率から間接的に求めたものである点に注意を要する．

- 洗浄前後の反射率の差を洗浄度とする
$$D/\% = \Delta R = R_W - R_S \tag{1}$$
- 洗浄による反射率の回復度合いを洗浄度とする：JIS C 9606：2007 洗浄度（D）の求め方では，この方法を採用している．
$$D/\% = \frac{R_W - R_S}{R_0 - R_S} \times 100 \tag{2}$$
- 反射率から汚れ付着量を仮定して洗浄度を算出する：反射率と汚れ付着量（固体微粒子）との関係式として，クベルカムンク（Kubelka-Munk）の式[3]（3）を用い，汚れ付着量を仮定し，洗浄による減少率を式（4）により求め，洗浄度とする．汚れ量に着目している点で上述の場合より好ましいが，クベルカムンク式の適用範囲は限られている．

$$\frac{K}{S} = \frac{(1-R_\infty)^2}{2R_\infty} \tag{3}$$

ここで R_∞ は絶対反射率，K は吸光係数，S は散乱係数である．

$$D/\% = \frac{(K/S)_S - (K/S)_W}{(K/S)_S - (K/S)_0} \times 100 \tag{4}$$

なお，反射率の単純な指標としては，デジタルカメラの画像を応用する方法，目視判定の指標としては，たとえば JIS L 0804，L 0805：2004 に示された変退色用グレースケールや汚染用グレースケールなど，反射率が既知のグレースケールの応用も可能であろう．

② 分析機器による定量： 繊維と汚れの分離など分析化学の手法を応用することにより，被洗物の単位量あたりの汚れを直接的に定量することが可能となり，繊維の質量や試験布の面積を単位量として表示したり，洗浄による汚れ質量の低減率を直接に

洗浄率とすることができる．なお，天然汚染布などにおいては，未知の汚染物質の同定に各種化学分析の手法を用いる場合がある．

分離定量に用いられる分析手法としては，油脂，タンパク質，無機質など汚れの種類に合わせて，ガスクロマトグラフ質量分析（gas chromatography-mass spectrometry：GCMS），高速液体クロマトグラフィー（high-performance liquid chromatography：HPLC），吸光光度分析法（absorption spectroscopy），原子吸光分析法（atomic absorption spectrometry：AAS），発光分析法（atomic emission spectroscopy：AES）などが用いられる．

c. 機械力の評価

洗浄において洗濯機の機械作用は，必要不可欠なものであるが，過大な機械作用は被洗物の損傷劣化にもつながるため注意が必要である．また，日本における家庭洗濯では，21 世紀に入ってドラム型洗濯乾燥機の利用率が増加し，従来のタテ型のものとの洗浄機構が変化するとともに多様化しようとしている．さらに，商業洗濯では，環境や健康への影響など各種溶剤の欠点を抜本的に回避するため，脱溶剤化の動きがあり，ここでは，被洗物への機械作用が極端に制限されることになる．一方，洗浄実験においても，機械作用の大小は結果を大きく左右することからその測定方法や安定化も必要である．こうしたことから，機械作用の評価は特に近年注目を浴び，以下に示すような種々の方法が開発されている．

1) MA 法 DTI（Danish Technological Institute）が開発したMA（mechanical action）法とは，240 mm×240 mm（家庭洗濯機用は 400 mm×400 mm）の平織綿布に図 4.4.21 のように直径 35 mm の丸穴を 5 箇所開けた MA 布を使用する方法で，これを他の被洗物とともに洗濯試験に供する．試験後，5 箇所の穴にほつれ出し，切断していない織糸の本数の合計を機械作用の指標とする．しかし，糸本数のカウントが煩雑であることや，高機械作用への対応に難点があるとされている[4]．

2) EMPA-MA(S)法，MA(P)法 EMPAの開発したEMPA-MA(S)法は，ウールや手洗い，イージーケアの製品などに要する低機械作用の評価に用いられ，切り放しナイロン布（article 304）から，洗濯あるいはタンブル乾燥で脱落した織糸の本数をカウントして評価を行う．さらに，EMPA-MA(P)法では，34 cm×34 cm の綿基布表面に着色したポリアミド樹脂を Poka Dots と呼ばれる斑点状にプリントした Poka Dot 布（article 306〜309，図 4.4.22）を用いる．洗濯あるいは乾燥処理中の機械作用によりこの斑点が徐々に剥離する．この布の測色値（Y 値）あるいは専用の色見本（Grade 1〜10）で残存した斑点を見積もることで，機械作用を評価する．なお，この方法には，試験時に剥離ドットが被洗物や洗濯

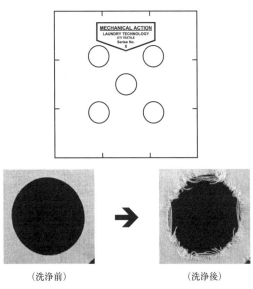

図 4.4.21　MA 布

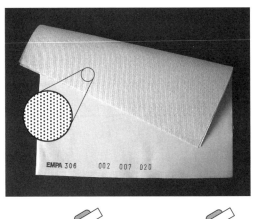

図 4.4.22　EMPA article 306[5]

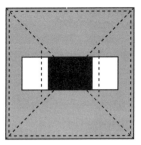

図 4.4.23 WAT クロス

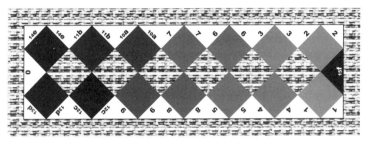

図 4.4.24 WAT スケール

3) WHS 法 日本では，繊維評価技術協議会がWATクロスを用いた独自の評価方法を開発している．WATクロスは，カーボンブラックやCMC，EVA樹脂などからなるインクを綿布にプリントして作成される．これを50 mm幅に切り取りISO 6330で規定する洗濯用の負荷布（Type III）に図4.4.23のようにミシンなどで縫いつけて使用する．試験後反射率計でL^*値を測定し，元のL^*値との差ΔL^*を機械作用の指標，WHS値とする[6]．また，WATスケールと呼ばれる評価用グレースケールの開発も進められており，開口部分を試験布のインク塗布部分にあてがい，視感判定により最も近似する標本を探索して評価する（図4.4.24）[7]．　〔小林政司〕

参考文献
1) 小林政司：洗浄試験と評価．被服管理学（増子富美他編），pp.47-57，朝倉書店，2012．
2) ASTM：ASTM D2960-05 Standard Guide for Controlled Laundering Test Using Naturally Soiled Fabrics and Household Appliances．
3) P. Kubelka and F. Munk: *Zeitschrift für technische Physik.*, 12: 593, 1931．
4) 片山倫子：繊維機械学会誌，59：665，2006．
5) EMPA testmaterials, Mechanical Action in Washing Machines and Tumble Dryer．
6) 小林政司：繊維製品消費科学会誌，52：444, 2011．
7) 小林政司：特許公開 2008-175752．

4.4.4 洗濯に付随する工程
a. すすぎおよび脱水
1) すすぎ　すすぎは，洗濯中に繊維に吸着した界面活性剤や，被洗物から脱離した汚れおよび繊維上に残留した汚れを除去するための操作である．

家庭用電気洗濯機によるすすぎの方法には，1回ごとに水を交換するバッチ式（ためすすぎ）と連続して注水しながら行うオーバーフロー式（流しすすぎ）がある．

すすぎの効果は，繊維に吸着した界面活性剤の脱着と洗濯液の希釈の両面から考える必要がある．前者については，洗剤洗いを行った綿100％のメリヤス布を，連続すすぎ（オーバーフロー式）とためすすぎ（バッチ式）でLAS（陰イオン界面活性剤）残留量を比較した結果（図4.4.25）から，連続すすぎに比べためすすぎの方がすすぎ効果が高く，ためすすぎ2回が効率的かつ経済的であることがわかる．すなわち，オーバーフロー式は，使用水量が多い割にはすすぎ効果が上がらないため，バッチ式ですすぎ回数を増す方が効果的である．

後者については，洗剤洗いの後，連続注水すすぎ（オーバーフロー式）を行った場合の洗浴中の洗剤濃度の変化（図4.4.26）が報告されており，次の関係式が成り立つ．

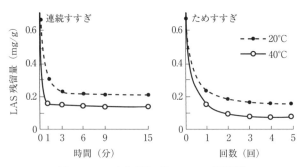

図4.4.25 すすぎ後の綿へのLAS残留量[1]

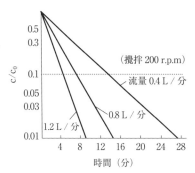

図4.4.26 連続注水すすぎにおける流量と洗浴中の洗剤濃度の変化（モデル装置，洗浴量2.5 L）[2]

$$\log \frac{c}{c_0} = \frac{1}{2.303} \times \frac{v}{\gamma} t$$

ここで，c_0：洗液中の洗剤の初濃度（g/L），c：すすぎ t 分後の洗剤濃度（g/L），γ：洗液の容量（L），v：すすぎ液の流量（L/min）である．

洗液中の洗剤の初濃度 c_0 とすすぎ進行中の濃度 c の比の対数が，すすぎに使用される総水量 vt に比例する．つまり，水の流量が多いほどすすぎの速度は速くなるが，一定のすすぎ効果を得るのに要する水量は，流量に関わらず一定である．c_0 が小さければ，一定のすすぎ効果をあげるために必要な水量は少なくなるため，すすぎに移る前に洗剤液を排出し，さらに脱液をすることにより，すすぎ開始時の洗剤濃度を低下させることができ，すすぎに使用する水量を減らすことができる．

すすぎ効果を決定する要因には，繊維や界面活性剤の種類，水温などがある．合成繊維は綿に比べ界面活性剤の吸着量が少ないが，羊毛は吸着量が多くすすぎによって除去しにくい．石けんは水中の金属イオンにより金属石けんを生成して繊維に付着したり，加水分解して脂肪酸が繊維に付着したりするた

め，それらが繊維に残留して黄色化する．そのため，合成洗剤を使用した場合よりよくすすぐ必要がある．

また，近年の環境問題に対する意識の高まりにより，風呂の残り湯で洗濯を行う場合も増えている．風呂の残り湯は水道水より温度が高いため，汚れの除去には有利である．しかし，残り湯には人体からの汚れである皮脂，表皮角質層の剥がれたもの，細菌などが存在しているため，洗濯に利用する際には洗剤洗いのみとし，すすぎには水道水など清浄な水を使用するよう注意が必要である．

さらに近年，節電・節水に役立つ洗剤として，「すすぎ1回」の超濃縮タイプの液体洗剤が登場した．これにより，これまで2回のすすぎに要していた水を1回分に減らすことができるだけでなく，すすぎの時間に消費していた電力量も減少させることができる．また，洗濯槽の穴をなくすことにより水量を減らす，高速で回転させながらシャワーで衣類に水を浸透させる方式を利用してすすぎ効果を高めるなど，洗濯機の改良も進んでいる．

2) 脱　水　脱水は，洗剤洗いの後やすすぎの間，すすぎ終了後に行う．洗剤洗いやすすぎの間の脱水はすすぎ効果に関係し，すすぎ終了後の脱水は乾燥速度や仕上がりに影響する．

脱水の程度は，脱水後の含水率または脱水率で表し，次式で求められる．

$$含水率(\%) = \frac{湿った布の質量 - 乾燥布の質量}{乾燥布の質量} \times 100$$

$$脱水率(\%) = \frac{乾燥布の質量}{湿った布の質量} \times 100$$

脱水方法には，遠心脱水，ローラー絞り，手絞り（押し絞り，ねじり絞り，巻き絞り，包み絞りなど）がある．

遠心脱水は，布の毛細管内の水を遠心力によって布と分離する方式であり，家庭用洗濯機にも採用されている．ローラー絞りや手絞りに比べて脱水効果が優れており，布の損傷も比較的少ない．

遠心力は，次の式で表される．
$$F = mr\omega^2$$
ここで，m は物体の質量，r は円運動の半径（脱水槽の半径），ω は角速度である．この場合，回転数を n とすれば，$\omega = n\pi/30$ （radian）であるので，次の式が導かれる．
$$F = \frac{\pi^2 mrn^2}{900}$$

したがって，回転数の影響が最も大きく，被洗物と脱水槽重量および脱水槽半径が大きければ遠心力が増して脱水効果は大きくなる．　　〔後藤純子〕

参考文献
1) 生野晴美，岩崎芳枝：コインランドリー用洗濯機のすすぎ効率に関する研究．東京学芸大学紀要，36：65-70，1984.
2) 津田欣子，野間素子，林　雅子，矢部章彦：洗濯機のすすぎ効果に関する速度論的考察．家政学雑誌，17：218，1966.

b. 漂白 (bleaching)

1) 衣類の白度が低下する原因　通常の洗濯だけでは落としにくい「シミ・黄ばみ」などは，漂白によって白さを回復させる．着用，洗濯，保管など衣類の管理において，白さが低下する原因は，着用条件や洗濯条件，衣服素材の種類などによりさまざまである（図4.4.27）．繊維自体が変質して黄ばんだものは，漂白剤でも元に戻らない．

2) 衣料用漂白剤　汚れの色素を酸化あるいは還元反応により分解して無色にする衣料用漂白剤には，主に酸化型漂白剤と還元型漂白剤がある．酸化型漂白剤は塩素系と酸素系に分類される（表4.4.12）．

酸化型漂白剤のうち，市販の塩素系漂白剤には通常，次亜塩素酸ナトリウムが5～6%配合されている．塩素系漂白剤は漂白効果が大きく，衣料の色柄物を退色させる恐れがあるほか，繊維製品の取扱いに関する表示記号で「家庭で水洗いできない」や「塩素系漂白剤による漂白はできない」などの洗濯絵表示がある衣料品には使えない[3]（表2.6.5，2.6.6参照）．製品は安定化のためにpH 11～12.5のアルカリ性に調整されている．pH 5以下で人体に有害な塩素ガスが発生する場合があるため，塩酸などを含む酸性タイプの洗浄剤と一緒に使わないように，塩

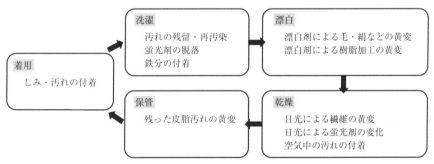

図4.4.27　白さが低下する原因[1]

表4.4.12　衣料用漂白剤の分類と成分表[2]

分類			主剤	補助剤
酸化型	塩素系	液体	次亜塩素酸ナトリウム (NaClO)	アルカリ剤，界面活性剤
	酸素系	粉末	過炭酸ナトリウム ($2Na_2CO_3 \cdot 3H_2O$)	アルカリ剤，安定化剤，漂白活性化剤，界面活性剤，酵素
		液体	過酸化水素 (H_2O_2)	キレート剤，界面活性剤
還元型		粉末	二酸化チオ尿素 ($(NH_2)_2CSO_2$)	炭酸塩，キレート剤，安定化剤，蛍光増白剤

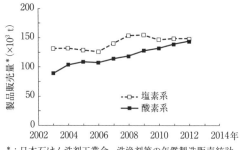

*:日本石けん洗剤工業会,洗浄剤等の年鑑製造販売統計
図4.4.28 漂白剤の製品販売量[4]

素系漂白剤を含んだ製品のラベルには「まぜるな危険」と表示して注意を喚起している．

酸素系漂白剤は漂白効果が比較的穏やかで，色柄物の繊維製品にも使用できるため，洗剤の一成分として含まれることがあり，2003年からの10年間で製品販売量が約1.6倍に増加している[4]（図4.4.28）．酸素系漂白剤には粉末剤型と液体剤型があり，過炭酸ナトリウムは毛・絹には使えないが，過酸化水素は繊維に対する影響が小さく，毛・絹の漂白や色柄物の漂白に適しており，日本では衣料用漂白剤の主流になっている[5]．酸素系漂白剤は40～50℃での使用が望ましい．クリーニング店では，一般に，黄ばみなどの酸化した汚れは，繊維の種類や染色の状態によって，酸素系漂白剤の濃度や温度，時間などを調整しながら使用している[6]．また，漂白活性化剤と呼ばれるある種の有機酸アミドや有機酸エステルは，酸化剤である過酸化水素などと反応して有機過酸化物を生じ，高い漂白効果を発揮するため，最近の漂白剤配合タイプの洗濯用洗剤には，漂白活性化剤が配合されている[2]．

還元型漂白剤は黄変回復用漂白剤として市販されており，鉄分の多い水による黄ばみの回復や塩素系漂白剤を使用して黄変した樹脂加工品などに効果的である．白物で水洗いできる繊維製品に使用できる．

清潔・衛生意識の高まりとともに，衣料用漂白剤はシミや黄ばみの除去以外に，除菌・除臭効果の目的でも使用される．毎年11月頃から翌年の4月にかけて，ノロウイルスの感染を原因とするウイルス性のおう吐・下痢症が流行するが，汚染した場所や物品，衣類はうすめた塩素系消毒剤（200 ppm以上）や塩素系漂白剤（約200倍程度）で消毒する[7]．

〔岡本幾子〕

参考文献

1) 花王生活科学研究所編：洗たくの科学，pp.158-165，裳華房，1989．
2) 製品評価技術基盤機構化学物質管理センター：身の回りの製品に含まれる化学物質シリーズ 洗剤（家庭）, pp.12, 27, 2012．
3) 経済産業省産業技術環境局：繊維製品の洗濯絵表示JIS改正の検討について—進捗状況報告（2012年6月時点）—JIS L 0217 の ISO 3758 との整合化, pp.1-8, 2012．
4) 日本石鹸洗剤工業会：2003-2012年洗浄剤等の年間製品販売統計. 油脂製品, 石けん・合成洗剤等及び界面活性剤月報, http://jsda.org/w/00_jsda/5.12hosei.html（2012年2月13日閲覧）．
5) 多勢雄一郎：衣料用漂白剤の特徴と最近の技術開発動向について—衣料用漂白剤の適切な使用のために. 繊維製品消費科学会誌, 50 (8): 594-599, 2009．
6) 繊維商品めんてなんす研究会（Textile Maintenance Association : TeMA テマ）：クリーニングの基礎知識. 月刊国民生活, 45: 53-55, 2012．
7) 国立感染症研究所感染症情報センター：ノロウィルス感染症とその対応・予防（家庭等一般の方々へ）, 06.12.25版, http://idsc.nih.go.jp/disease/norovirus/NV0625-a.pdf

c. しみ抜き

1) 衣類に付着したしみ 衣類に部分的に付着した汚れをしみと呼ぶ．しみにはさまざまな種類があり，その成分が明らかなものと不明なものがある．しみは，洗濯で除去することが困難な場合が多い．そのため，特別な処理を施し，しみを除去する．これをしみ抜きという．

2) しみ抜きの目的 しみ抜きの目的は，しみが付着した衣類の衛生的機能ならびに外観性能を回復することである．しみが付着した衣類は，外観性能が低下するために，着用を断念し，廃棄の対象に

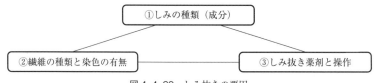

図4.4.29 しみ抜きの要因

されることがある．持続可能な社会において，衣類が有限な資源やエネルギーを用いて製造されていることを踏まえると，資源の有効利用と環境保全の観点から，しみの付着した衣類の廃棄を減じることが，しみ抜きの目的の一つともいえる．

3) しみ抜きの方法 しみ抜きは，しみの成分と衣類の素材によって，用いるしみ抜き薬剤や操作方法が異なる．そのため，図4.4.29に示すしみ抜きに必要な要因を的確に捉え，衣類の損傷がなく，かつ効果が得られるしみ抜き薬剤と操作方法を選択しなければならない．家庭で除去することが困難なしみや衣類の場合は，しみ抜きの専門家に依頼する．しみ抜きの専門家は，衣類に付着したしみの状態を確認し，処理方法を選択する．しみ抜き機を用い，専用の薬剤で作業を行い，油性しみの処理，水溶性しみの処理，必要に応じて漂白処理を行い，最後に洗浄する．

① **しみの種類としみ抜き薬剤**： 食品，人体からの分泌物，文房具，化粧品，鉄さび，泥，機械油などの汚れが衣類に付着し，しみとなる．これらのしみの成分は比較的明らかで，基本的には，水溶性のしみはまず洗剤で，油溶性のしみは有機溶剤でしみ抜きを行う．水溶性，油溶性混合のしみは，表面の成分をはじめに処理する．しみが乾燥し，固着する前に，早めにしみ抜きすることが望ましい．

しみ抜きには，洗剤（中性洗剤，弱アルカリ性洗剤），有機溶剤（ベンジン，シンナー，アセトン，アルコールなど），漂白剤（塩素系漂白剤，酸素系漂白剤，還元漂白剤），酸性薬剤・アルカリ性薬剤，酵素などを単独あるいは組み合わせて用いる．しみが落ちない場合は，作用が穏やかな薬剤から強力な薬剤へと段階的に組み合わせて使用する．ただし，繊維の種類によっては，使用できないしみ抜き薬剤もある．また，衣類の染色に損傷を与えることが予想される場合は，漂白剤の使用を控えるか，繊維に合った漂白剤を用いる．表4.4.13[1]に，繊維に損傷を与えるしみ抜き薬剤を示す．

② **基本的なしみ抜きの手順**： 家庭でできる基本点なしみ抜きの手順を示す．

ⅰ）しみの成分と付着状態を確認する．
ⅱ）衣類の繊維組成，取扱い絵表示を確認する．
ⅲ）ⅰ）とⅱ）を踏まえ，しみ抜き薬剤を選定し，薬剤が，衣類に損傷を与えないか，縫い代などで試す．
ⅳ）しみの付着した衣類の下に白布を置き，しみの裏から，しみ抜き薬剤を含ませた綿棒でたたき，しみを白布に移す．このとき，擦らずに，しみの外側から内側へしみ抜きをする（輪じみの防止）．
ⅴ）しみ抜き薬剤を衣類に残さないようにし，自然乾燥する．

③ **しみの種類別のしみ抜き操作**： 主なしみの種類別に，しみ抜き薬剤としみ抜きの操作を表4.4.14[2]に示す．

〔篠原陽子〕

表4.4.13 繊維に損傷を与えるしみ抜き薬剤（出典：皆川ら[1]を一部改変）

繊維	損傷を与えるしみ抜き薬剤
毛，絹	弱アルカリ性洗剤，塩素系漂白剤，粉末酸素系漂白剤
アセテート	弱アルカリ性洗剤，塩素系漂白剤，アセトン，シンナー，酢酸，アンモニア，アルコール
ビニロン，ナイロン	塩素系漂白剤
アクリル系	アセトン

参考文献
1) 皆川 基，藤井富美子，大矢 勝編：洗剤・洗浄百

表4.4.14 しみの種類別のしみ抜き操作（出典：皆川ら[2]を一部改変）

	しみの種類	最初の操作	次の操作	落ちないとき
食品	醤油，コーヒー，カレー，果汁	水でたたく	洗剤液でたたく	漂白剤で漂白する
人体からの分泌物	衿汚垢 血液	洗剤液でたたく 水でたたく	— 洗剤液でたたく	漂白剤で漂白する 漂白剤で漂白する
文房具	青インク 墨 朱肉，ボールペン	洗剤液でたたく 洗剤とご飯粒を練りつけへらでしごく ベンジンとアルコールでたたく	漂白剤で漂白する 水洗い 洗剤液でたたく	漂白剤で漂白する 漂白剤で漂白する
化粧品	口紅，ファンデーション	洗剤液でたたく		
その他	鉄さび 機械油	還元漂白剤のぬるま湯でたたく アルコールでたたく	— 洗剤液でたたく	— —

科事典, p.520, 朝倉書店, 2003.
2) 同書, p.522.

d. 乾　　燥

洗濯後の乾燥方法は，戸外や室内で自然乾燥する方法と乾燥機により強制乾燥する方法がある．乾燥速度に関する因子としては，繊維側では繊維の親水性，疎水性など水に関わる性質と，透湿性に影響を与える布密度，布の厚さなどの布構造があり，環境側では，自然乾燥の場合は，温度，湿度，気流で，強制乾燥の場合は乾燥機の熱容量である．

十分に水分を含んだ試料を温度，湿度，気流が一定の雰囲気中に放置すると，試料の水分率の変化は経過時間 t と図 4.4.30 のような関係を示す．この図を乾燥速度曲線といい，曲線の始めの部分 AB は試料の予熱期間で，一定温度に達する前で，恒率乾燥期間に入る前段階である．BC は恒率乾燥期間で，試料温度は一定で，水分率は直線的に減少している．この期間の乾燥は試料内の水が蒸発しているのであり，水の自由表面からの蒸発と何ら変わりはない．したがって，同じ量の水分を含んでいれば，表面積が大きいほど水の蒸発量は増え速く乾燥するといえる．温度，湿度，気流を変化させて，この期間を短くすれば乾燥時間は短くなる．C 点は液体水がすべて蒸発し，飽和水蒸気で満たされている状態で，このときの水分率を限界水分率という．限界水分率は試料の 100%RH での平衡脱着量にあたるので，試料の種類により異なる．親水性繊維ほど，限界水分率は大きい．CDE は減率乾燥期間といい，BC 間の直線性からはずれ，乾燥速度は減少しはじめ，試料温度は表面も内部も上昇する．この期間の乾燥は，試料内の液体水がなくなり，吸着水の蒸発が起こって

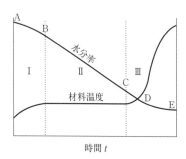

図 4.4.30　定常乾燥条件における水分率
　　　　　および材料温度変化[1]

いる．したがって，試料内部の水分子が拡散，透湿して試料表面に移動してくる速度に大きく影響される．すなわち，吸湿性が大きく，透湿性が小さい試料ほど減率乾燥期間が長く，乾燥に時間がかかるといえる．例えば，65%RH の水分率が 0.5% と吸湿性の小さなポリエステルなどは，減率乾燥期間が非常に短くすぐ乾く．

以上のことから，自然乾燥を速めたい場合は，洗濯物の周りの温度を高くし，湿度を低くして，乾燥速度を速める．洗濯物の周りの湿度を低くするためには，気流をつくり，洗濯物表面の水蒸気濃度の高い層を吹き飛ばせば，蒸発が促進される．

強制乾燥の場合も原理的には同じで，加熱により洗濯物周辺の温度を高くして水分の蒸発を促し，生じた水蒸気を強制的に外に排除することにより乾燥機内の湿度を低下させ，洗濯物からの水分の蒸発を促す．一定時間に蒸発する水分量は熱容量が大きいほど速い．

〔牛腸ヒロミ〕

参考文献
1) 中島利誠編：新稿 被服材料学，光生館，p.157, 2010.

e. 仕　上　げ

ここでは家庭洗濯により生じる繊維製品の外観や形状の崩れを整え，性能を回復させるための，帯電防止を含む柔軟仕上げや糊付け，アイロンがけなどの仕上げを取り扱う．

1) 柔軟仕上げ　　繊維製品を滑らかに，柔らかくする目的に使われる．

① **種類と成分**：　柔軟剤は，製造・加工工程で用いられる工業用と，家庭洗濯後に用いられる家庭用があるが，製造・加工工程用柔軟剤は家庭で洗濯を繰り返しているうちに脱離してしまい，繊維製品の手触り，感触が悪くなる．粗く硬くなった繊維製品に滑らかさと柔軟性を回復する目的で，家庭用柔軟剤を用いる．家庭用の柔軟仕上げ剤の主成分は陽イオン界面活性剤であるので，柔軟効果と同時に，帯電防止効果をもつ．タオルや衣類に施される．

代表的な陽イオン界面活性剤は第 4 級アンモニウム塩またはアミン塩であるが，最近は生分解性が良好なエステル型やアミド型陽イオン界面活性剤が用いられている．

② **メカニズム**：　柔軟剤の主成分である陽イオ

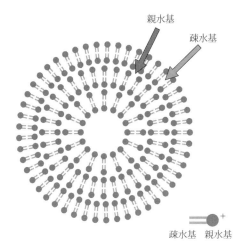

図 4.4.31　多重層ベシクルの模式図

ン界面活性剤は水に溶けると正の電荷をもち，水の中で負の電荷をもつ繊維の表面に単分子吸着していると考えられていたが，最近の研究[1]では，水中ではラメラ液晶が共存した二相系を形成し，球状の会合体である多重層ベシクルを形成し，分散していると考えられている（図4.4.31）．繊維表面にもさまざまな状態のベシクルが吸着，再配列し，平滑性や潤滑性を向上させ，繊維間の摩擦抵抗を小さくする．その結果，繊維製品に滑らかで柔らかな感触が付与される．

③ **使用法**：　洗濯最後のすすぎ時に使用される液体のリンスタイプと，衣類乾燥機で使用される不織布に柔軟剤成分を含浸させたシートタイプのものがある．液体のリンスタイプは適量を水に溶かして一定時間浸漬させ，脱水して干す．シートタイプは乾燥機中に洗濯物と同時に入れ，洗濯物と共に，加熱することにより柔軟剤成分が揮発し，繊維上に付着して柔軟効果を与える．どちらも衣類表面に柔軟剤成分が残留することでその機能を発揮する．

④ **柔軟仕上げ剤の動向**：　今までの柔軟仕上げ剤は陽イオン界面活性剤にアミノ変性したシリコーンを加えて繊維製品の表面摩擦係数を低下させて滑らかさを発現していた．最近は，ポリエーテル変性したシリコーンを加えて[2]，柔軟性能，滑り性能をさらに向上させ，洗濯，乾燥中の衣類の絡まりを低減させ，洗濯，脱水中に生じるしわを軽減している．着衣しわの低減にはスプレータイプのものが使用されている．このほかに，抗菌性を示す陽イオン界面活性剤を使用して抗菌性をうたったもの，静電気発生を抑制し，花粉付着防止を付与した柔軟剤などが上市されている．また，柔軟性，平滑性，帯電防止性，花粉付着防止性などという機能性だけでなく，柔軟剤の香りの心理作用[3]も着目され，柔軟仕上げ剤の香り[4]や香り付け技術[5]も進展している．

2） 糊付け　柔軟仕上げが軟らかく仕上げることを目的とするのに対し，繊維製品に適度な硬さや腰，はりを与え，パリッと仕上げるために行う．毛羽立ちを抑え，表面を平滑にして光沢を与えることなどを目的に施す．

家庭で洗濯を繰り返しているうちに型崩れしたり，しわになったりした繊維製品に腰やはりを与え，外観を整える．防汚性や洗浄性の向上に寄与したり，帯電防止に役立つものもある．シーツ，カバー，ワイシャツなどに施す．

糊剤の主要成分としては，水に溶けるか分散し，乾いたときに繊維に吸着して柔軟で強い膜を形成する高分子化合物が適している．加工デンプンやポリビニルアルコール，ポリ酢酸ビニルなどが用いられる．

洗濯後に適量を水に溶かし，洗濯物を適時，浸漬する．浸漬後，軽く脱水して干す．スプレータイプの場合は，糊剤を噴霧した後，すぐにアイロンをかけ，しわを取ると同時に，はりをもたせる．

3） アイロン仕上げ　熱と圧力によりしわをのばしたり，折り目つけなど形態を整える．繊維高分子は温度を高くしていくと，ガラス転移点（T_g），軟化点，融点，分解点と種々の変化点が表れる．T_g 以上の温度にすると繊維分子の動きが活発になって変形しやすくなる．したがって T_g 以上でアイロンをかけるとしわがのびやすい．また，水分子は潤滑剤の役目をして繊維高分子の T_g を下げるので，霧吹きをしたり，スチームアイロンを使って T_g を低下させた上でアイロンをかけると形態を容易に整えることができる．綿，麻，レーヨンのような親水性繊維には特に有効である．ナイロン，ポリエステルのような熱溶融性の繊維は，温度をあげて，軟化点になると軟らかくなり，融点に達すると，溶け，縮んでもとに戻らなくなる．綿，麻，レーヨンのようなセルロース繊維や，羊毛，絹のようなタンパク質繊維は分子間の結合が強いので，軟化点や溶融点はなく，T_g 以上に温度を上げていくと，分解点に達し，焦げてしまう．どのような種類の繊維に対してもアイロンがけ温度に対しては注意が必要である．JIS L 0217 に各

繊維に対する適正アイロン温度が定められている.

圧力は大きいほど効果が大きいが,形態安定加工,防しわ加工など加工技術の進化や,柔軟仕上げ剤,糊剤などの仕上げ剤の性能の向上により,アイロンがけの技術が未熟でも形態を容易に整えられるようになり,それにつれてアイロンの軽量化や,圧力をかけずにすむスチームアイロンも出現している.

〔上西朋子・牛腸ヒロミ〕

参考文献
1) 中村和吉,藤原夏美:日本家政学会誌,49(4):383-388,1998.
2) 宮坂広夫:オレオサイエンス,5(10):463-471,2005.
3) 一ノ瀬 昇:におい・かおり環境学会誌,42(5):344-353,2011.
4) 丸山賢治:繊維製品消費科学会誌,53(10):800-802,2012.
5) 小倉英史:オレオサイエンス,13(11):533-538,2013.
6) 中村和吉:オレオサイエンス,13(11):527-532,2013.
7) 藤井日和,齋藤麻優美,宮原岳彦,江川直行,高岡弘光:繊維製品消費科学会誌,53(10):803-810,2012.
8) 増子富美他:被服管理学,朝倉書店,2012.

4.4.5 洗濯による被服の損傷・劣化
a. 洗濯による物性および風合いの変化

家庭洗濯では,①被洗物の点検・仕分け,②しみ抜き・塗布洗い・部分洗い,③洗剤洗い,④脱水,⑤すすぎ(脱水とすすぎの繰り返し),⑥脱水,⑦漂白・糊付け・柔軟仕上げ,⑧乾燥,⑨アイロン仕上げの順序で洗濯が行われる.この過程で被洗物が損傷し劣化が生じるため,その素材の物性および風合いが変化する.

洗濯による衣類の損傷・劣化の原因となる最も大きな要因は,被洗物の繊維自体の耐洗濯性にある.問題になるのは水・熱・機械力・洗濯液の液性の四つである.主な繊維について,洗濯に対する注意点を次にあげる.綿・麻などのセルロース繊維は,一般に耐洗濯性に優れ,水・熱・機械力・アルカリ性にそれぞれ強いが,摩擦により繊維が毛羽立ち,濃色の場合は白色化が目立つ.また乾燥しにくくしわになりやすい.タンパク質繊維は熱・機械力・アルカリ性・紫外線に弱い点を注意する必要がある.特に羊毛繊維はぬれた状態で,熱・機械力・アルカリ性の条件が加わると繊維が絡まりあって収縮し,元には戻らない縮絨(フェルト)となる.絹は摩擦に弱く繊維がフィブリル化しやすい.レーヨンなどの再生繊維はぬらすと収縮し,強度が低下する.また,しわが生じやすく取れにくい.ナイロン,ポリウレタンは熱に弱く収縮し溶解し,紫外線で黄化・脆化する.ポリエステルは衣料用の繊維としてもっとも多く用いられており,耐洗濯性に優れている.ポリエステルナノ繊維による風合い素材6種類を用いて,水・石油系ドライクリーニング溶剤などの洗浄による収縮・風合い変化12項目について検討した結果,家庭洗濯では収縮・風合い変化を生じにくいことがわかった[1].しかし再汚染しやすく,湿熱により容易に収縮・溶解する.これら繊維の性質を知り,適した洗濯方法・条件を選ぶことで初歩的な損傷・劣化を最小限に抑えることができる.

Terg-O-Tometer(45 rpm,30℃,5 min.)と中性

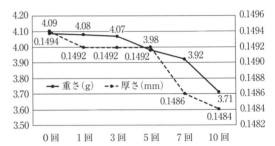

図4.4.32 洗濯回数による布の重さ(g)と厚さ(mm)の変化

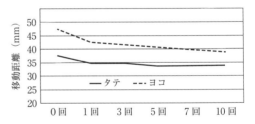

図4.4.33 洗濯回数による絹布の移動距離(mm) カンチレバー法

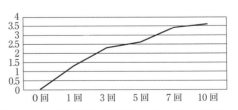

図4.4.34 洗濯回数による絹布のしなやかさの度合いの変化(原布を対照とする一対比較法)

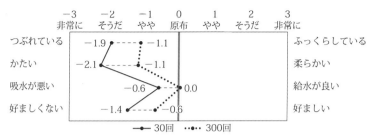
図 4.4.35 繰り返し洗濯 300 回後のタオルの評価（$n = 40$）

洗剤を用いて，絹布を 1 回から 10 回まで繰り返し洗浄し，回数ごとに重さと厚さを測定した結果を図 4.4.32 に示し，カンチレバー法による剛軟度を測定した結果を図 4.4.33 に示す．しなやかさについて原布を対照に一対比較した結果を図 4.4.34 に示す．洗濯により重さと厚さが減少し，力学的特性である剛軟度が低下し，風合いとしてのしなやかさが増加した．このことにより，洗濯により物性と風合いに変化が生じた[2]．

ドラム式洗濯乾燥機と液体洗剤を用い，綿 100% 両面パイルのタオルを洗濯し，室内で吊り干し乾燥することを 30 回および 300 回繰り返し行った．20 歳代から 60 歳代の女性 40 名に対し，このタオルの洗顔後の使用感について調査した結果を図 4.4.35 に示す．原布と比較して「ふっくらしている・つぶれている」，「柔らかい・かたい」，「吸水性が良い・吸水性が悪い」の風合いに対する 3 項目と，「好ましい・好ましくない」について，原布を対照に一対比較法で調査を行った．洗濯回数が増加すると「つぶれている」，「かたい」の評価がより多くなり，「吸水」についても 300 回では「悪い」の評価に移行した．「好ましくない」の程度も同様に移行した．このことから洗濯回数を重ねることにより，風合いのマイナス評価が増加することがわかる．

繊維や被洗物の組織，形態に適した洗濯方法であっても，洗濯を繰り返し行うことで被洗物素材の物性の変化および風合いの損傷は増大する．

〔藤居眞理子〕

参考文献
1) 藤居眞理子，高橋兆子，榊原あゆみ，角田光雄：新合繊の洗浄における洗浄媒体の影響—収縮・風合い変化について．第 32 回洗浄に関するシンポジウム，47-53，2000．
2) 江里口直子：洗濯による風合い変化の測定について，修士論文，東京家政学院大学大学院 人間生活学研究科，2004．

b. 洗濯による変退色

衣服は着用・洗濯・保管を繰り返すことによって素材の損傷や加工剤の物理的・化学的変化が起こり，衣服本来の外観が損なわれ，黒ずみ，黄ばみ，染色物の色彩変化が起こる．ここでは，洗濯のプロセスによって発生する衣服の色彩的損傷，変退色をとりあげる．洗濯を繰り返すことによって，衣服の色彩や光沢などの美的な外観を損ない，着用感にも影響を与えることから，購入時の状態を維持するためにはその原因を理解して取り扱うことが大切である．主な原因 3 点について解説する．

1） 汚れや洗剤などの付着　本来衣服に付着する汚れを洗濯によって完全に取り除くことができないため，残留している汚れが累積することで徐々に白度が低下し，黒ずみや色彩変化を起こすことがある．特に石けんで洗濯すると石けんそのものが衣服に付着したり，汚れや水中のカルシウムイオン，マグネシウムイオンなどと結合して生成される金属石けんが衣服表面に付着して色彩変化を起こす．また，残留した皮脂汚れの中の不飽和脂肪酸部分が大気中で自動酸化して生成される物質が短波長領域の光をより強く吸収することで，白色の衣服は黄色味をおびてくることがある．さらに，洗剤中に配合されている蛍光増白剤は本来白さを強調するために使用されるが，中には日光堅ろう度が低いと，残留する汚れと結合して蛍光増白剤本来の紫外領域での吸収が阻害されて色調が変化する場合がある．

2） 繊維自身の劣化，表面形状の変化　絹，羊毛などのタンパク繊維やナイロン繊維は，洗濯後に行う日光乾燥時において，アミド結合部分やアミノ基などが紫外線によって劣化し黄変する．この際に

衣服に残留する水分の存在が紫外線との相互作用により一層黄変を促進するともいわれており，これらが原因で染色物に色彩変化をもたらす．また，洗濯中の衣服間の摩擦によって毛羽立ちが起こり，布の光沢を減少させたり，逆に羊毛のように表面が削られて光沢が増加する現象「テカリ」が発生し，これらの表面の反射率の変化が本来もつ染色衣服の色味を変えてしまうことがある．

3) 着色材料の変化，脱落・移染　染料自身は，大気中の酸素や排気ガス・日光などによる発色団の化学変化，熱による染料の昇華，着用中に汗やカビなどが付着して起こる染料構造の変化などが起因して変退色を起こす．一方洗濯時では，染色堅ろう度が低い染料に見られる現象として，湿式洗濯での水溶性染料の溶出やドライクリーニング溶剤への油性染料の溶出などにより洗濯中に他の衣類を汚染することがある．こうした汚染現象を「色のにじみ（色泣き）」，「移染」と呼び，クリーニングの事故内容でも比較的よく発生する問題である[1]．洗濯後の変退色トラブルを防ぐため，JIS 規格の洗濯堅ろう度，ドライクリーニング堅ろう度などの試験により衣服の染色に関する退色性を確認することが大切である．（「2.2.2 h.4) 染色堅ろう度試験」参照）

c. 細菌・農薬および放射線物質の除去

1) 細菌の除去　適度の水分（80%以上）や温度（25〜35℃）環境下に汗や皮脂汚れが付着した衣服を放置すると，空気中の細菌やカビが増殖して悪臭や変退色を起こす．衣服に付着する微生物の数の変化は繊維の種類・環境により異なるため微生物の繁殖数などのデータは少ないが，時間とともに増殖し「着用したワイシャツの襟に付着する細菌数は $10^5 \sim 10^6$ 個程度に増加する」との報告がある[2]．最近ではライフスタイルの変化から洗濯物が室内干しされることも多く，洗濯後に残留した汚れが原因で雑菌（モラクセラ菌）が繁殖し，悪臭の原因となるとの報告もある．これらの防止対策としては，酵素入り洗剤の活用，漂白処理，アイロン加熱，日光消毒による除菌効果などが考えられる．一方，常に除菌が必要な病院などの施設では，高温処理，高圧蒸気処理，紫外線消毒，酸性電解水などが活用されている．また，抗菌処理が施された繊維製品の使用も効果的である．

2) 農薬の除去　除草，殺虫，殺菌などを目的として使用される農薬は，安全性の観点から現在は低毒性で分解性の高いものが多くなっている．農薬の形状は液状，固体状，スプレー状などさまざまで，農作業や家庭菜園で使用する際には皮膚に直接触れたり吸引したりしないように，撥水性の高い手袋，マスク，帽子，防除着などを着用することが義務付けられている．これらに付着した農薬の除去に当たっては，まず一般の衣類とは分けて洗濯することである．洗濯による市販有機リン系農薬の除去性を比較すると，親水性繊維の方が付着量は高いが除去率も高い．ポリエステルのような疎水性繊維では，付着量は低いが繊維内部へ拡散するため湿式の洗濯では除去しにくい．洗濯条件としては，綿などは洗濯温度をやや高めの 40℃ 程度で弱アルカリ性洗剤を使用し，ポリエステルなどの疎水性素材の場合にはドライクリーニング溶剤で洗濯すると効果的である．

3) 放射性物質の除去　衣服に付着した放射性物質は一般の汚れと異なり，たとえわずかであっても人体への影響が大きいことから，放射性物質を取り扱う原子力発電所や病院では慎重に取り扱われている．しかし 2011 年福島第一原子力発電所の事故による放射性物質の飛散で大きな被害が発生したことから，放射性物質の除去に関する実験が行われた．被曝した衣服を一般の家庭用市販洗剤と洗濯機で洗濯した場合，80% は除去するが，残りは繊維内部に入り込むため繰り返し洗濯しても除去できないと報告[2]されている．通常の放射性物質を扱う施設では被曝を防ぐための帽子，手袋，靴下，作業着はその汚染レベルによって衣服の素材や形態が異なる．被曝の可能性の低い作業着の素材はポリエステルや綿が用いられ，放射能汚染がほとんどない場合には常温で石けんによる湿式洗濯を行う．その際，洗濯・すすぎ液はすべてモニタリングによって放射能汚染のレベルを確認する．放射能汚染が予想される外衣などの作業着は，放射能汚染チェックの後，除去性の高い代替フロン系のハイドロクロロエーテルなどの溶剤によるドライクリーニングを行う．溶剤洗浄はすべて閉鎖系で行い，洗浄排液は濃縮して放射能廃棄物として保管されるが，高濃度の放射能汚染が確認された作業着はすべて放射能廃棄物として一時保管される． 〔尾畑納子〕

参考文献
1) 増子富美ほか：被服管理学, p.40, 朝倉書店, 2012.
2) 千葉善昭：北海道立衛生研究所報, 41：63-65, 1991.

4.4.6 非水系洗濯および特殊クリーニング
a. ドライクリーニング

水と洗剤を用いた水系洗濯（湿式洗濯）とは異なり，ドライクリーニング用有機溶剤と，場合に応じてドライクリーニング用洗剤，少量の水を加えて行う非水系洗濯（乾式洗濯）をドライクリーニングという．収縮・型崩れを起こしやすい毛・絹製品，色落ちしやすい皮革・毛皮製品，風合いや機能加工を重視する製品などの洗濯に適している．有機溶剤を使用するため，水系洗濯に比べ，人体から出る脂肪分などの動植物油脂や，グリース・ワックスなどの鉱物油などの油性汚れをよく落とすが，水溶性汚れが落ちにくく，また，再汚染を起こしやすい．

1) ドライクリーニング用溶剤（ドライ溶剤）

ドライクリーニング用溶剤の役割は，油性汚れや油分を伴うススやホコリの除去である．溶剤として用いるための必要条件は，洗濯中に化学変化を起こさず，洗濯物を傷めず，油汚れを除去できること，乾燥時には蒸発しやすく，人体に安全で，環境汚染が少ないこと，溶剤の再生が可能であり，安価であることなどが挙げられる．現在，これらすべての条件を満たす溶剤はないが，主に使用されている溶剤は，石油系溶剤（スタンダードソルベント），塩素系のテトラクロロエチレン（パークロロエチレン）などであり，その性質を表4.4.15に示す．石油系溶剤は，比重が小さいため，洗濯物への負荷が小さく，テトラクロロエチレンに比べて油脂溶解力（KB値）が小さいため，デリケートな衣類の洗濯に適している．しかし，引火性があるため，乾燥に時間がかかる．

一方，テトラクロロエチレンは，比重が大きく，油脂溶解力も大きいため，洗浄力に優れ，引火性がないため，乾燥時には熱をかけることができ，短時間での洗濯，乾燥が可能である．しかし，接着剤，樹脂，顔料，染料などを溶かしやすく，洗濯物への負荷も大きいので，デリケートな衣類の洗濯には不向きである．毒性が高く環境対策も必要である．日本では，約90％のクリーニング業者が石油系溶剤を使用しているが，欧米ではテトラクロロエチレンが主流である．

2) ドライクリーニング用洗剤（ドライソープ）

ドライクリーニングでは，水溶性汚れは除去しにくい．水溶性汚れが衣類に残留すると，汗じみで変色したり，布が固くなったり，虫害を招いたりする．これらの汚れの除去には水が必要である．有機溶剤に0.5～1％の洗剤と微量の水を添加した「チャージシステム」で水溶性汚れを除去することができる．溶剤中に加えた微量の水が洗剤により形成されたミセル中に乳化または可溶化し，この水に水溶性汚れが取り込まれ，水溶性汚れを除去し再汚染を防止する．有機溶剤のみでドライクリーニングを行うと静電気が発生し，汚れの吸着・放電などの原因になるが，洗剤の添加で静電気の防止・抑制もできる．このように，ドライソープの役割は，水系洗濯における洗剤の役割とは異なる．ドライソープとして，主にアニオン系と複合型ソープが使用されている．アニオン系ソープはアニオン系と非イオン系界面活性剤を主成分とし，高い抱水能（水分可溶化力）と洗浄力をもつ．複合型ソープはカチオン系非イオン界面活性剤を主成分とし，洗浄性能と柔軟・帯電防止性能を併せもつ．ドライ溶剤の種類や洗浄方法に適したドライソープを選び，用いることが大切である．最近は水を添加せず，水溶性汚れに効果のあるソー

表4.4.15 主なドライクリーニング溶剤とその特性値[1]

溶剤	比重 (20/4℃)	表面張力 (mN/m, 20℃)	誘電率 (25℃)	カウリブタノール値 (KB値)*	沸点 (℃)	蒸発潜熱 (cal/g, 沸点)	引火点 (℃)	許容濃度 (ppm)
石油系 　パラフィン系 　ナフテン系 　芳香族系炭化水素の混合物	0.8	42	2.0～3.0	34	150～210	30	38以上	100
塩素系 　テトラクロロエチレン 　$CCl_2=CCl_2$	1.63	32	2.36	90	121.2	50	—	50

*：石油系溶剤の樹脂に対する溶解度を試験するために考案されたもの．この値が大きいほど油脂の溶解性が大きい．

プを使用したクリーニングが行われている.

3) ドライクリーニングの方法 ドライクリーニングで重要な工程は,洗浄,脱液,乾燥の3工程である.洗浄で使用されるドライ機(ワッシャー)はドラム式であるが,これら工程の処理方法により,用いられるドライ機が異なる(図4.4.36).石油系ドライ機には,洗浄・脱液を行うドライ機と乾燥機に分かれた従来型のコールドドライ機と,洗浄から乾燥を同一機械中で行うホットドライ機が用いられる.パーク(テトラクロロエチレン)ドライ機には,環境汚染を防ぐため,溶剤や溶剤蒸気を外に漏らさず,溶剤蒸気を吸収する内蔵型活性炭回収装置を備えたホットドライ機が用いられる.

ドライ機による洗浄方法は,ワッシャー内に溜めた洗浄液のみで洗うバッチ洗い(溜め洗い),ワッシャー内に洗浄液を溜め,フィルター循環により洗浄液を浄化しながら洗うフィルター循環洗い,ワッシャー内に洗浄液を溜めず,洗浄液を通過させて洗うシャワー洗浄(流し洗い),ワッシャー内の洗濯物に洗浄液をスプレーして洗うスプレー洗浄がある.溶剤として石油系を用いる場合,比重,油脂溶解力が小さいため,洗浄時間は5~20分,テトラクロロエチレンを用いる場合,比重,油脂溶解力が大きいため,洗浄時間は30秒~7分程度で行う.いずれも,温度20~30℃,浴比1:6程度,洗濯物は少なめで行う.脱液方法は,効率の良い遠心脱液機で,衣類が傷まない程度に十分に脱液する.ドライ溶剤が残ると,吸湿,変質,皮膚障害の恐れもある.ドライ溶剤を清浄にし,十分すすぎ,脱液を行うことが望まれる.乾燥はタンブラーで行う.

b. 特殊クリーニング

絹和服,皮革,毛皮,インテリア製品(カーペット,カーテンなど)は一般の衣料とは異なった特性をもつため,製品に応じた特殊クリーニングを行う.

1) 絹和服 絹和服の中でも特に友禅染絹和服は,クリーニングが難しい.友禅染は手捺染,型捺染が主で,金銀粉,金銀箔加工がされたものもあり,飾りの多い衣装である.染色堅ろう性に部分的なムラがあったり,染色加工時の蒸しや水もとがムラになっている場合もあり,特に注意を必要とする.クリーニングは,石油系溶剤によるブラシ洗いを基本とし,柄部分や長期保存による痛みなどに注意して洗う.絹繊維は洗剤の残存により黄変しやすく,ブラッシングにより微細繊維構造に洗剤が浸み込むと,すすぎ出すことは困難である.そのため,ドライ洗剤を含まない溶剤に浸し,軽く絞ってブラシがけを行い,清浄な溶剤で十分すすぐ.黄変防止のため,タンブラー乾燥は避け,アイロン掛けは低温で行うか,蒸気を吹き付けてシワを伸ばす.

2) 皮革 皮革の種類(スエード,レザー,皮を一部使用),素材の種類(牛皮,羊皮,人造皮),色,汚れの程度により,分類する.スエード製品のみ,サンドブラストガンで酸化アルミニウムの細かい砂を吹きつけてゴミや汚れを除去するか,サンドペーパーで汚れを削り取る.しみ抜きを行う場合は,必ず安全性をチェックし,水の使用は最小限とし,しみ抜き前後に十分に乾燥させる.クリーニングは,テトラクロロエチレンの場合,10~18%の皮革用洗浄剤(溶剤+洗剤)で5~10分,石油系溶剤の場合,3~8%の皮革用洗浄剤で10~40分行う.乾燥は,自然乾燥か,低温タンブラー,または50℃以下の乾燥室で行う.仕上げは人体プレス機を使い,60~70℃で蒸気量は少なく,短時間処理する.湿気によりカビが発生するので,乾いた布でよく拭くか,ブラシをかけ,乾かしてから保管する.

3) 毛皮 毛皮の種類(天然毛皮,人造毛皮,毛皮を一部使用),動物の種類(種類により強さが異なる),傷や毛の抜け具合などにより分類する.クリーニングは裏地と毛に分けて行う.裏地は,石油系溶剤で汚れ部分をブラッシングし,乾いた布で拭き取る.毛は,ソーダスト(おがくず),またはコー

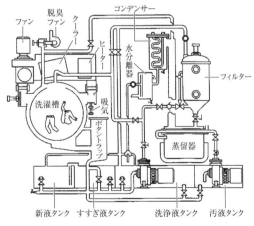

図4.4.36 ドライクリーニングの洗浄設備(例)[2]

ンパウダー（とうもろこしの芯の粉）に毛皮用艶出し剤，溶剤，帯電防止剤などを含む溶液を浸み込ませ，毛皮洗浄機，冷タンブラー，または手でまぶすようにして約30分洗浄する．洗浄後，バキュームまたはエアガンにより粉を取り除く．仕上げは，艶出し機を用いる．毛皮は虫がつきやすいため，防虫加工をする．

4） カーペット カーペットのクリーニングは，水洗い，ドライ，シャンプークリーニングなどで行う．水洗いでは，型崩れを防ぐためにカーペットをコンクリート床に広げてブラシ洗いをし，吊り干しする．ドライクリーニングでは，ワッシャーに入る程度の小物の洗浄を行う．シャンプークリーニングでは，ブラシで円形にパイルをこすり，洗剤水溶液を流下させて洗う．その後，水などを噴射させ，バキュームクリーナーで汚れを吸い取る．

c. 商業クリーニング

専門業者により行われる商業クリーニングには，前項で説明したドライクリーニング，特殊クリーニングの他に，水系洗濯（湿式洗濯）のランドリーとウェットクリーニングがある．

1） ランドリー ランドリーは，水に，石けんや洗剤とアルカリ剤を加えて，円筒形のワッシャー（ドラム式洗濯機，図4.4.37）で40〜70℃の温水洗いをする洗浄作用の大きい洗濯方法である．水に対して耐久性があり，汗などの水溶性汚れが多いワイシャツ，白衣，シーツなどの洗濯に適している．家庭洗濯も水系洗濯であるが，ランドリーは洗浄温度が高く，アルカリ剤が加えられ，浴比が約1：4と小さいため，少ない水や洗剤で洗濯物を傷めず高い洗浄効果が得られる．また，洗剤と一緒に漂白剤を使用することも多く，殺菌効果も大きい．

図4.4.37 ワッシャー[4]

ランドリーの洗浄工程は，予洗，本洗い，漂白，すすぎ，酸浴，糊付け，脱水，乾燥，仕上げからなる．短時間の予洗後，ワッシャーに水，石けん，アルカリ剤（メタけい酸ナトリウム）を入れ，温度をかけて1回約7分で，1〜3回の本洗いを行う．漂白には，次亜塩素酸ナトリウムまたは過炭酸ナトリウムを用いる．すすぎは，1回3〜5分で脱水を間に挟み3〜4回行う．布に残ったアルカリ剤の中和や金属石けん，漂白剤の分解を目的にサワー剤（珪フッ化ナトリウム）を加え，酸浴を行う．糊付けは，ワッシャー内で50〜60℃，5〜10分行う．遠心脱水機で5〜10分脱水後，タンブラー乾燥する．仕上げは，アイロン，プレス機，ローラーで行う．アイロンは手加減が自由に調節できるので，高級品の仕上げに用いる．

2） ウェットクリーニング ウェットクリーニングは，取り扱い絵表示に，手洗い不可，ドライクリーニング可のマークが付いている衣類を，水を使用して洗う方法である．以前は，ドライクリーニングした後，水溶性汚れが残留した場合に行った．1990年代には，ドライクリーニング溶剤の環境汚染が問題になり，ドライマーク衣料をウェットクリーニングしたり，ウェットクリーニング可能なスーツなどが開発された．時代により，ウェットクリーニングの趣旨は異なるが，デリケートな衣類を40℃以下の温度で中性洗剤を用いて，ブラシ洗い，ふり洗い，ワッシャーで短時間処理するなど，原形を損なわず水洗いする方法である．

ウェットクリーニングの対象となるのは，合成皮革，ゴム引き製品，樹脂顔料加工製品のようなドライクリーニングが不可能な製品，絹，レーヨン，毛素材のブラウスやワイシャツ，セーターのようにランドリーは不可能であるが，直接肌に触れ汗が多く付着している製品，素材はランドリー可能であるが，スーツ，ワンピース，コートなど，ランドリーでは型崩れが起こるような製品である． 〔小林泰子〕

参考文献
1) 日本家政学会編：被服の機能性保持, p.25, 朝倉書店, 1992.
2) 全国生活衛生営業指導センター：よくわかるクリーニング講座, ERC出版, p.210, 2001.
3) 全国クリーニング生活衛生同業組合連合会：クリーニングの基礎知識, 信英堂, pp.226-249, 2011.
4) 片山倫子編：衣服管理の科学, 建帛社, pp.77-83, 85-88, 2003.

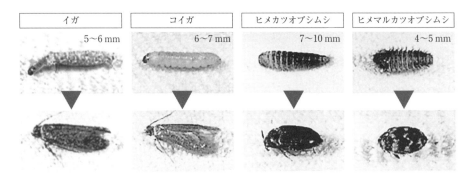

図4.4.38 衣料害虫（写真提供：エステー(株)）

5) 全国クリーニング生活衛生同業組合連合会：改訂・クリーニング技術の手引，芝サン陽印刷，pp.61-92，139-157，2011．

4.4.7 被服の保管
a. 防虫・防カビ・防湿・収納方法

衣服は保管中に衣料害虫に食害されることがある．特に羊毛などの獣毛繊維，毛皮，絹などは食害を受けやすい．日本における衣料害虫は，鱗翅目ヒロズコガ科に属するイガ（*Tinea pellionella*（L））, コイガ（*Tineola bisselliella*（Hum.））や鞘翅目カツオブシムシ科のヒメカツオブシムシ（*Attagenus piceus*（Oliv.））やヒメマルカツオブシムシ（*Anthrenus verbasci*（L））などが挙げられる[1]．いずれも5～10mm程度の小さな蛾や甲虫で，幼虫期に食害する．イガは蛾の一種で，雌の成虫が繊維に産卵し，孵化した幼虫は繊維を食害してミノムシのような筒型の巣をつくり生息し，前半身を出して移動する．コイガは，全体が淡黄色の小型の蛾である．ヒメカツオブシムシの成虫は，光沢のある黒色の長楕円形をした小型の甲虫である．名前のとおり鰹節などの動物性物資や繊維を食害する．ヒメマルカツオブシムシの成虫は，ヒメカツオブシムシより若干小さく，やや楕円形の黒色で全体に灰白色の毛が密集しているため霜ふり状に見える（図4.4.38）．乾燥した動物性たんぱく質を食害し，ケラチンを消化，吸収して成長する．羊毛中のいくつかのアミノ酸の混合された臭いを特異的に好むといわれている．そのため，羊毛が最も食害され，絹の食害は羊毛に比べればはるかに小さい．その他の繊維は虫害を受けることは少なく，羊毛と化学繊維の混紡品ではほとんど羊毛だけが食べられる．イガ幼虫の羊毛への食害状況を示す（図4.4.39）．綿や合成繊維は，付着した食べこぼし，汗，垢，

図4.4.39 食害状況（写真提供：エステー(株)）

でんぷん糊などに起因して食害される．外出した際などに成虫によって産みつけられた卵が，保管場所でかえることで被害に至ることになる．虫害防止のためには成虫や卵を持ち込まないことがまず肝要である．汚れを除去して収納し，防虫剤の種類や持続期間，湿度に気をつけて保管しなければならない．

防虫には，繊維に防虫加工を施す方法と防虫剤を使う方法がある．害虫が生息できないように脱酸素剤で酸素を除く方法もある．防虫剤は，衣類などに対する虫害を防ぐために用いる薬剤である．樟脳，ナフタレン，パラジクロロベンゼンは昇華性防虫剤であり，ピレスロイド系エムペントリンは揮散性防虫剤である．昇華性防虫剤は，常温では液化せず昇華して薬剤のガスを発生し，特異な臭いのために害虫が近寄らないという忌避効果を期待しており，一般に殺虫効果は小さい．パラジクロロベンゼンはベンゼンに塩素を反応させて合成する．樟脳やナフタレンに比べて忌避効果は大きく速効性があり，安価で効果も高いことからよく使われる防虫剤であるが，持続性にやや劣る．昇華性防虫剤は2種以上混合使用すると昇華せず溶解し液化により，しみの原因になることがあるため混用は避ける．発生するガスは空気より重いので，衣類の上に置いて使用する．ピレスロイド系のエムペントリンは1980年代に出回り

始め，防虫剤の主流になりつつある．蚊取り線香の原料である除虫菊に含まれる防虫成分と同種のもので，蚊取り線香が加熱により蒸散させるのに対して，防虫剤の場合は常温で蒸散する．速効性が大きく無臭であり，人体に対する安全性も昇華性防虫剤と大差ないので，防虫剤として近年急速に普及している．

カビは糸状菌ともいい，胞子によって増殖する．低温低湿の環境でも死滅することは少なく胞子の状態で存在しているので，その胞子は空気中に飛び交っている．高温多湿を好み適当な温度，湿度，栄養源があれば，急速に繁殖する．その胞子が衣服に付着し，変色・着色・脆化・臭気の発生などを引き起こす．動物性繊維や皮革類は特にカビがはえやすく，悪臭をつけたり黄変させたりする．吸湿性の高いセルロース系繊維もカビが発生しやすく，合成繊維に対してカビは抵抗性がある．保管状態が20～35℃，湿度75%RH以上で増殖しやすい．繊維自身も十分栄養源になりうるほか，汚れ，汗，糊料，仕上げ剤などもカビの一因となり，カビによって繊維が脆化したり，着色したり，カビ臭が発生したりする．カビの種類によっては繊維内に菌糸をはびこらせ，繊維を分解し，自身の栄養とするものがあり，その繊維は極度に脆化する．カビは生育すると胞子に特有の色素を生産し，それが赤・黄・緑・黒色などであるため衣服を汚染するが，カビの種類と色について示す（表4.4.16）．染色物にカビが発生した場合には，変退色をすることもある．カビ臭の発生は，カビの新陳代謝によってグリコール酸，クエン酸，シュウ酸，乳酸，酢酸など各種の有機酸を作りだすためである．また保管中の吸湿を防ぐには，乾燥剤を使用する．カビなどの微生物の繁殖を防ぐには，衣服に汚れがついたままで保管しないこと，湿度の低い場所に保管することの2点が重要である．また，カビや害虫の生育には酸素が必要なため，その酸素を除去するために脱酸素剤を用いることがある．密閉

表4.4.16 カビの種類と色[2]

カビの種類	色
Aspergillus niger	黒
Penicillium glancum	緑
Aspergillus roseus	赤
Fusarium	赤または紫
Penicillium	黄

が完全であれば，脱酸素剤を入れてから約4日間で100%の殺虫効果がある．この方法は容器の密閉度によって効果が左右されるため，酸素を透過しない専用袋などを利用する．殺虫剤や防カビ剤を必要としないことから人体への影響も少なく，酸化による繊維の損傷も防止できるので利用範囲が広い．

湿度は型くずれ，しみ，変退色など，衣類の性能の劣化に影響を与える．親水性繊維の多くは吸湿すると膨潤を起こし，変形して型崩れを生じ，しわになりやすくなる．保管中の湿気により白物衣料の黄変，色物の変退色，金属ラメ糸の変色などが起こりやすい．特に毛や絹などの製品は，高温多湿の状態で保管すると黄変したり，脆化したりする傾向がある．また，高温多湿はカビの発生や虫害に密接に関係している．そのため，衣類の保管に防湿は重要である．乾燥剤は水分を空隙内に物理吸着するか，または結晶水として結合することで除湿や乾燥を行う（表4.4.17）．衣類の保管にはシリカゲルなど繊維に影響のない乾燥剤を利用するとよい．塩化カルシウム系の乾燥剤は吸湿性に優れているが，湿気を吸うと液状になるので押入れなどの除湿には適するが，衣服への取り扱いには注意が必要である．

衣服の収納方法にも留意しないといけない．汚れが付着していると，カビの害や虫害が大きくなり，繊維の変退色や脆化が生じやすい．汚れだけでなく，糊剤や洗剤なども収納中の衣類の変質に影響を与えるので，保管前には洗剤により汚れなどを完全に除去し，十分なすすぎが必要である．収納場所として

表4.4.17 乾燥剤の性能[3]

乾燥剤名	空気1Lを30℃で乾燥時の残存水分量（mg）	吸湿量（%）	吸湿のしくみ	再生条件
シリカゲル（$SiO_2 \cdot xH_2O$）	3×10^{-2}	30	物理吸着	150～180℃ 加熱
アドソール	—	25～30	物理吸着	200℃ 加熱
生石灰（CaO）	2×10^{-3}	30	物理吸着	500℃ 加熱
無水塩化カルシウム（$CaCl_2$）	2×10^{-1}	50～60	結晶水	250℃ 加熱
木炭	—	10～15	物理吸着	—

は，年間の温度差が少ない，日陰の乾燥した場所が適している．押入れを利用することも多いが，床に近いほど湿度の影響が高いので，長期間保存するものは上段に収納する．また，風通し良く塵埃を取り除きやすいように，木製のすのこを敷くのもよい．最近はウォークインクローゼットのような広い空間中に保管されることも増えつつある．型くずれしないように，アイロンがけなどをして形を整えて，たたんであるいはハンガーにかけて保管する．重ねたり詰め過ぎたりするとしわや型くずれにつながるので，余裕をもたせて収納するのがよい．さらに保管後の型くずれの修復の困難なものは，厚みのあるハンガーに掛けて保管するとよい．クリーニングから戻ってきた衣類は，ポリ袋に入れられていることが多いが，衣服が汚れるのを防ぐためで，長期の保管のためのものではない．衣服をポリ袋から出し，風通しのよい所で湿気や溶剤をぬくことが望ましい．衣服を乾燥させてカビや虫害を防ぐ目的で，保管中に湿りをもった衣服を広げて干すことを虫干しという．夏の土用（立秋の前18日）ころにする場合は土用干し，冬にする場合は寒干しともいい，晴天で乾燥した日中の時間帯が適している．土用干しの時期は，衣料害虫の活動時期でもあり成虫が飛来して産卵し，後に虫害の被害もあり得るため，獣毛繊維の虫干しは避ける．

〔間瀬清美〕

参考文献
1) 片山倫子編：衣服管理の科学，pp.116-117，建帛社，2012.
2) 奥山春彦ほか：被服整理学，p.184，相川書房，1988.
3) 吉田敬一ほか：衣生活の科学，p.241，弘学出版，1989.

b．保存衣服の修復

美術館，博物館などによって収集される衣服は，服飾史・服飾文化の貴重な実物資料として，適切に保存し永く後世に伝えることが求められる．衣服は，その材質（主に繊維と染料）の点から他の工芸品よりもはるかに劣化しやすく，また，実用品という性格から収蔵の時点ですでに劣化が進んでいることも多い．

劣化の要因はさまざまで，経年劣化に加え，光・熱・水分などの外的要因，着用に伴う物理的負荷や汚染，生物被害などがある．劣化は繊維と染料の両方に生じ，生地や縫糸の脆化と変退色が現れる．より巨視的な損傷・劣化の症状としては，裂け，擦り切れ，穴あき，綻び，色褪せ，色泣き，黄変，しみ，付属品や装飾品の欠損などが観察される．

収蔵品として保存される衣服には，損傷・劣化に対する修復が必要となる．欧米の主要な美術館・博物館には，衣服を含む染織品の保存修復を専門に行う部門や，染織品保存修復士（textile conservator）を置くところも多く，染織品の保存修復に必要な専門知識と技術を学術的・体系的に修得するための教育機関も充実しているが，この分野での日本の立ち遅れは否めない．

修復の目的や方法，倫理についてはさまざまな議論があり，日本と欧米でも違いがみられる．日本での染織品保存修復についての基本的な考え方として，文化庁の小林[1]は，修復の利点を，劣化を抑制して長期の保存や展示公開を可能にすること，修復過程での染織品の解体や調査によって新たな知見を得ること，とし，修復の原則を現状維持としている．これに対し欧米では，洗浄処理を含むより積極的な原状回復の修復を行う傾向にある．

修復にあたっては，衣服の材質，形態，技法，制作年代，履歴，劣化状態などを詳細に調査したうえで，それぞれの衣服に適した方法で慎重に修復を行う．欧米で採用されている，衣服を含む染織品の修復の概要[2]を次にまとめる．

① **調査**：　分類（平面状か立体的か，刺繍など表面装飾の有無），材質（繊維・染料など），劣化の状態（繊維と構造），履歴（過去の修復痕など），汚染の状態（汚れの種類・程度，汚れを除去するべきか否か），について調べる．

② **修復の方針・方法の決定**：　調査結果に基づいて，洗浄処理や補修の必要性と具体的な方法を決定する．

③ **準備**：　修復に先立ち，燃焼試験，顕微鏡観察，溶解試験などにより繊維の鑑別を行う．また，染料の染色堅ろう性の目安として，ぬらした綿棒などを用いて色移りを調べる．

④ **洗浄処理**：　ブラシやバキュームクリーナなどによる表面洗浄，水系洗浄および非水系洗浄，高圧の蒸気や溶剤による局所洗浄がある．とくに水系洗浄では染料の溶出や寸法変化に注意が必要である．汚染や劣化の程度，繊維の種類など対象物に応

じて洗剤の組成を変える.

⑤ **補修**： 裂けや綻びを繕ったり，とれた装飾を付け替えたりする.裏打ちによる補強も行われる.

⑥ **仕立て直しと仕上げ**

なお，修復前の状態や修復の過程，修復に用いた材料や試薬は詳細に記録し，保存や将来の修復のための資料とする.　　　　　　　〔谷田貝麻美子〕

参考文献
1) 小林彩子，染織品保存修理の理念．第35回文化財の保存と修復に関する国際研究集会「染織技術の伝統と継承―研究と保存修復の現状」報告書，pp.121-128，東京文化財研究所，2012.
2) S. Landi: *The Textile Conservator's Manual*, 2nd ed., Butterworth-Heinemann, 1992.

4.5　衣生活と環境

4.5.1　繊維製品の廃棄・リサイクル

a. 繊維製品の廃棄

近年，リサイクルされずに家庭ごみとして廃棄される繊維製品や衣料品が増えており，環境に与える負荷がますます増大している.

2004年の繊維製品の国内供給量は206万tであり，うち衣料品は144万tである.排出段階での再使用（中古衣料輸出も含む）は14万t，リサイクル（ウエス，反毛原料など）は22万tとなっている.したがって，廃棄される繊維製品は約170万tとなり（83％が廃棄），繊維製品全体の再使用，リサイクルは合わせても17％にとどまっている.

国内で消費されている衣料品の多くは国産品ではなく，輸入品であることにも目を向ける必要がある.製造や流通にかかるコスト削減のために，海外へ工場を移転する企業が増え，国内での生産量が減少している.国内で販売されている衣料品（枚数）に占める輸入品（枚数）の割合は，輸入浸透率（輸入量÷（国内生産量＋輸入量－輸出量）×100）と呼ばれ，2010年には90％を超えている.低価格の輸入品が国内に大量に出回ることは，衣服の「使い捨て」を助長し，それがごみの増加へとつながり，環境負荷を増大させている.

家庭ごみとして廃棄される繊維製品について考えてみよう.2008年に京都市で行われた調査[1]から，家庭ごみに占める繊維類の割合は4％（湿重量ベース）であり，1人あたり年間約5kgを廃棄していることがわかった.廃棄された繊維類に占める衣料・身の回り品の割合は，1994年では約50％であったが，2008年には約70％まで増加している.

廃棄された繊維製品の繊維組成を知ることは，繊維製品の多くが焼却処理されCO_2やNO_xなどが排出

表 4.5.1　繊維製品の素材別排出状況（湿重量比％）[1]

繊維製品の素材			2008年	1994年
化学繊維	合成繊維	ポリエステル	18.9	13.6
		アクリル	5.3	4.0
		ポリウレタン	2.3	0.7
		ナイロン	3.6	5.9
		その他	2.1	1.4
	合成繊維計		32.1	25.6
	再生繊維	レーヨン	3.7	0.4
		キュプラ	0.2	0.4
	再生繊維計		3.9	0.8
	化学繊維計		36.0	26.3
天然繊維		綿	45.7	66.4
		羊毛	15.2	3.3
		絹	2.6	2.0
		麻	0.5	2.0
	天然繊維計		64.0	73.7
合計			100.0	100.0

されるため,環境負荷の視点からも重要である.表4.5.1は,京都市で行われた調査に基づき,家庭ごみとして排出された繊維製品の繊維組成を調べた結果である[1].2008年は天然繊維64%,化学繊維36%であり,1994年に比べて化学繊維の比率が上昇している.世界規模での繊維生産量は年々増大しているといわれ,2012年には化学繊維65%,天然繊維35%となり,化学繊維製品の占める割合が高くなっている.環境に配慮した衣生活を送るために,家庭ごみ中の繊維類にも目を向け,リサイクルや再資源化に積極的に取り組みたい.

b. 繊維製品のリサイクル

廃棄される繊維製品を減らすための考え方には,大別して三つの形態―リデュース・リユース・リサイクル―があり(3Rと呼ばれている),この順に優先順位が高いとされる.

リデュース(reduce)は減らすこと,つまり不用品として排出される繊維製品をできるだけ減らすことであり,そのためには長期にわたって使用すること,必要以上に購入しないことなどが求められる.リユース(reuse)は再利用のことで,お下がりや仕立て直し,国内や海外の中古衣料品市場の利用などがある.リサイクル(recycle)は再資源化のことで,表4.5.2に示すように,マテリアルリサイクル,ケミカルリサイクル,サーマルリサイクルの3種類に分類される.サーマルリサイクルは,リサイクルとしては最も優先順位が低い方法であり,できる限りマテリアルリサイクル,ケミカルリサイクルによって再資源化することが望ましい.綿からバイオエタノールを製造する技術や,全ての繊維を対象としてコークス炉ガスを製造する技術など,新たなリサイクル技術の開発が進められており,実用化に向けて検討が行われている.

3Rに,リフューズ(refuse:レジ袋を断る),あるいはリペア(repair:修繕する)を加えた「4R」が,循環型社会形成のキーワードだといわれている.繊維製品がごみになるのを抑制するには,3Rに加えてリペアを実行し,使用する期間を長くするなど,私たちの意識や行動を変えることが求められている.

繊維製品全体のリサイクルが進まない原因については,まず,繊維製品は家庭から不定期に排出されるので,有効な回収ルートを確立するのが難しいことが挙げられる.また,衣料品は表地,裏地,ボタン,ファスナーなど多くの素材がしっかりと縫い合わされているため,素材ごとに分けてリサイクルするのが困難である.さらに大きな問題点として,現状では再生品の用途が広くないことが挙げられる.

一方,企業や業界団体では,リサイクルの実現に向けた取り組みが始まっている.日本アパレル産業協会では,古着の回収率をあげ再資源化を容易にする目的から,5種類の基準を設定し,その基準に適合した衣服に「エコメイトマーク」(図4.5.1)を付与する取り組みを行っている.また,多くの繊維メーカーでは,回収PETボトルからポリエステル繊維製品を再生するマテリアルリサイクルを事業化している.さらに,回収PETボトルや繊維製品などから原料のモノマーまで戻し,ポリエステル繊維からポリエステル繊維(繊維to繊維)を製造するケミカルリサイクルを実施している企業もある.

c. 環境ラベル制度

繊維製品をはじめ,私たちの身の回りにある商品

図4.5.1 エコメイトマーク(日本アパレル産業協会,http://kanshokyo.jp/jhs/mark/ecoiryo.html)

表4.5.2 リサイクルの方法

マテリアルリサイクル	綿,毛などの天然繊維に適用する場合には,繊維製品をほぐしてもとの繊維状態に戻し,軍手,ソックス,カーペットの下敷フェルト,工場などで使用するウエスなどに利用.合成繊維やプラスチックを加熱溶融して再成型し,新たな製品として再利用する場合も含まれる.
ケミカルリサイクル	主にナイロン,ポリエステルなどの合成繊維に適用.繊維製品を化学処理によって原料化学品に戻し,合成繊維として製造.
サーマルリサイクル	回収した繊維製品を焼却炉で燃やし,発生する熱エネルギーを発電に利用.

には，リサイクル・リユースを促進するためのマーク（エコメイトマークなど）や，環境負荷の少ない製品であることを消費者に知らせるための「環境ラベル」が使用されている．

現在，さまざまな環境ラベルが見受けられるが，国際標準化機構（international organization for standardization：ISO）の規格に基づいて使われている環境ラベルにはタイプⅠ～Ⅲまで3種類がある．タイプⅠ（ISO 14024）には，第三者機関である日本環境協会が製品のサービスやライフサイクルを考慮して認証する「エコマーク」がある．タイプⅡ（ISO 14021）は，事業者の自己宣言により自社製品が環境配慮商品であることを主張するためのマークである．タイプⅢ（ISO 14025）には，第三者機関である産業環境管理協会が製品やサービスのライフサイクルアセスメント（life cycle assessment：LCA）に基づいて認証する「エコリーフ」がある．ここでLCAとは，評価する製品の原材料から始まり，製造，物流，消費，リサイクル，そして最終的な廃棄処分に至るまで，すべての過程（ライフサイクル）を通して資源消費量や排出物量を計算し，製品が環境へ与える影響を評価（アセスメント）する手法のことである．

ISOの環境ラベルとは別に，温室効果ガスの削減に向けた取り組みとして，その排出量を認識し，生産者（事業者）・消費者の自覚を促す手法として普及が図られている制度に，「カーボンフットプリント」がある．カーボンフットプリント（carbon footprint of products：CFP）とは，製品の一生を通して排出されるCO_2量を表したものである．生産者（事業者）と消費者の間でCO_2排出量削減行動に関する「気づき」を共有し，「見える化」された情報を用いて，生産者間（事業者間）で協力して更なるCO_2排出量削減を促す．最終的に，消費者が今までより低炭素な消費生活へと，自ら変革していくことを目指しており，日本では2012年より運用されている（図4.5.2）．

〔木村美智子〕

参考文献
1) 高月 紘：繊維製品の知られざる環境負荷．循環とくらし No.2 ファッションと循環—エコもおしゃれもしたいあなたに，pp.18-21，廃棄物資源循環学会，2011．

図4.5.2　日本のカーボンフットプリントの例（チクマ「カーボンフットプリントつきユニフォーム」http://www.chikuma.co.jp）
このユニフォームのLCAから計算されるCO_2排出量は，7.8 kgである．

4.5.2　洗濯と環境

洗濯の環境保全では，洗剤の主成分である界面活性剤の環境毒性や生分解性を中心とした水質汚濁を改善するリスク評価に加えて，洗濯に関わる全ての要素を含めて総合的に環境負荷を低減するライフサイクルアセスメント（LCA）が行われている．

a．洗剤の水質汚濁

洗剤の環境問題は，これまで界面活性剤の生分解性による発泡問題やリン酸塩ビルダーに起因する富栄養化による水質汚濁の問題が取り上げられてきた．これらの対策として下水道処理施設の普及はもちろんのこと，生分解性の容易な界面活性剤への転換や洗剤の無リン化に加えて減量化が進められてきた．さらに，「化学物質の審査及び製造等の規制に関する法律」（化審法），PRTR制度とMSDS制度の二つを柱とした「特定化学物質の環境への排出量の把握等及び管理の改善の促進に関する法律」（化管法）の制定により，現在では，界面活性剤のリスク評価を行い，安全性を確認する仕組みまで整備されている[1,2]．

衣料用洗剤の変遷を図4.5.3に示す[4]．洗剤のソフト化では，発泡の原因となった分岐鎖型のアルキルベンゼンスルホン酸塩（ABS）を生分解性のよい直鎖アルキルベンゼンスルホン酸塩（LAS）へ1960年頃から転換した．無リン化では，トリポリリン酸塩に替わってゼオライト（アルミノけい酸塩）を配合した．さらに，洗剤の減量化の取り組みとし

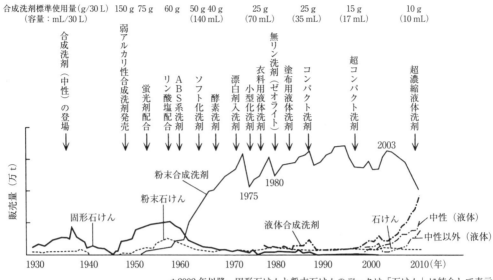

図 4.5.3 衣料用洗剤の変遷[3]

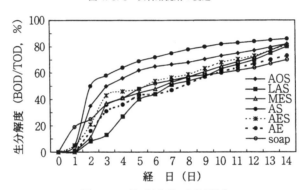

図 4.5.4 界面活性剤の生分解性[5]
界面活性剤濃度 5 mg/L，活性汚泥濃度 10 mg/L．

て，世界に先駆けて 1980 年代中頃から粉末洗剤のコンパクト化を開始，2009 年には「超濃縮液体洗剤」が市販され減量化に加えて節水や洗濯時間を短縮したことで急激に普及した．

現在市販されている洗剤は界面活性剤の種類によって分解速度は異なるが，直鎖アルキルベンゼンスルホン酸塩（LAS），α-オレフィンスルホン酸塩（AOS），α-スルホ脂肪酸メチルエステル塩（MES），アルキル硫酸エステル塩（AS），脂肪酸ナトリウムまたはカリウム（石けん），ポリオキシエチレンアルキル硫酸エステル塩（AES），ポリオキシエチレンアルキルエーテル（AE）などいずれの界面活性剤も易生分解性であり，図 4.5.4 に示したように究極的に分解される[5]．究極の生分解では，有機物が完全に分解して二酸化炭素や水などの無機塩まで分解される．洗濯用合成洗剤の場合，界面活性剤は一次的生分解で多くの場合魚や水生生物への影響が低下するため，JIS では一次的生分解を指標としており，合成洗剤では生分解性が 90% 以上であることを定めている．

b. 家庭洗濯の LCA

LCA とは，製品やサービスの環境への影響を，資源の調達から製造，流通，使用，リサイクル，廃棄までのライフサイクル全体の環境負荷を計量し評価する手法である．この手法を用いて，製品やサービスがもつ複雑な環境影響を明らかにすることで，環境負荷の削減対策に役立てることができる．現在

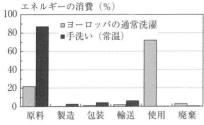

図4.5.5 欧州における衣料用洗剤の工程別エネルギー消費[8]

では，ISOにて規格化されている[6,7]．

LCA導入初期のヨーロッパにおける家庭洗濯のLCAを図4.5.5に示す[8]．ヨーロッパの代表的な衣料用洗剤では，使用段階のエネルギー（73%）が最も高く，次いで原料（23%）となる．これに対して常温の手洗いは，素材製造（85%）が最も高い値を示した．この結果を受けて，漂白剤や酵素を活用した洗濯の低温化や粉末洗剤の液体洗剤への移行，洗濯機の省エネ化が図られてきた．わが国でも衣料用洗剤のLCAが報告されている[9]．植物原料由来の界面活性剤の比率を高めることでCO_2排出量を大幅に削減することができ，これ以降，植物由来の界面活性剤へ大きく移行する．LCAはどの段階に重点をおいて改善すべきかを特定できる手法であり，意思決定に役立てることができる．一方，家庭洗濯のように日常生活の中で発生する環境負荷を適切に評価するには，ライフスタイルの考慮や生活全体にまで対象を拡げた評価が必要となる．この評価手法として「ソーシャル/ダイナミックLCA」が挙げられる[10]．家庭洗濯では，洗濯機のタイプに関わらず，乾燥に次いでアイロン掛けの環境負荷が高く，洗濯工程では洗剤の寄与が高い[11]．また，洗濯にとって必要不可欠な水資源の問題に対する取り組みとして，ウォーターフットプリント（water footprint）の国際規格化が決定され，2014年7月にISO 14046として発行された． 〔山口庸子〕

参考文献
1) 永山升三：界面活性剤と環境．オレオサイエンス，1(3)：263-273，2001．
2) 三浦千明：家庭用洗剤の環境生態系に対する安全性．オレオサイエンス，2(7)：397-402，2002．
3) 山口庸子，生野晴美編：新版衣生活論，p.97，アイ・ケイコーポレイション，2012．
4) 妻鳥正樹：洗剤30年の歩みと新しい動向．第30回被服整理学夏期セミナー講演要旨集，pp.31-40，日本家政学会被服整理学部会，1997．
5) 増田光輝，三浦千明：洗剤と環境問題．洗剤・洗浄百科事典（皆川 基，藤井富美子，大矢 勝編），pp.862-863，朝倉書店，2003．
6) 国際標準化機構/日本規格協会：ISO 14040：2006/JIS Q 14040：2010，環境マネジメント―ライフサイクルアセスメント―原則及び枠組み．
7) 国際標準化機構/日本規格協会：ISO 14044：2006/JIS Q 14044：2010，環境マネジメント―ライフサイクルアセスメント―要求事項及び指針．
8) P. A. Gilbert: Surfactants and the environment. *4th World Surfactants Congress Barcelona Proceedings*, Vol.1, pp.57-66, CESIO, 1996.
9) 柴田昌彦，加治 靖：LCAで差別化するグリーンケミストリー．オレオサイエンス，7(1)：5-11，2007．
10) 稲葉 敦：ソーシャルLCAとダイナミックLCAの検証とLCAの今後の方向性．LCAフォーラムニュース，26：4-7，2007．
11) 山口庸子，永山升三：持続可能な生活とLCA―家庭洗濯のソーシャル/ダイナミックLCAを事例として．オレオサイエンス，9(6)：257-262，2009．

4.5.3 クリーニング溶剤と環境

クリーニングで繊維製品の洗浄に使用する溶剤は，水と非水系溶剤の二種類に大別され，このうち非水系溶剤はドライクリーニング溶剤と総称されている．

クリーニングで環境中に排出される水やドライクリーニング溶剤などについては，水質汚濁防止法や大気汚染防止法により物質を特定するなどして規制が設けられている．

a. ドライクリーニング溶剤

ドライクリーニング溶剤には，石油系溶剤，塩素系溶剤，ふっ素系溶剤，臭素系溶剤，シリコーン系溶剤などがあり，国内における溶剤別のドライクリーニング機械の設置状況は表4.5.3のようである．

b. クリーニング溶剤に関係する環境法規制など

1) 環境基準 環境基準は，人の健康を保護し，生活環境を保全する上で維持されることが望ましい基準として設定されるもので，ドライクリーニング溶剤のテトラクロロエチレンには，次による基準が定められている．

- 水質汚濁に係る環境基準
  * 人の健康の保護に関する環境基準：0.01 mg/L以下
  * 地下水の水質汚濁に係る環境基準：0.01 mg/L以下

表 4.5.3 ドライクリーニング用洗濯機の設置状況

		2006 年	2008 年	2010 年	2012 年	2014 年
石油系溶剤	台数	33,620	32,062	29,976	28,140	25,850
	比率	87.3%	88.6%	88.5%	89.1%	89.6%
塩素系 テトラクロロエチレン	台数	4,281	3,710	3,317	2,882	2,491
	比率	11.0%	10.2%	9.8%	9.1%	8.6%
フッ素系 CFC-113	台数	152	139	96	76	42
	比率	0.4%	0.4%	0.3%	0.2%	0.1%
塩素系 1,1,1-トリクロロエタン	台数	86	57	47	36	33
	比率	0.2%	0.2%	0.1%	0.1%	0.1%
その他の溶剤	台数	385	395	425	440	455
	比率	0.9%	1.1%	1.3%	1.4%	1.6%
機械台数合計		38,524	36,399	33,861	31,574	28,853

・土壌の汚染に係る環境基準：0.01 mg/L 検液以下
・大気の汚染に係る環境基準：0.2 mg/m³ 以下

2） 水質汚濁防止法　水質汚濁防止法は，工場，事業場から公共用水域（河川，湖沼等とこれに接続する水路）に排出される水の排出，地下に浸透する水の浸透を規制するもので，テトラクロロエチレンとランドリー排水には次の基準が定められている．

① **テトラクロロエチレン**：　テトラクロロエチレンは，水質汚濁防止法の有害物質に指定されており，一律排水基準 0.1 mg/L 以下が定められている．

② **ランドリー排水**：　1 日当たりの平均的な排出水の量が 50 m³ 以上であるランドリー排水については，生活環境項目排水基準が定められている．

3） 大気汚染防止法　大気汚染防止法は，工場，事業場から発生するばい煙の排出などを規制するもので，テトラクロロエチレンなどには次による排出抑制策が規定されている．

① **テトラクロロエチレン**：　テトラクロロエチレンは，大気汚染防止法の指定物質となっており，指定物質排出施設と指定物質抑制基準が定められている．

② **揮発性有機化合物（VOC）**：　揮発性有機化合物（VOC）は，光化学スモッグを発生させる原因物質の一つで，テトラクロロエチレンや石油系溶剤などはこの VOC に該当し，大気汚染防止法での「自主的取組」による「大気中への排出・飛散の削減努力」が求められている．

4） 土壌汚染対策法　土壌汚染対策法では，テトラクロロエチレンなどのドライクリーニング溶剤を特定有害物質に指定し，工場・事業場を閉鎖した場合は土壌汚染状況調査を実施して土壌汚染状況調査結果報告書を提出することを定めている．この法律は，水質汚濁防止法や特定有害物質の規制を受ける以前の，いわゆる「過去の負の遺産」といわれているものに対しても，さかのぼって調査および汚染除去の対象としている．

5） 化学物質排出把握管理促進法（PRTR 制度）　PRTR 制度では，テトラクロロエチレンなどのドライクリーニング溶剤や石油系溶媒成分を第一種指定化学物質に指定し，環境中への排出量および廃棄物に含まれて移動する量を把握して行政庁に報告することを定めている．

6） 廃棄物の処理及び清掃に関する法律（廃棄物処理法）　廃棄物処理法では，クリーニング業により排出される「テトラクロロエチレンを含むスラッジ等」，「トリクロロエタンを含むスラッジ等」，「石油系溶剤を含むスラッジ等」を特別管理産業廃棄物として区分し，排出の段階から最終処理されるまでの間の規則を定めている．

7） 悪臭防止法　悪臭防止法では，国が規制物質と規制範囲，都道府県知事が規制地域および規制基準を定めるものとされている．近年の悪臭苦情の動向では，サービス業などに対するにおい問題が目立って増加し，クリーニングに関係する苦情も相当数発生しているとの報告がある．クリーニング店の多くは住居地区に立地しているため，周辺から苦情がでないように臭気について十分な配慮が必要で，特に石油系溶剤のドライクリーニングは溶剤蒸気をそのまま外気へ放出する形式の乾燥方法が多く，VOC 排出抑制とともに悪臭苦情への対応として，溶剤回収型乾燥機やホットタイプドライ機の導入を推し進める必要がある．　　　　　　〔小野雅啓〕

索引

A
ADL 237
Aライン 202, 214

B
BEAMS 335
BMI 11

C
CAD 218
CCM 170
CFP 475
CG 207
CIE 244
CIEXYZ表色系 198
clo（クロー） 408
CMY 205
Colour Index 55
creases 374

D
DCブランド 80, 293
DIT 33
DLVO理論 451
DMDHEU 188
DMEU 188
DMU 188
DP加工 189

E
emboss 374

F
F. R. L. 法 375

G
GAP 336
GORE-TEX®ファブリック 133

H
H&M 336
H₂Oリテイリング 332
HSI 399

I
IP 326
IREQ 399
ISO 475

J
JIS S 0023-2「高齢者配慮設計指針―衣料品―ボタンの形状及び使用法」 238
JIS S 5037「靴のサイズ」 419
JIS Z 8721「色の表示方法―三属性による表示」 204
JIS Z 8723「表面色の視感比較方法」 204
JR 335
J. フロントリテイリング 332

L
L*a*b*表色系 198
LCA 475

M
M&A 336
MA法 456
Mollisonの関係偏差折線 8

N
NB 327
N（ニュートン） 18

O
O2O 338, 340
OEM 336
owf 170

P
PB 299, 327
PCCS 205
PMV 400, 404
Poka Dot 布 456
PP 326
PPD 400
PP加工 189
PU樹脂 133

Q
QR 350

R
RGB 205

S
SD法 313
SEKマーク 139, 185
SET* 399
SGR加工 191
SG加工 191
SKU 328
SPA 293, 336
SPA型マーチャンダイジング 325
SPA戦略 322
SRD効果 192
SRM性 191
SR加工 191
S箇所 272
S撚り 123

T
Tシャツ 420

U
UTCI 399
Uネックライン 202

V
VMD 326
VMD担当 337
VP 326
Vネックライン 202

W
W&W加工 189
Washburnの法則 364
WATクロス 457
WCI 399
WHS値 457
wrinkles 374
WTO/TBT協定 283

Z
ZARA 336
Z撚り 123

索引

あ

合い印　219
アイ・シャワー　310
アイソメリズム　157
合褄幅　250
アイディア　206
アイドマの法則　311
アイビーシャツ　199
アイビーストライプ　199
アイレット　106
アイロン　147, 232
アイロン仕上げ　463
アウトレットモール　335
アオザイ　104
アーガイルチェック　201
あき　216
アクセシブルデザイン　239
アクセントカラー　315
アクリル　53, 116
麻　51
絁（あしぎぬ）　52
足のサイズ　419
足のトラブル　419
アセチルコリン　39
アセテート　115
アゾ染料　161
アソートカラー　315
アタッチメント　147
圧受容器反射　44
厚底靴　419
アッパッパ　77, 79
アップリケ　228
吾妻コート　77
圧力センサ法　365
圧力の単位　412
アトピー性皮膚炎患者　372
アトレ　335
アドレナリン作動性血管収縮神経系　38
アニマルプリント　200
アパレル　201
アパレル産業　291
アパレル製品　245
アパレルメーカー　293, 320
アビ・ア・ラ・フランセーズ　98
アポクリン汗腺　27
編目　125
編物　118, 125
アミラーゼ　440
アメリカ・インディアン　109
綾織　124
足結（あゆい）　67
アラミド　140
アラン模様　201
アルカリ緩衝作用　438
アルカリ処理　181
アールヌーボー文様　77
アルパカ　112
アルマーニ　253
アレルギー性接触皮膚炎　371
袷（あわせ）　247

アングロマニー　99
アンクロワイヤーブル　100
暗所視　244
アントラキノン染料　161
暗黙の性格観　305

い

イヴニング・ネックライン　202
イオン　333
イガ　470
衣冠　69
いき　62, 64
異型断面糸　121
イージーオーダー　230
石津謙介　254
衣裳　81
異性化　167
いせ込み　225
移染　466
委託仕入れ　332
一時硬度　435
一重項酸素酸化　167
一重項酸素増感剤　167
一重項酸素脱活性化剤　167
市松文様　200
イッテン（J. ヨハネス）　206
糸
　　——の生産推移　152
　　　世界の主要繊維糸の生産量推移　152
　　　日本の主要繊維糸の生産量推移　152
　　——の性能　128
糸染め　170
糸付けボタン　217
糸密度　125
イトーヨーカドー　333
イヌイット　109
衣服圧　395, 412
　　——の測定法　412
衣服気候　404
衣服重量　397
今木　71
イメージ画　207
イメージプロフィール　313
衣料害虫　470
衣料サイズ　382
衣料サイズ規格　2
衣料用漂白剤　459
色合せ　170
色糸刺繍　228
色泣き　178
色の三属性　204
色の表示方法　195
色の連想・象徴性　199
インカ文化　112
インクジェット捺染　170
因子分析　313
印象形成　305
印象操作　305
陰性繊維　452
インターカラー決定色　314

インターネット通信販売　340
インバネス　77

う

ウイピル　111
ウインス染色機　172
ウインドーペイン　200
ウエストダーツ　209
ウエストニッパー　233
ウェットクリーニング　469
ウェール　125
ウォーターフットプリント　477
ウォームビズ　309
動きやすさ　396
打ち合せ　216
打掛　71
袿姿　69
ウップランド　91
腕ぬき　420
裏地　227
上撚り　123
ウンク　112
運動　18
運動エネルギー　19
運動機能　420
運動機能性　415
運動量　19

え

永久硬度　436
腋窩温　32
液晶形成　449
液体アンモニア加工　182
液体洗剤　442
駅ビル　335
エキュート　335
液流染色機　172
エクリン汗腺　27, 37
エコマーク　475
エコメイトマーク　474
エコロジー　61
エシカルファッション　309
江戸小紋　170
エナン　92
エネルギー代謝　40
エネルギー代謝率　43, 415
エネルギー代謝量　40
エプロン　106
衣紋道　70
衿　211
衿肩あき　250
衿腰　212
衿下　250
エロ・グロ・ナンセンス　78
塩基性染料　161
演色　157
遠赤外線　136
塩素ガス　459
塩素漂白　178

索　引

お

応力-歪み曲線　353
大裁ち女物単衣長着　247
衽下がり　250
押込収縮加工　180
オストワルト表色系　198
オゾン漂白　160
オーダーメード　229, 246
オートクチュール　101, 229, 294
オーニングストライプ　199
オーバーストア　331
オーバーフロー式　457
帯　387
オプティカルプリント　200
オブロングカラー　203
オープンファスナー　217
オー・ボン・マルシェ　331
オムニチャネル　338
織り　389
折注染　248
織密度　125
織物　118, 124
温度感受性分子　37
温熱環境因子　397
温熱環境指標　399
温熱環境6要素　399
温熱的快適性　40
オンブレストライプ　199

か

下衣　212
外観不良　278
会計情報システム　345
概日リズム　33
外側脊髄視床路　37, 40
害虫　431
快適性　392, 417
回転運動　18
買取り仕入れ　332
外部データ　346
解剖学的立位姿勢　16
界面活性剤　436
界面現象　450
界面自由エネルギー　436
カウナケス　84
カウボーイスタイル　111
カウルネックライン　202
化学繊維　119
化学物質の審査及び製造等の規制に関する法律　55
角化細胞　26
拡散　171
拡散光　372
拡散電気二重層モデル　452
核心温　31

角層水分量　29
確率標本法　346
掛け衿　251
懸衣　60
影縞　199
掛針　232
掛布団　426
重ね合せ　216
重（ね）色目　61, 62, 70
重ね組織　124
過酸化水素　460
可視光照射　167
可視光線　154
かしめ　217
被衣（かずき）　69
カスケードストライプ　199
絣糸染め　169
かせ染め染色機　172
仮想衣服　246
仮想試着　246
加速度　18
型入れ　148
型紙捺染　171
肩衣　72
肩ダーツ　209
ガーターベルト　233
型友禅　170
過炭酸ナトリウム　178, 460
価値観　310
価値提供システム　319
褐色脂肪組織　39
カット・ワーク　228
カーディガン・ネックライン　202
家庭洗濯　445, 464
ガードル　233
鹿の子絞　64
カバードヤーン　122
カビ　471
カフタン　108
花粉ガード加工　192
加法混色　205
過保護表示　287
河姆渡遺跡　51
カーボンフットプリント　475
カマイユ配色　315
裃（かみしも）　73
上下（かみしも）　75
カムフラージュプリント　200
可溶化　448
可溶化作用　437
カラー　203
柄合わせ線　219
唐衣裳装束　68
カラシリス　85
ガラビア　108
カラーフォーマー　160, 168
カラル遺跡　112
狩衣　69, 75
仮撚加工糸　122
カール　381
カルツェ　92

寛衣　60
冠位十二階　62
感温変色性衣料　168
カンガ　109
換気　368
環境対応型衣料　160
環境ラベル　475
還元型漂白剤　459, 460
還元反応　167
還元漂白　159
感光変色性衣料　169
巻垂型　428
含水率　361, 458
乾性熱放散量　34
関節　16
関節運動　16
関節可動域　420
汗腺　27
完全組織　124
乾燥剤　471
乾燥速度曲線　462
患側　420
桿体　156
貫頭型　428
官能評価　394, 414
寛文小袖　74
慣用色名　196
顔料　160, 205
乾量基準含水率　361
顔料捺染　171
寒冷環境　31
寒冷血管反応　34
緩和収縮　180, 272

き

気温　397
機械作用　456
機械式モーションキャプチャ　25
機械受容器　46
機械力　446
擬革　127
機器測色法　204
気候区分　409
気候適応説　50
着心地　392
起始　18
生地設計　415
擬似洗濯物　454
気湿　398
きせ　249
既製服　229, 245
季節変動　349
基礎代謝　42
基礎代謝基準値　42
ギタレーロ洞窟　112
吉弥結び　74
吉祥文　63
キーテナント　333
キトン　86, 100
絹　51, 120

機能性衣料　166
機能性色素　160
忌避効果　470
基本身体寸法　382
キモノスリーブ　203
ギャザー　220
ギャザースカート　214
キャンバス・エンブロイダリー　228
吸汗加工　415
吸光度　156
吸湿性　360
吸湿等温線　361
吸湿発熱　135, 370
吸収スペクトル　156
吸尽染色　170
吸水・吸汗素材　132
吸水性　364
吸水速乾性　365
吸水速乾素材　415
キューティクル　120
キュプラ　115
キュロットスカート　215
強制対流　415
胸度式原型　209
鏡面光沢度　372
局所洗浄　472
曲率　411
曲率半径　411
キルティング　229
キルト　107
ギンガムチェック　200
均衡　194
金属石けん　435
金属担持ゼオライト　139
金属封鎖作用　438
筋電図　394
均等色空間　204, 244
筋肉　18
筋肉運動　32
筋力　420

く

グアテマラ　111
クイック・レスポンス　350
クイルワーク　110
空気抵抗　415
空気バッグ法　412
クサー　108
櫛　67
くせとり　225
クチクル　120
屈曲　420
グッドマンの法則　288
クバヤ　104
クベルカムンクの式　455
組作業　149
組み立て縫製　149
組物　126
クラスター　317, 328

グラフィティプリント　200
グラブ法　354
クリーズライン　216
クリノリン　101
クリンプ　120
クールビズ　309
グループシステム　149
グレースケール　455
グレーディング　218
グレンチェック　200
クロー　408
クロー単位　370
クロー値　401
クロッキー　206
群化　194
軍服　75

け

計器法　180
蛍光性素材　431
蛍光染料　161
蛍光増白剤　175, 440
傾向変動　349
計測基準線　4
計測基準点　4
計測項目　4
形態　193
慶長小袖　73
系統色名　196
経表皮水分喪失量　29
毛皮　127
ゲシュタルト要因　194
ケチュケミトル　111
血管コンプライアンス　45
血漿浸透圧　47
血漿量　47
結露センサアレイ法　364
ケブラー　140
ケミカルリサイクル　474
ケラチノサイト　26
ケルメス染料　61
限界酸素指数　187
限界水分率　462
原型の操作　209
現実的自己概念　304
捲縮　120
検針作業　278
健側　420
懸濁作用　437
検反　148, 277
ケンテ・クロス　108
顕微鏡法　141
検品会社　278
減法混色　205
減率乾燥期間　462
減量率　183
堅ろう性　164
元禄文様　77

こ

コアスパンヤーン　122
ゴアード　214
コイガ　470
コインドット　200
更衣動作　419
更衣の自立　236
更衣の難易性　420
恒温動物　31
恒温法　143
光学幾何条件　205
光学式モーションキャプチャ　24
工業用水　172
工業用パターン　219
工業用ボディ　218
工業用ミシン　146
工業用ミシン針　147
抗菌防臭素材　138
口腔咽頭受容器　47
口腔温　32
光源　154
光源色　154
高次欲求の理論　302
硬水　435
合成界面活性剤　56
合成繊維　119
合成染料　53, 160, 205
合成皮革　127
光線軌跡撮影法　23
酵素　439
酵素精練　159
巧緻性　420
工程寸法変化試験　273
光電色彩計　204
硬度　435
剛軟性　131, 144
光背効果　306
購買行動　312
降伏点　353
高密度織物　133
高齢者　397, 419
股関節　420
顧客分類　337
呼吸・循環機能　413
呼吸商　41
呼吸数　424
国際標準化機構　475
後光効果　306
ゴージ　274
腰布型　427
腰巻　71
コース　125
小袖　72
個体差　9
固体粒子汚れ　433
小裁ち　248
コチニール　111
国家珍宝帳　52
ごっこ遊び　304
コット　91

コッドピース　93
コーディネート　391
5適　324, 326, 337
子供原型　210
子供服　206
　　――の安全性　236
護符　61
胡服　67, 81
呉服系百貨店　332
鼓膜温　32
ゴム編　126
小物　391
小紋　64, 73, 390
コリン作動性血管拡張神経系　39
ゴールデン・スペース　326
衣更え　390
強装束　69
コングロマリット　336
コンサート送り　147
コンジュゲート繊維　121
コンシール　217
コンセプト　328
混繊糸　122
コンパクト液体洗剤　442
コンパクト化　476
コンピュータ　205
コンピュータカラーマッチング　170
コンピュータ裁断　148
コンプレックス・ハーモニー　315
コンベヤシステム　150
混紡糸　122
混用率試験　142

さ

再汚染　464
再汚染防止作用　437, 439
災害時の衣料　243
再帰反射材　245
サイクルグラフ法　23
サイコグラフィック要因　317
最終検査　278
サイズ絵表示　383
サイズシステム　382
再生繊維　119, 464
最大酸素摂取量　416
最大随意収縮　18
裁断　148
裁断機　149
裁断用具　231
彩度　204
サイン・スペース　326
サーカディアンリズム　406
先取りの社会化　304
サーキュラー　214
窄衣　60
錯視　195
刺し子　228
撮影法　411
差動下送り　146
サプライチェーン　336

サマーウール　368
サーマルマネキン　401, 405
サーマルリサイクル　474
サーモグラフィー　35
サーモゾル染色　170
サーモマイグレーション　178
作用温度　399
サラファン　107
サラペ　111
サリー　104, 429
サロン　104
サワー剤　469
3R　474
酸-塩基相互作用　451
酸化型漂白剤　459
酸化染料　164
三角形メッシュ　246
酸化チタン　185
酸化反応　167
酸化漂白　159
サン・キュロット　100
三原組織　124
三刺激値　157, 204
3次元形状計測　6
酸性染料　161
酸素系漂白剤　460
サンフォライズ加工　180
サンプリング　278
サンプルチェック　218
サンモトヤマ　335

し

次亜塩素酸ナトリウム　459
仕上げプレス機　148
地糸切れ　150
シェイテッド・ストライプ　199
シェパードチェック　200
ジェラバ　108
シェーンズ　90
シェンティ　85
示温材料　168
紫外光照射　169
紫外線　431
紫外線吸収剤　137, 167
紫外線遮蔽剤　137
紫外線防御機能　28
視感測色法　203
視感法　179
色差　158
色彩　64
色材　205
色彩調和論　196
色彩倫理　61
磁気式モーションキャプチャ　25
四騎獅子狩図　51
色相　204
色度座標　157
敷布団　426
刺激性皮膚炎　371
刺激値直読法　204

指向性摩擦効果　359
自己実現　304
自己呈示　305
仕事　19
仕事率　19
自己表現　304
自己モニタリング　306
視索前野　37
示差熱分析法　143
刺繍　64, 228
市場細分化　316
市場調査　345
自助具　239, 421
シーズンテーマ　328
視線調査　348
時代差　11
下着　416
シタヌイ　107
下撚り　123
悉皆調査　346
ジッガー染色機　172
膝関節　420
湿潤耐光堅ろう性　177
湿度　398
シップス　335
湿量基準含水率　361
自動機　146
自動酸化　167
自動フラットスクリーン捺染機　173
視認距離　245
地の目　219
シノワズリー　98
指標洗剤　454
シボ　374
脂肪細胞　27
絞り染め　169
縞　64
しみ　460
しみ抜き　460
シームパッカリング　150
社会規範　310
社会的機能　58
社会的スキル　305
斜行　381
奢侈禁止令　74
シャツカラー　212
シャッター商店街　334
ジャッド　205
シャドーストライプ　199
シャネル（，ガブリエル）　66, 102
斜文織　124
シャーリング　221
自由エネルギー変化　450
自由記述法　348
収縮性　131
修整　277
修正有効温度　404
集団面接法　348
羞恥説　50
修道服　62
柔軟剤　462

柔軟仕上げ 462
縮絨 126
縮絨性 381
呪術説 50
朱子織 124
襦袢 65, 388
シュミーズ 90
シュミーズドレス 100
循環変動 349
純粋形態 193
　線 193
　点 193
　面 193
　立体 193
消化仕入れ 332
蒸気アイロン 147
上下送り 147
消臭加工マーク 186
消色 169
象徴説 50
蒸発熱抵抗 402
消費者苦情 277
商品分類 337
初期ヤング率 353
除菌・除臭効果 460
食害 470
食事誘導性代謝 44
食事誘導（性）体熱産生 33
食道温 31
触媒性光退色 167
植物繊維 119
助剤 166
ショッピングセンター 333
暑熱環境 31
暑熱乾燥地域 429
暑熱湿潤地域 429
ショルダー・アウト 327
ショールーミング 338
自律神経 28
　──の応答 414
自律・中枢神経系反応 413
シルエットスロパ 218
シルエットライン 201
シルクライク 183
シルケット加工 181
印つけ用具 232
印半天 77
質孫（jilson） 83
白上げ 74
白糸刺繡 228
しわ 374
しわ回復性 375
仕分け 149
深衣 81
シングルタング形 358
シンクロシステム 149
神経ペプチドY 38
人口学的要因 317
人工皮革 127
芯地 226
芯地接着用プレス機 148

人種差 12
寝床気候 406
ジーンズ 103, 111
親水化加工 192
親水基 436
芯据え 149
浸染 169, 172
深層面接法 348
身体運動的要素 420
身体機能 420
身体像 304
身体負担 420
身体保護説 50
伸長弾性回復率 374
浸透・湿潤作用 437
心肺機能 420
陣羽織 72
芯貼り 149
真皮 26
審美説 51
鞣皮繊維 112
新標準有効温度 399
深部体温 31
人民服 82
心理反応 413

す

すい 64
水干 70
水系洗浄 472
水質汚濁 475
錐体 156
水分透過指数 402
水分率 361
睡眠・覚醒リズム 406
水溶性汚れ 432
垂領 67
素襖 71
透かし模様 183
スカート 212
スカート原型 213
スカラップトネックライン 202
杉綾 201
杉野芳子 79
スクリーン捺染 171
スケッチ 206
スケール 120
スタイル画 206
スタンダードソルベント 467
スタンドカラー 203, 211
ステッチ形式 146
ステープル 119
ステレオタイプ的認知 306
ストック・スペース 326
ストラ 87
ストリップ法 354
ストリートファッション 80, 102
ストレッチ素材 140
ストレートスカート 213
ストレートライン 215

ストロボ写真法 24
スナッグ 378
スナッグ性 144
スナップ 217
スナップテープ 217
スーパーオキシドイオン酸化 167
スーパーバイザー 337
スパンデックス 140
スペインモード 93
ズボン 214
スポンジング 148
スマートテキスタイル 416
スモッキング 221, 229
スュルコ 91
スュルコ・トゥヴェール 91
スライドファスナ 217
スラックス 214
スラッシュ 93
スラッシュ飾り 61
スリーインワン 233
スリット 395
スリットネックライン 202
スリップ 222
スリーブ 203
スリーブ・アウト 327
スリムパンツ 214
スリムライン 215
スロパ 218
寸法不良 278

せ

脆化 471
生活動作 242
静菌・緩衝作用 28
制菌素材 138
性差 8, 10
生産 298
製産 298
性周期 33
成人女子用上半身原型 209
成人体型 10
成人男子用原型 210
生体センサー 431
静的収縮 18
静電相互作用 451
正反射光 372
製品染め 170
制服 67
生物学的危険物質 431
生分解性 438, 475
静摩擦係数 359
生理反応 413
赤外吸収スペクトル法 142
赤外線 431
舌下温 32
赤筋 18
石けん 55, 436
石膏包帯法 21
接触角 366
絶対筋力 18

索引

接着芯地　226, 227
接着テープ　227
接着剥離強度試験　273
セットインスリーブ　203, 211
セブン＆アイHLDGS　332
セマンティック・ディッファレンシャル法尺度　349
セミタイト　214
セミタイトフィット原型　209
セル生産方式　150
セルフ販売　333
セルラーゼ　440
セルロースアセテート繊維　164
セルロース（系）繊維　164, 464
セレクトショップ　293
背わたり寸法　420
繊維　119
　——の生産推移　151
　　国別の化学繊維生産量の推移　151
　　世界の主要繊維生産量の推移　151
　　日本の主要化学繊維の生産量推移　151
　——の性能　127
　——の総生産量　151
　——の熱伝導率　135
繊維間摩擦　355
繊維充填率　363
洗剤　55
洗剤濃度　443
洗浄効果　443
洗浄度　455
洗浄補助剤　438
洗浄力　444
浅色移動　179
染色温度・圧力　166
染色堅ろう性　472
染色堅ろう度　174, 179
染色助剤　170
染色熱　165
染色排水処理　173
染色媒体　166
染織品保存修復士　472
洗濯　55
　——に対する注意点　464
洗濯絵表示　459
洗濯温度　444
洗濯堅ろう度　174, 466
洗濯時間　445
洗濯槽　445
洗濯用合成洗剤　441
洗濯用石けん　441
洗濯用複合石けん　441
せん断剛性　355
せん断ずり変形　355
せん断性　131
せん断特性　354
せん断変形　354
セントラルバイイング　333
セントラルモーターコマンド　46
染料　205

そ

造花　229
総合送り　147
装飾説　51
束帯　68, 75
速度　18
粗型　47
素材加工変化試験　273
疎水基　436
速筋　18
袖　210
袖原型　210
袖幅　395
ゾーニング　334
ソーピング　55
ソフト化　475
染め　389
損失転嫁　298
損傷　446, 464

た

ダイアード　206
ダイアナ・バンズ　314
ダイエー　333
台えり付きシャツカラー　203
体温　31
体温調節機能　413
体温調節作用　28
体温調節中枢　32
体温調節反応　32
大規模小売店舗法　333
体形型　428
体型区分　383
体型の年代差　10
体型変化　20
代謝受容器　46
対照色相配色　206
対照トーン配色　206
体性感覚受容器　413
体性神経の応答　413
耐洗濯性　464
体組成　403
帯電防止加工　191
帯電防止効果　192
帯電防止剤　192
耐熱性　132
大脳皮質体性感覚野　37
体表区分　19
耐摩耗性　132, 359
大紋　71
耐薬品性　132
耐薬品法　142
太陽光　135
　——の蓄熱　135
対流　369, 400
大礼服　75
竹玉（たかたま）　67
滝縞　199
多機能型安定化剤　168

ターゲット　328
ターゲットセグメンテーション　318
多色化革命　53
たたみ方　392
タータンチェック　200
ダーツ　224
タック　221
タックネックライン　202
脱水率　458
だて　64
たて編　126
建染染料　161
田中千代　79
多品種少量生産　150
タフネス　353
タブリオン　88
ダブレット　93
玉川高島屋SC　333
ためすすぎ　457
ダルマティカ　48, 89
ターン　381
単一選択法　349
唐衣（dangui）　83
単環縫いミシン　146
短冊あき　217
単糸　123
単色光　154
短寸式原型　209
短繊維　119
反染め　170
ダンディズム　65, 100
ダーンドル　214
断熱性　429
タンパク（質）繊維　164, 464
ターンブル・ブルー試験　178
反物　248

ち

チェッカーボード　200
チェーンオペレーション　333
知覚　194
知覚神経　28
遅筋　18
チーズ染色機　172
秩序の原理　205
千鳥がけ　224
旗袍（チーパオ）　82, 104
チマ　82
チャイナドレス　104
着衣基体　1
着衣変形　410
着色法　142
着装シミュレーション　246
着装動機　302
チャージシステム　467
チャズブル　89
チャドル　105
紐衣　49
注意表示　277
中央アンデス地域　112

索　引

中間検査　278
中間混色　205
中間プレス機　148
中心血液量　47
中裁ち　248
注文服　229, 245
チュニック　85
腸骨棘高　8
長繊維　119
長繊維糸　121
超はっ水性　367
朝服　67
重複撮影法　24
超臨界染色　170, 171
調和　194
チョークストライプ　199
直接染料　161, 164
直腸温　32, 424
チョゴリ　82
チョッキ　84
貯熱　370
縮緬（ちりめん）　72

つ

通気性　131, 368, 372
通行量調査　348
通常礼服　75
通信販売　339
　　──に関わる法令　343
　　──の定義・概要　339
　　──の歴史　341
突き合せ　216
付下げ　390
ツーピーススリーブ　211
壺装束　69
釣り合い　194

て

ティアード　214
ディオール　102
停止　18
定数・定量　337
テイスト　318
ディストリビューター　337
低体温症　33, 403
ディテール　202
ディナーズ　251
ディナージャケット　100
ディベロッパー　333
適合性　392
テキスタイルデザイン　199
適正温度　444
テクスチャード加工糸　122
てこ　19
デザイン　206
デザインパターン　218
デスティネーションストア　335
テックス　123
テトラクロロエチレン　467, 477

テトラード　206
デニール　123
手縫い　223
テープファスナー　217
デモグラフィック要因　317
テーラードカラー　203, 212
テーラードジャケット　102
テールコート　100
展開分類　337
電気アイロン　147
電気洗濯機　446
電気二重層　451
　　──の厚さ　453
電子消費者契約法　344
転写捺染　171
電蒸アイロン　147
纏足　82
電鉄系百貨店　332
伝導　369, 400
テントシルエットライン　202
伝熱　369
天然繊維　119
天然染料　205
店舗開発担当　337
添毛組織　124

と

ドア（，ロバート）　314
統一　194
同一色相配色　206
同一トーン配色　206
投影法　348
銅塩　185
透過率　155
動作空間　420
動作拘束性　411
動作適応性　394
透湿性　131, 362
　　──の測定　362
　　──の評価　362
透湿性防水素材　403
透湿性防水布　416
透湿抵抗　362
透湿度　362
透湿防水　133
透湿防水加工　189
透湿防水性布　365
等尺性筋収縮　18
動静脈吻合　36
等色関数　204
動線調査　348
等速性収縮　18
等張性筋収縮　18
動的収縮　18
動的ドレープ性　415
導電性　192
胴服　72
胴部原型　208
動物繊維　119
動摩擦係数　359

トゥモローランド　336
トゥルマギ　82
トガ　87
トカプ　112
特殊縫いミシン　146
特定衣料寸法　382
特定商取引法　343
特定芳香族アミン　371
トップハット　100
ドミナントカラー　315
留め具　217
留袖　390
共衿　251
トライアド　206
ドライ機　468
ドライクリーニング　179
ドライクリーニング溶剤　477
ドライソープ　467
ドラフト　404
トラペーズシルエットライン　202
トランペット　214
取扱表示記号　283
　　アイロン仕上げ処理の記号　285
　　ウエットクリーニング処理の記号　286
　　自然乾燥処理の記号　285
　　洗濯処理の記号　284
　　タンブル乾燥処理の記号　285
　　ドライクリーニング処理の記号　285
　　漂白処理の記号　285
トリコロール　315
ドリルホール　219
トルク　19
トルソー　218
ドルマンスリーブ　203
ドレーパリー　90
ドレープ　219
ドレープ係数　375
ドレープ係数法　375
ドレープ性　131, 144, 375
ドローイング　206
ドロップ　14
ドロップ寸法　384
トロピカルプリント　200
ドロン・ワーク　228
トーン・イン・トーン　315
トーン・オン・トーン　315

な

内部データ　346
内分泌系反応　413
ナイロン　53, 116, 164
菱装束　69
流しすすぎ　457
なじみの原理　205
ナショナル・ブランド　327
ナスカ文化　112
ナチュラル・ハーモニー　315
捺印法　410
捺染　169, 173, 183, 205
ナノファイバー　53

に

ナフトール染料 164
並縫い 223
軟化 436
軟水 435
難燃 186
難燃性 429

二重環縫いミシン 146
日常生活活動テスト 237
ニッカボッカーズ 101
日光堅ろう度 465
ニット 125
日本色研配色体系 197
日本ショッピングセンター協会 333
日本ダイレクトメール協会 343
日本通信販売協会 343
日本流行色協会 314
乳化 448
乳化作用 437
乳幼児服 236
ニュートン 18
尿素ホルムアルデヒド 188
二量化 167
妊婦服 240

ぬ

縫い代 219
　──の始末 222
縫いずれ 150
縫い縮み 150
縫いつれ 222
縫い針（洋裁用）231
縫い針（和裁用）232
縫い方式 146
縫い目スリップ 150
布 123
　──の生産推移 152
　　主要ニット生地の生産量推移 153
　　日本の主要織物生地の生産量推移 153
　　日本の主要織物の生産量推移 153
　──の有効熱伝導率 135
布送り方式 146
ヌーブラ 234

ね

ネックライン 202
熱産生機構 35
熱収縮 272
熱ストレス指標 399
熱中症 33
熱抵抗 370
　着衣の── 401
熱伝達 400
熱伝導率 370
　繊維集合体の── 135
　繊維の── 135

ネット 126
熱放散機構 35
燃焼特性 186
燃焼法 142

の

直衣（のうし）69
ノーフォークジャケット 100
ノーメックス 140
糊剤 463
糊付け 463
ノルアドレナリン 38
ノルディック模様 201
ノンレム睡眠 406

は

廃液処理 172
バイオ精練 159
バイオハザード 431
バイオミメティクス 367
ハイク 108
ハイグラルエキスパンション 272, 380
ハイネックライン 202
バイヤー 337
パイル組織 124
バイレックス法 143
バイレック法 364
ハインリッヒの法則 288
羽織 387
褌（はかま）67
袴（はかま）75, 387
バギーライン 216
パーキン 53
箔 64
白色光 154
白度 459
薄明視 244
パークロロエチレン 467
刷毛目縞 200
派遣販売員 332
ハ刺し 227
パジ 82
バストカップ 14
パーソナルカラー 314
肌着 416
パターンオーダー 230
パターン設計 415
パターンメーカー 218
パターンメーキング 218
発汗漸減 415
発汗量 423, 424
白筋 18
パッケージ型染色機 172
発色 169
発色団 161
はっ水加工 189
はっ水性 366
バッスルスタイル 76, 101
抜染 170

バッチ式 457
バッチ染色 170
パッチワーク 229
パット 233
パッド染色 170
バット染料 164
バッファー機能 298
パーツ縫製 149
はつ油加工 189
ハートシェイプネックライン 202
パニョーヴァ 107
パフスリーブ 211
パープル貝 61
ハーモニー 194
速さ 18
腹帯 242
パラカス文化 112
ばら染め 170
バランス 194
バリア機能 28
針送り 146
パール編 125
パルコ 334
パルダメントゥム 88
パルツォ 92
パルラ 88
破裂強度 360
破裂試験 353
破裂強さ 144
ハーレム・スタイル 105
バロック 95
ハンガーイラスト 207
ハンガコンベヤシステム 150
ハンギング 327
半合成繊維 119
反射スペクトル 155
反射性素材 431
反射率 155
半側発汗 45
パンツ 212
番手 123
ハンディキャップ 419
反転現象 192
バンドゥリア遺跡 112
バンドルシステム 149
反応型分散染料 172
反応性染料 161
反応染料 164
販売職 337
韓服（hanbok）82
盤領 67

ひ

皮革 127
非確率標本法 346
皮下脂肪分布 11
皮下組織 27
光触媒酸化チタン 139
光触媒退色 176
光ストレス 431

光退色　167
光の三原色　204
引裂き　357
引裂き強度　130
引裂き試験　353
引裂き強さ　144
ひざ抜け　381
皮脂　27
皮脂腺　27
ひじ抜け　381
ビジュアル・マーチャンダイジング　326
微小変形　360
非水系洗浄　472
ビーズ刺繍　111
ヒステリシス　355, 360
髱襟　94
直垂（ひたたれ）　70, 73, 75
ピーターパンカラー　203
非タンパク呼吸商　41
引張り強伸度　130, 143
引張り試験　353
必要着衣量　399
美的機能　59
美的形式原理　194
単衣（ひとえ）　247
雛形本　74
ビニールレザー　127
皮表脂質　27
皮膚　26
　　——の伸び率　21
皮膚圧反射　424
皮膚炎　371
皮膚温　33, 424
皮膚血管拡張　38
皮膚血管収縮　38
皮膚血流　30
皮膚表面pH　30
皮膚表面形状微細3次元構造　30
皮膚レプリカ　30
ヒマティオン　86
ビーム染色機　172
ヒメカツオブシムシ　470
ヒメマルカツオブシムシ　470
百貨店　78, 331
ヒュートーンシステム　205
標準イルミナント　204
標準色票　204
標準使用量　443
標準親和力　165
標準染色濃度表　179
標準洗濯機　454
表色系（顕色系）　197
漂白　459
漂白活性化剤　460
漂白剤　459
表皮　26
表面自由エネルギー　449
表面洗浄　472
表面装飾　227
表面張力　450
表面摩擦　358

比翼　216
平編　125
平織　124
ピリング　377
ピリング性　131, 144
ビルダー　438, 442
比例　194
紅型（びんがた）　170
品質管理　279
品質保証　279
ピンストライプ　199
品番　328

ふ

ファクトリー・ブランド　299
ファストファッション　81, 293
ファーストリテイリング　336
ファスナー　217
ファッション　291
ファッションアドバイザー　337
ファッションカラー　314
ファッション小売業　320
ファッション産業　291, 320
ファッション市場のグローバル化　322
ファッションデザイン画　206
ファッションビジネス　293
ファッションビル　334
ファミリーバンドルテスト　454
ファンデーション　232, 416
ファン・デル・ワールス引力　449
ファン・デル・ワールス相互作用　451
ふいご効果　368
フィックの第1式　165
フィブリル　121
フィブリル化　380
フィラメント　119
フィラメント糸　117, 121
風合い　378, 464
　　——の客観的評価　379
風合い判断　379
風冷指数　399, 404
フェアアイルセーター　201
フェアアイル模様　201
フェアトレード　309
フェイス・アウト　327
フェルト　126
フェルト化　120, 126
フォトクロミック色素　169
フォールデッド　327
複合繊維　137
複合紡糸　121
輻射　398
不織布　118, 126
婦人標準服　79
縁かがり縫いミシン　146
縁取りあき　217
普通ファスナー　217
フック　217
フック＆アイテープ　217
物体色　155

物理測色法　204
物理的機能　58
プライベート・ブランド　299, 327, 333
フラウンス　214
ブラカエ　90
ブラジャー　233
フラジール型試験機　143
フラック　99
フラットカラー　212
ブランケット　110
ブランドコンセプト　321
ブランド戦略　321
ブランドマーチャンダイジング　324
ブランドマネージャー　325
ブランドロイヤルティ　322
ブランメル（, ジョージ・ブライアン）　65
ブリオー　90
ブリオーニ　253
プリーツ　220
フリップ・フロップ現象　192
プリーツ保持性　131
フリンジ　109
プリント　205
プルキンエ現象　244
ブレー　90
フレアー　220
フレアーギャザースカート　214
フレアースリーブ　211
プレキュア加工　189
プレス機　147
プレス・広報担当　337
プレタポルテ　102, 229, 294
プレーヌ　92
プレミアム・アウトレット　335
フロックコート　100
ブロックチェック　200
プロテアーゼ　440
プロポーション　194, 206
分化　195
分光測光器　204
分光測色法　204
分光反射率　204
分散　161
分子間力　450
分配係数　171
粉末・粒状洗剤　442

へ

ヘアラインストライプ　200
平均皮膚温　34
ベイクルーズ　336
ペイズリー　200
平面構成　49
平面重　125
平面摩耗　359
併用式原型　209
ペインティング　66
ヘクサード　206
ペグトップ　214
ベースカラー　315

ベニハッサンの壁画　56
ヘビーデューティー洗剤　441
ペプロス　86
へら　249
ヘリンボーン　201
ベルトコンベヤシステム　150
ベルボトムパンツ　214
ベルボトムライン　215
変化組織　124
ペンジュラム形　357
変退色　174, 465, 472
ペンタード　206
辮髪　82
偏平縫いミシン　146
片麻痺障害　420

ほ

布衣（ほい）　70
防炎性　429
防汚加工　191, 434
防汚性試験方法　192
防カビ　185
防カビ加工　185
布袴（ほうこ）　69
縫合　221
防湿　471
放射　369, 398, 400
放射性物質　466
放射能廃棄物　466
防縮加工法　180
膨潤収縮　182
防しわ性　131, 144, 375
防水加工　189
防水性　365
縫製機器　145
縫製工程　145, 149, 230
縫製システム　149
縫製準備工程　148, 229
縫製仕様　277
紡績糸　117, 121
防染　170
防虫加工　184
防虫効果　185
防虫剤　470
訪問着　390
保温　135, 369
保温性　131, 429
保温性素材　135
保温率　370
保温力　401
ボーカラー　203
保管　471
歩行　418
補子　82
補色　155
補色色相配色　206
ホーズ　93
ポストキュア加工　189
補正下着　232
細長　69

保存法　166
ボタン　217
ボックス原型　209
ボディイメージ　304
ボディシェイパー　233
ボディスーツ　233
ボトムス　212
ポリウレタン樹脂　133
ポリウレタン弾性糸　140
ポリエステル　53, 116, 183
　――の生産量　151
ポリエステル繊維　164
ポリエステルナノ繊維　464
ポリベンズオキサゾール　140
ポルカドット　200
ポールスチュアート　254
ボールポイント針　150
ポワレ　101
ポンチョ　49, 112, 429
本縫いミシン　146

ま

マイクロエマルション　449
マイクロ・モーション法　24
前開型　48, 428
勾玉模様　201
マキャベリアニズム　306
マーキング　148
枕　426
まくれ　381
曲げ剛性　356
マーケット　315
マーケット・クレーム　298
マーケット・リサーチ　345
マーケティング・インテリジェンス・システム　345
マーケティングの定義　319
マーケティング・リサーチ・システム　345
曲げヒステリシス　356
摩擦　446
摩擦係数　358
摩擦作用　445
摩擦帯電列　371
摩擦特性　358
マスターサイズ　219
マズローの欲求理論　301
マーセライズ加工　181
マーセリゼーション　181
マーセル化　181
マーセル化加工　189
股ぐり線　215
マタニティウェア　240
マタニティサポートガードル　241
マタニティドレス　240
マタニティブラジャー　234, 241
マーチャンダイザー　323
マーチャンダイジング　323, 326
まつり縫い　223
マテリアルリサイクル　474
まとめ上がり検査　278

マトメ作業　275
マドラスチェック　200
マーメイド　214
摩耗強度試験　353
摩耗強さ　144, 359
摩耗特性　359
マヤ系先住民　111
丸仕上げ　149
マルチチャネル化　340
マルチフィラメント　121
丸ノ内ビルヂング　334
マンセル表色系　197, 204
マント　89

み

未延伸糸法　411
ミクロフィブリル　121
ミシン　75, 230
ミシン糸　231
ミシン縫い　221
ミシン針　231
ミシン用アタッチメント　231
水の転落角　367
水バッグ法　412
美豆良（みずら）　67
ミセル　438
三井アウトレットパーク　335
三越伊勢丹ホールディングス　332
ミュール　419
ミューレン形　360
ミレニアムリテイリング　332
民族服　427
　気候と――　428
　　温暖地域（夏乾冬湿）　428
　　温暖地域（冬乾夏湿）　429
　　寒冷地域　428

む

無機汚れ　432
無限母集団　346
むしたれ　69
虫干し　392
無店舗小売業　339
胸ぐせダーツ　209
無毛部皮膚　36
紫貝　111
無リン化　475

め

迷彩柄　200
明所視　244
明度　204
明瞭性の原理　205
メキシコ　111
メソアメリカ　111
メタメリズム　157
メッツ　44
メルヴェイユーズ　100

綿 52
　——の生産量 151
面ファスナー 218

も
裳 67
毛器官 27
毛周期 27
モカシン 111
モジュラーシステム 149
モーションキャプチャ 24
モータリゼーション 333
モダンガール 78
モード画 207
モニタ 205
モーニングコート 100
モノグラム 201
裳袴（もばかま） 70, 71
モーブ 53
モヘンジョダロ 52
股引 77
諸撚り糸 122
紋章 62, 63
モンペ 79
文様 64

や
役者色 62
ヤボンセロッケン 95
ヤングカジュアルファッション 293
ヤングの式 447

ゆ
有機汚れ 432
有限母集団 346
友禅 53
友禅染 74, 171
有職文 63, 70
有店舗小売業 339
裄 248
ユスティニアヌス帝 88
油性汚れ 432
ゆとり 386
ゆとり量 386, 395, 420
ユナイテッドアローズ 336
ユニクロ 336
ユニセックス 103
ユニットシンクロシステム 149
ユニティ 194
ユニバーサルファッション 242
輸入浸透率 473
指貫 232
湯巻 71

よ
腰衣 49
洋裁学校 79

養蚕 89
羊毛 120
ヨーク 214
浴比 445
よこ編 125
緯捩り織 112
汚れ 432
　——の付着機構 433
予測不満足者率 400
予測平均温冷感申告 400
欲求 301
　——の階層理論 301
呼び方 382
興服令 81
撚り 122
撚り係数 123
鎧直垂 71
4R 474

ら
ライトデューティー洗剤 441
礼服 67
ライフサイクル 295
ライフサイクルアセスメント 475
ライフスタイルショップ 294
ラウンジスーツ 100
ラウンドネックライン 202
ラグジュアリー・ブランド 336
ラフォーレ原宿 334
ラ・ベル・プール 99
ららぽーと TOKYO-BAY 333
ラルフローレン 254
ラローズ法 364
ランジェリー 416
ランドリー 469
ランベルト・ベール則 156

り
力積 19
リクルートスーツ 61
リサイクル 474
リーシング 334
離心性収縮 18
リスクヘッジ 298
リズム 194
理想的自己概念 304
リッカート尺度 349
立体構成 49
律動 194
リテールマーチャンダイジング 324
リトル・ブラック・ドレス 66
リバーゼ 440
リバティプリント 201
リブ編 125
リベット 217
リャマ 112
硫化染料 164
流行色 314
粒子状汚染物質 430

流体力 446
流通革命 333
両性繊維 452
両性対イオン効果 169
量販店 333
臨界ミセル濃度 438
綸子 72
隣接色相配色 206
リンパ管 27

る
類似色相配色 206
類似性の原理 205
類似トーン配色 206
ルダンゴト 99
ルバーハ 107
ループ 125
ルミネ 335
ルンゲ 53

れ
礼装 391
礼服 75
レジリエンス回復率 360
レース 126, 229
劣化 464
劣化原因 166
レディーメード 229
レム睡眠 406
レーヨン 115
連続染色 170

ろ
ろうけつ染め 171
ロスボルダン 107
ロータリースクリーン捺染機 173
ロッコシ 48
ローブ・ア・ラ・フランセーズ 98
ローブ・ア・ラングレーズ 99
ローマンチュニック 48
ローラー捺染 171
ローラー捺染機 173
ローリングアップ 447
ロンドンストライプ 200

わ
和服 247, 387
ワンピースタイトスリーブ 211
ワンマイルウェア 426

資　料　編

●◆ 企業理念 ◆●

軽く、そして柔らかく。
身体に馴染んで、動きやすい。
上質な素材が、全体の品性を醸し出す。
ディティールへのこだわりが、着る人の個性を際立たせる。

良い服を作り上げるには様々な条件が必要とされていますが、
優れたパーツ（付属）無くして完成させることは出来ません。
私たちは創業以来、
裏地をはじめ芯地、
ボタンなど様々なパーツの提供を通じて、
こうした「良い服作り」をサポートしてきました。

そして今、
ファッションの潮流はボーダレスに、
モノ作りも国境を越えて様々な国、
地域へと拡がっています。

世界中の優れたパーツをより良い服の作りのために。

物流・情報ネットワークを駆使して最適なタイミングで、
どこへでも、確実にお届けいたします。

これからも、
私たちはより良い服作りのベストパートナーであり続けたいと考えています。

●◆ 取扱い商品 ◆●

メンズ・レディース用付属全般

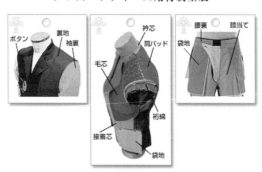

●◆ 室谷株式会社 事業所所在地 ◆●

■ 大阪本社
大阪府大阪市中央区内淡路町 1-4-1
TEL：06-6941-9471　FAX：06-6941-9470

■ 東京店
東京都文京区小石川 5-22-2
TEL：03-3815-8321　FAX：03-3816-5996

■ 枚方商品センター
大阪府枚方市長尾谷町 1-87-1
TEL：072-856-7441　FAX：072-850-5471

■ 名古屋営業所
名古屋市中区栄 1-10-21 名古屋御園ビル 3F
TEL：052-201-9610　FAX：052-211-4436

■ 上海室谷国際貿易有限公司
上海市長寧区長順路 11 号虹橋栄廣大廈 902 室

■ 上海室谷国際貿易有限公司　大連分公司
大連市開発区金馬路 169 号現代城 3 楼 12F12 号

■ 昆山室谷紳士服飾輔料有限公司
江蘇省昆山市陸家鎮富栄路東側

■ MT APPAREL ACCESSORIES CO.,LTD
835/9 Tran Hung Dao St., District 5, Ho Chi Minh City, Vietnam.

http://www.murotani.co.jp/

被服学事典　　　　　　　　　　　　定価はカバーに表示

2016年10月15日　初版第1刷
2018年 6月15日　　　第2刷

編集者　牛　腸　ヒ　ロ　ミ
　　　　布　施　谷　節　子
　　　　佐　々　井　　　啓
　　　　増　子　富　美
　　　　平　田　耕　造
　　　　石　原　久　代
　　　　藤　田　雅　夫
　　　　長　山　芳　子

発行者　朝　倉　誠　造

発行所　株式会社　朝倉書店
　　　　東京都新宿区新小川町6-29
　　　　郵便番号　162-8707
　　　　電　話　03(3260)0141
　　　　FAX　03(3260)0180
　　　　http://www.asakura.co.jp

〈検印省略〉

© 2016〈無断複写・転載を禁ず〉　　　　シナノ印刷・牧製本

ISBN 978-4-254-62015-3　C 3577　　Printed in Japan

JCOPY　〈(社)出版者著作権管理機構 委託出版物〉

本書の無断複写は著作権法上での例外を除き禁じられています．複写される場合は，そのつど事前に，(社)出版者著作権管理機構（電話 03-3513-6969, FAX 03-3513-6979, e-mail: info@jcopy.or.jp）の許諾を得てください．

増子富美・齊藤昌子・牛腸ヒロミ・米山雄二・小林政司・藤居眞理子・後藤純子・梅澤典子著 生活科学テキストシリーズ **被 服 管 理 学** 60632-4 C3377　　　B5判 128頁 本体2500円	アパレル素材や洗剤・技術の進化など新しいトピックにふれながら，被服管理の基礎的な知識を解説した大学・短大向けテキスト。〔内容〕被服の汚れ／被服の洗浄／洗浄力試験と評価／洗浄理論／漂白と増白／しみ抜き／仕上げ／保管／他
冨田明美編著　青山喜久子・石原久代・高橋知子・原田妙子・森　由紀・千葉桂子・土肥麻佐子著 生活科学テキストシリーズ **新版 アパレル構成学** 60631-7 C3377　　　B5判 136頁 本体2800円	被服構成の基礎知識に最新の情報を加え，具体的事例と豊富な図表でわかりやすく解説したテキスト。〔内容〕機能と型式の推移／着衣する人体（計測）／着装の意義／アパレルデザイン／素材と造形性能／設計／生産／選択と購入／他
前日本女大 佐々井啓・日本女大 大塚美智子編著 生活科学テキストシリーズ **衣　　生　　活　　学** 60633-1 C3377　　　B5判 152頁 本体2700円	生活と密接に関連する「衣」を歴史・科学・美術・経済など多様な面から解説した，大学・短大学生向け概説書。〔内容〕衣服と生活／衣生活の変遷／民族と衣生活／衣服の設計と製作／ライフスタイルと衣服／衣服の取り扱い
前日本女大 島崎恒藏・日本女大 佐々井啓編 シリーズ〈生活科学〉 **衣　　　　服　　　　学** 60596-9 C3377　　　A5判 192頁 本体2900円	被服学を学ぶ学生に必要な科学的な基礎知識と実際的な生活上での衣服について，簡潔にわかりやすく解説した最新の教科書。〔内容〕衣服の起源と役割／衣服の素材／衣服のデザイン・構成／人体と着装／衣服の取り扱い／衣服の消費と環境
日本女大 佐々井啓編著 シリーズ〈生活科学〉 **ファッションの歴史** 　　　　―西洋服飾史― 60598-3 C3377　　　A5判 196頁 本体2800円	古代から現代まで西洋服飾の変遷を簡潔に解説する好評の旧版の後継書。現代の内容も充実。背景の文化にも目を向け，絵画・文学・歴史地図等も紹介。〔内容〕古代／東ローマ／ルネッサンス／宮廷／革命／市民／多様化／19世紀／20世紀／他
佐々井啓・篠原聡子・飯田文子編著 シリーズ〈生活科学〉 **生　　活　　文　　化　　論** 　　　　（訂正版） 60591-4 C3377　　　A5判 192頁 本体2800円	生活に根差した文化を，時代ごとに衣食住の各視点から事例を中心に記述した新しいテキスト。〔内容〕生活文化とは／民族／貴族の生活（平安）／武家（室町・安土桃山）／市民（江戸）／ヨーロッパ／アメリカ／明治／大正／昭和／21世紀／他
前奈良女大 松生　勝編著 生活環境学ライブラリー2 **アパレル科学概論** 60622-5 C3377　　　A5判 212頁 本体2900円	アパレル科学の各分野を総括する概論書。〔内容〕衣生活の変遷と役割（歴史・目的と機能）／材料（繊維・糸・布・加工）／デザイン（要素・特性・原理）／設計（人体計測・体型・CAD）／生理・衛生／管理（整理・洗濯・保管・処分）／現代の衣生活／他
前お茶の水大 富田　守・共立女短大 松岡明子編 **家　　政　　学　　原　　論** 　　―生活総合科学へのアプローチ― 60016-2 C3077　　　A5判 192頁 本体2900円	家政学すべての領域の学生に必要な共通概念を形成するための基礎となる最新のテキスト。〔内容〕家政学とはどういう学問か／日本の家政学のあゆみ／総合科学・実践科学としての家政学／世界の家政学／家庭・家政を考える／社会と家政学
海保博之監修・編　日比野治雄・小山慎一編 朝倉実践心理学講座3 **デザインと色彩の心理学** 52683-7 C3311　　　A5判 184頁 本体3400円	安全で使いやすく心地よいデザインと色彩を，様々な領域で実現するためのアプローチ。〔内容〕Ⅰ. 基礎, Ⅱ. 実践デザインにむけて（色彩・香り・テクスチャ, 音, 広告, 安全安心）, Ⅲ. 実践事例集（電子ペーパー、医薬品、橋など）
東京成徳大 海保博之監修　上智大 杉本徹雄編 朝倉実践心理学講座2 **マーケティングと広告の心理学** 52682-0 C3311　　　A5判 224頁 本体3600円	消費者の心理・行動への知見を理論と実務両方から提示。〔内容〕マーケティング（ブランド／新製品開発／価格等），広告と広報（効果測定／企業対応等），消費者分析（ネットクチコミ／ニューロマーケティング等）
カビ相談センター監修　カビ相談センター 高鳥浩介・大阪府公衆衛生研 久米田裕子編 **カ　ビ　の　は　な　し** 　　　―ミクロな隣人のサイエンス― 64042-7 C3077　　　A5判 164頁 本体2800円	生活環境（衣食住）におけるカビの環境被害・健康被害等について，正確な知識を得られるよう平易に解説した，第一人者による初のカビの専門書。〔内容〕食・住・衣のカビ／被害（もの・環境・健康への害）／防ぐ／有用なカビ／共生／コラム
法政大 島野智之・北海道教育大 高久　元編 **ダ　ニ　の　は　な　し** 　　　―人間との関わり― 64043-4 C3077　　　A5判 192頁 本体3000円	人間生活の周辺に常にいるにもかかわらず，多くの人が正しい知識を持たないままに暮らしているダニ。本書はダニにかかわる多方面の専門家が，正しい情報や知識をわかりやすく，かつある程度網羅的に解説したダニの入門書である。

上記価格（税別）は 2018 年 5 月現在